지능·창의성·천재성

김정휘 편저

춘천교육대학교 명예교수

박학사

머리글

창의성과 천재성, 광기는 운명적으로 서로 공존하면서 예사롭지 않은 비범성을 나타내면서 나름대로의 분야에서 발전해 왔다는 점을 여러 선행 연구 자료를 근거로 설명했는데, 바라기는 창의성, 수월성, 천재성을 지닌 인물들의 사상과 학문, 가치관, 삶의 형태가 디지털 시대에서 아날로그 시대로 변환, 융합, 통섭이 이루어지고 있으며, 인간 생활에서 중요한 주제, 가치로 존중받고 있는 이 시대에 이들의 재능이 존중되고 육성, 장려, 보호를 받는 생활환경이 조성되기를 기대한다.

창의적 천재들이 창의성을 중시하고 지식기반 사회(knowledged-based society)라는 2000년대에도 존재(생존)하고 있다고 가정하면, 과거와 같이 이들이 시대를 잘못 만나서 불행한 삶을 살지 않도록 … 어느 지식인은 그 시대의 천재의 불우한 삶의 모습을 "미쳐야 산다."고 표현했다. … 이들을 보호, 우대하는 환경 조성과 이 세상을 혁신하려다가 좌절하고 자신의 천재성을 원망하는 삶이 아니라 이들의 천재성과 창의성을 기꺼이 육성, 발휘할 수 있도록 보호, 지원, 격려, 몰입할 수 있도록 개별적으로나 집단으로 지원, 육성 체제를 마련, 추진하는 것이 국가와 학계의 책무이다. 그리고 창의적 천재들이 미치지 않도록 획기적인 대책을 추진해야만 한다.

천재들이 미친 것은 아마도 본인의 기질 탓 외에 환경 즉, 국가, 사회, (과)학계와 예술계의 기득권, 창조적 파괴를 일삼는 괴짜(iconoclast)를 거부, 배척하는 풍토가 이들을 끌어안기 위한 풍토로 바뀌어야만 비범한 창의적 천재들이 미치지 않고 천재성을 최대한 발휘할 수 있게 될 것이다. 따라서 학교에서 영재의 발견, 육성뿐만 아니라 졸업 후에도 이들의 진로 확대와 쓸모 있는 재능을 활용할 수 있는 기회가 학계와 산업계 그리고 예술계에 열려있어야 한다. 바람직한 것은 천재성/재능의 육성과 현장에서의 활용이 가능하도록 협력체제(예 : 산학협동 체제)를 가동하여 재능을 찾아내서 육성하기 프로그램을 운영하는 것도 해법일 수가 있다.

우리나라에서도 제2의 뉴턴, 아인슈타인, 에디슨, 빌 게이츠와 스티브 잡스, 오펜하이머, 튜링, 퀴리 부인, 베토벤, 도밍고, 파바로티, 조수미, 최현수 등이 탄생해서 자라고 있을 것이다. 유명한 미국의 정신건강의학과 의사인 루트비히(Ludwig)는 10여 년간 저명한 천재들의 생애를 연구한 바 있는데, "발견되지 않은 천재는 없다."고 밝혔다. 아울러서 루트비히는 다음과 같이 표현했다.

"수월성은 수월성을 매료시킨다."
"위대할 인물이 될 운명을 지닌 인물은 자신의 재능에 종복(從僕)이 된다."

아울러서, 평범함, 다소 모자람, 무명의 인간의 삶, 준법의식과 존재도 존중되기를 바란다. 넘쳐나는 쓰레기를 수거, 처리하는 사람이 없으면, 물, 식량, 종이, 전기, 종자 등 자원을 아껴 쓰고 보존, 유지하는 사람이 없다면, 신체와 영혼의 안식처가 없다면, 우리의 삶은 얼마나 힘들고 피곤할 것인가.

미국의 시인인, 엘리엇(Eliot, T. S.)이 자신의 시작품에서 "4월을 잔인한 달"이라고 표현했다고 하는데, 2014년 4월에 발생한 세월호 침몰 사고로 인한 전 국민의 분노, 탄식, 슬픔, 질타와 비난, 피해자에 대한 보상 대책과 장, 단기 PTSD(외상후 스트레스 장애)와 PTSS(외상후 스트레스 증후군) 치료 대책 그리고 가해자에 대한 사면 없는 처벌(무기징역)에 대한 담론에서 공·사간의 인간의 생활에서 안전에 대한 중요성과 안전 불감증이 초래한 위기의 실상과 결과가 새삼 거론되고 있다. 안전이 사연 많은 삶의 기본 조건이라는 것과 좋은 나라는 안전관리와 위기관리가 철저하게 잘 되어 있는 나라라는 값진 교훈을 깨달았다.

제주도로 수학여행 가는 학생들이 승선한 세월호 참사 로 인해서 전 국민이 분노와 슬픔, 원망이 가득한데 만약에 남·북한 간에 국지전(局地戰)이 발생했다면, 국가적 위기와 연결되어서 역시 많은 사상자의 희생과 불행이 나타나고 국가와 국민은 학습된 무기력증에 빠져서 생존이 위협받게 될 것으로 예상되는데, 과연 국가, 사회에 위기와 안전관리 대책은 충분한가를 철저하게 점검하고 심기일전하여 대수술을 하는 계기가 되기를 간절히 바란다. 2014년 4월 잔인한 달에 발생된 불행과 비극이 유비무환(有備無患), 반면교사(反面教師)의 계기가 되기를 바란다. 공직자의 부정, 부패 추방과 안전한 국가,

사회 관리가 국가 경영의 첫째 목표가 되어야 한다. 국가, 사회에 안전 취약 환경이 산재해 있어서 국민과 국가가 불안하다. 고귀한 생명을 지키는 안전 점검과 사고 예방 관리에 대한 규제는 강화하는 것이 미덕이다.

따라서 국가와 국민의 위기관리 장치를 재점검, 튼실한 안전제일 주의를 생활화하는 전기(turning point)가 되도록 지도력을 발휘해야 할 것이다. 이런 문제 해결에 지혜와 창의력, 통찰력, 선견지명, 지도력, 위기관리 지능이 필요하다.

창의적 천재들의 사연 많은 생애는 롤 모델로서 이상(理想. ideal)과 존경의 표상이 되는가 하면 또 한편으로 이상(異常, abnormality) 또는 광기(狂氣, madness)가 공존하는 삶을 살게 되므로 이들은 행복하지 않다. 그런데, 인류 문화의 발전과 창조는 소수인 이들 창의적인 천재들에 의해서 주도되어 왔다. 이제 개화된 문명 시대에 이들 창의적 천재들에게 적합한 대우를 해야 한다고 생각한다.

이 책에서 주로 관심을 갖고 다룬 주제들을 간추려 약술하면, 다음과 같다.

- 지능이란 무엇이며, 그 본질과 기능, 발달과 실생활에 끼치는 영향, 가소성(可塑性)의 함의(含意, implications)
- 학업지능(academic intelligence)의 육성 개발위주에 편향되어 있는 지육 중심의 현재의 학교 교육의 실제에서 성공지능의 육성 쪽으로 교육의 방향을 변환시키는 데서 제기되는 한계와 문제점은 무엇인가?
- 진화하는 지능의 종류가 학업지능이외에 20여 가지나 되는데, 그 시사점은?
- 지능의 쓰임새를 학교 건물 내에 한정시켜서 개발, 육성하려고 하는 시도의 한계와 그 시정방안은 무엇인가?
- 천재들의 삶이 행복하지 않다고 하는데 그 이유는?
- 인재 육성이 교육의 사명인데, 오늘날의 주입식 위주 의 학교 교육은 이 사명달성에 성공하고 있지 못하다면, 그 원인과 대책은?
- 학교에서의 열등생이 사회에서 우등생으로 성공한 위인들의 사례에서 사회를 패자부활전의 장(field)이라고 해석한 근거와 시사점은?
- 미성취 영재학생의 사례에서 '학교가 인재 육성에 실패하고 있다'는 해석의 근거는? 또 지능 발달 이론에서 가소성(可塑性) 이론이 시사하는 점은? 윌슨 대통령과 에디슨, 아인슈타인의 사례를 참고한다.
- 학력(學歷.) 위주의 기존의 인재관에서 학력(學力. IQ) 위주의 인재관으로 관점을 바꿔야 한다는 근거와, 여기에 새롭게 추가한다면 무엇이 포함되어야 하는가?
- IT의 천재인 빌 게이츠와 스티브 잡스의 생애와 업적에서 발견할 수 있는 시사점은

무엇인가?

- 학업적 지능(academic intelligence) 검사의 문제점과 한계는 무엇인가?

어려운 출판사정에도 불구하고 이 책을 출판해준 박학사의 구본하 사장님과 편집부의 직원에게 감사한다.

2014. 5. 15.

스승의 날에 김정휘 교수

차례

제 1 장

학교에서의 열등생이 사회에서 우등생으로 성공한 인물 이야기

김 정 휘

(춘천교육대학교 명예교수, 교육 심리학, 심리학 박사)

"성공 앞에서 가장 먼저 생각해야 하는 것은 성공에 대한 칭찬과 영예가 아니라 성공을 얻기 전에 겪었던 좌절과 교훈이다."

—노벨상 수상자인 심리학자 이반 P. 파블로프

"나에게는 꿈이 있습니다(I have a dream)."

—미국 인권운동가 마틴 루터 킹 목사.

현재 미국의 오바마 대통령은 그가 존경한 킹 목사의 이 말이 후일 대통령으로 취임하기까지 인생의 좌우명(座右銘)이 되었다고 고백했다.

"꿈이 뭔가요.
밤에 꾸는 꿈을 말 하나요.
또는 인생에 대한 꿈을 말 하나요."

1. 머리글

많은 학생을 장기간 가르쳐 본 교사는 개성이 서로 다른 학생들 중에서 학교 공부는 잘 했는데 사회생활에서는 고전을 하는 경우(흔히 학교에서는 우등생, 사회에서는 열등생)와 이러한 사례와는 반대로 학교 공부는 잘 못 했지만 사회에서는 성공적인 삶을 사는 학생의 경우, 즉 학교에서 공부를 잘 못했으나 사회에서는 인간 승리의 삶을 산 사례(즉, 학교에서는 열등생, 사회에서는 우등생)가 있는 경우를 흔히 경험한다. 이러한 사실은 학교 공부를 잘 했다고 해서 반드시 사회에서 성공하는 것이 아니며 학교 공부를 못했다고 해서 사회에서 낙오자가 되는 것이 아니라는 귀중한 교훈을 알려 준다. 이 기회에 후자와 관련된 실증적인 사례를 소개하고 교육적인 문제 제기와 함의(含意, implications)를 제시하고 필요한 논의를 하고자 한다. 즉, 학교에서의 열등생이 사회에서 우등생으로 성공한 인물 이야기, 인간 승리의 삶을 산 사례를 다루고자 한다. 관련 사례는 인생에서의 성공은 학교 밖에 있다는 것을 시사하며, 그리고 사회에서 우등생이 학교에서도 우등생으로 성장, 육성하도록 격려, 안내하는 교육의 책무성 수행을 소홀히 한 것에 대한 성찰이 필요함을 제기한다.

2. 학교에서 열등생이 사회에서 우등생으로 성공한 인물의 사례

어느 초등학교 교실에 꼴찌를 다투는 두 학생이 있었다. 둘 다 막상막하로 누가 더 나은가를 결정하기도 어려울 정도였다. 이 두 사람은 20여 년 후에 어떤 곳에서 우연히 만나게 되었는데, 바로 비엔나 국립극장 극장장인 빌헬름 로이링크와 유명한 화학자인 J. F. 리비히다.

리비히가 고등학교에 다니던 어느 날, 교장 선생님이 교실에 들어와서 불성실한 그의 학업 태도를 보고는 "성적이 이래서야 선생님도 곤란하고, 부모님께는 불효하는 것이니 좀 더 열심히 공부해서 훌륭한 사람이 되도록 해라."라며 간곡하게 타일렀다. 그리고 화제를 바꾸어 "너는 앞으로 어떤 사람이 되고 싶니?"라고 물었더니, 리비히는 조금도 망설이지 않고 "저는 화학자가 되고 싶습니다."라고 대답했다. 교장 선생님은 물론이고 학생들 전체가 동시에 웃음을 터뜨리고 말았다.

이 이야기는 리비히 자신이 글로 써서 남겨 놓은 것이다. 어쨌든 리비히의 학교 성적은 너무나 나빴기 때문에 결국 그의 아버지는 그를 자퇴시키고 한 약제사의 제자로 들여보냈다. 그런데 10개월 만에 약제사는 아무 짝에도 쓸모가 없다며 그를 집으로 돌려보내고 말았다.

문호 스콧은 유명해지고 난 어느 날, 자신이 어릴 때 다니던 초등학교를 방문했다. 학교에서는 스콧이 온다며 난리법석이었고, 교사들은 특별 수업까지 준비했다. 스콧은 그것을 보며 몹시 불만스러운 표정으로 "전교에서 제일 공부를 못하는 학생은 누구입니까?"라고 물었다. 교사들은 크게 당혹스러워하며 한 학생을 앞으로 불러내서 "이 아이가 전교에서 제일 공부를 못하는 아이입니다."라고 소개했다. 그 학생은 부끄러워서 얼굴을 붉힌 채 고개를 숙였다.

스콧은 그 학생의 머리를 쓰다듬으며 "네가 전교에서 꼴찌니? 너는 참 고마운 아이구나. 옛날 나의 자리를 지켜 주고 있으니 말이다."라고 부드럽게 말하고는 주머니에서 금화 한 닢을 꺼내서 주었다. 스콧은 예전에 이 학교에서 언제나 꼴등 자리를 지킨 열등생이었던 것이다.

식물학의 시조라고 일컬어지는 린네는 고등학교 시절에 성적이 너무 나빠서 교장 선생님이 아버지에게 '아드님은 학문으로 출세하기가 어려울 것 같으니, 한시라도 빨리 자퇴를 시켜 손끝으로 하는 일이라도 배우게 하는 것이 좋을 것 같습니다.'라는 편지를 보냈을 정도였다.

린네가 고등학교를 졸업하고 대학교에 진학할 때 교장 선생님은 '학교에 있어서 학생은 정원에 있는 어린 나무와 같다. 지금은 매우 부족한 학생도 언젠가 꽃을 피우고 열매를 맺을 수도 있을 것이다. 나는 단지 이런 기대를 가지고 이 학생을 대학교에 보낸다.'라는 내용의 졸업 증서를 수여했다. 이 증서의 내용이 지금은 유명한 문구가 되었지만, 당시 린네가 학교 성적이 얼마나 나빴는지를 잘 말해 주고 있다.

50이 넘어서 종의 기원을 발표하여 유명 인사가 된 다윈도 학교 성적은 나빴다. 그는 중학교 때 불성실한 학업 태도와 나쁜 성적 때문에 교장 선생님에게 자주 야단을 맞곤 했다. 그의 수기를 보면 어느 날 아버지가 '너는 학문을 싫어해서 아침부터 밤까지 놀기만 하니, 장래 다윈가의 얼굴에 먹칠을 할 것이 틀림없구나.'라는 말을 듣고 매우 낙담했다는 내용이 있다.

형질 사이에 우성과 열성이 있고 대를 물려도 변하지 않는 형질이 있으며, 독립적으로 유전되는 형질이 있다는 것을 찾아낸 유전학의 창시자인 그레고어 요한 멘델(1822~1884)은 수도사였는데 어린 시절에 중학교 교사 자격시험에서 특히 생물과목에서 과락을 해서 교사 자격증을 따지 못했다. 수도원의 착한 원장이 후원해 줘서 빈 대학에서 특별 과외까지 시켜 줬는데, 또다시 떨어져서 아예 교사의 꿈은 포기했다. 생물학 과목에서 과락

(科落)을 해서 교사가 못된 멘델이 후에 유전학의 아버지로 인정을 받는 학자가 된 연유를 어떻게 설명해야 하나. 완두콩 연구 결과를 정리해서 다윈에게 전달했지만, 다윈 사후(死後)에 유품을 정리하다가 멘델이 보낸 편지가 뜯지도 않은 상태로 보관되어 있는 것이 방에서 발견됐다. 다윈이 생전에 멘델이 보낸 이 편지를 읽어 보았다면, 멘델의 인생 진로가 바뀌었을까?

나폴레옹 1세는 어렸을 때 우둔했으며 학교 성적도 매우 나빴다. 유일한 장점이라고는 건강뿐이었다. 파리 육군 사관학교에서의 졸업 성적은 42등이었다. 그는 수학만 좀 잘했을 뿐 다른 교과목에서는 전체적으로 성적이 나빴다. 또한 일생 동안 어떤 언어를 사용해도 틀리지 않고 말하거나 쓰는 것이 불가능했다고 한다. 재미있는 것은 나폴레옹을 쓰러뜨린 웰링턴 공 역시 어렸을 때는 우둔하고 학교 성적도 나빠서 어머니조차 멍청이라고 불렀다는 사실이다. 나폴레옹은 육군사관학교 재학시절이나 장군이 돼서 전쟁에 참전했을 때에도 틈만 나면 책을 즐겨 읽는 독서에 남다른 취미가 있었다. 이것이 훌륭한 지휘관으로서의 역량을 발휘하는 데 도움을 줬다는 평가다. 그는 육군 중심의 전투에서 포병부대의 중요성을 깨닫고 군부대 편제에서 포병부대를 반드시 편제토록 조직했는 데 이러한 군부대 조직 편제가 오늘날도 그대로 활용되고 있다. 악성 베토벤이 나폴레옹 1세의 황제 즉위 소식을 듣고 세속적인 권력을 탐하는 이미지에 실망하여 그를 위해서 작곡한 영웅(Eroica) 교향곡 악보를 찢어 버렸다는 일화는 유명하다. 프랑스의 파리에 있는 루브르 박물관에는 나폴레옹 1세의 관이 전시되어 있다.

“자유가 아니면 죽음을 달라!”고 외친 유명한 미국 독립혁명의 지도자 패트릭 헨리는 소년시절에 놀이와 낚시, 사냥만 좋아하는 구제불능의 게으름뱅이였다. 말과 행동은 어눌하고, 공부도 싫어해서 노는 데만 열중해 있었으니 학교 성적이 좋았을 리 없었다.

과학계에서 거인으로 존경 받는 뉴턴은 초등학교 때 선생님과 친구들로부터 멍청하다는 말을 들었다. 그도 그럴 것이 항상 반에서 꼴찌였기 때문이다. 열 다섯 살때는 나쁜 성적에 절망한 어머니가 그를 퇴학시켜 농사를 짓게 했을 정도였다. 후에 대학교에 입학해서도 여전히 성적이 나빴으며, 특히 기하학 점수가 나빠 교수에게 언제나 꾸지람을 듣기 일쑤였다.

영국의 시인이자 평론가인 대문호 존슨도 학창 시절에 유명한 게으름뱅이였다. 그는 스스로 ‘선생님은 진저리가 날 정도로 나에게 회초리를 들었다. 그러나 그것마저 없었다면 아마 나는 아무것도 하지 않았을 것이다.’라고 쓰고 있다.

『걸리버 여행기』를 쓴 스위프트도 시종일관 열등생으로 대학교 졸업 시험 세 과목 중 두 과목이 낙제였다. 하는 수 없이 재시험을 치르게 되었는데, 그것도 신통치 않아 동정심으로 그냥 졸업을 시켜준 것이라고 한다.

시인 워즈워스는 중학교 때 학과 공부는 게을리 하고 소설만 읽었다. 대학교에 입학해서도 성적이 나빠 가족들에게 많은 걱정을 끼쳤다.

증기선으로 유명한 풀턴은 학교 수업에 집중하지 못해 늘 선생님에게 회초리로 질책을 받았다. 원자론의 창시자인 돌톤도 학교에서 우둔한 편이었고 언제나 성적도 나빴다.

상습적인 지각생이었으며 여러 가지 물건을 잘 잃어버린다. 야무지지 못하다. 틀림없이 사회에서 실패자로서 삶을 살게 될 것이다 . 학급에서 익살꾼으로 다른 학생들의 시간을 낭비하고 있다. 이것은 세계적인 정치인이었으며 제2차 세계대전의 회고록을 써서 노벨 문학상까지 받은 윈스턴 처칠과 전설적인 록 집단인 비틀즈의 멤버, 존 레넌의 생활기록부의 내용이다. 처칠은 학창시절에 반에서 성적이 최하위에 머무는 낙제생이었다. 만약 이들이 한국에서 태어나서 학교를 다녔다면 교사와 아이들로부터 공부를 못한다고 놀림을 받았을 찌도 모른다. 존 레넌 역시 문제아로 낙인찍혀서 사회 부적응자가 됐을 것이다. 이처럼 한국 교육계는 성적 지상주의에 함몰되어 있다.

처칠에 관해서는 다음과 같은 일화가 전해지고 있다(최효찬, 2011).

> 고교 성적이 우수하지 않았던 그는 19세기 세계 최강국이었던 대영제국의 제 2인자로 군림했던 정치가였던 아버지 랜돌프 처칠 경 덕분에 육군사관학교에 입학했으며, 당시 선망의 대상이었던 기병대 사관이 되었는데 몇 차례 참전하여 뛰어난 공을 세워서 유명인사가 되었으며, 젊은 나이에 국민의 영웅이 되었다. 이 시기에 선거에 출마하여 정치가로서 인생의 꽃을 피우게 되었다고 한다. (기회를 잘 이용하는 것도 성공하는 방법일 수가 있으며 물론 준비된 지도자로서의 소양을 갖추는 감각도 필요하다.) 이런 배경으로 처칠은 25세 때 영국 하원의원에 당선되었다. 이른바 '소년 등과'를 한 것이다. 당선된 이 초선 의원은 관행상 의회에서 연설을 하게 되어 있어서 공들여 연설을 했는데, 신문기자가 "장래성이 기대되지 않는 촌뜨기 의원이 의회 역사상 가장 형편없는 연설을 했다"고 혹평을 했다고 한다.
>
> 처칠은 31세에 행정부의 차관이 된 후에 34세부터 상무부 장관을 시작으로 내무부, 해군부, 군수부, 육군부, 식민부, 재무부 등 6개 부처의 장관을 지냈다. 그렇지만 50대가 되자 생애에 먹구름이 끼기 시작했다. 그는 50세에 재무부 장관이 되었지만 인도자치령 승인 문제를 둘러싸고 볼드윈 총리와 대립하면서 1929년 장관직에서 물러나게 된다. 그는

폐렴에 감염되었으나 항생제인 페니실린 주사를 맞고 건강을 회복했다고 한다.

그는 점증하는 독일의 위협에 대비하기 위해서 영국의 재무장을 주창했으나 체임벌린 내각으로부터 무시당했으며, 결국 1930년부터 1939년까지 해군부 장관에 복귀하기까지 10년 동안 정계를 떠나서 야인생활을 해야 했다. 승승장구하던 그에게 가장 필요한 것은 '기다림의 미학'이었다.

10년 동안 야인생활을 하던 처칠은 내공을 쌓으면서 충전기회로 이용했다. 그는 22세부터 아버지가 여러 번 애독했던 에드워드 기번의 『로마제국의 흥망사』를 여러 번 애독하면서 그 당시 위기에 처한 대영제국의 운명을 걱정하고, 설계했다고 한다. 영국의 재무장관을 지낸 처칠의 아버지가 연설을 하거나 글을 쓸 때 이 책을 참고했으며, "아들은 아버지를 흉내 내면서 자라고 아버지에게 인정받기 위해서 노력한다."는 옛 말이 처칠에게 그대로 적용된다. 그는 '아버지의 필독서'를 위대한 유산으로 물려받은 덕분에 개인적으로는 문필가이자 명재상으로 우뚝 섰고 가문을 빛냈으며 세계사적으로 평화의 파수꾼이 될 수 있었다고 평가되고 있다.

영국은 독일의 침공 위기에 빠진 조국을 구할 파수꾼으로 다시 처칠을 찾았고 10년의 기다림 끝에 그는 1940년 66세에 총리가 되었으며(1940~1945), 이어 77세까지(1951~1955) 다시 총리에 취임했다. 명가(名家)의 화려한 부활이었다.

진리 탐구의 전당인 대학의 핵심기능은 연구와 교육이어야 한다는 신념하에 현대 대학교의 골격을 창안한 바 있는 식물학자로, 화학자로, 또 정치가로도 유명했던 훔볼트도 학교 성적이 나빴으며, 특히 그리스 어는 최악이었다. 그는 스스로 "나의 가정교사는 아무리 나를 공부시켜 보았자 실력이 평균에도 미치지 못할 것이라고 믿었다."라고 했다. 그는 현대 대학교의 골격을 갖추는 데 기반이 되는 아이디어를 제공했다.

시인 하이네는 독일에서 태어나 프랑스에서 자랐는데 초등학교 때는 소문난 열등생이었다. 그는 학교 공부를 끔찍이 싫어했으며, 프랑스 시 수업에서는 매번 진땀을 뺐는데 다른 학교에서는 더욱 심했다. 나중에 시의 운율을 잘 몰라 선생님이 독일 산속에서 온 야만인이 시에 대해 알 리가 있니? "라며 큰 소리로 꾸지람을 했다고 한다. 그는 대학교에 들어가서도 역시 성적이 나빴다.

인류 역사의 추동력을 변증법적 "이성"에서 찾았고, 19세기에 이루어진 당대 유럽의 놀라운 진보는 모두 이성의 힘으로 성취된 것으로 해석한 철학자 헤겔도 성적이 나쁘기는 마찬가지여서 그가 졸업한 튀빙겐 대학교의 졸업 증서에는 '성적은 중간 정도임. 단, 철학은 실력이 모자람.'이라고 기록되어 있다.

미남 시인 바이런은 에버딘 초등학교에서 언제나 일등이었다. 그러나 그것은 에버딘 초등학교에서는 최고의 열등생을 일등으로 삼는 관습이 있었기 때문이다. 그의 선생님은 "어이 조지! 한번쯤은 꼴찌가 되어 보는 건 어때?"라고 장난기 섞인 격려를 하기도 했다. 그는 싸움을 잘했다. 학급에는 성적은 좋지만 힘이 약한 학생들이 있기 마련이다. 그는 그들과 동맹을 맺고, 싸움이 일어나면 자신이 나서서 그 학생들 대신 싸워 주었으며, 그 학생들은 학교 숙제를 대신 해 주었다.

시인 실러는 학생 시절 모든 학과목에서 열등했다. 그의 졸업 논문은 합격점에도 크게 미치지 못해 결국 친구들과 같이 졸업할 수가 없었다.

세계적인 건축가로 잘 알려진 가우디도 학교 성적이 우수하지 못했다고 한다. 그래서 학교장이 졸업장을 수여하면서 "천재에게 주는지, 아니면 바보에게 주는지 잘 모르겠다."고 그의 장래를 걱정했다는 일화가 있다.

문호 발자크와 뒤마도 모두 열등생이었다.

프랑스의 작가인 에밀 졸라(Emile Zola, 1840~1902)는 6세 때 부친을 여의게 되어 가족의 가난이 시작되었으며, 7세 때까지 ABC조차도 제대로 읽지를 못해서 저능아로 취급을 받기도 했으나 그런 일에 아랑곳하지 않고 자신이 좋아하는 놀이에 열중하여 놀기만 했으며 그런 점을 예사롭지 않게 눈 여겨 본 어머니는 "저 놈이 저래 봬도 앞으로 뭔가 한가락 할 놈이야, 암 그렇지 그렇고 말고..."라면서 아들의 가능성에 신뢰를 했다고 한다.

그는 18세가 될 때까지 중학교에서 무난히 공부를 할 수가 있었지만, 그 후에 마르세유 대학의 입학시험에 떨어지자 진학을 단념하고 그 대신 독학으로 학식과 교양을 터득하겠다고 결심을 하고 먹을 것이 충분치 않은 가난 속에서도 초가 다 타서 없어 질 때까지 열심히 독서를 했다. 그는 중학교 시절부터 위고와 발자크 등의 문학 작품을 애독했으며 글을 잘 썼다고 한다.

수학자 바베지와 문호 매리어트는 같은 초등학교에 다닌 친구였는데, 둘 다 학급에서 최고의 열등생이었다. 선생님은 종종 두 사람을 앞으로 불러내 의자 위에 세워 놓고, "여러분 잘 보세요. 이 두 사람은 절대로 성공할 수 없는 사람들입니다. 여러분은 이런 사람이 되지 마십시오."라고 했다. 그런데 이 학급에서 세상에 알려진 인물이 그들 두 사람밖에 없다는 것은 아이러니 한 일이 아닐 수 없다. 고 박정희 대통령이 대구 사범학교 시절에 학업 성적이 좋지 않아서 꼴찌 학생이었다. 즉, 전체 73명의 학생중에서 73등을 한 학교 성적이 꼴찌였다고 한다. (조갑제. 2010. 35.)

영국의 문호 골드스미스를 가르친 여교사는 "나는 지금까지 이렇게 멍청한 아이를 본 적이 없습니다."라고 말했다. 괴테도 학교 성적이 나빴으며, 라이프치히 대학교에서는 졸업 논문의 성적이 나빠서 학위를 받지 못할 정도였다.

유난히 머리가 컸다는 발명왕 토마스 에디슨은 고작 3개월의 초등학교를 다닌 경력과 귀가 들리지 않는 장애를 갖고 있었지만 불세출의 발명왕이 됐으며, 미국의 철강왕 앤드루 카네기는 우편배달부로 사회생활을 시작했고, 석유 재벌 존 록펠러는 기술의 엉터리 약장수의 아들로 태어났지만 산업사회에 엄청난 기여를 했다.

사상가 러스킨도 늘 열등생이었다. 그는 옥스퍼드 대학교 입학 시, 정상적인 입학 과정으로는 들어갈 수 없었기 때문에 특별 자비생으로 겨우 입학 허가를 받았을 정도였다.

프랑스의 한 잡지사에서 '19세기에 프랑스가 배출한 최고의 인물은 누구인가'라는 주제로 대규모 투표를 실시한 적이 있다. 실제로 투표에 참가한 사람은 150만 명에 이르렀는데, 그 결과 최고점을 받은 사람은 의학자 파스퇴르였다. 그 다음은 위고, 감베타, 나폴레옹 순이었다. 파스퇴르는 대학교에서는 전혀 두각을 나타내지 못했으며 매우 평범한 학생이었다. 다만 그림을 잘 그린다는 것으로 친구들에게 알려져 있었다.

증기기관의 발명자인 와트는 어릴 때 상업학교에 다녔으나 언제나 꼴찌여서 친구들이 바보로 취급했다. 사회 개혁가 존 하워드도 어렸을 때는 멍청이라고 불렸으며 초등학교를 7년이나 다녀도 정확하게 읽고 쓰는 것이 불가능했다.

라이트 형제가 하늘을 날아 보겠다고 엉뚱한 시도를 했을 때 사람들은 그들을 미쳤다고 조롱했다. 그들은 평생 결혼을 하지 않았는데 언론 인터뷰에서 "아내와 비행기를 동시에 가질 만한 시간이 없었다."고 말하기도 했다고 한다. 그들의 흉상 정면에는 그들의 이름과 함께 다음과 같은 글이 새겨져 있다: "두려움 없는 결단과 꺾을 수 없는 신념에서 얻어진 천재적인 재능에서 착상된 라이트 형제의 비행기 정복을 기념하며…."

아내와 협력해서 라듐을 발명한 피에르 퀴리(노벨상을 받은 퀴리 부인의 남편)도 학교 성적은 나빴으며 늘 멍청이라고 불렸다. 그의 아버지는 걱정이 된 나머지 그를 일시 퇴학시키고 가정교사를 붙여 집에서 공부하게 했다.

"당신에게는 학문을 포기할 권한이 없습니다."

피에르 퀴리가 미래의 아내가 될 마리에게 청혼하면서 한 말이라고 한다.

철학자 흄, 스펜서 등도 학교 성적이 좋지 않았다. 특히 스펜서는 암기를 너무나 싫어해서 그리스 어와 프랑스 어 문법을 제일 못했다. 희곡 작가 입센도 학교에서 언제나 열등생이었으며, 중학교를 졸업할 때는 간신히 졸업 인정 점수를 받았다.

소아마비라는 신체적 장애를, 즉 역경(adversity)을 뛰어넘어 노벨 물리학상을 받아 화제를 모았던 고시바 마사토시는 일본의 명문대학에서 성적이 꼴찌였다.

연구의 기쁨도 신성한 탐구심을 충족시키지 못하고 배움의 기쁨을 빼앗고 있다고 학교와 교사에 대한 불만을 가지고 있었고 외국어와 역사 같은 교과목을 열심히 하지 않아 교사에게 밉보였던 아인슈타인도 성적이 안 좋아서 대학입학 시험에서 떨어졌으며 미국 대통령이었던 아이젠하워도 육군사관학교에서의 성적이 좋지 않았고, 월트 디즈니도 학교에서의 성적이 신통치 않았으며, 아이젠하워는 한국전의 영웅인 맥아더 장군 휘하에서 계급 정년에 해당되어 전역해야 할 위치에 있었으나 제2차 세계대전이 벌어져 유럽으로 전출되었고 히틀러의 패망을 가져온 영국, 미국, 프랑스 연합군의 노르망디 상륙작전에서 승리한 분위기에 영합하여 대통령에 출마했으며 선거에서 공약한 대로 한국전의 휴전을 대통령 재임 중에 성사시켰다.

오락에서 천재적인 재능을 발휘한 기업가, 거부가 된 월트 디즈니도 학교에서의 성적이 신통치 않았으며, 악성 베토벤도 음악 선생님으로부터 음악에 소질이 없다는 충격적인 평가를 받은 바가 있다. 전술한 사례에 해당하는 인물들이 학교 공부에서 좌절과 실패, 스트레스를 심하게 겪었을 것이 예상되는데 따라서 학교 좌절 증후군이 나타났을 것으로 보인다. 교육 심리학계에서 이 학교 좌절 증후군(Failure Syndrome Students)의 생태학적 분석 연구가 필요하다.

중등학교에서도 공부를 잘 못해서 열등생이었던 아인슈타인은 열세 살 때 가정교사에게 재택교육을 받았다. 가정교사는 아인슈타인에게 "유클리드 기하학"부터 읽혔다. 두 번째 공부한 책은 칸트의 순수이성 비판이었다. 아인슈타인은 열일곱 살에 "술 대신 철학과 고전에 심취하겠다"고 선언하고 공부에 열중했다. 그는 어른이 된 뒤에도 플라톤을 비롯한 서양 철학서를 탐독하면서 학교가 몰라봤던 천재성을 다듬었다.

아인슈타인이 빠져든 학문은 수학과 물리학이었다. 그는 수학문제를 풀면서 정서적, 지적인 탐구의 기쁨을 맛보았으며 다른 동료들이 어려워하는 고등 수학문제도 그의 뛰어난 실력으로 해법을 찾아냈다. 1896년 17세에 공과대학 물리학과에 입학해서 공부하면서 전공인 물리학에서는 실력이 뛰어났지만, 과 교수들과 논쟁하기를 즐기고 교수들에게 공손하지 않다는 평가를 받는 등 갈등이 있었으므로 그의 대학생활은 순탄치가 않았다.

앨버트 아인슈타인은 1900년 7월, 유럽에서 가장 권위 있는 대학 중 한 곳인 취리히 공과대학에서 졸업장을 취득했지만 실업자가 되어 아버지가 공과대학장에게 아들의 취직을 부탁하는 간절한 편지를 보낸 바가 있다. 그는 대학의 조교 자리 하나 얻지 못하자 2년 동안 여러 가지 잡다한 일을 해야만 했다. 그 중에는 특히 내키지 않았지만 어쩔 수 없이 해야 했던 과외 선생 노릇(?)도 있었다. 아인슈타인, 그는 입버릇처럼 말하곤 했다. "신은 주사위를 던지지 않는다"라고….

그는 특허국에 취직해서 직장생활을 하면서－특허 심사 업무를 담당함－대학을 졸업한 학사 학위(bachelor's degree)의 신분으로 대학원 지도교수의 지도를 통해서가 아니라, 그리고 한가로운 여가 시간 틈틈이 대학 내 연구실(실험실)이 아니라 직장에서 독학으로 연구에 몰입하여 상대성 이론 등 5편의 논문을 작성, 발표하여 노벨상을 받기도 했다. 그는 고차원적인 물리학적 착상을 하는 데는 천재였지만 복잡한 수학 문제의 계산을 위해서는 친구와 수학 영재인 부인의 도움을 받았다고 한다.

과학의 천재인 에디슨이나 아인슈타인은 국어, 수학과목을, 정신분석학의 창시자인 프로이트는 음악과목을, 미술의 천재인 피카소는 그림을 제외한 모든 과목에서는 낙제생이었다. 이것을 보면, 창의적인 천재일지라도 결점이 없는 완벽한 위인은 아니었던 것 같다. 정규 학교교육을 받지 못한 에디슨이 발명왕이 된 것은, 그리고 레오나르도 다빈치가 르네상스인으로 칭송받는 것은 창의성의 원천인 상상력, 지적 호기심, 기존의 틀에서 벗어난 창조적 사고를 선호했기 때문이다.

발명가 에디슨과 예술가 레오나르도 다빈치, 과학자 앨버트 아인슈타인은 천재적인 창의성을 발휘한 위인들이지만 공통적으로 책을 잘 읽지 못하는 난독증에 시달렸다. 따라서 이들도 학습장애자(learning disability, LD)였다.

20세기 최고 물리학자라고 불리는 **스티븐 호킹**이 옥스퍼드 대학 시절 공부에 쏟은 시간은 총 1,000시간으로 하루에 1시간 정도였다. '방탕한 녀석'이라는 별명을 갖고 있을 정도로 게을렀던 그는 캠브리지대학교에 진학한 후 루게릭병이라는 희귀한 불치병을 얻고 만다. 생존 기간이 길어야 2년이라는 가혹한 사형선고, 죽음의 문턱에서 그를 '아인슈타인의 후계자'로 만든 것은 외고집에 가까운 고집과 독기의 힘이었다.

J, F. K로 불리는 **케네디** 미국 대통령, 그의 학창 시절은 낙제의 연속이었다. 캔터베리 고등학교의 풋볼팀 선발에서 탈락했고 초트 아카데미 시절 라틴어 과목에서 낙제했다. 하버드 대학 재학 중에는 1학년 회장 선거에서 떨어졌고, 2학년 때는 학생회에서 아무

직책도 맡지 못했으며 스탠퍼드 경영대학원을 졸업하지 못했다. 하지만 IQ 119의 평범하고 병약했던 그는 늘 용기 있게 행동하려고 노력했다. 그 덕분에 29세에 1946년 하원의원, 1952에는 상원의원으로 선출됐으며, 1960년에는 46세에 최연소 제35대 미국 대통령에 당선됐다. 그는 특권층의 젊은이들이 전쟁을 피하고 군 입대를 기피할 때 참전하기 위해서 아버지의 힘까지 빌려 전쟁터로 달려갔으며(그는 군대에 나가려고 아버지의 영향력을 이용했지만, 한국에서는 고위층 자제들이 군대에 가지 않으려고 힘 있는 아버지의 영향력을 이용하여 병역 의무를 기피하고 있다), 그는 전투 임무 수행 중에 등에 부상을 입고 조난을 당했는데도 동료를 구하고 5km를 4시간 동안 헤엄을 한 끝에 상륙해서 살아남았다. 용기의 미덕으로 험난한 이 세상에서 자신의 길을 개척한 케네디 대통령은 척추수술을 받고서는 『용기 있는 사람들』이라는 책을 썼는데, 이 책으로 퓰리처상을 받았으며 작가로서 명성도 얻었다.

만년필 전문 기업인 워터맨, 창업자인 **워터맨**은 보험회사 직원이었다. 어느 날 그가 큰 보험 하나를 계약하게 되었다. 계약서를 작성하는 중 펜의 잉크가 흘러내려 고객의 옷을 버리게 되었다. 화가 난 고객은 자리를 떠났다. 실망한 그는 펜의 문제점이 무엇인지 발견하고 잉크가 흘러내리지 않는 펜을 개발했다. 그것이 바로 워터맨 만년필이다.

엘비스 프레슬리는 멤피스의 L.C.흄 고교 시절, 음악 교사로부터 C학점과 함께 차라리 노래를 하지 말라고 충고를 듣는다. 하지만 노래에 대한 욕심을 버리지 않은 그는 1977년 사망 전까지 싱글과 앨범 전부 6억 장 이상의 판매를 기록하며 오늘날까지 록의 황제로 불리고 있다.

아카데미 공로상을 29회 수상한 **월트 디즈니**. 20살 된 어느 날, 그는 친구인 아이웍스와 135달러로 첫 번째 만화 제작 회사를 창업하지만 한 달을 못 넘기고 파산한다. 그러나 2년 후 '최고 수준의 할리우드 영화를 만들고야 말겠다'는 뜻을 품고 할리우드 행 기차를 탄다. 그 꿈은 결국 미키 마우스를 통해 실현됐다. "나는 꿈을 꾸고, 그 꿈을 나의 믿음에 견주어 본다. 그리고 다양한 위험을 기꺼이 감수하며, 그 꿈을 현실로 만들기 위해서 용기 있게 비전을 실천했다." 월트 디즈니가 입버릇처럼 되 뇌인 말이다. 월트 디즈니를 가르쳤던 교사는 학창시절의 디즈니는 장래성이 기대되는 학생이 아니었다고 평했다. 그러나 그는 그 당시에 어느 누구도 생각 못했던 오락과 놀이를 결합해 흥행에 대성공을 거두는 인물이 되었다.

투스카니 농가에서 태어난 성악가 **안드레아 보첼리**는 12살 때 친구들과 축구를 하다 머리를 부딪치며 시력을 잃었다. 하지만 그는 피사 대학에 진학, 법학박사 학위를 취득했고 다시 노래를 시작했다. '목소리에 영혼을 불어넣었다'는 호평을 받은 그는 'Time to say goodbye'를 통해 전 세계에 자신을 알리게 된다. 그는 실명(失明)에 대해 이렇게 말했다. "너무 감상적으로 받아들이지 않았으면 해요. 그건 단순한 사고였을 뿐이니까요."

독일의 시인이고 작가이면서 노벨 문학상을 수상한 헤르만 헤세(Hermann Hesse, 1877~1962)는 목사의 아들로 태어났으며, 마울브론 신학교에 입학하였으나 적응을 할 수가 없어서 졸업도 하기 전에 신학교를 뛰쳐나와서 시계공장과 서점에서 견습공으로 사회생활, 즉 인생 공부를 했다. 그 후에 제1차 세계대전과 결혼 파경이라는 인생의 암울한 그림자 속에서 헤세는 스트레스와 우울증과 인생에 대한 깊은 회의감에 휩싸여 극복하기 어려운 생존에 관해서 고독하고 힘든 번민을 했다.

스티브 잡스가 창업자인 애플의 로고는 귀여운 탐스러운 잘 읽은 사과(apple)인데, 잡스는 왜 온전한 사과가 아니라 누군가 한 입 베어 낸 사과를 회사의 로고로 선택했는가를 궁금해 하는 질문에 대하여 "성경에 나오는 아담이 금단의 과일인 사과를 한 입 베어 물어 인류의 운명이 바뀐 것 같이 컴퓨터로 인류의 문명을 바꾸겠다."라고 말했다고 한다(서정현, 2011, 9, 7, *Newsweek* 한글판, 8).

스티브 잡스(2011)는 그의 자서전에서 회사의 트레이드마크인 애플(Apple)에 대하여 다음과 같이 설명을 했다. "애플은 참으로 똑똑한 선택이었다. 듣는 순간 친근감이 느껴지면서도 쉽고 간단했다. 반문화 기운이 살짝 느껴지면서도 소박한 전원생활을 떠 올리게 만드는 동시에 더 없이 미국적인 이름이다. 그리고 '애플'과 '컴퓨터'라는 단어의 조합은 흥미로운 효과를 유발했다. 애플과 컴퓨터는 누가 보아도 서로 어울리지 않는 조합이 매력이다"(안진환 옮김, 2011, p. 115).

사과를 연상시키는 애플의 창업자인 스티브 잡스는 험난한 굴절된 삶을 살았다. 1955년 2월, 태어난 지 일주일 만에 친부모는 그를 버렸다. 그래서 부자는 아니지만 양부모에게 입양되서 자랐다.

어린 시절에 친부모로부터 버림을 받아 불우한 삶을 산 스티브 잡스는 잡스가 출간을 막으려고 했다는 책인 『아이콘』에 묘사되어 있는 잡스의 인간성에 결점이 많음을 알 수가 있다. 학업 부적응아였던 그는 어렸을 때, 주의력 결핍 과잉행동장애(ADHD) 증상이 있었으며, 품행이 불량했다고 한다. 학교에서 하라고 하는 숙제는 손댈 생각조차 하지 않았으며, 교실에서 폭발물을 터뜨리거나 뱀을 풀어 놓아서 선생님과 반 아이들을 질겁하게 만들었다고 한다. 오죽했으면 초등학교를 중퇴하고 중학교로 건너뛰었을까. 고등학교 시절에는 체육 코치가 안 보는 틈을 타서 다른 학생들이 운동장을 뛸 때 살짝 앉아 있다가 학생들이 자기가 있는 근처로 왔을 때 일어나 끼어드는 얌체였다. 그는 빌 게이츠처럼 대학 중퇴자였는데, "처음엔 너무도 원해서(가고 싶어서) 잠시 학교를 다녔지만, 의미가 없어서 학교를 그만 두었다"고 고백했다. 양부모가 대학 학비를 지원해 줄 능력과 의사가 없음을 알면서도 포틀랜드의 리드 대학에 등록했는데 따라서 첫 등록금을 못 낸 잡스는 학장을 설득해서 한 학기 동안 기숙사에 머물면서 무료로 수업을 들었다고 한다.

고생한 어려서나 장성한 후에 그가 창업한 애플의 CEO가 되었으나, 동료들에 의해서 해고되었다가 다시 복귀하는 등 불우하고 굴절된 삶을 살아온 잡스는 오늘날 시가 총액 3,500억 달러의 회사를 만들었는데 세계에서 자산가치가 두 번째인 스티브 잡스의 애플로 성공한 기업가가 되어 경영자에게 귀감이 되고 있다(서정현, 2011). 이처럼 자수성가(自手成家)한 CEO(최고 경영자)가 된 스티브 잡스의 자서전을 읽어 보면, 대학이나 기업체 또는 재단으로부터 후원을 받아서 성공한 것이 아니라 비전을 갖고 자력으로 역경을 극복하는 역량을 발휘하여, 그리고 이 시대가 그를 필요로 하는 시대정신과 어울려 그의 재능을 꽃 피우게 했다는 것을 알 수 있었다.

그는 스탠포드대학교 졸업식 축사에서 "우직하게 살아라. 늘 갈구하라."는 당부를 젊은이들에게 했는데, 이 말은 그의 인생관을 고백한 것이며, 그의 사연 많은 삶의 행로가 축약된 묘사인 것이다. 그의 전기를 보면, 공익 활동을 위해서 자선을 하거나 인간미가 풍부한 인물은 아닌 것 같다.

젊은이들이 닮고 싶은 동일시의 대상(role model)인 스티브 잡스와 빌 게이츠의 생애와 업적을 통해 무엇을 배워야 하는지를 간추려 소개해 본다.

1. 하고 싶은 것을 하되 몰입(沒入, flow)하고 도전하라.
2. 사연 많은 인생에서 성공의 기회는 학교 밖에도 무수히 많다. IQ로 대변되는 학업지능(academic intelligence, AI)의 높낮이에 속박되지 말라.
3. 사연 많은 인생의 경로(life path)에서 사회는 패자부활전의 경로일 수 있다.
4. 스티브 잡스와 빌 게이츠가 모두 정규 대학 졸업자가 아니었음에도 불구하고 IT계에서 젊은 시절에 성공한 인물이 되었다. (특허 출원자들의 다수가 대학 졸업자가 아니다.)
5. 시대정신(Zeitgeist)이 IT계의 이 두 젊은이의 성공에 중요하게 기여했다. 21세기가 IT 분야의 기술과 지식을 필요로 하는 시대였기 때문에 이들의 귀중한 재능, 즉 쓸모가 크게 인기를 끌고 수용된 것이다.

   다재다능한 천재, 즉 천재의 전형(exemplar)인 레오나르도 다빈치는 과학자가 되어 이 세상을 바꿔 보려고 시도했으나 그 당시의 시대정신이 과학을 수용하지 않아서 아쉽게도 다빈치가 예술가로 변신하여 전무후무한 창의적 업적을 남겼다.

6. 정규 학교교육이 창의적인 천재들의 영재성이나 창의성 육성 개발에 기대만큼 성과를 거두지 못한다. 오히려, 창의적 천재들은 관료적이고 보수적이며 관행만을 존중하는 기존 학교교육 환경에 적응하지 못한다. 따라서 제도권 학교가 영재가 없는 영재교육을 한다는 비판에서 자유롭지 못하다.
7. 빌 게이츠나 스티브 잡스가 이룩한 IT계의 업적은 정부나 관련 기관에의 경제적 지원에 의해서 성취한 것이 아니었으며, 관련 선행 연구 결과(선행 연구자)가 도움을 주었다.
8. 고독하며 장기간 자신과의 싸움에서 때로는 역경 극복 역량(resilience)과 스트레스 극복 능력을 발휘하면서 성공적인 업적을 발휘했다.
9. 스티브 잡스는 인간미가 부족했으며, 학교생활의 부적응자였으며, 우리나라 기준으로는 전학이나 퇴학 대상자일 수도 있었을 것으로 추정되는데 향학열은 강했다.
10. 인생에서의 성공은 때로는 학교 밖에서 여러분이 찾아오기를, 도전, 기회를 발견, 획득, 이용하기를 기다리고 있다. 즉 학교교육만이 인생의 성패를 결정하는 유일한 기준은 아니다. 즉 학교에서의 우등생이 인생에서 낙오자가 되거나, 학교에서의 열등생이 사회에서는 우등생으로 성공하는 사례를 보면, 사회가 패자부활전의 경기장일 수도 있다. 후자의 재능이 있는 인물을 발견해서, 그들의 끼를 발휘에서 성공할 수 있도록 자극, 기회를 제공하는 것도 학교와 교육의 책무이다.
11. 하고 싶은 것을 하되 수많은 실패 없이 성공할 수가 없다. 그러나 다수가 실패하면, 도전을 포기한다. 무모한 도전과 시행착오를 시도하면 많은 사람이 비난하며, 이방인 취급을 받을 수 있다. 성공하고 승리한 사람에게는 인생이 즐겁고 도전할 가치가 있다고 느껴지지만, 실패자나 낙오자에게는 인생은 눈물이고 좌절감과 스트레스가 뒤따르게 된다. 이 세상은 성공한 인물을 존경하고 기억하지 실패자나 낙오자를 기억하지는 않는다. 그러나 성공과 실패는 운명이 아니라 선택이고 기회, 노력, 자아 효능감의 차이이다.
12. 도전하고 성공하려면, 스승 복이 있어야 한다. 청출어람(青出於藍)이 천재들의 성공에서도 적용된다.
13. 즐겨 도전하고 몰입하라.
14. 빌 게이츠나 스티브 잡스가 실패했다면 누구도 그들을 존경하지 않았을 것이며 기억하지도 않았을 것이다.
15. 천재들은 창조적 파괴자, 괴짜, 세속적인 가치(부귀영화, 입신양명, 재산축재, 성공 등)에 둔감하고 관심이 없다. 사람을 잘못 만나면 실속 없이 이용만 당하고 피

해를 볼 수가 있다.

16. 인류 역사와 문화, 학문, 과학, 사상과 종교의 발전과 창조, 개척 및 혁신(innovation)은 소수의 뛰어난 창조적 인물(개인)에 의해서 선도되어 왔다. 그러나 창조적 천재의 삶이나 생애는 학창시절이나 성인이 된 후에도 행복하지 않았다(예: 레오나르도 다빈치, 스티브 잡스, 다산 정약용, 추사 김정희).
17. 특히 여성 천재, 소수 민족(다문화 가족), 불우한 청소년들, 사회경제적 지위가 낮은 저소득층 계층들이 주류사회에 진입할 수 없도록 신분 상승의 기회가 닫혀 있는 사회와 교육 제도가 바뀌어야 한다. 공의로운 국가 건설에도 부합하는 제도인 것이다.
18. 과학, 예체능 위주의 영재교육에서 보다 열려 있는 인문, 사회, 교양, 예체능과 산업기술과 노작 교육, 독서 교육, 삶의 현장(희로애락, 고통의 사연 체험)이 융합된 영재교육으로 변환, 개선되어야 한다. 초·중등 연계 영재교육과 사립 영재학교가 개설 운영되도록 정부가 허용, 지원해야 한다.
19. 정부가 거시적 안목과 장·단기 계획을 입안해서 체계적으로 창의적 영재교육에 적극 투자해야 한다. 우수한 인재 발견과 육성이 국가의 희망과 미래를 결정하는 경쟁력인 동시에 핵심역량인 것이다(教育立國). 발견되지 않은 영재는 없다고 한다. 영재 육성과 발견은 동시에 중요한 국가적, 교육적 책무이다.
20. 빌 게이츠와 스티브 잡스의 IT 분야에서의 성공신화가 학교교육과 교사의 지도력에 의해서 이뤄진 것이 아니라는 점은 현행 교육제도에 문제(인재 발견과 육성에 실패하고 있다. 기존의 교육력에 반성이 필요하다)가 있음을 지적하고 있는데, 이를 공교육과 국가가 반성하고 책임을 져야 할 것이다.
21. 교사 위주의 주입식 교육에서 벗어나서 영재교육에서는 머리를 쓰는 교육, 즉 생각에 몰입하기, 창의적으로 생각하기, 비판적으로 생각하기, 토론 수업, 문제 발견과 해결하기, 노작 교육, 건강증진을 위한 체육 교육, 실존적 문제로 고민해 보는 교육(왜 비극적인 전쟁이 이 세상에서 사라지지 않는가, 사람은 왜 병에 걸리는가, 자원 고갈에 대비하는 방안, 운명적으로 남을 해치는 사이코패스의 치료는 불가능한가 등), 토론 문화에 대한 훈련이 필요하다.
22. 시대정신(zeitgeist)도 성공과 수월성 실현에 영향을 끼치는 중요한 조건이다. 레오나르도 다빈치가 원래는 과학자가 되어 이 세상을 혁신, 발전시키려고 시도했으며 재능도 뛰어났으나, 시대 상황과 조건, 뒷받침이 불리하고 그 당시에는 과학이 중요한 삶의 가치로 존중받지 못한다는 것을 알아차린 그는 자신이 변신(transformation)하여 예술가로 기여하며 평생을 살았다. 만약 IT계의 천재인 빌

게이츠도 레오나르도 다빈치와 동시대 인물이었다면 시대정신에 비추어 현재와 같이 성공할 수 있었을지는 불확실하다.

인기 영화배우인 **톰 크루즈**는 유명 뮤지컬 ≪페임≫의 TV판 배역을 위해 오디션을 받았는데, 배역 담당자는 "그만 됐네."라는 한마디 짧은 말로 심사를 마쳤다. 하지만 그는 이후 영화 ≪청춘≫, ≪레인맨≫, ≪어퓨굿맨≫, ≪제리 맥과이어≫에서 주연으로 캐스팅되었고 지금은 수백만 여성의 우상이 되었다.

발명왕 에디슨과 천재의 전형(典型, exempler)인 레오나르도 다빈치, 과학자 앨버트 아인슈타인은 천재적인 창의성을 발휘한 위인들이지만 공통적으로 책을 잘 읽지 못하는 난독증에 시달렸다.

토미는 1856년 12월에 장로교 목사의 딸인 어머니 자넷 우드로우와 미국 남부에 있는 장로교회의 리더가 된 목사인 아버지 조셉 루글레스 윌슨의 아들로 태어났다. 토미의 부모는 좋은 교육을 받은 지식인이었으며 교양을 갖춘 분이었다. 그러나 학창시절에 토미는 읽기를 잘 못한 장애자였다. 그래서 특수학교를 다녔음에도 불구하고, 그는 여전히 10~11살까지 글을 제대로 읽지 못했다. 피나는 노력 끝에, 그는 후에 프린스턴대학이 된 뉴저지대학에 입학 허가를 받았다. 대학에 진학을 해서도 토미는 동료들보다 학업에서 탁월하지 못하였다. 토미가 학교 공부를 하는 데서 고전했다는 지금까지의 이야기만으로 그의 후반부의 삶도 실패와 좌절을 반복하여 성공적인 인물이 못됐을 것이라는 짐작을 하게 될 것이다. 그러나 토미의 후반부의 사연 많은 삶의 경로를 살펴보면 이러한 예측이 잘못된 것임을 알 수가 있다.

토미는 **토마스 우드로 윌슨**이었다. 그는 프린스턴대학을 졸업한 후에, 버지니아대학에서 법률가 자격증을 받았고, 존스 홉킨스대학에서는 정치학 박사학위를 받았다. 그 후에 브린마우대학, 웨슬린대학, 그리고 프린스턴대학에서 교수로 재직하면서, 윌슨은 아홉 권의 저서를 집필하여 존경받는 교수, 수필가가 되었다. 그는 1902년에 명문 프린스턴대학교의 총장이 되었고, 대학 총장으로 재직하면서 대학 개혁을 추진하다가 교수들의 반발에 부딪치자 정계로 진출하여 대통령에 당선되었고 많은 치적을 남겼다. 그는 1910년 압도적인 지지로 뉴저지 주지사에 당선되었고, 1912년에 그는 미국의 대통령 선거에 출마하여 현직 대통령인 윌리암 하워드 태프트를 이기고 제28대 대통령이 되었다. 그는 대통령으로 재직한 8년 동안 윌슨은 제1차 세계대전을 치루고 유럽에서의 지속적이고 의미 있는 평화와 자유를 유지하는 데 쉬지 않고 노력했다. 1919년에는 UN의 전신인 국제연합동맹을 결성한 공로로 노벨평화상을 수상하였다.

윌슨의 정치사상인 민족 자결론(民族 自決論), 즉 약소국일지라도 국가의 독립은 그 민족 스스로가 자주적으로 결정할 권리가 있다는 그의 정치관이 일제의 식민지 지배 하에서 신음하던 우리 민족이 분발해서 3.1 독립운동을 전국적으로 전개하게 된 결정적인 영향과 각성을 하도록 하는 촉매제가 되었다. 따라서 윌슨 대통령의 민족 자결론이 후일 우리나라가 일제로부터 독립하는데 크게 도움을 주었다고 할 수가 있다.

그의 대학 졸업 후, 즉 인생 후반부의 삶과 업적을 근거로 윌슨의 인물평(profile)을 한다면 대부분의 사람들은 토마스 우드로 윌슨은 총명한 사람이었다고 말할 것이다. 그러나 어렸을 때, 즉 학창시절에 그가 지능검사를 받았다면 그는 "총명한, 영리한 학생" 범위에 속하는 점수를 받지 못했을 것이다. 윌슨의 전반부, 즉 학교생활에서 성적도 않좋았고 적응을 잘 못해서 고전했던 난독증이라는 장애가 있었던 어린 학생시절의 생활 모습을 보면 후일 대성(大成)할 인물로 평가받지 못했을 것이다. 무엇이 윌슨의 삶을 바꾸어 놓았을까. 심리학에서는 이 현상을 어떻게 설명할 수 있을까?

천재급의 교육 심리학자인 스턴버그(Sternberg) 교수와 그의 아들이 어려서 지능검사를 받았을 때 저능아로 판별되었다는 일화 등은 학업지능(academic intelligence), 수렴적 사고력만을 측정하는 현행 지능검사의 한계를 알려 준다. 윌슨의 드라마틱한, 교훈적인 삶과 관련하여 지능, 지력이란 무엇인가, 현행 지능검사의 한계, 제한점은 무엇인가 하는 의문이 제기된다. 지능검사의 예언 타당도에 의문이 생긴다. 창의적인 영재 학생 판별시에 지능검사를 선호하지 않는 이유가 무엇인가라는 문제가 제기된다.

지능이란, 잠재능력의 구체적인 실체가 아니라 심리측정 전문가, 지능 심리학자, 즉 지능검사 제작자들이 추상적으로 제안하고 있는 지능이란 심리측정 상의 일종의 개념 구안을 측정한 지력에 대한 일종의 명칭이다.

윌슨과 에디슨, 천재의 전형인 레오나르도 다빈치 등 위에서 예시한 실증적인 사례에서 지능(지력)의-발달과 형성 그리고 사연 많은 발달과업에 대처함에 있어서-두뇌의 가소성(plasticity)을 확인할 수 있다. 개인의 성장 발달, 실현 가능한 잠재능력, 즉 지력(知力, intelligence-brain power) 은 미리 선결(先決, predetermine)되었거나 고정불변된 것이 아니고, 분화, 진화되는 능력이며 기량(skills)이라는 것, 동적인 실체라는 것을 확인할 수가 있다. 환경에 적응하면서 지력도 변하고 진화한다는 것을 발견할 수가 있다.

현행 지능검사는 장점도 있지만 문제점을 예시하면, 다음과 같다.

지능검사는 인간의 생활에서 진실로 중요한 가치-예컨대, 정직성, 인간성, 배려, 친절성, 근면성, 지도력, 사회성, 창의력, 기능적 재능, 정의감, 남녀별 특성과 차이, 비판적 사고력, 애국심, 성취동기, 역경 극복 역량(resilience), 욕구좌절 감당력(frustration tolerance), 참을성, 몰입(flow), 스트레스 대처능력 과 지혜(wisdom) 등—을 측정하지 못한다.

이 기회에 이제 학교도 제대로 다니지 못했는데 후일 사회에서 인간 승리의 삶을 산 입지전적인 인물의 사례, 프로필(profile)을 소개하면서 함의를 고찰하고자 한다.

미국의 초대 대통령이었던 워싱턴은 대학을 다니지 않았다. 그밖에도 미국의 역대 대통령 가운데는 대학을 다니지 못했거나 안 다닌 사람이 많다. 클리블랜드, 노예를 해방시키고 미합중국을 건설한 에이브러햄 링컨, 6.25전쟁의 참전을 용감하게 결정한 해리 트루먼, 영국의 체임벌린 수상은 대학의 문턱에도 가보지 못했다.

명성을 날린 문학가 중에도 대학을 못나온 사람도 많다. 조세프 콘라드, 노인과 바다라는 명작으로 노벨문학상을 받은 어니스트 헤밍웨이, 러디어드 키플링, "내가 우물쭈물하다가 내 운명이 이렇게 될 줄 알았지"라는 묘비명을 남겼다고 알려진 평론가인 버나드 쇼, 딜런 토머스, 천재 여류 작가인 버지니아 울프, 시인 하트 크레인... 이렇게 많은 것을 보면 아마도 문학에서는 대학을 다니지 않아야 훌륭해지는 것 아니냐는 생각도 하게 된다.

고갱, 피카소를 비롯해 화가들 중에는 대학을 안 나온 사람이 더 많다. 훌륭한 기자 중에도 멘켄을 비롯해서 대학을 안 나온 사람이 더 많다. 석유 왕 록펠러도 대학을 나오지 않았다.

그런가 하면 고등학교 중퇴자도 상당히 많다. 유고슬라비아의 티토 대통령이 그렇고, 가수인 해리 벨러폰데, 작곡가 조지 거쉰, 작가 잭 런던과 사로얀, 화가인 모딜리아니가 모두 고등학교 중퇴자들이다. 영화배우인 스티브 맥퀸, 딘 마틴, 프랭크 시내트라 등도 고등학교 중퇴자들이다.

아예 초등학교도 졸업하지 못한 명사도 많다: 카네기, 채플린, 작가인 찰스 디킨스와 마크 트웨인, 발명왕 에디슨, 화가 모네, 작곡가인 스자 등…. 학력의 장벽을 뛰어넘어 인간 승리의 삶을 산 분들의 면면을 보면 혹시 이들이 학교교육을 제대로 받았거나 대학을 졸업했다면 슈퍼스타로 더 훌륭한 명성을 남기지 않았을까 하는 생각을 해본다.

지금까지 소개한 인간 승리의 삶을 산 위인들(학교 공부를 잘 못했거나 제도권 정규교육을 제대로 못 받은 인물들, 학교에서의 성적이 우수하지 못해 교사에게서 후일 사회에서 성공하는 인물이 되기 어렵겠다는 평가를 받은 인물들)의 사례는 인간의 지력의 가변성(가소성)의 함의를 확인할 수 있는 증거를 제시하는 것이다.

윌슨과 에디슨, 천재의 전형인 레오나르도 다빈치, 스티브 잡스 등 앞에서 예시한 실증적인 사례에서 지능(지력)의 발달과 형성, 그리고 사연 많은 발달 과업에 대처함에 있어서 가소성(可塑性, plasticity)을 확인할 수가 있다. 개인의 성장 발달, 실현 가능한 잠재능력, 즉 지력(知力, intelligence, brain power)은 미리 선결되었거나(predetermined) 고정 불변한 것이 아니고, 분화, 발전, 진화되는 능력이며 기량(skills)이라는 것을 확인할 수가 있다.

인간의 지력은 고정(fixed) 불변하는 것이 아니라 변화, 진화, 분화, 발달하며 노년기까지 지능 발달이 진행되는 잠재능력이다. 지능보다 한 차원 높은 지혜는 품위 있는 노인들에게서 발현되며, 그리고 현자(賢者, wiseman)는 보통 노인을 연상하지 않는가?

진성 천재(眞性天才, truth genius)처럼 어린 시절부터 재능의 비범함, 수월성이 돋보이는 경우가 있는가 하면, 대기만성(late bloomer) 형으로 천천히 고교나 대학 재학 시절에 영특함이 나타나기도 한다(예: 앨버트 아인슈타인, 우드로 윌슨).

앞에서 관련 사례를 소개한 것처럼 제도권에서 정규교육을 받지 않았어도 천재성을 발휘한 위인이 되었거나 세속적인 자격증이나 대학 졸업장이 없거나 별도의 훈련을 받지 않았어도 영재성과 재능을 발휘하는 인물도 다수 있다. 이와 같이 사연 많은 우리의 삶이 구조적으로 예측 불가능하기 때문에 초·중등교육 기간 동안의 단편적인 학교 성적만으로 학생의 인물 됨됨이와 미래의 진로를 부정적으로 속단하는 잘못은 피해야 한다.

인간의 뇌는 경험과 자극, 노력, 반복 훈련, 성취동기, 목표 설정, 몰입(flow), 역경 극복 역량(resilience)에 대한 반응으로서 자기 스스로의 역량을 (실현 가능한 한계 내에서) 재설계할 수 있는 능력을 진화시켜 왔다. 뇌의 해부학적, 기능적인 구조의 가소성(plasticity) 덕분에 우리를 개개인의 활동에, 역량 발휘에 적합하도록 맞춤 설계하는 것이 가능해졌다. 물론 이 가소성에 교육, 보상, 노력, 반복 훈련, 역경 극복 역량, 유인자극과 동기유발, 목표 설정 등이 영향을 끼친다. 이 가소성, 즉 뇌와 신경의 발달은 유아기나 아동기에 놀라울 정도로 영향력을 나타내지만, 성인기나 노년기에도 뇌 손상 장애자의 경우도 장애를 극복하는 데 위력을 발휘한다.

학교에서 열등생이 그리고 제도권 학교교육을 제대로 받지 못한 인물들이 후일 사회에서 성공한 인물들의 인생 경로를 보면, 뇌의 가소성이 결정적으로 이들의 삶을 변화시킨 촉매 요인이 되었다고 해석할 수가 있다.

인간의 삶을 변화시키고 삶의 질을 창조적으로 혁신시키는데 크게 공헌한 위인으로서 IT 계의 천재로 전 세계에 잘 알려진 빌 게이츠와 2011년 10월 5일 56세로 타계한 스티브 잡스(Steve Jobs)는 대학에 입학을 했으나 별로 배울 것이 없다면서 졸업은 하지 않았고 아예 초등학교도 졸업하지 못한 명사(名士)도 많다. 카네기, 채플린, 작가인 찰스 디킨스와 마크 트웨인, 발명왕인 에디슨, 유명한 화가인 모네, 작곡가인 스자... 등이 있다. 이런 사례에서 학교를 다녀야 만, 즉 대학교를 졸업해야만 입신출세를 하는 것이 아닌 것 같다. 예시한 인물들이 제도권 학교교육을 마치지 못했음에도 명사가 되었다.

학교에서는 열등생, 사회에서는 우등생이 된 인간 승리의 삶, 그리고 학교도 제대로 다니지 못한 인물이 사회에서 후에 인간 승리의 삶을 산 실화를 소개한 전술한 사례에서 몇 가지 의문이 제기된다.

교사가 장래성이 없다고 지도를 포기한 낙제생, 열등생 그리고 제도권 학교를 제대로 못 다닌 인물들이 후일 사회에서 성공을 해서 위인(대통령, 재벌, 노벨상 수상자, 훌륭한 과학자, IT계의 천재)이 된 사례는 '현행 학교교육, 교사의 지도력에 문제가 있었음을 의미하는 것이 아닌가. 공부 잘하는 것만이' 입신출세의 지름길이고 "행복이 성적순이다", 학벌만이 입신출세의 지름길이라는 이 시대에 어떤 교훈을 깨우쳐 주는가.

학교 공부를 잘 못한 사람도 이 세상에서 출세(성공)한 위인이 여러 사람이 있으니 학교 공부를 못한다고 너무 위축되지 않아도 된다든가, 공부를 소홀히 해도 괜찮다든가 미국에서도 부러워하는 때로는 과잉 교육열(education fever)이라고 비판을 받기도 하지만 학력 향상을 위한 학생과 교사의 열정적인 노력과 수고를 평가 절하하는 것은 필자의 의도와 이 글의 논지를 왜곡하는 것이다.

학교 성적만이 그리고 학벌, 학교교육만이 인생의 성패를 가름하는 것이 아니다. 사연 많은 우리의 삶 자체가 변화무쌍한 것이다. 학교에서의 성적은 우수하지 않았으나 후에 입신출세 즉 성공한 연유에 대한 주제는 교육 심리학에서 중요한 연구할 만한 가치가 있는 주제이다. 무엇이 이들을 인간 승리의 삶을 살 수 있도록, 인생 역전이 되도록 영향을 끼쳤는가.

앞에서 예시한 인물들 중에서 우리나라에서 외고나 특목고, 민사고, 장영실 고교에 합격할 수 있다고 간주되는 학생은 누구인가.

이들은 잠재적 재능이 뛰어났지만 여러 가지 제약 때문에 숨겨진 재능을 제대로 발휘, 인정받지 못한 불우한 미성취 영재(gifted underachievers)였는가. 또는 내한한 바 있는(2008) 저명한 스턴버그 교수가 성공 지능(successful intelligence, SI)의 세 가지 구성요인(분석적 지능+창의적 지능+실용적 지능)중 학교교육에서 중요시되는 분석 지능이 우수하지 못해서 공부를 잘 못했지만 학교 밖에서 실생활에서 중시되는 창의적 지능이나 실용적 지능(소질)이 우수했기 때문에 출세(성공)한 것인가.

학교에서는 모든 교과목을 다 잘해야 우등생으로 인정받는데 대학입시에서 당락을 결정하는데 중시되는 국영수 재능이 아닌 별로 인기 없는 분야의 재능, –이들은 그들이 가지고 있는 소질 분야 즉 어느 한 가지 분야에 열중(몰입, flow)했기 때문에 학교 성적이 나빴던 것일까.

전술한 실증적인 사례가 학교에서의 열등생도 사회에서 우등생이 될 수 있음을 또 학교 밖의 현실 사회가 패자부활전의 경기장임을 알려 주는 증거인가.

인간의 지력(知力. intelligence)은 고정, 불변하는 것이 아니라, 변화, 진화, 발달, 분화되며 노년기까지 지능과 창의성, 지혜가 발달이 진행되고 있는 잠재능력이다. 일상적으로, 현자(賢者)와 지혜를 말하는 경우에 품위 있는 노인의 지혜를 연상하지 않는가.

진성 천재(眞性 天才, truth genius)처럼 재능의 비범함, 수월성이 어린 시절부터 돋보이는 경우가 있는가 하면, 대기만성형 영재(late bloomer)처럼 천천히 고교나 대학 재학 시절에 영특함이 나타나기도 한다(아인슈타인이나 미국 대통령이었던 우드로 윌슨이나 영국 총리였던 윈스턴 처칠처럼–).

관련 사례(case)를 앞에서 소개한 것처럼 제도권에서 정규 교육을 받지 않았어도 천재성을 발휘한 위인이 되었거나 세속적인 자격증이나 졸업장을 받지 않았어도 후일 명성(名聲, fame)을 발휘한 영재도 다수 있다. 따라서 사연 많은 우리의 삶이 구조적으로 예측불가능하기 때문에 초·중등교육기간 동안의 단편적인 학교 성적만으로 인물 됨됨이나 미래의 진로를 속단하는 잘못은 피해야 한다.

인간의 뇌(brain)는 경험과 자극, 동기와 몰입(沒入, flow), 목표 설정이나 자아 효능감, 각성(arousal) 등에 대한 반응으로서 자기 스스로의 역량을(실현 가능한 한계 내에서) 재 설계할 수 있는 능력을 진화시켜 왔다.

뇌의 해부학적, 기능적 구조의 가소성(可塑性. plasticity) 덕분에 우리를 개개인의 활동에, 역량 발휘에 적합하도록 맞춤 설계하는 것이 가능해졌다. 물론 이 가소성에 교육, 노력과 반복 훈련, 학습, 역경 극복 역량(resilience), 유인자극과 보상, 격려(칭찬과 인정, 조력) 등이 영향을 끼친다. 이 가소성, 즉 뇌와 신경의 발달은 유아기나 아동기에 놀라울 정도로 영향력을 크게 나타내지만, 뿐만 아니라 성인기나 노년기에도, 뇌 손상 장애자의 경우도 장애를 극복하는데 위력을 발휘한다.

학교에서 열등생이 그리고 제도권에서 정규 학교교육을 재대로 받지 않은 인물들이 후일 사회에서 성공한 위인들의 인생 경로를 보면, 뇌의 가소성이 이들의 삶의 궤적을 변환시킨 촉매 요인이 되었다고 해석할 수가 있다.

말콤 글래드웰은 그의 저서인 그 개는 무엇을 보았나: 참을 수 없는 궁금한 미스터리에서 인재론과 관련해서 다음과 같이 흥미 있는 사례를 제시했다(함인희, 2011.) 아메리칸 풋볼 리그에서 대학 시절에 스타 플레이어로 이름을 날린 선수들 가운데 프로리그로 진출한 이후에 이름값을 제대로 하는 경우는 거의 찾아보기 어렵다는 것을 발견했다. 대학 시절에는 화려한 스타덤에 올랐던 발군의 선수들이 왜 프로 무대에 발을 내딛는 순간에 빛을 잃고 스러져 버리는 것일까? 이 의문을 풀기 위해서 오랜 시간을 현장을 관찰하고 관련 실무자들과 심층 면담을 나눈 결과 글래드웰이 찾아낸 답은, 대학 리그와 프로 리그 사이엔 게임의 룰이 다르다는 사실에 주목해야 한다는 것이다. 서로 무엇이 어떻게 다른가? 즉, 대학 리그에서는 스타 플레이어(주로 쿼터 백)를 중심으로 일사불란하게 다른 동료 선수들은 그를 지원하는 방식으로 게임을 풀어나간다는 것이다. 가능한 한 스타의 플레이어가 돋보이도록 팀워크를 구축하기에 대학의 스타는 동료들의 희생을 전제로 스포트라이트를 받게 되는 경우가 일반적이란 얘기다.

반면에 냉혹한 프로의 세계에서는 어느 누구도 스타를 띄워주기 위한 희생을 원치 않는다. 따라서 프로의 세계에서 스타가 되기 위해서 동료들이 저마다의 포지션에서 충분히 실력을 발휘할 수 있도록 팀워크를 공고히 하고 선수들 간의 경쟁과 갈등을 조율하면서 팀을 리드해 가는 역할을 성공적으로 수행해야만 한다는 것이다.

결국 글래드웰의 주장은 공식 학교교육에서는 단독 플레이어에 유능한 인재를 선호하지만, 학교 울타리를 벗어나는 순간 질적으로 새로운 게임의 룰이 적용되면서 학교에서의 수재가 사회에서는 둔재로 평가 절하되는 현실에 주목해야 한다는 것을 시사한다.

학교 성적이 좋은 사람이 조직 내 성과에서도 우수할 것이라는 전제, 명문대학 출신일수록 높은 지능(高 IQ)을 자랑할 것이며, 조직을 스마트하게 이끌어 갈 것이라는 함의(含意, implications), 한국 사회, 조직 문화에서는 학벌이 최고의 사회 자본으로 지속적으로 영향력을 발휘할 것이라는 가정, 신화에서 벗어나야 한다. 이 자료는 교육과 사회(직장)에서 보는 인재관이 서로 다르다는 것과 대학(학교)에서는 직장(조직)과 사회에서 요구하는 맞춤형 인재를 양성, 배출하는 노력이 필요하다는 것을 알려 준다. 카네기는 미국의 교육혁신에 중요한 기여를 한 바 있는데(그가 설립한 카네기재단이 교육개혁을 위한 다양한 활동을 전개하고 있다.) 그는 미국 교육이 실용주의 교육을 지향하도록 개혁하는 데 주도력을 발휘했다.

저명한 교육 심리학자인 스턴버그(Sternberg, 1997) 교수는 신 지능론으로 알려진 지능의 삼원론을 제안했다. 언어 유창성이나 수리능력과 같이 전통적으로 기존 지능검사가 측정하는 학업지능(academic intelligence, AI)은 초·중·고등학교 교육, 즉 학교교육에서 중요시되는 능력이다. 그리고 실용지능(practical intelligence, PI)이 있는데, 이것은 학교 밖에서의 실생활에서 능력을 발휘하는 데 필요한 능력으로서 학업지능과는 상관이 별로 높지 않은 지능이다. 그 외에 상상력과 독창성이 중시되는 이 시대에 매우 쓸모가 많은 창의적 지능(creative intelligence, CI)이 있는데 이 CI는 교과서에 써 있는 것과는 다른 새로운 방식으로(독창적이거나 상식의 수준에서 기대하지 못했던 기발한 방식으로) 쓸모 있게 작업하고 문제 발견–문제 해결하는 능력이라고 했다. 이 CI는 지식의 소비와 창조에 기여하는 능력으로서 인류의 역사와 문화의 발전은 이 CI가 뛰어난 소수의 영재들에 의해서 주도되었다는 영재교육 것이 전문가들의 견해이다. 교육 평준화 정책을 추진하면서 학력 향상을 위해서 많은 노력을 하고 있는데 이 경우 학력을 학업지능으로만 간주하는 것이라면 학교 밖의 현실 생활에서 중요한 실용지능과 독창적인 생각으로의 진화, 즉 창의적 지능(재능, CI)은 무시되고 결국 PI에 비범한 재능이 있는 괴짜 학생들은 AC만을 존중하는 현행 학교교육 풍토 속에서는 소외되거나 무시당하는 이방인이 될 수가 있다. 그런 점에서 전술한 위인들의 사례는 여러 가지 함의를 교육 관계자에게 제시한다.

재능에는 제도권 학교교육을 받지 않아도 재능 발휘가 가능한 타고난 비범한 재능이 있고, 학교교육을 통해서 길러지는 범인(凡人)이 있는데 전술한 사례는 전자에 속하는 인물들인 것 같다. 장 독립적(field-independence)이며 창의적이고 자기 주도적인 학습을 선호하며, 인습타파와 창조적 파괴를 추구하는 괴짜(iconoclast)인 이들 비범한 인물들(extraordinary persons)의 뛰어난 수월성(excellence) 발휘에 경직된 대학 입시위주의 주입식이고 교사위주의 제도권 학교교육이 재능 발휘에 별로 도움이 안 된다(고등학교가 본래의 교육목적이 있는데 그러나 대학입시 준비 학교로 가치 전도된 교육현실에서 벗어나 고등학교 교육의 정상화로 교육 정책이 바뀌어야 한다.)

현재의 학교교육은 교육 평준화 정책에 의해 평균인을 길러내는데 성과를 거두고 있는 것 같지만 비범한 재능이 있는 인재를 육성하는 데는 별로 성공하고 있지 않은 것 같다. 인재 육성의 책무성을 다하는 것이 학교교육의 사명이라고 본다면 이들에 관한 한 현행 학교교육–초·중·고교 교육, 특히 현행 대학 입시제도–은 인재 육성의 측면에서 실패하고 있는 것이 아닐까.

지능, 지력도 진화하고 있어서 그 쓰임새가 교실, 교과서, 교사의 역량을 뛰어 넘어 무려 20여 가지 지능으로 발전과 분화가 이뤄지고 있고 창의력도 학교교육, 교실을 뛰어

넘어 실생활에서 다양하게 그 쓰임새가 확장, 발전, 재생산(사소한 창의성에서 큰(위대한) 창의성으로 변환)되고 있다. 따라서 지능과 창의력, 학력(學力)을 거시적 관점에서 접근, 이해하는 식견이 필요하다.

학교, 교실 밖에서 전개되는 이 세상은 사연이 많고 학생이 겪어야 하는 삶은 변화무쌍하고 자의반 타의반 도전과 응전을 필요로 한다. 사교육과 입시에 매몰되어 있는 현행 교육환경에 대한 성찰이 필요하다. 교사는 학생을 1~2년 지도해 본 경험을 바탕으로 다만, 학생의 성적의 높낮이를 기준으로 해서 학교 졸업 후의 학생의 인물 됨됨이나 진로를 부정적으로 성급히 판단(재단)하는 오류를 시정해야 할 것이다.

학교 공부를 잘하고 품행이 모범적인 학생이 존경을 받고 이른바 SKYE 대학(서울대, 고려대, 연세대, 이화여대)으로 통칭되는 일류대학을 나온 인재들만이 사회에서 입신출세하는 것으로 학교와 부모, 언론매체, 기업체는 오해하고 있다. 따라서 공부를 잘하고 일류대학을 나오고 알아주는 기업체(직장)에 취업해서 사는 것이 최선이라고 생각한다. 이른바 명문대학을 졸업한 것이 입신출세를 보장하는 것으로 오해하고 있다.

동시에 학교 공부를 잘 못하고 불량행동(misbehavior)으로 말썽만 피우고 그래서 대학에 갈 형편이 못 되는, 따라서 장래가 별로 기대되지 않는 꼴찌들은 낙오자가 된다. 미국의 부시 대통령은 낙오자가 없는 교육을 선언하고 필요한 조치들을 시행했다고 하는데 우리나라에서는 그와 같은 노력을 시도했다는 소식이 전해 진 바 없다.

인류 역사상 성적 위주의 교육을 해 온 학교에서 꼴찌를 한 학생들이 후일 역사의 진보를 이룩하는데 많은 공헌을 한 위인들이 많다는 실증적인 자료를 앞에서 예시했다. 꼴찌들에게도 박수를 치고 격려하자. 용기를 갖고 할 일 많은 이 세상에 도전해 보라고 이들을 지도하자.

앞에서 소개한 이 위인들이 학교를 다니던 시기에는 현재 우리가 실시하고 있는 영재교육, 학원 교육이 일반화되지도 않았으며 수월성을 존중해 주는 분위기도 아니었고 마땅한 멘토도 없었으며 비범한 재능을 발견, 육성해 주는 분위기도 조성되지 않았다. 따라서 몇 가지 의문이 제기 된다.

무엇이 학교에서 교사로부터 장래성이 기대되지 않는다고 낙인찍혔던 이들의 삶을 바꿔놓는데 영향을 끼쳤는가. 이제는 주지주의 위주의 학교 공부를 잘하는 학생들만이 인재라는 고정관념을 바꿔야 하지 않는가.

학교 공부에서는 실패했고 낙오자였으나 학교 밖 즉 실생활, 사회에서는 성공적인 삶을 산 사례를 보면 인재 육성에 학교는 실패한 교육을 하고 있는 것이 아닌가. 인재 육성에 학교도, 교사도, 학생도 실패하고 있다고 진단한다면 현실을 오진한 것인가.

학교 공부에서 중시하는 국, 영, 수 위주의 학력은 사연 많은 인생지사에서 중요한 능력의 전부가 아니라 일부만을 알려 줄 뿐이며 학교 공부를 잘하는 것, 즉 학업 지능(academic intelligence, AI)이 우수한 것이 사연 많은 삶에서 반드시 성공을 보장해 주지 않는다. 지능의 종류가 20여 가지가 되는데 현실 생활에서 다양한 능력의 쓰임새가 필요하다.

학교 공부를 하기 위해서 학업지능이 중요하지만 학교 밖에서는 그 외에 다양한 지능들이 더 쓸모가 있는데 현행 학교교육에서는 학업지능보다 더 중요한 다른 지능(예컨대, 감성 지능, 사회성 지능, 역경극복 지능, 지도성 지능 등)을 계발, 육성해 주지 못한다. 학교에서 공부하는 머리와 사연 많은 이 세상을 살아가는 머리는 다르다.

중국 국민들의 생활상을 다룬 대지(大地)의 작가인 펄 벅(Pearl Buck) 여사는 "젊은이들은 아는 것이 많지 않기 때문에 신중해지기 어렵다. 그러나 젊은이들은 무모하게 불가능한 일에 도전하고 때로는 그것을 실현한다."고 젊은이의 기질상의 특징을 설명했다.

영재 교육의 아버지로 알려져 있는 미국의 심리학자인 터만(Terman)이 1만 명 중에서 1명의 비율로 천재가 출현한다고 주장한 바 있는데, 그가 IQ 140이상인 천재들의 삶을 추적해서 종단 연구한 결과에 의하면 이들 중에 기업체 CEO, 장관, 대학 총장, 장군 등 세속적으로 입신출세 하거나 부귀영화를 누린 인물이 없었다. 즉, 간단치 않은 삶의 무대에서의 성공은 IQ가 높다는 것 외에 많은 다양한 중요한 변인들이 작용한다는 교훈을 발견할 수 있다. 미국의 역대 대통령, 우리나라의 역대 대통령 가운데 박사학위 소유자가 몇 명이나 되는가. 미국 뉴욕에 있는 헌터 칼리지는 상당히 머리가 좋은 학생들이 다니는 대학으로 유명한데, 이 학교에 입학할 때 학생들의 IQ는 공식적으로 130이 넘어야 한다. 전체 인구의 2% 정도만 이런 능력을 보인다는 사실만 봐도 이 학교 학생이 되려면 얼마나 뛰어난 지능을 소유해야 하는지 놀랍다. 더 놀라운 사실은 실제로 헌터 칼리지 학생들의 평균 IQ는 157이라는 결과도 있다. 이것은 인구 5,000명당 한 명만이 가질 수 있는, 천재라고 불러도 될 만한 수치다. 감성 지능론의 제안자인 골만(Goleman, 1995, 34)은 자신의 감성 지능 저서에서 인생의 성공을 결정짓는 요인들 중 IQ는 잘해야 겨우 20%를 차지할 뿐이고, 나머지 80%는 더 중요한 다른 요인들이 결정한다는 가드너(Gardner, 1995)의 논문 자료를 인용했다.[1)]

---

1) On observer notes: Howard Gardner, "Cracking Open the IQ Box," The American Prospect,

학교에서의 우등생, 사회에서 열등생을 예시하는 사례보다 학교에서 열등생, 사회에서 우등생으로 성공한 사례는—사연 많은 인간사에서 이들 위인의 교훈적인 성공 사례는—교육 심리학이나 영재 교육의 실제에서 시사하는 바는 무엇인가?

앞에서 예시한 인물들이 한국에서 태어나서 학교를 다녔다면 어떻게 공부하고 교사들은 이들을 어떻게 지도했을까, 국영수 위주의 교사주도의 주입식 교육을 받아야 하는 학교생활에서 적응을 잘 했을까. 역시 한국적인 상황에서 인간 승리의 성공적인 인물로 성장했을까. 이들의 재능(끼)를 발견하고 육성하는 자극, 비범성에 걸맞은 심화, 보충교육의 기회를 제공하고 멘토(mentor)를 만나서 능력을 개발하고 실현하면서 인류문화 발전에 기여하고 혁신의, 변화의 선도자(change agent)로서 삶을 살았을 것인가?

이들의 인간 승리의 성공 사례는 일반 지능의 우수함에 의해서가 아니라 특수지능(특수재능)의 우수함 때문에 성공한 것이 아닌가, 따라서 일반지능의 우수함을 최고의 덕목으로 여기는 현행 학교교육의 평가 체제하에서는 특수지능이 우수한 인재들이 열등생으로 낙오자가 될 수밖에 없는 것이 아닌가, 따라서 국·영·수 위주의 주지주의 교과목이 우수한 학생만을 선호하는 기존의 대학입시선발 제도와 특목고의 입학제도는 결함이 있는 선발 방안이 아닌가.

지금까지 앞에서 소개한, 즉 학교에서의 열등생이 사회에서 성공한 인물 이야기는 이들의 인간승리, 입지전적인 사연 많은 삶의 사례에서 이들의 성공은 학교교육의 영향에 의해서 성취된 것이 아니고, 이들의 숨겨진 재능, 잠재능력을 발견, 육성, 대성하도록 조력해 준 통찰력 있는 멘토(mentor)나 수문장(守門將, gatekeeper)의 역할을 하는 안목(眼目) 있는 교사가 없었으며, 지육 위주, 점수(성적), 시험, 입시, 교사위주의 현행 교육환경에서는 상식파괴자인 창조적 괴짜들(iconoclasts)은 학교생활에 부적응 학생으로 인식되기 쉽다.

사연 많은 삶의 드라마에서 인생의 성패는 선행 조직자, 과정변인과 성과변인, 중재변인과 촉매 변인 등에 관한 분석은 메타 분석으로도 해명하기 어려운 난제이다. 사연 많은 인생에서의 여정을, 즉 성패를 단지 학교교육과 성적, 학력(學歷)만으로 설명할 수 있다는 주장은 삶의 경로를 너무 단순하게 보는 편협한 관점이며, 순진한 판단이라는 것을 파란만장한 드라마 같은 굴절된 삶을 살았으나 결과적으로 성공한 IT 기업가(CEO)였던, 즉 신화를 창조한 타계한 스티브 잡스(1955~2011)의 생애에서 배울 수가

Winter, 1995.

있다. 그는 인생을 짧고 굵게 혁신적이고 창조적인 인물로 살았다. 그는 생전에 (대학을) 자퇴하고, (더욱이 여생을 설탕물을 팔면서 보낼 것이냐 또는 이 세상을 바꿀 기회를 잡기 위해 인생을 투자하고 싶지 않은가라며 영입한 CEO 동료에게서 냉정하게 타의에 의해서 그가 창업한 Apple사에서의) 실직했으나, 일 때문에 오늘 내가 존재할 수 있었다고 고백했다. 그는 다음과 같은 인생관을 제안했다: "항상 갈구하라, 인생을 우직하게 살아라."

심리학자인 가드너(Gardner, J. W.)는 "학교는 능력이 있는 자에게는 기회에의 황금길이 된다. 그러나 같은 논법으로 능력이 뒤진 자에게 있어서는 학교는 자기들의 장애를 알아내는 장소가 된다."고 했는데, 설득력 있는 이 말이 누구에게나 어느 경우에나 진(眞)일 수가 없다. 그가 말한 능력이라는 것이 학업 수행 능력 즉 학업지능만을 의미하는 것이라면, 이 글에서 필자가 시종일관 주장한 학교에서의 열등생(학업 수행 능력이 수준 이하인 부적응 학생)이 사회에서 우등생으로 성공한 사례는 학생의 인간 됨됨이나 졸업 후의 진로와 학업 성적의 우열로 인생행로의 성패를 판단하고 예단하는 사고(등식화하는 사고)가 오류일 수 있음을 시사한다고 생각된다. 교육 심리학자들은 학업 지능이 인생에서 성공 여부를 예언하는 비중이 높지 않음을 지적하고 있다. 학업 지능이 사연 많은 인생에서 성공에 영향을 끼치는 중요한 조건이기는 하지만 유일(唯一)한 요인은 아니라는 것이다. 즉, 학력, 학업성적 위주로 판단해 온 인재관을 바꿔야 할 것이다.

이러한 주장과 관련하여, 일본의 인재 육성의 사관학교라고 알려진 마쓰시다 정경숙을 설립, 운영하여 일본 정계와 재계의 지도자를 양성하여 일본 근대화에 기여한 바 있는 경영계에서 신화적인 인물로 존경을 받는 마쓰시다의 인재관을 소개한다(조용헌, 2011).

일본의 지도자 양성을 목적으로 운영된 마쓰시다 정경숙(松下政經塾)을 설립한 마쓰시다의 인재관은 참고할 만하다. 이 학교 입학생을 선발할 때, 학벌(學閥)과 서류시험을 배제하고 면담만으로 선발했다. 그 자신이 어려서부터 불우한 삶을 살았는데 그런 바탕에서 터득한 인재관은, 눈에 보이지 않지만 사연 많은 삶의 무대에서 성공과 실패에 결정적으로 중요한 영향을 끼친다고 믿는 운(運)과 눈에 보이는 애교(愛嬌)를 보고 뽑았다고 한다.

마쓰시다는 어렸을 때, 부모가 돌아가셨고(早失父母), 그 결과로 제도권에서 정규교육을 제대로 받지를 못했다. 거기에다 약골로 태어나서 건강도 좋지 않은 체질이었다. 그는 이러한 3대 약점을 모두 극복하면서 세계적인 기업가로 성공한 인물이었다. 일본과 같은 학벌중시 사회에서 중등교육을 제대로 받지 못한 그가 기득권의 카르텔과 유리 천장을 뚫고 성공한 기업가, 그리고 일본 국민의 멘토 반열에 오르기까지는 얼마나 많은 피, 땀, 남몰래 흘리는 눈물을 닦으며, 무정한 마음, 이 세상을 원망했을까? 이러한 힘든 역경(逆境, adversity)과 위기를 극복하면서 나름대로 터득한 지혜가 운과 애교였던 것이다. 경직되기 쉬운 조직에 그리고 직무 스트레스(job stress)와 탈진(burnout), 직무 불만과 경쟁력, 생산성(직무 성과) 제고 압력에 시달리는 직원들에게 활기와 생동감을 불어넣고 조직과 직원의 융화를 잘 하려면 애교 즉 심리학에서 강조하는 EQ(감성 지능)과 SQ(사회성 지능)라는 문항이 반드시 필요하다고 판단했다고 한다. 그리고 아무리 업무 수행 능력이 뛰어나도 운이 따라주지 않으면 넘어지거나 실패하기 마련이라는 것이다. 이 운(運, chance)은 눈에 보이지 않지만, 기회는 열려 있으므로 목적을 이루기 위해 기회를 이용하거나 기회를 찾아 나서는 노력과 도전과 개척 정신은 어느 정도 운을 이용하는 것이다. 그리고 사람과의 만남, 즉 인맥지도가 운을 따라오게 하는 데 결정적으로 도움이 되어 성공에 이르게 되는 전환점이 된 사례가 많다.

김옥길(金玉吉) 이화여자대학교 전 총장은 조선일보의 일사일언(一事一言)의 "쓸모 있는 사람"이라는 제명(題名)의 칼럼에서 다음과 같은 식견을 제안했는데 그 내용이 이 글의 주제와 관련이 있기에 인용, 소개한다.

> 이 세상에는 소위 유능하다고 자타가 공인하는 사람들도 적지 않다. 학교에 다니면 으레 우등생이요, 경쟁시험을 보면 어김없이 일등이요, 무슨 콩쿠르나 경연대회 같은 데 나가면 틀림없이 특등만 차지한다. 나는 그런 사람을 부러워하지 않지만 우리 사회를 위해서 필요한 존재로 알고 존중하는 것만은 사실이다.
>
> 세상에는 무능하다고 버림받은 사람이 많다. 낙제생이요, 열등생이다. 시험을 보면 으레 떨어지고 손을 대는 일마다 실패만 거듭한다. 그래서 가슴을 치며 하늘을 원망하니 보기에도 민망하다. 아아, 하늘이시여 어찌하여 나를 이렇게 쓸모없는 사람으로 만드셨나요?
>
> 그러나 하느님이 쓸모없는 사람을 세상에 보내셨을 리가 없다고 나는 믿는다. 자기 자신이 쓸모없다고 자포자기하거나 또는 남이 보기에 쓸모없는 것처럼 한심스럽게 여겨지는 사람도, 남이 못 가진 무슨 "쓸모"를 가지고 이 세상에 태어난 것만은 의심의 여지가 없다. 우리가 사람의 가치를 올바로 파악하지 못한 것뿐이다.
>
> 성(聖) 어거스틴은 젊어서 불량자였다. 청교도 혁명을 단행한 올리버 크롬웰은 40세가 되기까지 무위도식(無爲徒食)하던 무명인사였다. 그들도 한 때는 "쓸모없는 사람"이라고 업신여김을 받았으리라. 그러나 역사는 그들이 "쓸모 있는 사람"들이었음을 증명

하여 준다.

나는 대학입학시험 때마다 이런 아픔을 느낀다. 그 많은 학생들을 받지 못하고 돌려보내면서 혹시 이들이 스스로를 쓸모없는 사람이라고 느끼게 하는 것이 아닌가 생각할 때 답답하고 송구스럽다.

우리의 불완전한 제도가 마치 쓸모없는 사람이 세상에 있는 것 같은 잘못된 인상을 그 본인에게와 또 우리 사회에 주고 있지나 아니한가.

나는 시험에 떨어진 학생을 일일이 찾아가 "쓸모없는 사람"이 아니라는 사실을 가르치고 싶다(김옥길, 1998).

3. 결언

학교에서는 주지주의 교과목, 즉 학업성적의 우등생만이 아니라 사연 많은 인생에서의 우등생을 찾아내는 방안에 관심을 갖고 인재를 선발하는 따라서 교육 평가의 틀을 바꿔 보는 노력을 해야 할 것이다. 머리 좋은 것이(IQ) 마음씨 좋은 것만〔EQ(감성 지능)+SQ(사회성 지능)〕 못하다는 말이 있다. 지능과 지혜는 다르다고 한다. 젊은 사람은 총명하고 늙은 사람은 지혜롭다고 한다. 젊은이는 용맹스럽고 늙은 사람은 현명하다는 말이 있다. 이 세상에는 똑똑한 바보도 많다. 덕이 있는 인재가 훌륭한 인물이다(人才德). 재주만 있고 덕이 없으면 괴물과 같다고 한다.

사연 많은 드라마인 인생에서 성공하는 두뇌, 실패와 좌절과 학업 스트레스, 역경을 극복하는 역량(resilience) 개발을 위한 노력, 사회성과 감성(EQ), 지도력, 지혜, 참을성, 도전정신 등에 관한 대처 방안을 마련하고 준비하도록 뒷받침해 주는 교육도 교육자와 학교교육의 책무가 아닌가. 학교 공부에서 우등생뿐만 아니라 인생에서 우등생을 길러내는 교육에도 투자하고 역량을 확대, 교육력을 변환하고 교육 환경을 개선하자. 학력과 성적 위주의 인재관을 바꾸자. 인재 발견과 육성에 기대만큼의 성과를 나타내지 못하는 교육의 틀을 바꿔야 한다. 교육이 국가와 국민의 희망이다. 즉, 교육입국(敎育立國)이 우리의 지향점이 아닌가.

주요 용어

- 학교에서 우등생, 사회에서는 열등생
- 상식 파괴자(Iconoclast)

- 학교에서는 열등생, 사회에서는 우등생
- 학교좌절 증후군
- 천재적인 창의성
- 대기 만성형 영재
- 학습 장애자
- 주의력 결핍이 수반된 과잉행동 장애자(ADHD)
- 교육열(education fever)
- 창의적 지능과 학업 지능
- 멘토(mentor)나 수문장(gatekeeper)
- 주입식 학교교육의 문제점
- 소명을 기다릴 줄 아는 기다림의 덕목
- 학벌이 아니라 학력이 존중되는 사회
- 난독증
- 학업 지능(academic intelligence, AI)
- 가소성(可塑性, plasticity)
- 지력
- 타고난 천재, 길러진 영재
- 스티브 잡스가 위대한 이유
- 미성취 영재
- 분석 지능
- 역경 극복 역량(resilience)
- 학업 스트레스 대처 방안
- 학력 위주의 인재관 수정
- 똑똑한 바보

참고 문헌

강경이 옮김. (2005). 노벨상 수상자 45인의 위대한 지혜. 서울: 청년정신〔마정페이. (2004). 北京: 金城 出版社.〕

고빛샘 옮김. (2010). 심리학의 눈으로 본 창조의 조건. 서울: 21세기북스.

김정미 옮김. (2010). 상식 파괴자(iconoclast): 생각의 틀을 깨고 최초가 된 사람들. 서울: 비즈니스 맵〔Berns, G. (2008). *Iconoclast: A Neuroscientist Reveals How to Think Differently*. Boston: Harvard Business Press〕.

김정휘 편저. (2003). 영재학생: 그들은 누구인가. 서울: 교육과학사.

김정휘·주영숙·문정화·문태영. (2004). 영재학생을 위한 교육: 교사와 부모를 위한 지침서. 서울: 박학사.

김정휘·우동하 옮김. (2007). 우리 아이, 영재로 키우기. 서울: 민지사.

안진환 옮김. (2011). 스티브 잡스. 서울: 민음사(Walter Isaacson, (2011). *Steve Jobs*. Simon & Schuster).

양주리 옮김. (2006). 행복한 영재로 키우는 칼비테(Karlwitte) 영재 교육법. 서울: 푸른 육아.

조갑제. (2010). 박정희의 결정적 순간들: 62년 생애의 62개 장면들. 서울: 가파랑.

조용헌. 살롱(805). 운(운)과 애교. 조선일보. 2011. 10. 3. 제28228호.

최효찬. 세계 명문가의 위대한 유산. 한국경제신문. A25. 2011. 9. 17.

함인희. 한국사회 인재관에 물음표를. 한국경제신문. 오피니언. 2011. 10. 12.

Deutschman, A. 서정현. 옮김. 제왕의 퇴장(Exit the King). *Newsweek* 한글판. 2011. 9. 7. 38~45.

제 2 장

진화하는 지능의 유형과 그 함의 및 지능 연구 동향[1)]

김 정 휘
(춘천교육대학교 명예교수, 교육 심리학)

운동경기에서 이겼을 때 선수 시절에는 자신이 잘해서 이긴 줄 알았다. 코치 시절에도 자신이 잘나서 이긴 줄 알았다. 감독이 된 후에 이겼을 때는 선수들이 잘해서 이긴 줄 알았다.

동일한 주제에 대하여 자신의 위치에 따라서 해석이 달라진다.

1. 서론

지능이란 어휘가 최초로 사용된 것은 역사적으로 기원전 로마의 정치가이며 철학자로 명성을 날린 키케로(Cicero)에게까지 거슬러 올라가며 학계에서 정식으로 쓰이기 시작한 것도 15세기경부터라고 알려져 있다(Guilford, 1967)고 한다. 그러나 철학적인 의미의 정의에서 벗어나 논리학적인 개념으로 지능을 정의한 것은 갈톤(Galton)에 의해서

1) 이 자료는 교육연구. 2008. 제26권 제1호. 47-84. (춘천교육대학교 초등교육연구원)에 이미 발표한 논문을 수정, 보완한 것이다.

비롯되었으며 그 이후부터 지능에 관한 괄목할 만한 연구 자료들이 발표된 바 있다.

뿐만 아니라 지식 기반 사회(knowledge-based society)인 21세기에도 지능에 관한 연구가 지속적으로 이루어지고 있는 심리학의 중요 화두이다.

지능이란 무엇이고 전문가들은 어떻게 설명해 왔는가에 대해서 심리학계에서나 관련 학자들이 동의, 합의한 단일개념이나 정의가 심리학계에서도 제시되어 있지 않기 때문에 지능의 본질에 관한 정의나 설명은 심리학자의 수만큼 많다고 한다.

지능의 본질에 대한 학자들의 정의가 다양한 것처럼 연구하는 관점도 여러 갈래로 이루어지고 있다. 예컨대, 심리측정학적 관점, 정보자료 처리과정에의 관점, 인지발달론적 관점, 생물생태적 관점(bio-ecological theory), 사회적응 관점, 복합 체계 이론(Complex System Models), 심리검사와 심리 측정의 관점, 지능 심리학의 관점 등 이들 여러 가지 지능연구 방법은 내용이나 참조체계(Frame of References)에 있어서 접근 방법에 차이가 있고 지능에서 서로 다른 측면을 다루는 동시에 서로 중복되는 내용도 있어서 서로 배타적이라기보다는 상호보완적이라고 할 수 있다.

이 기회에 참신하고 설득력 있는 바온(Bar-On, 1997)의 지능 정의를 소개한다.

> "지능은, 능력과 역량, 기능들의 결합체로 기술되며 그것들은 일생 동안 효과적으로 살아가는데 이용될 수 있는 지식의 집합을 나타낸다(collection of knowledge used to cope with life effectively). 형용사적인 감성은 이런 특수한 형태의 지능이 인지적 지능과는 다르다는 사실을 강조하기 위해서 적용되었다" 〔Bar-On, 1997을 인용한 Sternberg (Ed.). (2000)을 김정휘 외 옮김(2013)에서 재인용〕.

지능 관련 이론과 연구 자료가 다양하고 무수히 많지만 이것을 체계적으로 정리, 소개한 자료는 불충분하며 지능의 본질과 기능, 효과와 쓰임새에 대한 연구는 현재 완료형이 아니라 현재 진행형이고 2000년대에도 계속 연구가 지속될 미완의 과제이다. 아마도 앞으로는 뇌신경, 뇌 생물학 등 두뇌 과학(Brain Science)과 지능 심리학, 뇌 공학, 교육학과의 통섭에 의한 학제적 연구가 이루어져서 보다 새로운 연구 성과가 발표되고 활용되는 시기가 도래할 것으로 전망된다. 아울러서 좋은 뇌와 불량(병든) 뇌와 대처 방안에 대한 실용적이고 개방적인 연구도 이루어질 것으로 생각된다.

심리학 발달사에 대한 이론과 체계에 대한 자료를 고찰(考察)해 보면 인간은 서로 다르다는 명제를 기반으로 시작된 개인차의 발견에 따른 지능 측정이 현대 심리학의 발달사, 특히 심리검사와 심리측정, 지능 심리학과 교육 평가에 중요한 기여를 해 왔고 오늘까지 지능의 본질 탐구와 측정방법의 개발과 지능의 쓰임새의 개발과 극대화 노력이 계속 진행, 연구와 응용, 진화하고 있는 미완(未完)의 현재 진행형 과제라는 것을 알 수가 있다.

인류 역사상 인간 실존과 현실생활에서나 학문적으로 지금과 같이 지능, 지력이 강조되고 중시되어 온 때가 일찍이 없었던 것 같다.

이러한 경향은 지식기반 사회, 창의력이 중시되고 있는 현대 사회·문화·교육력·안락함과 편의·웰빙이 생존과 건강한 삶의 질의 중요한 가치로 변환되고 있는 상황에서도 피 할 수 없게 될 것이다. 지능의 유형도 증가하고 진화하고 있는데, 예컨대, 일반적으로 많이 알려진 IQ 이외에 게임 지능(Game Intelligence, GI), 인맥 지능(Human Network Intelligence, HNI, NHQ), 위기관리 지능(Risk Intelligence Quotient, RIQ), 사회 지능(Social Intelligence, SI), 신경 지능(Neuro Intelligence, NI), 성공 지능(Successful Intelligence, SI), 구체화된 지능(Crystallized Intelligence, gc), 부동적 지능(Fluid Intelligence, FI), 실용적 지능(Practical Intelligence, PI), 창의적 지능(Creative Intelligence, CI, IQ, Idea Quotient+CQ, Creative Quotient), 분석적 지능(Analytical Intelligence, AI), 문화 지능(Cultural Intelligence, CI), 노력 지능(Effort Intelligence, EI), 영성 지능(Spiritual Intelligence, SQ), 윤리 지능(Ethical Intelligence, EthQ), 교육학적 지능(Pedagogical Intelligenc, PQ), 감성 지능(Emotional intelligence, EQ), 명석 지능, 위기극복 역량 지능(Resilience Intelligence), 역경 지능(Adversity Intelligence, AQ), 도덕성 지능(Moral Intelligence, MI), 부자 지능, 둔감 지능(Insensitive Intelligence, II) 등 다양한 종류의 지능이 필요성에 따라 개발, 활용되고 있다.

지능의 본질에 대한 해석, 적용 범위를 확장하여 지능검사 상에서 측정된 지능, 학업적 지능(academic intelligence, AI)의 범위나 지적 능력을 뛰어 넘어 또는 이와는 별개의 인간 노력의 모든 다양성을 묘사하기 위해 노력지능이 제안되고 있다.

지능이 표준화된 지필검사 형식의 지능검사 상의 결과로 사정, 판별되는 기존의 IQ 이른바 지능의 대명사인 IQ와 교실 내에서의 학업 수행능력의 유관성을 추론하는 범위를 뛰어 넘어[2] 실생활(예컨대, 직장, 사회생활, 인간관계 또는 인생이라는 드라마에서 중요한 화두인 성공, 문화)과의 유관성의 맥락에서 지능의 활용 영역이 진화, 확대되고 있음을 알 수가 있다.

---

2) 1900년대 초기에 양차 세계대전과 관련하여 대 유행을 했었던 IQ 검사에 대한 맹목적이고 무분별하게 현혹되었던 분위기에 관하여 성취동기 이론과 측정 방법을 개발, 실용화시키는 데 많은 공헌을 한 바 있는 하버드 대학교의 심리학 교수인 데이비드 맥클래렌드(David McClleland) 박사는 "심리학자들은 부끄럽게 생각해야 한다."고 개탄했지만 IQ에 대한 대중의 호기심과 열광을 돌이키지는 못했다고 한다(강준만, 2011).

2. 지능의 유형과 함의

지능에는 과연 몇 가지 종류가 있고 그 기능과 특성, 쓰임새는 어떻게 다른가? 심리학. 교육 심리학, 인지 심리학, 지능 심리학에서의 지능 담론이 과거에는 학교, 학생, 교육, 교사, 교실, 심리측정과 평가, 심리학 연구실, 지능검사에 머물러 있지만 오늘날에는 비즈니스, 경영, 다면평가 위주의 인사 선발과 평가, 산업 및 조직 경영과 관리 분야에서 화두가 되는 지능의 종류가 하루가 다르게 늘어나고 있고 심리학, 교육학 관련 이론과 인사선발 및 활용에 따른 산업·경영 현장의 필요를 접목시키는 실용주의 지능(practical intelligence, PI) 영역으로 지능의 쓰임새(용도와 활용)가 확대되고 있다. 이 세상에 존재하는 모든 사물을 측정할 수 있다, 인간은 서로 다른 존재라는 명제에서 출발해서 처음에는 공부하는 능력을 재는 (학업) 지능을 측정하는 지능검사가 개발, 사용되기 시작한 이래 최근에는 타인과의 인간관계를 조율하는 능력의 척도인 감성 지능(EQ)이 등장했다. 그 다음에는 혁신적이고 창의적인 사고와 문제 해결을 할 수 있는데 필요한 창의성 지능(CQ)이 그 후에는 인간관계의 질을 풍요하게 만드는 기본 기량(basic skills)으로 중시되는 사회성 지능(SQ)이 등장하고 최근에는 위험이나 실패로부터 배우고 이해하며 실패를 반복하지 않는 유비무환(有備無患)의 지혜를 활용하는데 필요한 위험 관리지능(Risk Intelligence Quotient), 집단의 의사결정과 행동에 나침판 역할을 하는 집단 지능(Group Intelligence)이 그 모습을 드러내고 있다.

이와 같이 삶의 조건과 양태, 가치관이 다변화되고 있기 때문에 지능의 쓰임새가 다양해지고 있으며 진화되고 있고 이들 지능은 교육, 노력, 감성, 준비, 대처 능력과 지원, 프로그램에 의해 개발, 육성, 학습이 될 수 있다는 것이다.

진화하는 지능의 쓰임새가 다양한 종류의 지능을 출현하게 영향을 끼쳤으며 이 지능을 어떻게 측정, 발견, 인류의 삶에 유익한 쪽으로 어떻게 활용하도록 할 것이며 육성할 것인가는 전문가, 실무자의 몫이다. 발견되지 않은 영재는 없다고 하는 것처럼 필요, 발견 여하에 따라 여기에서 제시한 지능의 목록이외에 통찰력 있는 전문가에 의해 생성, 창안된 지능의 목록이 앞으로도 더 추가될 수 있을 것이다.

이제 진화, 분화하고 있는 지능의 유형과 특징 및 쓰임새의 차이를 예시, 소개한다.

게임 지능(Game Intelligence, GI, GQ)

인지능력과 관련하여 마흐로(Mahlo, 1975)는 게임 지능(Game Intelligence, GI. GQ)이 있다는 주장을 했는데 다음과 같이 세 가지로 구성되어 있다고 했다.

1. 게임 상황에 대한 분석력과 이해력
2. 게임 상황(맥락)에 관한 지각 능력과 민첩하고 결단력 있는 사고에 의한 문제 해결 능력
3. 게임에 대한 반응 시간

연구에 의하면 이 게임 지능은 게임 진행에 있어서 실제 게임 성적과 비례하는 상관관계가 있다는 것이 나타났다는 것이다. 그러나 게임 지능과 실제 성적 모두 기존의 IQ 검사와는 별 관련성이 없는 것으로 나타났다(Radford, 1990, p. 68).

인맥 지능(Human Network Intelligence, HNI)

직장인들은 직장 문화 속에서, 사회에서 성공하기 위해 가장 필요한 능력으로 인맥지수(HNQ)를 꼽았다. 채용 정보자료 업체 사람인(人)이 직장인 711명을 대상으로 사회에서 성공하기 위해서 필요한 지수를 조사한(2007) 결과 32.8%가 직장 내에서 연결되어 있는 인맥의 중요성에 동의한다고 응답했다고 밝혔다. 2위와 3위는 각 각 사회성 지수(SQ, 27.4%)와 열정 지수(PQ, 15.5%)가 차지했다. 이어 창조성 지수(CQ, 9.3%), 글로벌 지수(GQ, 7.6%), 도덕성 지수(MQ, 3.4%) 등의 순이었다. 여성들은 사회성 지수(32.2%)가 가장 중요하다고 응답한 반면, 남성들은 인맥지수(34.2%)라고 응답해서 성별에 따라 반응의 차이를 보였다. 줄을 잘 서야 출세한다. 아부도 경쟁력이라고 하지 않는가. 인사(人事)가 만사(萬事)이고 망사(亡事)라는 이야기도 있다. 인재를 찾아 등용하는 것이 제왕의 제일가는 덕목이라고 한다. 제왕이 국가를 성공적으로 관리, 경영하는데 가장 중요한 조건은 현자(賢者)의 등용이라는 것이 역사적으로 이미 잘 알려진 진리이다. 명작으로 인정받고 있는 로마인의 이야기를 저술한 일본의 여류작가인 시오노 나나미는 한 나라의 흥망은 인재 활용에 달려 있다고 전제하고 국가가 흥하는 것은 인재 활용을 잘 했기 때문이며 국가가 망하게 되는 것은 적재적소에 인재 활용을 안했기 때문이라고 지적한 바 있다.

서기(書記)에는 인재등용의 지침이 되는 명쾌한 인물평가 기준이 제시되어 있다.

> 동력도덕, 동덕도의(同力度德, 同德度義): 능력을 가려 뽑되 능력이 같으면 덕을 헤아리고 덕이 같으면, 의를 기준으로 뽑으라.

그런데 고위 관직에 임명 예정자들의 신상명세서를 보면, 덕과 의는 안 보이고 재산관리, 자녀 관리, 전관예우 등에서 청렴한 공·사 생활을 했다는 증거가 보이지 않는 것을 어떻게 해석해야 하는가. "사람 속에 내재해 있는 사람 찾아내기"에는 경륜과 통찰

력, 안목, 지혜가 요구된다.

창의력과 지식기반 사회에서는 학연, 지연, 인맥 지능이 사라지는 무연고 사회가 도래할 것으로 예측되고 있다.

위기관리 지능(Risk Intelligence Quotient, RIQ)

테러에 의한 세계무역센터(World Trade Center, WTC)의 붕괴, 대구 지하철 화재 사건, 삼풍 백화점 붕괴, 사상 최악의 충남 태안 앞바다의 원유유출 사고, 전국적 축산 농가의 재난이 된 소나 돼지 구제역 사건, 연평도 포격사건, 서해 천안함 격침 사고, 매년 되풀이 되는 장마, 폭우, 폭설, 일본의 대규모의 지진과 원자력 발전소 사고(2011), 북한의 핵무기 실험(2013), IMF 경제 위기 등 자연 재해와 인재(人災)가 결합되어 발생되는 재난 사태 등의 경험을 통하여 위기관리 지능(Risk Intelligence Quotient, RIQ)의 중요성을 감지하게 되고 유비무환(有備無患)의 지혜의 필요성, 평상시에 위기 발생 및 대처, 준비하는 생활에 대한 각성의 중요함은 재론할 필요가 없다.

인간의 생존 조건에서 대·소 위기와 위험은 국지적으로 끊임없이 발생하는데 이를 사전에 예측하고 대비(有備無患)하라고 일깨우는 위기관리 지능은 데이비드 아프가(David Apgar, 2006)의 착상(idea)이다. 그는 자신의 저서인 Risk Itelligence에서 리스크 IQ의 성질을 대해부하고 있는데 그의 전제는 다음과 같다.

리스크에 대해 알면 알수록 우리는 이를 보다 효과적으로 관리할 수 있으며, 이것은 결국 안전한 길로 돌아갈 수 있도록 해 준다.' 많은 사람들은 많은 기업들과 CEO들이 리스크를 제대로 이해하고 있지 못하다는 사실엔 고개를 끄덕일 것이다. 하지만 어떻게 하면 좀 더 잘 할 수 있을까? 저자는 이 저서를 통해 이에 대한 해답을 제시하였다. 이 책은 비(非) 랜덤 리스크에 초점을 맞춘다. 저서엔 위험 IQ 측정 방법에서부터 심지어는 '위험전략 심사(risk strategy audit)' 방법까지 나온다. 이것은 기업이 리스크의 우선순위를 얼마나 잘 결정하고 있는지, 리스크와 기업의 성장 욕구(growth needs)가 얼마나 균형을 이루고 있는지를 평가하는 방법. 위험을 통해 학습할 수 있도록 최적의 기업 네트워크 환경을 만들고 좀 더 효율적으로 어려운 상황에 대처할 수 있는 방안을 제시하였다. 이 책의 마지막 장엔 이러한 모든 방법론들이 버무려진다. 기업 전체적으로 리스크에 효과적으로 대비할 수 있도록 개별 도구들을 하나의 시스템으로 구축하는 방법이 제시된다. 저자는 리스크 전략 패턴에도 '사계절 위기 순환 구조(four seasons of risk strategy patterns)'가 있다고 주장한다. 결국 기업 경영 과정 속에서 일정하게 반복되는 위험의 '패턴'들을 관련 자료의 베이스화해 적절히 리스크를 예측할 수 있다는 것이다.

하지만 리스크 전략 회계 감사에 관한 부분에서 저자는 목표를 잃은 새처럼 방황한다. 현존하는 전략들을 이야기하다 갑자기 미래 위험전략 수립으로 표류한다. 'Risk Intelligence'는 분명 우리에게 의미 있는 메시지를 던진다. 바로 '어려운 상황에 대해 좀 더 폭넓게, 과학적인 방법으로 이해할 필요가 있다'는 것이다. 만약 그렇게 하지 못한다면, 기업은 위험이 잠재돼 있는 전략을 택할 가능성이 높다. 리스크의 '진짜 얼굴'을 파악하고 이해하는 기업만이 기업을 안정적으로 성장시켜 나갈 수 있을 것이다.

일본에서는 실패학(失敗學)이라는 주제로 위기, 실패 관리와 대비의 중요성을 알아차리고 기업이나 대학의 CEO 연수과정에서 위기관리 지능을 가르치고 있다. 지도자의 위기관리 역량도 성공적인 국가·조직 경영의 요체다.

위기관리 지능과 관련하여 제기되는 문제는 국가적, 지방자치 시대에 지역별 관련 정책과 조직의 가용성과 사전에 준비된 대비책(manual. 예: 화상 외과 수술을 할 수 있는 전문의사와 병원의 절대 부족)과 대규모의 엄청난 재난 발생이 예상되는 외상후 스트레스 장애(Posttraumatic Stress Disorders, PTSD) 문제의 심각성, 관련 전문가와 시설의 부족 문제와 공무원의 보신주의 관성(불리한 것은 도외시하고 행정편의주의, 보고 싶은 것만 보고 챙기며, 책임회피나 미루기 행태와 예산 탓, 인재에 의해서 발생된 재난을 천재지변에 의한 재해(災害) 탓으로 돌리는 나태함(예: 2011년 여름 수해로 인한 춘천지역 숙박시설 붕괴로 인한 대학생들의 참사 사건 처리와 수습대책의 양태에 대한 각성)이라고 생각한다.

우리나라는 비대칭 핵전력의 위기, 즉 핵을 개발한 북한의 적화전략 속에 노출되어 있음에도 불구하고 국민들은 안보 불감증 속에서 정신적 나태함과 막장 드라마에 오염되어 있으며, 정치권은 어리석게도 남남갈등을 부추기는 종북주의를 용인하고 있어서 안팎으로 현존하는 위기에 제대로 대처를 못하고 있다. 유비무환(有備無患)이 필요한 시점이다. 위기관리 심리학이 대학에서 개설, 운영되고 있다.

사회성 지능(Social Intelligence, SQ)

사람이 성공하려면 지능지수(IQ)와 감성지수(EQ) 못지않게 사회성 지수(Social IQ, SQ)가 중요하다는 주장이 제기됐다. 10년 전 EQ에 관한 책을 썼던 심리학자 대니얼 골먼은 2006년 9월 2일 워싱턴 포스트가 주말에 발행하는 '퍼레이드' 잡지에 기고한 글에서 최근 신경과학의 발전을 통해 SQ가 중요하다는 점이 속속 밝혀지고 있다고 말했다. '사회성 두뇌(social brain)'라고 불리는 이 능력은 우리가 의식하고 있지는 않지만 두 사람이 동시에 웃음을 터뜨리거나 연인들이 첫 키스 때 입술을 대는 속도에 이르기까지 사회생활의 아주 작은 부분까지 조절하는 역할을 한다는 것이다. 그는 SQ는 직장에서도 중요한 요인으로 인식돼 직원을 새로 채용하거나 간부직으로 승진시킬 때 SQ가 탁월한 사람을 찾는 회사가 많아지고 있다고 지적했다. 이 잡지는 독자의 SQ를 알아보기 위해 "남녀 여럿이 5분씩 돌아가며 시험적으로 데이트를 한 뒤 다음 정식 데이트 상대를 정하는 모임에서 가장 좋은 첫인상을 남기는 방법으로 당신이라면 A) 자신의 장점 서너 가지를 미리 생각했다가 5분 안에 모두 말한다, B) 파트너에 대해 묻기만 하고 자신에 관해선 질문이 있기 전엔 말하지 않는다"고 예문을 들었다. 잡지는 B가 SQ가 높은 답이라고 말했다.

1920년대에 손다이크(Torndike)가 일찍이 사회성 지능을 측정하자고 제안했을 때에 지능에서 인관관계 기량을 포함하여 지능의 신경생리학적 기반을 어느 누구도 연구하려는 시도를 하지 않았다. 사회적 지능 개념을 제안한 손다이크는 이것은 남자와 여자를 이해하고 다루는 기량으로서 우리 모두가 사연 많은 이 세상을 살아가는 데 필요한 능력이고 자질이라고 했다.

이 사회성 지능은 다른 사람을 이해하고 관계를 유지하며 적응성 있는 사회적 상호작용에 적용하는 능력으로 간주한 심리학자인 손다이크(1928)에 의해서 처음으로 사용되기 시작했는데 여러 연구자들(Moss & Hunt, 1927; Veenon, 1933; Campbell & McCord, 1966)은 ① 다른 사람과 잘 지내는 능력, ② 사교적 기술, ③ 사람들과의 관계에서 편안함, ④ 사회적 문제에 대한 지식, ⑤ 집단 구성원들로부터 자극에 대한 감수성, ⑥ 낯선 사람에 대한 순간적인 분위기나 내재적 성격 특성에 대한 통찰력으로 정의했다. ⑦ 사회적 상황에 적용되는 일반 지능, ⑧ 예의범절에 대한 지식과 행동으로 그 내재적 요건을 사회성 지능이라고 예시했다.

그러나 골먼(Goldman, 2006)은 사람을 능수능란하게 다루는 것이 사회성 지능이 뛰어난 것-예컨대 다른 사람을 희생시켜 자신의 이익을 취하는 것-은 아니라고 했다.

사회성 지능의 구성요건에는 일체성, 파장을 맞추며 관심을 갖기, 귀 기울여 듣기, 감정이입이 된 배려하기가 포함되는데 이것들은 인간관계를 풍요하게 만드는 데 필요한 기본 요건이다. 인간 소외, 고립·고독, 불안, 우울증, 아노미 현상이 심화되는 비인격적이고, 인간적 유대가 무너진 현실사회-심지어 교회에서조차도-에서 사회성 지능의 중요성은 그 어느 때 보다 삶의 중요한 덕목이다. 사람을 상대하는 직업, 사람에게 서비스를(조력을) 해야만 하는 직업 종사자(예: 교사, 의사, 간호사, 세일즈 맨, 성직자들(목사나 신부, 승려, 수녀 등), 물리치료사, 간호제공자(caregiver), 양노원 직원, 은행 창구 직원, 위기관리 요원, 비행기나 기차, 관광 크루즈 승무원 등)에게 필수적으로 요구되는 기본 자질이고 인간성이다.

감정이입 능력은 성공적인 결혼생활을 위해서 특히 신혼 때에는 필수적인 핵심 요건이다. 뿐만 아니라 이혼율이 높아져서 가정 해체가 발생되고 이산가족이 늘어나는 고약한 이 시대에 황당한 이혼을 예방하고 위기에 처한 부부치료에도 EQ 즉 감정이입 능력이 효과가 있을 것으로 예상되므로 그 구체적인 실천 방안의 제시가 필요하다.

신경 지능(Neuro intelligence, NI)

뇌의 창의적, 분석적, 실용적, 예·체능적인 영역에서의 정보자료 처리(예: 계산) 능력을 뜻한다(Perkins, 1995). 이 신경 지능은 지능을 두뇌에 있는 신경 생물학적 근원 및 신경 심리학과 관련시켜 해석한다. 예컨대, 유발전위(EP), 측정, 신경전달 속도측정, 좌·우반구의 기능평가, 양전자 방출 단층 촬영술(PET)과 기능적 자기공명 영상법(FMRI)을 이용하여 상위 인지 문제 해결에 작용하는 뇌기능을 분석, 연구한다. 지능의 신경중추 효율성 모형 연구가 시도되고 있다. 뇌신경의 가소성(可塑性, plasticity)이 이 신경 지능(neuro intelligence, NI) 연구에 새로운 주제가 되고 있는데 뇌의 발달의 가소성은 필요한 시기〔결정적 시기(critical period)〕에 적합한 외부 자극이 결핍되었을 때만 나타나는 것이 아니라 특정 경험이나 자극이 제공되었을 경우에도 발견되며, 발달 초기의 유아나 아동기뿐만 아니라 성인과 노인, 뇌 손상 장애자, 외상후 스트레스 장애(posttraumatic stress disorder, PTSD) 자의 경우에도 기적같이 긍정적인 효과가 나타난다는 것이다. 즉, 역경 극복 역량이 가소성에 의해서 나타난다는 것이다. 성인이나 노인의 뇌에서도 극적으로 가소성이 나타난다는 증거는 뇌 손상 환자들의 재활 치료나 노화에 따른 인지능력 저하(예: 알츠하이머 치매 노인) 방지 프로그램의 효과를 지지해 준다. 가소성 개념은 뇌신경 발달이 영유아기 때 완성된다는 기존의 통념을 수정해야 한다는 중요한 시사점을 학계에 제시해 준다.

경험적 지능(experience intelligence, EQ)

특정 영역에서 풍부하고 지속적인 경험을 통해서 얻는 실질적인 지능(Perkins, 1995)이다. 한국 교육의 중요한 문제점 중에 두 가지는 실생활에서의 경험으로부터 배우는 학습(교육)이 제대로 이루어지고 있지 않다는 것이다. 예컨대, 최근에 개발된 충남 태안 앞바다 기름유출 재앙은 유비무환의 지혜, 기법, 대처방안이 마련되지 않아 더 큰 피해를, 인재(人災)를 당하고 있는 것이다.

핵가족의 문제점은 세상사는 지혜, 살림, 자녀 양육, 부덕(婦德)에 관한 경험적인 지혜를 젊은 신세대(자녀 세대)가 조부모 세대로부터 전수받지 못하고 보존되지 못하며 사라지고 있다는 것이다. 셰익스피어는 경험이란 헤아릴 수 없는 값을 치룬 보물이라고 설파함으로써 경험의 가치를 높이 평가하였다. 사연 많은 이 세상에서 가정이나 직장, 조직에서 바람직한 생활 문화는 남녀노소가 공존하는 삶인 것이다. 사연 많은 이 세상은 젊은이만의 독무대는 아닌 것이다.

교육의 위기를 초래하고 있는 두 번째 문제는 남남갈등을 부추기는 정치교육이 교육현장을 오염시키고 있으며, 정치권이 이들 세력을 부추기고 있는 과오의 결과가 공포스러운 어떤 후 폭풍을 일으키게 될 것인지는 상상하기가 어렵지 않다. 이대로 방치할 것인가.

"한국은 참으로 고약한 이웃나라를 곁에 두고 있다." 이 말은 우리나라와 민족이 겪은 불행한 수난사, 역사를 잘 알고 있는 서양의 지성인이 한국인의 현재와 향후, 정치, 외교, 군사, 역사적인 상황에 대한 걱정을 토로한 담론인데, 아울러서 경험 지능과 위기관리 지능의 함의와 관련하여 다음과 같은 명언을 반면교사로 새기기 바란다.

> 전사불망후사지사(前事不忘後事之師): 지난 일을 잊지 않음으로써 후일에 교훈으로 삼는다.

학문적 지능(academic intelligence, AI)

오늘날 제도권 학교교육이 학생들을 창의성 육성이 아니라 주입식 암기 교육 위주의 교육문화에 동조하거나 강화시킨다는 비판을 받고 있다. 뿐만 아니라 행복이 성적순이라는 미명하에 전인교육은 실종되고 있다.

현행 지능검사는 기본적으로 학업 지향적인 지능을 측정하도록 고안되어 있다. 스턴버그(Sternburg)는 그의 유명한 성공 지능론(successful intelligence, SC)에서 IQ 검사는 분석지능의 한 부분, 즉 학교 공부를 하는데 요구되는 학업수행 능력을 측정한다고 해석했다. 학생들을 오래 가르쳐 본 교사들은 학문적 지능(academic intelligence, AI)의 분야에서는 그다지 똑똑하지 않아 보이는 학생이 다른 분야에서는 매우 우수한 수행을 해 내는 학생들을 발견할 수 있다. 또는 학생은 똑똑하다고 생각하지만 교사가 보기에는 그렇지 않은 학생도 있다. 암기 위주의 주입식 지식에서 지혜로, 고등정신 기능, 상위 인지지능 육성뿐만 아니라 인간미를 중시하는 감성 지능(EQ)과 사회성 지능, 역경 극복 역량(resilience)과 심미적 소양과 현명한 소비자 역량의 배양을 강화하는 방향으로 현행 학교 교육방법의 변환, 개선이 필요하다. 기존의 IQ 검사와 현재의 주입식 암기위주의 교육, 분석적, 비활성지능의 육성만을 강조하는 학교교육에서 실시하는 학력검사는 학생들이 이미 배워서 알고 있는 지식을 기억했다가 正·誤를 변별해 내는 능력을 측정한다.

따라서 학생이 앞으로 이루어 낼 미래의 성취도를 측정하지 못한다는 결점이 있다.

교육 수준별로, 교과목 분야에 따라서, 그리고 학생의 수준, 교사(맨토)의 자질에 따라서 요구되는 학문적 지능 수준은 다르다. 학문적 지능을 출발점 행동으로 보느냐 또는 이용, 개발, 육성해야 할 과정과 산출(성과) 변인으로 또는 미래의 수월성 개발을 위한 도전과제로 보느냐, 공부를 수단이나 목적으로 보느냐에 따라서 학문적 지능의 쓰임새가 달라질 것으로 보인다.

상위 인지 기능상의 지식의 맥락을 파악, 분석, 창안하는 능력이 학문적인 지능을 개발하는 데 도움이 된다.

행동을 이끌어 낼 수 있는 지능(actionable intelligence, aI)

준공을 해야 하는 대형 건축물의 설계 모형(설계도, model), 기업체나 학교의 신년도 또는 장기 사업 추진 계획서나 비즈네스 모형, 군 작전계획(작계)과 수행, 대·소규모의 국내 또는 국제 행사나 회의 진행, 대규모 국책 연구 수행과 마무리 등은 관련된 사유(思惟)와 활동을 보다 쉽게 가시적으로 접근, 실천하기 위해서 의도적으로 일반적으로 이해관계 당사자가 공유하는 가정, 목표, 정책 추진 내용과 방법, 방향, 실천 행동과 업무 추진 매뉴얼 대로 실천하기, 활용 가능한 자원, 즉 인적·물적 동원 전략 등이 거시적, 미시적으로 망라되어 있다. 이런 지능은 전술, 전략 운영을 위한 의사 결정의 토대와 지침이 된다. 즉, 어떤 활동이나 행사를 성공적으로 추진하기 위해서 동원, 활용되는 능력이나 경험, 역량, 지식(know-how), 기량, 수행적 행동을 뜻한다. 행사나 업무 추진 사업계획을 구상, 사업성의 판단, 대 내외 유관 기관과 인사와 협조를 구하고 추진해야 하는 기획 업무 부서에서 특별히 요구되는 지능이다. 뿐만 아니라, 경쟁 업체를 견제, 경쟁력의 우위를 선점하기 위한 대처 전략 수립과 추진 행동 계획의 실천하기도 여기에 포함된다. 따라서 전략적 사고라고도 할 수가 있다.

스턴버그(Sternberg)가 제안한 성공 지능의 구성요인 중에서 실용적 지능(Practical Intelligence, PI)과 그 성질이나 기능면에서 유사하다.

aI는 이사를 해야만 하는 경우에, 이사할 집(아파드)을 구하는 것과 이삿짐 포장, 운반하기, 운반 수단을 정하기, 가지고 갈 물건과 버릴 물건을 선택하기, 이사비용 마련하기, 새집을 도배하고 수선, 리모델링하기와 업자를 선택하기, 아이들 취학문제 해결하기, 동회에 가서 주민등록 하기, 집 근처 지리와 교통 편(수단) 익히기, 재산권 행사에 따른 법적 문제 검증하기, 가구 배치하기와 이삿짐 정리하기 등 이사와 관련된 일련의 행동과 관련된 인지적 동반 능력의 총화를 말한다. 행동의 진행 과정이 계열(sequence)을 이룬다는 것이 특징이다.

피터 드러커, 앨빈 토플러, 폴 케네디, 시오노 나나미 등이 탁월한 통찰력과 지혜로 인류 문화, 문명, 국가의 흥망성쇠의 주류를 분석, 진단, 전망, 예측하는 미시적, 거시적, 통섭적인 사유의 근간에는 이 행동을 이끌어 내는 지능의 수월성이 뒷받침이 되었다고 분석했다. 2012년이 임진년인데 420년 전인 1592년 4월에 외군이 임진외란을 일으켜서 7년 동안 약소국의 압제와 핍박을 당했을 때 이 국란의 위기를 바다에서는 충무공 이순신 장군이 외군을 무찔러 나라를 지켰으며, 육지에서는 서애 유성룡이 외군에게 우리나라가 침략을 당하면 명나라의 안전도 위협을 받을 수 있다는 명분으로 군사·외교적으로 설득해서 명나라의 참전을 유도하여 명과 힘을 합쳐서 외군을 물리친 충신 유성룡의 활약상은 이 두 분의 충신에서 애국심의 진면목과 행동을 이끌어 내는 지능, 즉 결단력과 통찰력, 지도력이 출중했음을 확인할 수가 있으며 뿐만 아니라, 자유민주주의를 지향하는 오늘의 대한민국을 일으켜 세운 국부 이승만 초대 대통령, 경제발전을 이룩한 박정희 대통령, 그리고 위대한 기업가 고 정주영, 이병철, 박태준, 최종현, 유일한 등은 행동을 이끌어 낸 지능의 교훈적 증거일 뿐만 아니라 지능과 지도력, 기업가 정신이 탁월했던 훌륭한 분들의 생애에서, 즉 aI의 실체를 발견할 수가 있다.

성공 지능(successful intelligence, SI)

이 성공 지능(successful intelligence, SI)은 지능론의 대가인 Yale대학교의 스턴버그(Sternberg) 교수가 창안해서 학계에 제안한 참신한 이론이다. 2000년대의 화두가 성공인데, 세속적인 성공이론이 아닌 지능 심리학에 기반을 둔 성공 지능 이론의 성질을 그는 다음과 같이 제시하고 있다. 성공 지능이란,

1. 중요한 목표를 달성하기 위하여 사용되는 지능이다.
2. 인생(삶)에서 숭고한 목표를 달성하는 데 필요한 지능이다.
3. 당사자는 물론이고 그 주위 사람들까지 변화시키는 능력이다. 이 성공 지능은 단지 성취만 하는 사람과 탁월하게 뛰어난 성취를 하는 사람을 구분하는 기준이다.
4. 사업적 감각(business sense)이다.
5. 미래의 성공 지능을 예측하는 가장 좋은 지표는 과거의 성공 지능이다.
6. 경험에서 배우는 능력과 주위 환경에의 적응능력은 비활성 지능보다는 성공 지능과 기능상으로 더 가깝다. 즉, 상위 인지(인지 책략－예컨대, 문제 해결, 추론, 분석, 종합, 변환, 대치, 의사결정 시－을 어떻게 이용할 것인가)에 대하여 개인이 발휘하는 능력과 더 관련이 있다.

7. 성공 지능에 필요한 정신적 능력은 문화권, 직종에 따라 달라진다.
8. 분석적·창의적·실용적이라는 세 측면의 생각을 잘 해 내고 활용하는 능력이며 이 세 가지 측면의 지능이 균형(조화)을 이룰 때, 그리고 필요한 시기와 활용 방법을 알고 잘 선택할 때 가장 효과적이다. 스턴버그 교수는 세 가지 지능 중에서 어느 특정 지능이 뛰어나게 발달한 사람만이 우수한 성공 지능인이 되는 것은 아니라고 강조한다.
9. 성공 지능도 어느 정도까지는 어느 특정 분야에 편중된다. A 분야에서 성공 지능이 뛰어난 사람이 C 분야에서도 그러하리라는 보장은 없다. 이렇게 볼 때 "영재(gifted)"라는 개념은 낡아빠진 지능검사적 사고방식의 유물이다. 물론 영재는 있으나 그의 재능은 어느 특정 분야에 한정된다(197)는 스턴버그의 견해는 모든 분야에서 평균적으로 재능을 발휘하는 달인으로서 영재의 개념을 배격하는 것으로 해석된다.

   영재라도 특정 분야에서 수월성을 발휘하며 만족스럽게 자아실현하면서 성공적인 삶을 사는 인물은 극소수이다.
10. 성공 지능은 정적이라기보다는 동적인 지능이다. 개인이 자신의 재능을 개발하려는 의욕을 갖고 부지런히 노력하거나 성취동기(n Ach)를 발휘하려고 노력하면 성공 지능은 비약적으로 향상될 것이다.
11. 성공 지능은 단순히 인지능력만을 의미하는 것이 아니다. 인생을 살아 나가는 방법에 대한 반성적인 태도(reflective attitude)의 구현도 포함된다.
12. 성공 지능(인)이 늘 올바른 결정을 내리는 것은 아니다. 하지만 늘 자신의 결정사항을 모니터하고 평가하면서 오류가 있을 때는 발견 즉시 시정한다(자아성찰 지능).
13. 성공을 획득하는 능력은 자신의 장점을 극대화하고 자신의 약점을 수정, 보완하는 데 달려 있다.

성공 지능론을 창안, 제시한 스턴버그(1996, p. 127-147)의 해석에 의하면 성공 지능은 다음과 같은 분석적, 창조적, 실용적 지능이라는 세 측면의 생각을 균형 있게 잘 해 내는 능력이다.

(1) 분석적 지능

이 분석적 지능(analytical intelligence, AI)은 기억력과 관련된 암기 재능과 밀접하게 관련성이 있다. 그리고 IQ 검사나 대학입학 수학능력 시험, 교사 임용시험, 의사·약사 고시 등은 주로 이 분석적 지능을 측정하는 것이다. 우리의 현행 교육제도나 당락을 좌우하는 각종 시험은 이 분석적 지능을 인정하고 격려하고 있으며 강화, 장려한다. 이 분석적 지능은 학교 공부를 할 경우에는 유용하지만 학교 졸업 후에 창의력 발휘나 실생활에서의 문제 해결에는 별 도움이 안 되는 비활성 지능(inert intelligence, II)이다. 왜냐하면 실생활, 불확실성의 시대에는 삶의 책략으로서 분석적 지능이 아닌 창의적 지능이나 실용적 지능이 성공적인 삶(생존)에 더 중요하다는 것이 스턴버그의 지론이다.

학교에서는 우등생, 사회에서는 낙제생. 또는 학교에서는 열등생, 사회에서는 우등생이라는 비유가 현행 학교교육에서 그렇게도 강조되는 분석적 지능의 쓰임새와 한계를 비유적으로 설명하고 있다(이 점에 대해서는 이 책의 19장에서 비판적 관점에서 다룬다).

이 분석적 지능이 높은 사람이 동시에 행동을 이끌어 낼 수 있는 지능(aI)도 우수한 가는 탐구가 필요한 주제이다.

(2) 창의적 지능

창의적 지능〔creative intelligence(CI), Idea Quotient(IQ)+Creative Quotient(CQ)〕은 해결해야 할 문제를 결정하고 해결하는 데 필요한 착상(idea)을 구안하는 기능인데 분석적·실용적 지능과 서로 독립적으로 기능한다. 스턴버그 교수는 창의성이란, 지능의 세 가지 국면—분석·창조·실용적 지능—을 알맞게 응용하는 것이고 또 이 세 가지 측면 사이에 균형(조화)을 모색하는 과정인데 지능의 이 세 측면을 삶이라는 드라마에서 잘 활용하면 성공 지능을 구현하게 된다고 규정했다. 아인슈타인은 지식보다 상상력이 더 중요하다고 주창했는데 상상력에 의해서 창의성이 발휘된다. 방한했던 몰입이론의 대가인 칙센트미하이 박사는 창의성 발휘에 있어서 개인, 영역, 현장이 중요한 요건이라고 했으며 가드너는 창의성이 뛰어난 인물은 극단과 극단(열정과 냉정, 고통과 기쁨, 냉철한 지성과 어린이 같은 천진난만함, 재미)을 즐긴다고 했다. 창의성은 관계성, 제도, 문화의 분위기, 시대정신에 영향을 받기도 한다.

흔히 IQ라고 하면 Intelligence Quotient(지능지수)로 해석하지만 창의성이 중요해진 현대사회에서는 아이디어 지수(Idea Quotient)가 인재를 발굴하는 요소가 된다. 현대사회는 과거와 달리 더 이상 '발굴할 자산'(즉, 지하자원)이 없다. 따라서 골드칼라의 번뜩이는 창의적·생산적 사고와 지혜, 즉 생각의 탄생(Sparks of Genius Idea), 창의성의 탄생이 삶의 고귀한 자산이다.

예컨대, 석탄이나 석유와 같은 물질은 더 이상 발굴되지 않는다. 대신 지혜와 창의성과 기술, '지식'이 중요한 자산이 되었다. 우리들이 즐겨 사용하는 컴퓨터도 기호학, 수학, 전자공학 등 여섯 가지 학문지식을 결합하여 만들어진 것이다. 기존의 지식에 새로운 지식이 계속해서 병합함으로써 새로운 분야를 만들어가고 있는 것인데 창의적인 아이디어는 지식기반 시대에 경쟁력의 원천이 된다.

창의적 지능은 문제점을 발견, 새롭고 독창적인 착상(idea)을 훌륭하게 파악하고 실용화시키는 데 쓸모 있는 지능, 선지선각(先知先覺)의 재능, 통찰력으로서 상상력, 발견, 발명, 창안(create), 설계(design), 직관의 심리학이다.

창의성에 관한 주요 이론가들의 의견에 따르면, 최적의 창의적 성취를 위해서는 다음과 같은 조건들이 필요하다는 것이다(Ludwig, 1995; 김정휘 옮김, 2005, 198, 219).

1. 영역 관련 기량(domain-relativant skills): 미술, 음악, 조각, 수학 또는 과학과 같은 특정 영역(분야)에 대한 정규지식이나 그 영역에서 적합하고 숙달되기 위해서 기술적 재능이 필요하다. 이러한 수준의 지식과 재능을 획득하는 인물들은 자신들의 천부적인 인식 능력이나 지각과 운동기능을 개발하는 데 적합한(필요한) 정규·비정규 교육을 필요로 한다.
2. 창의성 관련 기량(creativity-relevant skills): 소설이나 작곡을 구상하는 데 적합한 인식의 유형의 능력과 자신을 표현을 가능하게 하는 작업 유형이 포함된다. 적합한 인식 능력과 작업 유형은 아이디어(着想)의 도출 경험과 자기 규율, 인내심, 비순응성, 몰입(flow)과 같은 성격 특징에 달려 있다.
3. 적합한 과업 동기(task motivation): 특별한 과제를 수행하거나 새로운 작품을 창작하는 이유는 사회적인 기대에 순응하는 것이라기보다는 내재적 필요성에 의해서 의도되는 적합한 것이어야 한다.
4. 전문 기량(professional skills): 창의적 재능의 성취의 또 다른 측면은 작품이나 창작품에 나타나는 기술적인 재능이나 전문 기량과 관련이 있다. 여기에서 전문 기량은 음악, 기억, 모방, 사교, 수학, 신체적 민첩함, 색상, 그림, 공간 감각, 기계 조작 기능, 저술, 악기 연주 기량과 성악회나 연극(오페라)에서의 공연 기량 등에서의 특수한 능력이나 솜씨를 가리키는 것으로 반드시는 아니지만 대개 10대 후반에 나타난다. 그러나 전문기량이나 솜씨는 혁신, 창의성이나 독창성과 관계가 있을 필요는 없다.

   루트비히(Ludwig, 1995)는 연구에서 저명인사들 중에서 10% 미만이 적어도 하나의 특수한 분야에서 예술상의 기교, 숙련, 또는 천재성을 보여 주었다는 것이다. 이러한 유형의 예술상의 기교 는 대부분 작곡가, 음악 예능인, 체육인, 자연과학자와 사회과학자들에게서 발견되었으며 그 밖에 약 3/1은 해당 분야나 표현 수단에서 "비범한" 재능을 갖고 있었거나 특수한 기능의 전문가였다.

피카소의 그림 능력은 14세에 너무나 뛰어나서 유능한 미술가였던 그의 아버지는 붓을 아들에게 넘겨주고는 그림을 포기했다고 한다. 전지전능한 천재이고 르네상스인으로 칭송을 받고 있는 레오나르도 다빈치에게도 이와 비슷한 일화가 전해지고 있다.

(3) 실용적 지능

실용적 지능(practical intelligence, PQ)이 뛰어난 사람은 암묵적 지식(tacit knowledge)을 빨리 습득하고 활용하는 사람이다. 이 암묵적 지식은 행동지향적인 지식으로 타인의 직접적인 도움이 없이 획득되는 지식이며, 어떤 사람이 개인적으로 소중히 여기는 목표를 달성하게 해 주는 지식이다. 현실 생활에서 높은 성취를 이루려면 이러한 지식의 습득과 활용이 대단히 중요하다. 기업하는 사람들은 창업보다 수성(守成)이 더 어렵다는 말을 하는데 이 말은 기업가에게도 실용적 지능이 중요하다는 것을 뜻한다. 대체로 학구적 지능이 뛰어난 사람은 IQ 검사나 다른 시험에 의해 측정되는 형식적 학문적 지식(formal academic knowledge)을 빨리 습득하고 활용하는 사람이다. 실용적 지능은 정규교육을 통해서보다는 일상생활에서 체험을 통해서 더 많이 배우게 되고 무엇에 관한 지식이라기보다는 무엇을 어떻게 문제 해결하는 방법을 아는 지식이다.

지금까지 설명한 분석적 지능과 창의적 지능 및 실용적 지능은 스턴버그가 제안한 성공 지능의 구성요인인데, 이해를 돕기 위하여 이들 지능의 특성을 **그림 2-1**에 예시하였다.

이 실용적 지능은 미국의 교육철학의 중요한 사조인 프래그머티즘(pragmatism)과 그 맥을 같이 하고 있는 것으로 해석할 수가 있다는 것이 필자의 생각이다. 즉, 지식과 지능은 삶과 실존의 문제를 해결하는 데 쓸모 있는 수단이며, 도구라는 주장, 지식이나 지능의 가치는 그 자체에 있는 것이라기보다는 그것의 활용 능력, 즉 지식의 사용 과정과 결과, 즉 지식의 쓸모, 타당성에 있다는 주장과 상호 밀접한 관련이 있다고 생각한다. 실용주의가 미국을 개척해서 번영하게 한 문화적 가치라는 것은 잘 알려진 사실인데, 그런 가치가 있는 실용주의적 접근을 스턴버그(Sternberg)는 그의 창의적인 성공 지능 이론의 구성 이론 중의 하나인 실용 지능 이론에 접목시킨 것으로 필자는 해석을 한다.

중다차원의 지능 이론

가드너(Gardner)는 종래의 학교 공부에서 유난히 중요시해 왔던 언어-논리-수리적 사고력 위주의 학업 지능(academic intelligence)의 측정은 인간의 성장 발달 가능한 지력을 옹색하고 편협한 시각에서 표출(表出)하려는 노력에 의해서 비롯되었다고 비판하고 이런 관점의 활용을 마땅치 않게 생각하면서 종래와는 다른 시각으로 학교 내·외부에

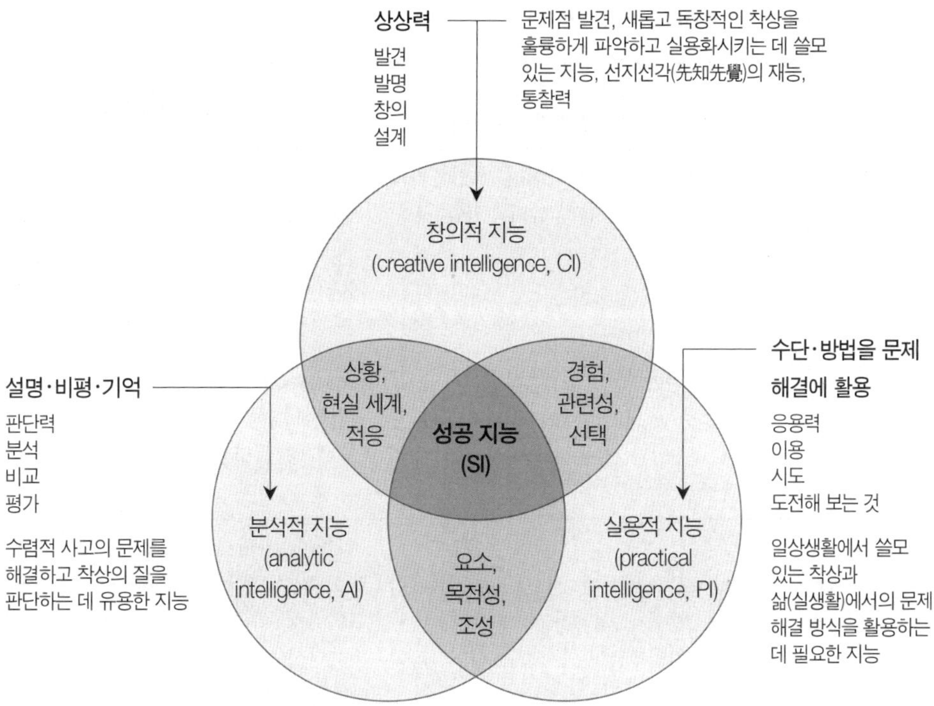

그림 2-1 Sternberg의 성공 지능의 삼위일체

주: 이질적이고 기능하는 모양과 쓰임새(용도)가 다르다(김정휘, 외 2002).

출처: 김정휘·주영숙(2004). 교육 심리학 탐구. 서울: 형설출판사.

서, 인간의 생존적이고 문화적 가치 면에서 우월적인 중요성을 갖고 있는(그 동안 학계에서 간과되어 온) 여러 가지 형태의 이질적인 사고력이 있다고 판단했다.

그와 같은 판단의 결과로 다차원 지능의 존재(existence of multiple intelligence)를 다음과 같이 제안하고(표 참조) 기존의 전통적인 심리측정 방법(학교생활에서 성공할 것인가를 예측하는 능력을 식별해 내도록 개발하는 것)에서 이탈한 참신한 개념 구안을 제안했다. 지능이란

사회적
↙
개인 → 【 지능 】 으로 생존적 가치가 있는 역량
↖
문화적

표 2-1 Gardner(1993)의 10가지 다차원 지능3)

지능	이 영역의 지력이 최고 수준으로 발휘된 상태	핵심적인 구성요인
논리·수학적 능력▲	과학자, 수학자(예: 퀴리 부인, 파스칼), PC과학자, 건축 설계자, 엔지니어, 회계사	수학·과학에 있어서 논리적·수리적 도안을 식별하는 능력과 민감성, 추리력에 대한 긴 연속물을 다루는 능력, 컴퓨터 언어, 관찰된 현상에 관하여 가설을 검증하고 구안하는 능력
언어 능력▲	시인, 언론인, 작가(예: 버지니아 울프, 톨스토이, 셰익스피어, 킹 목사), 명 강의자(웅변가, 김동길 교수), 법률가, 정치적 토론자	소리(sound), 음률(rhythms)과 단어의 의미에 대한 민감성, 언어의 상이한 기능에 대해 민감하고 효과적으로 언어를 활용, 감동적으로 전달하는 능력
음악적 능력	작곡가, 바이올리니스트, 음악가(예: 모차르트, 베토벤, 장한나), 악기 제작자와 연주자, 성악가(빅 쓰리 테너, 마리아 칼라스), 음악 교수(교사), 음악 평론가	리듬의 가락〔고저(高低)〕, 음색(timbre)을 식별하고 연출하는 능력, 음악을 감상·이해·창작하는 능력, 무대에서 미성(美聲)으로 성악, 악기 연주 능력, 악기 제작 능력
공간·지각 능력	항해사(항법사), 조각가, 건축가(예: 프리더칼로 패이, 피카소), 사진가, 비디오 그래퍼	시각적·공간적 세계를 정확하게 지각하고 그리며 최초의 지각의 변형을 시도하는 능력, 시각적 대상을 마음속으로 조작하고 상상하며 자세한 것까지 헤아리고 주목하는 능력
신체·근육 능력	무용가, 운동선수, (무언극)연기자(예: 그래함, 이사도라 던컨), 외과의사, 건축 기술자	신체 움직임을 제어하고 숙련된 몸짓으로 대상을 다루는 능력

가드너는 예시한 바와 같이 지능을 인간의 실존에서 생존적이고 문화적 가치를 가지고 있는 능력으로 정의하고 이 세계(삶)에 대한 다음과 같은 10가지 대처방안이라는 관

3) Gardner의 중다차원의 지능 이론은 정보자료 처리 과정과 사회문화적인 안목의 틀 속에서 지능의 중요한 결정 요인으로서 환경의 영향과, 논리·수학적 능력과 언어 능력은 기존의 현행 지능검사가 측정해 온 능력이다. 그리고 학교교육에서 중시되는 능력이다. 지적인 수행, 사정(assessment)한 만큼의 개발 여지가 있다는 것을 연구 과제로 제시하고 있다.

출처: *Multiple Intelligence: The Theory in Practice*; & Campbell, L. Campbell, B. Dickinson, D. (1999). *Multiple Intelligence: Teaching and Learning through*. Boston: Allyn and Bacon.

표 2-1 Gardner(1993)의 10가지 다차원 지능 (계속)

지능	이 영역의 지력이 최고 수준으로 발휘된 상태	핵심적인 구성요인
인간 친화 능력 (대인 관계 능력)	치료자(정신과 의사), 세일즈 맨, 교사, 전문 상담 치료자, 목사, 사회사업가, (희극)배우, 정치가, 간호사	상대방의 기분, 동기 유발, 기질(체질), 긴장, 생각, 영향력, 다른 사람의 욕구에 적합하게 대응하고 식별하는 능력
자성(自省) 능력 (자기 자신에 관한 성찰 능력)	심리 치료사, 종교지도자, 작은 부분까지 세밀하게 정확한 자기인식을 하는 사람(예: 프로이드), 철학자	"너 자신을 알라"는 격언의 기초가 되는 능력, 자신의 강·약점, 욕구, 지능, 동기, 느낌, 감성에 관한 지식(자아 정체성)이 행동을 지도, 자신을 변화시키는 능력, 반성적 사고·행동
자연 현상, 지리적·물리적 환경을 이해하는 능력(자연 친화적 능력)	자연 환경 보호자(Green peace 운동), 식물학자, 동물학자, 기상학자	자연 세계(natural world)의 오묘하고 위대한 섭리, 양태를 이해, 보호, 이용하는 능력
정신(영성) 지능	목사, 승려 신부, 수녀, 설교(전도)자(Preacher), 수도자(Monk)	인간생명의 기원(origin), 내세(after life), 영혼의 세계에 관심
실존(實存, Existential)에 관한 능력	철학자, 신학, 종교학자, 심리학자, 정신건강의학과 의사	실존(존재·있음)의 의미 발견과 목적에 많은 관심과 탐구, 민감성, 사색

▲ 기존의 현행 지능검사가 이들 능력, 즉 학업 지능(academic intelligence, AC)을 측정하도록 고안되었다.

점에 근거해서 지능의 성질과 쓰임새를 정의했다(**표 2-1** 참조).

이 중다차원적 지능의 구성요인들은 나름대로 동등한 중요성과 가치를 갖고 있다. 이들 중에서 어느 것이 보다 가치 있고 중요한 가는 필요하고 유용한 것(개인과 사회, 문화적으로) 무엇인가에 따라서, 즉 특정 사회에서 칭송받는 것이 무엇인가에 따라서 예컨대, 사회, 문화적인 결정요인에 따라서 평가된다고 했다. 가드너와 햇치(Gardner & Hatch)와 캠벨과 캠벨 및 디킨슨(Campbell, L., Cambell, B., & Dickinson, D., 1999)과 암스트롱(Armstrong, 2002)은 이들 상이한 지능을 측정하는 도구를 개발, 실용화를 시도한 바가 있다.[4)]

---

4) 암스트롱의 책 두 권이 한글판으로 번역, 출판되었다.

(1) 오성환 옮김. 지능개발 소프트(7 Kinds of Smart)

(2) 심재훈, 마희식 옮김. (2008). 8가지 지능의 재발견. 경기도: 범우사.

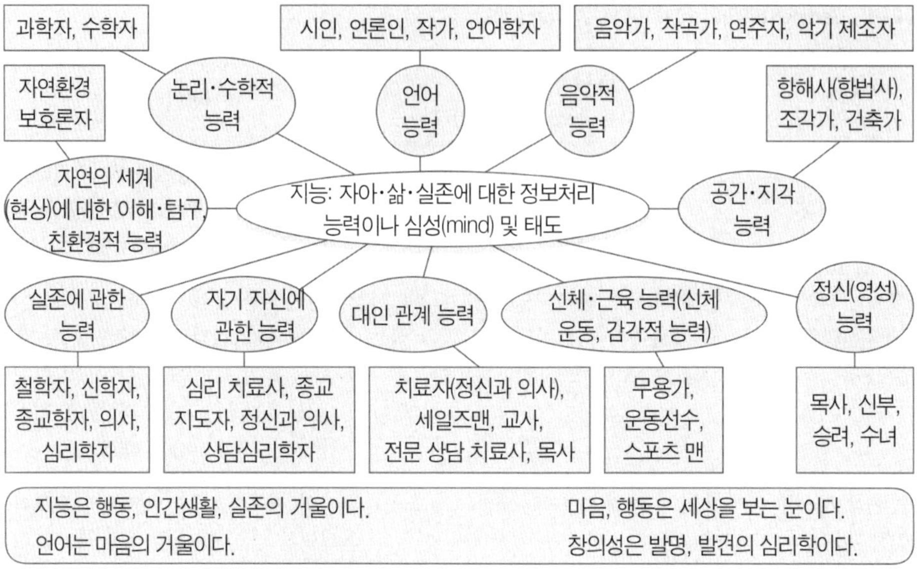

그림 2-2 Gardner의 다차원 지능 이론(김정휘, 1998)

출처: 김정휘 옮김(2006), 지능 심리학. 서울: 시그마프레스, 554(Gardner, H., Kornhaber, M. L., & Wake, W. K., (1996). *Intelligence: Multiple Perspectives.* New York: Thomson Learning.)
김정휘(1998). 진화하는 지능과 그 함의. 초등교육연구. 춘천교육대학교 초등교육연구소.

MI 이론의 측정, 개발, 훈련을 위한 교수-학습 방안, 심리(지능) 검사, 교수 모형 등이 관련 전문가들에 의해서 발표되었으며, 국내에서는 MI 이론을 소개하는 개론서와 측정 관련 자료가 부분적으로 번역, 소개되고 있다.

가드너의 이 중다차원의 지능론에 대한 문제점을 여러 연구자들(Como et al., 2002; Waterhouse, 2006; Chen, 2004; Lohman, 2001을 인용한 Eggen & Kauchak, 2010; 김정휘, 2006)은 다음과 같이 비판하고 있다.

1. 그의 이론이 심리검사, 즉 심리측정상의 관점에서 아직 연구를 통해서 타당성이 있다는 것이 입증되지 못했다.
2. 심지어 그의 중다차원 지능 이론이 이론으로서 조건을 제대로 갖추고 있는지도 의문이 제기되고 있다.
3. 음악과 같은 특수 적성을 하나의 분리된 개별 지능으로 판단할 수 있는지도 의문

이 책들은 가드너의 중다차원 지능론의 이론적 구조, 내용, 진로(직업) 선택과의 유관성, 측정과 해석을 다루고 있다.

이다.

4. 그의 개별적인 중요성을 갖고 있다고 하는 지능이론은 중앙 집중적인 작동기억 체계가 지적 행위에서 작동하는 역할을 제대로 설명하고 있지 못한다. 즉, 그는 지능이 서로 분리되어서 개별적으로 기능하는 차원으로 해석하고 있기 때문에, MI가 서로 유기적인 작동기억을 하는 체계의 역할을 간과하고 있다는 것이다.
5. 가드너가 다차원 지능의 유형 속에 음악 능력을 포함시켰는데 음악 능력을 특수적성이 아니라 지능의 유형 속에 포함시킬 수 있는지가 의문이며, 그의 관점에 따라서 지능의 유형 속에 음악 능력으로만 한정시킴으로써 음악 이외의 다른 예술적 능력들, 예를 들면, 미술, 조각, 무용, 영화(연기 재능)와 같은 영상 예술과 같은 심미적 지능과 건축 등의 예술적 지능(재능)을 배제, 무시한 문제점이 있다(예술적 재능은 광범위하고 측정이 난해하다는 이유로 음악 지능으로 한정시켰다고 밝혔다).
6. 그의 이 MI 이론은 IT와 관련된 창조적 산업 분야의 능력이 빠져 있다.
7. 가드너는 이들 지능이 서로 독립적으로 기능한다고 했으나 실제로는 독립적이지 않으며, 이들 능력들 간에 상관이 있다는 것이 밝혀졌다.
8. 많은 교사와 교육자들이 가드너의 다차원 지능론(MI theory)의 매력과 참신함에 열광하고 있지만, 교수-학습의 실제에서 MI 이론을 응용했을 경우에 학습효과 특히 학생들의 자아 효능감이나 성취동기, 감성지능, 창의성, 학습동기가 향상되었다거나 또는 긍정적 자아개념 형성에 유익했다는 증거는 아직 나타나지 않았다.
9. 가드너(Gardner)의 중다지능론에서 논리적·수학적 능력과 언어 능력은 기존의 현행 지능검사가 이미 측정하고 있는 학업 지능(academic intelligence, Ai)의 범주에 포함되는 지능으로서 새로울 것이 없으며, 다른 지능들도 사연 많은 실존적 삶의 행로에서 경험하는 단계별 발달과업상의 문제 발견과 해결 방안 제기, 즉 처방적 사고력 또는 역경 극복 역량(resilience) 이나 자아실현 욕구나 긍정 심리학 등에 대한 내용과 함의가 포함되어 있지 않다는 문제가 있다. 아울러서 기존의 지능검사가 측정하고 있지 못한 덕목들, 그러나 인간의 삶에서 중요한 자질들, 예컨대, 인간의 삶에서 실질적으로 중요한 덕목들, 즉 정직성[5] 타인에 대한 배려, 공

5) 선출직 공직자(에를 들면, 국회의원, 시 도 의원, 도지사, 대학총장 등)의 경우에 당선되기 위해서 선거과정에서 거짓말로 허위사실을 퍼트려서 상대방을 궁지에 몰아넣거나 유포하여 선거에 이용하고 이것이 당락에 결정적으로 영향을 끼쳤을 경우 구속 수사를 해서 강력한 처벌을 받게 해야

의로움을 실천하기 위해서 행동하는 용기와 양심, 인간 실존에서 발생하는 갈등의 해결 능력, 역경 극복 역량(resilience)[6]이나 스트레스 대처 능력, 헌신, 가드너가 지도자의 중요한 자질로 간주한 설득력 있는 스토리텔링 능력, 이타적 행동, 인내심, 충동 자제 능력, 겸손함, 봉사적 활동, 전통이나 관습을 거부하고 창조적 파괴를 시도해서 혁신을 시도하는 장 독립적인 괴짜 기질(iconoclast), 자아 효능성, 노력 성향, 성실성, 책임감, 사기성 부정행동, 고위 공직자의 면피성 범죄 행동 등을 측정하고 있지 못한 점을 가드너의 지능 이론도 극복하지 못했다.

10. 지능의 기원과 기능 발휘에 중요한 영향을 끼치는 두뇌과학의 영향력〔예: 뇌 가소성(可塑性, brain plasticity)〕과 지력간의 유관성에 대한 논의와(제안이) 고려가 없는 것이 문제다.

이와 같은 문제점이 있음에도 이 다차원 지능을 개발, 육성하기 위한, 학생과 성인용 척도와 관련 프로그램이 계속 인기리에 개발, 응용되고 있다. 가드너의 지능론은 지능 모형의 완결판이 아니다.

가드너가 다차원 지능론에서 제안한 자연친화 지능의 함의에 관해서 추가적인 설명을 다음과 같이 첨언한다.

박건형 서울신문 기자(2004)는 인간이 진화할수록 자연에 맞서서 환경을 바꿨는데 그 결과가 인간의 삶의 질에 유익했는지 또는 유해한지는 속단할 수 없지만 최근에 자연환경의 변화 예를 들면 지구 온난화 현상, 자연 재해, 북극의 빙하가 줄어들고 있는 것, 한국의 기후에서 동절기에 삼한사온(三寒四溫)이 바뀌고 있는 것, 폭우와 폭설, 가뭄, 가축 전염병, 유전자 변형 식품의 사태 등에서 자연환경의 변화가 반드시 인간의 삶의 질을 개선시키는 데 유익하지만은 않다는 사실을 암시하는 것 같다는 내용으로 자연 친화 지능의 문제점을 설득력 있게 다음과 같이 설명했다.

지구는 인간을 중심으로 움직인다. 최소한 인간의 시각에서는 그렇다. 지구상의 어떤 동물이나 식물도 인간처럼 많은 종류의 식량을 먹지 않고, 주변 환경을 바꾸며 즐거워하지는 않는다. '자연으로 돌아가자.'는 말은 분명 지금의 인간이 자연과 일정한 거리를 두고 있음을 일깨워 준다. 그렇다고 인간이 하늘에서 뚝 떨어진 존재는 아니다. 창조론의 시각에서 인간은 신이 최초의 빛을 만든 후 일주일이 지나지 않아 지구상에 등장했다.

하며, 동시에 15년 동안 선출직 공직자로 진출할 수 없도록 법규가 강화되어야 한다.

6) 현대 그룹의 창업자인 정주영 회장의 자서전 제목이 "시련은 있어도 실패는 없다."에서 시사점을 찾을 수가 있다.

정반대에 서 있는 진화론에서는 인간은 원숭이와 같은 조상을 갖고 있다. 에덴동산에서도 아담과 이브는 동산의 일부였다.

오늘날 원숭이가 자연을 파괴하고 도시를 만들지 않는 것처럼 태초의 인간도 자연과 더불어 살았던 것은 분명하다. 창조론과 진화론 어느 쪽이 옳든 자연 속에 있었던 인간은 언제부턴가 자연과 갈라서기 시작한 셈이다. 창조론의 답은 '선악과'다. 선악과를 먹은 인간은 더 이상 자연에 속하지 않고, 동산에서 쫓겨나 끊임없이 생존을 위한 걱정(stress)에 시달리기 시작했다. 그렇다면 진화론은 어떤 답을 갖고 있을까.

인류는 자신을 둘러싼 자연과 환경을 마음대로 바꿀 수 있는 '변경자'를 자처한다. 그러나 현실적으로 지구의 입장에서 인류는 그 어떤 존재보다 두려운 '적'일 뿐이다. 스미스소니언 인류학 연구소 디렉터인 고인류학자 릭 포츠 박사는 라이브 사이언스 닷컴과의 인터뷰에서 "지구의 자연환경이 빠르게 변해 가고 있는 것은 분명히 인류라는 종족의 책임"이라고 밝혔다. 인류는 다른 동물에 비해 훨씬 더 빠르게 진화했고, 이 과정에서 주변 환경을 변화시킬 수 있는 능력을 갖게 됐다는 것이다. '가변성 선택 가설'로 불리는 포츠 박사의 이론은 최근 인류학계의 뜨거운 화두로 주목받고 있다.

포츠 박사는 "인류의 조상은 참신하고, 스스로 변화할 수 있도록 바뀌어 왔다."고 지적한다. 현생인류인 호모 사피엔스가 지구상에 존재한 것은 단 20만 년에 불과하다. 지구는 45억 년 전에 태어났고 인류와 가장 가까운 친척인 침팬지와 인류의 조상이 다르게 진화하기 시작한 것은 600만 년 전이다. 하지만 600만 년 전부터 지구의 기후는 그 이전보다 훨씬 더 다양해지고 있으며, 온난화와 빙하기의 극단 사이를 오가기 시작했다. 이것은 인류의 진화와 지구 환경의 변화가 밀접한 관련이 있다는 뜻이다.

삶의 근거지의 변화는 현재의 침팬지와 인류가 다르게 진화했다는 것을 보여 주는 중요한 증거다. 동아프리카에 등장했던 인류의 조상은 원래 다른 유인원처럼 숲에서 살았다. 그러나 어느 순간 인류의 조상들은 숲에서 초원인 사바나로 이주했고, 진화론자들은 이 시점을 인류가 자연에 속하는 대신 자연에 맞서기 시작한 시기로 추정해 왔다. 초원에서 살게 되면서 인류가 지구상의 어떤 생물보다 빠르고 다르게 진화하기 시작했다는 것이다. 스스로를 보호할 만한 무기가 없는 인류가 초원에서 살아남기 위해 도구를 사용하기 시작했고 먹거리를 찾기 위해 수렵과 농경을 시작하면서 점차 진화의 속도가 빨라졌다는 것이 이들의 주장이다.

(1) 인간은 서식지 이동·환경 적응 모두 가능

최근에 학계에서는 이와 같은 가설에 대한 보다 심층적인 연구가 진행되고 있다. 인간의 진화에 영향을 끼칠 만한 과거의 자연현상이나 인간이 자연에 영향을 끼쳤을 만한 증거를 모아, 인류와 자연의 상관관계를 종합적으로 살펴보겠다는 것이다. 이들은 지구의 궤도나 자전축이 흔들리는 사이클부터 지구 온도, 빙하기, 대륙의 이동이나 판의 움직임과 관련된 변화, 숲이나 호수가 장기간에 걸쳐 사라지는 극적인 변화 등 인류의 진화와 연관이 있을 만한 '방아쇠'의 개수를 세고 있다. 포츠 박사는 "이들 방아쇠는 인류의 진화에서 인류만의 독특성을 발달시키도록 압박하는 역할을 했다."면서 "갑자기 추워지거나 더워지는 등의 기후 변화가 가장 대표적인 사례"라고 설명했다. 일반적으로 극한 상황을 마주하면 지구상의 '종'은 세 가지 중의 하나를 선택하게 된다. 멸종하거나, 적합한 범위 내로 서식지를 옮기거나, 환경에 적합하도록 아예 진화하는 것이다. 인간은 뒤의 두 가지를 모두 할 수 있다.

인간은 진화의 과정에서 수많은 선택지를 가지고 있었다. 예를 들어 인류는 600만 년 전 똑바로 서서 걷기 시작했다. 그러나 이후에도 인류는 최소한 300만~400만 년 이상 나무를 자유자재로 오를 수 있는 능력을 갖고 있었다. 어느 순간 좀 더 잘 걷게 되는 대신 나무를 오르는 능력을 버린 셈이다. 포츠는 "석기나 불의 사용 등 기술의 발전은 진화의 방향에 더 많은 선택지를 줬고, 이 과정에서 급속도로 진화하기 시작한 뇌 용량이 다른 생물종에서 찾아볼 수 없는 유연한 진화를 가능하게 했다."고 주장했다.

그러나 유연성이 인류의 생존을 보장해 준 것은 아니다. 현재의 인류는 수많은 인류의 조상 중 마지막으로 살아남은 특별한 종족이다. 1959년 아프리카 탄자니아에서 발견한 화석 인류 진잔트로푸스보이세이(오스트랄로피테쿠스의 일종)는 비슷한 시기의 다

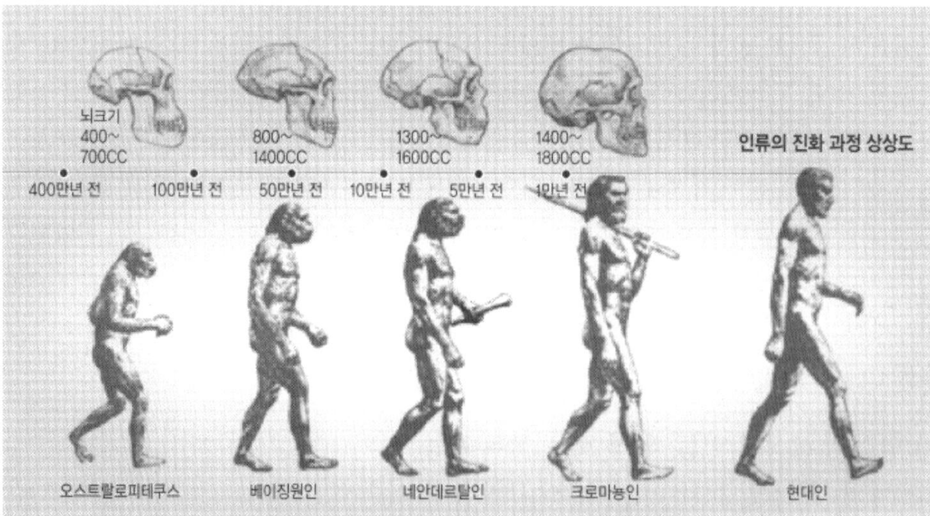

그림 2-3 인류의 진화 과정 상상도

른 인류의 조상보다 강력한 치아구조를 갖고 있었지만 멸종했다. 치아를 무기로 사용할 수 있었는데도 말이다. 고인류학자들은 진잔트로푸스보이세이가 생존에 필요한 것보다 지나치게 강한 치아를 사용하느라 에너지 소모가 많았기 때문으로 분석하고 있다.

(2) 인류 생존 위해 자연 파괴·자연과 멀어져

마지막 남은 인류종인 호모 사피엔스는 '지혜로운 사람'이라는 명칭에 걸맞게 주변 상황의 변화에 적극적으로 대응했을 뿐더러 환경 자체를 바꿀 수 있는 능력이 있었다. 추우면 불을 피우거나 옷을 만들어 입었고 나무를 베어 집을 만들었다. 포츠 박사는 "현재의 인류는 어떤 종보다 더 멀리 진화했고 스스로를 바꿀 능력도 갖고 있다."면서 "그러나 생존을 위한 인류의 진화는 어느 순간부터 자연과 점점 멀어시며 자연을 파괴하는 결과를 낳았다."고 지적했다(박건형, 2012).

결정성 지능

부동적 지능과 경험 간의 공동작용에 의한 산물로서 구체적인 특성을 세분하여 설명하였다. 학습이나 노력, 경험, 자극, 훈련에 의하여 획득, 개발되는 후천적인 지능으로서, 이 이론을 처음으로 심리학계에서 주장한 미국의 심리학자인 레이먼드 카텔(Raymond Cattell)은 1960년대에 유동성 지능(fluid intelligence, FI) 및 결정성 지능(crystallized intelligence, GI, GC)이라는 논문을 발표했는데, 그는 이 논문에서 나이가 들수록 향상되고 성숙해지는 지능을 고가의 보석인 다이아몬드가 결정(結晶)을 이루는 것에 비유하여 "결정성 지능"이라고 명명(命名)했다.

이 결정성 지능은

1. 이 지능은 수행 능력의 안정성과 성취력(stability and performance)으로 특징지어지는 인지과업과 관련된 능력이다. 학습을 통해 구체화되는 능력인데, 특히 학업 성취(학력)의 기초가 된다.
2. 조기 환경조건에 크게 의존하는 능력으로서 문화적 생활환경에 의 성장을 통해 얻어지며 학습과 실행(practice)에 의하여 발달하는 능력으로 상징된다.
3. 개인이 학습을 계속함에 따라 발달 면에서 증대하며 이 구체화된 지능은 연령적으로 30세나 그 이상의 연령층에서 그 발달이 증진되는 것으로 추정되는 능력이다.
4. 타고난 능력이라기보다는 학습, 노력, 교육, 자극에 의해서 개발, 영향을 받는다.
5. 합리적인 판단을 하고 여러 범주에서 유사성을 발견하고 귀납적이며 논리적, 창

의적인 사유를 한다.

6. 신속한 반응능력이라기보다는 심사숙고, 사유, 성찰에 의존하며 대체로 시간이 경과하면서 적어도 60살까지 증진, 개발된다.
7. 지식의 누적, 선행 조직과 사위 인지능력과 관련성이 있고 어휘력 검사나 일반적인 정보자료를 재는 심리검사로 가능하다.
8. 나이가 들수록 결정적 지능(구체화된 지능), 지혜는 증진된다.
9. 적어도 18세까지 발달이 지속되지만 성인기에 이르기까지 아주 잘 발휘되며 개인의 문화적 경험, 노력, 학습, 훈련에 의하여 개발되며 증진된다.
10. 환경과 경험, 문화적인 조건과 자극이 gc 모양의 결정에 지대한 역할을 한다.
11. 60대는 물론이고 80대가 되어도 향상, 개발된다.
12. 운동, 훈련, 경험의 강도에서의 차이가 시간이 흐름에 따라 gc 수준의 변화에 영향을 준다.
13. 국소적인 뇌손상의 영향은 국소적(local)인 능력의 변화를 초래한다. 결과적으로 gc가 이러한 특정영역의 뇌 손상에 의한 영향을 받지 않는 인지적 작용에 대한 일단의 지능 점수에 의해서 측정된다면 gc의 주목할 만한 영향은 없다.
14. 결정지능은 지식, 경험, 의사소통 능력, 판단력, 사회규범적인 지식, 합리적 사고 등의 영향을 받는다. gc를 구성하는 기본 정신능력은 언어 이해력, 개념 형성, 일반적인 추리력 등이다. 특정 문화 속에서 훈련, 경험, 교육 등의 체계적인 사회화 과정을 통하여 그리고 학교와 가정에서의 훈육을 통하여 개발, 육성, 습득된 일종의 지식체계이며 행동 규범이다.
15. gc의 특징 중의 하나는 경험과 실천을 통하여 배양되고 발휘되고 진화되는 실용적인 지능(practical intelligence, PI)이라는 것이다. 따라서 gc 속에는 실생활 문제 해결 능력과 사회적 적응 역량이 자리 잡고 있다고 할 수 있다.
16. gc는 연령 증가에 따라 증진되며, 개인차가 크게 벌어지는 지능이다. 그러나 FI는 연령 증가에 따라 저하되며, 뇌 병변이나 장애에 결정적으로 영향을 받는다.
17. 결정 능력은 WHAT의 지능이다. 그 기능과 성질상 6하 원칙에 의해서 해명이 가능한 지능이다. 즉, 5W1H(WHO = 누가, WHEN = 언제, WHERE = 어디에서, WHAT = 무엇을, WHY = 왜, WHAT = 무엇을) 중에서 "WHAT = 그 무엇을 …"과 관련되는 지능이다. 즉 결정 지능은 "사고의 내용" 그 자체이다(사토 신이치, 2005).
18. gc는 체험을 통하여 획득되는 사고의 내용 그 자체이며, 연습을 통하여 높아지는 기능(skill)과는 차원이 전혀 다른 성인의 예지(叡智)라고 할 수가 있다.

19. 나이가 들수록 저하되는 유동적 지능과는 달리 gc는 나이가 들면 오히려 성숙해지고 증진된다.

 이 결정지능은 지식, 경험, 훈련, 의사소통 능력, 판단력, 사회 규범적 지식, 합리적 사고 등의 영향을 받는다. 구체화된 지능을 구성하는 기본 정신능력은 언어 이해력, 개념형성, 일반적인 추리력 등이다. 각각의 기본 능력을 측정하는 문항을 살펴보면 다음과 같다. 언어 능력(예: 무모함과 의미가 비슷한 단어는?), 유추능력(예: 소크라테스와 아리스토텔레스를 짝짓는다면 소포클레스는 ______와 짝지을 수 있다.), 연합능력(예: 욕조, 권투, 결혼, 이 세 단어와 관련이 있는 한 단어를 고르시오), 판단력(예: 어떤 공장에서 감독이 노동자의 생산성을 향상시키지 못했다면 그 이유는 무엇일까?). 측정 문항을 보면 알 수 있듯이 결정성 지능은 특정 문화 속에서 훈련, 경험, 교육 등의 체계적인 사회화 과정을 통하여 형성된 일종의 지식 체계이다.

20. 적어도 18세까지 발달이 지속되지만 성인기에 이르기까지 아주 잘 발휘되며 개인의 문화적 경험에 따라 영향을 받는다. 그 후에는 감퇴되기 시작하며 부동적 지능보다 덜 확장된다.
21. 학교에서 형식적인 교육을 받더라도 영리한 학생(bright pupils)의 진보가 부진하며 우둔한 학생은 성취가 촉진되며 점수의 범위가 12~16점의 표준편차가 산출된다.
22. 환경과 경험, 문화적 조건이 gc모양의 결정에 지대한 역할을 한다.
23. 운동·훈련·경험의 강도에서의 차이가 시간이 흐름에 따라 gc 수준의 변화에 영향을 준다.
24. 국소적 뇌손상의 영향은 국소적(local)인 능력의 변화를 초래한다. 결과적으로 gc가 그러한 특정 영역의 뇌 손상에 의한 영향을 받지 않는 인지적 작용에 대한 일단의 지능 점수에 의해 측정된다면 gc의 주목할 만한 영향은 없다.

생활 습관 속에서 결정지능을 높일 수 있는 방법을 예시한다(사토 신이치, 2005).

1. 머리가 경직되지 않으려면 흥미를 가져라.
2. 의욕을 갖고 계속해서 일을 하라.
3. 사고력을 향상시키려면 비판적인 생각을 하라.
4. 사물에 관심을 갖고 그 현상의 원인-과정-결과를 유추해 보라.
5. 사고에서 융통성을 발휘하라.
6. 새로운 사물에 창조적으로 도전하라.

7. 지식을 획득, 유지하려면 언어화하라.
8. 사물의 본질을 파악하려면 요약을 하라.
9. 경험하고 부딪쳐 보고 문제점을 발견, 해결해 보고 도전해 보라.
10. 시행착오도 문제 해결에 도움이 된다.
11. 지적 유희나 생각해 보기 놀이를 즐긴다. (예: 퍼즐게임, 가로 세로 조합해서 단어 알아맞히기, 빠진 그림 맞추기)

유동적 지능

학교학습과 밀접한 관련성을 갖지 않으며 어떤 특정한 문화권에 구애를 받지 않는 생래적 요소를 가진 내용의 지능으로 표현되는 이 유동적 지능(fluid intelligence, FI)의 특성을 세분하여 설명한다.

1. 새로운 환경은 개인에게 부단한 적응력을 요구하는데, 이에 따른 과제 해결력이다.
2. 환경보다는 유전에 의해 많은 영향을 받는 능력이다.
3. 이 지능의 발달 진도는 15세경에 정점에 달하는 능력으로 상정한다.
4. 신속하게 반응하고 빠르며 정확하게 계산하는 능력이다.
5. 이 능력은 일련의 숫자나 문자를 기억하거나 복잡한 모양에 끼워 넣은 무늬를 알아내거나 논리적이거나 시각적인 관계를 유추하는 것을 보고 측정할 수 있다.
6. 이러한 지능은 타고나는 것으로, 학습에 의한 영향을 받지 않는다.
7. 이 지능은 발달 초기에 정상에 도달한다.
8. 10~20대에 가장 잘 하는 것으로 나타난다.
9. 이 지능은 나이가 들수록 점점 퇴화하다가 70대 이후에는 건강한 사람들이라도 심각하게 쇠퇴한다.
10. 언어적 개념이나 추상적인 개념, 지식을 이해하는 능력이다.
11. 이 지능은 사고의 융통성을 요구하며 새로운 사고 유형, 문제 해결-학습 양식 유형을 탐구하는 것을 요구한다.
12. 유동적 지능은 보다 광범위한 능력으로 자극 간의 관계를 찾아내고 관계 속에서 추론을 이끌어 내고 의미를 파악하는 능력이다. 유동적 지능을 구성하는 대표적인 능력으로 귀납적, 추리력, 형태 지각의 융통성(figural flexibility), 통합능력, 그리고 결정성 지능과 연합되어 영향을 끼치는 논리적 추리력과 일반적 추리력이 있다. 유동적 지능을 측정하는 문항을 살펴보면 다음과 같다. 문자배열(예: 글자가 다음과 같이 배열되어 있다면 밑줄 친 빈 칸에 올 수 있는 글자는? d f I m r x e

_____), 표를 이용한 문제(예: 다음 3줄, 3칸의 표는 어떤 규칙에 의해 만들어 졌을까요?), 형태지각(예: 원, 사각형, 삼각형이 복잡하게 겹쳐 있는 여러 가지 그림 중에서 원과 사각형의 내부, 삼각형의 외부에 점을 찍을 수 있는 그림을 고르시오)

유동적 지능은 추리력, 추상화 능력, 문제 해결력과 같은 성숙한 지적 능력으로 구성되어 있다. 이러한 능력은 접경문화(acculturation)에 대한 경험이 체계적으로 내재화된 것이 아니라 개인적인 독특한 학습을 통하여 획득된다.

이 정의는 지능은 생리적(유전적) 요소와 문화적(환경적) 요소로 구분되어 있으나 상호 배타적이 아니라 보완적이라는 사실을 묵시하고 있다.

13. 14~15세에 발달의 최고 수준에 도달하지만 22세 정도에서부터 노년기에 이르면 점진적으로 감퇴한다.
14. 점수의 분포는 광범위하며 표준편차가 24에서 25점이 산출된다.
15. gf는 생물학·생리적 결정 요인에 영향을 받기 때문에 유전 요인이 변량의 비율을 압도한다.
16. gf 수준의 오르내림은 시간 변화의 추이에 따라 최소화한다.
17. 일반적인 뇌신경 손상에 따라 영향을 받는다. 국소적 뇌손상의 영향에 따라, 즉 뇌손상의 대소(大小)에 따라 비율 면적에서 gf가 낮아질 수 있다.

성격(인성) 지능(personality intelligence, PI, PQ)

개인적 특성과 사회적 특성의 총합(總合, Sum)이면서 성격의 강도를 측정하는 결정적인 척도로서 지능지수 못지않게 인간생활에서, 즉 실존적 문제에서 결정적으로 기능을 발휘한다. 각 개인의 얼굴이 서로 다른 것 같이 성격도 제각각이다. 성격이 삶에, 즉 학생들은 공부하는데, 직장인들은 직장생활 하는 데, 운전기사는 운전을 하는 데, 경영자는 회사나 기업체를 운영, 관리하는 데, 교사와의 대인 관계에서 긍정적 또는 부정적인 영향을 주고 작용을 한다.

성격의 양태가 개인의 지적 잠재력을 충분히 발휘하거나, 발휘하지 못하게 영향을 준다. 그 원인이 불안, 망설임, 극기 부족이나 자제력 부족 때문인지, 충동조절을 못해서인지, 성취동기가 강해서인지 인내심, 역경 극복 역량(적응 유연성, resilience), 도전감, 창의성, 소심성 때문인지 잘 모른다.

도전의식과 강인한 성품의 소유자가 고 IQ를 나타내고 심약하고 불안이 높고 충동 조절을 잘 못하는 학생이 잘 성공하지 못하는 것을 보면 성격과 공부 잘하는 것, 성공하는 것은 서로 관련이 있는 것 같다.

PQ 아이디어 제안자인 생저와 호프만(Senger & Hoffman)은 여덟 가지 요인을 측정하는 PQ검사 도구를 제작, PQ 측정방안을 제시하고 있다. 즉, 사람 됨됨이, 인간성, 개성, 성격(Personality) 심리학의 중요 화두인데 성격 심리학에서는 인성 지능에 관해서 다루고 있지 않다. 남을 괴롭히고도 태연한 고약한 성격의 소유자에 관한 연구자료도 부족하다. 악바리와 순둥이 예화에서 성격유형에 따라 살아가는 방식에 차이가 있음을 알 수 있다.

호전적이고 거칠고 드센 사람과 점잖고 유순하고 온화한 사람. 사회생활에선 누가 더 이득을 볼까. 주위의 경험담을 들어 보면 대체로 전자라는 의견이 우세하다. 그럼 동물의 세계에선 어떨까. 한 무리에서 사나운 놈과 유순한 놈이 먹이를 놓고 경쟁한다고 치자. 당연히 사나운 놈이 먹이를 차지할 확률이 높다. 생존경쟁에선 '나는 싸움을 피하지 않는다'는 호전적 이미지가 큰 무기일 수 있다. 이에 따라 시간이 갈수록 호전적이고 사나운 개체 수가 늘고 유순한 개체는 줄어들게 된다. 그런데 여기서 새로운 문제가 등장한다. 유순한 놈들과 손쉽게 경쟁해 온 사나운 놈들이 이젠 자기들끼리 싸우게 된다는 것이다. 사나운 놈들의 숫자가 늘다 보니 나타나는 현상이다. 먹이를 위해선 때로 목숨도 걸어야 한다. 싸움에서 보는 손해가 먹이의 가치보다 커질 수도 있다. 호전성의 이익은 작아지고 위험은 커진 셈이다. 이때부터 사나운 놈들의 수는 더 이상 늘어나지 않는다. 생물학자들은 사나운 놈과 유순한 놈 간의 수의 균형이 여기서 이뤄진다고 보기도 한다. 미국의 경제학자 데이비드 프리드먼은 이 원리가 인간사회에도 통한다고 주장한다. 어느 조직에서나 유순하고 착해 빠진 사람이 있는가 하면 호전적이고 거친 '악바리'도 있다. 성실한 사람이 있으면 닳고 닳은 '뺀질이'도 있는 법이다. 물론 외견상 '악바리'와 '뺀질이'가 '순둥이'를 누르고 늘 실리를 챙기는 것처럼 보이긴 한다. 이 때문에 너도 나도 '악바리'나 '뺀질이'가 되려 할 수 있다. 그러나 극단적으로 조직이 '악바리'로 가득 차면 모두가 피곤하기 그지없을 것이다. 또 '뺀질이'만 있으면 일이 돌아가지 않는다. 다행히 그 전에 '악바리'나 '뺀질이'로서 누릴 수 있는 추가 이득은 점점 0에 가까워진다. 이것이 0이 될 때가 바로 균형점이라고 프리드먼은 설명했다. 이 주장이 맞는다면 너무 순하고 착해 늘 손해 보며 산다고 자책하는 사람들은 생각을 달리해 봄 직하다. 순하고 착한 성격이나 행동 전략을 굳이 바꿀 이유는 없다. 호전성과 유순함, 눈치와 성실은 균형을 이루게 되어 있으므로 어느 편에 서든 마찬가지라고 한다. 타고난 대로 살라는 얘기인 모양이다(남윤호, 2007).

정신병리(psychopathology) 질환상의 일종인 인격장애(personality disorder, PD), 품행장애(conduct disorder, CD). 적대적·반항적 장애(oppositional defiant disorder, ODD). 사이코패스(psychopath)는 학교나 가정, 전문기관과 전문가의 개입 및 치료, 관

리, 양육 문제에서 난제에 속하는 고약한 문제이다. 그 대상자는 남녀노소, 사회경제적 지위, 학력, 직업과 무관하게 나타나며 또는 직장이나 우리 동네 이웃집에도 해당자가 있을 수 있다.

그 외에 직장에서 사람을 뽑을 때 요구되는 덕목들, 즉 법 없이도 살 사람, 성품이 건실하고 신뢰롭고 책임감이 있고 친화적이며, 남을 배려할 줄 알고, 공의롭고 사리분별력이 있으며 공사가 분명하고 정직하며 포용력이 있고 온유하며 도덕적인 성품의 소유자를 판별하는 안목, 인재를 알아보는 경륜도 인성지능과 관련된 덕목이다.

차라리 태어나지 말았으면 좋았을 저주할 수밖에 없는 패륜적이며 구제 불능한 인간으로 진단되는 사이코패시(psychopathy)를 판별할 수 있는 측정 도구가 있는데 한글판으로 번역, 출판된 바 있다(참고 문헌 목록 참조).

Ronson, J., (2010). *The Psychopath Test: A Journey Through the Madness Industry.* New York: Riverhead Books.

문화 지능(cultural intelligence, CI; Cultural Quotient, CQ)

심리학과 교육학 분야에서 문화 지능[7]이라는 용어가 아직 생소한 감이 있지만 그러나 2000년대에 점차 그 쓰임새가 증가할 것으로 생각되며 이미 다차원 지능론(multiple intelligence, MI)의 창안자로 유명한 Gardner는 지능을 인간 실존에서 생존적이고 문화적으로 가치를 가지고 있는 능력이라고 정의한 바 있다.

사회적
⇙
개인과 집단 ⇨ 지능 ⇨ 으로 생존적(生存的)인 가치가 있는 쓰임새(지능의 효용성)
⇖
문화적

문화 지능이란, 자신과 교류하는 상대의 문화적인 가치 기준과 태도에 적합하게 반응할 수 있는 기량(예를 들면, 언어 능력이나 대인 관계 기술)과 자질(예컨대, 애매모호함을 견뎌 낼 수 있는 정도나 융통성 등)을 발휘해서 행동할 수 있는 능력을 말한다(Peterson, 2004).

---

7) 2007년판 심리학 개론 책의 찾아보기(Index)에서 이 문화 지능 개념이 발견되지 않는다.

이러한 문화 지능은 특히 언어적, 공감적, 대인 관계능력(또는 감성력), 인간친화 능력, 자기 자신에 관한 성찰(省察) 능력과 같은 네 가지 분야의 다차원지능 이론과 감성지능이론의 다양한 측면을 넘나드는 특이하고 중요한 능력이다(Peterson, 2004).

옛 소련의 심리학자인 비고스키(Vygotsky, 1978)는 지능과 같은 고등정신기능의 사회문화적 기원(주로 성인과의 교감)을 묘사하고 설명하는 노력을 했다. 그는 근접한 인물(성인)과의 사회적 상호작용에, 즉 인간관계에 의한 교감에 의해서 고등 정신기능이 발달된다고 했다. 예컨대, 어린이와 청소년들은 자신보다 더 많이 아는 사람들과 상호작용(교제)을 하면서 문제 해결 능력을 키워나간다는 것이다. 따라서 자녀는 부모 역량을 이용하기, 학생은 교사의 교육력(교수 능력과 학생 지도 역량과 헌신성과 전문성, 교직에의 사명감과 책무성)을 이용하기 그리고 개방되어 있는 교육·사회적 기회(예: 국비유학생 선발기회에 도전)를 잘 활용하면, 자신의 긍정적 성장, 발달에 유익할 것이다.

문화 지능은 학습, 개발, 훈련이 가능하기 때문에 노력 여하에 따라 높일 수가 있다는 것이다(Peterson, 2004). 문화 지능 옹호론자들은 문화 충격을 문화 우울증 또는 문화통증이라고 부른다. 이것은 다른 나라에서의 생활이나 이(異) 문화 적응 과정에서 겪는 문화 접촉으로 인한 좌절감, 혼란, 고생, 불안이나 스트레스, 당황함이나 충격에서 발생하는 증상이다.

페터슨(Peterson, 2004)은 문화 지능의 세 가지 구성 요소를 다음과 같이 예시했다.

비교 문화에 대한 지식(사실과 문화적 특징)+인식(자신과 다른 사람에 관한 인식)+특정 기량(행동) = 문화 지능

이 세 가지 요소는 분리된 것이 아니라 서로 얽혀 기능을 발휘하면서 상호 작용한다. 그리고 수평적, 위계적 문화와 직접적이거나 간접적 성향, 개인 지향적이거나 집단 지향적 성향, 과업 지향적이거나 대인 관계 지향적 문화권, 모험 수행적 성향 대 안정 지향적 성향인가에 따라 문화 지능의 발현 양태가 다르며 계량적인 측정화를 시도하고 있다.

필자는 문화 지능에 다른 나라에 대한 역사적 지식과 교양, 전통, 생활 관습, 민족성, 각 민족 고유의 가치관이 중요하게 작용한다고 생각한다. 교육계에서도 다문화 사회가 보편화되고 있는 상황에서 문화 충격과 문화 스트레스 현황과 대처, 치유 방안을 연구할 필요가 있다.

일본 국민의 이중성을 사실적으로 진솔하게 그리고 비교문화, 비판적 관점에서 잘 표현했다고 평가받은 명저 『국화와 칼』을 저술한 루스 베네딕트(Ruth Benedict; 1887~1948) 박사는 문화를 성격의 확대, 재생산으로 해석했다.

감성 지능(Emotional Intelligence, EI)

미국의 심리학자 대니얼 골멘이 그의 저서 『감성 지능(Emotional Intelligence)』에서 처음 제기한 EQ는 감성지수(emotional quotient, EQ) 또는 감성 지능(emotional intelligence, EI)이 된다. 감성지수는 복잡한 구조의 현대사회 속에서 자신과 다른 사람의 감정을 이해하며 조절할 줄 아는 능력이라고도 할 수 있다.

자신의 감정을 자제하거나 제어하여 상황을 유리하게 이끄는 사람들이 있는데 이런 사람들이 EQ가 높은 사람이라고 할 수 있다.

EQ는 스트레스의 원인이 되는 불안과 충동을 자제하고 제어할 수 있는 능력, 실패를 했을 때도 팀원들을 토닥여 용기를 북돋아 주는 능력, 타인의 감정에 공감하는 능력, 집단 내에서 조화를 이루는 사회적 능력 등을 포괄하는 것이라 할 수 있다. 즉, EQ는 "자신에게 동기를 부여하고, 좌절에 직면해서도 꿋꿋이 버티고, 충동을 자제하며, 희열을 뒤로 미루고, 자신의 감정을 통제하며, 절망이 사고 능력을 망가뜨리지 않도록 지키고, 잘 공감하고, 희망을 포기하지 않는 또는 역경 극복 역량"을 포함하는 것으로 정의했다. 그런 의미에서 역경 극복 역량(resilience), 욕구 좌절 감당력(frustration tolerance)과 서로 관련이 있으며 EQ와 외상후 스트레스 장애(PTSD)와 유관성을 연구하는 것이 필요하다. 골맨은 EQ를 사람이 사연 많은 이 세상에서 성공적으로 살아갈 수 있도록 만드는 모든 비인지적인 역량과 기술, 경험으로 정의했다. EQ와 스턴버그 교수가 제안한 성공지능(SI)의 유관성을 연구할 만한 가치가 있다.

살로비(Salovey)와 메이어(Mayer, 1990)는 개인이 정서를 어떻게 다루는지에 있어서 개인차가 있다고 주장하였고, 자신의 정서를 효과적으로 다루는 사람을 "정서적으로 지능이 있는 사람"이라고 불렀다. 일부 이론가들은 "정서"와 "지능"을 독립적이거나 상반된 것으로 보지 않고 정서가 지능의 영역 안에 존재한다는 것으로 생각된다.

골맨(Goleman, 1995)은 감성 지능의 개념을 구성하고 있는 다섯 가지 차원들을 제안했다. 처음에 있는 세 가지는 개인 내 차원이고 나머지 두 가지는 대인 간 차원이다(이 책의 9장 감성 지능을 참조한다).

1. 자신의 정서 인식: 정서적 경험을 인지로 동화하기. 자신이 느끼는 감정의 내용과 수준, 강도, 이유, 이해관계성(관계의 상대성)을 인식하는 자기인식과 자아 발견이 감성 지능의 초석이다. 시시각각으로 변하는 자신의 감성을 파악하는 능력이 심리적 통찰과 자기이해에 매우 중요한 것으로 가정되었다.
2. 자신의 정서관리(조절). 감정을 적절하게 관리하는 것은 자기인식에 근거하고 있는 능력이다. 이러한 능력이 낮은 사람들은 비탄의 감정을 느끼기 쉬운 반면, 이러한 능력이

높은 사람들은 생활에서의 좌절이나 동요로부터 쉽게 평상심을 되찾을 수 있다.

3. 자기 동기유발. 목적을 추구하기 위하여 정서를 체계적으로 잘 다루고 표현하기는 주의집중, 자기 동기화, 창의성에 필수적이다. 이러한 능력이 있는 사람들은 무슨 일을 하든지 간에 보다 생산적이고 효과적인 경향이 있다.
4. 타인의 정서에 대한 인식. 감정이입은 사람이 가지고 있는 가장 기본적인 기술이다. 타인의 감정을 잘 이해하는 사람들은 타인이 무엇을 원하는지를 나타내는 미묘한 사회적 신호를 더 잘 알아차린다. 이러한 기술은 간호사나 사회사업가와 같이 타인을 돌보아 주는 직업에서 일하는 사람들에게 자신의 일을 잘할 수 있도록 해 준다.
5. 타인과 원만한 관계 유지. 타인과 사회적 관계를 잘 유지하는 것은 거의 대부분이 타인의 정서를 관리하는 능력으로부터 나온다. 이러한 능력이 뛰어난 사람들은 타인과의 원활한 상호작용이 필요한 일을 잘 한다.

즉, 감성 지능은 다른 사람과 공감할 수 있는지, 희로애락을 참을 수 있는지(자제할 수 있는지) 충동을 억제할 수 있는지, 자신의 정체성을 제대로 파악할 수 있는지, 자신의 주장을 제대로 펼 수 있는지, 다른 사람과 효과적으로 인간관계를 유지, 발전시킬 수 있는지 등을 반영한다.

골맨은 전통적인 지능(예: 인지능력)이 높은 사람과 감성 지능이 높은 사람을 구분하였다. 매우 높은 인지능력만을 가지고 있는 사람들은 야심이 있고, 생산적이고, 자기감정을 잘 표현하지 않고, 소외되어 있고, 정서적으로 무뚝뚝하며 냉담하다. 그들도 타인과의 관계에서 동정적이고 타인을 배려한다. 그들은 자기 자신, 타인들, 자신이 살고 있는 사회적 환경에 대해 편안하게 생각한다. 이러한 묘사는 감성 지능이 높은 사람들의 극단적인 유형을 나타내는 것이고, 실생활에서 우리들의 대부분은 전통지능과 감성 지능을 함께 가지고 있다. 하지만 각 개념은 개인의 특성을 설명하는 데 서로 독립적인 기여를 한다. 골만(Goleman, 1995, 45)은 "둘 중에서 정서지능이 인간을 더 인간답게 만드는 데 훨씬 더 많은 기여를 한다면서 IQ보다 EQ가 생활에서 더 중요하다고 언급하였다.

감성 지능 관련 자료는 감성 지능이 성공적인 삶에서 IQ만큼 또는 때때로 그보다 더 유력하다는 사실을 암시한다(Goleman, 1995, 34).

수준 높은 감성 지능은 자신의 감성과 타인의 감성을 분별력 있게 관리하고 교류하는 것으로 분노(화병)를 느꼈을 때 마음을 진정시키는 것이나 다른 사람의 근심, 불안을 위로해 줄 수 있는 능력, 감성을 표출하는 방법과 같다. 인생이라는 드라마에서 삶의 의미를 이해, 성찰(省察)하는 능력이다.

감성적으로 지적인 사람은 ① 생물, 사회적으로 적응성 있는 가정에서 성장했고, ②

방어적이지 않으며, ③ 감성을 효과적으로 재구성하는 능력이 있고(즉, 실질적으로 낙천적이고 감사하는 마음을 갖고 있고), ④ 우수한 감성적인 역할모형(role model)을 선택하고, ⑤ 느낌에 대해 교감하고 논의할 수 있으며, ⑥ 심미안, 도덕 또는 윤리적 느낌, 사회적 문제 해결, 지도력, 영적인 느낌과 같은 특수한 감성적인 영역에서 전문적 지식을 발달시키는 경향이 풍부한 사람이다.

감성적 지능론(EQ)에 의하면 생물·사회적인 성공은 좋은 건강과 장수와 관계되고 상황적인 성공은 좋은 대우를 받는 것이며 소속 집단에 근거한 성공은 애정 있는 가정과 원하는 사회적 조직에서의 잘 적응된 구성원이 되는 것과 관련이 있다는 것이다. 이렇게 해석하면 모든 종류의 성격에 잘 맞는 어울리는 성격은 없는 것처럼 보인다. 성격 지능의 종류가 다양하고 그것이 요구, 발휘되는 조건이나 상황변수와 개인변수가 다양하다.

감성 지능을 연구하는 모형은 다음과 같이 두 가지로 구분된다.

1. **능력 모형**(ability model): 감성 지능을 인지와 정서의 교차 관계로 파악한다.
2. **혼합 모형**(mixed model): 감성 지능을 정신적 능력과 성격 특성의 결합으로 정의한다.

감성 지능의 높낮이에 따라서 그 사람의 언행과 생활방식, 대인 관계 방식, 삶의 수준과 질에 차이가 나타난다.

미국 캘리포니아대학교 버클리 분교의 심리학 교수 블로크(Jack Block) 박사는 높은 IQ를 지닌 사람들과 높은 EQ를 지닌 사람들을 비교했는데, 높은 IQ를 가진 사람은 지적인 영역에서는 뛰어난 반면에, 개인적 세계, 대인 관계 능력에서는 무능함을 보이는 사람들이 많았다고 지적하고 있다.

EQ가 높은 사람의 장점은, 기다릴 줄 알며 낙관적이고 정열과 용기, 도덕성, 신념이 뛰어나고 성숙한 정서와 감정을 발현할 줄 아는 것이다. 즉, 인간미, 남을 배려하는 인덕(仁德)이 있다.

높은 IQ를 가진 남성들은 야심적이고 생산적이며, 예측 중심적이고, 끈질기고, 여간해서는 개인적인 관심사에 동요하지 않는다고 한다. 또 이들은 대개 비판적이고, 겸손한 척하고, 자못 까다롭고, 금욕적인가 하면 성욕과 성적 경험에 대해서 거북해 하고, 자신의 감정을 밖으로 표현하지 않고 초연하며, 감성적으로 밋밋하고 냉정하다고 했다.

반면, EQ가 높은 남성들은 사회적으로 안정적이고, 외향적이며, 쾌활하고, 두려움이나 불안한 생각에 이끌리지 않는다고 한다. 또 남을 위한 대의명분에 대한 헌신, 책임감, 윤리감 등에 주목할 만한 수용성을 갖고 있는가 하면 인간관계에서도 호의적이고 봉사적이다.

IQ가 높은 여성들은 예견 가능한 지적 자신감을 갖고 있으며, 사고표현에서 자유롭고, 지적인 문제들에 관해서 높은 가치를 두면서 광범위한 지적·심미적인 관심사를 갖고 있다. 이들은 대체로 남성적이고, 불안과 자책감 등에 쉽게 말려들고, 심사숙고하는 편이며, 자신의 분노를 공개적으로 표현하기를 주저한다.

이와 대조적으로 EQ가 높은 여성들은 적극적이고 자신의 감정을 직접 표현하며, 스스로에 대하여 긍정적인 갖는 경향을 보인다고 말한다.

이제는 인심이 삭막해지고 있는 이 시대에 그 사람 똑똑한 것이 미덕인 것이 아니라 친절하고 인간미가 있다는 것이 미덕으로 존중되는 세상이 되어야 할 것이다.

너무 이상화하는 것 같지만, 다양한 쓰임새가 요구되는 지도자에게 요구되는 덕목으로 제안되고 있는 요건이 지력(학력)이외에 감성 지능(EQ), 도덕성 지능(MQ), 사회성 지능(SQ), 창의적 지능(CQ), 위기관리 지능 등 다양한 덕목이 예시되고 있다. 이런 제안은 가치가 다변화되고 사연 많은 인간사에서 지력(IQ)만으로 경쟁력이 부족하다는 것을 시사한다. 즉, 재주만 있고 덕이 없으면 악마와 같다. 천사같이 노래하지만 행동은 악마와 같다는 표현에서 알 수 있는 메시지는 지도자에게는 또는 보통사람의 삶에서 인간미가 중요하다는 것이다. 머리와 가슴이 맞서면, 가슴이 이기는(When It's Head Versus Heart, The Heart Wins.) 시대라고 한다. 부드러운 카리스마(예: 남아프리카공화국의 전 대통령이며 노벨상 수상자인 넬슨 만델라나 반기문 UN 사무총장, 김수환 추기경 등)가 존경을 받고 그리고 섬기는 리더십(Servant leardership)이 존중되는 세상이다.

우리나라의 학교교육에서 지력 개발과 육성에 투자하는 공·사 교육비와 교육열(education fever)의 반이라도 EQ와 SQ 육성에 투자하면 학생들의 정신건강이 증진되고 삶의 질과 수준, 사회와 행동이 획기적으로 달라질 것으로 생각한다.

아마도 전지전능은 IQ와, 다정다감은 EQ나 사회성 지능(social intelligence, SQ)과 관련된 표현으로 생각된다.

21C에는 꿈과 감성의 시대에 상상력이 힘이 되고 있다고 한다.

"정보자료 사회의 태양이 지고 있다. 우리가 그 사회에 완전히 적응하기도 전에, 인류는 수렵꾼으로, 농부로 살았고, 공장에서 일했으며, 지금은 컴퓨터로 대표되는 정보자료화 사회에서 살고 있다. 그러나 이제 또 다른 형태의 사회를 맞이하고 있다. 그것은 꿈의 사회다"(Dream Society).

미래학자인 롤프 옌센의 이 선언은 정보자료 산업 종사자들에게는 황당한 소리일지 모르겠다. 그러나 정보자료 산업이 앞으로 10년 동안 발전을 거듭해서 20년 안에 디지털 커뮤니케이션이 지구를 둘러싸게 되면, 정보자료 사회의 통치 기간은 진부한 물질적 사회유형 속으로 사라질 것이다. "드림 소사이어트"(한국능률협회) 저자의 견해다. 그의 견해에 따르면, 정보자료화 사회는 크게 세단계의 흐름을 탄다. 하드웨어, 소프트웨어,

콘텐츠다. 그런데 콘텐츠의 속성상 미래 사회는 "감성중심의 정보자료 사회"란 예견이다. 산업화 시대에는 기계·자본이, 정보자료화 시대에는 지식이 가치를 창출했다면, 미래 사회에서는 창의적인 아이디어가 가치 창출의 원천이라는 것이다.

미래 사회가 "감성 중심의 정보자료 사회"가 될 것이라고 내다본 학자는 저자 외에도 존 나이스비트, 자크 아탈리, 새뮤얼 헌팅턴 등 많다. 이들은 문화, 콘텐츠, 창의력, 상상력, 감성(EQ) 등 우리 사회에서 그 동안 비주류로 떠돌던 단어들이 미래사회(2000년대)를 이끌어 가는 주류가 될 것이라는 일치된 견해를 피력한다(경향신문. 2007. 1. 19. 제19139호).

과거에 고전 경제학자들이 상품을 구매할 때, 소비자들이 이성적으로 판단하고 소비한다는 점을 전제로 했지만, 점차로 감성적인 구매 행위가 늘어나고 있다. 즉, 소비자가 감성적인 판단에 따라서 제품을 구매하는 경우가 많다는 것이다. 따라서 인간의 소비활동 중에서 많은 부분이 이성적인 판단력에 의해서 구매한다기보다는 무의식적이고 감성적인 정서에 의해서 구매하게 된다는 명제하에 소비자의 머릿속을 들여다보는 뉴로마케팅(neuro marketing), 즉 뇌신경 과학(brainneuro science)을 마케팅에 응용하는 새로운 마케팅 방법이 연구되고 있다.

지금까지의 설명에서 감성 지능이 학교교육 상황뿐만 아니라 2000년대에 전개, 실현이 예상되는 창의적 아이다어의 생산과 소비자의 구매행동 분석 그리고 심리치료와 심리상담, 정신의학, 뇌신경과학(뇌과학) 등 인간의 실생활의 여러 분야에서 그 쓰임세가 확장되고 있음을 시사한 것이다. 바라기는 인간관계상의 갈등 해결, 스트레스 예방과 대처, 관리(부정적인 스트레스를 긍정적인 스트레스로 변환), 스트레스 상담, 부부상담, 가족상담 등에서 효과적으로 EQ가 활용될 가능성이 많다고 예측된다.

EQ는 사회성 지능, 인간 친화지능, 실용적 지능과 유기적으로 상호작용관계가 있는 것으로 판단된다.

EQ 이론의 창안자인 대니얼 골맨(Danial Golman, 2010)은 조선일보 박종세 특파원과의 회견, 대담에서 IQ와 EQ와의 관계를 다음과 같이 설명했다.

IQ는 어떤 영역에서 취업을 하고 직장 생활을 해나가는데 결정적인 역할을 한다. 즉, 기술과 수학, 언어적 기술을 배우는 교육에서는 IQ가 매우 중요하다. 즉, IQ는 그러한 문턱(threshold)을 넘어서기 위해서 필요한 기술이나 능력이다. 그러나 일단 문턱을 넘은 뒤에는 다른 사람들보다 더 뛰어난 것이 중요해 진다. EQ는 바로 이 경우에 필요하다. 즉, EQ는 최고의 성과를 내는 사람과 평균적인 사람 즉 보통 사람을 구별하는 능력이다.

골먼의 이러한 설명을 근거로 IQ는 학교교육을 받거나 취업을 하는데 즉 생존에 필요조건일 뿐이며 그에 비해서, EQ는 보다 유능하고 성공적이며 성취 지향적이고 인간미가 있으며 자아실현을 하고 긍정적, 도전적인 삶을 살아가는데 필요한, 중요한 충분조건일 수가 있다. 아울러서 사회성 지능, 창의적, 실용적 지능, 지도력 지능, 스트레스를 극복, 대처하는 역량 등 IQ보다 더 중요한 조건(요인)들이 많이 있다고 해석할 수가 있다.

표리부동, 즉 겉과 속이 다른 사람, 높은 사람에게 아부를 잘해서 출세하지만 동료관계가 않 좋은 사람, 이용가치를 따져서 사람을 상대하는 인물, 하급자를 들볶는 인물, 공은 본인이, 과오는 하급자에게 전가하는 인물, 간사한 인물, 지위지향적인 인물과 과업지향적인 인물들이 성공하는 경향이 있는데 이들의 감성 지능은 어떻게 판별, 평가해야 할까?

감성 지능과 인지 지능 간의 특성과 차이 및 감성 지능의 구성 요인

감성 지능과 인지적 지능(또는 학문적 지능)의 특성과 차이 비교

	감성 지능(EQ)	인지적 지능(CI)
기량 갖춤새(skill set)	비인지적, 사회적, 정서적, 개인적, 생존 기량	논리적, 분석적, 언어적 사고력,▲ 기억력, 수리적 능력 지식의 일반적 축적 및 활용 역량과 창의력▲
성공 예측 능력	중간 정도에서 유력함	약하며 중간 정도임▲▲
기량이 최대화되는 시기	50세까지 기량이 증진되며, 그 후에는 안정 상태임	12세경 이후에는 고정되지만, 지적 수용력과 활용력은 그 후(아마도 청·장년기)에 최대화된다.▲▲▲
학습 가능성	긍정(그러나 제도에 의해서 교육, 육성되는 기량은 아님)	부정적(아마도 교육 연령이 제도권에 의해서 사회경제적으로 제한하는 것을 기준으로 부정적)으로 판단하는 것으로 추정된다.▲▲▲▲
일상적인 동의어(synonyms)	세상 물정에 밝음. 경험이 많고 박식함. 상식이 풍부함. 생존 능력이 탁월함.	서책에 의한 지식이 풍부하며, 탐구, 분석적, 비판적, 창의적임. 지혜▲

출처: Book, H. E. (2003). How Leadership and Organizational Structure Can Create a Winning Calture. J. R. Hahn & A. M. Langlieb (Eds.), *Mental Health and Productive in the Workplace: A Handbook for Organizations and Clinicians*, 217. Jossey-Bass.

▲ 필자가 전문적 식견으로 추가함〔스턴버그(2000) 교수는 지능을 지혜의 하위 개념으로 해석함〕.

▲▲ 필자가 전술한 바와 같이 골맨은 인지적(학구적) 지능이 사연 많은 삶의 여정에서 기대만큼 성공의 기여도가 높지 않다고 설명했다. 즉, 인지적 지능 이외에 다른 많은 요인들이 중요하게 영향을 끼치며, 인지적 능력이성공에 영향을 끼치는 유일한 요인이 아니라는 점을 심리학자들이 지적하고 있다.

▲▲▲ 아인슈타인은 과학자들이 젊은 시기에 노벨상이나 이에 필적할 만한 과학적 업적을 발휘하지 못한다면 장래성은 기대할 수가 없다고 주장했으나 오늘날 젊은 과학자론의 신화가 더 이상 일반화되지 않고 있다는 반론도 제기되고 있다.
▲▲▲▲ 대학(고등) 교육이 보편화된 상황에서 대학원 석·박사(후) 교육은 보편화된 교육이 아니라 개인의 선택 사항이다. 그리고 일부의 전문직 종사자나 학문을 직업으로 선택한 대학교수의 요건이다.

감성 지능의 성질과 기능에 대한 이해를 돕기 위해서 이 기회에 감성 지능의 구성 요인을 예시한다(Book, 2003, 217).

감성 지능의 구성 요인들

자아 성찰적 구성 요인	순응 구성 요인	일반 기분 구성 요인	대인관계 구성 요인	스트레스 관리(대처) 구성 요인▲
정서적 자기 각성	문제 제기(발견)와 해결	행복감, 낙관성	감정이입(이심전심, 측은지심, 상대방에 대한 배려)	스트레스에 대한 관용성(스트레스 극복 역량▲▲)
자기주장	현실 검증			충동 조절
자아 존중	사고나 판단, 언어의 융통성			역경 극복 역량(resilience)▲▲
자아실현				

출처: Book, H. E. (2003). How Leadership and Organizational Structure Can Create a Winning Calture. J. R. Hahn & A. M. Langlieb (Eds.), *Mental Health and Productive in the Workplace: A Handbook for Organizations and Clinicians*. Jossey-Bass.
▲ 다른 EQ 모형에서는 이 스트레스 관리(대처) 요인을 포함하지 않음.
▲▲ 필자가 전문적 식견으로 추가함

필자의 판단으로는 이 표에서 제시한 EQ 내용상의 문제점으로 생각되는 점은 EQ가 인생지사에서 자의반 타의반 성공과 좌절이나 실패, 그리고 희로애락의 교차점에서 씨줄과 날줄이 얽히는 장기간의 삶을 살아가게 마련인데, 긍정적 심리 위주로 구성되어 있는 반면 EQ의 구성 내용 속에 삶의 그늘과의 유관성이 포함되어 있지 않고, 아울러서 인간의 발달 단계(발달 과업)와의 관련성이 언급되어 있지 않으며(인간의 발달 이론이라기보다 성격 발달과 행동 이론이라고 생각됨), 아울러서 심리치료와 상담심리의 이론과 실제(임상에서) 그리고 치료교육 실제에서 어떻게 EQ 관련 이론과 EQ 육성, 실제–특히 정신건강과 웰빙의 실제–에 어떻게 응용할 수 있는지의 접근 방법이 충분히 제시, 논증되지 않은 점이 문제점이다.

글로벌 지능(global intelligence, GI; global quotient, GQ)

이제 2000년 시대는 정보 자료화를 기반으로 초(秒) 싸움을 벌이고 있다. 또한 지역 기반에서 세계화를 기반으로 비즈니스 범위가 확대된 지 오래다. 중요한 것은 글로벌 마인드라고 해서 단지 외국어 능력만을 측정하는 것이 아니라는 것이다. 글로벌 마인드는 세계시민의 일원이라는 세계 시민정신으로 무장하여 범세계적 시야를 갖고 실제로 그러한 업무를 추진할 수 있는 역량을 말한다. 경제, 문화, 지식, 언론과 방송, e 러닝(learning)을 통한, 의한 교육, 산업, 무역, 물류, 군사, 외교 등에서 교류와 소통, 협조가, 즉 세계화(global)가 생존과 교양, 문화에서 중요한 화두가 되고 있다.

도덕적 지능(moral intelligence, MI; moral quotient, MQ)

도덕성 지수(MQ)는 규모가 큰 대 기업체(군)에 대한 투명 경영에 대한 사회적 욕구가 강해지면서 새로운 인재상의 덕목으로 대두된 것이지만 도덕과 상식, 사회적 규범의 틀 내에서 업무를 추진하는 인재만이 궁극적으로 기업에 이득을 가져온다는 점에서 매우 중요하다. 현대 사회는 이제 기업이든 개인이든 양심적이지 못하고 신뢰받지 못하면 사회적 활동을 하는 데 상당한 제약을 당할 수밖에 없다. 그런 점에서 새로운 인재나 지도자 또는 고위 관료는 높은 수준의 윤리·도덕적 기준을 가지고 있어야 한다.

공직인 고위관료(선출직과 임명직) 임용시에 도덕성에 흠결이 없어야 한다는 것은 충분조건이 아니라 필요조건이다.

열정 지능(passion intelligence, PI; passion quotient, PQ)

열정 지수는 무슨 일이든 주인의식을 가지고 자발적인 행동으로 결과를 일궈내는 능력을 말한다. 열정은 주어진 업무에 얼마나 의욕적으로 매진하느냐 하는 것으로 의욕과 열정이 높은 사람이 결국 높은 성과를 만들어 낸다는 점에서 매우 중요한 덕목이 된다. 채용 시점에서 인재가 갖고 있는 능력보다 앞으로의 잠재력이 공·사 기업의 입장에서는 더 중요하다는 것도 '열정 맨'을 선호하는 이유이다. 따라서 열정지능은 현재 지향적이라기보다는 과거와 미래 지향적인 에너지, 의지, 자아실현 경향성인데 그러나 가시적 성과나 업적을 입증해야 한다는 과제가 수반된다.

현대 그룹의 창업주인 고 정주영 회장이 한국에 조선소를 만들어 배를 만들어 수출을 해 보려고 필요한 건설 자금(차관)을 유치하기 위해 중동국가를 방문해서 국왕에게 한국인이 만든 배인 거북선 그림이 그려진 지폐를 보여 주면서 우리나라가 그 옛날 옛적에 이순신 장군이 이런 배(거북선)를 만들어 우리나라를 침략한 일본의 배를 침몰시켜서 승리한 나라인데 그 후손인 내가 이런 실력을 발휘해서 튼튼한 배를 만들 것이니 이를 믿고 차관을 융자해 달라고 간청해서 그 종자돈으로 오늘날 울산에 세계적인 규모의 현대 조선소가 건설, 가동되고 있는 것은 기업 경영에서 CEO의 열정이 얼마나 중요한 역할을 하는지를 알 수 있는 증거가 된다.

디지털 지능(digital intelligence, DI, digital quotient, DQ)

디지털 지수는 인터넷을 포함하여 업무 전반의 디지털 기기를 능수능란하게 다루고 정보자료 기술 체계를 이해하고 활용할 줄 아는 능력이다. 예컨대, 업무문서를 작성하는 데 있어서도 목적에 따라 프레젠테이션 문서와 워드 문서를 달리해 가며 활용할 줄 알아야 하고 이를 통한 커뮤니케이션에도 문제가 없어야 한다.

시대의 디지털화는 거스를 수 없는 대세가 된 만큼 업무 전반에 디지털 환경을 자유자재로 활용하고 다룰 줄 아는 능력이 필수가 되었다고 할 수 있다. 이러한 디지털 마인드와 활용능력은 新 인재상의 요건들 중 필수적이고 기초적인 것이라고 할 수 있다.

공·사 생활에서 현대인의 필수품인 PC 등 전자기기를 잘 다루지 못해서 발생되는 부적응을 기술 스트레스(technostress)라고 한다. 장·노년들의 경우 이 기술 스트레스로 인한 직장 생활의 불편과 젊은 세대들과의 업무관계에서 경험하는 직무 스트레스(job stress)가 심각한 것으로 생각한다.

둔감 지능(insensitive intelligence, II; insensitive quotient, IQ)

응급실 의사와 간호사에게도 둔감 지능이 요구된다. 가족 중에 새벽 2시쯤 복통을 호소하여 병원 응급실에서 2시간 정도 진찰받은 적이 있는데 그 시간에 교통사고 피해자, 아파트에서 떨어져 자살을 기도한 부인, 상습적으로 가정폭력을 일삼는 남편에게 맞아서 피투성이가 되어 경찰관에 의해서 실려 온 부인, 10대 미혼모의 모습을 보고 병원 응급실은 천국과 지옥이 공존하는 곳이라고 생각했다. 의사나 간호사들이 환자들의 사사건건에 일희일비(一喜一悲)하다가는 건강하게 오래 버텨내지 못할 것 같은 생각이 들었다. 따라서 그런 분위기를 초월한, 즉 둔감 지능이 절대적으로 필요한 요건일 것이다.

허문명(2007)은 인간의 일상생활에서나 직장생활에서 둔감 지능이 어떻게 기능하고 필요한가를 다음과 같이 소개했다.

명의(名醫)로 소문 난 일본의 한 대학병원 의사는 제자에게 무척 엄하고 까다로웠다. 제자들은 '손이 늦다' '한 눈 판다'고 강하게 질책하는 스승 앞에서 주눅부터 들었다. 유독 한 학생만 달랐다. 그저 '예, 예' 대답하며 듣는 둥 마는 둥 했다. 그 대신 실력을 쌓는 일에만 열중했다. 나중에 그는 스승의 수술 노하우를 온전히 전수받은 유일한 제자가 됐다. 일본 작가이자 의사인 와타나베 준이치는 새 책『둔감력(鈍感力)』에서 이런 '지혜로운 둔감력'을 예찬했다. 일반적으로 예민함이 선호되지만 실제 생활에선 둔감함이 더 쓸모가 있다는 것이 이 책의 메시지이다. '감정이나 감각이 무디다'는 뜻의 둔감함은 단점이 아니라 '힘'이라는 것이다. 잠자리가 바뀌어도 코까지 골며 잘 자는 사람, 나쁜 일은 바로 잊어버리고 윗사람의 질책이나 배우자의 잔소리는 잘 흘려버리는 사람…. 이런 유형이 '둔감 재능'의 소유자다. 게으름과는 다르다. 자신의 에너지를 주변 사람이나 환경 같은 '밖'을 향해 사용하기보다 '안'으로 모아 능력을 극대화하라는 주문이다. 둔감력은 건강에도 도움을 준다. 기분 나쁜 말을 들어도 별 흔들림이 없는 사람의 혈관은 늘 확장돼 있어 피가 잘 돈다고 한다. 장(腸)이 둔감하면 조금 상한 음식을 먹어도 탈이 덜 난다. 시각, 청각 등이 너무 예민하면 이들 감각기관의 노화가 더 빠르게 찾아온다는 학설도 있다. 치명적인 암(癌)도 마음을 느긋하게 먹으면 치유 확률이 높아진다. 배우자, 동료 등 인간관계에서도 완벽을 추구하면 서로 부담이 커져 유리병처럼 깨지기 쉽다. 나이 든 부부의 해로(偕老)도 둔감력에 비결이 있다고 저자는 주장한다. 상대에게 둔해지면 반대로 아량이 생기기 때문이라고 한다. '무심(無心)의 힘'을 강조한 책『둔감력』은 일본에서 올 상반기에만 100만 부가 팔릴 정도로 인기가 높다. 외부의 눈총, 조롱, 질투, 빈정거림에 일일이 반응하기보다는 자기 나름의 중심을 갖고 질기게 살라는 충고가 내게도 벌써 힘이 된다. 이 둔감 지능의 소유자가 스트레스에 대한 감응성이 낮은가는 연구할 만한 가치가 있다.

노력 지능(effort-based intelligence, EBI)

지능은 타고난 것인가? 또는 고정 불변하는 것인가? 아니다. 열심히 노력하면 얼마든지 더 똑똑해질 수 있다. 미국 메릴랜드 주 몽고메리 카운티의 학교들은 최근 '노력 지능'(effort-based intelligence)이라는 새로운 개념을 교육에 적극 활용하기로 했다.

'노력 지능'을 바탕으로 한 교육이란 학생들이 현재 얼마나 똑똑한가 보다는 효과적으로 노력했을 경우 얼마나 더 똑똑해질 수 있는가를 기준으로 삼아 교육하는 방법이다. 지능지수(IQ)를 기준으로 '똑똑한 아이들'과 '그렇지 못한 아이들'을 구분하지 않고 '노력'이라는 변수에 따라 지능이 향상될 수 있다고 믿고 교육하는 것이다.

이 방법을 도입할 경우, 교사는 어떤 학생이 주어진 시간 내에 학과 내용을 이해하지 못했다고 해서 '뒤처진다'고 평가하지 않는다. 대신 '아직 이해하지 못했을 뿐'이라고 평가하고 적절한 방법을 찾아내고, 학생들이 그 방법에 따라 충분히 노력하겠다는 자세를 갖는 것이다. 어떤 아이들은 같이 공부할 친구가 있으면 공부가 더 잘 되고, 어떤 아이들은 노트 정리법만 제대로 익혀도 성적이 오른다.

미국 곳곳의 공립학교에서도 '노력지능' 교육이 성과를 거두고 있다는 보고가 나오기 시작했다. '열심히 노력하면 더 잘 할 수 있다'는 상식이 새삼 각광을 받는 것은 그 동안 '지능은 타고난다'는 결정론적 사고가 지배해 왔기 때문이다.

그러나 이제는 한 가지 잣대로 아이들의 지능을 평가하지 말자는 움직임이 일고 있다. 혹시 우리 주변에도 지금 당장 성적이 나쁘다고 해서, 제대로 노력하기만 하면 꽃필 수 있는 잠재력까지 없다는 평가를 받는 아이들이 있는 것은 아닌지 돌아 볼 때인 것 같다.

"똑똑하다"는 칭찬보다는 "열심히 잘했다"는 칭찬이 아이들의 학습능력을 향상시킨다는 연구 결과가 나왔다. 컬럼비아대학교 연구팀이 뉴욕시 초등학교 5학년생 400명을 대상으로 10년에 걸쳐 조사한 바에 따르면 지적 능력을 칭찬하면 학습의욕이 떨어지는 반면 학습 노력을 칭찬하면 도전 의식과 자신감이 커져 성적을 올리는 것으로 나타났다고 뉴욕매거진(2006)이 보도했다.

연구팀은 두 집단의 학생들에게 쉬운 문제를 내줘 좋은 점수를 받게 한 뒤 한 집단에게는 "똑똑하다"는 칭찬을 해 주고 다른 집단에게는 "열심히 잘했다"는 칭찬을 해 줬다. 칭찬을 한 뒤 학생들에게 쉬운 문제와 어려운 문제를 내주고 고르도록 하자 노력에 대한 칭찬을 받았던 학생의 90%는 어려운 문제를 택한 반면 지적 능력에 대한 칭찬을 받았던 학생들은 절반 이상이 쉬운 문제를 택했다. 또 다른 실험에서 연구팀은 5학년생이 풀기 어려운 문제를 내준 후 학생들의 반응을 관찰했다. 노력에 대한 칭찬을 받았던 학생들은 '제대로 집중하지 않아 문제를 풀지 못했다'며 다른 문제를 달라고 요구한 반면 지적 능력에 대한 칭찬을 받았던 학생들은 의욕을 상실하고 풀이 죽은 모습을 보였다.

연구팀의 카렌 드웩 교수는 "부모나 교사가 노력을 강조하면 아이들은 자신의 손에 성공이 달린 것으로 생각하게 되지만 지적 능력에 대해서는 자신이 어쩔 수 없는 부분이라고 느낀다"면서 "학습능력을 올리는 데는 지적 능력보다 노력을 칭찬하는 것이 더욱 효과적"이라고 설명했다.

윌슨(Wilson) 미국 대통령은 난독증이 심해 열 살이 되도록 책을 읽지 못했다. 발명왕 에디슨도 난독증이 있었다. 윌슨은 목사인 아버지가 집에서 공부를 시킨 덕에 열두 살 때 가까스로 읽을 수 있었다. 원래 부지런하고 강인했던 윌슨은 속기까지 배워가며 늦공부에 열을 올린 끝에 프린스턴 대학에 진학했고, 프린스턴 대학의 교수와 총장까지 지냈다.

1902년 총장이 된 윌슨은 제대로 사고할 줄 아는 인재를 키우겠다며 대학 개혁을 추진하다 반발에 부딪치자 정계로 진출해서 대통령이 되었다.

생물학적 지능(biological intelligence, BI)

지능이란 생물학적으로 근거를 갖고 있다. 지능에는 생물학적, 심리학적 가능성이 내재되어 있으며 그것은 경험적, 문화적, 동기적, 뉴로 마케팅 등의 요인의 산물일 수 있다고 간주되고 있다. 즉, 지능은 생물학적 실체일 뿐만 아니라 동시에 문화적, 역사적 현실 생활의 실체이다.

생물학적 지능에는 DNA와 행동사이에 어떤 생리적, 두뇌신경의 가소성(可塑性, plasticity), 호르몬 매개, 신경전달 물질, Gold Chromosome, 등 EEG, RT, AEP, GRS, SNV와 같은 생리학·생화학적 인자들과 행동 유전학, 좋은(건강한) 뇌(창의적 지능과 수월성을 발휘하는 뇌 그리고 타고난 천재인 진성 천재(truth genius)의 두뇌)와 유해한(병든) 뇌(알츠하이머 치매나 파킨슨 병, 뇌성마비, 뇌졸중, 진행성 뇌 병변을 유발하는 희귀질병인 결절성 뇌 경화증(tuberous sclerosis) 등) 기제가 작용한다는 것을 강조함으로써 지능의 생물학적 기능, 요인들의 비중의 중요성을 강조한다.

최근에 소비자 행동론에서는 “소비자의 뇌”를 읽어야 매출이 오른다는 뉴로마케팅 이론이 인기를 끌고 있다. 왜 소비자가 백화점이나 대형 마트에 들어서면, 일단 우향우를 하는 경향이 있으며 빨간 가격표를 보면 “싸다.”고 인식을 하는가. 이런 현상은 무의식적이고 감성적인 행동이 아닌 뇌 인지 활동에 따른 것이라는 것이다. 그래서 소비자의 뇌를 공략하면 광고 효과는 곱절로 커진다. 광고 대행사 오리콤의 브랜드전략연구소는 뇌 활동을 마케팅에 접목시킨 “뉴로마케팅” 연구 결과를 2009년 11월 22일 발표했다. 이에 따르면, 광고물의 왼편엔 사물이나 사람을, 오른 쪽에는 카피를 삼가는 게 좋다는 것이다. 우뇌는 왼쪽 눈과 연결되는데 시각 정보 자료에 특화되어 있으며, 오른쪽 눈과 연결된 좌뇌는 언어 정보자료의 해석에 탁월함을 보이기 때문이다. 브랜드 네이밍의 경우 단어 발음이 무의식을 자극하기 때문에 타깃 소비자의 특성에 맞게 선택해야 한다. 마몽드, 로레알처럼 따스함을 지닌 여성적인 단어와 토스카, K2등과 같이 공격적인 분위기의 남성적인 브랜드로 구분해서 상품명에 적요해야 한다.

신제품을 출시했다면, “안심”과 “경제적 보상”을 강조해야 한다. 신경학적 뇌의 관점에서는 뇌는 ‘이익’보다는 “손해”에 민감하게 반응하기 때문에 광고 컨셉트 선정시에 “사용하지 않을 때의 손해”를 강조하면 효과적으로 뇌를 더 자극할 수가 있다. 또 뇌는 심리적인 고통보다 육체적인 고통에 더 빨리 반응한다. 그래서 보험 상품을 선전할 때 육체적 고통을 광고에서 보여 주는 상황을 제시하는 것이 좋다는 것이다. 즉, 소비자의 뇌와 심성을 자극해야 매출이 상승되는 효과가 나타난다는 이론이다.

역경 지능(adversity intelligence, AI; adversity quotient, AQ)

임진왜란, 일제에 의한 지배, 6.25전쟁, 최근의 IMF 경제위기, 연평도 포격 사건과 천안함 피격사건, 2000년 가을에서 2001년 겨울까지 전국적으로 발생하여 축산 농가뿐만 아니라 전국을 재난지대로 관리할 정도의 심각한 위기를 초래한 구제역 파동, 2014년 4월 제주도로 수학여행을 가던 300여 명의 학생들이 사망한 세월호가 침몰된 불행한 사건 등의 역사적 사건의 당사자로서 역경이나 위기는 우리에게 낯설지가 않다.

사연 많은 인생이라는 드라마를 살아가면서 개인, 사회, 국가 또는 세계가 이런 저런 역경 또는 위기를 자의 반, 타의 반 경험한다. 역경 지능 개념을 제안한 스톨츠(Stoltz, 1997~9)는 역경 대처 능력(resilience)을 강화하는 위기를 삶의 실패로 여기지 말고, 역경을 딛고 올라설 수 있도록 자신과 다른 사람의 능력을 향상시키는 동력을 얻어 내는 방법과 지식을 스톨츠가 제안하고 있다.

역경 지능은 운명의 힘(세력?)을 지배할 수 있도록, 우리 자신의 야망과 동기를 제대로 이해하고 개선시킬 수 있도록 그리하여 의미 있는 삶을 살아갈 수 있도록 동력과 생기를 되찾거나 발휘할 수 있도록 해 준다.

역경 관리 지수는 도전적인 이 시대를 견뎌내기 위한 강력한 이론인 동시에 의미 있는 척도이며 잘 연마된 도구 체계이고 개인적, 집단적 역경 지능이 있을 수 있다.

AQ는 다음과 같은 세 가지 형태를 취한다.

1. AQ는 성공의 모든 국면을 이해하고 고양시키는 데 필요한 새로운 개념 틀이다. 따라서 실질적이고 획기적인 연구의 토대 위에서 구안된 AQ는 성공에 이르는 길을 안내하는 실용적이고 새로운 지식 체계이다.
2. AQ는 위기에 대처하는 개인의 태도를 측정, 관찰하는 척도이다. 이들 태도는 지금까지 확인되지 않은 상태로 인간의 잠재의식 속에 숨겨져 있었다. 스톨츠는 처음으로 AQ를 측정 가능하고 이해할 수 있으며 변화, 진화될 수 있다는 것을 제안하였다.
3. AQ는 위기, 역경에 대처하는 개인의 능력을 향상시켜서 그의 개인적·직업적 효율성을 한 단계 끌어올려 주는 과학적 근거를 지닌 측정 도구 체계이다.

스톨츠는 AQ의 정의를 **그림 2-4**과와 같이 예시했다.

삼위일체 이론으로 설명 가능한 AQ는 과학적 이론과 실제 응용이라는 두 가지 기본적인 요소로 구성되어 있다.

스톨츠는 19년에 걸친 학문적 연구 결과와 10년 동안 AQ를 적용해서 실험한 결과에

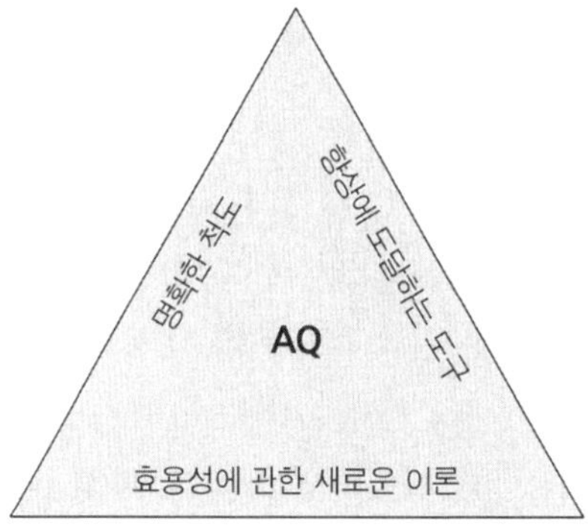

그림 2-4 역경 지능

출처: Stoltz, D, G. (1997). *Adversity Quotient: Turning Obstacles into Opportunity*. New York: John Wiley & Sons, INC.

의하면 그의 AQ는 성공하기 위해서 무엇이 필요한 가에 대해 좀 더 쉽게 이해할 수 있도록 새로운 돌파구를 마련하게 되었다고 밝혔다. 인생(삶)이나 직장(일)에서의 성공은 AQ, 즉 역경 관리 지수에 크게 좌우된다는 것이다.

1. AQ는 여러분에게 어떻게 하면 역경을 잘 넘기고 극복할 수 있는 능력을 터득한 것인지 그 방법을 알려 준다.
2. AQ는 누가 역경을 극복할 수 있는 사람인지, 누가 역경에 압도되어 위축되어 지내는 사람인지를 예측하게 해 준다.
3. AQ는 누가 자신의 능력과 잠재능력을 뛰어 넘을 수 있는지, 누가 낙오되는 사람인지를 예측하게 해 준다.
4. AQ는 누가 포기하는 사람인지, 누가 앞서 나가는 사람인지를 예측하게 해 준다.

AQ의 응용 분야는 팀, 인간관계, 가족, 조직, 지역사회, 문화, 사회전반, 교육기관 등 쓰임새가 다양하며 AQ는 다음과 같은 내용을 예측할 수가 있다.

성취도, 동기유발, 능력부여(empowerment), 창의력, 생산성, 학습력, 에너지, 희망, 행복, 활력(vitality), 기쁨(joy), 정서적 건강(emotional healthy), 신체적 건강, 인내심, 적응 유연성(resilience), 시간이 지날수록 개선되는 것, 태도, 장수여부(longevity), 변화에 대한 반응.

AQ는 희망을 갖고 어려운 시기, 상황을 극복할 수 있는지 없는지를 결정하는 변수이다. 역경을 극복할 수 있는 능력은 AQ에 의해서 결정된다는 것이다. 스톨츠는 AQ 이론에서 역경(실패)과 성공을 대칭개념으로 이해하고 있는데 칭송받는 성공에 이르지는 못했지만 평범하게 사는, 진술한 다양한 종류의 지능의 쓰임새가 개별적으로 가능하지만, 서로 뒤섞이고 융합되어 기능하거나 상호보완적으로(약점을 강점이 시정, 보완해 주는) 기능하는 경우도 있을 것이며 또는 상호 충돌, 견제하는 경우도 있을 것으로 상징되는데 이에 관한 논의와 연구는 후속 연구과제로 생각된다. 이들 지능의 질적·양적 발달 양태, 연령별 발달 양태(예: 아동과 성인, 전문직의 지능은 다르다고 한다.)도 후속 연구를 필요로 하는 과제이다. 또 이들 다양한 지능을 어떻게 이용, 개방, 육성, 제어할 것인가와 관련된 프로그램이나 방안 제시도 앞으로 전문가들이 연구를 해야 할 과제이다. 특성, 개인의 지능의 양태가 혼재되어 기능할 것으로 상정되며 직업 유형에 따라 또는 삶의 방식이나 성장 경로에 따라 특징적인 차이가 있을 것으로 상정된다.

스톨츠의 AQ 이론을 문화, 역사적 배경, 종교적 가치관의 차이가 있는 우리나라에서도 가감 없이 그대로 적용, 해석이 가능한 지는 검토, 연구가 필요한 과제이다.

역경과 역경을 극복하는 역량(적응 유연성, resilience)간의 유관성도 연구할 만한 가치가 있는 화두이며 역경, 위기 화두가 6.25전쟁의 생생한 기록인 '장진호 전투'(김창균 2006)에 관한 사례와 전진홍 서강대 교수의 '바닥치고 일어서라'의 칼럼(2007)을 통해서 역경 극복 역량(resilience)의 함의를 음미하고자 한다.

[보충 자료]

장진호 전투

장진호 전투는 6·25 때 함경남도 장진호(湖)까지 진격했던 미 해병 1사단이 1950년 11월에서 12월에 걸쳐 중국군 포위망을 뚫고 흥남까지 후퇴한 전투다.

해발 1000m 개마고원의 장진호는 겨울 낮에는 영하 20도, 밤엔 영하 30도까지 떨어진다. 이 전투는 제2차 세계대전 때 독일과 소련의 스탈린그라드 전투와 더불어 세계 양대 동계전투로 꼽힌다. 너무 추워서 소총, 야포는 불발이 잦았고 사정거리도 짧아져 표적보다 위를 겨냥해야 했다. 위생병은 모르핀 앰플을 얼지 않게 하려고 입 속에 넣고 다녔다.

▶ 미 해병 1사단장 스미스 소장은 '후퇴'라는 단어를 제일 싫어했다. 미 해병 전사(戰史)에 없는 말이기 때문이다. 수송기 편으로 전장에 온 기자가 "후퇴 작전을 시작하느냐"고 물었다. 스미스 소장은 "젠장, 후퇴라니. 우리는 다른 방향으로 공격하려는 거야."라고 말했다. 이 답변은 이튿날 미국 신문에 크게 실렸고 이후 미 해병들이 즐겨 쓰는 말이 됐다.

▶ 미국에게 장진호 전투는 2,500명가량이 희생된 '진주만 이후 최대 패전'이었다. 그러나 중국

군에 그 10배에 해당하는 타격을 입히며 돌파에 성공한 '가장 위대한 후퇴작전'으로도 기억된다. 흥남으로 물러난 미군은 10만 명의 피난민과 함께 탈출했다. 한 번에 1만 4,000명을 태우고 거제도까지 항해한 7,600톤급 빅토리아호는 기네스북에 '가장 많은 사람을 구조한 배'로 기록됐다. 노래 ≪굳세어라 금순아≫의 첫 대목 '눈보라가 휘날리는 바람 찬 흥남 부두에'가 이때 이야기다.

▶ 미군이 당시 일본 지도를 갖고 전쟁을 치른 탓에 장진호 전투는 일본어 표기인 '초신(chosin) 호 전투'로 알려져 있다. 장진호 전투 전우모임 이름은 생존자가 적다(few)고 해서 'chosin few'다. 미 순양함 '초신' 역시 장진호 전투에서 유래했다.

▶ 당시 참전했던 제임스 로런스(88) 해병대 예비역 준장이 지난 2006년 9월 18일 해군 병원에서 폐렴으로 숨졌다. 당시 로런스 소령은 전투 스트레스(PTSD)에 시달린 대대장과 중상을 입은 부대대장 대신 지휘봉을 잡고 해병 1사단 7연대 2대대를 이끌었다. 장진호 전투의 생존자는 앞으로도 계속 줄어들 것이다. 그러나 얼마 전 체니 부통령이 워싱턴 한국전쟁기념공원에서 "한미동맹은 깨질 수 없는 약속"이라며 한국전의 가장 격렬했던 전투로 꼽았던 장진호 전투의 기억은 지워지지 않을 것이다.

(김창균. 조선일보. 2006. 9. 28. ck-kim@chosun.com)

[보충 자료]

바닥 치고 일어서라

바닥을 치면 일어서는 것은 비단 주식시세만이 아니다. 삶도 마찬가지다. 밴드에 맞춰 노래하고 춤추며 영어를 가르치는 독특한 강의법으로 잘 알려진 문단열 씨는 외환위기 직전이었던 1996년 당시 신촌에서 등록학생 수만 1500 명에 육박하는 학원의 잘나가는 강사 겸 원장이었다. 하지만 알량한 성공으로 겸손을 잃었던 그는 외환위기 때 학원이 망하자 빚더미에 앉게 되었다.

그러던 어느 날 거리의 노숙자를 보며 그들과 자신의 차이는 주머니 속에 달랑 한 장 있던 목욕티켓뿐이라는 사실을 깨달았다. 그는 바닥에 떨어져 보고 나서야 다른 사람들이 눈에 들어오기 시작했다. 영어를 못해 낙담하고 낙오했던 사람들의 아픈 마음도 이해하게 되었다.

그래서 영어를 보다 쉽고 재미있게 가르칠 궁리를 시작했다. 그런데 이것이 대박을 터뜨렸다. 그 덕분에 바닥을 치고 다시 일어설 수 있었다. 서울역 앞을 지나다 보면 아직도 적잖은 노숙자들을 만나게 된다. 우리는 흔히 그들을 '바닥 친 사람'이라고 말한다.

하지만 아니다. 그들은 바닥을 친 것이 아니라 어제에 대한 미련과 회한의 끈에 대롱대롱 매달려 자기 인생의 허공에서 스스로를 용서도 용납도 못한 채 천형처럼 떠돌고 있는 사람들이다. 진짜 바닥을 쳤다면 거기 그러고 있지 않을 것이다. 길 가는 사람에게 500원, 1,000원씩 구걸하다 못해 갈취해 결국엔 밥 대신 '소주를 까며' 자기 인생의 속살을 안주 삼진 않으리라.

만약 바닥을 쳤다면 자리를 털고 일어나 얼굴 씻고 머리 자른 후 수염 깎고 공사판 잡일이든 청소일이 든 찬밥 더운밥 안 가리고 두 손 걷어붙이며 나설 것이다. 진짜로 바닥을 치면 튕겨서라도 다시 일어서듯 되레 강해지기 때문이다.

사실 노숙자는 거리에만 있는 것이 아니다. 겉은 멀쩡한데 속은 문드러진 '마음의 노숙자'들이 훨씬 더 많다. 그들은 고뇌와 자학의 피고름이 범벅된 채 스스로를 미련과 회한과 자책의 감옥에 가두다 못해 어느 순간 충동적으로 자살만이 유일한 탈출구라며 막다른 골목으로 자신을 내몰기 일쑤다. 2007년 2월 창원지법의 한 법정에는 서른한 살 난 젊은 피고인이 서 있었다. 그는 카드 빚 3,000만 원을 갚지 못하는 처지를 비관해 자살하려고 투숙한 여관방에 불을 질렀다 붙잡혀 방화미수죄로 법정에 섰다. 재판장은 선고에 앞서 피고인에게 '자살'이란 말을 열 번만 되뇌어 보라는 뜻밖의 주문을 했다. 머뭇거리던 피고인은 재판장이 재차 지시하자 '자살'을 열 번 되뇌었다. "자살, 자살, 자살…살자, 살자,살자." 재판장은 피고인이 반복해 말한 '자살'이 결국엔 '살자'로 들린 것처럼, 때로는 죽을 이유가 살 이유가 된다고 말했다. 그렇다. 바닥을 치고 나면 죽을 이유도 살 이유가 된다.

올해 노벨의학상 공동 수상자인 미국 유타대의 마리 오 카페키 교수는 제2차 세계대전 와중에 아버지를 여의고 어머니마저 수용소에 갇혀 졸지에 거리의 부랑아 신세가 되었다. 하지만 삶의 밑바닥에 내동댕이쳐진 어린 카페키는 '생존에의 사투'를 벌이며 자신을 끈기와 집요함의 헝그리 정신으로 무장시켰다. 그것이 삶의 밑거름이 되어 그는 미 국립보건원 (NIH)마저 "성공할 가능성이 적고 계속할 가치도 없다."며 외면했던 '유전자 적중(gene targeting)' 프로젝트를 집요하게 밀고 나가 마침내 의학사에 한 획을 그었다.

'땅에서 넘어진 자 땅을 딛고 일어선다'고 했다. 누구나 쓰러지고 넘어진다. 때론 추락한다. 하지만 넘어진 곳에 주저앉지 않고 그 자리를 딛고 일어서는 사람들에 의해 세상은 다시 열린다. 추락한 곳에서 몸을 일으켜 애써 날갯짓하는 사람들에 의해 세상은 날마다 재창조된다. 그러니 바닥 치고 일어서라!

(정진홍 논설위원. 중앙일보. 2007. 10. 13. 제 13295 호)

미국의 3대 명문대학에서 학위를 마친(조지 워싱톤 대학교 학사, 하버드 대학교 석사, 프린스턴 대학교 박사학위 취득) 우남 이승만 대통령이 1960년 5월에 미국의 하와이로 망명을 하면서 다음과 같이 당부하였다고 한다. 대통령으로서 우리나라의 홍망성쇠 고정을 겪어 온 이승만은 조국과 민족의 현재와 미래의 앞날과 운명, 위기를 걱정하면서 남긴 메시지라고 생각을 한다.

1. 자유 민주주의를 지켜라.
2. 반공태세를 굳게 하라.
3. 한미 우호 동맹을 굳게 하라.
4. 일본을 믿지 마라.
5. 뭉치면 살고, 흩어지면 죽는다.

6. 다시는 종의 멍에를 메지 말라.

이 역경 지능과 역경 극복 역량(resilience)은 이론적 구안과 쓰임새가 다르다.

윤리 지능(ethical intelligence, EIQ)

정의로움, 인간(타인)에 대한 존중, 포용성, 권리와 책임, 의무, 공익성, 고위 공직자에게 요구되는 덕목, 즉 노블리스 오블리제(noblesse oblige: 높은 신분에 따르는 도덕적인 의무)도 윤리지능과 관련된 내용이다. 성직자도 특히 기독교, 개신교의 성직자는 하나님 섬기는 사역과 재물을 소유하는 것을 다 같이 병행하려고 하는 것은 성직자의 기본 조건에 반하는 것이므로 두 가지 중에서 하나를 선택하는 것이 옳다. 외국의 천주교 선교사들이 한국에 와서 재물과 부귀영화 등 세속적인 소유를 탐하지 않고 오로지 선교와 헌신, 봉사하면서 실존적 고통 문제에 관하여 번민하면서 교인들과 하나님을 섬기는 사역에 일생을 희생한 고귀한 삶은 윤리 지능과 영성 지능의 표본이라고 생각하며, 천주교 신부들의 삶의 태도를 신교의 목회자들도 보고, 배우며 행함이 필요하다고 생각한다. 성직자의 일부가 이름에 어울리지 않게 세속화(世俗化, 교회의 사유화)하는 사례는 주님과 교인들의 지탄과 분노의 원인이 된다.

영성 지능(spiritual intelligence, SI; SQ)

실존적 의미(사물, 사상, 사건, 생명, 삶의 의미)를 탐구하기, 초월적인(Transcendency) 존재의 거룩함(예컨대, 진·선·미, 이상)과 위대함 그리고 그분의 큰 뜻(이웃 사랑, 믿음, 소망, 복음 전파))을 추구하고 이 땅에 실현하기, 공동체 의식(sense of community) 발달, 유지하기, 내재적 통제(internal control)와 관련된 지능. 종교가 지향하고 실현하려고 하는 이 세상과 삶의 모습은 영성이 충만하고 생존 조건으로 생활화하는 것으로 생각한다.

이 영성 지능의 구성 내용을 예시한다(Piechowski, 2003).

1. 물리적, 물질적, 신체적 사물, 대상, 존재를 초월하려는 욕구
2. 의식의 고양 상태를 경험하는 능력
3. 일상생활 경험에서 신성한 것, 거룩한 것(고결, sanctify)을 감지하고 풍기는 능력
4. 문제 발견과 문제 해결에서 영적인 자원(spiritual resources)을 이용하는 능력
5. 덕을 실현하고 수용하는 능력
6. 의식적, 무의식적, 순간순간마다 상호작용을 통해서 체험하고 느끼며 다차원적인

거대한 실체를 마음이나 기억 속에 새겨두는 물리적 실체를 새겨두는, 물리적 실체를 의식적으로 인식하는 능력

7. 이웃과 우리 자신뿐만 아니라 전 세계의 지역사회를 유익하게 만들기〔공동선의 실현을 위하여 심리적 건강(psychological health)을 의식적으로 추구하고 노력하며 협력하고 동참하며, 불의와 죄 악, 정의롭지 않은 것에 저항한다.〕

주: 구성 내용 중에서 1~5번의 내용은 핵심 내용이다(Emmons, 1999).
6~7번의 내용은 Nobel(2000)의 자료에서 인용되었다.

출처: Piechowski, M. M., (Ed.) (2003). *Handbook of Gifted Education*. Boston: Allyn and Bacon. 404.

현실 생활에서 그리고 종교, 즉 신앙생활에서 영성 (지능)이 누구에게 왜 필요하며 그 쓰임새가 무엇인가. 필자는 자기 자신과 이 세상과 이 시대를 살아가는 현대인의 행복과 건강, 웰빙을 위해서, 노인들의 경우에는 건강하고 품위 있고 성공적인 노후를 즐기기와 노후를 맞이하기 위해서, 즉 영성의 실현은 삶의, 실존의 화두이고 덕목으로 생각을 한다. 삶의 수준과 질과도 관련이 있겠지만, 국가별 행복 지수를 비교한 자료를 보면, SES가 그리 높지 않은 국가의 국민들의 행복 지수가 가장 높은 것이 나타나는데 여기에서 행복과 영성의 함의를 고찰하게 된다.

인간의 영혼을 구매자에게 팔 수가 있을까, 영혼의 가치가 얼마로 평가될 것이며, 그렇게 계산하는 근거는 무엇이고 구매한 영혼의 효용성은?

영혼을 팔 수가 없다면, 그 이유는? 영혼을 향후에 영구 보관, 연구할 수가 있을까? 영혼의 실체를 어떻게 확인, 증명할 수가 있는가? 영혼의 수명은 일시적인가, 영생불멸하는가 궁금한 것이 많다. 기독교 경전인 성경 신약에서는 영혼과 심령을 같은 의미로 쓰고 있다.

눈앞에 악마 메피스토펠레스가 나타나 영혼을 파는 대가로 막대한 금액을 제시한다. 지식에 대한 갈망과 젊음의 사랑을 느끼고 싶었던 파우스트가 그랬듯 욕망을 위해 영혼을 파는 것은 아주 손쉬운 일일까. '돈이면 무엇이든 할 수 있다.'고 믿는 현대인들이 팔아 치울 수 있는 것은 어디까지일까. 어떠한 금전적 이득으로도 팔 수 없는 것이 과연 있기는 한 것일까. 손쉽게 팔 수 있는 것과 그렇지 않은 것의 경계는 어느 정도일까. 금전만능 시대에 돈으로 살수 없는 것이 있다면, 무엇을 제시할 수 있을까?

기능적 자기공명 영상(fMRI)을 이용해 사람의 뇌 활동을 살펴보는 신경 경제학의 대가인 그레고리 번스 미국의 에모리대학교 교수가 돈으로 팔 수 없는 가치를 가진 '사람의 성역'에 대한 해답을 내놓았다. 번스 교수는 국제저널 왕립언론사회회보에 게재한 최

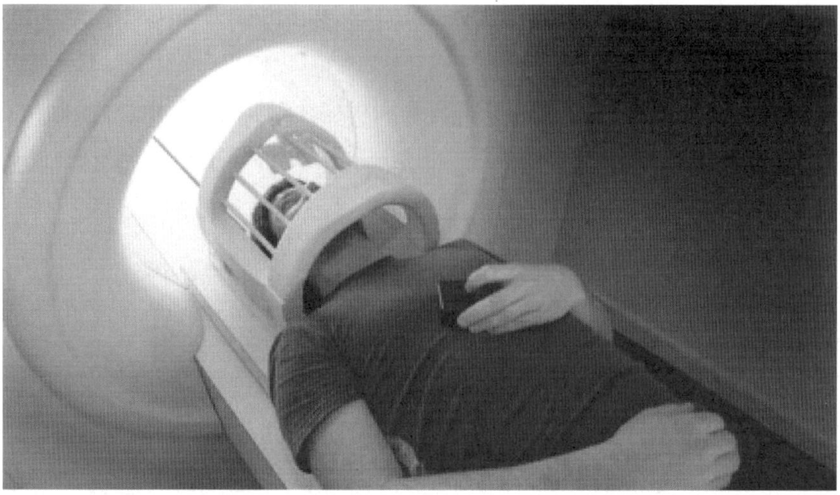

그림 2–5 기능적 자기공명 영상(fMRI)을 이용한 뇌 활동 분석

신 논문(2012)에서 "사람의 뇌는 사람의 종교적 믿음, 조국에 대한 정체성, 문화에 대한 가치 등이 금전적 보상으로는 쉽사리 바뀌지 않도록 설계돼 있다."고 밝혔다. 연구에는 경제학자와 정보자료과학자, 심리학자는 물론 미 국방부와 미과학재단 등이 함께 참여했다.

번스 교수는 "사람의 뇌가 질문에 답하기 위해 어떤 과정을 거치는지를 알아보고, 대답하기 어렵거나 질문에 대한 답변을 바꿔야 하는 경우에는 뇌 활동이 어떻게 달라지는지를 살펴봤다."면서 "이를 통해 '신념'이나 '성역' 같은 부분이 뇌에서 어떻게 표현되는지를 알고자 했다."고 설명했다. 연구진은 32명의 성인 남성을 fMRI에 넣은 후 질문을 던지며 그들의 뇌 활동을 살폈다. '당신은 차를 마십니까' 같은 평범한 질문부터 시작해 '당신은 동성결혼을 지지합니까' 등 가치판단에 관한 질문 등 총 62개를 던졌다. 각각의 질문은 '당신은 낙태 반대론자입니까'와 '당신은 낙태 찬성론자입니까'처럼 상반된 두 개의 쌍으로 이뤄져 있었다. 두 번째 단계에서 연구팀은 실험 참가자들에게 앞서 한 답변을 바꾸는 데 대한 보상을 제시했다. 참가자들은 하나의 답변을 바꿀 때마다 실제로 100달러를 받았고, 만약 결코 본인이 바꾸지 않겠다는 질문이 나올 경우 실험을 스스로 중단할 수 있었다.

실험 결과 실험 참가자의 뇌 활동은 별다른 고민 없이 쉽게 바꿀 수 있는 질문과 신앙이나 도덕적 가치 같은 질문들에 대해 확연히 다른 모습을 나타냈다. 일반적인 질문에 대해서는 익히 알려진 뇌의 감정적 보상 시스템이 작용했다. 돈을 받으면 쉽게 바꿀 수 있다는 것이다. 그러나 신앙이나 도덕적 가치 또는 문화적 신념이 들어간 문항의 경우에는 옳고 그름을 판단하는 것으로 알려진 뇌의 왼쪽 측두정엽과 좌측외배측전두엽피질이 활성화되면서 보상 시스템이 작동하지 않았다. 교회, 환경단체, 음악적 성향 등에 대한 질문이 이와 같은 경우에 해당됐다. 심지어 스포츠팀에 대한 선호도 역시 보상 시스템이 작동하지 않는 '성역'에 포함됐다. 특히 '성역'에 해당하는 질문에 대해 바꾸도록 강요받는다고 느끼는 경우에는 분노의 징후가 나타나기도 했다.

이와 같은 실험 결과는 사람들이 금전적인 보상이나 이득으로 쉽사리 바꿀 수 없는 자신만의 '성역'을 갖고 있다는 의미로 풀이될 수 있다. 돈과 맞바꿀 수 없는 분명한 가치를 뇌가 알고 있다는 것이다. 번스 교수는 "대부분의 사회적 정책은 사람들에 대한 보상과 규제로 이뤄져 있다."면서 "그러나 이번 연구를 통해 개인의 가치나 문화에 대한 정책은 금전적 보상으로 큰 효과를 거둘 수 없다는 점이 입증됐다."고 설명했다.

상황적 지능(contextual intelligence, CI; CQ)

지역적 관점(local), 국가적 관점(national), 세계적 관점(global)에 관한 지능. 상황 판단을 현명하게 빨리 파악해서 필요한 적합한 조치를 잘하는 능력은 군 지휘관, 장관이나 대통령, 총장, 회장이나 사장 등 기관장등 지도자들에게 특별히 요구되는, 필요한 자질인데, 군 지휘관(장군)이나 CEO들의 경우 노련하고 신중하게 행동하며, 풍부하며, 관련된 많은 경험을 축적하고 있었음을 알 수가 있다. 6.25전쟁 시의 맥아더 장군은 중국 측 사령관인 팽덕회의 전략을 칭찬했다는 일화가 있다. 제2차 세계대전 때의 독일 전차군단 사령관인 용장(勇壯) 롬멜 장군과 미군의 지휘관인 패튼 장군은 서로 맞수였으며, 결국, 전쟁을 게임으로 생각하고 전쟁을 즐긴 패튼 장군이 전광석화(電光石火)같은 기습 작전으로 승리했다.

작용 지능(operational intelligence, OI; OQ)

전략적 사고(strategic thinking), 개발 계획 수립(development planning), 경영상의 배려(management arrangement), 분배된 지도력(distributed leadership) 행사와 관련된 지능

대학 생활 관련 지능(collegial intelligence, CoI; CoQ)

학업 수행의 목적, 역할을 배분하는 데 결정적 관여(몰입, Commitment to a shared

purpose), 지식의 발견과 창조(knowledge creation), (수준 높은) 다양한 차원의 학습(교육, multi level learning), 신뢰와 지적 호기심(trust and curiosity), 미지의 지적 세계에 대한 탐구와 도전에 관련된 지능으로서 학문적 지능과도 관련이 있고, 대학원 진학이나 외국 유학 시도 등도 CoQ와 관련된다.

취업난이 심해지자 졸업해서 대학을 떠나지 않기 위해서 4학년 학생들이 졸업 미루기. 이른바 "대학 동지적 얘기"는 새삼스런 현상이 아니다. 학점을 다 취득하고도 졸업 요건(예: 토익, PC 자격증, 자원봉사 시간 등)을 일부러 갖추지 않거나 관련 서류를 제출하지 않으면, 졸업이 유보된다. 일부 대학은 졸업 요건 미충족으로 발생하는 졸업 유보에 대해서는 학기등록에 따른 비용을 추가로 받지 않고 있다.

반성적 지능(reflective intelligence, RI; RQ)

반성적 사고와 성찰을 위한 시간을 만들어 내기(자아·실존에 대한 성찰), 자기 평가(self-evaluation), 심오한 학습(교육), 학습을 위한 되받쳐 주기(feedback for learning)에 관한 지능. 정권 차원에서 업적주의에 영향을 받아서 엘리트 관변 학자들이 장단기, 중기 교육개혁을 시도하는데, 이 경우에 과거와 현재의 교육의 문제점을 분석하고 교육의 공과를 점검, 성찰하면서 보다 더 좋은, 발전된 교육개혁을 국가 주도하에 현재와 미래의 교육의 방향과 목적, 이를 실천하기 위한 내용과 절차와 추진계획을 작성, 추진한다. 아울러서 교육의 질과 수준, 내용을 개선하기 위한 의도에서 국가 주도적으로 추진되는 교육 개혁에 대한 계획 및 구현은 과거와 현재의 교육 현황에 대한 반성적 지능에서 출발해야 한다. 교육개혁을 추진할 때, 행정을 위한, 행정에 의한 교육 개혁에서 탈피하여 교육을 위한, 교육에 의한 교육개혁이어야 하며, 교육 현장, 교사 중심의 교육개혁이어야 한다. 동시에 특정 정치 세력에 의해서 학생을 정치 교육의 대상, 도구로 이용하는 현재의 동향을 제도적으로 배제해야 한다. 교육받은 사람(educated person)과 교육자에게 이 반성적 지능은 중요한 덕목이 되어야 한다.

교육학적 지능(pedagogical intelligence, PI; PQ)

교육(학습)을 위한 목표와 새로운 비전, 학습을 위한 교육(teaching for learning), 열린 교육에 관한 지능. 학교 공부를 하는 데 있어서 출발점 행동이나 종착점 행동, 선행 조직자, 상위 인지 능력, 계속 교육, 교과 심리학, 교수-학습 지도 방법과 모형, 교수설계, 교육과정, 수월성 실현을 위한 영재 교육 과정과 관련이 있다. 지능과 지식, 가치관, 교육과정, 교사의 질, 학교장의 지도력, 국가의 교육목표와 교육행정의 기조, 국가의 교육에 대한 투자규모, 학교 시설 이외에 많은 다양한 요인들이 학교교육에 영향을 주며 지능도 학업지능 이외에 삶에서 더 중요한 20여 가지의 지능들이 많이 있다.

학교교육을 오래 받을수록 지능지수(IQ)가 더 높아진다는 연구 결과가 발표되었다. 노르웨이 오슬로 대학교의 타린 갤로웨이 교수팀은 1950년부터 1958년 사이에 태어난 남성 10만 7000명을 1955년 이후 출생자와 1954년까지의 출생자 두 집단으로 나눴다. 1955년은 노르웨이 중학교 의무교육 기간이 7년에서 9년으로 늘어나 이전 출생자보다 의무교육을 2년 더 받았다.

연구팀이 두 집단에 속한 사람들이 의무교육을 마치고 3~4년이 지난 19세가 됐을 때의 지능지수(IQ)를 비교했다. 갤로웨이 교수는 "다른 영향을 배제하고 학교교육 기간이 주는 영향만을 따져보니 의무교육을 1년 더 받을 때마다 지능지수가 3.7씩 올라가는 것으로 나타났다."고 말했다. 연구팀은 그러나 "이 연구가 학교에 들어가기 전 유아 교육이 지능지수에 끼치는 중요성을 부정하는 것은 아니다."라고 덧붙였다. 이 연구 결과는 미국국립과학원 회보 최신호(2012. 1.)에 발표되었다.

조화로운 지능(balanced intelligence, BI)

학문을 직업으로 선택한 (과)학자들은 평생 동안 주로 두뇌를(지력을) 활용하는 과업을 수행하는 인물이기 때문에 주로 학문적 지능(academic intelligence. Ai), 즉 인지적 지능에만 치우쳐서 평생을 살아가며, 예술가(예: 음악가나 미술가)들은 예술과 관련된 생활과 과업에 평생 몰입(沒入, flow)하면서 살아가기 때문에 간단치 않은 사연 많은 세상물정에 무지하고 둔감할 수가 있다. 식사도 편식을 하면 영양실조에 걸리어 건강유지에 유해하다고 걱정을 하며 균형된 식 생활을 하도록 권장하는 것처럼, 외골수의 편중된 지적 생활이나 활동은 균형된 지적 영양분을 공급받지 못해서 나타날 수 있는 지적 실조(intellectual deprivation)를 유발하여 건강하고 균형 잡힌 생활을 하는데 유해하다. 따라서 전인으로서 삶을 향유하는데 불리하다.

그렇기 때문에 지적 편식으로 인한 지적 실조는 지적 장애나 정서 장애 또는 행동장애, 신체운동 장애를 발생하게 할 수가 있다. 따라서 지적 편식을 해서 지력이 발달되어 큰 머리를 가졌지만 신체가 허약해져서, 즉 신체와 건강이 약골이 돼서 무거운 머리를 지탱할 만한 체력이 부족해서 실족하거나 머리가 무거워서 쓰러진다는 우화가 연상된다. 농부는 여러 가지 지능을 균형 있게 사용하지 않으면 긴긴 겨울을 제대로 지내기가 어렵다고 한다.

그러므로 지적 실조를 방지하려면, 균형(조화) 지능의 개발과 발달이 필요하다. 따라서 너무 한쪽으로 치우쳐서 지적 영양분을 편식하여 기형적, 비정상적 지능 발달이 되지 않도록 균형을 유지하는 노력이 특히 전문직 종사자에게 요구된다—물론 영재 교육의 실제에서도 이점을 유념해야 한다.

즉, 디지털과 아날로그의 균형이 필요하다는 관점에서 이른바 디지로그가 화두로 등장하고 있다(이원기 옮김, 2012).

전인으로서 웰빙을 누리면서 산다는 것은 상황, 현실생활에 맞게 여러 종류의 지능을 필요에 따라서 다양하고 적합하면서 의도적으로 지능을 활용하고 진화시키는 데 있다. 헬스클럽에 가서 신체를 단련시켜 건강을 증진시키는 것처럼, 하반신이 불편한 사람이 병원 물리치료실에서 치료를 받고 건강을 회복시키는 것처럼, 지력이나 능력, 기량의 약점을 강점으로 변환시키는 노력, 연습, 훈련을 통해서 조화로운 지능을 개발, 육성, 변환시킬 수가 있을 것이다. 평직원으로 있다가 임원으로 승진을 하면, 임원으로서 자질과 지도력이 필요할 것인데, 지도력 지능을 개발, 육성시키는 자조적 훈련이 필요할 것이다.

개인의 내재적인 잠재능력의 우열과 강약점에 대한 보완뿐만 아니라 조직(직장) 문화에 순응, 동조, 협력하는 능력〔단체 정신(Team Spirit)〕과 조직 구성원과 인간 친화적 지능, 업무 친화적 지능과도 관련이 있다. 여기에는 직무 스트레스나 갈등적 조직 문화를 즉 부정적 스트레스를 긍정적 스트레스로 해결, 완화, 경감, 기분 전환시키는 재치와 역량 발휘 또는 변환적 지도력 또는 섬기는 지도력(servant leaderships) 발휘 등도 조화지능에 해당한다. 갈등 원인 진단과 해결 방안을 포함한 갈등관리 프로그램에 참여하여 개인과 조직 차원에서 응용 해결하기 등도 포함된다. 부부 치료 프로그램도 포함된다.

직관 지능(intuitive intelligence, II; IQ)

직관은 창의적인 착상(creative idea)이 육감이나 직감, 영감, 섬광처럼 번뜩이는 통찰력이나 각성(arousal), 추측이나 추론의 형태로 갑자기 찾아오거나 해법이 떠오른다(Postle, 1989). 여기에는 문제 발견에서 문제 해결 방안에 대한 고뇌와 상위 인지 사고 과정이 수반된다.

정신건강의학과 의사인 이흐렌왈드(Ehrenwald, 1986, p. 18)는 창의적 천재(성)은 상상력, 직관력, 영감(imagination, intuition, inspiration), 즉 3I가 결합되어서 발휘된다고 해석하여 직관지능이 창의적 천재성 발현에 중요한 기여(촉매) 요인이라고 했다. 아인슈타인, 뉴턴, 2011년 10월에 타계한 IT 천재인 스티브 잡스의 전기에서 이들의 직관지능이 창의적 천재성 발휘에 기여했음을 발견할 수가 있다.

추측하는 지능(Intelligent Guessing)

입력, 저장된 정보자료나 지식, 즉 분석적 지식을 얼마나 빨리 인출하고 작동시켜서 잘 이해, 판단, 분석, 추론, 활용하고 지식(선행조직자, advanced organizer) 간의 유관성을 찾아 연결하면서 과제 해결에 응용, 활용하는 가에 관한 지능이다(Postle, 1989.)

이 경우는 사선지 또는 오선지 선다형 객관식 시험(예: 대학입학수학능력시험, 교사 임용시험, 의·약사 국가 자격시험, 자동차운전면허시험 등)이 해당하는데, 여러 가지 답지 중에서 하나뿐인 정답을 빨리 찾아내서 제한된 시간 내에 빨리 추정, 찾아내서 풀어야 하는 시험 형식이 여기에 속한다. 객관식이고 채점을 빨리 해석, 처리할 수 있다는 장점이 있는 반면에 즉 지적인 자질이외에 인간성과 직무에 대한 태도, 열의, 헌신도, 노력 성향, 지도력, 사명감, 인간관계, 성향과 객관적 평판, 갈등 관리 역량, 스트레스와 역경 극복 역량(resilience), 책임감, 창의성, EQ, SQ를 측정하지 못한다는 문제점이 있다.

추측 지능의 단편적인 예를 소개한다.

- 그녀는 그것을 원할 거야
- 앞으로 ~ 정도의 시간과 돈이 필요할 거야
- 그녀는 ~라고 말할 거야
- 가장 최선의 선택은 ~일 거야
- 기일 내 그 일을 완료하기에는 적임자가 작업간과 인력과 건축비가 추가로 더 필요할 거야
- 그는 그 일을 해 낼 만한 인물이 아니야

사람(인물 됨됨이), 상황, 근무조건, 물리적, 지리적, 인적 조건, 자금 조달 능력과 경기 변동 예측과 전망, 시장 조사, 기술 수준, 장애, 법률적 절차와 해법, 시공과 감리 등을 추정해서 시스템을 활용하여 문제를 해결해야 할 것이다.

지도력 지능(leadership intelligence, LI; LQ)

공동의 목표를 성취하는 데 있어서 개인이나 집단 구성원들을 통솔하는 능력, 매우 어려운 상황에서 협상을 하거나 타협해서 잘 해결하는데 집단의 기능을 잘 선용한다. 사람이 자리를 만드는지 또는 자리가 사람을 만드는지 확실한 결론이 나지 않은 것 같다. 지도자론, 지도력의 신화, 지도력의 허상과 실상에 관한 담론과 연구가 무성하다. 최근에는 국내외에서 섬기는 지도력(Servant Leadership)의 발휘가 지도자에게 요구되는 덕목으로 존중받고 있다. 지도력의 속성상 지도력이 출중했던 인물 중심으로 지도력의 함의

를 고찰하고자 한다. 이 기회에 정주영 회장, 현대라는 대기업의 창업자, 엄청난 애국심과 강한 비전으로 대한민국의 경제발전의 토대를 구축한 리더로 평가받는 박정희 대통령, 영웅을 다스린 영웅으로 평가받는 조지 마셜 장군의 리더십에 관해서 소개한다. 위대하고 훌륭한 리더들은 현재와 미래에도 존재한다. 그런 리더를 알아보고 등용하는 안목과 식견, 기회, 시대정신, 본인의 위기관리 역량, 유능한 추종자, 정치·외교·국방·사회적 환경·당사자의 성장, 발달 경로 등이 리더십 발휘에 영향을 끼친다.

우리나라에서 위대한 기업가로 현대 신화를 창조한 정주영 회장의 리더십에 관한 일화를 소개한다. 조선일보 양상훈 논설위원은 '이지스함 타고 웃고 있을 정주영'의 제목의 칼럼(2007. 5. 30.)에서 정주영 회장의 리더십에 관한 일화를 다음과 같이 감동적으로 소개한 바이다.

"이봐 채금자 해 봤어?"

정주영은 책임자를 '채금자'라고 했다. 책임자에게 "당신 해 보고서나 그런 소리 하느냐"고 묻는 것이다. 생전의 정주영은 경영자, 기술자들이 난관에 부딪혀 "어렵다" "못하겠다"고 하면 어김없이 "해 봤어?"라고 반문했다. 우리는 해 보지도 않고 안 된다, 못한다면서 너무 긴 세월을 살아왔다. 그러면서 중국과 일본에 짓밟혀 상처투성이가 된 역사를 질긴 못굼처럼 이어왔다. 정주영의 그런 역사에 대한 반란이었다.

미국의 대표적 동북아 전문가인 하버드 대학교의 보겔(80) 명예교수가 "박정희 시대(The Park Chung Hee Era: The Transformation of South Korea. 2011.)를 출간했는데 그는 이 책에서 박정희의 지도력을 다음과 같이 평가했다.

"터키의 아타투르크, 중국의 덩샤오핑(鄧小平), 한국의 박정희 대통령은 매우 비슷한데 모두 군인 출신으로 근대화를 이뤄냈는데, 엄청난 애국심으로 강한 비전을 갖고 경제발전을 위해서 일했다. 덩샤오핑과는 달리 박정희는 리더십 발휘에 제약이 많았다. 일본으로부터 배우는 동시에 독립해야 했고, 미국과 동맹을 유지해야만 하는 복잡한 환경 속에 있었다. 그런데도 탁월하게 경제발전을 이뤄냈다. 박정희 대통령은 전두환, 노태우 후임대통령과는 달리 경제를 어떻게 발전시킬 것인지에 대한 비전이 있었고, 계속해서 경제를 배워가는 비상한 능력도 지녔다. 김영삼·김대중 등 민주화 시대의 대통령과의 비교에서는 "박정희와 그들은 서로 다른 시대의 리더들"이라고 평가했다.

그는 김대중 대통령은 넓은 비전을 갖고 박정희 시대에 불가능했던 진전을 이뤄냈지만 그가 1961년에 집권했다면 박정희와 같은 경제발전을 이뤄냈을지는 의심스럽다."고 평했다. 즉, 시대가 요구하는 역할 기대가 달랐다는 것이다. 보겔 교수는 박정희 시대의 경제발전에는 그 세대의 집단적 노력이 있었음도 강조했다. 남덕우·김정렴·김경원 등 우수한 경제관료가 있었고, 박정희가 이를 훌륭히 활용했다는 것이다. 그는 지난 수십 년만 놓고 보면, 한국이 일본을 이겼고 그 바탕에는 강력한 정치 리더십이 있었다고 분석했다.

한국은 박정희 이후에도 강력한 대통령제가 이어졌지만, 일본은 너무 자주 총리가 바뀌면서 리더십을 제대로 행사하지 못해서 비상시에 위기 대처에서 떨어졌다는 것이다. 또 내부지향적인 일본인에 비해서 바깥세상에 관심이 많은 한국인의 기질도 국가 발전 속도를 높이고 있다고 해석했다. 그는 중국과 일본 사이에 낀 샌드위치론에 대해 "역사적으로 한국은 강대국의 각축장이었고 실제로 피해자였다."며 "하지만 박정희 대통령은 이런 피해의식을 '하면 된다'는 정신으로 역사의 줄기를 바꾸는 일을 해 냈다."고 평가했다.

조지 마셜(Marshall, G. C., 1880~1959) 장군은 육군참모총장으로서 태평양의 맥아더, 대서양의 아이젠하워와 패튼 그리고 영국의 몽고메리 장군 등 문자 그대로 "별들을 다독여 제2차 세계대전을 승리로 이끈 군인이다.

패튼 장군의 생애를 다룬 영화와 맥아더 장군 회고록(전기)을 보면 이들 야전 장군들과 육군지휘부에서 군 생활을 한 마셜 장군과 군 작전, 전략·전술 문제로 갈등관계에 있었다는 것이 기술, 묘사되어 있음을 발견할 수가 있다. 그는 처칠, 드골, 스탈린, 장제스를 상대로 협상을 펼쳐서 전후 질서를 창조한 국제정치의 달인, 전후 피폐한 유럽에 대규모의 지원을 해서 재건·부흥시킨 기획자였다. 그는 리더십뿐만 아니라 팔로십까지도 뛰어났다는 것이다. 총 안 쏘아본 군인인 마셜의 임무는 제1차 세계대전에 참전한 병력 14만 명을 하룻밤에 약 97km 떨어진 곳으로 수송하는 등의 참모 역할을 차질 없이 수행하는 일이었다. 그 자신은 전투를 지휘하고 싶어 했지만, 전쟁이 끝나고 사령관 퍼싱은 국민적인 영웅이 됐지만, 마셜은 전시계급에서 평시계급으로 강등됐다. 그러나 마셜 장군은 전쟁 전체를 보는 눈을 키웠다. 부대의 편성과 병력 양성과 관리, 유지, 병참, 그리고 미래의 전쟁까지. 미국은 그 이전까지 그만한 대규모의 병력으로 다른 대륙에서 전쟁을 치러본 적이 없었다.

1927년 조지아 주의 포트베팅 보병학교 부교장으로 부임한 마셜 장군은 제1차 세계대전 일선 지휘관 출신 교관들이 "참호전"을 가르칠 때 전차와 비행기를 이용한 "기동전"을 가르쳤다. 전국에서 유능한 장교들을 영입해서 장차 제2차 세계대전을 이끌 인재를 길렀다. 그 중에 후일 브래들리, 콜린스, 한국의 6.25전쟁 시 UN군 사령관으로 용맹을 떨친 바 있는 리지웨이, 밴 플리트 장군 등이 배출되었다. 이들은 "마샬의 사람들"로 불렸다. 1938년 육군참모차장이 된데 이어 히틀러가 폴란드를 침공한 1939년 40여 명의 선배 장성의 서열을 뛰어넘어 참모총장이 된 그는 자신이 "블랙 북"이라고 부른 인재 풀

노트에서 하나하나 인재를 뽑아 적재적소에 배치했다.

1941년 12월 일본군이 진주만을 습격했고 미국도 제2차 세계대전에 참전하게 되었는데 동시에 미국 역사상 유래가 없는 유럽과 태평양에서 동시에 두 개의 전쟁을 수행해야 하는 국가적 위기를 극복해야 하는 과제를 수행, 관리해야 하는 상황에 놓여 있었으며 뿐만 아니라 맥아더, 아이젠하워, 패튼, 몽고메리 등 전쟁 영웅들을 상대하는 임무도 난제였는데 조지 마셜 장군이 이런 일들을 수행했다. 이들 전쟁 영웅들은 국가와 미 국민의 여망에 의해서 전장에서 용맹스럽게 기념비적인 공로를 세웠으며 양차 세계대전을 승리로 이끈 세계사적인 공로가 있었지만 맥아더와 전쟁을 즐기고 게임으로 생각하고 영화 패튼 대전차 군단을 보면, 독일군의 명장 맞수인 롬멜 장군의 군대를 괴멸시킨 전쟁을 게임으로 생각하고 즐긴 패튼 장군과 맥아더 장군은 전쟁 중에 군에서 퇴역을 하는가 하면 제2차 세계대전에서 연합군이 승리하는 데 공적을 세운 명성을 이용하여 대통령에 당선된 아이젠하워 장군이 있다. 선배인 맥아더 장군이 미국민들에게 더 인기가 있었고 군에서도 신망이 두터웠으며 대통령 출마 권유도 있었으나 고사하여 결국 아이젠하워가 대통령이 되었다. 마셜 장군과 매번 비교되는 맥아더 장군은 서로 동갑내기로 별 다섯 개인 원수였고 미국 군 역사상 최다 수훈(22개)에 웨스트포인트(육군사관학교) 출신이었으며 수석으로 졸업했고 필리핀과 일본, 한국 전장을 누빈 야전 지휘관으로 대부분의 군 생활을 했으나 마셜 장군은 버지니아 군사학교 출신이었으며, 젊은 군인 시절에 출세가(진급이) 늦었던 대기 만성형 군인이었다. 소위 임관 뒤에 14년이나 되어 소령 진급을 했고, 중위 계급장만 9년을 달았다. 장군 경력도 지휘관으로서 야전 사령관보다 군 지휘부(국방성)에서 참모로 성장했다.

1946년 미국 상원의 추대로 국무장관이 된 마셜은 "전쟁의 폐허에서 전 세계가 자립하려면 미국의 강력하고 명확한 지원이 반드시 필요하다"고 의회에 호소하여 경제부흥계획과 원조를 기반으로 한 마셜 플랜을 수립, 추진했는데 여기에는 패권주의가 개입된 정책이 아니었다.

대통령을 충실히 보좌하면서, 영국의 처칠 수상, 소련의 스탈린, 중국의 마오쩌둥, 장제스를 상대하여 전후 복구활동을 논한 얄타회담을 성사시킨 주역이었다.

세계 평화에 기여한 공로로 1953년 노벨 평화상을 수상하였다. 미국의 군인으로서 노벨상을 수상한 것은 마셜 장군이 최초였다고 한다. 군 내부에서도—특히 야전 장군들과 지휘부에서—마셜의 리더십과 역할에 대하여 반발하기도 했으나 루스벨트와 트루먼 대통령의 절대적인 신뢰와 편애, 그리고 동반자적 협력(fellowship)으로 위기의 상황에서 막중한 리더십을 수행할 수가 있었다고 평가받고 있다.

신세돈 숙명여대 교수는 세종대왕의 지도력의 핵심을 두 가지로 정리했다. 첫째, 세

종대왕이 자신의 능력이 부족하다는 점을 한시도 잊지 않은 겸손함의 소유자였다는 것이다. 둘째, 전국 곳곳에 인재가 있으므로 그런 인재를 등용하고 의견을 듣는 것이 리더의 임무라고 생각했다는 것이다. 세종대왕은 집현전이라는 창의적인 두뇌를 가진 엘리트 집단과 목표를 공유하고 같이 토론하면서 최적의 대안을 찾아 문제를 발견하고 해결했다. 이런 과정을 거쳐서 도출된 결정을 황희 정승 같은 훌륭한 경영진이 뛰어난 경륜을 바탕으로 뚝심 있게 밀고 나갔다(김영수, 2012). 적재적소에 필요한 인재 등용, 참모의 지략을 정책에 반영하는 도량도 지도력 발휘에 중요한 요건이 된다.

신체-운동 지능(physical-motor intelligence)

지능 심리학에서 학업지능이나 창의적 지능, 심미적 지능, 감성 지능이나 사회성 지능, 성공 지능은 매우 중시되고 과대평가되고 있지만, 그에 비해서—특히 학교나 직장, 조직, 사회에서—무시되거나 과소평가되고 있는 지능으로 신체운동 지능이 있다. 그 예로 대학입시 준비에 매몰되어 공부에만 전념하는 학생들의 체력이 약해지고 따라서 건강이 위협받고 있다는 문제제기를 해결하는 방안으로 고교생들에게 체력장 제도를 통해서 건강증진을 도모한다는 취지에서 도입·시행하며, 신체운동의 발달에 주력하다가 이해 못할 이유로 없애버렸고 대학 입시 비중에 덜 중요하다고 시간표에는 체육시간이 배정되어 있으나 실제 수업은 하지 않는 것이 관련된 예가 된다. 그러나 88 올림픽과 월드컵 축구 대회에서 전 국민이 보여 준 신체운동 지능에 대한 열기와 관심과 호응은 그리고 마라톤 경기나 등산, 국내 축구나 야구시합에 대한 응원을 보면 결코 국민들의 신체운동 지능이 취약하지 않음을 알 수가 있다.

성장 발달 과정에 있는 학생 시절에 신체 운동 지능의 개발, 육성도 교육의 중요한 책무이다. 각자 타고난 신체 운동 지능의 개발과 활용을 위해 노력하여 운동 실조증에서 벗어나는 것이 필요하며 동시에 건강 증진에 유익하다.

신체-운동 지능의 예를 들어 본다.

- 힘이 세다
- 혈기왕성하다
- 강인하다
- 남성답다
- 섹시하다
- 날렵하다
- 민첩하다
- 몸의 균형을 잘 잡는다
- 손놀림이 빠르다
- 느긋하다
- 손재주가 좋다
- 건강하다
- 순발력이 있다
- 빈틈이 없다

- 근육질이다
- 지칠 줄 모른다
- 운동을 잘 한다
- 무거운 물건을 잘 움직인다
- 행동이 재빠르다
- 우아하다
- 이삿짐 포장을 잘 한다
- 책상에 오래 앉아 있지 못한다

농경사회나 산업사회에서는 이 신체-운동지능의 필요성이 절대적으로 중요했지만 현대인의 삶에서 개인적으로나 조직, 사회, 국가적으로, 기업체에서 생존전략으로 지력과 창의력이 중시되는 21세기 특히 IT시대에는 신체-운동지능의 효용성이 반감되고 있다는 주장이 있으나, 인간의 삶의 본질과 내용, 형식면에서는 여전히 신체-운동 지능의 효용성은 무시할 수가 없다고 생각한다. 교육 심리학자인 블룸도 오래전에 교육목표 분류학에서 운동기능적인 목표를 제시한 바가 있다.

고층건물을 신축할 때 신체운동 지능이 절대적으로 필요하다.

승리나 경쟁심을 부추기지 않는 방법으로 그리고 개인의 취미활동으로나 건강관리를 위하여 신체운동 기능을 개발, 훈련시킬 수 있는 방안을 찾아보고 동참해 보자.

장·단거리 달리기, 학교 운동장 돌기, 테니스 하기, 등산하기, 고무줄로 넘기, 태권도 하기, 수영, 무용, 요가, 걷기, 장작 패기, 잔디 깎기

'학생의 경우 엉덩이가 무거워야 공부를 잘한다'는 이론이 있는데, 공부를 하려면 주의 집중력과 몰입, 끈기와 노력, 참을성과 학습에 대한 성취동기와 열의가 요구되는데, 이러한 조건을 충족시키려면 엉덩이를 의자에서 떼지 않고서 장시간 공부에 전념해야만 한다는 것이다. 공부하려고 책상에만 앉으면 잠을 자는 경우는 해당되지 않는다.

머랜드(Marland)는 개정된 영재성 정의 범주에서 이 신체-운동 지능을 제외시키고 있으나 가네(Garné)는 포함시키고 있다.

일 지능(work intelligence, WI)

회사나 직장에서 공적으로나 개인적으로 일을 유능하게 제대로 잘 해 낼 수 있는 인재를 제대로 발견, 선발하는 과제 해결이 쉽지 않다는 것은 인사관리 담당자 특히 경영자들이 공통적으로 겪는 어려움 중의 하나이다. 그렇다고 효과적인 선발 방안이나 이용 가능한, 즉 예언 타당도가 높은 인사 평가 도구가 있는 것도 아니다.

인사 선발 시에 응모자들이 제출한 서류내용을 검토해 보면, 학력, 성적, 자기소개서, 추천서들이 사람들의 특징과 차이에 대하여 구체적으로 말해 주지도 않는다. 만나서 면접과 대화를 해 보아도 궁금증은 풀리지 않는다. 서로 엇비슷하고 특징과 차이가 없으며, 인물 됨됨이를 제대로 잘 알기가 어렵다. 그러나 사람 속에서 사람 찾아보기에 대한

기준이 전혀 없는 것은 아니다. 즉, 일을 좋아하고 즐기면서 열의를 가지고 일할 사람을 찾으면 된다. 남의 일이 아니라 내 일이며, 시키는 일을 마지못해서 하는 것이 아니라 일을 찾아서 일을 만들어서 머리를 써서 즐기면서 일하는 사람을 찾는 것이다. 그리고 여러 상하 동료와 함께 일해야 하므로 우월의식이 강한 독불장군보다는 서로 협조하고 배려하면서 조화롭게 그리고 긴장과 갈등, 경쟁력, 배타성이 지배되기 쉬운 부정적인 조직문화보다 긍정적인 조직문화로 변환시키는 유머성과 애교, 동기유발 등도 조직의 활성화와 생동감을 창출하는 데 기여한다. 즉, 업무 효율성뿐만 아니라 부드러운 유연한 품성과 교양, 인격도 중요하다. 직장인이 직장에서 받는 선물이 두 가지가 있는데, 급료와 직무 스트레스이다. 따라서 직무 스트레스 대체 방안과 역량이 필요하며, 좋은 직장이란 없으며 덜 나쁜 직장이 있을 뿐이다.

집단 지능(group intelligence, GI; GQ)

최근에 「뉴욕타임스(New York Times)」(2007, 11, 13)의 과학 화제 기사에 재미있는 뉴스가 발표되었다. 개미나 메뚜기, 물고기나 철새 등 군집생활을 하는 곤충이나 동물은 수십만 마리씩 움직이면서 어떻게 질서와 방향성을 잃지 않을까? 과학자들에 따르면 이들은 개체별 생존본능을 넘어 집단적 생존을 위한 공동의 마음을 갖고 있으며 이러한 집단 지능에 따라 의사결정이 자연스럽게 일어난다는 것이다. 수십 마리의 물고기 떼 속에 상어가 나타났을 때 이런 상황을 알아차린 물고기는 소수에 지나지 않지만 무리 전체가 자연스럽게 다른 곳으로 피해 가고 철새들이 이동할 때 어느 방향이 맞는지 전체가 자연스럽게 아는 것도 이런 집단 지능 때문이라는 것이다. 사람에게도 이러한 집단 지능이 작동한다. 엘리트 주의자들은 대중이란, 소수의 몇몇 엘리트가 끌고 가는 대로 따라갈 수동적인 집단이라고 믿고 있다. 정치 공학적으로 소수의 엘리트가 주도하는 데로 동조하지 않는 다수의 대중의 심리를 설명하려면 또 다른 집단 지능 이론이 필요할 것이다. 정치인들도 성공적으로 정치력을 발휘, 역량을 인정받으려면 집단 지능을 활용할 수 있어야 한다. 결론적으로 지능은 생물학적인 실체일 뿐만 아니라 문화적, 역사적인 그리고 노력, 진화와 창의력의 실체이며 지능은 개인과 집단, 사회, 역사가 미래에 성취·수행할 것으로 기대(예상)되는 잠재능력이다. 지능의 진화에 중요하게 기능하고 촉매 역할을 할 것으로 기대되는 것이 전뇌(電腦, PC)와 로봇일 것으로 예상된다.

이 집단 지능과 집단 지성과의 유관성은 별도로 연구, 논의가 필요한 과제이다.

권력 지능(power intelligence, Pi)

심리학자인 오스굳(Osgood)이 즐겨 연구에 활용한 의미 미분법상으로 권력이라는 말의 연상어를 예시하면, 지도력, 권위(주어진 권위와 획득된 권위), 지배와 복종, 카리스마와 섬김, 강한 통솔력 대 유약한 역량, 지는 권력과 떠오르는 권력으로 구분할 수가 있다. 인명(人命), 재산, 시설, 문화, 역사와 자원을 파괴, 지배하는 권력이 있는가 하면, 동시에 창조하는 권력도 존재한다. 창조하는 권력(능력)은 생명과 기쁨 그리고 평화, 행복, 인류애, 사랑의 원천이 된다. 그리고 창조적 권력은 자유이지 속박은 아니며, 죽음이 아닌 생명이고 강압이 아니라 변환(transformation)이다. 창조하는 능력의 근원은 영적인 능력이며, 하나님으로부터 오는 능력으로써(Foster, 1985; 김영호 옮김, 1989, p. 219), 인간의 창조성은 하나님께로부터 부여받은〔은물(恩物, gifted)〕 것이다.

창조하는 권력과 파괴, 지배하는 권력의 특징과 차이를 예시하면 **표 2-2**와 같다.

표 2-2 창조하는 권력과 파괴, 지배하는 권력의 특징과 차이

창조하는 권력	파괴·지배하는 권력
깨진(단절된, 분열된) 관계를 회복시켜 주는 힘이다.	관계를 단절, 분열, 파괴하고 서로가 적대적, 공격적이며, 힘의 우위로 지배한다.
관계의 회복과 공존, 공감, 협력을 위해서 사용한다.	교만, 위세를 부리고, 지배, 군림한다. 힘의 우위와 강대함이 권력의 존재 명분이다.
파괴, 공격하는 권력에 대항한다.	실망, 패배, 무력감, 적대감, 배신, 멸망, 내부의 적 때문에 붕괴의 원천이 된다(절대 권력은 부패한다). 감시당한다. 실력자 측근들이 서로 충성경쟁하며, 권력 암투(power game)를 벌인다.
사람을 자유롭게 해 준다. 마틴 루터 킹 목사가 인종차별 정책에 저항했지만, 대결이 아니라 자유를 되찾았다.	우월한 지위를 이용하여 지배, 속박한다.
영적인 권능이다. 겸손, 섬김, 봉사(헌신), 기쁨과 감사, 안식, 순종, 연약함과 강인함을 겸비. 격려와 칭찬, 감동을 준다.	권력이 통치자 개인에게 집중되어 있으며, 권력 남용과 부정, 부패를 통제하는 제도적 장치가 취약하다.
유능성은 방종이 아니라 자제심(언어와 행동, 충동의 훈련). 자제력이 아름답다고 평가받고 있다.	장기 집권. 권력자 가계에 권력이 계승된다. 측근이 권력을 독점, 행사한다.

출처: 김영호 옮김. (1989). 돈 권력 섹스. 서울: 두란노

생존 지능(survive intelligence, 생존 IQ)

어떤 사람은 호랑이에게 물려가도 살아남지만, 어떤 사람은 접시물에도 빠져 죽는다. 왜 이런 차이가 나타날까? 박근혜 대통령이 과거에 이명박 대통령 시절에 국회의원 공천에서 친박계의원 다수가 공천에서 탈락했을 때, 비장한 마음으로 "살아서 돌아 와서 국회에서 다시 만나자"고 당부했는데 그들 중 다수가 무소속으로 출마해서 국회의원에 당선되고 국회의원 생활을 다시 할 수 있게 되었다. 이와 같이 위기에 처했을 때 이것을 심기일전하여 생존의 저력을 발휘하는 역경 극복 역량(resilience)도 생존 지능의 양태이다. 기아 자동차가 판매부진으로 문을 닫을 위기에 처했었으나 소수의 승객을 태우고 이동하기에 편리한 봉고와 소형 승용차인 프라이드 판매의 상승효과로 기사회생한 사례도 역시 생존 지능이 현실 생활에서 유용하게 활용되고 있음을 보여주는 증거이다.

제2차 세계대전의 패전국인 일본이 전후에 경제위기로 파산직전에 있었으나 6.25전쟁 시에 미국이 일본을 군수 시장으로 이용하게 됨에 따라서 이 기회를 잘 이용하여 경제가 부흥하는 기회로 변환하게 되었고, 월남전에서는 한국군의 파병으로 인한 건설, 운수, 무역 산업의 호기를 잘 이용하여 우리나라가 경제 불황에서 벗어날 수 있는 기회로 이용한 것도 이 생존 지능의 효용성에서 환경적인 뒷받침이 매우 중요함을 잘 알 수 있게 해 주는 예이다. 그런데 한 국가의 경제적 부흥이 오히려 주변 국가에게 전쟁을 일으키게 되는 동력으로 작용하고 있는 사례는 이 생존 지능의 부정적 양태를 보여준다. 독일의 경우에 양차 세계대전에서 이웃 나라를 침략한 전례가 있어서 향후에 또다시 이런 역사를 반복하지 않도록 통제 관리가 필요하다는 의미에서 연합국이 패전국인 독일의 수도인 베를린을 동서로 분할 통치했었다. 그러나 아시아에서는 패전국인 일본을 승전국인 미국이 분할 통치하지 않고서 오히려 피해국가인 대한민국이 6.25전쟁의 결과로 남북한으로 분단되고 있는 것이 현실이며. 2014년 새해의 화두가 통일론이 제기되고 있는데 이 통일은 한국인의 소원이지만, 주변 강대국가들의 영향력을 지혜롭게 잘 활용해야 만 하는데, 통일을 이루기 위해서 주변 강대국가에게 통일된 대한민국에게 결코 유해(有害)하지 않고 유익한 결과를 창출하게 된다는 가치관을 설득해야 하며, 다만 지도자들은 한국인들은 통일을 강력하게 원하고 실현하겠다는 확고한 신념을 가지고 있어야 한다는 점을 상대국가의 정치인들에게 인식시켜야 한다. 아울러 막대한 통일 비용을 비축해야 하며 남한 주민들은 북한 주민을 동포로 포용하는 아량을 발휘해야 한다.

이 생존 지능은 생래적인가 또는 학습된 것인가, 연령별, 직업별, 나이, 세대별, SES, 성별에 따라서 차이가 있는가, 상수인가, 또는 변수인가. 기업을 경영하는 CEO의 경우에 창업보다 수성(守成)이 더 어렵다고 하는데, 그것은 생존 지능의 중요성을 시사하는 것이다. 양차 세계대전의 전범 국가인 독일과 일본이 패망했는데도 후에 두 나라가 번영한 현상을 보면 이 생존 지능의 함의를 역사, 정치, 외교, 군사적, 심리학적으로 고찰할 필요성을 알 수가 있다.

위기를 겪으면서 어떤 사람은 살고 어떤 사람은 죽는 이유가 무엇일까. 대다수의 사람이 공황상태에 빠져서 올바른 판단을 못할 때 어떤 사람은 극심한 스트레스 속에서도 침착하고 정확한 판단을 하는 이유는 무엇일까. 다른 사람이 체념할 때, 어떤 사람은 어떻게 역경을 딛고서 일어설까? 이들은 언제나 강인하고 회복력이 강했을까, 또는 이러한 능력이 갑자기 나타난 것일까.

벤 스헤우드(Ben Sherwood, 2009)는 2년 이상의 조사를 해서 "인간에게는 누구나 위기 특성이 있다는 사실을 발견했으며, 위기를 경험하는 순간에 발휘하는 "생존 IQ"가 위기에 대응하는데 효과적으로 기능한다는 것을 발견했다. 처한 위기 상황에 대하여 사고하는 사고방식과 심리가 있다는 것이다. 위기를 극복한 가장 뛰어난 생존자는 위기가 불가피하다는 사실(현실)을 인식하고 늘 불행한 사고와 사건에 대비한다는 것이다. 그들은 감정을 억제하고 적합한 순간을 포착한 뒤 생존에 필요한 일을 해 낸다. 심리학자들은 이것을 능동적 수동성(active passiveness)이라고 정의한다. 즉, 이것은 위기에 처한 당사자가 생존하기 위해서 언제 행동을 멈추고 언제 행동을 시작해야 만 할지를 아는 것을 말한다. 아리송한 설명 같지만, 무엇인가를 한다는 것은 거꾸로 아무것도 하지 않는다는 것을 의미할 수가 있다. 즉, 행동이 무행동이 될 수가 있다. 이런 역설을 수용하면, 생명을 구할 수가 있다.

사례에 따라서는 생존능력의 반응 양상에 즉, 개인차가 있는데 신체적으로는 강인한데도 불구하고, 심리~정서적으로 취약한 사람이 있는가 하면, 신체적으로는 약해 보이는데도, 오히려 심리, 정서, 행동적으로는 강인하여 생존의 위기에 잘 대처하는 사람이 있으며, 무장 강도를 잡아야 하는 경찰이나 적군과 대결을 해야 하는 일선의 군인들에게는 생존 지능이 생존을 위하여 절대적으로 필요할 것이다.

생존 문제에서 엄연한 사실은 죽어서 안 될 때 죽는 사람이 너무 많다는 것이며, 남을 해치고 괴롭히는 사기꾼이나 조폭 같은 폭력배, 사이코패스나 소시오패스는 호화롭게 오래 살고 법 없이도 살 사람 같은 착하고 선하며, 공의로운 사람은 단명한 것이 비극이다. 선을 행하면, 악이 줄어들고, 악을 행하면, 선이 줄어든다고 하는데도 신문이나 방송 등 언론 매체에 등장하는 뉴스의 주인공들은 공공의 적인 악한 인물에 관한 뉴스가 주로 등장을 한다.

생존 심리학(survive psychology) 분야의 세계적인 권위자인 존 리치 박사는 이런 현상을 연구했다. 그는 영국 잉글랜드 북서부 레이크 디스트릭트에서 20년 이상 살면서 그 곳의 랭커스터 대학에서 생존 심리학 고급과정을 가르친다.

1987년 11월에 리치는 영국 런던의 킹스 크로스 지하철역에서 전철을 갈아타려고 했다. 러시아워에는 3만 명 이상의 승객들이 몰려드는 거대한 교통 요지다. 그때 그는 "내가 본 것 중에 가장 짙고 가장 역한 연기"를 봤다. 처음에는 이해가 가지 않았다. 그러나 어디에도 불길이 보이지 않았다. 증기선의 굴뚝에서 뿜어져 나오는 것 같은 지독한 냄새의 연기뿐이었다. 거의 무의식적으로 그는 황급히 1층으로 올라가서 출구를 이용해서 밖으로 나갔다.

그 일이 있은 지 21년 이상이 지난 지금 그 기억은 대부분 흐릿해 졌다. 그러나 그 지독한 연기 냄새와 "저 아래서 많은 사람들이 죽어가고 있어요"라고 호소하듯이 소리치던 유니폼을 입은 지하철 직원의 처절한 목소리는 아직도 뇌리에 남아 있다. 지하철에서 화재가 계속 번지는 데도 전철은 계속 역으로 들어왔다. 그 이유를 아무도 설명하지 못했다. 지상에선 지하철 직원들이 의도하지 않았지만 불길 쪽으로 향하는 에스컬레이트로 승객들을 안내했다. 많은 통근자가 연기와 화염에도 불구하고 평소에 늘 하던 대로 행동했다. 그들은 아무 생각 없이 화재 현장으로 그냥 걸어 들어갔다. 불길에 휩싸여 있는 사람, 어떤 사람은 탈출을 위해서 서로 떼미는 데도 대다수의 사람들은 아랑곳하지 않았다. 이 킹스 크로스 역의 화제로 31명이 숨졌다. 그리고 믿기지 않지만, 지하철 직원들은 소화기 하나 분사하지 않았고 물 한 방울 뿌리지 않았다. 그 이유를 역시 누구도 설명하지 못했다.

리치는 이러한 증후군(syndrome)을 "불신 반응(incredulity response)"이라고 불렀다. 눈에 보이는 뻔한 사실을 믿지 않는 현상이다. 그래서 사람들은 늘 하던 대로 정상상태에 집착한다. 이것을 "정상 편애(normalcy bias)"라고 부른다. 모든 것이 정상인 것처럼 행동하며 위험을 과소평가한다. 일부 전문가는 이런 현상을 "분석 마비증(analysis paralysis)"이라고 부른다. 위기상황에서 정상적인 판단 능력이 상실되는 증상을 뜻한다.

현실 생활에서 응급(긴급) 상황이 발생하면 사람들은 대처에 있어서 세 부류로 나뉜다고 리치가 말했다'

첫째, 지난 2008년 1월 15일 미국의 허드슨 강에 불시착한 US 에어웨이스 1549편의 승객 155명의 생존자들이다. 그들은 최악의 상황에서 자신들 을 구해 냈다.

둘째, 불가피한 죽음을 맞는 사람들이다. 2004년에 동남아에서 지진 해일(쓰 나미)에 휩쓸려 간 20만 명의 예가 여기에 속한다. 그들은 살아 날 가능성이 전혀 없었다.

셋째, 충분히 살아날 수 있었는데도 불필요하게 목숨을 잃은 희생자들이 다.

리치는 수많은 재난을 조사하고 사람들이 위기상황에 반응하는 방식을 "10-80-10"

이론이라고 부를 만한 현상을 찾아냈다.

첫째, 우리 중에서 약 10%는 비교적 침착하고 합리적인 정신 상태에서 위기상황에 대처한다. 상위 10%는 지도자 격이다. US 에어웨이스에서 팔을 걷어붙이고 다른 승객들을 탈출시킨 몇몇 승객이 여기에 포함된다.

둘째, 리치는 우리 중에서 80%는 위기가 닥치면, 대다수는 어쩔 줄 모른다. "추리능력이 크게 손상되어 정상적인 사고를 하기가 힘들어진다. 거의 자동적으로 움직이거나, 기계적인 반사 행동을 한다." 즉, 식은땀을 흘리고 속이 울렁거리고 나른해지며 멍해진다. 심장은 급하게 뛴다. 그리고 터널 비전 같은 "지각 협착(Perceptual Narrowing)을 경험한다. 주변 사람의 목소리가 거의 안 들린다. 별일 아니야, 괜찮아, 곧 잊힐 거야… 해법은 분석 마비증 같은 뇌의 잠금 현상에서 신속히 벗어나 충격을 떨치고 어떻게 행동해야 할지 판단하는 것이다.

셋째, 마지막 10%는 응급상황에서 터무니없이 부적절할 뿐만 아니라 역효과를 부르는 행동을 하는 사람들이다. 완전히 흥분해서 막 나가는 식이다. 이런 사람들은 대개 생존 가능성이 없다.

와이즈먼은 심리학의 대중적 이해를 전공하는 학자로서 영국에서 유일하다. 그는 행운의 비밀을 연구하는데 10년을 투자한 결과 어떤 사람들은 실제로 아주 운이 좋은 반면에, 어떤 사람은 "모든 불운을 몰고 다니는 것 같다"는 것을 발견했다.

"행운은 신비한 능력이나, 신의 선물(恩物)이 아니다"라고 와이즈먼은 말했다. "행운이란, 마음의 상태를 말하며, 사고하고 행동 하는 방식을 말한다." "행운은 마음의 상태를 말하며, 사고하고 행동하는 방식을 말한다." 그는 행운의 비밀을 연구한 데 10년을 투자한 결과 어떤 사람은 실제로 아주 운이 좋은 반면에 어떤 사람들은 "모든 불운을 몰고 다니는 것 같다."는 것을 발견했다.

행운은 신비한 능력이나 신의 선물이 아니다. "행운은 마음의 상태를 말하며, 사고하고 행동하는 방식을 말한다. 그는 인간의 사연 많은 삶, 그리고 우리의 운에 대하여 생각보다 훨씬 많은 통제력을 갖고 있다는 것이다. 지난 15세기 말~16세기 초에 르네상스 식대에 이탈리아의 철학자 니콜로 마키아벨리부터 시작해서 위대한 사상가와 작가들은 삶에서 일어나는 일의 50% 이상은 순전히 운(또는 로마의 신화에 나오는 운명의 신인 포르투나)에 의해서 결정된다고 주장했다. 그러나 와이즈먼은 그렇지 않다고 생각했다. 그는 삶의 10%만이 순전히 임의적이라고 믿는다. 나머지 90%는 "개인의 사고방식이 결정한다"고 생각했다. 다시 말해서, 개인의 태도와 행동이 자신의 삶에서 일어나는 일의 90%를 좌우한다는 뜻이다.

와이즈먼은 특정한 사람에게 좋은 일이 일어나는 이유가 다음과 같이 네 가지가 있다고 했다.

첫째, 운이 좋은 사람은 행운의 기회를 자주 접한다. "적시에 적합한 곳에 있다는 것은 올바른 마음 상태에 있다는 것을 의미한다."고 와이즈먼은 말 다. 그의 신문 실험에서 보여주듯이 행운아들은 예상치 않았던 가능성을 기꺼이 수용한다. 그들은 사연 많은 삶에 대처하는데 있어서 느긋한 경향이 있으며, 주변세계를 더 잘 인지한다. 한마디로 그들은 다른 사람이 그냥 놓쳐버리는 기회를 발견하고 이용한다. 그들은 보다 사교적이며, 와이즈먼이 말하는 "행운의 연결망"갖고 있다.

둘째, 행운아들은 직감을 믿고 실제로 왜 그러는지 모르면서도 좋은 결정을 내린다. 그러나 불운한 사람들은 잘못된 판단을 하고 잘못된 사람의 말을 믿는 경향이 있다. 와이즈먼은 "내가 상담한 결과 많은 행운아들이 직감은 계속 좋은 성과를 내는 경향이 있지만, 불운한 사람들은 직감을 무시한 뒤에 후회하는 경우가 많다"는 것이다. 생존에서는 이러한 종류의 본능이 결정적인 차이를 가져올 수가 있다는 것이다.

나의 생존 IQ는?

다음과 같은 상황에 처했을 때 가장 먼저 자신이 나타낼 반응을 골라보라. 이 퀴즈는 생존 클럽의 저자 벤 셔우드가 운영하는 웹 사이트에서 나오는 샘플 예문이다. 퀴즈를 다 풀면 자신이 어떤 스타일인지 알려준다.

1. 숲속을 걷다가 포악한 곰을 만났다.
   a. 열심히 기도한다.
   b. 친구들에게 피하라고 큰 소리로 알린다.
   c. 나도 모르게 바지에 오줌을 싼다.
   d. 주변을 살펴보며 탈출구를 찾는다.
   e. 그 자리에 가만히 엎드려 있다가 천천히 걸어 도망간다

2. 자신이 탄 비행기가 착륙하다가 눈보라 때문에 활주로에서 미끄러진다.
   a. 다른 탑승객들이 다치지 않았는지 걱정한다
   b. 승무원의 지시에 따른다.
   c. 가장 가까운 비상구로 뛰어간다
   d. 열심히 기도한다.
   e. 내 짐을 챙긴다

3. 복권에 당첨됐다.
   a. 사고 싶었던 물건들을 산다
   b. 대부분을 다른 데 투자한다.
   c. 대부분을 가족에게 준다
   d. 당첨 사실을 숨긴다.
   e. 대부분을 자선사업에 기부한다.

4. 한밤중에 도난 경보기가 울린다.
   a. 몽둥이를 찾는다
   b. 가족을 대피시킨다
   c. 경보기가 왜 울렸는지 확인해본다
   d. 꼼짝 않고 숨을 죽인다.
   e. 머리맡에 적어둔 보안업체 전화번호로 전화를 건다.

5. 호텔에 투숙했는데 방문 틈으로 연기가 들어온다
   a. 창문을 열고 탈출구를 찾는다
   b. 수건을 물에 적셔 방문 아래를 막는다
   c. 안내 데스크에 전화를 걸어 구조를 기다린다
   d. 열심히 기도한다
   e. 다른 투숙객의 안전을 위해 화재 경보기를 울린다.

6. 생각지도 않았는데 자신의 이상형인 배우자감을 만났다.
   a. 나와 친한 사람에게 소개시켜 준다
   b. 무조건 들이댄다
   c. 신에게 감사한다
   d. 그 사람의 사랑을 얻을 수 있는 방법을 찾는다.
   e. 먼저 어떤 사람인지 알려고 뜸을 들인다.

셋째, 행운아들은 실패를 겪어도 견뎌내고 자신들의 소망을 실현하는 신비한 재주가 있다. 그들은 삶의 가장 예측 불가해 한

사건들이 "시종일관 자신들에게 풀려 나간다"고 확신한다. 그들의 세계는 "밝고 낙관적"이라고 와이즈먼은 설명했다.

그 반면에, 불운한 사람들은 하는 일마다 꼬인다고 생각하며 그들의 세계는 "어둡고 비관적이다." 와이즈먼은 사실상 풀기 어려운 수수께끼를 낼 때 행운아들은 불우아동들

의 반응이 시사하는 바가 크다고 말했다. "불우아동들의 60% 이상이 아예 풀 수가 없다고 생각하고 그냥 포기했다. 행운아동 중에는 30%가 그랬다. 사연 많은 삶의 다른 많은 분야에서도 불운한 사람들은 시도해 보지도 않고 포기한다.

넷째, 행운아들은 액운을 행운으로 바꿔놓는 특별한 능력이 있다. 운에 관한 이 네 가지 요인 중에서 특히 이것은 생존에서 가장 중요한 역할을 한다고 와이즈먼은 믿는다. 그의 결론은 미국의 생존 심리학의 최고 권위자 중에서 한명인 앨시버트 박사의 연구 결과와 일치한다. 시버트는 "생존자의 특성"을 40년 이상 연구한 결과 다음과 같이 결론을 내렸다." 최고의 생존자는 위기 대처에도 뛰어나기도 하지만 종종 불행이 될 가능성이 될 가능성이 큰 일을 행운의 사건으로 바꿔놓은 경향이 많다"는 것이다. 우리 사회에서 흔히 쓰는 말 중에서 전화위복(轉禍爲福)이나 불행 중 다행이라는 말이 있다.

그렇다면 삶의 불가피한 도전에서 살아남으려면 어떻게 해야 할까? 물론 하나의 이론이 모든 상황에 적용될 수가 없다. 모든 사람, 모든 일에 적용되는 공통분모는 없다. 일부의 경우 불가항력적인 힘이 모든 것을 좌우한다. 알츠하이머 환자들은 자신들이 그런 DNA를 선택하지 않는다. 외상 희생자들은 거리를 난폭하게 질주하는 음주 운전자들을 스스로 선택한 것이 아님에도 불구하고 그와 무관한 엉뚱한 자기가 불행하게 희생자가 되었다는 점, 희생자인 자기에게 불충분한 보상이 주어진다는 것, 이 세상이 장애자가 생존하기에는 너무나 불편하며, 개선점이 불확실하다는 점, 제 2,3의 희생자가 계속 양산되고 있음에도 불충분하게 가해자에 대한 처벌이 이뤄지고 있다는 점 때문에 억울함을 체감한다.

오늘을 살아가고 있는 현대인들이 생존과 그 위험을 완전히 통제가 불가능한 것은 아니다. 실제로 우리는 생각보다 훨씬 많이 우리의 운명과 삶을 통제한다. 낙관 심리학이나 스트레스 심리학에서는 인간의 사고방식과 생활양식, 행동 유형이 생존과 희생을 가르는 결정 요인이기도 하다. 스스로 조심하고 위험한 사건과 환경에 접근을 하지 않고 안전 관리와 건강관리를 잘 하면 생명을 위협하는 안전사고를 피할 수가 있다. 예컨대 수많은 사람이 이용하고 있는 공공건물을 이용할 때, 비상구와 통로(출구)가 어디 있는지를 확인하는 것도 생존 지능을 향상시키는 또 다른 방안이다.

그런데, 이 의견에 이의가 있는 것은, 건널목에서 교통신호를 기다리고 있는데, 마주오던 화물차가 무면허 음주 운전자에 의해서 친지(부부)가 교통사고를 당했는데, 경찰에 입건된 그 사고를 낸 운전자에게서 치료비를 보상받을 방법이 없는 상황의 경우에 피해자가 당하는 외상후 스트레스 장애(PTSD)를 누가 어디에서 어떻게 보상, 위로, 개입해서 해법을 강구해 줄 것인가, 이런 딱한 사건이 빈발함에도 불구하고 정부에서는 생계형 범죄자를 사면한다고 하는 조치에 대해서 언론에서는 반대 의견을 제시하고 있다.

정치권에서 사면을 하더라도 자동차 운전을 영원히 못 하도록 하는 특단의 조치가 수반되어야 이런 불행의 재발을 막을 수 있을 것이다. 우리나라에서는 범법자들에게 지나치게 관용을 베푸는 경향을 재고함이 옳다고 본다. 미국에서는 살인범이 아닐 찌라도 30~50년 이상 종신형으로 처벌하는 이유를 참고함이 마땅하다고 본다. 재범자들이 강력범이 많다고 하는데, 강력범이 되는 사연도 분석하여, 대책을 마련해야겠으나, 제2, 제3의 피해자가 발생하지 않도록 안전 대책, 실효성 있는 사회 안전망의 강화가 개인과 사회의 생존 지능을 보호하는 방안이라고 생각한다.

참고로 개인의 안전 지능, 생존 지능을 위협하는 상황을 예시한다.

1) 낯선 사람(남자)을 차에 태워준다.
2) 악천후에 대비하지 않고, 휴대 전화를 충전하지 않고서, 휴대용 전등도 없이 산행을 떠나지 않는다.
3) 집에서 초인종이 울릴 때 누구인가를 확인하지 않고 문을 열어 준다.
4) 학교 근처에서 낯선 사람이 친절하게 말을 하며 부탁을 할 때 따라간다.
5) 안전벨트, 구명기구, 헬멧 착용을 귀찮아한다.
6) 한적하고 어두운 주차장에 혼자 차를 운전하려고 간다.
7) 개 같은 반려 동물을 개 줄에 묶지 않고 동네 길을 산책한다.
8) 차에 삼각대나 전등 없이 그리고 기름을 충분히 주유하지 않고 고속도로를 주행한다.
9) 안전사고는 남의 일이라고 생각하고 방심한다.

진화하는 바퀴벌레의 실험 사례에서도 바퀴벌레의 생존 지능의 증거를 찾아 낼 수가 있다.

단맛 든 미끼를 피하기 위해서 단 맛을 쓴 맛으로 느끼도록 진화하다. 바퀴벌레가 20여 년 전부터 생존을 위해서 "단 것"을 끊은 것으로 밝혀졌다. 바퀴벌레 약에 들어 있는 "달콤한 미끼"를 피하기 위해서이다. 즉 생존전략을 택하도록 진화한 것이다.

미국의 노스캐롤라이나 대학교 연구진은 2013년 5월 23일 독일 바퀴 벌레 중에서 일부는 최근에 체내 화학작용에 변화를 일으켜서 포도당 성분을 "쓴 맛"으로 느끼도록 진화한 것으로 나타났다고 밝혔다. 독일의 바퀴벌레는 최대 1.3cm 크기의 작은 바퀴벌레 종이다. 국내에서도 서식하며, "집 바퀴"로도 불린다.

연구진에 따르면, 인간이 뿌리는 형태의 살충제에 이어 독이 든 미끼를 사용하기 시작한 직후인 1993년부터 일부 독일 바퀴가 단 것을 피하는 현상이 처음으로 관찰됐다. 이 바퀴벌레는 보통 새 살충제가 등장하면 박테리아처럼 해당 살충제에 내성(耐性)을 키우는 방식으로 이에 맞서 왔다.

그러나 독일바퀴가 선택한 방식은 아예 단 것을 피하는 쪽이었다. 바퀴벌레는 몸 여러 곳에 난 수많은 미세한 털을 통해서 맛을 느낀다. 이 털에는 단 맛에 반응하는 세포와 쓴 맛에 반응하는 세포가 따로 있다. 일부 독일 바퀴의 경우, 미끼로 자주 사용되는 포도당에 접촉하는 두 세포가 동시에 반응했다. 연구진이 포도당에 젤리를 강제로 입에 밀어 넣자 이를 뱉어내기까지 했다.

연구진은 이러한 특성이 나중에 경험을 통해서 배운 것이 아니라 이미 대(代)를 이어서 유전되고 있다는 사실도 밝혀냈다. 처음엔 일부 돌연변이만 이런 특성을 가지고 태어났지만, 5년 만에 25세대까지 전수되는 빠른 번식 속도로 인해서 순식간에 퍼져 나가고 있다고 연구진은 덧붙였다.

이 연구에 참여한 코비 샬 박사는 “바퀴벌레는 적응력이 대단히 뛰어나고, 인간과의 군비 경쟁에서 밀리지 않고 있다.” “그러나 이번 연구로 밝혀진 바퀴벌레의 비밀이 인간의 승리에 도움이 될 것”이라고 설명했다. 이 연구 결과는 2013년 5월 24일 발행된 「사이언스(Science)」지(誌)에 발표되었다. 아마도 환경 조건의 변화에 대응하기 위한 생존 지능도 기존의 동조(accommodation)에서 조절 또는 변신으로 진화한다는 선험적인 증거를 이 실험 결과가 밝혀 주고 있는 것으로 생각된다.

3. 지능 이론의 연구 동향

지능의 본질에 관해서 지능 이론가들은 많은 부분에서 의견의 일치를 보지 못하고 있다. 그래서 지능의 본질에 관한 정의가 심리학자 수만큼 많다는 지적이 제기되고 있다. 그런데 이상하게도 지능이 무엇인가 라는 점에 대해서는 학교 공부에서 그토록 중시되고 있는 학업 수행 능력, 즉 학업 지능(academic intelligence, AI)이라거나 환경에 유연하게 적응하는 능력 그 이상이라는데 거의 대부분이 동의하는 것 같다.

스턴버그 등(Sternberg et al., 2000, 15-31)은 많은 심리학자들이 연구하고 있는 지능 이론의 연구 동향을 다음과 같이 정리해서 제시하였다.

암묵적 이론들

지능에 대한 보통사람들의 신념을 이론화하는 작업을 벌일 때, 연구원은 어린이들이 밝힌 지능의 개념이 나이가 적은 아이들의 개념보다 더 복잡한 것으로 나타났으며, 나이가 많은 아이들은 나이가 어린 아이들에 비해서 특정 종류의 행동이 지능을 말해 준다는 식으로 생각하지 않는 경향을 보였다. 암묵적 지능 이론이 지닌 또 더 심오한 것으로 여기는 경향을 보였다. 그렇기 때문에 손과 눈의 공동작용은 어린이의 지능에 더 중요하게 받아들여지는 반면, 사고능력은 성인들의 지능에서 더 중요하게 받아들여지고 있다. 지적인 사람의 특징으로 어떤 것들이 가장 많이 거론되고 가장 중요하게 여겨지고 있는지를 파악하기 위해서 스턴버그와 연구진은 지능을 연구하는 학계 연구진과 슈퍼마켓, 도서관, 기차역 등에서 매우 평범한 사람에게 질문을 했다. 그런데, 자주 거론된 특징들을 분석한 결과 사람들이 지능을 생각할 때 떠올리는 중요한 양상이 세 가지가 있다는 것이 확인되었다. 실용적인 문제들을 해결하는 능력(수표장의 수치를 맞추는 일 따위), 언어능력(글을 잘 쓰거나 말을 잘하는 능력), 사회적 능력(사람들과 잘 어울리는 일)이 그 특징들이었다. 하지만 평범한 언어로 지능을 보는 관점에는 몇 가지 한계가 있다. 그중 하나는 나이와 관련 있는 것이다. 시글러(Siegler, R.S.)와 리처즈(Richards, D.D.)는 성인들에게 지능의 특징을 말해달라고 부탁했다. 실험에 동참한 성인들의 연령은 다양했다. 그랬더니 성인들은 나이가 들수록 지능을 지각이나 운동과는 관계가 덜하고 인지와 관계가 지능에 더 중요하게 받아들여지는 반면, 사고 능력은 성인들의 지능에 더 중요한 것으로 받아들여졌던 것이다. 어린이들에게 지능의 특징에 대해 말해달라고 부탁하면 그들의 대답은 성인들의 그것과 다르다. 유센(Yussen, S.R.)과 케인(Kane, P.)은 6~7세와 8~9세, 11~12세 어린이들에게 지능의 특징에 대해 어떻게 생각하는지를 물었다. 그 결과 나이가 많은 다른 한계는 문화와 관련이 있다. 문화에 따라 지능을 다른 방식으로 인식한다. 타이완 사람들은 지능에 대한 개념에 다섯 가지 요인을 포함시켰다. 일반인지요인, 대인간 지능, 개인내(intrapersonal) 지능, 지적 자기주장, 지적 겸손 등이었다. 호주 대학의 학생들은 학문적 기술과 새로운 사건에 적응하는 능력을 지능으로 본 반면에 말레이 대학 학생들은 실용적인 기술과 속도, 창의성을 지능의 지표로 보았다. 지능의 사회적 측면을 강조하는 것은 아시아와 아프리카 문화의 한 부분인 것 같다. 미국에서 보다 아프리카와 아시아 문화에서 지능의 사회적 측면이 더 강조되는 것은 사실이지만, 그 문화들도 여전히 인지적 측면의 중요성을 인정하고 있다. 이는 곧 특별히 잘 설명된 상황과 관련해서는 높은 지능을 보이는 사람들이 표준화된 지능 측정에서 더 낮은 점수를 딸 수도 있다는 것을 암시한다. 케냐의 시골에 사는 어린이들과 학부모들이 학교에서 익히는 기술들에 높은 가치를 두지 않기 때문이라고 설명했다.

명시적 이론들

우리는 이런 다양한 접근법들을 심리측정 이론, 인지이론, 생물학적 이론, 맥락적 또는 문화적 이론, 그리고 시스템 이론으로 분류한다.

심리측정 이론

지능에 대한 최초의 관점 중의 하나는 20세기 초까지 거슬러 올라가는 것으로 지능은 요인들(factors)이라고 불리는 가설적인 정신적 실체로 이해될 수 있다는 내용이었다. 이 요인들이 우리가 학교나 직장, 또는 사회적 상호작용에서 관찰하는 개인들 간 차이의 원천으로 일컬어진다. 심리측정 이론들이 그런 이름으로 불리는 이유는 심리적(psycho-)특성의 측량(-metric)에 바탕을 두고 있기 때문이다. 일반적으로 그런 이론들은 사람의 심리적 기능에 나타나는 개인적 차이의 측정을 통해 검증된다. 개인적 차이를 측정하는 접근법은 사람들에게 학교나 직장에서의 지적 수행을 예측하게 할 것 같은 과제들을 아주 많이 수행해 달라고 부탁한다. 그 과제에는 단어의 의미를 파악하고 언어적 또는 도형적 유추를 보고 단어를 분류하고 간단한 산수문제를 풀고 숫자의 시리즈를 완성하거나 추상적인 형태 사이의 공간적 관계를 상상하는 일 등이 포함된다. 심리학자들은 이런 것과 다른 비슷한 과제에서 얻은 자료를 이용하여 과제 수행에 나타나는 개인적 차이의 패턴을 분석한다. 이 자료들은 인간지능의 바탕에 깔려 있는 기본적인 요인을 가려내기 위하여 요인분석(factor analysis: 소수의 요인으로 많은 변수들의 상호관련성을 추출하여 전체변수들의 공통요인을 찾은 뒤 변수가 받는 영향의 정도와 그 집단의 특성을 밝히는 통계 분석법)으로 분석된다.

인간지능의 본질에 대한 최초의 요인 이론은 요인분석을 발명해 낸 영국 심리학자 찰스 스피어맨(Charles Spearman, 1863~1945)에 의해 공식화되었다. 그의 이론은 '2요인 이론'(two-factor theory)이라고 불린다. 스피어맨은 지능은 두 가지 종류의 요인으로, 즉 일반요인과 특수요인으로 이뤄져 있다고 주장했다. 일반적 능력 또는 g는 모든 종류의 심리 테스트를 받는 데 필요하다. 특수요인(s)에 의해 측정되는 특수한 능력의 각각은 단 한 가지 종류의 심리검사에만 필요하다. 그렇기 때문에 특수요인은 심리검사의 숫자만큼 많지만 일반요인은 딱 하나뿐이다.

루이스 서스톤(Louis Thurstone, 1887~1955)은 일반요인은 부차적인 요인 또는 현상이기 때문에 중요성을 거의 지니지 못한다고 주장했다. 진정으로 중요한 것은 서스톤이 '기본 정신능력'(primary mental abilities)이라고 부른 그 요인들이다. 기본 정신능력에는 다음과 같은 능력이 포함된다. 어휘지식과 같은 테스트로 측정되는 언어 이해력, 단어의 신속한 '생산'을 요구하는 테스트(예컨대 세 번째 글자가 c가 단어들을 최대한 많이 생각해 내는 시험)로 측정되는 유창한 언어 구사력, 산수 계산과 추리력 테스트로 측정되는 숫자 기술, 기하학적 도형의 정신적 조작을 요구하는 검사로 측정되는 공간적 상상, 신속한 시각적 검토가 요구된다. 그는 일반요인의 존재 자체를 전혀 인정하지 않음으로써 요인 이론가들이 대다수와 결별을 선언했다. 그 대안으로서 길포드는 180개나

되는 '지능구조 모형'(structure-of-intellect model, SOI)론을 제안했다. SOI에 나오는 능력의 한 예는 언어적 관계의 인식력이다. 위계적인 지능(hierarchical intelligence)이란 다양한 수준의 일반성을 가진 능력들로 묘사될 수 있다는 것이 버논(Vernon)의 주장이었다. 그 계층적인 체계의 맨 위에는 스피어맨이 확인한 일반적인 능력이 자리 잡는다. 두 번째로 높은 단계는 영어나 역사와 같은 과목에서 성공적 수행을 이루는 데 필요한 언어-교육 능력(verbal educational ability), 숙련과 자동차 기계 같은 과목의 성공적 수행에 필요한 실용적-기계적 능력(practical-mechanical ability)과 같은 '우위 집단요인'(major group factor)'의 차지이다. '하위 집단요인'(minor group factor)들을 세분화함으로써 얻어지는 요인들이다. 그리고 계급적 체계의 맨 밑바닥에는 스피어맨이 제안한 특수요인들이 있다. 일반요인과 특수요인 사이에는 중간 정도 수준의 일반성을 가진 집단(군집)요인이 있는 것이다. 캐롤은 1927년부터 1987년 사이에 나온 자료 460 건 이상을 대상으로 요인분석을 실시한 결과를 바탕으로 계층 조직적 지능모형을 제안했다. 그런 기념비적 연구를 바탕으로 제안한 계층적 모형은 3개의 층으로 이뤄져 있다. 계층 1은 협의의 특수능력(예컨대 철자능력, 논리의 속도), 계층 2는 다양한 집단요인 능력들(예컨대 유연한 사고와 사물을 기이한 시각으로 볼 때 개입하는 유동적 지능과 축적된 지식베이스인 결정적 지능)을 포함하고 있다. 또 계층 3에는 단 한 개의 일반지능이 들어 있다. 스피어맨의 일반지능 요인과 매우 비슷하다. 이 계층 중에서 가장 흥미로운 대목은 아마 중간 계층일 것이다. 여기에는 유동적 능력과 결정적 능력 외에도 학습작용과 기억작용, 시각적 지각, 청각적 지각, 생각의 형성(언어적 유창함과 비슷함), 속도(반응의 속도)가 들어 있다.

가드너 등(1996)은 지능 연구에서 심리측정과 실험중심적 기반에 의한 견해와 방법상의 접근에서 발견되는 문제점 네 가지를 다음과 같이 지적했다(김정휘 옮김, 2006. 281-288).

1. 문제 해결 유형이 제한적이다: 인간의 다양한 사고 체계나 내용, 기능면에서 언어와 수학과 같은 학문적 지능(academic intelligence)만을 지나치게 강조하고 있다. 따라서 학교 밖의 실생활에서 중시되는 실용적 지능의 측정이 무시되고 있다. 그리고 심리학 실험실에서 시도되고 있는 단순한 과제 해결, 판단, 분석, 추론 능력에 대한 연구가 사연 많은 인생사에 대처, 적응하는 능력과는 어울리지 않는다.
2. 비전형적인 상황을 다룬다: 지능 측정을 위해서 구안된 문제 해결 상황이 제한적이다. 심리측정 전문가와 수검자가 1대1로 실시되거나 집단으로 지능검사가 시행되는 경우에 검사 시간이 제한되어 있어서 수검자가 가능한 한 빨리 많은 문제를 해결

해야 하기 때문에 지능이 모든 상황에서 포괄적으로 적용되는 능력이라는 오류를 범하고 있으며, 따라서 검사 결과에 영향을 줄 수 있는 수검자의 개별적이고 특수한 상황을 무시하는 오류가 있다. 창의성 검사는 시간제한이 없다. 비고츠키(Vygotsky, 1978)는 지능 형성과 발달, 기능 발휘에 있어서 특히 고등정신 기능의 발달은 사회적 관계 특히, 성인과의 인간관계(교감)가 중요하다고 지적했다. 아동(학생)이 교사나 또래에게, 학대나 폭력(예: 학교 폭력), 따돌림, 책망, 거절을 당하면 학습동기와 IQ가 저하되고, 직장인이 상사나 동료에게 자주 비난을, 불이익, 은근한 따돌림(은따)을 당하면, 근무의욕과 사기, 직장 헌 신도가 저하되고 직무 스트레스(job stress)가 심해져서 이직, 전직, 미국의 경우에는 장기 결근을 하게 되는 원인이 된다.

3. 지식, 실습, 경험을 최소화한다: 지능검사에서 제시된 문제들이 수검자가 갖고 있거나 실생활에서의 경험, 공·사간의 경력과 인생행로, 가치와는 전혀 무관한 문제들이다. 사연 많은 인생사를 해결하는 데 있어서 젊은이와 중 노년, 남녀, 새내기와 경험이 많고 숙련된 사람이 같을 수가 없다.
4. 인지 발달의 다양성과 차이와 특성을 경시한다: IQ가 인지 발달 특성과 차이, 다양성을 측정하지 못하며 인지 발달의 대표적이고 유일한 표상으로(지표로) 인식할 수가 없다.

생물학적 접근

심리측정 접근법이 사람들이 다양한 정신적 능력에서 차이를 보이는 이유를 찾아내려고 노력하는 한편, 생물학적 접근은 능력들이 인간의 내면에서 일어나는 지점에 대한 이해를 높이려고 애쓰고 있다. 어느 순간에 일어나고 있는 기능(뇌와 중추신경계)이나 기능의 전달(유전자) 차원에서 지능을 규명하려고 연구하는 것이다. 지능에 생물학적으로 접근한 초기의 이론들은 포괄적인 경향을 보였다. 그 이론 중에서 가장 막강한 영향력을 행사한 것이, 두 가지 기본적인 유형의 지능이 있다. 지능 A는 타고난 잠재력이며, 생물학적으로 결정되며 발달의 능력을 표상한다. 헵(Hebb)은 그 지능을 '훌륭한 외모와 훌륭한 신경 신진대사의 소유'라고 묘사했다. 지능 B는 발달이 일어나는 현장인 뇌와 기능을 말한다. 그것은 성숙한 사람이 이룬 수행의 평균 수준을 나타낸다. 비록 두 가지 지능을 결정하는 일에 어느 정도의 추론이 필요하기는 하지만, 헵은 지능 A에 대한 추론이 지능 B에 대한 추론보다 훨씬 덜 직접적이라고 주장했다. 헵에 따르면, 지능을 둘러싸고 일어나는 의견불일치의 대부분은 기능의 성숙한 수준을 추정하는 지능 B보다는 지능 A, 타고난 잠재력에 관한 것이라고 했다. 헵은 또한 지능검사의 점수로 나타나는 지능 C를 구분했다. 이 지능은 지능 A와 B를 추론하는 바탕이 된다. 헵은 주요 관심은 지능 A에 있었으며, 그의 이론 즉 '행동 조직의 신경심리학적 이론'(neuropsychological theory fo the organization of behavior)은 주로 지능 A가 무엇인지를 이해하려는 시도로 받아들여진다. 헵의 이론에서 핵심을 이루는 것은 '셀 어셈블리'(cell assembly)라는 개념이다. 헵은 감각기관의 정한 수용기들을 거듭해서 자극하면 서서히 뇌에서 셀 어셈블리가 형성된다고 제안했다. 지적인 사람일수록 셀 어셈블리들의 연결이 더욱 정교하다는 주장이었다. 지능 연구와 지능검사에 영향력을 행사한 또 하나의 생물학적 이론은 루리아(A. R. Luria)가 제안한 것이었다. 루리아는 뇌는 매우 잘 분화되어 있는 체계이며, 각 부분들이 통합된 전체의 다양한 양상들을 책임지고 있다고 주장했다. 따로따로인 피질의 각 부위들이 다양한 종류의 생각과 행동을 만들어 내기 위해 함께 활동을 한다는 뜻이다. 루리아는 뇌가 3개의 주요 단위로 이뤄져 있다고 주장했다. 첫 번째 단위는 뇌간(腦幹)과 중뇌(中腦) 구조들로 구성되어 있으며 각성을 책임진다. 뇌의 두 번째 단위는 감각 투입(input) 기능을 책임진다. 세 번째 단위는 전두엽 피질을 포함하며 조직과 계획에 관여한다. 일부 생물학적 이론들은 뇌 반구의 전문화와 지능 사이의 관계에 초점을 맞추고 있다. 뇌반구의 전문화를 다룬 이론은 프랑스의 시골의사였던 마르크 닥스(Marc Dax, 1771~1837)로까지 거슬러 올라간다. 이 의사는 1836년에 실어증으로 알려진 언어의 상실과 뇌의 좌반구 사이의 관계에 주목했다. 그의 주장은 피에르 폴 브로카(Pierre Paul Broca, 1824~1880)에 의해 더욱 확장 발전하기에 이르렀다. 많은 연구원들이 닥스의 발견을 진지하게 받아들였다. 그중 가장 유명한 인물이 1981년에 노벨 생리의학상을 받은 로저 스페리(Roger Sperry, 1913~1994)였다. 스페리는 각 뇌반구가 여러 면에서 분리된 뇌처럼 행동한다고 주장했다. 그는 자신의 연구를 바탕으로 시각 및 공간 기능은 주로 오른쪽 반구에서 이뤄지는 반면에 언어적 기능은 주로 왼쪽 반구에서 이뤄진다는 주장을 펼쳤다. 또 이런 계통을 이어받은 인물이 바로 J. E. 보겐(Bogen)이다. 그는 양쪽 뇌반구가 자극을 처리할 때 나타나는 차이는 '명제적(propositional) 정보자료 처리'와 병렬적(appositional) 정보자료 처리'라는 표현으로 설명할 수 있다고 주장했다. 보겐의 관점에 따르면, 오른쪽 반구는 명제적 분석의 여지가 없고 심지어 논리적이지 않을 수도 있는 관계와 패턴을 이해한다. UC 산타바바라의 심리학 교수인 마이클 가자니가(Michael Gazzaniga)는 이와 조금 다른 입장을 취하면서 뇌의 오른쪽 반구는 모듈 방식으로 조직되어 있기 때문에 상대적으로 독립을 유지하는 가운데 동시에 작동한다는 주장을 폈다. 이 모듈 중 상당수는 심지어 의식적이지 않은 차원에서 움직이면서도 우리의 의식적인 생각을 서로 비교하며 의식적인 정신작용에 기여를 한다. 그러면 왼쪽 반구는 이 모듈들의 정보자료 처리에 해석을 내놓으려고 노력한다. 그렇기 때문에 왼쪽 반구는 각각의 정보자료 처리의 특별한 의미를 지니지 않거나 이해 가능하지 않은 것으로 지각할 수도 있다. 우리의 생각은 우리가 이해하는 것과는 거리가 상당히 있다는 뜻이다. 일부 생물학적 이론가들은 지능이 높은 사람은 지능이 낮은 사람보다 더 빨리 행동하고 생각한다는 개념을 추구했다. 그들은 그 차이를 신경 기능의 속도 또는 '신경전도 속도'로 돌린다. 지능을 보는 이런 관점은 원래 반응시간 연구의 지원을 받았다. 이 연구들은 자극(예컨대 빛)에 대한 반응율의 변화가 능력 검사 점수와 관련이 있음을 보여 주었다. 그 후에 나온 연구 보고서들은 전도속도를 더 직접적으로 측정하려고 시도했다. 리드(Read, T. E.)와 젠센(Jensen)은 참여자들이 '팬턴 반전 과제'(예컨대 검정 사각형이 흰색으로 바뀌고, 흰색 사각형이 검정색으로 바뀌도록 되어 있는 체스판 같은 것을 이용하는 과제)를 수행하는 동안에 2개의 중간 잠복기(medium-latency) 유발전위, 즉 N70과 P100을 측정했다. 유발전위의 잠복기와 IQ사이의 상호관계는 작게 나타나지만 경우에 따라서는 의미를 지닐 정도로 크기도 했다. 이어서 버논(Vernon)과 모리(Mori, M.)가 전극봉을 이용하여 팔의 정중신경에서 신경전도 속도를 측정했다. 그 결과 그들은 뒷날의 연구에서 그 발견을 다시 끌어내는 데는 실패하고 말았다. 가장 많은 인기를 누린 생물학적 접근법은 뇌의 활동과 지능 사이의 관계를 조사하는 방법이다. 이 분야에서 이뤄지는 대부분의 연구는 유발전위를 이용하여 뇌의 활동을 측정한다.

유발전위는 신경전달이 이뤄지는 동안에 일어나는 뇌의 전기적 반응을 말한다. 맥카시(McCarthy, G.)와 돈친(Donchin, E.)은 한 유발전위, 즉 P300의 경우에는 주어진 과제에 인지적 자원을 할당하는 것을 반영하는 것 같다고 주장했다. 그 유발전위가 P300으로 불리는 이유는 자극이 제시되고 대충 300밀리세컨드(1000분의 1초)후에 반응이 나타나기 때문이다. 셰이퍼(Schafer, E. W.)는 의외의 자극에 큰 P300의 반응을 보이는 경향은 개인적인 차이를 반영하는 것일 수도 있다고 제안했다. 지적인 사람들은 그렇지 못한 사람에 비해 낯선 자극에는 더 큰 P300 반응을, 예상했던 자극에는 더 작은 P300의 반응을 보여야 한다. 셰이퍼는 유발 전위에 나타나는 개인적인 차이와 IQ의 상관성을 0.82로 보고했다.

헨드릭슨(Hendrickson, A. E.)은 대뇌피질을 통한 정보자료의 전달에 실수가 일어날 수도 있다는 제안을 내놓았다. 시냅스에서 일어날지도 모르는 이 실수들이 유발전위에 나타나는 변화성의 원인일수 도 있다는 지적이다. 그렇기 때문에 정보자료를 정확히 전달하는 정상적인 신경회로를 가진 사람이 신경회로가 '소란하여' 정보자료 전달에 실수를 일으키는 사람보다 정확하고 접근 가능한 기억을 더 빨리 형성할 것이다. 정상적인 신경회로를 가진 사람들은 유발전위 측정과 IQ 사이에 높은 상관성을 보여 주었다. 그러나 이 상관성이 무엇을 의미하는지는 명확하지 않다. 지능에 대한 생물학적 연구 중에서 가장 흥미로운 대목은 피질의 포도당 신진대사를 조사한 부분이다. 두 가지 연구에서 UC 어바인의 리처드 하이어(Richard Haier) 교수와 동료들은 양자방출단층촬영(position emission tomography, PET)을 이용하여 피질의 포도당 신진대사율을 연구했다. PET를 촬영하는 동안에 실험 대상자들은 레이븐 매트릭스(Raven Matrix) 문제들을 풀거나 촬영하는 동안에 컴퓨터 게임 테트리스를 했다. 두 가지 연구에서 리처드 하이어 팀은 지적 수준이 높은 사람들이 낮은 신지대사율을 보인다는 사실을 발견했다. 이는 지적 수준의 높은 사람들이 레이븐 매트릭스 문제를 풀거나 테트리스 게임을 할 때 노력을 덜 기울인다는 것을 암시한다. 그러나 이 관계가 무엇을 의미하는지는 아직 밝혀내야 할 과제로 남아 있다. 더 똑똑한 사람이 포도당을 덜 소모한다는 것인지, 아니면 낮은 포도당 신진대사가 높은 지능에 기여하는지가 분명하지 않은 것이다. 마지막으로 연구원들은 유전적 특징이 지능의 결정에 맡는 역할을 탐험했다. 이것은 스턴버그가 심도 있게 관찰해 오고 있는 주제이기도 하다. 기존에 발표된 연구 보고서들을 근거로 분석하면, IQ 점수에 나타나는 전체 편차 중 반 정도가 유전적 요인에 따른 것으로 보인다. 그러나 그 비중은 나이에 따라 달라지며, IQ의 유전 가능성은 일반적으로 나이가 많아질수록 높아진다. 여기에서는 많은 연구원들이 유전의 영향과 환경의 영향은 엄격히 분리될 수 없다는 주장을 펴고 있다는 사실을 언급하고 넘어가는 것이 중요하다. 또 연구자들은 유전과 환경이 어떤 식으로 서로 얽혀 지능을 결정하거나 지능에 영향을 끼치는지를 밝히는 작업에 더 많은 관심을 쏟아야 한다고 주장하고 있다. 어떻든, 유전 가능성은 인구 집단과 환경적 상황에 따라 달라질 수 있다. 그렇기 때문에 유전 가능성과 IQ의 관계는 어디까지나 환경의 맥락에서 논의되어야 한다. 이외에도 지능연구에 생물학적으로 접근하는 이론이 많다. 그런 접근도 능력과 뇌 사이의 관계에 대해 흥미로운 통찰을 많이 내놓았다. 사람들 사이의 양적 차이만 아니라 질적 차이까지 탐험하는 연구원들도 나오고 있다. 생물학적 방법은 인지작용을 명료하게 밝히는 데 도움이 될 수 있다. 인지작용이 생물학적 기능을 밝히는 데 도움이 되는 것과 똑같은 이치이다.

인간 두뇌 진화의 비밀을 밝혀 줄 핵심 유전자가 발견된 것이 알려졌다. 미국·벨기에·프랑스의 과학자들로 구성된 연구팀은 Nature 지 최신호(2006. 8.)에 발표된 연구 보고서에서 수백만 년 동안 인류의 다른 유전자에 비해서 70배나 빠른 속도로 진화한 인간 게놈 영역(human accelerated region, HAR) 49개를 찾아냈다고 밝혔다.

이 유전자는 인류의 조상인 침팬지로부터 갈라져 나온 뒤에 이 유전자들이 극적인 변화를 거듭해서 두뇌 등에서 인간다운 특질을 만드는 데 핵심적인 역할을 수행한 것으로 믿고 있다고 연구진은 설명했다. 연구팀은 이 가운데서도 가장 활발한 HAR1를 관찰한 결과 모두 118개의 뉴클레오티드(핵산의 구성성분) 중 18개가 약 6백만 년 전 인류가 침팬지로부터 갈라진 후 계속 변화한 사실을 발견했다. 반면에, 3억 1천만 년 전에 갈라진 침팬지와 닭은 단 2개만 차이를 보였다.

HARI는 인간 두뇌가 형성되는 임신 7~19주 사이에 형성된다. 논문의 공동 저자인 산타크루즈 캘리포니아대학교 교수는 "HARI가 두뇌 진화에 결정적으로 기여했음을 입증하는 강력한 증거"라고 말했다. 그러나 아직까지는 이 증거가 정황적인 수준에 머물러 있다고 덧붙였다. 인간의 두뇌 크기는 침팬지의 3배나 된다.

호슬러 교수는 "이 유전자의 기능에 대해 아직 많은 것을 말할수 없는 단계이지만 포유류의 대뇌피질 설계와 발달에 기초적인 역할을 수행하는 과정에 개입한다는 점이 놀랍다"고 말했다. 그는 남은 48개가 HAR에 대한 연구도 필요하다고 역설했다. 옥스퍼드대학의 크리스 폰팅 교수는 "지금까지 인간의 생물학적 특성과 관련된 DNA 변화를 찾는 작업은 암호화된 단백질의 조성 연구에 집중되어 왔지만, 앞으로는 암호와 무관하게 기능하는 "암흑물질"내부를 탐색하는 것이 더 유망할 것으로 보인다"고 논평했다.

미국의 코넬대학의 앤드루 클리크 교수는 "이 연구의. 방향이 옳다면, 유전자의 변화는 인간에게서 가장 빠르게 극적으로 일어날 것이며 유전자의 변화 속도가 너무나 빨라 돌연변이 과정에서 무엇인가 특이한 일이 일어나지 않았다면 믿기 어려운 일"이라고 말했다. 호슬러 교수는 이와 같은 "극적인 변화"에 대하여 "나무에서 땅으로 내려온 사람이 두 발로 걷는, 즉 직립보행(直立步行) 과정에서 겪는 엄청난 스트레스 때문일 것"으로 추정했다. ⇦ 생물학적 지능(biological intelligence, BI)

인지적 접근에 의한 지능 연구

지능을 인지의 차원에서 연구하는 방법은 생물학적 접근법과 모순되기보다는 보완의 관계에 놓인다. 인지적 접근법에 따르면, 사람들이 생각을 할 때에는 몇 가지의 정신작용이 일어난다. 이 정신작용들과 그것들을 일으키는 시스템이 지능의 바탕을 이룬다. 심리측정 접근만아니라 인지적 접근도 그 기원을 스피어맨의 연구에 두고 있다. 스피어맨은 인지의 성격적 원칙 세 가지를 제안했다. '경험의 이해'(apprehension of experience)는 자극을 인식하고 그 자극과 장기기억에 담긴 콘텐츠의 관계를 이해하는 것을 말한다. 오늘날에는 그것을 코드화(encoding)라고 부른다. '관계의 추출'(education of relations)은 두 가지 자극의 비슷한 점과 다른 점을 이해하기 위하여 두 자극의 상호관계를 파악하는 것을 말한다. 그것을 우리는 추론이라고 부른다. '관련 정보자료의 추출'(education of correlates)은 그렇게 추론된 관계를 새로운 영역에 적용하는 것을 이른다. 스피어맨은 이런 인지의 법칙들을 연구하는 이상적인 테스트가 바로 유추문제라고 제안했다. 그 이유는 'Lawyer is to client as doctor is to ___?'(변호사와 고객의 관계는 의사와 누구의 관계와 비슷할까?)라는 유추문제를 받는 사람이면 누구나 유추의 각 단어들을 코드화해야 하고, 변호사(lawyer)와 고객(client) 사이의 관계를 추론하고, 이 관계를 의사(doctor)에 적용한 뒤에 환자(patient)라는 단어를 이용해 유추를 완성해야 하기 때문이다.

스피어맨이 제안한 인지적 접근법은 한참 묻혀 있다가 미국 교육 심리학자 크론박(Lee J. Cronbach, 1916~2001)이 심리학의 실험 분야와 상관성을 연구하던 분야의 통합을 주장하고 나서면서 빛을 보기에 이르렀다. 그러고도 세월이 더 흘러 1970년대가 되어서야 이 통합 요구에서 비롯된 연구가 나타나기 시작했다. 헌트(Hunt, E. B.)와 루이스(Lewis, J.)의 연구는 앞서 인지 심리학자들이 연구한 과제들 또한 인간지능을 이해하는 데 응용될 수 있다는 점을 보여 주었다. 이 연구원들은 언어 능력의 대부분이 장기기억에 저장된 어휘 정보자료에 접근하는 속도를 근거로 이해될 수 있다고 제안하면서 자신의 주장을 시험하기 위해 포스너(Posner, M. I.)와 미첼(Mitchell, R. F.)이 앞서 제안했던 과제를 이용했다. 이제는 '인지 구성요소 접근'(cognitive components approach)이라고 불리는 대안적인 접근법을 살펴볼 때이다. 이 접근법은 유추와 시리즈 완성 같은 보다 복잡한 과제를 처리할 때 일어나는 각각의 정신작용이 수행되는 데 걸리는 시간에 초점을 맞추고 있다. 스턴버그는 '구성요소 분석'(componential analysis)이라는 지능연구 방법을 제안했다. 이 방법의 첫 부분에서는 지능과 관계있을 것으로 짐작되는 인지 과제를 푸는 데 동원할 정보자료 처리 요소들과 전략들을 분리하는 작업이 이뤄진다. 스턴버그는 스피어맨의 언어유추와 같은 문제를 이용하여, 실험에 참여한 사람들 각자가 코드화와 추론, 적용의 과정을 밟는지, 그리고 각 작용에 어느 정도 시간이 걸리는지, 그리고 각 작용이 실수에 어느 정도 취약한지를 결정했다. 스턴버그 방식의 두 번째 부분은 각 구성요소에서 얻은 점수와 각 인지작용과 상관이 있거나 없을 것으로 짐작되는 심리측정 검사 점수 사이의 상관관계를 밝히는 것으로 되어 있다. 예를 들어 보자. 유추추리를 이루는 각 요소들이 귀납추리의 심리측정 검사 점수와는 상관관계를 보일 것이지만 지각속도의 심리측정 검사 점수와는 상관관계를 보이지 않을 것으로 기대할 수도 있을 것이다. 스턴버그는 이 방법을 이용하여 다양한 지적 과제에 똑같은 인지작용들이 동원된다는 것을 보여 주었다. 아울러 그는 이런저런 관련 정신작용들이 지능 점수의 바탕에 깔려 있다고 제안했다. 이 접근법의 한계는 더 복잡한 과제의 경우에는 이런 식의 분석에 순순히 따르지 않는다는 점이다. 그 이유는 실험 대상자들이 문제를 단선적으로 해결하지 않기 때문이다. 인공지능 접근법 중에서 가장 막강한 영향력을 발휘한 것은 아마도 '전문가 시스템'(expert system)의 개발일 것이다. 전문가 시스템의 일반적 특징으로는 유저와 시스템 사이의 커뮤니케이션을 쉽게 만드는 언어 프로세서, 사실과 규칙에 관한 지식으로 세분화되어 있는 지식베이스, 이 규칙들을 적용하는 인터프리터(interpreter), 적용의 순서를 통제하는 스케줄러(scheduler), 새로운 관련 자료가 기존의 관련 자료와 모순을 일으킬 때 결론을 주저하는 '일관성 강화'(consistency enforecer), 시스템의 추론을 설명할 수 있는 '변명자'(justifier) 등이 꼽힌다. 이런 접근법들은 인간의 인지작용을 그대로 모방하지 않고 가장 효과적이고 효율적인 프로세서를 창조해 내려고 노력한다. 그러나 일부 이론가들은 인간의 지능을 모방하는 프로그램을 만들려고 시도했다. 그 중에서 가장 탁월한 것이 앤더슨 ACT 모형이다.

앤더슨은 인간의 정보자료 처리와 컴퓨터 프로그램을 비교하는 데 자신의 모형을 이용했다. 전통적인 인공지능 이론들은 일련의 상징처리 시스템의 핵심에는 인간의 지능이 자리 잡고 있다는 가설을 거의 예외 없이 바탕에 깔고 있으며, 그렇게 때문에 컴퓨터가 인간지능의 독특한 면을 보여 주는 멋진 모형이 될 것이라고 주장한다. 그러나 최근에 나온 연결 모형들은 병렬처리를 취하고 있다.

상황적 접근

인지적 접근법이 정신작용과 표상, 인간의 능력 사이의 관계에 대해 많은 통찰을 내놓았다. 그럼에도 불구하고 오늘날 많은 과학자들은 그런 접근법이 지능의 광범위한 성격을 두루 포착하기에는 너무 편협하다고 불만을 토로하고 있다. 지능을 상황 속에서 연구하는 접근법은 지능이라는 실체의 복잡성을 고려하려고 시도한다. 암시적 지능 이론들에서 발견되는 차이를 의식하듯, 상황을 고려하는 전문가들은 지능은 문화적 상황 밖에서는 이해가 불가능한 것이라는 입장을 취한다. 가장 극단적인 입장은 급진적인 문화상대주의이다. 이 관점은 문화체계를 가로질러 두루 통하는 심리적 개념들이 존재한다는 가정 자체를 부인한다. 지능은 각 문화권 안에서 지능의 의미가 창조되는 그 체계 안에서 별도로 연구되어야 한다는 입장이다. 이 접근에 따르면, 표준화된 심리검사, 지능검사를 이 문화에서 저 문화로 옮기는 것은 적절하지 않다. 여러 문화권의 사람을 대상으로 기억력을 연구한 보고서는 사람들이 기억 관련 과제를 처리하는 실력의 경우에는 그 과제의 내용이 익숙한 것이냐의 여부에 크게 좌우된다는 사실을 보여 주었다. 사람들은 익숙한 내용이 주어질 때 더 잘 처리하는 경향을 보인다. 그렇기 때문에 두 문화권 사람들의 점수는 지능검사에 제시되는 문제의 종류에 따라 어느 정도 달라질 것이다. 상황의 차원에서 지능에 접근하려는 노력은 그 상황이란 것이 무슨 뜻인지를 명쾌하게 밝히지 못해 비난을 받고 있다. 베리(Berry, J.W.)와 어바인(Irvine, S.H.)은 부분적으로나마 상황이라는 것이 무엇인지를 밝힐 수 있는 네 가지 단계의 상황모형을 제안했다. 가장 높은 단계가 생태학적 상황이다. 사람이 몸담고 살고 있는 자연적, 문화적 거주지가 그것이다. 두 번째 단계가 경험적 단계이다.

말하자면 학습에 필요한 바탕을 제공하는, 반복되는 경험의 패턴인 것이다. 세 번째 단계는 행동의 상황이다. 특정한 시간과 공간에서 벌어지는 특별한 행동에 대한 설명을 내놓는 제한적인 환경적 상황으로 이뤄져 있다. 그리고 가장 낮은 단계가 실험적 상황이다. 연구 또는 지능검사가 이뤄지는 상황을 언급한다. 각 단계에 속하는 상황도 저마다 다 다르다. 그렇기 때문에 그 순간 어떤 상황에 놓이느냐에 따라 지능검사를 포함한 과제의 결과가 달라진다. 예를 들어 코넬 대학 심리학 교수인 스티븐 세시(Stephen Ceci)와 유리 브로펜브레너(Urie Bronfenbrenner, 1917~2005)는 시간추정 과제를 수행하는 패턴도 아이들이 실험실에서 공부하느냐 가정에서 공부하느냐에 따라 달라진다는 사실을 발견했다. 아울러 그들은 실험실에서 얻은 자료는 가정이라는 환경 속에서 얻어진 자료로 그대로 옮겨지지 않으며, 그 반대도 또한 사실이라는 결론을 내렸다. 상황의 차원에서 지능에 접근하려는 노력은 지능의 연구에는 상황이 중요하다는 점을 분명히 보여 준다. 상황의 차이는 정말 다양한 차원에서 나타났다. 문화적 차이가 있는가 하면 과제가 실시되는 특정한 환경의 차이도 있는 것이다. 지능을 측정할 때에는, 대상에 따라 인위적으로 다른 점수가 나오도록 할 수도 있고 같은 사람을 다른 환경에 놓아 다른 점수를 유도할 수도 있다는 사실에 주의를 세심하게 기울일 필요가 있다. 하지만 상황의 영향을 이해하는 것만으로는 지능을 둘러싼 모든 의문에 대답을 내놓을 수는 없다. 이상적으로 말하면, 이론들은 인지와 상황을 모두 고려해야 한다. 지능 연구에서 보다 통합적인 접근법을 개발하는 것이 시스템 이론들의 목적이다.

시스템 이론

시스템 이론가들은 지능을 하나의 복합적인 시스템으로 본다. 그들의 이론들은 우리가 지금까지 논의한 다양한 접근법의 상이한 요소들을 통합하려고 노력하고 있다. 대표적인 예가 바로 하워드 가드너(Howard Gardner, 1983, 1993) 하버드대학 교수의 다차원 지능(multiple intelligence, MI, 1985, 1997) 이론과 스턴버그가 제안한 성공 지능의 '삼위일체'(triarchic theory of successful intelligence) 이론이다. 가드너는 지능이란 것은 단일구조가 아니며 명백히 구분되는 별도의 지능이 여러 개 있다는 주장을 내놓았다. 그의 다차원 지능이론은 원리 10개의 지능을 가정했다. 첫 번째인 언어지능은 글을 읽고 쓰고 말을 하고 듣는 일에 관여한다. 두 번째인 논리적-수학적 지능은 숫자의 계산과 증거의 도출, 논리적 퍼즐의 해결과 대부분의 과학적 사고를 담당한다. 세 번째인 공간지능은 해상 항해나 비행기 조종, 자동차 운전에 동원된다. 위에서 예시한 세 종류의 지능은 기존의 지능검사가 측정해 온 지능이고 아울러서 현행 학교교육이 주로 이들 세 가지의 지능을 개발, 육성하는 데 많은 노력을 하고 있다. 네 번째인 음악적 지능은 노래를 부르고 악기를 연주하고 오케스트라를 지휘하고 작곡을 하고, 어느 정도까지는 음악을 음미(감상)하는 일에 관여한다.

다섯 번째인 신체-운동감각 지능은 문제의 해결이나 제품의 생산 또는 운동에서 자신의 신체 또는 신체의 다양한 부위를 사용할 줄 아는 능력을 말한다. 여섯 번째인 대인지능, 즉 인간 친화지능은 다른 사람들을 이해하고 그 이해를 바탕으로 행동할 줄 아는 능력을 일컫는다. 일곱 번째인 자성(自省), 즉 자아성찰 지능은 자기 자신을 이해하는 능력이다. 말하자면 자신이 어떤 사물에 대해 어떻게 느끼고 있는지를 알고, 자신의 감정의 폭을 이해하고, 자신이 지금처럼 행동하는 이유를 볼 줄 아는 통찰력을 갖고, 자신의 욕구와 목표, 능력에 따라서 적절히 행동하는 것을 말한다. 그 이후로 가드너는 자연주의적 지능을 추가로 제안했다. 자연에 나타나는 패턴을 식별할 줄 아는 능력을 일컫는다. 아홉 번째, 그는 또한 존재론적이고 영적인 '후보' 지능, 즉 영성 지능을 제안했다. 가드너의 이론이 제기된 뒤로 그것을 경험적으로 뒷받침해 줄 수 있는 작업이 아직 이뤄지지 않았다. 그렇기 때문에 그 이론이 과학적인 이론으로서의 지위를 부여받을 수 있을 것인지는 아직 미지수이다. (앞에서 소개한 가드너의 다차원 지능론 관련 설명을 참조한다.)

스턴버그는 지능의 전통적 개념 대부분이 너무나 한정적이기 때문에 지능의 작은 부분만을 다루고 있다고 주장한다. 전통적 개념들은 그가 성공 지능이라고 언급한 그 지능[8], 말하자면 사회와 문화의 상황 안에서 자신의 목표를 성취하기 위해 환경에 적응하고 환경을 바꿔나가고 환경을 선택하는 능력을 파고드는 데는 실패하고 있다. 스턴버그의 이론은 3개의 하위이론을 통해 인지를 상황에 연결시키려고 시도한다.

구성요소에 관한 하위이론은 지능과 내면세계의 관계를 논한다. 그것은 사람들이 정보자료 처리에 이용하는 요소들을 구체적으로 언급한다. 예를 들어, 어떤 행동을 계획하고 점검하고 평가하는 데는 상위 구성 요소가 동원된다. 수행 구성요소들은 행위의 실제적 집행에 관여한다. 지식습득 구성요소들은 사람들이 어떤 일을 처음 접할 때 그 일을 처리하는 방법을 배우는 것을 돕는다.

세 가지 구성요소들은 상호작용을 하며 서로에게 피드백을 제공한다. 예를 들어서 어떤 사람이 외국을 여행한다면 상위 구성요소들은 그 여행을 계획하고 지휘하는 한편, 수행 구성요소들은 일상에서 필요로 하는 행동들을 잘 조정하고, 지식습득 구성요소들은

8) 스턴버그 교수가 제안한 삼위일체 신 지능론과 성공지능론은 서로 이론적 개념 구안이 다르다.

여행을 준비하는 단계나 여행 중 그 나라에 대해 배운다. 이것을 정보자료 처리 이론이라고 한다.

상황에 관한 하위이론은 정보자료 처리 구성요소들을 경험에 적용하는 과정에 대해 언급하고 있다. 현실의 상황에서 세 가지 기능 중 하나에 이바지하기 위해서이다. 첫 번째 기능인 **환경에 대한 적응**은 자신이 살고 있는 환경에 맞춰 스스로를 변화시키는 것을 말한다. 두 번째 기능인 **환경의 형성**은 자신에게 어울리도록 환경에 변화를 가하는 것을 일컫는다. 세 번째 기능인 **환경의 선택**은 적응이나 형성을 통해서도 환경이 제대로 돌아가도록 만들지 못하게 될 때 새로운 환경을 선택하는 것을 말한다. 성공한 지적인 사람은 이 세 가지 기능 모두를 필요할 때마다 잘 실천할 수 있다.

이 이론의 밑바닥에는 다음과 같은 견해가 깔려 있다. 즉, 지적인 사람들은 자신의 강점과 약점을 보완하고 메우려고 노력하는 사람이라는 것이다. 사람들은 부분적으로는 자신의 강점과 약점의 특징들을 최대한으로 이용하는 방법을 발견함으로써 성공을 거둔다. 이런 강점과 약점은 성공 지능에 중요한 세 종류의 능력과 연결될 수 있다. 여기서 말하는 세 가지 능력이란 바로 분석적 능력, 창의적 능력, 실용적 능력이다. 이것이 성공 지능의 구성요인이다. 분석적 능력은 비판적 사고를 수반한다. 그것은 아이디어를 분석하고 평가하고, 문제를 해결하고, 결정을 내리는 능력이다. 창의적인 능력은 기묘하고 흥미로운 아이디어들을 낳기 위하여 주어진 경계이상으로 나아가는 일을 수반한다. 실용적인 능력은 아이디어들을 실행하는 일을 수반한다. 지능을 현실 세계의 맥락에 적용할 때 개입되는 것이 바로 이 능력이다.

이제 지능 이론 연구 동향과 관련된 논의에 대한 결론을 요약, 제시한다.

스턴버그 등은(2000) 여러 나라에서 국민들이 지능의 성질을 다음과 같이 이해하고 있음을 설명하고 기술했다. 지능이란,

- 문화의 한 부분이다
- 개인 내에서 능력의 높낮이이다
- 사회성이다
- 인간관계에서의 양태이다
- 인지적 능력이다
- (어린이의 경우에) 눈과 손의 협응능력이다.
- 언어 능력이다
- 경제적 자립 능력이다(케냐)
- 행동의 수준, 내용, 질, 특성, 차원, 유형이다(김정휘, 2012)

4. 결론

지능 연구를 학구적, 즉 인지적인 측면을 강조한 것에서 시작하여 창의적, 사회적, 실용적인(예: 창의성을 기업 경영과 소비자 행동론에 접목·활용하는 시도가 창의적 경영의 화두로 이용되고 있다) 측면을 강조하는 쪽으로 지능의 쓰임새가 확장되고 있다. 즉, 지능에는 어떤 단일 원형(prototype)이 없으며 지능 연구는 현재 완료형이 아니라 진행형이라서 기존의 지능관련 이론, 지식, 방법론이 수정, 보완되고 새로운 상상력이 추가될 것이다. 지능이란 상상력과 실증적 증거가 수반된 심리학적인 구안 개념이다.

심리학자의 수만큼 많다는 지능이론들이 선한, 착한, 훌륭한, 아름다운, 격조 높은, 수준 높은 양질의 지능만을 제안하고 있는데 인류, 역사, 문명사, 정치사, 전쟁사를 회고해 보면 유해한, 불량한, 나쁜, 악한, 병든 지능도 있다고 생각한다. 후자에 대한 지능론 탐색도 필요하다. 예컨대, 간디나 만델라, 마더 테레사 여사는 전자에 속하는 인물이고 스탈린이나 히틀러, 네로, 콜럼부스, 양차 세계대전 때 일본, 로마, 유럽 여러 나라의 만행과 범죄 행위를 저지른 선동적인 정치와 군인으로서 가담자와 같은 인물은 후자에 속한 인물이 아닌가? 유해한 지능 또는 불량한 지능을 최대한 발휘한 악의 축인 다수의 악한 인간들은 선량한 평범한 시민과 개인적으로나 집단적으로 그리고 가정에서 가장으로서, 어린 자녀와 노부모를 모시고 살고 있는 부모로서 무엇이 어떻게 다른가? 천인공노할 흉악한 행동을 한 범죄자들을 정신의학, 심리학, 형법, 범죄심리학, 정신발달병리학, 이상심리학, 윤리학의 관점에서 어떻게 분류, 진단, 병인론(etiology)의 관점에서 이들의 병인과 행태를 어떻게 설명할 수가 있는가? 나치 정권 당시 유태인을 학살한 독일 군인들의 만행을 다룬 다큐멘터리 기록 영화를 보면, 아우슈비츠와 같은 시설이 두 군데가 더 있었으며, 군인으로서 학살자 역할을 한 범인이 가정에서는 가정적이고 어린 자녀와 가족을 사랑하는 선량하고 평범한 아버지였으며, 학살 만행 중에도 동료들과는 맥주를 마시고 게임을 즐기며 농담을 나누면서 담소를 하는 모습에 몸서리가 쳐진다. 어떻게 사람이 저렇게 이율배반적인 삶을 살아갈 수가 있는가? 신이 과연 존재하며, 이 참혹한 만행을 알고 계시면서도 신은 왜 침묵하고 방관하십니까? 이런 비극적인 참상과 불행을 보고 무신론자가 될 만하다는 생각을 하게 된다. 필자는 제2차 세계대전시에 일본이 점령국가의 국민들에게 저지른 흉악한 범죄를 저지르고도 관련 국가에 반성과 피해 당사자에게 합리적 배상도 하지 않았을 뿐만 아니라 범죄 행위를 부인하는 인격 장애자, 사이코패스, 소시오패스인 일본 국민이 번영하고 있는 현실을 보고, 과연 신은 존재하는지 그렇다면, 왜 정의로운, 필요한 진노와 엄한 처벌을 하지 않는지 의문이 생긴다. 전쟁 범죄에 대한 응징 방안의 하나로 인과응보를 위해서는 UN의 합의하에 한국과 중국이 일본을 분할 통치하는 방안을 제안할 만하다. 영국이 일정 기간 홍콩을 지배한 전례가 있고, 마카오 역시 그런 전례에 속한다.

이들의 범죄를 어떻게 단죄해야 하고 억울한 피해자에 대해서 어떻게 보상해야 하며, 피해 관련 생존자들의 심리적 외상(psychological trauma)과 외상후 스트레스 장애(PTSD) 치료에 관해서 어떻게 대처해야 하는가

지능이란 무엇인가를 해명하는 데 있어서 심리학, 뇌과학의 역할과 공헌이 지대하고 앞으로도 중요하게 기여할 것으로 기대되지만 지능을 신(神, God)으로, 즉 두뇌제일주의 신앙으로 받드는 일은 없도록 주의해야 한다. 지능에는 강한 근육은 있지만 인격이 없다. 지능은 결코 우리를 인도할 수 없다는 것이 아인슈타인의 지능론이다.

정보자료 처리 관점에서 인간의 신 지능론의 이론을 개척한 스턴버그(Sternberg) 교수는 지능보다는 지혜를 성숙한 현자(賢者)의 진면목으로 인식하고 관련 연구와 이론을 탐색하고 있다. 지능의 한계를 지혜가 보완해 주고 있는 것으로 생각된다. 그는 지혜를 지능, 상식의 상위 개념으로 인식했다.

지능이 성공(?)의 필요조건이지 충분조건은 아니다. 영재 연구의 아버지로 일컫는 터만(Terman)은 IQ 140인 다수의 천재에 대한 종단적인 연구를 한 바 있는데, 성인이 된 이들 중에서 장관, 대학 총장, CEO(최고 경영자), 저명한 정치가 등 세속적으로 성공한 명사가 출현하지 않았다. 즉, 성공에는 IQ 이외에 다른 많은 중요한 조건들(촉매요인)이 영향을 끼친다는 것이다.

전술한 다양한 종류의 지능의 쓰임새가 개별적으로 기능하지만, 서로 뒤섞이고 융합되어 기능하거나 상호보완적으로(강점이 약점을 시정·보완해 주는) 기능하는 경우도 있을 것이며 또는 상호 충돌, 견제하는 경우도 있을 것으로 상징되는데 이에 관한 논의와 연구는 후속 연구 과제로 생각한다. 이를 지능의 질적·양적 발달 양태, 연령별 발달 양태(예: 아동과 성인, 전문직의 지능은 다르다고 한다.)도 후속 연구를 필요로 하는 과제이다. 또 이들 다양한 지능을 어떻게 이용, 개발, 육성, 제어할 것인가와 관련된 프로그램이나 방안 제시도 앞으로 전문가들이 연구를 해야 할 과제이다. 특정 개인의 지능의 양태가 혼재되어 기능할 것으로 상정되며 직업 유형에 따라 또는 삶의 방식이나 성장 경로에 따라 특징적인 차이가 있을 것으로 상정된다.

결론적으로 지능은 생물학적인 실체일 뿐만 아니라 문화적, 역사적인 그리고 노력, 진화, 창의력과 역경 극복 역량, 진화의 실체이며 지능은 개인과 집단, 사회, 역사가 현재와 미래에 성취·수행할 것으로 기대(예상)되는 잠재 능력이다. 지능의 진화에 중요하게 기능하고 촉매 역할을 할(하고 있는) 것으로 기대되는 것이 전뇌(電腦, PC)와 로봇이나 산업기기나 의공학 의료기기일 것으로 예상된다.

지능 예찬론자들은 머리 좋은 것이 마음씨 좋은 것만 못하다는 함의를 음미(吟味)하는 것이 필요하다.

인류 역사, 전쟁사(우리나라의 경우에 6.25전쟁과 임진외란, 몽고침략 등)를 회고해 보면 좋은 지능, 선한 지능과 나쁜 지능(불량한 지능), 악한 지능이 있음을 알 수 있다. 질병을 고치는 약이나 의술, 헌신적인 의술로 난치병을 치료하는 명의(名醫)의 경륜과 지혜는 선한 지능의 실체이고, 약탈과 침략을 일삼는 강대국의 횡포와 악의 축, 남에게 상습적으로 해악을 일 삼는 사이코패스(psychopath)와 사기꾼과 조폭 일당, 상습적인 살인범의 사례에서 악한 지능의 실체를 확인할 수가 있다. 그 옛날에 가난하게 살던 시절이었지만 인심은 흉흉하지 않았는데 요사이에는 경제적, 물질적으로 더 부유해졌는데도 인심은 더 고약해졌으며 사람이 무서운 세상이 되고 있다.

교육이 인간을 더 똑똑하게 만든다고 한다. 고등교육을 받은 사람이 늘어나서 영악하고 똑똑한 사람들이 많다. 그런데 똑똑한 부부끼리 살면 다툼이 많고 이혼을 하게 된다. 똑똑한 사람은 인간미가 부족하고 자기중심적이다. 우직하지만, 친철하며 남을 배려할 줄 알고 겸손하며, 인간미가 있는 사람이 좋다. 재판에서 승소해서 수임료를 많이 받고 명성이 알려져서 성공한 변호사가 되었다고 가족에게 자랑하는 아버지의 이야기를 들은 아들에게서 “재판에서 패소한 사람은 얼마나 이 세상을 원망하며 괴로워하겠어요. “라는 말을 듣고 아버지는 그 점을 미처 생각하지 못한 어리석음을 대오각성을 하고 늦깎이로 어렵게 공부해서 잘 나가던 변호사에서 의사로 변신했다는 실화가 있다. “나는 바보다”라고 선언한 김수환 추기경, 예수 그리스도, 소크라테스를 바보라고 하지만 많은 사람들이 이분들을 존경하지 않는가. 굴절된 삶을 산 IT계의 천재인 스티브 잡스는 “우직하게 살아라. 항상 갈구하라.”는 좌우명을 남겼다.

지능도 진화, 분화하고 있어서 20여 가지나 되며 그 쓰임새가 다양해서 교실, 교과서, 학교교육, 학생의 성취(성적)의 범주를 뛰어 넘어서 현실 생활에서 효용성과 실용성이 극대화되고 있다.

감성 지능(EQ)과 사회성 지능(SQ)의 전도사를 자처하는 대니엘 골먼(Daniel Goleman, 2010)은 지능, 즉 IQ의 문턱이론(threshold theory of intelligence) 을 다음과 같이 설명했다. IQ는 학교 공부를 하거나 어떤 분야에서든 취업을 하고 유지하는데 결정적인 역할을 한다. 기술과 수학, 언어적 기술을 배우는데 교육이 매우 중요하고 이것을 뒷받침하는데 IQ가 매우 중요하다. 즉, 문턱(Threshold)을 넘어서기 위해서 필요한 기량이 IQ, 즉 지능이고 교육력이다. 배워라, 가난에서 벗어나려면 배워야 한다는 권고도 지능의 문턱 이론의 적용을 시사한다. 문턱을 넘어서기 위하여 교육이 필요하고 그래서 모든 사람이 배워야 한다. 식자우환(識字憂患)이나 신분 상승을 위해서 교육을 받아야 한다는 이론도 지능의 문턱이론의 역설을 함의(含意. implications)를 시사하는 표현인 것이다. 그러나 일단 문턱을 넘은 뒤에는 다른 사람보다 더 뛰어 난 것이 중요하다. EQ와 SQ(예: 애교)는 IQ(학벌)이라는 문턱을 넘은 다음에 요구되는 경쟁력이고 생존 전략이다. 세속적으로 손발 잘 비비고 마당발 노릇을 잘 해서 출세하는 아부도 경쟁력이라고 하지 않는가. 지식기반 사회에서 두뇌회전이 빠른 사람보다 아부를 잘하고 애교도 있는 사람이 더 출세한다는, 즉 강부자가 실력자의 편에 편승해서 출세한다는 것이 관가의 모습인 것이 다소 모순이지만 현실이다.

지능이란 무엇인가, 즉 지능의 성질을 정의하기보다는 지능의 쓰임새에 따라 지능의 성질과 유형별 특성을 탐구했다(Sternberg, Gardner, Binet, Tannenbaum, Grigorenko. Wechsler, Hebb, Cattell, Hunt, Guilford).

여러 전문가들이 제시한 지능의 성질에 관한 정의를 요약, 소개한다.

지금까지 앞에서 진화하는 지능의 양태와 특징을 유형별로 제시하고 그 함의를 탐구했는데 이제 지능이란 무엇인가에 대한 결론을 제시해야겠다.

지능은 정적인 실체가 아니라 진화하고 있는 역동적이며 실용적 실체이며 동시에 생리적이며 문화적, 역사적 실체이다. 이제 지능의 성질을 연구하는 방향에 따라서 구분, 지능의 실체를 다음과 같이 설명 할 수가 있다.

(1) 사회적 측면을 강조하는 정의

경직되기 쉽고 스트레스 지수가 높은 조직 내에서 인간 친화적으로 직장의 분위기나 근무조건을 인간 중심적으로 전환시키는 재치와 가시적 노력 또는 지도력(leadership), 조직이나 집단 내에서의 인기도와 호감, 준법성, 인간 친화성, 겸손과 개방성, 정의로움에 대한 가치를 추구.

(2) 교육적 측면을 강조하는 정의

시험성적의 높낮이, 상급학교(대학)의 입시나 사원 채용 시험, 판검사의 임용 시험, 의약사 면허 고시, 교사 임용 시험에서 당락, 교육과정에서의 기억력, 수리적 개념의 이해와 언어능력과 같은 학구적 기량을 중시하는 관점, 창의성과 학구적 가치와 성취력, 학력(學歷)이 아니라 학력(學力)을 중시. 교육 현장에서 같은 것보다 다름(개성)을 중시하며, 쓸모 있는 실용적 지식(지능)을 중시함. 배우기를 즐기고 좋아함. 지식과 지혜를 탐구하고 선호함(愛知).

(3) 발달적 측면

인지 발달과 발달 단계 의존설(Piaget). 아동과 성인, 노인, 남자와 여성의 지능의 개인차와 특성을 중시. 남녀학생간의 지능의 성차와 학습 특성을 초중고교에서의 교육과정 및 교육의 과정에서 교과 수준별로 이용해야 하는 것이 중요한 과제이지만, 교육 현장에서 이 점이 별로 반영되고 있지 않다.

(4) 역동적 집단 내, 집단 간의 상호작용 관계에서 역량 발현과 유관성 측면

집단의 구성원으로서 협력, 직무수행에 따른 책임 및 성과의 공유, 직무 스트레스나 탈진에 대한 대처능력. 상하 좌우상의 위계관계에서 개방성과 복종, 연장자나 상급자에 대한 존경과 겸손(공손함), 조직의 목표 달성을 위한 헌신과 봉사. 창의성과 실용성. 실천(행동)하는 지능, 업무 수행상의 문제 발견과 해결 능력. 갈등 관리 역량

(5) 개인적 측면

참을성과 끈기, 스트레스와 역경을 극복하는 역량, 도전정신과 성취동기, 정의, 도덕성, 진, 선, 미에 대한 가치 실현, 공선후사(公先後私) 즉 공과 사를 구별하는 태도, 교육받은 지식인으로서 교양과 문화적, 역사적 식견, 심신(心身)의 건강, 공감능력, 학습을 위해서 많은 노력을 하고 있으며, 학습하기를 즐기며, 평생교육의 생활화, 선행을 하려는 의지 말할 수 없으면, 침묵하는 용기가 있고, 충동과 이성의 균형 유지하기, 준법성과 현명한 소비자임. 조직 내에서 협조하는 태도. 개인이나 조직 내에서의 갈등 해결 역량. 사물, 사건, 사람, 직무 수행에서 발생하는 문제에 대한 현실 감각과 이해, 의사소통 능력. 경력 개발 노력. 직장에 헌신하면서도 사생활을 즐기기. 발달 단계별로 차이가 있는 심리적, 신체적 발달과업에 대한 정상적인 해결 역량. 사물이나 현상 판단을 함에 있어서 균형감각을 유지하는 성향.

지능은 정적인 실체가 아니라 진화하고 있는 역동적이며 실용적 실체이며 동시에 생리적이며 문화적, 역사적 실체이다. 이제 지능의 성질을 연구하는 방향에 따라서 구분, 지능의 실체를 다음과 같이 설명할 수가 있다.

지능은 하나로 정의되지 않는 다의적, 심리학적(심리측정, 지능심리학), 교육학적인 구안 개념이다.

- 지능은 가정과 학교와 대학, 연구소의 지적 분위기의 지표다.
- 지능은 사회성 능력과 관련이 있다.
- 지능은 투입-과정-산출 간의 상호작용 변인으로 어떻게 측정, 활용할 것인가는 전문가의 그리고 거대과학의 탐구과제이다.

- 지능은 지능검사 문제를 해결하는 능력일 뿐만 아니라 실생활에서 창의적, 실용적인 문제를 발견, 해결하는 능력이다.
- 지능은 사회적, 문화적, 교육적으로 적합하고 창의적이면서도 가치 있는 정보자료(지식)에 관한 성공적인 학습능력이다.
- 지능검사가 제시한 지식에 관한 신속하고 정확한 문제 해결, 회상, 구조화된 체계적 기억 능력
- 지능이란, 인생에 관해서 잘 알려진 가장 적합한 요건에 관한 숙련된 응용(새로운 상황에서 친숙한 사실을 재인(再認, recognition), 논리적 응용, 지행일치(知行一致) 등)과 관련된 효과적인 정보자료 처리 절차, 지식, 기법의 숙지라고 해석한다.
- 지능이란, 목적 지향적 적응 행동이다(유목적적인 행동이다).
- 지능이란, 인간관계, 문화, 인간 역사와 생존의 산물이다.
- 지능이란, 새로운 문제 발견과 문제 해결하는 능력, 자신과 세상사의 욕구에 적합하고 유능하게 적응하며 문제 해결을 위해서 필요한 지식을 선택, 획득하고 활용하는 능력이다.
- 지능이란, 인간의 삶에서 예술과 문화와 종교가 추구, 실현, 발전시키려고 노력해 온 심미적 가치(예컨대, 음악, 미술, 조 각, 무용, 영화, 문화, 종교 등)를 존중, 배양하는 능력이다.
- 지능이란, 새로운 개념 체계, 착상(idea), 궁리를 창출해 내고 학습, 활용, 확대 재생산하는 능력이다.
- 지능이란, 기존의 지식에 창의적 사고(궁리)를 동원해서 문제를 변환(變煥. transformation), 해결하는 능력이다.
- 지능이란, 총괄(상위) 인지기능(metacognition)이다.
- 지능이란, 관련 학자, 전문가, 지능검사 제작자들이 전문적인 식견과 경험을 가지고 지능의 성질과 기능은 이러 저러한 것이라고 해석, 설명, 해석하는 내용, 견해, 즉 지능검사가 측정한 결과가 지능이다. 즉, 지능이란, 지능검사가 측정하는 그 무엇(어떤 것)이다.
- 지능이란, 학습하기 위한 역량이며, 동시에 정보자료 처리 능력이다.
- 지능이란, 생물학적인 실체일 뿐만 아니라 문화적, 역사적, 사회적, 즉 인간 실존의 실체이다.
- 지능이란, 인간이 자신의 생존 환경을 효과적이고 효율적으로 조직하고 이에 부응하는 능력을 구성, 기능화, 재생산하는 적성의 갖춤새(set)이다. 이 정의는 개인은 환경에 반응할 뿐만 아니라 환경을 탐구하고 환경과 인지적, 사회적 상호작용을 주

도하는 힘을 발휘하는 것으로 해석한다.

- 지능이란, 지식의 창조적 생산과 활용 및 전수(傳受), 지배와 진화가 생존의 으뜸되는 가치, 수단, 목적이라는 것을 경험적으로 인지하게 하는 능력이다.
- 지능이란, 영양섭취, 사람(부모나 또래, 보살펴주는 사람)과의 접촉, 탐색과 같은 생물학적 기본 욕구들을 충족시키기 위한 적응 기능을 수행하는 일련의 핵심적인 유기적 도식들로부터 발현한다는 피아제의 지능관은 인지 발달론과 단계 의존설에 바탕을 두고 있기 때문에 아동기의 지능(인지 발달)과 관련이 있을 뿐이며, 사연 많은 청·장년기나 노년기의 지능 발달과는, 즉 성인의 삶의 경로는 피아제의 아동 중심의 지능관은 적용 상에서 한계가 나타난다.
- 지능에서의 개인차와 지적 능력에서의 발달적 변화는 서로 다른 기제로 설명된다고 앤더슨(Anderson)은 주장한다. 지능에서 개인차는 사고를 가능하게 하는 "기본 처리 기제"에서의 차이 때문에 생겨나는데, 이것이 지식을 형성한다는 것이다. 개인은 기본 처리 속도가 다른데 이것이 개인차의 증거가 된 다. 그는 두 가지 특수능력이 있는데, 그중에 하나는 명제적 사고를 다루는 것(언어와 수리적 표현)이고, 또 다른 하나는 시·공간적 능력을 다루는 지능이 있다고 했다. 후자를 특수 처리 능력이라고 했는데 이 능력은 기본 정보자료 처리 기제 에 의해서 영향을 받는다고 했다(Smith et al., 2003).

지능을

- 과정변인으로 보는 관점〔지능과 창의력을 교수·학습의 과정에서 적합하게 이용, 개발, 육성해야 하는(가능한) 실체와 대상으로 접근한다.〕
- 설명적 개념으로 보는 관점
- 평가적 개념으로 보는 관점
- 학습능력으로 보는 관점
- 발달적 개념으로 보는 관점
- 심리측정상의 구안 개념으로 보는 관점
- 뇌 과학(brain science)에의 개념으로 보는 관점
- 역동적 유전인자(dynamic genome)와 환경 간의 상호작용의 성과(산물, by product of Gene-Environment interaction)로 보는 관점

지능은 원인인가, 결과물인가, 과정인가, 내용인가, 생활·적응 양식인가, 부분인가 전체인가, 영역(분야)인가, 재능인가, 창조성과 무관한가, 전문 분야의 기량인가, 문화·역

사인가, 영특함과 둔감함의 대명사인가, 또는 이 모두의 종합인가.

지능의 성질에 관해서 예시한 여러 관점에 따라서 상이하게 설명이 가능하다. 지능도 진화하지 않는가. 손도 잘 비비고 마당발 노릇도 잘 해야 출세하는 세상이 아닌가. 지식 기반 사회에서도 어느 의미에서 손발이 머리를 이기는 사회가 됐다고 탄식을 하기도 하지만 지능의 문턱 이론에 의하면 다 쓰임새가 다르다. 우리 사회가 학벌에 대한 헝그리 정신은 대학을 졸업하고 사회에서 자리 잡고 나면, 마당발 정신으로 탈바꿈한다. 이젠 어느 누구도 이 사회를 지식이나 실력, 능력만에 의해서 움직이는 사회라고 보지 않는다. 실력보다는 인간이 우선이며, 능력보다는 관계(인맥, 학맥, 지연)가 우선이다(박승관, 1999)(고위 관직 임명시에 고교와 대학 졸업, 고향등 신상 명세 자료를 공개, 발표하는 경향이 이를 반영한다.) 지도자가 잘 모르는 정치와 경제 분야를 해결하기 위해서 그 분야의 전문가의 지혜를 구하거나 그를 측근에 참모로 등용해서 역량을 발휘하도록, 즉 인재 등용의 역량, 용인술도 문턱을 넘어선 처세술, 지도력인 것이다.

골먼 박사는 이 회견에서 EQ와 SQ는 직장이나 조직에서, 기업체에서 최고의 성과(업적)를 발휘하는 사람과 평균적인 사람을 구별하는 능력이라고 의견을 밝혔다. 그는

EQ는 높고 IQ가 낮은 사람,	IQ는 높고 SQ가 낮은 사람.
IQ는 높고 EQ가 낮은 사람,	EQ는 높고 SQ가 낮은 사람
SQ는 높고 EQ가 낮은 사람.	EQ가 낮고 SQ가 높은 사람
SQ는 높고 IQ가 낮은 사람.	SQ가 낮고 EQ가 높은 사람
SQ, EQ, IQ 가 모두 높은 사람,	SQ, EQ, IQ가 모두 낮은 사람

이 있을 수 있음을 기자 회견에서 설명했다.

진화가 이 시대에 중요한 화두가 되고 있다. 예컨대, IT 산업의 총아라고 할 수 있는 TV, 이동식 휴대형 전화기(mobile phone), 냉장고, 자동차, 전화기. 비행기, 배, PC, 가전제품 등이 기능과 성능면에서 진화하고 있는 것을 알 수가 있다. TV의 경우 진화되어 온 양태를 살펴보면 1세대 흑백 TV, 2세대 칼라 TV, 3세대 평면 칼라 TV, 4~5세대 PDP TV, LCD TV(벽걸이 TV)로 진화하고 있다.

컴퓨터(PC)의 기억 용량의 단위와 크기도 **표 2-3과** 같이 진화하고 있다.

삼성전자가 세계 최초로 리모컨 없이 사람이 직접 말을 하거나 손짓을 하는 대로 대화(의사소통)상의 거의 모든 기능을 인지해서 구현하는 신개념 TV를 곧 출시할 것이라고 언론에 발표했다(2002). 스마트 폰, 태블릿 PC와 마찬가지로 오감을 활용한 사용자 인터페이스(UI)를 TV에도 적응한 신기술로, 출시되면 2012년 세계 정보자료기술(IT) 업계의 핫이슈가 될 수 있을 전망이다. 이 신개념 TV에는 처음으로 음성 및 동작 인식

표 2-3 컴퓨터 기억용량 단위

bit 〈 byte 〈 KB 〈 MB 〈 GB 〈 TB 〈 PB
1byte = 8bit 1KB(kilo byte) = 2^{10} = 1,024byte 1MB(mega byte) = 2^{20} = 1,024KB 1GB(giga byte) = 2^{30} = 1,024MB 1TB(tera byte) = 2^{40} = 1,024GB 1PB(peta byte) = 2^{50} = 1,024TB

시스템이 탑재되어 있어서 음성과 영상 문자 등을 통해서 사용자와 직접 대화를 나누는 식으로 설계됐다고 한다. 예를 들어 사용자가 소파에 앉아서 TV 채널을 바꾸고 싶다면 TV를 향해서 채널 번호 또는 방송국 이름을 말하거나 허공에 손가락으로 TV 화면을 넘기는 제스처를 하면 된다. TV 화면을 확대하려면 "화면을 크게 보여 달라."고 말하거나 TV 쪽을 향해서 양손을 벌리는 동작을 하면 된다. "오늘은 왠지 기분이 우울하다."고 말을 하면, 목소리를 기억하고 있는 TV가 기분을 달랠 수 있는 영화나 음악 등을 직접 찾아서 제안한다. 어린 청소년 자녀가 심야에 TV 앞에 앉아 있으면 자동적으로 성인물을 차단하고 EBS 등 평소 그 시간에 자주 보던 채널로 자동 전환해 준다. 삼성전자 관계자는 "사용자가 TV로부터 2~3m 떨어져서 명령을 내리는 만큼 지금까지 구현되지 않았던 진일보한 음성·동작 감지 기술들이 총동원됐다."면서 "아이폰 4S에 탑재된 음성인식 서비스 "시리"처럼 사용자와 TV가 긴 문장의 대화도 나눌 수 있는 기능은 2013년쯤 추가로 탑재될 예정이라고 밝혔다

과거의 대학 모습은 고전, 철학, 역사학, 어학 등 인문과학이 중심 학문이 되었으나 오늘날에는 자연과학, 의학, 생명과학, 공학(IT) 등이 그 핵심이 되고 있다. 즉, 대학의 기능과 역할도 종합 다기능 대학(Multiversity), 리버럴 유니버시티(Liberal University)로 변화, 발전, 진화하고 있다. 현대 대학의 모습은 진리와 학문이 진화하고 대학 개혁의 결과이자 또한 필요에 따른 자연발생적 확대 과정의 소산이기도 하다. 즉, 인간의 삶의 조건이 진화하고 있다. 진화의 끝은 어디인지 알 수가 없다.

대학(College)–대학교(University)–종합다기능대학교(Multiversity). 오래전에 독일의 석학인 칼 야스퍼스(Karl Jaspers)는 대학의 사명(使命)을 다음과 같이 세 가지로 구분하여 제시했다.

첫째, 직업적 지식을 가르치는 전문학교로서의 대학

둘째, 인간(교양인) 양성을 목적으로 하는 교양 장소로서의 대학

셋째, 한문 연구(진리 탐구) 기관으로서의 대학

"지능이란, 생물학적인 뇌(=지능, biological intelligence, 유전인자+생리학+생화학+뇌 과학)+학습하는 뇌(learning brain, 학업 지능[academic intelligence])+생존 지능(survival intelligence)+창조적인 뇌(creative intelligence)+실행하는 뇌+사회적인 뇌(SQ)+감성적인 뇌(EQ)+운동·기능적인 뇌+문화적인 뇌+예술적인 뇌+사회적인 뇌+오류(실수나 잘못, 실패)를 발견, 수정하는 뇌+영성 뇌(spiritual brain)+외상후 성장 뇌(posttraumatic growth brain, PTGB)+역경 극복 역량 뇌(resilience brain)+뇌신경 가소성(可塑性, plasticity, 신경 지능[neuro intelligence])+건강한(좋은, 선한) 뇌(good brain)+불량한 뇌(악한·병든 뇌, bad brain, 질이 나쁜 뇌[evil-disposed intelligence]: 예를 들면, 사이코패시[psychopathy] 또는 인격 장애자)+스트레스 극복 능력의 결합에 의한 성과이다"라고 결론내릴 수가 있다. 예시한 이들 지능의 발현 조건과 기원(origin), 형성의 보호, 육성 조건과 개입, 관리, 억제조건 및 파생되는 문제점과 기대 효과, 대처 방안은 전문가의 몫이지만 학계와 전문가, 사회, 법적, 제도적으로 필요한 대책의 추진이 필요한 과제이다.

인간다움에서 건강한 지능이 기여하는 역할에 대한 연구가 필요하다.

참고 문헌

강유리 옮김. (2008). 실행 지능: 위대한 지도자들은 어떻게 성과를 올리는가. 서울; 더난출판사.

강준만. (2011). 아이비리그의 빛과 그늘: 능력주의 사회와 엘리트의 탄생. 서울: 인물과 사상사.

김윤식·오인석 옮김. (2008). 국화와 칼: 일본 문화의 특징. 서울: 을유문화사.

김영수. (2012). 세종대왕의 지도력. 논문집. 숙명여자대학교.

김정휘·주영숙·하종덕. (2004). 교육 심리학 입문: 교실에서 활용방안 탐색. 서울: 원미사.

김태련·김정휘·조석희 옮김. (2004). 영재교육: 심리학과 교육에의 조망. 서울: 이화여자대학교 출판부. (Tannenbaum, A, J.(1983). *Gifted Children: Psychological and Educational Perspectives*. New York; Macmillan Publishing. Co., INC).

김정휘·우동하 옮김. (2007). 우리 아이 영재로 키우기, 서울: 민지사 (Radford, J., (1990). *Child Prodigien and Exceptional Early Achievers*).

김정휘 옮김. (2006). 지능 심리학: 다양한 관점에서 지능 연구하기. 서울: 시그마프레스.

김정휘·추연구·허주연 옮김. (2014). 인간의 지능 탐구: 지능 심리학. 서울: 박학사. (인쇄 중) (Sternberg. R. J., (Ed). (2000). *Handbook of Intelligence*. New York: Cambridge University Press.)

김정휘·주영숙·문정화·문태형. (2004). 영재학생을 위한 교육: 교사와 부모를 위한 지침서(개정판). 서울: 박학사.

김영수. '창조적 기업가 정신' 가진 사람 重用하자. 조선일보, 2012. 12. 26.

김영호 옮김. (1989). 돈, 권력, 섹스. 서울: 두란노.

김창균. 장진호 전투. 조선일보, 만물상 2006, 9, 28. 제 26676호.

남윤호. 악바리 vs 순둥이. 분수대. 중앙일보, 2007.

뛰는 인간 위에 나는 바퀴벌레. *nature*, 2013. 5. 24.

문용린, 유경재 옮김. (2007). 다중 지능(Multiple Intelligence). 서울: 지식 하우스.

박건형. 인류 진화할수록 자연에 맞서. 서울신문. 2012. 4. 24.

박성희. 교병필패. 한국경제신문. 천자 칼럼. 2010. 7. 16.

박승관. 손발이 머리를 이기는 사회. 중앙일보, 1999. 8. 6.

박희성·박동휘 옮김. (2011). 마셜. 서울: 플래닛미디어.(Jepers, H. P., (2010). *Marshall General.*)

소현수 옮김. (1980). 지능의 진화. 중앙신서. 서울: 중앙일보. 동양 방송. (Sagan, C., (1978). *The Dragons of Eden.* New York: Random House, Inc.)

손주희 옮김. (1997). PQ: 40가지 PQ 테스트를 통한 인성지능 개발법 (Senger, G., Hoffman V., Personality Quotient. Munchen. F. A. Herbig Verlagsbuchhamdlung GmbH)

양상훈. 이지스함 타고 웃고 있을 정주영, 조선일보. 2007. 5. 13. 제 26882 호.

이상춘 옮김. (2011). 마음의 진화. 서울: 한문화미디어. (Postle, D., (1989). *The Mind Gymnasium.* Octopus Publishing Group Ltd.)

이원기 옮김. (2012). 아이디어의 미래. 서울: 민음사.

이인식. (2008). 사랑은 거짓말 게임이다. 조선일보. 3. 29-30. 제 27139호.

이인식·채성진. (2008). 뇌 연구: 어디까지 왔나, 현대 뇌 과학의 4대 테마 해부;

이정환. 외교관 서희·이예. 한국경제신문. 천자 칼럼. 2010. 9. 18.

이정환 옮김. (2007). 나이를 이기는 결정지능. 경기도: 비전하우스. (시토 신이치(佐藤眞一). (2006). *Crystallized Intelligence*)

21세기 신 인류 두뇌 짱의 시대. 주간 조선. 8. 4. 제 2016호.

장석훈 옮김. (2006). 사회지능. 서울: 웅진지식하우스. (Goleman, D. (2006). *Social Intelligence: The New Science of Human Relationships.* New York: Bantam Books.).

정진홍. 바닥치고 일어서라. 중앙일보, 2007, 10, 13. 제 13295호.

조지프 나이(Joseph S. Nye. 2009.) 조선일보. 오바마는 어떻게 미국을 이끄는가 회견 기사. 2009.

조현욱 옮김. (2010). 이성적 낙관주의자. 서울: 김영사. (Riedly. M. The Rational Optimist)

주경철의 히스토리아. 록펠로. 조선일보. 2012. 1. 29. 제 28327 호.

최광숙. 420년 전 유성룡이 있었다면 지금은? 서울신문 서울광장. 31. 2012. 1. 25.

허문명(2007) 둔감 재능. 횡설수설. 동아일보.

현대경제연구원 옮김. (2006). 문화 지능. 서울; 청림출판.(Peterson, B. (2004). *Cultural Intelligence.* New York; Intercultural Press.)

Bar-On, R. (1997). The Emotional Quotient Inventory(EQ-i): *Technical Manual.* Toronto: Multi-Health Systems.을 인용한 Sternberg, R. J., (Ed.) (2000). *Handbook of Intelligence.* New York: Cambridge University Press에서 재인용.

Ben Sherwood, (2009). What It Takes to Survive. *Newsweek*, 2009. 2. 25.

Book, H. E. (2003). How Leadership and Organizational Structure Can Create a Winning Calture. J. R. Hahn & A. M. Langlieb (Eds.), *Mental Health and Productive in the Workplace: A Handbook for Organizations and Clinicians* (p. 217). Jossey-Bass.

Eggen & Kauchark. (2010).

Hunt, E., (2011). *Human Intelligence*. New York: Cambridge University Press.

Kendler, K. S., Jaffee, S. R., & Romer, D., (Eds.) (2011). *The Dynamic Genome and Mental Health: The Role of Genes and Environments in Youth Development*. New York: Oxford University Press.

Mackintosh, N. J., (2011). *IQ and Human Intelligence*. New York: Oxford University Press.

Mayer, J. D., Salovey, P., & Caruso, D. (2000). Models of Emotional Intelligence. R. J. Sternberg (Ed.), *Handbook of Intelligence*. New York: Cambridge University.

Reiter, W. M., (2003). *Twyla Tharp: The Creative Habit Learn it and Use it for Life*. New York: Simon & Schuster.

Sternberg. R. J., Forsythe, G. B., Hedlund, J., Horvath, J. K., Williams, W. M., Snook, S. A., & Grigorenko, E. L. (2000). *Practical Intelligence in Everyday Life*. New York: Cambridge University Press.

Stoltz, D, G. (1997). *Adversity Quotient: Turning Obstacles into Opportunity*. New York: John Wiley & Sons, INC.

Thorne, B. M., and Henley, T. B., (2001). *Connections in the History and Systems of Psychology*. Boston: Houghton Mifflin Company.

[보충 자료]

지능에 관한 과거의 정의에서 나타난 문제점

지능이란 무엇인가(What is intelligence). 이 주제는 정의하기가 쉽지 않아서 지능의 성질에 관한 전문가들의 정의는 심리학자 수만큼 많다는 의견이 있다.

심리학계에서 잘 알려진 정의 하나를 소개하면, "지능이란, 적응하고, 생존하며, 번성하는 능력이다." 또는 "문제 발견과 해결 능력, 사고한 것을 행동으로 실천, 도전하는 능력이다."라는 명제를 기준으로 할 때, 과거의 이러한 정의에서 네 가지 분명한 결함을 이끌어 낼 수가 있다.

첫째, 체계적인 추리, 논리 정연한 추론, 치밀한 추정 같은 인간의 지적 능력은 인간이 성취한 최고의 업적이다. 그러나 감성 지능, 신체적 숙련도, 직관과 경험을 통한 학습 등은 지능의 다양한 모습 중에서 일부에 불과하다.

둘째, 인체가 지닌 강력한 자기 치유, 자기 안정화, 자기 조절 능력, 역경 극복 역량(resilience), 영성, 자기 주도력이나 자아 효능성이 극히 평가절하 되었다.

셋째, 지난 수 세기에 걸쳐서 지적 능력에 집중된 과도한 관심은 남성 우월주의라는 잘못된 역사에서 비롯된 부작용이다.

넷째, 지적 능력을 과도하게 숭배하는 것은 인간의 생존에 유익하다기보다는 오히려 생존을 위협하는 편파적 관점이다. 감정이 배제된 지적 능력의 숭배는 파멸의 길을 향해서 질주하는 것과 같다. (Postle, 1989)

참고 문헌

Postle, D., (1989). *The Mind Gymnasium*. London: Octopus Publishing Group Ltd.

[보충 자료]

지능 범

부부가 어느 날 정오경에 마트에서 쇼핑을 마치고 나와 보니 자동차가 없어졌다. 그래서 경찰에 가서 도난 신고를 했다. 형사는 두 사람을 분실 현장으로 데리고 현장으로 왔다. 놀랍게도 차가 주차장에 돌아와 있는 것이 아닌가. 차창에 끼어 있는 편지 봉투를 열어 보니 용서를 비는 쪽지와 함께 음악회 입장권 두 장이 들어 있었다.

"임신 중인 아내를 급히 병원에 데리고 가야 했습니다. 불편을 끼쳐 드려서 죄송합니다. 사과의 표시로 오늘밤 개최되는 '오페라 아리아 음악회' 입장권 두 장을 동봉하오니 두 분이 즐겁게 음악 감상을 하시기를 바랍니다."

무명의 도둑님 올림

그의 인간성에 대한 신뢰감을 되찾게 된 두 사람은 음악회에 갔다가 외식도 하고 밤늦게 귀가했다.

주인이 집을 비운 사이에 도둑이 침입해서 귀중품을 샅샅이 털어 가면서 다음과 같은 쪽지를 남겼다.

"당신들은 아직 고급 차가 있잖아요. 나는 자녀를 대학에 보내야 하거든요. 그리고 비싼 등록금을 내기가 부담스럽거든요. 그래서 이런 못된 짓을 했는데, 자녀가 대학을 졸업하면 더 이상 이런 짓을 안 해도 되겠지요. 어떻게 하면 들키지 않고 고가의 귀중품을 또다시 훔칠 수 있을가를 궁리해야만 합니다. 미안해서 이 집은 두 번 다시 털지 않을 것이니 너무 불안해하지는 마십시오."

진솔하게 사과드리며 도둑님 올림

집 주인과 도둑 중 누가 어리석고 누가 더 똑똑한가? 도둑이 똑똑하다면, 그래서 그는 평생 잡히지 않고 도둑으로 행세하고 살 수 있을까. 그 도둑은 횡재해서 부자로 잘 살고 있을까. 아니면 그렇지 못해서 몇 번 잡히기도 하면서 평생 도둑으로 생활하다가 나이가 들어 두목이 되었을까? 도둑은 그 재주를 언제, 어디에서, 누구에게 배웠을까? 수업료를 내고 시험을 보면서 배웠을까? 도둑에도 급수가 있을까, 도둑질한 그 많은 귀중품을 어디에다 쓸까?

도벽(盜癖, 竊盜狂, kleptomania)은 중독되는가, 불치병인가, 난치병인가.

[보충 자료]

지능이란 무엇인가

지능의 성질을 정의하기보다는 지능의 쓰임새에 따라 지능의 성질과 유형별 특성을 탐구하고자 한다(Sternberg, 2000, 1986; Gardner, et al., 1996; Binet, 1916/1973; Tannenbaum, 1983; Grigorenko, 2002; Wechsler, 1958; Hebb, 1950: Cattell, 1962; Ceci, 1996).

지능은 하나로 정의되지 않은 다의적, 심리학적, 교육학적인 구안 개념이다.

지능이란 무엇인가(What is intelligence)?

- 지능은 가정과 학교, 대학교, 전문 연구소, 학문의 지적 분위기와 산업이나 생명공학, 연구 업적(성과)과 IT 기술의 지표이고 동시에 창의성의 성과다.
- 지능은 사회성, 대인 관계상의 능력과 관련이 있다.
- 지능을 과정변인으로 어떻게 측정, 활용할 것인가는 전문가와 실무자에게 도전 과제이다.

- 지능은 지능검사 문제를 해결하는 능력일 뿐만 아니라 실생활에서 창의적으로 문제를 발견, 해결하는 능력이다.
- 지능은 사회적·문화적·교육적·학문적으로 적합하고 가치 있는 정보자료(지식) 처리(information/knowledge processing)에 관한 성공적인 학습능력이다.
- 지능검사가 제시한 지식에 관한 신속하고 정확한 문제 해결, 회상, 구조화된 체계적 기억 능력
- 지능이란, 인생에 관해서 잘 알려진 가장 적합한 요건에 관한 숙련된 응용(새로운 상황에서 친숙한 사실을 재인(再認, recognition), 논리적 응용, 지행일치(知行一致) 등)과 관련된 효과적인 정보처리 절차, 지식, 기법의 숙지라고 해석한다.
- 지능이란, 목적 지향적 적응 행동이다(유목적적인 행동의 실체이다).
- 지능이란, 새로운 문제 발견과 문제 해결하는 능력, 자신과 세상사의 욕구에 적합하고 유능하게 적응하며 문제 해결을 위해서 필요한 지식을 선택, 획득하고 활용하는 능력이다.
- 지능이란, 인간의 삶에서 심미적 가치(예컨대, 음악, 미술, 조각, 무용, 영화, 문화, 문학, 건축 등)를 존중, 배양하는 능력이다.
- 지능이란, 새로운 개념 체계, 착상(idea), 궁리를 창출해 내고 학습, 활용, 확대 재생산하는 능력이다.
- 지능이란, 기존의 지식에다 창의적 사고(궁리)를 동원해서 문제를 변환(變換), 해결하는 능력
- 지능이란, 총괄(상위) 인지기능(metacognition)이다.
- 지능이란, 관련 학자, 전문가, 지능검사 제작자들이 전문적인 식견과 경험을 가지고 지능의 성질과 기능은 이러 저러한 것이라고 설명, 해석하는 내용과 견해, 즉 지능검사가 측정한 결과가 지능이다. 지능검사가 측정하는 그 무엇(어떤 것)이다.
- 지능이란, 학습하기 위한 역량이며, 동시에 정보자료 처리 능력이다.
- 지능이란, 생물학적인 실체일 뿐만 아니라 문화적·역사적·사회적, 즉 인간 실존의 실체이다.
- 지능이란, 인간이 자신의 생존 환경을 효과적이고 효율적으로 조직하고 이에 부응하는 능력을 구성, 기능하는 적성의 갖춤새(set)이다. 이 정의는 개인은 환경에 반응할 뿐만 아니라 환경을 탐구하고 환경과 인지적·사회적 상호작용을 주도하는 힘을 발휘하는 것으로 해석한다.
- 지능이란, 영양섭취, 사람(부모나 또래, 보살펴주는 사람)과의 접촉, 탐색과 같은 생물학적 기본 욕구들을 충족시키기 위한 적응 기능을 수행하는 일련의 핵심적인 유기적 도식들로부터 생겨난다는 피아제의 지능관은 인지 발달론과 단계 의존설에 바탕을 두고 있기 때문에 아동기의 지능(인지 발달)과 관련이 있을 뿐이며, 사연 많은 청·장년기나 노년기의 지능 발달과는, 성인의 삶의 경로는 피아제의 아동중심의 지능관은 적용상에서 한계가 나타난다.
- 지능이란, 지적 행동을 예언한다(Mayer, Salovey, & Caruso, 2000). 심리 검사 전문가인 아나스타시(Anastasi)는 지능을 행동역량이라고 정의하였다.
- 지능에서의 개인차와 지적 능력에서의 발달적 변화는 서로 다른 기제로 설명된다고 앤더슨(Anderson)은 주장한다. 지능에서 개인차는 사고를 가능하게 하는 "기본 처리 기제"에서의 차이 때문에 생겨나는데, 이것이 지식을 형성한다는 것이다. 개인은 기본 처리 속도가 다른데

이것이 개인차의 증거가 된다. 그는 두 가지 특수능력이 있는데, 그 중의 하나는 명제적 사고를 다루는 것(언어와 수리적 표현)이고, 또 다른 하나는 시공간적 능력을 다루는 지능이 있다고 했다. 후자를 특수 처리 능력이라고 했는데 이 능력은 기본 처리 기제에 의해서 영향을 받는다고 했다(Smith et al., 2003.)

- 지능에는 좋은(선량한) 지능과 나쁜(불량한, 악한) 지능, 건강한 지능과 병든 지능이 있다. 좋은 지능은 불치병, 난치병을 고난도 외과 수술로 치료하는 탁월한 명의(名醫)나 국지전의 위기를 탁월한 외교술로 예방하는 수완을 발휘한 노련한 외교관이 해당되고 불량한 지능은 불특정 약자를 괴롭히고 살해하는 신사복을 입은 악의 축으로 불리는 사이코 패스(진단명)와 인격 장애자, 적대적·반항적 장애자가 그 대상자이고 병든 지능은 자기 자신의 존재(실존적 자아)와 이 세상에 관한 무지(無知, ignorance)한 상태를 유발하는 불치병인 알츠하이머 같은 노인성 치매 환자가 대상자이다. 건강한 지능과 병든 지능은 서로 쌍방향적이 아니며 건강한 지능이 어느 시기에 어떤 이유로 병든 지능으로 퇴화(退化, degeneration)되는 것이다. 우리의 부모님, 은사님, 일제 36년, 6.25 전쟁을 극복하면서 이 나라를 지키고 발전시킨 국가와 민족, 경제 발전의 주인공 들인 어르신들이 노인성 질환으로 고생하는 모습이 눈물겹다.

지능 심리학 전문가들은 지능이란 무엇이며 어떻게 지능의 성질을 설명하고 있는가를 인용, 소개한다(하대현 외 편역, 1998. 20~28).

[보충 자료]

지능의 성질 정의

교육 심리학자	지능의 성질 정의: 지능이란 무엇인가(What is Intelligence)
Anastasi (1986)	행동의 질이다. 즉, 지능이란, 생체(organism)에 내재하는 실체(entity)가 아니라, 변화하는 생존 환경과 요구에 적응하고 문제 해결하는데 동원되는 행동 역량이다. 인간 지능의 차이와 특성은 일반성과 특수성 수준에서 측정이 가능하다. 기존의 전통적인 지능검사는 형식적인 학교교육에서 중시하는 학업지능(academic intelligence, AI)을 측정한다. 지능 연구 또는 지능검사 측정상의 향후 과제는 Piaget식의 인지발달 수준과 문제 해결력을 측정하는 수준을 뛰어넘어서 보다 다양한 시각에서 측정하는 방안과 문화적 다양성을 측정하는 지능 (검사) 개발과 연구가 필요하다.

Baltes (1986)	그는 지능 자체의 성질을 탐구, 해명하려고 노력하기보다는 심리학자들이 지능이라고 생각하는 특수한 구인(special constructs)의 기능에 대하여 연구했다. 예컨대, • 선천적인 지적 역량(I-A-1-b) • 지적 보유 역량, 학습 잠재력(I-B-1-I-b-I-(b)) • 문제 해결 능력(I-B-1-b-i-(d)) • 지식 체계(I-B-1-b-ii)
Baron (1986)	합리적으로 선택한 목표를 달성하는 능력의 집합체 (I-B-1-b-i-(e))
Berry (1986)	지능을 정의적(情意的, affective) 영역이나 동기 적 영역과는 구분되는 인지-심리적 영역(I-B-1)에서 개인 발달의 최종 산물이라고 했다. 그는 지능 개념 안에 감각과 지각 기능을 포함시켰지만, 운동, 동기, 정서나 사회적 기능과 같은 주로 정의적 기능(영역)들은 포함시키지 않았다.
Brown & Camione (1986)	지능의 정의에서 특히 학습의 과정(I-B-1-b-i-(b)와 결과(I-B-1-b-ii)를 강조함과 동시에 이 과정과 결과 간의 상호작용을 강조한다(I-B-1-b-iii).
Butterfield (1986)	인지 심리학 관련 문헌에서 제시된 지능의 개인차를 근거로 지능의 네 가지 인지 양상의 차이를 설명하여 지능의 본질을 탐구했다. (1) 지능이 낮은 사람－지식기반이 적거나 덜 정교하게 조직되어 있다. (2) 그들은 정보처리 전략의 수가 적고 단순하며, 수동적이다(따라서 자기 주도적 학습능력이 부족하다*). (3) 자신의 인지 체계뿐만 아니라 그 체계의 인지 기능이 어떻게 환경에 의존하는지에 대한 메타인지적 이해력이 부족하며, (4) 그들의 사고를 통제하기 위하여 완전하고 융통성 있는 집행 과정을 덜 사용한다. 아마도 이 정의는 학습장애(learning disability, LD)와 지적 발달 장애의 정의 준거로 쓸 모 있게 활용될 수 있는 가능성이 높다고 생각한다. *이 내용은 필자가 전문적 식견으로 포함시킴.
Glaser (1986)	숙련성과 지적 인지 수행(I-B-1)으로 정의했다. 이 정의에서 인지적 숙련성은 학교교육(I-C-1)에서 측정되는 학업 지능과 관련성이 높다.
Goodnow (1986)	개인 내부의 암묵적 특질이라기보다는 인간관계에서 상호작용하거나 문제 해결력으로서 그 판단은 귀인에 의존한다.
Horn (1986)	인지 능력의 잡동사니를 결집해 놓은 것으로서 기존의 지능 개념은 실제로 존재하지 않는 심리학적인 구안 개념이다.

Carroll (1986)	학문적 영역 또는 기술적 영역(I-C-1), 사회적 영역(I-C-2), 실제적 영역(I-C-3)으로 구성되어 있다고 주장. 그는 지능을 사회적인 정신의 개념으로 이해해야 하며, 지능의 본질은 사회 환경에 따라서 달라진 다고 주장했다. 따라서 지능의 사회 문화적 상대성을 중시할 것을 권고했다.
Das, Mishra & Pool (1995)	계획을 수립, 추진하고(planning), 주의, 관심을 기울이며(attending), 계속적이고 동시다발적인 정보자료 처리 작업의 진행 과정(successive and simultaneous processing)이다. 즉, PASS이다.
Detterman (1986)	다수의 독립적인 인지과정들로 구성된 하나의 복합체이다.
Estes (1986)	인공지능에서 가장 잘 인간의 지능 모형을 파악 할 수가 있으며, (1) 상징을 조작하는 능력, (2) 대안적인 선택의 결과를 평가하는 능력, (3) 상징의 순서를 통해서 탐색하는 능력이다.
Eysenck (1986)	지능의 대단위 근거(I-B)보다는 생물학적 근거(I-A)를 강조한다. 대뇌피질(I-A-2-b)을 통해서 정보자료를 오류 없이 전달, 처리하는 과정에서 파생되는 것으로 간주한다. 특히 대뇌피질에서 발생하는 유발 전위가 그런 정보자료의 정확성을 사정(査定)해 주는 역할을 하기 때문에 지능의 유용한 측정치가 될 수 있다고 주장한다.
Gardner (1993)	인지 능력 유형의 다양성을 전제로 다차원 지능(MI) 모형을 제시했는데, 특히 지능의 인지적 내용을 중요시한다(지능의 유형을 10가지로 구분하여 제시한다).
Humphreys (1986)	특정한 장소와 시간에서 어떤 사람에게 유용한 지적 지식과 기량의 목록이다. 지능이나 지적이란 용어는 오직 전문가들의 합의에 의해서 정의될 수가 있다는 것이다. 그러나 전문가일지라도 지능 속성의 복잡성 때문에 지능의 본질을 완벽하게 정의하기가 불가능하다.
Hunt (1986)	통계적인 주 효과 또는 상호작용 효과로서 개인변인과 관련된 인지 과제에 대한 능력의 개인차를 기술하기 위한 용어로 간주했다(I-B-1).
Jensen (1986)	다양한 지능검사의 상호상관 행렬에서 요인분석으로 구해지는 일반 요인(g)으로 이해함. 기본적으로 그의 지능관은 생물학에 근거를 두고 있음.
Wechsler (1958)	의도적으로 행동하고, 이성적으로 생각하며, 자신의 환경을 효과적으로 다루는 집합적이거나 포괄적인 개인능력이다.

Snow (1986)	지능의 상이한 양상을 다음과 같이 정의했다. A. 잘 조직화된 지식의 구조를 유목적적인 사고 안으로 통합되는 양상 B. 경험의 포착 C. 적응적인 목적의 추구 D. 유동-분석적 처리 E. 정신적 유희(놀이. play) F. 개별 학습 그는 지능을 "가족 유사성" 개념 또는 위에서 상술한 지능의 양상과 관련된 잘 조직된 원형(原型, prototype)으로 간주했다.
Sternberg (2000)	"신 지능론"을 제안. "지능을 개인의 생활과 관련된 현실세계 환경에 대한 유목적적인 선택, 적응, 그리고 조성을 지향하는 정신활동"이라고 정의했다. 이 지능 정의는 삼위일체 이론(三位一體理論, triartic theory)의 관점에서 다음과 같이 관련 개념의 구안을 제안했다. (1) 상황 하의 이론 (2) 경험 하위 이론 (3) 요소 하위 이론 아울러서 성공 지능론과 정신 자치제 이론도 지능의 성질을 설명하는 참조체제로 제안했다.
Pellegrino (1986)	개인의 인지 기제와 그 개인이 생활하고 있는 사회-문화 환경 간의 상호작용에 의해서 암묵적으로 결정된다.
Zigler (1986)	지능의 성질에 관한 정의는 전문가 수준에서 임의적인 내용으로서 옳거나 그르거나[正誤]를 판단할 수가 없으며, 다만 심리측정이나 심리검사상의 지능 구인(intellectual constructure)이 얼마나 유용한가(유용성)에 따라서 그 설득적이고 논리적인 가치가 판단되어야 함을 강조했다. 그는 개인과 환경 간의 발달상의 상호작용에 관심을 갖고 관련된 발달적 모형을 제안한 바 있다.
Wechsler (1958)	지능이란 의도적으로 행동하고, 이성적으로 생각하며, 자신의 환경을 효과적으로 다루는 집합적이거나 포괄적인 개인 능력이다.
Ceci(1996) Ceci, Rosenbaum, de Bruyn & Lee(1997)*	지능은 타고난 잠재능력(뇌신경·생물학적 변인)과 환경적 배경, 내재적 동기 사이의 상호작용의 함수이다.

* 필자에 의해 추가됨.

출처: 하대현·배미란·윤미선 편역, 1998, 지능이란 무엇인가?, 서울: 상조사(Sternberg, R. J., & Determan, D. K., 1986, *What is intelligence?* Norwood, N. J., Ablex).

참고 문헌

김정휘 옮김, (2004). 지능 심리학: 다양한 관점에서 지능 연구하기, 서울: 시그마프레스(Gardner, H., Kornhaber, M. L., & Wake, W. K., 1996, *Intelligence: Multiple Perspectives*. New York: Thomson Learning)

김정휘·허주연·추연구 옮김, (2013). 인간의 지능 탐구: 지능 심리학. 서울: 박학사, (인쇄 중) (Sternberg. R. J., 2000, *Handbook of Intelligence*. New York: Cambridge University Press)

박승관, 손발이 머리를 이기는 사회, 중앙일보, 1996. 8. 6.

박종세, "EQ 전도사" 대니얼 골먼 기자 회견 기사, 조선일보, 2010. 3. 20~21. C4.

장현갑·이진환·신현정·정봉교·이광오·정영숙 옮김, (2004). 힐가드와 애트킨슨의 심리학 원론, 서울: 박학사(Smith, E. E., Nolen-Hoeksema, S., Fredricson, B., & Loftus, G. R., 2003, *Atkinson & Hilgard"s Introduction to Psychology*. New York: Thomson)

하대현·배미란·윤미선 편역, 1998, 지능이란 무엇인가? 서울: 상조사(Sternberg, R. J., & Detterman, D. K., Eds., (1986). *What is Intelligence?* Contemporary Viewpoints on Its Nature and Definition. Ablex)

Hunt, E., (2011). *Human Intelligence*. New York: Cambridge University Press. Publishing Corporation.

Kail, R., & Pellegrino, J. W., (1985). *Human Intelligence: Perspectives and Prospects*. New York: W. H. Freeman and Company.

Mackintosh, N. J., (2011). *IQ and Human Intelligence*. New York: Oxford University Press.

Vernon, P. E., (1979). *Intelligence: Heredity and Environment*. San Francisco: W. H. Freeman and Company.

Vroon, P. A., (1980). *Intelligence: on Myths and Measurement*. Amsterdam: North-Holland Publishing Company.

제 3 장

지능의 대안 개념과 그 교육학적 의미[1]

Richard K. Wagner
(Florida 주립대학교 심리학과 교수)
Robert J. Sternberg
(Yale 대학교 심리학과 교수)

인생은 살아있는 사람의 몫이다.

초록

이 논문에서는 지능의 대안 개념과 그 교육학적 시사점을 검토한다. 첫째로 지능이 무엇

1) 이 논문은 지능의 교육적인 함의를 이해하는 데 유익한 자료이다.

Alternative Conceptions of Intelligence and their Implications for Education.
Review of Educational Research(RER), Summer, 1984, Vol. 54, No. 2, 179-223.
Preparation of this article was supported in part by a contract from the National Commission on Excellence in Education and in part by Contract N0001483K0013 from the Office of Naval Research and the Army Research Institute. An earlier version of this article was submitted to the National Commission on Excellence in Education.

인가에 대한 기본적 의문을 고찰한다. 현재까지 지능의 본질을 설명해주는 하나로 통일된 개념이 없기 때문에 심리측정학적 관점, 피아제적 관점, 정보자료 처리 관점의 세 가지 중요한 관점을 비교, 평가한다. 이들 세 관점은 지능에서 서로 다른 측면을 다루는 동시에 중첩되는 부분이 있어서 상호 배타적이기보다는 상호보완적이다. 다음으로 각각의 관점에서 교육학적 의미를 고찰한다. 지능교육에는 현재 학교교육에서 중시하는 지식 내용 교육과 학교교육 이전 단계에서 중시하는 지적 기능에 대한 교육이 있는데 지능에 대한 각 접근 방법의 교육학적 의미는 그 관점이 단어를 유추하는 문제를 해결하는데 필요한 지적 기능의 유형을 학생에게 가르치는 문제를 어떻게 다루는가에 대해 논의하고 비교한다. 우리는 교육에 대한 지능의 현대적 개념이 의미하는 바를 요약하고 연구원과 교육 종사자들에게 우리의 분석에서 도출된 사항들을 권장한다.

지능이란 개념은 적어도 다른 심리학적 개념들처럼 우리의 일상생활에 널리 퍼져 있다. 지능에 대한 개념화는 특히 교육에서 중요하다. 거의 예외 없이 모든 학생들은 그들의 학업을 끝마치기 전에 지능검사나 학업 적성 검사(scholastic aptitude test)를 수차례 받을 것이고 많은 학생들에게 지능검사의 성취도는 학업과 학업을 마친 이후의 경력에 중요한 결과를 초래할 것이다. 역설적으로 지능검사가 교육계에서에 광범위하게 이용되고 있음에도 불구하고, 지능이란 개념은 서로 다른 수준과 형태의 지적 기능을 가진 학생들의 학문적 성취에 대해 합리적인 기대치를 설정하는 대략적인 지침으로(rough guide) 이용하고 있는 목적 이외에는 교육자들에게 별로 알려 주는 정보자료가 없었다.

지능과 교육 사이의 관계는 교육 현장에서 종사하는 사람들(예를 들면 교사)과 지능을 연구하는 사람들(예를 들면, 심리학자나 교육 심리학자, 교육 평가와 심리검사나 측정 전문가, 교육 심리학 연구기관의 연구원들)에게 매우 중요한 문제이다. 그들과의 관계가 현장 교육자에게 중요한 이유는 학생의 지능이 교육적 기능을 요구하거나 교육관련 정보자료를 제공해 주기 때문이다.

이 효과에 관한 영향은 학생들을 대체로 학년의 개념으로 보는 경향이 있어서 과소평가되기 마련인데, 대부분의 학생들에게 학년은 그들의 지능이 아닌 연령에 의해 결정되기 때문이다. 수학 교과과정 순서에서 초기보다 후기 계산법에 요구되는 것은 생활연령(歷年齡)이나 실제적 학년이 아니다. 오히려 학생이 개발해 온 지적 기능과 지식이 요구된다. 지능을 연구하는 연구원들에게 지능과 교육의 관계가 중요한 이유는 정규 교육이 지능 발전의 중요한 요건이기 때문이다(Cole & Scribner, 1974; Scribner & Cole, 1981) 실제로 지능검사는 대체로 어떤 학년에 대한 지적 발달이 주어진 지능검사를 받는 학생들의 발달보다 몇 년 더 빠른가에 따라 측정한다.

오늘날 학생들이 접촉해야 하는 정보자료의 홍수는 전 보다 더 높은 지적 기능을 요구한다. 현재의 지능의 분야는 지능검사가 개발되어 교육 전반에 보급되었던 때와는 다르고, 사회의 지적 요구 사항이 급격히 변하기 때문에 지능의 대안 개념을 오늘날 교육자에게 지능이 의미하는 관점에 따라 상이한 지능의 함의를 재검토하는 것이 중요하다.[2)]

이 논문은 크게 두 부분으로 구성된다. 첫째는 지능이란 무엇인가, 즉 지능의 성질에 대한 기본적 문제를 고찰한다. 평가와 훈련의 대상이 되는 것에 대한 논의가 없이는 지능의 평가와 훈련에 관한 문제를 의미 있게 논의할 수 없다. 그래서 지능이 무엇인가에 대한 문제를 여기서 어느 정도 자세히 다룰 것이다. 지능에 대해 하나의 통일된 개념이 없기 때문에 이 부분에 대한 검토를 네 개의 절로 나누었다. 첫 세 개의 절은 지능의 개념에 대한 대안적 관점들을 다룬다. 첫 번째 절에서 기본적인 심리측정학적 관점을 다루는데 이 관점에서부터 전통적인 지능, 태도, 성취 검사가 생겨났다. 두 번째 절에서는 피아제의 관점을 다루는데, 이 관점은 장 피아제(Jean Piaget)와 그의 동료들이 발전시킨 관점이다. 세 번째는 정보자료 처리의 관점으로 현재 인지 심리학자와 교육 심리학자들에게 가장 인기 있는 관점일 것이다. 이 관점은 지능을 한 벌의 정보자료 처리 과정으로 실험 심리학의 연구 방법을 통해 확인하고 이해할 수 있는 것으로 인식했다. 마지막 절에서는 세 관점에 대한 비교와 평가로 구성된다.

두 번째 부분은 학교교육에 대한 지능 개념의 의미를 고찰한다. 고찰의 대상은 현재에는 학교교육에서 강조하는 내용적 지식 교육과 학교교육 이전 단계에서 중요시하는 지적 기능 습득을 다루는 것들이다. 이 부분에 대한 우리의 검토는 다섯 개의 절로 구분해서 설명을 하려고 한다. 첫 세 개의 절에서는 각각 심리측정학적, 피아제, 정보자료 처리 관점에서 교육과 평가의 의미를 제시한다. 네 번째 절에서 이들 세 가지 관점을 결합하거나 연관시키려는 연구 자료들을 다룬다. 마지막 절에서는 대안적 관점에 대한 비교, 평가를 해 보았다.

이 논문에서는 현재까지의 지능의 개념화가 교육에 제시해 주는 함의를 요약함으로써, 그리고 이러한 분석의 결과를 통해서 이해할 수 있는 연구자 및 실천가들에 대한 추천 사항을 제시하는 것으로서 끝내려고 한다.

---

2) Sternberg 교수가 『지능이란 무엇인가?(What is Intelligence?)』라는 제명(題名)의 책을 편저한 바가 있다.

1. 지능이란 무엇인가?[3)]

심리측정학적 관점

지능에 대한 심리측정학적 관점은 프랑스의 알프레드 비네(Alfred Binet)와 그의 동료들의 연구(Binet & Simon, 1905)와 그 뒤에 미국의 루이스 터어만(Lewis Terman)과 그의 동료들의 연구(Terman & Merrill, 1960)로 거슬러 올라간다. 그들은 심리측정학적 관점(psychometric perspective)에서 아동들의 지적 능력 발달을 분석함으로써 지능을 이해하려고 했다. 그 능력은 일상생활에서 부딪치는 것과 같은 종류의 기술을 요구하며 상대적으로 복잡한 문제를 푸는 것을 의미한다.

심리측정학자들은 지능의 본질을 개념화하는 대안을 찾고자 하였다. 그러한 방법들 중의 하나는 요인분석 모형과 통계학을 이용하는 것으로 사람의 다양성에 대한 일반적인 원인(공통의 변산원)을 찾아서 그 원인이 단일한 심리학적 특질 즉 심리적 요인임을 확인하려는 것이다. 정신적 능력의 구성에 대해 설명하는 다양한 요인 군이 많은 이론들을 통해 제안되었다.

가장 오래된 관점은 스피어만(Spearman, 1927)의 관점으로 지능이 지적 능력을 측정하는 모든 검사의 수행에서 공통적인 일반요인(g)과 각각 개별적 검사의 수행에 대한 특수 요인(s)으로 구성되었다는 것이다. 따라서 특수 요인의 수는 검사의 수와 같았다. 서스턴(Thurstone, 1938)에 의한 최근의 관점은 지능은 대체로 일곱 개의 기본 정신능력(basic mental ability, BMA)으로 구성되어 있다는 것으로, 기본 정신능력이란 언어 이해력, 언어 유창성, 수리력, 공간·지각력, 기억, 추리이다. 이 관점에 따르면, 존재하는 모든 일반적 요인들은 기본 정신능력의 상호작용에 의해서만 나타나는 2차적인 것으로 간주된다. 상대적으로 가장 최근의 관점은 길퍼드(Guilford, 1967, 1982)에 의해 제시된 것이다. 길퍼드의 관점에서는 지능이 적어도 180개의 요인으로 구성되어 있고 각각의 요인들은 조작(작용. operation)이나 내용(content), 또는 산출(product)과 관련되어 있다. 여기에는 다섯 종류의 조작(작용), 여섯 종류의 산출 그리고 여섯 종류의 내용이 있어서 180(5×6×6)개의 요인을 만들어 낸다. 이들 요인들의 예는 기하학적인 도형적(추상적) 유사성과 같이 지능검사를 통해 측정된 도형적 관계의 인지와 "금은 철보다 귀하다." 같은 의미적 관계에 대한 기억이 있다. 아마 오늘날 요인 이론들 가운데 가장 광

---

3) 이 주제와 동일한 제명(題名)의 책을 스턴버그는 편저 형식으로 펴냈다. 이 책의 번역판이 출간되었다.

범위하게 인정되는 것은 계층적인 요인으로서 여러 학자들이 다양한 형태로 제안했다(예: Burton, 1940; Snow, 1978; Vernon, 1971) 예를 들어, 버넌(Vernon)의 관점에 따르면 지적 능력은 그 정점에 일반요인(g)이 있고 두 개의 중요 군집 요인인 언어교육 능력과 공간 기계적 능력이 두 번째 단계를 형성하며, 세 번째 단계는 하위 군집 요인으로 마지막에 단계는 특수 요인들이 자리 잡고 있는 계층적 구조로 이루어졌다는 것이다. 버넌(Vernon)의 것과 같은 계층적 모형은 지능의 구조에 대해 상호 연관된 대부분의 자료들과 잘 맞는 것처럼 보인다.

피아제의 관점

지능에 대한 피아제의 관점은 일반적으로 심리측정학적 관점과 무관하며 독특한 것으로 간주된다. 그러나 실제로 몇 가지 측면에서 피아제의 관점은 심리측정학적 관점에서 나온 것이다. 장 피아제(Jean Piaget)는 비네의 연구실에서 일할 때 비네의 검사 문항에 대해 아동들의 오답을 연구하기 시작하면서 인지발달의 영역에 처음으로 발을 들여놓았다. 아동들의 검사 수행에서 특히 추리에 있어서 아동들의 오류가 반복되는 것을 보고 피아제는 아동들의 사고 구조에 내재된 긴밀한 논리 구조가 있으나 그 구조는 성인의 것과는 다르다는 결론을 내렸다. 그 후 60년 동안 피아제는 서로 다른 발달 단계에서 인지 구조가 어떻게 구성되고 어떤 방식으로 한 단계에서 다음 단계로 발달하는지를 밝히는데 주력하였다.

피아제는 지능에는 두 개의 서로 연관된 면이 있다고 생각했는데, 그것은 지능의 기능(function)과 구조(structure)이다. 생물학자로서 교육을 받았던 피아제는 지능의 기능이 다른 생물학적 기능들과 다를 바가 없으며, 그 기능이란 환경의 새로운 측면을 포함하기 위해 자신의 인지 구조에 환경을 동화시키는 것을 포함한 순응을 말한다. "지능과 형태발생(morphogenesis)과 환경에 순응하는 순수하게 생물학적인 과정 사이에는 확실한 연속성이 존재한다"(Piaget, 1952, p. 1).[4] 피아제의 이론에서 환경에 대한 순응으로서 지능의 기능이 하위 생물학적 행동들과 연속성을 제공한다. 피아제는 다른 사람들이 제

4) 인지발달 관점에서 지능은 단순히 수동적인 기계적인 학습, 즉 그의 외부에 거기에 있는 것이 무엇이건 수동적으로 수용하며 이에 유의하고 이를 강화하고 있는 것이 아니라고 해석할 수 있다. 피아제가(1952) 주장하였듯이 지능이란, 최상의 적응을 모색하는 적극적인 생물-사회적인 고등정신 기능의 집합으로서 이미 개인에게 내재화되어 있고 동화되어 있으며 다소 조직화되어 있는 정보자료를 가진 개인이 접근할 수 있는 가장 효율적이며 경제적이고 정보자료와 경험에 통합적으로 적합한 것이라고 했다.

안하는 것처럼 통찰력과 사고를 요구한다고 제안된 지능적 행동과 오직 습관과 반사 능력만 요구된다고 제안된 비지적 행동 사이에 뚜렷한 구분을 반대했다. 대신 그는 연속체로서 말하기를 원했는데, 그 연속체는 주체와 객체 사이에 연결 경로에서 작용하며 연속체가 점점 더 발전하여 복잡해질수록 인간의 행동은 더 지능적이 된다는 것이다(Piaget, 1976)

피아제는 더 나아가 지능의 내면적 조직 구조와 지능이 표현되는 방법은 연령에 따라 변한다고 제안했다. 그는 아동들의 지적 발달을 개별적이고 정량적으로 구분되는 단계로 나누었다. 아동이 한 단계에서 다른 단계로 발전하면서 전 단계의 인지구조가 아동 자신의 순응 행동을 통해 재조직되고 확장하여 다음 단계의 특징과 평형화를 이루는 기초적 조직을 형성한다. 피아제는 다음 세 개의 특징적인 발전 단계를 제안했다. 각 단계들은 감각운동기(sensory motor: 출생에서 대략 두 살 때까지 지속되는 단계), 구체적 조작기(concrete operation)를 위한 사전 준비단계와 구체적 조작기의 구성 단계〔이 단계는 대략 두 살에서 열두 살까지 지속되며 전조작기(preoperation)와 구체적 조작기로 세분하기도 한다〕, 형식적 조작기(대략 열두 살에 시작하여 성인이 되어도 지속된다)이다(Piaget, 1976) 지면이 제한되어 있어 우리는 여기서 피아제의 지능 발달 단계를 더 구체적으로 다루지는 않을 것이다. 대신 플라벨(Flavell, 1963), 긴스버그와 오퍼(Ginsburg & Opper, 1979)의 피아제의 인지발달 단계에 대한 요약을 참고하도록 권한다. 더 자세하고 완벽한 평가는 피아제의 원문(Piaget, 1970, 1976)을 보기 바란다.

아동의 지적 발달에 대한 피아제의 기술에 내재된 것은 발달 과정의 본질에 대한 세 개의 핵심적 가정이다. 첫째, 피아제에 의하면 네 개의 요인들이 있어서 서로 상호작용하며 아동의 발달을 유도한다. 이들 중 세 개의 요인은 일반적으로 제안되었던 것으로 성장, 물리적 환경의 경험, 사회성 환경의 영향이다. 피아제가 네 번째 요인으로 추가한 것은 다른 세 요인들을 조정하고 이끄는 것으로 평형화(equilibrium)인데, 이 평형화는 아동 자신의 자동조절 과정이다. 따라서 피아제 이론의 핵심은 아동은 자신의 지능을 만드는 데 있어서 적극적인 참여자라는 것을 주장하는 것에 있다. 두 번째로 피아제는 이런 지적 발달은 발달상의 단계들이 형성되도록 하고 이 단계들은 변함없는 순서를 따르며 이 순서에 의해 각각 후속 하는 단계는 전 단계의 성취를 통합하고 확장한다고 주장했다. 세 번째는 비록 발달 속도는 아동에 따라 다를 수 있지만, 피아제에 의해 고려된 발달 단계 자체와 그 순서는 일반적이라는 것이다. 요컨대 피아제의 이론은 모든 인간이 따르는 단일한 지적 발달 경로가 있다고 주장하며 개인차는 인정하지 않았다. 개인적 차이는 이 경로를 따르는 발달 속도의 차이에 기인하거나 발달 경로를 끝까지 따르기보다는 중간 단계에서 정지되었기 때문이라는 것이다.

정보자료 처리 관점

지능의 정보자료 처리 개념들은 공통적으로 사람이 정신적으로 정보자료를 표시하고 처리하는 방법에서 지능에 대한 관점을 도출한다. 그와 같은 접근 방법들은 컴퓨터 프로그램을 인간이 정보자료를 처리하는 방법에 대한 이해를 위해 비유와 발견 학습법으로 이용해 왔다. 비록 정보자료 처리 접근방법이 종종 자극과 반응사이의 시간이 연속적인 과정으로 분해될 수 있다고 제안했던 돈더스(Donders, 1868)로 거슬러 올라가더라도 현대적인 접근법은 기껏해야 1960년대에 나타났다. 그 해에 두 개의 독창적인 연구가 발표되었다. 그 연구는 뉴웰, 셔어, 사이몬의 “일반적 문제 해결 프로그램에 대한 보고”(Newell, Shaw, & Simon, “Report of a general problem-solving program”, 1960)와 밀러, 갈란터, 프리브램스의 “학술논문 행동의 방법과 구조”(Miller, Galanter, & Pribram, “Plan and the Structure of Behavior”, 1960)이다. 이 논문들은 각각 정보자료 처리 이론을 제시하고 그 이론을 디지털 컴퓨터에 이식해 시험할 수 있다고 했다. 뉴웰(Newell) 등은 실제로 일반 문제 해결자(General Problem Solver, GPS)란 이름의 프로그램을 제안했고 이 프로그램은 상대적으로 작은 수의 알고리즘(algorithm–PC에 의해서 특별히 수학적이고 논리적인 작용으로 문제를 해결하는 단계적 과정)과 휴리스틱스(heuristic–심오한 연구에 관심을 갖게 되는 것–)로 어려운 추리 문제를 풀 수 있었다.

지능에 대한 전통적인 심리측정학적 이론가들이 지능적인 행동을 분석하는 분야에서 근본단위로서 요인들에 동의한데 반해, 많은 정보자료 처리 이론가들은 기본적인 정보자료 처리를 행동의 기본적 단위로 보았다(Newell & Simon, 1972). 정보자료 처리 이론에서는 모든 인간의 정보자료 처리 시스템은 이들 기본적인 처리 단위들이 결합된 결과라고 가정하였다. 처리 단위들은 그것을 고려하는 이론에서 더 간단한 처리 단위로 분해할 수 없다는 점에서 기본적이다. “기본적인 것”으로 간주되는 분석의 수준은 고려되는 행동의 종류와 그 이론이 행동을 설명하려고 하는 수준에 따라 결정될 것이다.

기본 정보자료 처리 단위라는 개념은 명백하게 일반적인 개념이다. 몇몇 연구자들은 그 개념과 여러 개의 기본 정보자료 처리 단위들이 작업을 수행하는 과정에서 결합되는 방법을 더 명확하게 하려고 했다.

밀러 등(1960)이 처음 제안한 검사–조작–검사–종료(Test–Operate–Test–Exit, TOTE) 단위를 대상으로 고려한다. 행동의 각 단위는 현재 결과를 원하는 결과와 비교하는 것에서 출발한다. 검사 결과가 원하는 결과(관념, Image)와 일치되면 과정은 종료된다. 일치하지 않는 경우 한 번 더 조작을 수행하여 다음 검사에서 비교 결과가 관념에 가능한 가깝게 접근하도록 한다. 다음 검사 결과가 관념과 일치하면 종료된다. 그렇지 않으면 다시 조작이 수행되고 검사 결과와 관념이 일치할 때까지 같은 과정이 반복된다(관념도 검사와 조작 과정이 수행되는 동안 현실의 요구에 맞게 수정될 수 있다.)

스턴버그(Sternberg, 1980, 인쇄 중)는 정보자료 처리를 상위 요인, 수행 요인, 지식 획득 요인(metacomponent, performance component, and knowledge-acquisition component)의 세 개의 기본유형으로 보아야 한다고 제안하여 기본 정보자료 처리 단위에 대한 개념을 약간 다른 방향으로 확대했다. 상위 요인은 다른 두 요인보다 더 높은 서열을 가지며 문제 해결에 대한 결정을 내리는 관리 요인이다. 상위 요인은 당면한 문제의 성격을 결정하는 처리와 문제 풀이 과제를 수행하는 전략을 결정하는 처리 및 외부로부터 되받쳐 주기(feedback)되는 정보자료 자료를 정확히 해석하는 처리를 포함한다. 수행 요인은 실제로 문제 풀이 과제를 수행하는 처리이다. 수행 요인은 문제의 조항을 부호화하고 이들 조항 사이에 관계를 추론하며 가능한 모든 대안적 해법을 비교하는 처리를 포함한다. 지식 획득 요인은 새로운 정보자료와 이미 알고 있는 정보자료에 대한 추가적인 내용을 학습하는 처리이다. 지식 획득 요인에는 학습 과정에서 접하는 내용 중에 당면한 문제와 관련이 있는 내용과 관계없는 내용을 구분하고 이미 지식의 일부가 된 기존의 정보자료와 새로 학습한 내용을 연관시키는 선택적 비교 처리가 포함된다.

뉴웰과 사이몬(Newell & Simon, 1972)은 또 다른 기본 정보자료 처리 단위의 확장 개념을 제안했는데 이 개념은 정보자료 처리를 기본적 구성단위로서 타당한 산물을 만드는 생산 방식으로 이해해야 한다고 하였다. 생산은 조건과 행동의 연속이다. 어떤 조건이 충족되면 그 조건에 따른 행동이 수행된다. 이때 지시된 생산물의 순서를 생산 방식이라고 부른다. 생산 방식의 집행은 어떤 조건을 만족 할 때까지 생산 지시 목록을 위에서 아래로 훑어 가는 것이다. 조건에 맞는 행동이 수행되면 제어는 다시 지시 목록의 최상위로 복귀한다. 집행이 다시 위에서 아래로 지시 목록을 훑어 내려가며 어떤 조건에 맞는 행동을 찾는다. 조건에 맞는 행동에 도달하면 그 행동이 수행되고 제어는 다시 목록의 꼭대기로 복귀한다.

결론적으로 정보자료 처리 접근법은 우리가 지능을 이해하는 데 있어서 다른 접근법으로는 어려운 정확성과 검증 가능성을 명세화함으로써 지능의 성질에 대한 과학적 이해에 진일보하게 되었다.

각 관점들의 비교와 평가

지능의 본질을 정의하는 문제에 대한 세 가지 접근법의 유사점과 차이점은 각 관점이 단순한 문제에 대한 해결 과정을 설명하는 방법을 비교할 때 잘 나타난다. 예를 들어 의사:

환자::변호사:(판사, 의뢰인)과 같은 A:B::C:(D1, D2) 형태를 유추하는 것을 고려한다. 유추는 전체 지능에 대한 최선의 단일 지표(Reitman, 1965; Spearman, 1923; Sternberg, 1977; Whitely, 1977) 중의 하나로 각 관점들을 비교 평가하는데 좋은 예가 된다.

심리 측정학자들은 문제를 해결하는 능력에 대한 개인차의 원인인 지능에 있어서 지능의 내재적 요인을 조사하여 유추 수행을 이해하려고 하였다. 연구원은 유추 문제를 해결할 때 개인차와 지능에 대한 심리 측정학적 검사를 수행할 때 필요한 능력의 개인차 사이의 관계를 조사하여 연구를 진행시켰다. 이런 접근법은 지능적 행동의 분석에 구조적 모형을 적용하여, 개인 간의 차이에 주목했으며, 표준 지능검사를 적용하여 지능을 평가했고, 주어진 과제를 수행하는 것은 요인으로 표현된 내재적 능력들의 집합에 대한 추가적 기능으로 가정하였다.

피아제의 관점은 유추에 대한 해답 속에 내재된 논리적 조작과 만족스러운 답에 도달하도록 유도하는 단계를 식별하여 유추 수행을 이해하려고 시도했다. 실제로 피아제 및 몬탄제로와 빌레터(Piaget, Montangero, & Billeter, 1977)는 유추적 추리의 발전에 대한 세 단계를 제안했다. 첫 단계는 5~6세 아동들에게 나타나는 특성으로 이 시기의 아동들은 용어의 쌍 사이의 관계는 인식하지만 쌍을 이룬 두 용어의 상위 관계는 무시했다. 따라서 아동들은 A와 B 그리고 C와 D는 연관시킬 수 있지만 A–B쌍과 C–D쌍은 연관시키지 못한다. 두 번째 단계는 8~11세 사이의 아동에게 나타나는 특징으로 유추를 할 수는 있지만 반례(反例)를 제시하면 자신이 제안한 유추를 쉽게 포기했다. 피아제는 이 사실을 미약하고 모호한 수준의 유추 추리 능력에 대한 증거로 해석하였다. 셋째 단계는 11세와 그 이상 연령에서 보이는 특징으로 유추를 수행하고 자신의 유추에 대한 개념적 토대를 명시적으로 설명하고 실험자가 반례를 제시해도 자신이 수행한 유추를 포기하지 않았다. 피아제의 접근법은 행동분석에 문제 해결을 위한 스키마 발달 모형을 적용하여 주어진 연령에서 개개인의 공통점에 주목했다. 그리고 주로 관찰에 의한 임상적 방법을 적용했으며 주어진 과제 수행은 문제 해결을 위한 논리적 기능들의 유용성 측면에서 이해했다.

정보자료 처리 관점을 선호하는 심리학자는 유추에 기여하는 처리과정과 어떤 것에 대한 유추를 더 어렵게 하는 처리과정을 연구하여 유추의 수행을 이해하려고 하였다. 예를 들어 스턴버그의 유추 추리에 대한 이론(Sternberg, 1977; Sternberg & Gardner, 1982)에서 개인의 유추 수행은 유추 조건을 기호화하고 조건 A와 B의 관계(의사와 환자)를 추론하며 첫 유추의 앞에 항과 두 번째 유추의 앞에 항(첫째의 의사와 둘째의 변호사)을 연관시켜 더 높은 차원의 관계를 상상하고 이상적인 유추(예를 들어 고객)를 완성하기 위해 앞서 A와 B에서 추론된 관계를 적용하며 가장 이상적인 답을 찾기 위해 가능한 답을 비교(이 경우 가능한 답 중에 하나가 이상적인 답과 같다.)하여 답을 제시한다. 정보자료 처리적 접근법에서 지능적 행동의 분석이 처리 모형을 적용하여 문항의 난이도 차이에 주목하고 표준 지능검사에서 볼 수 있는 과업으로 분해한 다음 주어진 과제에 대한 수행을 처리 요인 집합의 개념으로 이해했고 이때 각 처리 요인의 호출 시간 합은 전체 처리의 호출 시간과 일치한다.

지능을 이해하려는 세 가지 접근법은 상호 배타적이라기보다 대체로 상호보완적이다. 실제로 이들 접근법에서 사용한 분석 형식이 서로 분명하게 연구될 것이다(Sternberg, 1982; Jensen, 1982 참조.) 우선 심리 측정학과 정보자료 처리 관점 사이의 관계를 고려해 보자. 계량 심리적 접근법은 변화의 피험자 간(between-subject) 원인을 분석하여 요인을 유도하는 반면 정보자료 처리적 접근법은 자극 간(between-stimulus) 원인을 분석하여 요인을 이끌어 냈다. 과제 수행에 근본적이지만 개인 간 차이가 미세한 과제 수행 측면은 전통적인 심리측정학적 분석에서 간과된 반면 정보자료 처리적 분석에서는 중요하게 다루고 있다. 반면에 문항의 유형에 미세한 차이를 보이는 과제 수행 측면은 비록 개인차에 대한 흥미 있는 원인이 될 수 있지만 전통적인 정보자료 처리적 관점에서는 거의 다루지 않지만 심리측정학적 관점에서는 중요한 위치를 차지하고 있다. 하지만 심리측정학적 요인 속에 포함된 피험자 간 변이의 내재적 원인은 기본적 정보자료 처리와 그 기본적 정보자료 처리를 집행하는 능률 그리고 기본적 정보자료 처리를 시작하게 하고 그 과정을 감독하는 더 고차원의 제어 처리와 제어처리의 효과에 대한 개인차를 포함하고 있는 것으로 가정한다는 점을 주목해야 한다.

피아제의 관점이 제공하는 것은 대체로 계량 심리적 관점과 정보자료 처리 관점에서 무시된 것으로 지적 역량의 발전에 대한 설명이다. 피아제의 관점은 인지 발달 기제(mechanisms of cognitive development, 즉 평형화, 동화, 조절)와 발달의 다양한 단계에서 지적 역량의 본질에 대한 설명을 제공한다.

결국 세 가지 관점 중에서 하나를 선택할 필요는 없다. 그 보다는 세 관점을 서로 지능의 다른 면을 다루면서 서로 겹치는 부분이 있는 것으로 볼 때 목적에 더 잘 부합된다.

우리는 지능을 우리가 살고 있는 일상의 세계에 적용시킬 때, 실제 환경을 의도적으로 수용하고, 환경에 대한 인식을 형성하며, 자신에게 관계된 실제 환경을 선택하는 능력에 관한 것으로 간주한다. 우리가 강조하려고 하는 바는 여기서 지능이 무엇인가를 정의하는 것이 아니고 지능이 적용되는 실생활 과제의 관점에서 지능을 묘사하는 것이다. 이 묘사에는 몇 가지 의미가(시사점이) 포함된다.

첫째 지능을 현실 세계 환경과 관계 속에서 고려할 필요가 있다. 이들 세 가지 관점 중 어느 것도 교실 밖의 일상적 현실 세계와 관련된 과업이나 과업 수행을 심각하게 다루지 않았다.

둘째 지능을 자신의 삶과 관련된 환경에 적용되는 문제 해결 능력의 개념으로 보아야 한다. 어떤 문화에서 지능의 표현과 다른 문화에서 표현이 각 문화의 요구사항과 주변 여건에 따라 큰 차이를 보일 수 있다(Baltes, Dittmann-Kohli, & Dixon, 1982; Berry, 1974, 1980; Charlesworth, 1979; Cole & Scribner, 1974; Keating, 1984; Laboratory of Comparative Human Cognition, 1982) 그러나 지금까지 지능 연구에서 다뤄진 문제들은 인간의 실제 삶과 별 연관이 없어 보인다. 네이서(Neisser, 1976)는 실제 교실에서 부딪치는 문제와 지능검사에서 접하는 문제를 의도적으로 고안되고, 흥미로운 면이 거의 없으며, 문제가 주어질 때부터 모든 정보자료가 주어지고, 개인의 일상적 경험과 별개인 것으로 간주했다. 더 나아가 우리는 학문적인 과제는 대부분 잘 정의되고, 하나의 정답만 가지며, 대부분 정답을 찾는 방법이 하나만 존재한다는 사실을 추가한다.[5)]

셋째 지능은 환경을 수용하고, 환경을 형성하며, 환경을 선택하는데 적용되는 능력의 관점에서 고려되어야 한다.[6)] 비록 제안된 과제나 이론이 환경을 수용하고 동화되며, 선택하는 기술의 관계가 있지만, 환경에 대한 지능의 적용과 제안된 과제나 이론들 사이에 존재하는 관계가 과연 무엇인지는 더 명확하게 밝혀져야 한다. 유추 문제를 해결하는 능력이나 어휘 문제에 답하는 능력으로 일상생활에서 발휘되는 기능을 예상할 수 있을 것이다. 그러나 제안된 어떤 과제나 이론도 환경의 수용, 형성, 선택에 대한 내용을 직접 다루지 않았다.

마지막으로 우리는 지능을 유목적적인 것으로 간주한다(We characterize intelligence as purposive). 인간은 장기적이던 단기적이던 자신이 계획한 바에 따라 자신의 인생을

---

5) 학교에서는 정답을 알아맞히는 교육만이 최선의 해법인 것으로 간주하지만, 학교 밖에서의 사회·직장 생활은 수많은 해법이 요구되는 고차 방정식이 통용되므로 학교와 사회에서 통용되는 코드가 서로 상충된다. 사고의 유연성, 임기응변력, 창의성, 팀 스프리트(파도타기), 몰입, 역경 극복 역량, 타인에 대한 배려, 책임감, 통솔력 등이 성공적인 사회생활에서 요구되는 덕목이다. 그러나 우리나라 학교교육—교과목 어디에서도—이런 덕목을 가르치지 않는다. 지능검사 제작자들은 학생들이 졸업 후에 겪어야 하는 현실 생활 적응 과제와 덕목을 지능검사에 반영하는 노력은 하는 것이 필요하다고 생각한다. 스턴버그 교수도 같은 의견을 밝혔다.

6) 이것은 제안자인 스턴버그(Sternberg) 교수가 신 지능론의 핵심 내용인데 그의 제안을 학교교육 과정에 반영하기 위하여 교수~학습과정 즉 교수 모형과 교사 양성 과정상에 교육과정이 어떻게 바뀌어야 하는 지에 대한 구체적인 제안과 처방이 불충분한 것이 아쉬운데 그가 집필한 교육 심리학 교재에도 구체적인 제안이 없다. 설득력 있는 그의 착상에 대한 실천 방안의 제시와 의지력이 필요하다.

요리한다. 비록 현재의 이론이나 검사가 계획하는 능력을 평가하더라도 이때 평가된 계획은 우리가 실제 생활 환경에서 일반적이라고 생각하는 계획에 비하면 극히 미세한 영역에서의 계획이다.

결론적으로 이론가나 지능검사 전문가는 실험실을 벗어나 현실 세계에 뛰어들어야 하며, 그 실제 세계가 학교든 성인들의 작업장이든 관계없다(Charlesworth, 1976; McClelland, 1973; Neisser, 1976, 1979; Wagner & Sternberg, 인쇄 중) 현재의 이론과 검사 방법이 무의미하다는 것은 아니다. 오히려 현재의 이론과 검사는 개인의 내적 환경과 지능을 연관시키는 점에서는 지능을 잘 다룬 것처럼 보인다. 현재까지 이론은 적절하게 지능을 구성요인들로 분해했다. 지능과 지능이 적용되는 외적 환경의 관계에 무관심했던 것이 현재 이론을 부적절한 것처럼 보이게 하는 부분이다. 지능은 아무 것도 없는 공간에서 작동하는 것이 아니라 날로 복잡해지는 실제 세계에 적용되는 것이다. 지능에 대한 이해와 개인과 환경 사이의 상호작용에 영향을 끼치는 영역에 대한 이해가 연관되려면 개인의 기능을 단지 연구실에서 연구하거나 표준화된 검사를 통하기보다는 실제 세계 속의 개인의 기량을 연구해야 한다. 실제 세계에서 개인 기능 연구는 고도로 통제된 조건의 심리학 연구실에서 개인 기능 연구 보다 훨씬 어렵다. 그러나 어떤 진보가 이루어 지지 않으면 심리학자들은 그들의 이론 및 지능검사 기법과 함께 급격히 변하는 세계에서 낙오될 수 있다는 것을 두려워한다. 심리학자의 지능과 지능검사에 대한 개념이 지속적으로 발전해야 하지만 점차 현실 세계와 동떨어진 방향으로 발전해서는 안 된다. 언제인가는 현실 세계를 지능검사에서 정확하게 반영할 수 있는 날이 올 것이라고 생각한다. 이상적으로는 현실 세계가 지능검사에 반영될 만큼 현저하게 지능검사가 현실 속으로 현저하게 파고들었을 때 그 날이 올 것이다.[7)]

2. 지능 이론에 대한 교육적 함의

대안적 접근법에서 유도될 수 있는 지능의 의미 중에서 무엇을 고려해야 하는가? 이제 핵심 주제를 지능의 의미로 바꾸어 계량 심리적 접근법과 피아제의 접근법, 정보자료 처리 접근법을 차례로 다룬다. 각 접근법에 대한 우리의 고찰은 다시 두 개의 큰 절로 구분

---

7) 아동용이나 성인용을 막론하고 현행 지능검사의 문제점은 현실 생활에서 중요한 능력들〔인간관계에서의 친화력, 정직성, 지도력, 역경 극복 역량, 스트레스 대처 능력, 실존문제 대응 능력, 실천하는 행동 역량, 가치관, 스토리텔링(story telling) 능력)을 무시하고 학구적 지능(academic intelligence)만을 측정한다는 문제가 있다.

한다. 첫 번째 절은 교육의 목적을 유도한다. 두 번째는 교육의 목적을 달성하는 방법을 다룬다. 각각의 큰 절은 다시 두 개의 작은 절로 구분되며 작은 절의 첫 번째는 지적 기능(예를 들면, 추리 능력, 어휘, 분석적 사고)의 개발과 관련된 절이고 두 번째는 지식과 지식에 관련된 기술(예: 독서, 철자법, 수리, 사회과학)의 개발과 관련된 절이다.

지능에 대한 심리측정학적 접근법의 교육적 의미

지능의 성질을 탐구하기 위해서 시도했던 심리측정 접근법은 19세기에서 20세기로 전환되던 때부터 교육과 밀접한 관계를 가져왔다. 실제로 알프레드 비네(Alfred Binet)의 연구는 프랑스 공립학교에서 정규교육을 통한 수업에 어려움을 겪는 아동을 판별(identify)해야 하는 비네 자신의 임무에서 시작되었다. 비네의 연구 이후로 지능검사는 교육 목적 및 교육 제도와 밀접한 움직임을 보여 왔다.

교육목표 유도: 지적 기능. 많은 개입 프로그램은 특히 정규 학교교육에 아동들을 준비시키려는 목적을 가진 취학 전 수준의 프로그램들은 지적 기능을 개선시키는 것을 목표로 하고 있다(취학 전 아동의 지적 기능을 향상시키기 위한 프로그램들을 검토한 다음 문헌들을 참조하기 바란다. Bronfenbrenner, 1975; Gordon, 1975; Jensen, 1969; Palmer & Anderson, 1979)

두뇌 개발 프로젝트(Project Head Start)가 아마 취학 전 아동들의 지적 기능을 개선시키기 위한 프로그램 중에 가장 뚜렷한 예이다. 이 프로젝트는 언어 능력 발달을 촉진하고 지능검사의 검사 문항과 유사한 다양한 과제를 수행하는 능력을 강화시키기 위해 고안된 활동으로 구성되었다. 두뇌 개발 프로젝트는 또한 건강관리 기능과 사회성 발달 촉진과 같은 목적을 지적 기능을 발전시키는 것만큼 중요하게 다루었다(두뇌 개발 프로젝트의 전반적 이해를 위해 다음 문헌을 참조하기 바란다. Zigler, 1973; Zigler & Valentine, 1979) 두뇌 개발 프로젝트에 대한 통일된 교육과정은 없지만(Zigler & Seitz, 1982) 프로젝트 수행기관들이 대체로 어떤 경험을 했는지 이야기를 할 수 있는 위치에 있는 사람이 없었던 것(Miller, 1979)도 사실이다.

두뇌 개발 프로젝트의 교육과정을 하나의 통일된 것으로 말할 수 없지만, 여러 곳에 산재해 있는 두뇌 개발 프로젝트 수행기관에서 공통적으로 채택한 교육양식을 찾을 수는 있다. 그와 같은 교육 양식 중 1966년 일리노이 대학교(University of Illinois)의 칼 버라이터(Carl Bereiter)와 지그프리드 엥겔만(Sigfreid Engelmann)에 의해 개발된 프로그램이 있다(Bereiter & Engelmann, 1966) 이 교육과정은 본질적으로 정규 교육 과정의 첫 해에 필요한 기술을 개발하도록 고안된 특별 프로그램이다. 실제로 버라이터와 엥겔만의 프로그램은 다른 프로그램들에 비해 더 많은 초등학교 1학년 과정과 유사점을 보이고 있다. 이 프로그램에서 학생들의 최소 요구사항으로 설정한 15가지 목표 중 다음 몇 가지를 보면 매우 학구적인 측면을 강조하는 것을 알 수 있다(Whimbey & Whimbey, 1975). (a) 의문문 '이것은 무엇인가?'에 대한 긍정문과 부정문을 사용하여 대답하는 능력 (b) 개체 사이의 관계를 설명할 때 전치사, on, in, under, over, between을 사용하는 능력 (c) 간단한 조건문(if-then)을 사용한 연역(deduction) 수행능력 (d) 색깔의 이름을 말할 수 있는 능력. 버라이터-엥겔만 프로그램과 그와 유사한 학구적 경향의 프로그램에 참여한 아동들이 학구적인 면을 덜 강조한 프로그램의 아동들 보다 지능검사와 성취도 평가에서 더 높은 점수를 받는 것처럼 보인다.

두뇌 개발 수행기관 사이에 많은 차이점 때문에 학문적으로 중요한 지적 역량을 획득하는 측면에서 프로그램의 성공여부를 평가하기 어려웠다. 최근 라자와 다링턴(Laza & Darlington, 1982)이 12개의 조기 개입 프로그램에 대한 종단적 추적 연구를 완료했다. 이들 12개의 프로그램은 두뇌 개발 수행기관에 대한 무작위적 표본이 아니고 빈곤층 가정의 아동 중 면밀한 관찰 기록이 가능한 아동들을 대상으로 한 시험적이고 연구 중심적인 프로그램들의 비작위적 표본이다. 라자와 다링턴의 연구에서 어떤 분야에서는 장기간 지속되는 효과가 보고되었지만 그 외의 분야에서는 보고되지 않았다. 다음에 예시한 내용은 이 연구의 주요 결론 중 일부이다.

1. 스탠포드-비네 지능 척도(Stanford-Bitnet Intelligence Scale)에서 두뇌 개발 프로그램 참가자들은 프로그램에 참여하지 않은 통제 집단보다 더 높은 성취를 이루었다. 이 성취는 프로그램이 끝난 후에도 수년간 지속되었지만 결국은 사라졌다. 프로그램이 끝난 후 10년에서 17년간 추적 조사한 결과 프로그램 참여자들과 단순히 통제 집단 간에는 특기할 만한 차이가 없었다.
2. 프로그램에 참여했던 학생들은 특별반에 배정되거나 유급되는 경향이 통제집단에 비해 적었다.
3. 프로그램에 참여한 학생과 학부모 모두 학교교육 수행에 발전된 태도를 보였다.

지적 기능 훈련을 위한 다른 접근법은 길퍼드가 개발한 지능구조(Structure of Intelligence, SOI) 모형(Guilford, 1967, 1982)이다. SOI 모형은 앞에 언급된 것처럼 내용(시각적, 청각적, 상징적, 의미적, 행동적)과 조작(인지, 기억, 평가, 수렴적 사고, 확산적 사고) 및 산출(단위, 분류, 관계, 체계, 변형, 함축성)에 따라 지능 요인을 분류했다. 길퍼드와 그의 동료들은 내용, 조작, 산출을 결합하여 만들 수 있는 모든 요인들을 측정하지는 못하더라도 대부분의 요인을 측정하기 위해 검사법을 고안했다. 미커(Meeker, 1969)

는 개인의 지능검사 수행을 SOI의 관점에서 기술하는 방법을 고안하여 SOI 모형의 이용과 해석에 대한 지침을 제공했다.

SOI 모형이 종단적으로 수행된 예는 글렌도라 통합 학군 프로그램(Glendora Unified School District Program)이다(Valett, 1978). 5세에서 12세 사이의 아동들에 대한 표준을 정하기 위해 많은 검사를 실시했으며 이 검사는 SOI 각 요인의 수행을 평가하기 위해 고안되었다. 각 아동에 대한 분석표(profile)를 검사 결과에 근거하여 작성되었고 규정된 교육 프로그램을 수행했다. 많은 게임, 활동 및 기타 교육과정 요인들이 각 아동의 약점을 보완하기 위해 개발되었다. 초기 결과에서 SOI 프로그램에 참가한 아동들은 어느 정도 시일이 경과된 후 지능검사를 받았을 때 비교 가능한 통제 집단의 아동들에 비해 훨씬 좋은 점수를 기록했다.

길퍼드의 지능 구조 모형(SOI)에 근거를 둔 또 다른 프로그램은 생각하기(Think)이다(Valett, 1978 참조). 생각하기 교육과정은 초등 및 중등 과정의 학생 중 개념적 사고 능력에 약점을 보인 학생들에게 적용되었다. 생각하기 프로그램은 특별히 여섯 가지 생각하는 기술을 발전시키도록 고안되었다. 여섯 가지 생각하는 기술은 사물 만들기(사물을 인식하고 명명하는 정신적 처리), 조건 인식(사물의 특정한 감각적, 감정적, 논리적 측면을 인식), 분류(공통적 속성에 따라 집단을 분류), 구조적 분석(사물을 부분으로 분해), 조작 분석(사건을 위상이나 단계로 분해), 유사성 인식(관계 사이에 비슷한 점을 인식)이다. 프로그램에 대한 평가에서 생각하기 프로그램에 참가한 학생은 언어와 독해 능력이 향상되었다고 했다.

프로그램의 타당성에 대한 기준뿐만 아니라 프로그램의 교육과정의 기초로서 IQ 검사가 인기 있는 이유는 개입 프로그램들이 대체로 IQ 검사에서 약 10점(Zigler & Seitz, 1982) 정도 점수를 높이기 때문이며 때로는 그 이상(Hunt, 1971)의 향상도 있기 때문이라고 주장해 왔다. 하지만 IQ 검사 상의 성과가 실제 지적 기능의 차이를 얼마나 반영하는지는 의문이다. 프로그램은 동기상의 변화와 인지 기술의 개발과 더불어 지능검사를 받는 기술의 개발에도 영향을 끼치는 것처럼 보인다(Seitz, Abelson, Levine, & Zigler, 1975; Zigler, Abeson, Trickett, & Seitz, 1982). 동기 변화는 아동이 프로그램을 마치면 성과가 사라지는 공통적인 현상을 잘 설명한다. 지글러와 자이츠(Zigler and Seitz)는 후속하는 손실을 억제하기 위해 개입 프로그램이 가족의 지원 체제를 만들도록 지도해야 한다고 했고 그 이유로 가족 지원 체제가 적어도 학교생활을 하는 동안 아동들이 성과를 유지할 수 있는 충분조건은 못되더라도 필요조건이라는 점을 들었다.

개입을 포함한 지적 기능 개발 프로그램의 한 예는 밀워키 프로젝트(Milwaukee Project)이다(Garber & Heber, 1981, 1982). 경제적 형편이 매우 어려운 저 지능(IQ 75 이하)의 어머니와 신생아(생후 3개월)가 이 프로그램의 대상이었다. 어머니에게는 직업훈련, 가정관리 교육, 프로그램 시작 2년 동안 이루어지는 보충교육 등 사회복귀 교육을 제공했고, 아기에게는 생후 3개월부터 6세까지 또는 초등교육 시작 직전까지 년 단위로 이루어지는 종일 취학 전 교육 프로그램이 제공되었다. 취학 전 교육 프로그램은 매우 구조적이고, 정서적이며, 문제 해결과 언어 능력 개발을 강조했다. 똑같이 경제적으로 어려운 저지능 어머니의 아동으로 프로그램에 참여하지 않은 통제 집단과 프로그램 참여 집단을 비교했을 때 프로그램 참여 집단의 표준 스탠포드-비네 지능검사(Stanford-Binet Intelligence Test) 점수가 25점 정도 높게 나왔다. 아동들이 프로그램을 마치고 4년간 추적 조사한 결과 다양한 학구적인 측정에서 프로그램에 참여하지 않은 통제 집단에 비해 현저한 우수성을 나타냈다. 그러나 추적 연구 기간 동안 실험 집단과 통제 집단의 검사 수행은 국가 평균에 비해 저하되었고 실험 집단의 통제 집단에 대한 우수성도 점차 사라졌다.

교육목표 유도: 지식 및 지식에 관련된 기술. 심리측정학적 접근법을 지식과 지식 관련 기술에 적용한 결과로 나온 산물이 표준화된 성취도 검사이다. 성취도 검사의 한 예가 스탠포드 성취도 검사이다. 스탠포드 성취도 검사는 같은 종류의 다른 검사들처럼 과거의 학습으로부터 개인이나 집단 또는 교육과정의 장점과 약점을 진단한다. 특히 검사 결과로부터 특정한 지식 내용의 분야에 대해 약점을 가진 학생의 교육목표를 제시할 수 있다. 스탠포드 성취검사 영역은 어휘, 읽기, 단어 암기술, 수학적 개념, 수학적 계산, 수학 응용, 철자법, 언어, 사회과학, 자연과학, 청취력이며 같은 종류의 검사법에서 전형적으로 다루는 분야이다.

제한된 학문 분야에 대해 더 특수한 검사법이 진단적 정보자료를 제공하기 위해 고안되었다. 예를 들어 스탠포드 읽기 진단 검사(Stanford Reading Test)는 원문에 따른 독해력, 추정에 의한 독해력, 어휘력, 음성 구분, 혼성 구문, 독해 속도에 대한 점수를 제공한다. 스탠포드 읽기 진단 검사와 같은 특정 진단검사가 일반 성취검사에 비해 더 정확하지만, 계량 심리적 접근법은 처리과정에는 별 관심이 없기 때문에 처방적인 교육 목표를 다루는데 문제가 있다. 말 그대로 음성혼합(sound blending)과 관계된 처리를 이해하지 못하면, 단순한 연습을 넘어 어떻게 교육을 수행해야 하는가에 정확한 처방을 내리기 어려울 것이다. 음성 혼합과 같은 적어도 몇 가지 기능에 있어서 단순한 연습으로는 기능상 결함을 치료하기에 충분치 않다.

교육목표 달성: 지적 기능. 학교에서 지능검사를 특히 지적 기능과 학교교육의 경계를 평가하는데 어떻게 이용할 수 있을까? 이 분야에 대한 여러 가지 안이 있다(예를 들

어 Federico, 1980; McCombs & McDaniel, 1981). 여러 제안 중에 글래서의 제안(Glaser, 1977, 1980)은 지능검사와 학교교육 사이의 경계는 다음 다섯 가지 모형 중에 한 가지로 진행된다고 했다.

1. 선택적 고정 진로 모형. 지능검사로 어떤 학생이 교육 과정을 이수하는 데 필요한 초기 능력을 가지고 있는지를 결정한다. 초기 능력을 가지고 있다면, 그 학생은 교육과정에 받아들인다. 초기 능력을 가지고 있지 않다면, 학생은 부적격자로 지정되어 교육과정에서 제외된다. 이 방법은 지적으로 발달이 늦은 아동을 다루는 전통적인 방법인데, 최근까지 지적으로 발달이 늦은 아동은 정규 공립학교교육에서 제외되는 것은 일상적이었다.
2. 초기 능력 개발 모형. 이 모형은 첫 번째 선택적 고정 진로 모형에 추가적인 면을 더했다. 초기 지능검사에서 교육과정에 들어올 수 있는 능력을 보이지 못했더라도 학생이 교육과정에 들어올 수 있는 점수까지 능력을 향상시킬 수 있는 교정 과정을 제공했다. 연방정부가 지원하는 읽기와 수학 교정 과정이 이 모형의 예이다. 표준 읽기와 수학 검사에서 낮은 점수를 받은 학생은 교정 교육을 받을 자격을 준다(이론적으로 초기에 요구되는 능력을 보이기 전에는 정규 과정에 들어올 수 없다).
3. 학습자 특성 순응. 이 모형은 다수의 교육과정이 제공된다는 점만 제외하고 첫 번째 모형과 같다. 각 교육과정에는 자체적인 능력 검사를 실시하여 학생의 입학 여부를 결정한다. 학생은 자신의 능력으로 허용되는 어떤 과정에도 입학이 허용될 수 있다. 이 모형의 개념은 학습자가 자신의 특성에 맞는 교육과정을 찾을 수 있다는 것이다. 언뜻 보기에 공립학교에서 능력별 학급편성이 좋은 예인 것 같지만, 능력별 학급 편성은 일반적으로 학습자의 특성이 아닌 등급만 고려하여 편성되기 때문에 좋은 예가 아니다.
4. 초기 능력 개발 및 학습자 특성 순응. 이름이 의미하는 것처럼 이 모형은 학습자 특성 순응 모형에 학습자의 초기 능력이 어떤 과정에도 허용될 수 없을 때, 교육과정에 입교할 수 있는 능력을 개발할 수 있도록 교정교육을 받는 선택 사항을 추가한 모형이다.
5. 대안적 학업성취 모형. 이 모형은 초기 능력 개발 및 학습자 특성 순응 모형에 모든 학생이 똑같은 최종 평가 기준을 만족시켜야 할 필요가 없다는 수정을 가한 모형이다. 학생의 성취 수준과 성격에 따라 다른 졸업증을 수여하는 고등학교들이 이 모형의 좋은 예이다.

학교에서 표준화된 지능검사의 이용에 관한 여러 가지 제안은 레스닉(Resnick, 1979)

이 고려한 것으로 교육 관리에 대해 표준화된 지능검사가 제공할 수 있는 세 가지 사항을 제안했다.

1. 분류 기능. 지능검사를 누가 어떤 과정에 배당될 것인지 결정한다.
2. 성적 결정 기능. 지능검사를 성적과 결부시켜 학생이 얼마나 학습을 잘 수행했는지를 결정한다. 지능검사에서 높은 점수를 받은 학생 중에 성적이 낮거나 성취검사 점수가 낮은 학생이 종종 "미성취 영재(underachiever)"로 분류한다.
3. 감독 기능. 감독기능은 교육 과정이 진행되는 중에 교육 과정의 조정이나 교육 과정의 집행을 위해 수행 평가를 실시하는 것이다. 레스닉에 의하면 표준 지능검사를 통해 학생이 무엇을 배웠으며 다음 단계는 무엇이 되어야 하는지 정확히 알려주지 못하기 때문에 표준화된 지능검사는 감독 기능을 잘 제공하지 못한다고 하였다.

교육 목표달성: 지식 및 지식 관련 기능. 심리측정학적 접근법이 특정 학습자에게 최적의 교육 프로그램을 기술하는 정보자료를 제공한다면 지식과 지식관련 기능을 개발하는 교육 목표 달성에 이용될 수 있다. 이때 정보자료는 보통 검사 점수 형태로 제공된다.

적성×처치 상호작용(ATI)에 대한 많은 연구에서 학습자의 특성과 교육을 짝짓는 문제를 언급했다. 심리측정학적 관점에서 ATI 접근법과 연구에 대한 전반적 고찰은 크론박과 스노우(Cronbach and Snow, 1977)의 연구에서 볼 수 있다. 여기서는 두 가지 예만 언급한다.

첫 번째 예는 피터슨과 테렌스, 스윙의 연구(Peterson, Terence, and Swing, 1981)로 초등학교 4학년과 5학년을 대상으로 지능과 학생 수가 많은 학급사이의 상호관계 대 지능과 학생 수가 적은 학급 사이의 상호관계에 관한 연구이다. 학생들은 2주 단위의 기하학 과정을 학생 수가 많은 학급이나 학생 수가 적은 학급 중에 한 곳에서 수업했다. 태도×처치 상호작용에 대한 의미 있는 곡선적 연관성이 보고되었는데, 지능이 높은 학생과 낮은 학생은 다수의 학급보다는 소수 학급에서 수업 효과가 더 좋았다. 중간 지능의 학생들은 다수 학급에서 약간 더 좋은 효과를 나타냈다. 이 결과는 지능이 높은 학생과 낮은 학생들은 소수 학급에서 생기는 동료에게 서로 가르치는 과정에서 더 많은 것을 배울 수 있다는 관점에서 설명된다.

두 번째 연구(Janicki & Peterson, 1981)에서 일반 학급에서 이루어지는 직접 교수법이나 학생 수를 작게 하는 변화를 준 직접 교수법과 학습자의 태도 및 제어의 위치 사이의 상호작용을 조사했다. 제어의 위치는 어느 정도까지 삶의 중요한 사건을 본인이 제어할 수 있다는 믿음에 근거를 두었다. 학생이 더 적극적인 태도를 갖고 제어의 위치가 학생 내부에 있을 경우, 일반 학급에서 직접 교수법보다 소수 학급에서 직접 교수법이 더 좋은 결과를 얻는다는 적성×처치 상호작용이 보고되었다. 이에 대한 설명으로 소수 학급은 학습 활동을 선택하고 학습에 대한 제어를 발휘하는데 더 많은 기회를 부여한다고 했다.

적성×처치 상호작용 연구 문헌에 대한 포괄적인 검토에서 몇 가지 한계를 언급했는데, 이론에서 학습자의 지적 특성을 교수법의 취급과 연관시키는 접근법이 현실과 동떨어진 이상적인 접근이라는 것이다(Cronbach & Snow, 1977; Snow, 1976, 1977; Tobias, 1981, 1982). 첫째 일반 정신 능력과 다양한 교육적 취급 사이에 적성×처치 상호작용이 존재한다는 증거를 적성×처치 상호작용을 연구한 논문에서 제시했지만, 좀 더 특수한 태도와 취급 사이에 적성×처치 상호작용의 증거는 거의 없었다. 두 번째로 적성×처치 상호작용의 일반성에 대한 의문이 있다. 크론박(1975)은 적성×처치 상호작용이 시간과 장소에 한정적인 것 같다고 했다. 셋째로 적성×처치 상호작용 연구는 엄청난 양의 통계 능력을 요구하고(예를 들어, 가설이 잘못된 경우 가치 없는 가설로서 제거하는 능력), 발표된 연구 결과 중 소수만 자신의 연구에 이상적인 통계적 능력을 보였다. 넷째로 종종 연구에 이용된 이론과 이론을 검증한 실험의 수행 상에 차이가 있었다. 그 결과 그 연구가 조사해야 할 가설에 대한 최소한의 검증만 이루어 졌다.

적성×처치 상호작용에 대한 많은 연구에 실망한 결과 적어도 상대적으로 새로운 두 가지의 진전이 이루어 졌다. 첫째로 교수법에서 학습자의 제어에 대한 관심이 증가했다(Merrill, 1975; Snow, 1980). 둘째로 태도 검사 수행과 교육적 환경에 공통된 내재적 정보자료 처리를 식별하려는 시도이다. 학습자에 의한 교수법 제어에 대한 관심은 교사보다는 학습자가 교습자 자신의 장점과 약점을 가장 잘 알고 있으며 따라서 교육 환경이나 취급을 더 적절하게 고안할 수 있다는 믿음에서 유래되었다. 태도 검사 수행과 교육적 환경에 공통된 내재적 정보자료 처리를 식별하려는 시도의 동기는 적성×처치 상호작용을 정보자료 처리 수준에서 정확히 이해할 수 있다는 관점에서 유발되었다. 이들 두 가지 진전으로 더 긍정적이고 재현 가능한 결과를 얻을 수 있었다. 그러나 현 단계에서 IQ 검사에서 평가된 것과 학교에서 가르치는 것이 모두 지식과 지적 기능에 관한 것임에도, 둘 사이에 존재하는 차이가 너무 커 실제로 이 둘을 연관시키기 어렵다.

요약

요약하면 비네가 정규 교육과정에서 수업에 어려움을 겪는 학습부진아를 식별하기 위해 최초로 지능검사를 개발한 이래 지능에 대한 심리측정학적 접근과 교육 과정은 서로 밀접한 관련을 가져왔다. 심리측정학적 접근과 학교교육 간의 관계는 다양한 형태를 취하고 있으며 그 중에 몇 가지를 이 논문에서 살펴보았다. 대체로 심리측정학적 접근법과 학교교육 사이의 관계를 확장해 보려는 시도가 항상 성공한 것이 아니지만, 지능검사에서 학교교육으로 다시 학교교육에서 지능검사로 정보자료의 흐름을 방해하는 몇 가지 문제점을 발견할 수 있었다고 생각한다. 첫째 지능검사는 학습의 과정 또는 그 결과를 통해 학생을 훈련시키는 목적을 효과적으로 수행하는데 필요한 부류의 정보자료를 제공하지 않는다. 둘째 지능검사에 필요한 미시처리(microprocess)와 학교 수업에 필요한 거시처리(macroprocess) 사이에는 큰 차이가 있다. 비록 지능검사가 학교 수업에 대해 상당히 예언적이지만 지능검사로부터 과제물을 작성하는데 필요한 기능에 대한 정보자료를 직접 빼낼 수 있다고 주장할 수 없다. 셋째 동기적 제한과 상황적 제한이 지능검사와 학교 수업 사이를 가로막고 있기 때문에 둘 사이에 더 긴밀한 관계가 형성되지 못한다. 동기에 대한 이론과 측정이 평가과정에 포함될 때까지 순전히 인지 기능 검사만으로 학업 성취에 대한 매우 제한적인 지표만 제시할 수 있다. 네 째 이론과 실제 사이에 현저한 차이가 존재한다. 심리측정학적 관점의 지능 이론을 한 쪽으로 심리측정학적 지능 이론에 근거한 검사와 훈련 프로그램을 한 쪽으로 해서 둘 사이의 연결은 잘해봐야 빈약한 관계에 지나지 않는다. 마지막으로 다섯째 이론과 실제를 연관시키려는 목적으로 수행된 연구에 결함이 있다(Cronbach & Snow, 1977). 강한 연관성이 있더라도 연관성이 정상적인지 명확하지 않고, 정상적으로 강한 연관성을 보인 경우가 있다면 단지 그것은 연구 계획이 적절치 않았기 때문이다. 결론으로 교육적 실제와 심리측정학적 이론을 연관시키는 수확에는 더 명확한 증거가 필요하다.

지능에 대한 피아제적 접근법의 교육적 의미

피아제와 그의 제네바 동료들은 자신의 이론이 교육적 관행에서 갖는 의미에 크게 신경 쓰지 않았다(Duckworth, 1979a, 1979b; Elkind, 1974; McNally, 1974). 그 보다 그들의 주된 관심은 인식론으로 지식의 본성과 근원에 관한 철학의 한 분야이다. 미국의 교육자와 심리학자들이 피아제의 인지 발달 이론을 교육 분야에 도입한 장본인들이며 그들이 피아제의 이론을 교육 분야에 도입한 방식 때문에 이른바 지능 연구 방법에 대한 제네바 학파의 관점과 미국학파 관점 사이에 상당한 갈등이 초래됐다.[8)]

---

8) 인간의 지능을 연구함에 있어서 심리측정에 의한 계량적인 관점, 즉 심리통계 연구 방법을 선호하는 미국학파의 관점과 전혀 새로운 시도로서 인지발달상의 과정적인 맥락을 선호하는, 즉 질적

미국의 교육자와 심리학자들은 특히 어떤 방법으로 피아제의 "지능 구조" 발전을 가속시키는 가에 관심이 많았는데 보통 지능 구조의 발달은 대단히 느리게 진행된다. 제네바 학파의 입장은 지능 구조 발달을 가속시키는 것은 원칙적으로 가능하지 않다는 것이다. 이 입장은 후에 대단히 제한된 범위에서 약간 수정되어 지능 구조를 학습할 수 있다는 입장으로 바뀌었다.

피아제의 지능 구조를 습득할 수 있는가에 대한 문제는 많은 연구를 촉진시켰다(Beilin, 1971, 1977). 하지만 이 문제는 아직 결론이 내려지지 않았다.

지능 구조를 습득할 수 있는가에 대한 의문이 해결되지 않은 이유는 이론에서 교육적 관행에 대한 처방을 유도하기 어려울 뿐만 아니라 금지 사항을 유도하기도 어렵기 때문이다(Klausmeier, 1979). 피아제의 이론을 교육에 접목하려는 최초의 대규모 시도는 1959년 우드홀 회의(Woods Hole Conference of 1959)로 거슬러 올라가며 이 회의는 1960년대 급격한 교육 개혁의 계기가 되었다. 적어도 부분적이라도 피아제의 지능 개발에 대한 사상에 근거를 둔 교육 과정의 예는 새수학(New Maths), 미니수학(Minimath), 과학교과 개선 연구 지침(Curriculum Improvement Study Guide), 프로젝트 물리(Project Physics), 연구 과정으로 인간(Man)이 포함된다(Klausmeier, 1979).

교육목표 유도: 지적 기능. 피아제 이론은 가끔 교육의 목표가 아동을 지적 성장 상의 다음 발전 시기로 추진시켜 아동들이 정상적으로 그 시기에 스스로 진입하는 것보다 조기에 진입하도록 하는 것을 의미한다고 해석되었다. 피아제의 이론은 따라서 어떤 감각

인 관점을 선호하는 관점과 연구방법의 차이에 의한 제네바 학파의 관점간의 갈등이 있었다. 최근에는 뇌 과학(brain science)에 의한 지능 연구가 새로운 접근으로 지능 연구에서 놀라운 성과가 있을 것으로 기대되고 있다. 예를 들면, 뇌 영상 연구를 통해서 뇌와 몸, 건강, 정서, 행동, 성격, 정신발달 병리, 창의성, 천재들의 광기(madness), PTSD(외상후 스트레스 장애), 공격성, 사이코패스, 남자와 여성의 뇌, 뇌의 가소성(可塑性. plasticity)에 초점을 맞춘 기적을 부르는 뇌, 건강한 뇌와 병든 뇌와 지력과 정신건강 및 정신병리간, 지적 장애, 학습장애와 자폐증, ADHD의 유관성에 관한 연구와 관련 이론이 발표되고 있으며 아울러서 교육계에서는 수월성 실현을 위한 뇌 기반 교육과 상상력, 생산성, 혁신을 극대화하기 위한 창의적 두뇌(creative brain) 개발과 교육과 신경과학(education and neuroscience)을 접목시키려는 시도가 추진되고 있다(Howard-Jones, 2010). 하여간 창의력과 지식기반 사회가 도래한 2000년대에도 지능과 창의력 연구는 현재 진행형이다.

Paul Howard-Johnes. (Ed.) (2010). *Education and Neuroscience: evidence, Theory, and Practice*. London: Routledge.

Sousa, D. A., (2009). *How The Brain Influences Behavior: Management Strategies for Every Classroom*. New York: Corwin Press.

을 제공하고 이 감각이 아동들에게 각 단계에서 어떤 기능을 가르쳐야 하는지 알려 준다고 생각했다. 지적 기능을 향상시키는 노력은 일반적으로 구체적 조작기(concrete-operational period)나 형식적 조작기(formal-operational period)에 초점을 맞추어졌고 속진을 강조하는 데는 “미국인”이 있었다.

많은 유아 교육프로그램에서 취학 전에 아동들이 구체적인 조작기에 도달하도록 추구했고 따라서 아동들이 보통 6세 이전이나 6세가 되었을 때 전형적으로 구체적 조작기가 시작되었다(Bingham-Newman, Saunders, & Hopper, 1976; Kamii & DeVries, 1977; Lavatelli, 1970a, 1970b; Silverman & Weikart, 1973). 구체적인 조작기에서 지적 조작이 구체적이라고 지정된 이유는 이 시기의 지적 조작이 구체적 사물에 구속되기 때문이다. 추상적 사고 능력은 아직 완전히 발전하지 않았지만 귀납적으로 추리하는 능력은 매우 잘 발달했다. 이 시기의 아동은 가역적 사고(reversibility)와 연속 배열(seriaion)을 할 수 있게 된다. 가역적 사고는 아동의 덧셈과 뺄셈을 하는 능력(두 계산은 서로 상대에 대한 역계산이다), 곱셈과 나눗셈(역시 서로에 대한 역계산), 보존(conserve) 능력에서 나타난다. 질량 또는 부피 보존은 아동이 넓고 짧은 컵이 좁고 긴 컵과 같은 양의 물을 담는다는 것을 인식하는 능력에서 나타난다. 비슷한 경우로 아동들은 점토 덩어리가 어떤 모양으로 빚어져도 모양에 상관없이 점토의 양은 일정하다는 것을 알게 된다. 구체적 조작기 아동의 또 다른 능력은 연속적으로 배열하고 추이적인 추론을 할 수 있는 능력이다. 연속 배열 능력으로 아동은 물체를 다양한 기준으로 서열화할 수 있는데 짧은 것에서 긴 것의 순서 또는 밝은 것에서 어두운 것, 두꺼운 것에서 얇은 것 기타 등등의 순서이다. 추이적 추론 능력은 아동이 존은 피터보다 크고 피터가 빌 보다 크면 존이 빌보다 크다와 같은 추론을 할 수 있게 한다.

아동이 취학 전 구체적 조작기에 도달하도록 하는 교육 프로그램은 아동의 발달 수준에 적합한 활동을 제공하는 공통의 목표를 가지고 있다. 아동의 발달 수준에 적합한 활동은 아동이 쉽게 해결할 수 없지만 연속적으로 해결에 실패할 정도로 크게 어렵지 않은 활동으로 정의된다. 이 활동의 성격은 각 프로그램에 따라 다양하다. 예를 들어 푸트와 워스(Furth and Wachs, 1974)의 프로그램은 일련의 사고게임에 기반을 두고 사고게임은 아동이 창조적이고, 독립적인 사고를 하도록 고안되었다. 선택적으로 카미와 데브리스(Kamii and DeVries, 1977)에 의한 프로그램은 더 전통적인 아동 발달 활동에 기반을 두어 이야기 듣기, 그림 그리기, 퍼즐, 블록 쌓기, 모래 또는 물놀이로 구성되었다. 피아제적 관점의 취학 전 프로그램에 대한 변형으로 매우 구조적인 교육과정에서 벗어난 관점이 있는데, 이 관점은 아동이 풍부한 지원 환경 속에서 스스로 자신의 사고를 발전시키도록 내버려 두어야 한다는 것이다(Kuhn, 1979a). 피아제적 관점의 취학 전 프로그램에 대한 평가에서 가리키는 바는 프로그램에 참여한 아동이 실제로 구체적 조작기에 도달한다는 것이다. 하지만 명확하지 않은 점은 과연 프로그램에 참여하지 않은 아동보다 빠르게 구체적 조작기에 도달했는가 하는 점이다(Kuhn, 1979a). 더욱이 구체적 조작기에 조기에 도달한 것이 그 다음 단계인 형식적 조작기에도 빠르게 도달했다는 증거가 어디에도 없다.

형식적인 조작기는 보통 11세에서 12세 사이에 시작되는데, 이 시기에 아동들은 추상적인 추론을 하게 되어 구체적 사물이나 사건을 참조하지 않을 수 있게 된다. 아동들은 점점 더 일반 사실에서 특수 사실을 추론할 수 있게 되고(연역적으로), 따라서 연역과 귀납적 추론을 독특하게 혼합하여 사용하는데, 이런 혼합 추론은 과학적 연구의 특징이다. 이 기간 동안 아동은 2차적 관계를 이해하는 능력을 갖게 되며 2차적 관계(즉 관계들 사이의 관계)는 유추에 의한 추론에 사용된다. 형식적 조작기는 때때로 처음으로 아동이 현재 상태(what is)뿐만 아니라 앞으로 예상되는 상태(what might be)도 고려할 수 있는 시기로도 묘사된다(Kuhn, 1979b). 형식적 조작 추론의 예에 포함되는 것은 자신이 찬성하지 않는 입장에 대한 반론의 구성, 비례적 관계를 경제적 크기의 시리얼 상자 크기가 보통 크기의 시리얼 상자에 비해 실제로 경제적인가를 판단하는데 이용하는 것, 목적지 도착 예정시간을 자동차를 이용할 때 현재 이동속도를 고려하여 판단하는 것이다.

형식적인 조작기에 교육자들이 특히 관심을 갖는 이유는 두 가지다. 첫째는 형식적인 조작기의 사고가 학구적 교과에 대한 완전한 이해에 필요하며, 이때 학구적 과목은 물리학, 수학, 문학이다(Chiapetta, 1976; Collis, 1971; Griffiths, 1976, Peel, 1976). 그 외에 일상생활에서 다양한 추론에도 요구된다(Capon & Kuhn, 1979; Kuhn & Brannock, 1977). 둘째는 자료들이 암시하는 바로 고교생 및 대학생, 일반 성인 중 절반 이하만이 완전한 형식적 조작기의 추론 능력을 가지고 있다는 것(Chiapetta, 1976)으로 이 자료의 백분율은 개개인의 특정 검사에 대한 친화도에 따라 약간의 변동이 있을 수는 있다(Dasen, 1977; Sinnott, 1975). 또한 흥미 있는 점은 형식적 조작기의 추론 능력과 전통적 지능검사의 연관성(Kuhn, 1976)이 있음에도 표준 지능검사에서 좋은 결과를 보여준 개인 중 상당수가 형식적 조작기의 추론 능력을 완전히 갖추지 못했을 수 있다는 것이다(Nucci & Gordon, 1979). 교육 목표로서 형식적 조작기의 추론을 획득하는 것이 보기와는 다르게 구체적 조작기를 조기에 도달하는 것 보다 더 가치 있는 이유는 정상적인 모든 사람들이 실제로 완벽한 구체적 조작기의 추론을 할 수 있지만 똑같이 모든 사람이 형식적 조작기의 추론을 할 수 있는 것처럼 보이지 않기 때문이다.

형식적인 조작기의 추론을 얻고 과학적 개념을 가르치는 프로그램의 한 예로 카프러스(Karplus, 1974)의 과학 교육과정 개선 연구(Science Curriculum Improvement Study, SCIS)가 있다(Lawson, 1975; Lawson, Blake, & Norland, 1975; Lawson, Runner, 1975; Lawson & Wollman, 1975). 과학 교육과정 개선 연구와 여기서 파생된 프로그램들은 초등학교에서 고등학교까지 학생들을 위해 개발되었다. 과학 개념은 세 단계로 제공되는 활동에 의해 학습된다. 탐구 단계(exploration phase)에서 학생들은 재료를 조작하고 결과를 관찰한다. 다음 발명 단계(invention phase)에서 교사는 기호와 용어를 소개해 학생들이 자신이 관찰한 것을 표현하는 데 도움이 되도록 한다. 마지막으로 발견 단계(discovery phase)에서 학생들은 배운 것을 더 일반적이고 추상적인 문맥 속에 적용한다. 이 프로그램이 원하는 결과는 형식적 조작기의 사고를 개발하고 과학적 개념에 통달하는 것이다. 형식적 조작기의 사고를 훈련시키기 위한 노력은 아직 초기 단계에 머물러 있어 아직 그 타당성을 평가하기는 어렵다.

교육목표 유도: 지식 및 지식에 관련된 기술. 피아제의 이론을 이용하여 지적 기능을 개발하는 교육 목표를 유도하기 어려웠지만 그 보다 훨씬 더 지식과 지식 기반 기능을 개발하는 목적으로 피아제의 이론을 이용하기가 어렵다. 피아제의 이론은 근본적으로 지능 발달에 대한 이론이다. 피아제 이론은 학습을 교육학적 관점에서 특정한 과업에 한정된 것으로 보았으며 일반적 기능의 학습을 부차적인 것으로 간주했다(Lawton & Hooper, 1978).

교육 환경에 나타난 피아제의 이론은 전형적으로 사고 활동 프로그램과 연관되어 앞 절에서 설명한 활동과 같은 선상의 활동에 추가적인 일상적 읽기, 쓰기, 산수가 포함된다(Furth & Wach, 1974; Kuhn, 1979a). 아직까지는 피아제적 사고 활동과 전통적 교육 기관에서 학습 및 여러 과학 지향적 프로그램의 가능한 예외들이 통합되지 않았다(예: Karplus, 1974; Lawson, 1975). 심지어 이들 프로그램에서조차 이론과 프로그램 사이의 관련성이 다소 희박하다.

교육목표 달성: 지적 기능. 교육 목표로서 지능 개발의 유용성에 관해 제네바적 입장이 기술하는 것을 보면, 피아제의 접근법에서 교육 목표달성의 의미를 발견하기 어렵다는 것은 놀라운 일이 아니다.

한 가지 접근법에서는 지능 수준을 과제에 따라 진단하려고 시도했으며 과제를 통해 다양한 피아제적 개념을 측정했다. 그리고 측정 결과에 따라 교정 교육을 설계했다. 투덴햄(Tuddenham, 1975)의 경우 일련의 피아제적 과제를 구성하여 지능 수준을 측정했다. 투덴햄의 접근법은 대체로 인정받지 못했는데 그 이유는 피아제의 이론에 집착하여 (a) 비실제적이며, 특히 개별화된 임상적 평가에 선호되는 방법이 이용되었을 때 비실제적이고 (b) 현명하지 못한데, 지능 구조가 훈련될 수 있다는 사실은 아직 의문으로 남아 있기 때문이며 (c) 훌륭한 교육 관행을 거슬리는데, 외적으로 부여된 과제를 이용할 때 학습이 금지되기 때문이며 대부분의 훈련 프로그램이 같은 경우였다(Duckworth, 1979a; Furth, 1970; McNally, 1974; Piaget, 1970). 더 나아가 아마 피아제적 과제를 학교교육 과정에 포함시키는 것은 실책으로 피아제적 과제는 단지 인지 기능 수준에 대한 척도에 지나지 않기 때문이다. 클라우스마이어(Klausmeier, 1979)가 제안한 바는 피아제적 과제를 가르치는 유추는 지능 발달을 목적으로 지능검사의 특정 문항을 가르치는 것과 같다고 했다.

교육 목표달성: 지식 및 지식 관련 기능. 피아제의 이론은 지식과 지식 기능의 발달에서 교육목표 달성에 대한 교육적 의미의 유용한 자료를 제공한다. 피아제 이론의 네 가지 일반적 의미를 고려해 보자.

1. **적극적인 발견이 수동적이고 수용적인 학습보다 유리하다.** 피아제(1970)는 두 가지 유형의 학교를 구분했다. 전통적 학교는 외부로부터 학생에게 과제를 부여하는 것으로 특정 지었으며 보통 교사가 과제를 부여한다. 피아제 및 존 듀이(John Dewey)에게 있어서, 다른 사람이 부여한 과제는 내적 관심과 대립되며 따라서 학습에도 대립된다(McNally, 1974). 교육계 일부에서는 미국의 교육자와 심리학자들을 비난하는데, 비난의 초점은 개인에 대한 환경의 영향에 대한 연구에 너무 집착한다는 것으로, 이때 개인은 정보자료의 수동적 수용자에 지나지 않는 것으로 인식되었다(Reid, 1979). "적극적 학교교육"은 반면 적극적 발견 학습으로 특징지어졌다. 학생은 어떤 과업에 대해 적극적으로 활동하는 상황에서 학습하는데, 실질적 결과를 얻은 후에 그 결과를 이해하는 시도를 통해 학습한다(Athey & Rubadeau,1970; Duckworth, 1979a; Reid, 1979).

   피아제의 교육에 대한 전반적인 관점은 존 듀이(1968)의 실험주의적 입장과 비슷하다. 실험주의적 입장이 주장하는 바는 지식 발전은 활동을 통해 이루어지며 특히 과학적 방법을 환경이 제공하는 모든 문제에 적용하여 발전이 이루어진다는 것이다. 학습 단계와 관련된 활동은 (a) 문제 인식 (b) 문제 정의 (c) 문제를 해결할 가설 제안 (d) 각 가설들의 의미 추론 (e) 가설 검증이다(McNally, 1974).

   전통적인 학교와 적극적인 학교 간의 명확한 구분은 아마 너무 단순화시켜서 설명하는 것이겠지만 그 구분의 요점은 중요한 것이다. 피아제의 관점은 명확하게 오늘날 열린 학교(open school)에서 실천하고 있는 교육 프로그램을 전통적인 학교의 프로그램보다 선호하는 방향을 제시하는 것처럼 보인다(Lawton & Hooper,

1978).

2. 학교 학습에서는 근본적으로 동기가 중요하다. 학습동기의 중요성은 어떤 학습 상황에서 대부분의 활동은 교사가 아닌 학습자에 의해서 이루어진다는 관점을 따른 것이다. 특히 흥미 있는 것은 동기 개념이 인지 구조의 기능 속에 깊이 박혀 있다는 것이다. 동기는 지능 구조의 조작에서 직접 유도된다(Furth, 1970). 피아제에 의하면, 지능 구조의 조작에 의한 동기는 매우 흥미 있는데 적합한 참신성을 개인에게 제시하기 때문이며 적합한 참신성은 개인의 인지 구조가 순응할 수 있는 정도의 참신성이다. 즉, 참신성(novelty)이 부족하면 지루해지고, 또 참신성이 너무 크면 개인이 영향을 주지 못한다.

   이 관점은 과제와 아동의 지능 구조를 짝짓는 것의 중요성을 제기하지만 의문인 것은 어떻게 짝짓기를 잘 수행하는가에 대한 방법이다. 개인이 어떤 상황에 적용하는 지능 구조를 정확히 알 수 없기 때문에 일반적으로 권하는 것은 광범위한 과제를 준비해서 과제를 받은 아동이 어디에 흥미를 느끼는지 관찰하는 방법이다. 어떤 아동이 흥미를 느끼는 과제는 아마 그 아동의 현재 인지 구조에 가장 적합한 과제일 것이다(Farham-Diggory, 1972: McNally, 1974).

3. 실질적 학습 상황이어야 한다. 실질적 학습 상황이란 개인의 자연스런 활동과 일치하는 상황이다(Duckworth, 1979a). 학교에서 학습은 개인이 현실에 대해 자연스런 형태의 학습과 같아야 한다. 학교가 할 수 있는 가장 중요한 것은 학생이 스스로 생각할 기회를 가져보지 못한 사항들에 대해 생각하도록 격려하는 것이다. 밀접하게 관련된 사항으로 실제적인 것은 구체적인 것이란 점인데, 적어도 형식적 조작기에 도달하기 전까지 그렇다. 따라서 구체적인 학습 재료를 다루는 활동을 권장하게 되는데 적어도 형식적 조작기에 도달 할 때까지이다(Ginsburg & Opper, 1979).

4. 유연성이 필수적이다. 최적의 학습 상황은 학습자가 계획을 수립하여 장기적 목표를 달성하는 상황으로 목표 달성에 허용되는 접근법과 경로로서 광범위한 여유를 두는 것이다(Athey & Rubadeau, 1970; Duckworth, 1979a).

요약

피아제 이론의 교육적 의미를 유추하기 어려운데 이유는 피아제의 이론이 지적 발달에 관한 이론이며 교육적 의미에서 단어를 학습하는 것에 대한 이론과 거리가 있기 때문이다. 따라서 피아제의 이론이 교육적 의미에 있어서 분명하지 않다면 교육적 의미를 갖도록 의도하지 않은 것이다. 우리가 피아제의 인지발달 이론이 교육에 광범위하게 이용하기가 적절치 않다고 생각하는 네 가지 이유를 논의에서 제기하면서 결론을 도출해 내고, 한 편으로 그 네 가지 의미에 대해 우리가 동의한다는 것을 나타낸다.

1. 피아제의 이론은 수행 보다 능력에 관한 이론이다. 능력은 한 사람이 할 수 있는 모든 것을 참조한 것으로 그 능력을 완전히 적용하는데 방해하는 내적이든 외적이든 어떤 제한도 고려하지 않은 것이다. 수행(performance)은 드러난 능력만을 참조한다. 몇 가지 요인은 능력을 제한하는 작용을 하며 제한 요인으로는 동기, 외적 자원, 집중 같은 것이 있다. 교육자는 눈에 보이는 수행뿐만 아니라 내재하는 능력을 고려해야 한다. 그렇지 않으면, 교육자는 학생에게 비현실적인 목표치 설정하게 된다. 실제로 피아제 이론에 근거한 프로그램들은, 어떤 것이든 목표 설정에 관해서, 학생들이 성취하기에 너무 높은 목표를 설정하는 것처럼 보인다. 수행보다 능력에 기반을 둔 것이면 어떤 교육 프로그램에서도 같은 결과를 기대할 수 있다(Sternburg & Davidson, 인쇄 중)는 사실은 교육자들이 지능 구조를 개발하려는 노력을 중단하고 대신 개인이 자신의 지능 구조를 이용하여 현실에 대한 새로운 사실을 학습하는 데 관심을 기울여야 한다는 것을 암시한다. 다른 말로 덕워드(Duckworth)가 주장하기를 교육자는 능력보다 수행에 더 관심을 가져야 한다고 했다.
2. 지능 구조 발달의 각 단계가 긴 시간에 걸쳐 있기 때문에 각 단계별 연속 적인 지도의 유용성이 제한된다. 각 단계에서 일반 지침을 제시할 수 있지만 확실히 특정 과정의 교육적 목표를 제시할 수는 없다. 한 단계가 지속되는 시간 범위 또는 하위 단계에 의한 시간 범위조차 너무 길다. 비록 확인된 발달상의 시간 경과에 따라 더 세분된 단계〔소위 수평적 격차(horizontal decalagies)〕로 구분할 수 있지만 이들 시간 경과가 이론에서 예외적인 것으로 간주되기 때문에 연속적인 지도에 별 도움이 되지 못한다.
3. 피아제의 인지발달 이론은 학습보다 성장을 강조했다. 피아제의 이론이 강조한 것은 명백하게 시간에 따라 미리 계획된 경향의 기술이 나타나는 것에 초점을 두고 있다. 학습과 학습 환경의 영향에 의해 약간의 차이만 발생할 수 있다. 피아제는 환경을 무시하지 않았다. 반대로 개인이 환경과 상호작용하는 것을 강조했다. 그러나 인지 구조의 발전은 기본적으로 성숙되는 것으로 믿었고 초기부터 주목한 것처럼 피아제 학파는 그것이 무엇이든 지능 구조를 가르치려는 어떤 시도도 무시했다.
4. 피아제의 이론은 어떤 실험적 근거가 부족하여 현재까지 교육적 개입의 근거로서 미흡하다. 초기에 알려진 것처럼 피아제의 이론에 대한 실험적 근거는 기껏해야 혼란스러운 것이었다(Brainerd, 1978; Brown & Desforges, 1979; Siegel & Brainerd, 1978). 시

간이 지남에 따라, 연속적으로 이론의 상당 부분이 새로운 자료에 의해 약화되었다. 따라서 틀린 이론에 근거를 두어 개입이 부분적이라도 실패하지 않도록, 교육 현장에서 피아제 이론의 적용을 꺼리게 되었다.

요약하면, 교육자로서 피아제의 이론을 교육적 개입에 적용하려고 시도하는 사람은 실행에 옮기기 전에 멈추는 것이 현명하다. 동시에 이론에서 유도된 몇 가지 의미 중 특히 활동적인 학습, 동기화, 실용성, 유연성에 적용된 의미들은 주목할 가치가 있다. 아마도 교훈을 배웠다면 이론을 전체적으로 적용하기보다 선택적으로 몇 가지 측면을 이용한다면 성공적이고 실제적으로 유용한 프로그램을 고안할 수 있을 것이라는 점이다.

정보자료 처리 접근법의 교육적 의미

피아제의 관점에서 교육 목표를 유도하려 했던 우리의 노력과 비교해 보면, 정보자료 처리적 관점에서 교육 목표를 유도하는 시도가 쉽다. 그러나 교육 목표를 유도하는 시도가 여기서도 수월하지 않은데 그 이유는 특히 인지 심리학과 교육 사이에 틈이 있어왔고 앞으로도 그 틈은 상당히 크게 존재할 것이기 때문이다.

교육목표의 유도: 지적 기능. 지능의 정보자료 처리 이론은 교육목표를 유도하는 목적으로 사용될 수 있는데 정보자료 처리적 관점은 과제 수행을 내재적인 정신 작용으로 분해하는 수단을 제공하기 때문이다. 교육 목표를 개발하여 식별된 정보자료 처리 요인을 집행하는 효율을 개선할 수 있다.

이 접근법의 예는 휘틀리와 다위스(Whitely and Dawis, 1974)에 의해 제공되었다. 도시권내 고등학교에 다니는 학생들을 어휘 유추 문제를 풀도록 훈련하였다. 어휘 유추 문제는 의사:환자::변호사:(판사, 의뢰인)과 같은 유형으로 앞에 설명한 것과 같은 문제이다. 학생들이 받은 훈련은 다음 요인의 다양한 조합으로 구성되었다. (a) 어휘 유추 연습, (b) 정답에 대한 되짚어 주기(feedback), (c) 유추 관계의 형태와 같은 주제에 대한 교육(예: 대조, 기능적 관계, 기타 유사한 것), (d) 유추의 형식적 구조에 대한 교육. 초기의 유추에 대한 정보자료 처리 분석은 훈련을 위한 이론적 배경을 제공하는데 이용되었다. 관계와 재투입 교육과 구조에 대한 교육을 받은 학생 집단에서 유추 추리에 대한 사후 검사 결과 유추 능력이 향상되었다. 휘틀리와 다위스와 유사한 다른 연구에서 다양한 종류의 추론 문제를 수행하는 아동의 능력이 향상되었다고 보고했다(Holzman, Glaser, & Pellegrino, 1976; Sternberg & Weil, 1980).

유사한 접근이 지능 발달이 약간 늦은 사람의 기억 수행을 개선시키는 작업에 적용되었다. 예를 들어, 엔그레와 나그레(Engle and Nagle, 1979)는 지능 발달이 약간 뒤쳐진 초등학교 5학년과 6학년생에게 공통된 주제를 가진 일련의 그림을 기억하는 것에 대한 세 가지 전략을 훈련시켰다. 의미적 부호화 전략 집단의 훈련 방식은 각 문항의 의미와 문항에 대한 개인적 경험 및 그 기능, 목록 상에 있는 같은 부류의 다른 문항에 대해 생각하도록 하는 것이다. 청각적 부호화 전략 집단은 단어의 발음을 생각하면서 그림의 음성 언어적 표시를 반복하여 암기하도록 지도했다. 훈련되는 전략의 선택은 기억 수행에 대한 정보자료 처리 이론에 따랐다. 훈련의 결과에 의한 기억 수행은 의미적 부호화 전략 집단이 훈련 후 7일까지 가장 우수했다. 7개월 후의 추적 연구에서 비록 전략을 사용하도록 유도했을 때, 수행 결과는 여전히 의미적 부호화 전략 집단이 가장 우수했지만, 전략이 유지된다는 증거를 발견하지 못했다.

비슷한 결과가 다른 연구 결과(Brown & Barclay, 1976; Butterfield, Wambold, & Belmont, 1973)에서도 보고되었지만, 영속성이나 훈련 전이의 증거는 빈약했다. 지능 발달이 늦은 사람을 대상으로 전이 검사를 했을 때 거의 아무 것도 발견되지 않았으며 심지어 매우 유사한 문항과 과제에 대해서도 결과는 같았다(Resnick, 1981). 정상 지능을 가진 사람이 지능 발달이 늦은 사람보다 더 큰 전이를 보이는지에 관해서는 아직 결론을 내리지 못했다. 전이 문제에 대한 관심에 의해 강조의 중심이 하위 수행요인에서 상위 인지적(matacognitive) 수준으로 이동되었으며, 상위 인지적 수준에서 계획과 결정 처리가 집행된다. 가용하게 된 증거가 강조하는 점은 상위 인지적 훈련이 어느 정도 영속성과 전이를 초래한다는 것이다.

켄달과 보코위스키, 카바나우(Kendall, Borkowski, and Cavanaugh, 1980)는 공통적 사물의 그림 쌍(pair)을 기억하기 위한 의문 전략의 유지와 일반화를 연구했다. 전략 구성은 아동들이 암암리에 기억해야 할 각 쌍에 대해 네 단계 처리를 수행하도록 했다. 네 단계 처리는 (a) 쌍에 있는 문항의 관계를 말한다, (b) 관계에 대한, '이유'대한 의문을 가져본다, (c) 문항을 의미 있게 분석한다(즉, 문항의 의미를 생각한다), (d) 이유에 대한 의문에 의미적 분석을 적용한다. 전략의 유지와 전이를 강화하기 위해 훈련은 다음 특성을 갖도록 했다. (a) 능동적 학생 참여, (b) 확장된 전략 훈련, (c) 문항 쌍의 의미적 처리, (d) 사용 전략의 가치에 대한 재투입 제공, (e) 실험자가 제공한 많은 예를 사용하여 전략의 요인들을 설명하는 수단으로 사용, (f) 전략의 요인에 대한 체계적 소개, (g) 훈련 과정이 진행되는 동안 실험자의 개입 감소. 연구 결과 전략의 유지는 적어도 일주일 정도 성공했고, 새로운 과제에 대한 일반화도 이루어졌는데 과제에서 학생은 세 개의 그림으로 된 집합을 기억해야 했다. 비록 이 실험보다 처음 문제에 대한 유사성이 더 적은 과제의 전이에도 주어진 앞의 결과가 적용되면 바람직하겠지만, 그것이 무엇이든 전이가 발견되었다는 점은 매우 인상적이며, 지적 기능을 훈련시키는 비슷한 접근법의 성공이 다른 연구(Belmont, Butterfield, & Borkowski, 1978; Borkowski & Cavanaugh, 1979; Brown & Campione, 1977, 1981; Lipman, Sharp, & Oscanyan, 1979, 1980; Ross & Ross, 1978)에서도 보고되었다.

정보자료 처리 분석에 근거를 둔 대규모 훈련 프로그램에 관한 연구는 포이에르스타인(Feuerstein, 1980)의 도구적 심화(Instrumental Enrichment: IE) 프로그램이 있다. 지능 발달이 늦은 학습자를 위한 이 광범위한 프로그램은 많은 국가들에서 적어도 성공에 대한 실험적 지표와 함께 적용되었다. 포이에르스타인은 정보자료 처리의 세 개의 중요 단계를 제안했으며 세 국면은 입력단계, 조작단계, 출력단계이다. 각 단계 속에서 포이에르스타인은 각 단계에서 특정한 손상을 식별하여 그 손상을 훈련 프로그램의 대상으로 삼았다. 특정 약점의 예에는 (a) 두 정보자료원을 한꺼번에 고려하는 능력에 대한 부족 또는 손상으로 정보자료를 조직된 사실 단위가 아닌 조각난 형태로 다루는 결과를 초래하고, (b) 모호하거나 개괄적인 지각으로 자극을 보는 정밀도와 자극을 기술하거나 자극들을 적절히 구분하는데 필요한 완성도의 부족이 특징이며, (c) 자료를 수집하는데 필요한 정확도나 정밀도의 부족 또는 결함이 있다. 비록 프로그램이 IQ와 같은 검사에 대한 수행 훈련에 집중했더라도, 동기적 요인으로서 지능 발달이 지연된 수행자가 자신의 모든 능력을 발휘하도록 격려하는 것이 관계된다. 프로그램의 범위 때문에 프로그램에 대한 완전한 논의는 이 논문의 범위를 벗어난다(더 자세한 논의와 평가는 스턴버그의 신문 기고를 참고하기 바란다. Sternberg, 인쇄 중-a).

요약하면, 지능의 정보자료 처리 이론은 지적 행동을 요인으로 분해를 가능하게 했으며, 각 요인은 훈련을 위한 개입 위치의 역할을 했다. 훈련의 전이는 적어도 부분적으로 인지적 수준만큼 상위 인지적 수준의 훈련에 영향을 받는 것처럼 보인다.

교육목표 유도: 지식 및 지식에 관련된 기술. 바로 과제를 분해하는 것이 가능하고 과제분해가 지적 기능을 측정하는 수단이라고 믿기 때문에 과제를 분해하는 정보자료 처리 기법을 이용하는 것이 가능하며, 학구적 지식과 지능을 획득하는데 관련된 기능을 분리할 수 있다. 지적 과제를 관찰하면서 상위 인지적 처리에 초점을 맞추는 경향은 학구적 과제에 대한 연구 문헌에서도 명백하게 나타난다.

학교교육 환경에서 상위 인지적 기능의 중요성에 대한 증거는 초등학교 5학년 학생들을 대상으로 실시한 일련의 연구에서 나왔고 이 연구는 브랜스퍼드와 프랭크스, 스타인 및 그의 동료들에 의해 수행되었다(Bransford et al., 1982; Franks et al., 1982; Stein, Bransford, Franks, Owings, Vye, & McGraw, 1982; Stein, Bransford, Franks, Vye, &

Perfetto, 1982). 공간 제약 때문에 이들 문헌에 대한 자세한 검토는 이 논문에서 제외했지만, 한 가지 결과는 간략하게 기술하겠다. 학구적으로 성공적이지 못한 5학년생과 비교하여, 성공적인 5학년생들은 (a) 상대적 어려움에 대한 초기 판단이 매우 정확했는데 상대적 어려움은 임의적이지 않은 관계를 나타내는 문장을 기억하는 것(예: "힘센 사람이 그의 친구가 피아노를 옮기는 것을 도와준다.")에 대한 임의적 관계를 표현한 문장(예: "힘센 남자가 아침을 먹으며 신문을 읽는다.") 기억할 때 어려움이며(임의적 관계를 나타낸 문장이 더 기억하기 어렵다), (b) 두 가지 형태의 문장을 기억하는 훈련을 받은 후 자신의 초기 어려움에 대한 판단을 더 정확하게 수정할 수 있었다. 학문적으로 성공적이지 못한 5학년 학생들이 받은 훈련은 (a) 상대적으로 임의적 구성의 문장을 평가하고 (b) 문장 속 관계를 임의성을 줄이는 지식을 활성화시키는 훈련이다. 훈련 후, 이 학생들도 임의적 문장과 비임의적 문장의 기억에 관련된 어려움을 더 정확하게 판단했고, 더 중요한 것은 더 좋은 암기력을 보였다.

릭네이(Rigney, 1980)는 학습자가 다음과 같은 여섯 가지 질문에 대해 계속 답을 구하고 있다는 제안했다. (a) 이것은 무엇인가? (b) 이것으로 무엇을 해야 하는가? (c) 어떤 방법으로 할 수 있는가? (d) 가능한가? (e) 어떻게 하고 있는가? (f) 끝을 냈는가? 일상적 사건에 대해서, 이 질문은 학습자의 무의식 속에서 자동적으로 제기된다. 일상적 사건이 아닌 경우, 답이 확실하지 않을 것이며 의식적으로 인지적 자원을 적용해야 할 필요가 생긴다. 자체감독(self-monitoring) 기능은 릭네이에 의해 학구적 과제를 수행하는데 필수적인 것으로 식별되었으며, 과제 수행에는 길게 늘어선 조작 속에 자신의 위치를 유지하면서 하위 목표 중 달성된 목표를 기억하고, 오류를 검출하며, 오류를 복구하는 빠른 수정이나 정확한 조작으로 생각되는 가장 최근의 조작으로 복귀하는 것이 포함된다. 이때 감독기능은 "앞을 내다보기"와 "뒤돌아보기"가 모두 포함된다. 앞을 내다보기에 포함되는 것들은 조작들의 배열 순서로 된 학습구조 및 오류가 발생할 가능성이 있는 영역 식별, 오류를 적게 내면서 오류 발생시 쉽게 복구할 수 있는 전략 선택, 다양한 시점에서 가용한 되먹임 종류 식별, 다양한 종류의 되먹임에 대한 유용성 평가이다. 뒤돌아보기는 앞에서 발생한 오류 검출 및 현재까지 진행된 조작과 앞으로 진행될 조작의 기록 유지, 과제 수행에 대한 금방 제출된 결과의 논리성을 평가하는 것이 포함된다.

콜린스와 스미스(Collins and Smith, 1982)의 독해를 가르치는 프로그램은 릭네이가 과제 수행에서 상위 인지를 강조한 관점을 공유한다. 콜린스와 스미스에 의해 제안된 네 종류의 이해 실패(comprehension failure)는 (a) 특정 단어에 대한 이해 실패, (b) 특정 문장에 대한 이해 실패, (c) 문장 간 관계에 대한 이해 실패, (d) 주제들이 전체로 통합되는 방법에 대한 이해 실패이다. 예를 들어, 문장 이해에 대한 실패에는 어떤 해석도 발견할 수 없는 상황이 포함되며, 실제적 이기에는 너무 추상적인 해석을 한 것, 상충되는 여러 개의 해석을 찾은 것, 기존의 지식에 반하는 해석을 찾은 것들이 포함된다. 이해 실패에 대한 처방으로 교육되는 여섯 가지는 (a) 무시하고 계속 읽기, (b) 판단 유보(즉, 기다리면서 다음 몇 개의 문장에서 실패가 해결되는지 본다), (c) 대략적 가설 형성, (d) 현재 문장 다시 읽기, (e) 앞의 문장을 다시 읽기, (f) 전문적 자료(expert source) 참조이다. 이 프로그램이 직접적인 독해 교육으로서 최근에 실행되기 시작하였으며, 따라서 효과는 아직 나타나지 않고 있다.

그리노(Greeno, 1980)는 과제 수행에 대한 정보자료 처리 분석을 고안했으며 이를 위해 퍼딕스(Perdix)란 이름의 컴퓨터 시뮬레이션 모형을 개발했다. 퍼딕스는 기하학 문제를 해결하는데 필요한 지식을 나타낸다. 프로그램 개발은 주로 중학교 3학년(ninth grade) 학생이 기하학 문제를 풀면서 하는 생각에 대해 말하는 것을 관찰하여 이루어 졌다. 그리노는 세 영역의 지식을 확인하고 그 영역이 기하학 문제를 푸는데 요구된다고 생각했다. 그 영역은 추론에 이용되는 명제 및 유형을 인식하기 위한 지각적인 개념, 목표 설정과 계획을 위한 전략 원칙이다. 세 번째 영역인 전략 원칙이 우리가 이 논문에서 특히 관심을 갖는 영역이다. 이 영역에 포함된 전반적 계획이 결과를 얻도록 유도할 수 있다. 예를 들어, 두 각이 합동이라는 것을 증명하는데 세 가지 접근법이 있다는 지식은 문제 해결 전략을 선택하는데 이용될 수 있는 지식의 예이다.

릭네이, 콜린스와 스미스, 그리노의 관점은 학구적 수행에서 상위 인지를 강조하는 관점에 대한 증가 추세를 대표한다(Brown, 1978, 1980; Carro, 1980; Flavell, 1976; Snow, 1980). 상위 인지 이론가들은 공통적인 믿음을 가지고 있어, 특정한 전략을 가르치는 것은 결국 성공하지 못하며 일반적 원칙과 그것을 과제의 다양한 영역에 적용하는 방법을 가르쳐야 한다고 믿는다.

교육목표 달성: 지적 기능. 정보자료 처리 관점에 대한 최근의 연구가 교육목표에 대해 갖는 의미는 인지 기능뿐만 아니라 상위 인지 기능도 훈련시킬 수 있다는 것이다. 이 의미를 따르는 프로그램의 예는 대학의 학부 과정에서 전반적 학습 능력을 개발하기 위해 고안된 것이다(Dansereau, 1979). 프로그램은 학습에서 집행 수준의 6단계를 강조하며 6단계를 나타내는 단어의 첫 문자를 연결하면 섬뜩하지만 흥미 있는 단어 MURDER가 된다. 각각 M은 학습 분위기(Mood) 설정 단계, U는 읽고 이해(Understanding)하는 단계, R은 교재를 보지 않고 내용을 다시 회상(Recalling)하는 단계, D는 강조에 의해 내용을 소화(Digesting)하는 단계, E는 자문(self-inquiry)을 통해 내용을 확장(Expanding)하는 단계, 마지막 R은 시험이나 실제에 적용했을 때 실수를 검토(Reviewing)하는

단계이다.

M－학습 분위기(Mood) 설정 단계
U－읽고 이해하는(Understanding) 단계
R－교재를 보지 않고 내용을 다시 생각하는(회상, Recalling) 단계
D－강조에 의해 학습 내용을 소화하는(Digesting) 단계
E－자문(Self-inquiry)을 통해 내용을 확장하는(Expanding) 단계
R－시험이나 교수-학습 실제에 적용했을 때 실수를 검토하는(Reviewing) 단계이다.

각 집행단계는 하위전략 군(family)과 연계되어 있다. 이 프로그램을 마친 학생은 교과서 내용에 대한 이해력 검사에서 그렇지 않은 학생에 비해 상당히 높은 이해도를 보였다. 이 검사는 프로그램을 끝낸 후 일주일 후에 실시되어 적어도 단기적인 영속성을 나타냈다. 프로그램에 참가한 학생은 또한 공부 방법에 대한 자체보고(self-report measures)를 통해 큰 변화가 있었다고 말했다.

벨몽과 버터필드(Belmont and Butterfield)는 1977년 논문에서 인지적 교육법의 이용에 대한 전부 114편의 연구에 대해 검토했다. 114편 모두 상위 인지적 기능을 교육과 관계없었다. 벨몽과 버터필드, 페레티(Belmont, Butterfield and Ferretti, 1982)는 또한 1982년 논문에서 일곱 편의 직접 상위 인지 기능 교육에 대한 연구를 검토했다. 훈련을 일반화할 수 있다는 것이 일곱 편중 여섯 편의 논문에서 보고되었다. 벨몽 등(Belmont, et al., 1982)은 문제 해결을 위해 다음과 같이 상위 인지적 단계를 교육해야 한다고 제안했다. (a) 목표 결정, (b) 목표 달성을 위한 계획 수립, (c) 계획을 집행 (d) 계획이 효과 있었는지 평가, 답이 긍정이면 목표 달성, 답이 부정이면 다음 단계 진행, (e) 실제로 계획에 맞게 집행되었는지 평가, 부정이면 세 번째 단계로 복귀, 긍정이면 다음 단계로 진행, (f) 계획에 무엇이 잘못되었는지 평가하고 두 번째 단계로 복귀. 이들 단계 중 일부를 포함한 상위 인지 기능 훈련에 관한 연구의 예 중 하나로 본스타인과 큐에빌론(Bornstein and Quevillon, 1976)의 연구가 있으며 그들은 충동적 행동 경향을 보이는 네 살의 아동들을 교육하여 문제 해결에 관한 질문을 자신에게 해 보도록 했고, 사용된 문제는 지능검사에서 볼 수 있는 것과 같은 문제였다. 질문의 효과는 아동들이 질문을 통해 목표를 설정했고(단계 1), 문제 해결을 위한 계획을 세우는데(단계 2) 도움이 되었으며, 계획의 성공여부를 검토하도록(단계 4) 부추겼고, 계획이 성공했을 때 아동이 스스로 향상된 것을 느끼게 하였다. 비록 훈련이 실험실 환경에서 수행되었지만, 교실에서 학구적 문제를 풀 때 훈련의 전이가 보고되었다.

또 다른 프로그램으로 "문제 해결과 이해: 분석적 추론을 위한 단기 과정(Problem

Solving and Comprehension: A Short Course in Analytical Reasoning)"(Whimbey & Lochhead, 1980)이 있으며, 지능검사에 나오는 문제와 유사한 문제 해결에 필요한 상위인지 기능을 발달시키기 위해 고안되었다. 이 프로그램에서는 학생을 짝을 지워 한 학생이 자신의 동료에게 문제 해결을 위해 시도되는 단계를 불러준다. 동료는 오류를 지적하지만 수정하지는 않는다. 프로그램이 제공한 과제는 문제 해결 과정에서 범하는 네 가지 공통된 오류를 줄이도록 고안되었다. 네 가지 오류란 (a) 모든 관련 사실을 이용하지 못한 것에서 초래된 오류, (b) 체계적이고 단계적 접근에 실패하여 발생한 오류, (c) 절차를 뛰어넘어 성급한 결론에서 생기는 오류, (d) 문제에 대한 적절하지 않고, 정확하지 않은 표현을 사용하여 생긴 오류를 말한다. 이 프로그램에서 생각할 수 있는 제한은 많은 문제에 대해서 학생 동료가 오류를 지적하지 못할 수도 있는데 이유는 오류를 찾아야 할 동료 역시 문제를 푸는 방법에 대해 아는 바가 적어 문제를 실제로 풀고 있는 학생이 아는 정도 밖에 아는 바가 없기 때문이다.

비록 거의 모든 연구가 지적 기능의 개발에 대한 학교의 역할에 집중했지만, 일부 연구는 학교뿐만 아니라 학부모에게 관심을 가졌다.

특히, 부모가 아동의 지적 발달에 핵심적 역할을 한다는 주장에서 수년간의 부모-자녀 간 상호작용 과정에서 아동이 학습한 바에 따라 자체 제어(self-control) 전략을 만들어간다고 하였다(Brown & Campione, 1981; Feuerstein, 1980; Wertsch, 1978). 포이에르스타인의 제안은 부모와 학습 경험을 깊이 생각하는 것이 아마 어린 아동들이 학습하는 결정적인 방법이란 것이다.

교육 목표달성: 지식 및 지식 관련 기능. 목적을 지식과 지식관련 기능을 발전시키는데 두었을 때, 상위 인지적 수행에 대한 고려의 중요성이 고양되는 것은 학생들 특히 어린 학생들이 학습을 할 때 자신의 행동을 통제하는데 익숙하지 못한다는 증거가 계속 축적되고 있기 때문이다. 일반적으로 학생들은 맹목적으로 수업을 따르며 효과적인 과제 수행을 초래할 수 있는 방식으로 스스로에게 문제를 제기하지 않는다(Brown, 1980). 우리는 상위 인지적 수행의 네 분야를 언급할 것이며 학생들이 그것을 해결하기 어려운 것으로 알려져 있다(Brown, 1978, 1980).

1. 과제 난이도. 학생들은 상대적으로 덜 숙련된 모습을 보이는 분야가 과제의 난이도를 예측하는 것이며 언제 과제의 난이도가 눈에 띄게 변하는지 인식하는 것이다. 예를 들어 모이나한(Moynahan, 1973)은 어린아동들은 분류되지 않은 문항 집합을 기억하는 것이 분류된 문항집합을 기억하는 것만큼 쉬운 것으로 예측하며, 실제로 분류된 구조가 기억을 인출하는데 상당한 개선을 일으켰음에도 난이도를 똑같은 것으

로 예측하는 것을 발견했다. 유사한 경우로 텐네이(Tenney, 1975)가 유치원생과 초등학교 3, 6학년 학생들에게 기억하기 쉬운 단어장을 만들 게 했다. 발달적 차이의 발견은 고학년의 학생들은 분류법에 따라 구분된 체계가 단어장을 더 기억하기 쉽게 만든다는 통찰력을 나타내는 경향이 더 큰 것에서 나타난다(Brown, 1975, 1978; Brown, Campione, & Murphy, 1977; Flavell, Friedrichs, & Hoyt, 1970; Salatas & Flavell, 1976; Smirnov, 1973).

2. 이해력 조절. 학생들은 과제 지침과 구문 정보자료, 구두 의사전달에서 이해불가성(incomprehensibility)과 미완결성(incompleteness)에 무감각함을 나타냈다. 예를 들어 마크만(Markman, 1977)은 우선 초등학교 1학년에서 3학년 학생들에게 요청하기를 아동들에게 마술사의 속임수를 가르치는 방법을 찾도록 도와달라고 했다. 속임수에 대한 지침으로 학생들에게 제시된 것은 이해할 수 없는 것이었다. 지침을 제시한 후 학생들에게 10가지 탐색적 질문을 하여 지침의 이해 불가능성을 학생이 어느 정도 인식했는지를 측정했다. 나이가 많은 학생일수록 최소 탐색 질문만으로도 지침의 이해 불가능성을 인식했다는 것을 보였다. 어린 학생들은 종종 자신이 이해하지 못했다는 것을 깨닫지 못하다가, 지침을 이용해서 마술을 보이려고 시도하고 나서야 그 사실을 깨달았다. 또 다른 모형에 의한 예로 아이언스미스와 화이트허스트(Ironsmith & Whitehurst, 1978)는 유치원생과 초등학교 2, 4, 6학년생들에게 화자(speaker)가 하는 말을 듣고, 네 개의 그림 중 화자가 전달한 의미에 맞는 그림 하나를 선택하도록 했다. 학생들은 추가 정보자료가 필요할 경우 질문을 하라는 지침을 받았다. 화자가 전달한 의미는 그림들 중에서 선택을 할 수 있을 만큼 정보자료를 제공할 수 도 있었고 또는 모호하여 네 개의 그림 중 두 개가 화자의 구술을 만족시킬 수도 있었다. 유치원생들은 정보자료가 충분한 경우와 모호한 경우 모두 똑같이 반응했다. 초등학교 2학년생은 때때로 전반적으로 더 많은 정보자료를 요구했고, 4학년과 6학년생들은 부족한 정보자료에 대한 특정한 질문을 하였다. 비슷한 결과가 다양한 모형에서 발견되었다(Asher, 1978; Cosgrove & Patterson, 1977; Karabenick & Miller, 1977; Patterson, Massad, & Cosgrove, 1978; Shatz, 1977).

3. 학습시간 분배. 학생들은 사전 계획에 많은 어려움을 보였으며 특히 학습시간 분배에 많은 어려움을 겪는다. 학습시간 분배는 예상되는 검사에서 어떻게 학습을 하는 가로 참조되며 여기에 포함되는 것은 무엇이 기억해야 하는 중요 상이고 무엇이 아닌지에 대한 결정, 학습을 개선할 수 있는 전략이나 전술 선택, 선택한 전략이 얼마나 성공적이었는지를 결정하고 새로운 전략이 필요한지 아닌지에 대한 결

정이다(Brown, 1980). 실험적 유사성을 개발하여 아동들의 학습시간 이용에 대한 간단한 사례를 연구했다(Brown & Campione, 1977; Masur, McIntyre, & Flavell, 1973). 아동들은 여러 번의 학습시도를 통해 일련의 그림을 기억하는 과제를 받았다. 각각의 연속적 시도 후에, 아동들은 다음과 같은 시도를 위해 문항들 중 반만 선택하도록 했다. 어린 아동과 학습이 느린 아동들은 무작위로 다음 학습 문항들을 선택했다. 초등학교 3학년 이상의 아동은 앞의 시도에서 빠뜨린 문항을 다음 학습을 위해 선택한 것이 발견되었다. 명백하게 그들의 전략이 더 현명한 것이다.

4. 자신의 수행에 대한 예측. 학생들이 자신들의 수행을 감독하고 당면한 문제에 숙달되는데 충분한 학습을 완료한 시점을 결정하는데 어려움을 보이고 있다. 예를 들어, 브라운과 바클리(Brown & Barclay, 1976; Brown, Campione, & Barclay, 1978)는 아동이 공통된 주제에 대한 일련의 그림을 오류 없이 기억할 수 있는 시점을 결정하는데 보여 주는 정확성을 연구했다. 그들의 연구 대상은 지적 연령 6에서 8세 사이의 교육 가능한 지적 장애아(Educable Mental Retardation, EMR)들로 구성됐다. 학생들은 기억을 돕는 기억전략을 교육받고 모든 그림을 암기할 때까지 기억전략을 계속 사용하도록 지도 받았다. 극히 일부 참여자만 언제 자신이 학습을 마쳤는지를 추정할 수 있었다.

이 연구 및 다른 계통의 연구에서 나온 양상은 어린 아동과 지적 발달 장애아들이 거의 상위 인지적 인식을 보이지 않는다는 것이다. 몇 가지 증거에서 암시하는 바는 나이가 많은 학생들에서도 상위 인지적 기능의 적어도 몇 가지 분야에서 결함을 보일 수 있다는 것이다. 조사연구에서 앤더슨(Anderson, 1980)은 대학생들도 학습전략으로 읽기와 밑줄 친 후 다시 읽기 및 메모하기를 의문과 조사활동이 선행된 읽기나 읽기 후에 암송, 숙고 또는 평가를 적용하는 것 보다 더 선호하는 것으로 나타났다. 아직 후술한 학습전략이 우세하다는 것은 알려지지 않았다(Pauk, 1962; Robinson, 1970; Thomas & Robinson, 1972). 학생들이 일반적으로 권고되는 전략인 대충 읽기, 요약, 학습관행 문제, 자체 평가와 같은 전략을 자주 사용한다고 보고되지 않았다. 관련된 경향으로 그리노(Greeno, 1980)의 보고는 고등학생들이 전형적으로 기하학 문제를 푸는데 자신들이 사용한 전략을 설명하지 못했다고 하였다.

학습 프로그램의 한 예로 지식과 지식 관련 기능을 획득에 필요한 상위 인지 기능을 향상시키기 방향의 프로그램에는 "생산적 사고 프로그램: 사고 학습 과정(The Productive Thinking Program: A Course in Learning to Think, Covington, Crutchfield, Davies & Olton, 1974)"이 있다. 학생들은 복잡한 문제의 해답에 차근차근 단계적으로 접근하며 다양한 부분에서 자신의 개념으로 문제를 설명하도록 요구되어, 가능한 가설을 생성하고 문제 해결을 위한 대안적 접근법을 평가한다. 상위 인지 기능을 훈련하는 프로그램의 두 번째 예는 "CoRT 사고 프로그램(CoRT Thinking Program)"(de Bono, 1983, 인쇄 중)이다. 학생들은 일상생활의 문제 해결을 위한 사고전략을 배우며, 이때 일상적 문제는 직업 선택, 휴가에 얼마의 돈은 쓸 것인가를 결정하는 것과 같은 문제들이다. 프로그램을 통해 배우는 사고의 도구는 "PMI"란 약어 이름을 가진 것이다. 사고자는 우선 긍정적 측면(Plus direction)을 본다. 즉 문제에 대한 주어진 해답의 장점을 고려한다. 다음 사고자는 부정적 측면(Minus direction)을 본다. 즉, 해답의 단점을 고려한다. 마지막으로 사고자는 흥미 있는 측면(Interesting direction)을 보는데 해답이 가진 장점도 단점도 아닌 흥미 있는 결과를 고려하는 것이다. 이 프로그램은 최근 베네수엘라(Venezuela), 잉글랜드(England)를 비롯한 몇 나라에서 실험적으로 수행되었으며, 프로그램의 효율성에 대한 결과는 아직 사용할 수 있는 것이 없다. 유사한 훈련 프로그램과 지침이 수학과 과학적 문제 풀이에 요구되는 상위 인지 기능을 훈련시키기 위해 고안되었다(Hayes, 1981; Newell & Simon, 1972; Polya, 1957; Rubenstein, 1975; Wickelgren, 1974).

요약

지금까지 고려한 모든 것에서, 최근의 정보자료 처리 이론 연구의 주요 내용은 상위 인지적 학습을 기능 학습적 교육과정에서 인지적 기능과 함께 가르칠 것을 권고하는 것처럼 보인다. 상위 인지 기능에 대한 명시적 교육에 찬성하는 주장은 다음과 같이 이해하기 쉬운 주장이다. (a) 상위 인지 기능은 인지 수행에 핵심이며, (b) 학생들은 상위 인지 기능을 개발하는데 익숙하지 못한 것 같다, (c) 상위 인지 기능은 현재 대부분의 교육과정에 포함되지 않았다. 하지만 현재의 교육 관행을 급격히 개정하는데 신중한 것에는 이유가 있다. 상위 인지 기능에 대한 교육의 대규모 수행이 진실로 요구되는 것인지 확실하지 않다. 왜 그런지 몇 가지 이유를 고려한다.

1. **대규모의 상위 인지 기능 교육은 비실제적이다.** 한 가지 점에서, 우리는 이제야 상위 인지적 기능이 지능의 발달과 나란히 진행된다는 것을 어렴풋이 깨닫기 시작했다. 다른 점에서, 상위 인지 기능에 큰 결함을 보인 사람(어린 아동이나 어느 연령층에서든 다양한 검사에 대한 미숙련자)은 실질적으로 검사를 수행할 때 자신이 무엇을 하고 있는지 아무런 생각이 없는 것처럼 보인다. 심지어 적절한 상위 인지적 전략을 알려 주더라도, 그 결과 학생이 과제에 필수적인 내적 참조물(internal referent)을 갖게 되는 것 같지 않은데, 내적 참조물은 학생이 받은 지침의 장점을 적절하게

사용할 수 있도록 하는 역할을 한다. 학생이 계획을 하도록 가르치는 것은, 만약 학생이 무엇을 위한 계획인지, 즉 전략이 과제에 적용될 수 있다는 것을 모른다면 아무런 도움도 되지 못한다.

2. 상위 인지 활동의 효과는 외적으로 부여된다면 감소할 수 있어 학생에 의해 자발적으로 생성되어야 한다. 여기에는 적어도 몇 가지 제안이 있는데, 자발적으로 채택된 전략을 사용하는 학생의 수행이 교사나 실험자에 의해 제시된 전략을 사용하는 학생의 수행보다 우수하다고 했다.
3. 어떤 전략이 유리하다고 인식하는 것만으로는 실제로 학생이 그 전략을 사용하는 결과를 가져오기에 충분치 않다. 학생들에게 문제를 처리하는 일반화된 전략을 가르치는 것과 학생들이 그 전략을 사용하게 되는 것은 별개의 문제이다. 종종, 학생들은 자신들이 배운 것을 사용하지 않는 것처럼 보인다(Flavell, 1976; Kreutzer, Leonard, & Flavell, 1975; Moynahan, 1973; Salatas & Flavell, 1976).
4. 효과를 보이기 위해, 전략은 실제 학습과 간섭을 일으키지 않게 잘 학습되고 수행되어야 한다. 릭네이(Rignay, 1980)가 지적한 바는 새 전략은 실제로 문제 해결의 다른 부분에 적용될 자원을 사용하여 수행과 간섭을 일으킬 수 있다고 했다. 한 가지 공통적인 특징은 숙련자는 처리에 대한 제어를 자동화했다는 것으로 이 특징이 숙련자가 미숙련자 보다 우월한 수행을 보이는데 기여한다(de Groot, 1966; Rumelhart & Norman, 1978; Simon, 1976). 자동화는 정보자료 처리 조작의 제한된 용량의 활동 기억으로부터 실질적으로 무제한 한 용량의 체제로 전이이며 이 체제는 의식적인 주의를 기울이지 않아도 작동한다. 만약 어떤 새로운 전략이 자동화되지 않았다면, 이 전략은 학생이 전략상의 확장을 위해 감당할 수 있는 것보다 더 많은 정신적 자원을 소모한다.
5. 최근 연구에서 일반적 상위 인지 전략에 대해 의문이 제기되었다. 일반적 상위 인지 전략을 훈련시키는 프로그램은 전형적으로 추상적 과제와 문제를 이용해 왔다(Glaser, 1983). 의문이 제기되는 것은 이들 전략들이 실제로 사고와 문제 해결이 특정 분야의 지식에 요구될 때 잘 적용되는가에 관한 것이다. 개인이 새로운 상황에 처했을 때 그들은 일반적 방법에 의존한다. 더 익숙한 상황에서는 사람들은 일반적인 다목적 전략보다 특정 분야에 한정된 지식에 더 의지하는 것처럼 보인다(Chase & Simon, 1973; Chi, Feltovich, & Glaser, 1981, Chi, Glaser, & Rees, 1982; de Groot, 1966; Jeffries, Turner, Polson, & Atwood, 1981; Larkin, 1981; Larkin, McDermont, Simon, & Simon, 1980; Simon & Simon, 1978).

만약 상위 인지 기능이 현재 직접 교육되지 않는다면, 사람들은 어떻게 상위 인지 기능을 학습할 수 있었을까 궁금할 것이다. 아마 실례로부터 귀납적 결론이 중요한 역할을 했을 가능성이 있다. 그와 같은 귀납은 윌리엄스(Williams, 1972)가 개발한 컴퓨터 프로그램 "적성 검사 수검자(the Aptitude Test Taker)"에 의해 모의실험 되었다. 이 프로그램은 어떻게 태도 검사에서 볼 수 있는 여러 유형의 문제를 해결할 것인지 결정하며 그 결정의 기반으로 단지 이미 해결된 문제들의 예만 주어진다. 프로그램의 중요한 내재적 원칙은 과제를 해결하는 능력은 해결된 문제의 예에서 해결 전략을 유추하는 능력에 달려 있다는 것이다(Simon, 1976). 비슷하게 실례에서 일반적 성질을 유추하는 것이 기하학 문제를 해결하는 전략을 학습하는 수단이라고 제안되고 있다(Greeno, 1980). 상위 인지적 기능을 개발에 예로부터 유추의 중요성이 의미하는 것은 정신적 능력과 명시적으로 상위 인지적 기능을 학습에 요구되는 것 사이의 상호작용을 기대할 수 있다는 것이다. 능력이 부족한 학생은 그들 스스로 효과적인 전략을 유추할 수 없다(Resnick & Glaser, 1976). 다른 연구는 실제로 능력이 부족한 학생이 직접적인 도움이 주어지는 매우 구조적 학습 상황에서 능력 있는 학생보다 더 잘 수행하며 능력 있는 학생은 덜 구조적인 상황을 더 선호하는 것처럼 보인다고 제안했다.

결론적으로 교육에 대한 정보자료 처리 접근법은 교과 과정의 내용의 직접 교수법에 개선뿐만 아니라 지능과 지식기반 기능의 개선에 많은 유익한 의미를 가진 것처럼 보인다. 그러나 현 단계에서 아직 이론과 실제에는 큰 차이가 있고 이 차이는 앞에서 논의된 몇몇 의심스러운 주제가 처리되기 전에는 좁혀지지 않을 것이다. 우리는 정보자료 처리 접근법이 교육에 개선을 가져올 것이란 점에 낙관적이지만, 정보자료 처리 접근법의 열매가 익더라도 얼마나 시간이 걸릴지는 모르겠지만 많은 시간이 흐른 뒤에나 가능하리라고 믿는다.

3. 초관점적 조망

지금까지 우리는 심리측정학, 피아제의 접근법, 정보자료 처리 관점에서 교육적 의미라고 믿는 이론들을 검토했다. 우리가 제시한 그림은 아마 너무 단순하고 불완전하다는 것이 확실하다. 그 이유는 한 가지 관점 이상을 결합하려는 연구는 제외했기 때문이다. 이 절에서는, 다음과 같이 결합하거나 연관시키는 관점을 다루고자 한다. (a) 심리측정학과 피아제 관점, (b) 심리측정학과 정보자료 처리 관점, (c) 피아제와 정보자료 처리 관점.

피아제와 심리측정학의 관점의 연구의 동기가 된 쟁점은 쟁점의 확장으로서 피아제의 과제와 심리측정학의 지능검사가 중첩되어 측정하고자 한 능력으로 확장된 것이다. 예를 들어, 스테펜스, 맥러우린, 밀러와 그래스(Stephens, McLaughlin, Miller, & Glass, 1972)는 요인분석을 이용하여 27가지 피아제적 추론 평가와 표준 지능 및 성취검사 사이의 관계를 결정했으며, 지능검사와 성취검사는 150명의 6세에서 18세 사이에 정상인과 지적 발달 장애자를 대상으로 했다(DeVries, 1974; Dudek, Lester, Goldberg, & Dyer, 1969; Elkind, 1969; Freyberg, 1966; Green, Ford, & Flamer, 1971; Tuddenham, 1975). 저자들의 결론은 피아제의 추론 과제가 측정한 능력은 표준화된 지능검사와 성취도 검사에서 측정된 능력과 별개라는 것이다. 피아제의 과제와 전통적 능력검사는 다른 요인으로 채워졌다.

그러나 재분석에서 같은 자료에 대해 다른 요인 분석법을 사용한 결과 험프리스와 파슨스(Humphreys & Parsons, 1979)가 도달한 결론은 공유성(communality)이 피아제의 과제와 지능검사의 차이보다 훨씬 크다는 것이다. 현 시점에서 민감한 결론이 유도되었으며, 그 결론은 피아제의 과제와 전통적 지능검사가 자신들이 측정하고자 하는 것에서 중첩되나, 중첩의 정도는 결론이 나지 않았다는 것이다.

심리측정학과 피아제의 접근법을 결합한 예는 캐롤(Carroll, 1981)이 제공한 것으로 캐롤은 인지과정에서의 정보자료 처리 이론을 이용하여 '인지 요인에 대한 참조검사 도구'(Kit of Reference Test for Cognitive Factors, French, Ekstrom, & Price, 1963)의 74개의 검사로부터 얻은 24개의 인지 요인을 분류했다. 인지요인의 분류에 뒤따라 요인이 유도된 검사의 분류가 이어졌고 분류의 근거는 (a) 자극 재료, (b) 과제의 끝에 나타나는 반응, (c) 과제 구조(예를 들어, 제공된 자극과 반응 사이에 시간적 간격이 있었는지 여부), (d) 조작과 전략(예를 들어, 문항을 기억에 저장하는 것, 머릿속에서 상상으로 공간 배치를 회전시키는 것), (e) 조작과 전략의 시간적 측면(예: 200 1/1000초 이하의 매우 짧은 시간에서 5초 이상의 긴 시간사이의 범위인 평균 지속시간), (f) 기억 저장의 형태를 포함한 관련된 기억 저장(즉, 감각적 완충기억 장소, 단기적 기억, 중기 저장, 장기 저장)과 기억 내용(즉, 직선, 기하학적 유형과 모양, 3차원 환경의 그림, 면, 문자, 단어)이다. 비록 이 분류 체계의 타당성과 유용성은 아직 실험적으로 확립되지 않았지만, 두 관점간 결합 측면의 좋은 예이다.

심리 측정학적 관점과 정보자료 처리 관점의 결합 측면인 두 번째 예는 스노우(Snow, 1980)에 의해 제공되었으며, 스노우는 전통적인 적성×처치 상호작용(ATI) 연구는 관찰된 적성×처치 상호작용에 내재한 심리학적 처리를 분석하기 위해 정보자료 처리적 분석이 뒤따라야 할 필요가 있다고 주장했다(Calfee & Hedges, 1980). 스노우는 네 부류의 정보자료 처리를 과제 수행에 대한 개인차의 원인이라고 했으며, 네 부류는 (a) 매개변수(p-변수) 차이로 과제 수행에 이용되는 단계나 요인의 정량적 차이(예: 자극을 부호화하는 시간)이며, (b) 순서(q-변수) 차이로 단계나 요인이 집행되는 순서의 차이이고, (c) 경로(r-변수) 차이는 과제 수행의 단계나 요인의 정성적 차이이며, (d) 총량 또는 전략(s-변수) 차이는 정보자료 처리 수행상의 전체적이고, 전략적이며, 그 밖의 전체적 속성 차이이다. 적성×처치 상호작용에 내재한 심리학적 처리를 분석하기 위한 정보자료 처리적 분석의 목표는 개인차의 네 가지 정보자료 처리적 원인이 서로 결합하여 과제 수행에 대해 관찰되는 개인차를 만드는 방법을 이해하는 것이다.

결합 측면의 세 번째 예는 심리측정학적 관점과 정보자료 처리 관점에 대한 스턴버그와 웨일(Sternberg & Weil, 1980)의 훈련 연구에서 제공된 것으로 여기서 정보자료 처리적 분석은 심리측정학적으로 측정된 태도에 한정되었고, 태도는 대학생들에게 선형적 삼단논법(linear syllogism)을 해결하기 위한 전략을 훈련시킬 때 측정되었다. 선형적 삼단논법은 '존은 짐보다 크다, 빌은 존보다 크다, 그러면 제일 큰 사람은 누구인가?'와 같은 형태의 추론 문제이다. 스턴버그와 웨일은 정보자료 처리 전략의 수학적 모형을 사용하여 과제를 네 개의 균일한 전략군(homogeneous strategy group)으로 분류했으며 그 근거는 언어의, 공간의, 공간-언어 혼합의, 단순 수학의 모형 중 어디에 주어진 과제의 응답 형태가 어울리는가를 기준으로 했다. 선형적 삼단논법 풀이의 수행은 심리측정학적 측정에서 축어(verbal)와 공간적 태도와 관련된다. 명확한 관계가 심리측정학적 태도와 선형적 삼단논법의 풀이 수행사이에 과제 전략의 함수로서 존재한다. 과제 수행에서 언어적 전략 사용은 축어적 능력과 관련되나 공간적 능력과는 관계없다. 과제 수행에서 공간적 전략 사용은 공간적 능력과 관계되며 축어적 능력과는 관계없다. 과제 수행에 혼합 전략을 사용하는 것은 축어와 공간 능력 모두에 관계된다. 수학적 전략의 사용은 언어적 전략을 사용하는 과제 수행보다 축어적 능력과 관계가 적다. 이들 결과의 의미는 과제를 수행하는 데는 한 가지 이상의 정보자료 처리가 있으며 개인적으로 주어진 과제에 대해 최선의 전략은 부분적으로 자신이 가진 능력의 형태에 달려 있다.

정보자료 처리와 피아제의 관점의 결합 측면의 예는 파스쿠알-레오네(Pascual-Leone, 1970)가 제안하고 케이스(Case, 1974, 1978)가 정밀하게 구성한 "신 피아제(Neo-Piagetian)" 접근법이다. 파스쿠알-레오네와 케이스가 제안한 것은 인지 발달에 대한 관점으로 피아제의 관점에서 유도되었지만 두 가지 중요한 차이가 있다. 첫째, 피아제에 의해 논리 수학적인 항으로 개념화되고 기호적 논리에 의해 모형화된 발달적 구조가 여기서는 집행 전략의 군(group)으로 개념화되었고 집행 전략군은 컴퓨터 모의실험으로 모형화될 수 있다. 둘째, 활동 기억의 가용한 양이 발달에 대한 파스쿠알-레오네와 케이스 이론의 기본적 토대이다. 예를 들어 케이스(Case, 1978)는 노엘팅(Noelting, 1975)의 과제를 분석했으며, 노엘팅의 과제는 아동이 두 잔의 오렌지 주스 중에서 오렌지 맛이 강한 주스가 담긴 잔을 오렌지 과즙의 양과 각 잔에 부어진 물의 양을 근거로 판단하도록 했다. 발견된 사실은 아동들이 나이가 많을수록 점점 더 복잡한 전략을 사용한다는 것이다. 예를 들어 3세에서 4세의 아동은 두 단계 전략을 사용하는 것처럼 보이며, 이 전략은 (a) 첫 번째 잔이 오렌지 과즙의 색깔을 띄는지 보고, 그렇다면 첫 번째 잔이 오렌지 맛을 낸다고 답하며, 그 후에 (b) 두 번째 잔에 대해 같은 행동을 반복하는 것이다. 주목할 것은 이 전략이 어떤 잔에 더 강한 오렌지 과즙 맛을 내는지 식별하는 것은 오직 한 잔에는 어느 정도 오렌지 과즙이 있고 다른 잔에는 완전히 물만 부었을 때만 가능하다는 점이다. 9세에서 10세의 아동들은 더 복잡한 칠 단계 전략을 이용하는 것으로 보이며 이 전략은 (a) 첫 잔에 넣은 오렌지 과즙 양을 셈하고, (b) 첫 잔에 부은 물의 양을 셈하며, (c) 얼마나 많은 큰 양의 액체(그것이 오렌지 과즙이야 물이냐에 관계없이)가 상대적으로 작은 양의 액체에 더해졌는지 주목한다. (d)와 (e), (f)에서는 두 번째 잔에 대해 앞의 세 단계를 반복하고, (g) 상대적으로 물보다 오렌지 과즙의 양이 많은 잔을 선택하는 것이다. 이 전략 및 다른 전략에 요구되는 기억 용량은 전략을 수행하기 위해 활동 기억에 들어와야 하는 문항의 수에 근거를 두었다. 전략이 복잡할수록 더 큰 활동 기억 기억 용량이 요구된다는 것이 나이 많은 아동이 복잡한 전략을 수행하는 것에 대한 제한 요인으로서 제안되었다. 이 접근법의 단점은 주어진 전략을 수행하기 위해 활동 기억에 있어야 할 문항의 수를 정확히 결정하는데 사용되는 처리의 특이성(specificity)이 부족한 것이다.

정보자료 처리와 피아제 관점의 결합 측면에 대한 두 번째 예는 지글러가 제공하는 규칙-판단 평가(rule-assessment account)로서 인헬더(Inhelder)와 피아제가 연구한 과제와 유사한 천칭저울 과제(balance scale task) 수행시 발달적 차이에 관한 것이다(Siegler & Klahr, 1982; Siegler & Richards, 1982). 규칙-평가 접근법에는 다섯 개의 중요 가정이 있다. 첫 째, 아동의 개념적 이해는 정성적으로 구분되는 규칙을 따른다. 둘째, 규칙은 주어진 상황에서 정확한 답에 대한 유사성이 증가하는 조건에 따라 서열화되며, 아동들은 오직 정확한 규칙과 부합되는 경우에만 새 규칙을 수용한다. 셋째, 학습 경험의 타당성 결정은 학습 경험이 아동이 가지고 있는 규칙과 정답을 구분하는 정도에 따른다. 네째, 아동은 맞는 규칙을 바로 수용하는 것을 방해받는데 그 이유는 정확한 규칙의 구성단위(component dimensions)에 대한 제한된 부호화 때문이다. 다섯째, 단위 부호화 실패는 상황에 대한 단위의 중요성에 대한 지식이 부족하거나 주어진 상황에서 아동의 지각력의 현저성에 비해 단위의 부족이 원인이다. 지글러와 동료들은 정보자료 처리 과제 분석을 수행하여 천칭저울 과제를 수행하는 다른 수준들과 관계된 규칙과 단서 지식(cue knowledge)을 결정했다. 그들이 발견한 것은 5세의 아동들이 저울 문제를 어려워하며, 그 이유는 거리단위 정보자료의 부호화 보다 아동이 배타적으로 중량단위 정보자료의 부호화에 의존하기 때문이라는 것이다. 거리단위 정보자료 부호화 훈련 후 아동은 더 정확한 규칙을 사용했고(거리단위와 중량단위 정보자료를 모두 고려했다), 그 결과 과제 수행이 개선되었다.

4. 관점들의 비교와 평가

세 접근법의 지능과 성취관련 기능 및 지식 내용을 교육시키는 분야에 대한 유사점과 차이점은 아마 단순한 유형의 문제에 대해 학생을 교육하는 문제를 어떻게 말하는지 비교해 보면 가장 잘 나타낼 수 있을 것이다. 비교와 평가에 대한 앞 절과 비교 가능성을 위해, 여기서 고려하는 문제는 A:B::C:(D1, D2) 형의 유추이다.

심리측정학적 접근. 교육자로서 심리측정학적 접근을 고수한다면, 우선 어떤 지능요인이 유추문제에 포함되는지 결정하고, 그 뒤에 이들 요인에 대한 개인의 위상을 높일 수 있는 교육법을 근거로 교육 프로그램을 고안하려 할 것이다. 채택되는 교육의 형태는 이론에 근거를 두게 될 것이다.

스피어만(Speraman, 1927)의 이론은 유추의 해결을 설명하는데 거의 "g"요인(일반요인)의 개념으로 설명하며, "g"요인은 그 자체로는 훈련 프로그램을 제시하는 데 도움이 되지 않는다. 스피어만(1923)은 또한 정보자료 처리 이론을 제안했지만, 이 이론에 따르면 제안된 유추의 해법에는 경험(유추 조건의 부호화)에 대한 이해와 관계에 대한 교육(A에 대한 B의 관계 추론), 상호 연관에 대한 교육(C에서 추론된 관계를 이상적 해답에 적용)이 요구된다. 서스톤(Thurstone, 1938)의 이론은 아마 단어 유추 해법을 단어 이해력에 대한 개인차와 추론 요인으로 설명하려고 하지만, 무엇이 교육되어야 하는가와 관련된 처리(process)를 명백하게 하지 않았다. 길포드(Guilford, 1967)의 이론은 유추 풀이와 관련된 길포드 모형의 특정한 입방체를 교육하려고 할 것이며 입방체란 지능의 3차원적 모형의 요인들로 의미적 단위의 인지, 의미적 관계의 인지, 의미적 관계의 수렴적 산출 및 이와 유사한 것들이다. 길포드의 이론은 처리 내용과 산출을 상당히 명시적으로 다루는 것에 주목해야 한다.

몇 가지 일반적 사항이 교육에 대한 심리측정학적 접근에서 만들어 졌다. 첫째, 이론이 정보자료 처리 요인을 갖지 않았거나(이 점에 대해 길포드의 이론은 예외이다), 독립적인 정보자료 처리 이론이 수반되지 않는다면(이 점에 대해 스피어만의 이론이 예외이다), 무엇을 교육해야 하는지가 명확하지 않다. 둘째, 무엇을 교육하는가에 대한 결정은 개인차에 대한 자료에서 유도된 요인을 근거로 내려진다. 개인차를 근원으로 하지 않는 문항의 해법이 있다면, 그 것은 해법에 포함된 것으로 식별되지 않는다. 셋째, 대부분의 경우 심리측정학적 이론에서 명시적 처리요구조건이 부족하기 때문에 이론과 교육 간에 연관성이 적어지는 결과를 초래한다. 결과적으로, 교육상의 성공이나 실패가 필수적으로 이론의 가치에 대해 특별히 암시하는 바가 없으며 만약 필요하다면, 명시적 이론이 교육에 내재되어 있다. 끝으로, 교육할 가치가 있는 것으로 처음에 유추를 선택했던 것은 심리측정학 이론에서 지능의 하나 이상의 요인에 대한 지표로서 중심위치 때문이다. 예를 들어, 유추는 스피어만의 이론을 교육하는 사용할 문제로서 좋은 선택인데, 그 이유는 유추가 일반요인(g factor)로서 높은 부하(상호 연관)를 갖기 때문이다.

피아제의 접근법. 교육자로서 피아제의 접근법을 믿는다면 아마도 우선 아동의 인지수준과 아동의 인지구조가 유추 해법을 수용할 수 있는지 결정하려고 할 것이다. 그렇지 않다면, 교육에 대한 시도는 시작도 하기 전에 중단될 것이다. 아동이 준비된 것처럼 보이면, 다음으로 교육자는 개별적으로 아동과 함께 하면서 아동들을 문제를 해결에 필요한 부류의 관계를 지도할 것이다. 첫째 교육자는 두 개의 대상간 관계(pair relation)에 집중하고, 일단 아동이 이들 관계를 이해한 것으로 보이면 점진적으로 비판적 역할을 담당하여 아동의 유추 구조나 답에 도전해 볼 것이다. 이런 비평의 요점은 아동들을 확신을 가지고 주저 없이 문항을 해결하는 단계까지 발전시키려는 것이다.

다시 몇 가지 일반 사항이 교육에 대한 피아제적 접근법에서 만들어졌다. 첫째, 교육은 거의 확실하게 아동의 인지 상태에 대한 진단이 이루어진 후에 진행되어야 할 것이며, 진단을 통해 아동이 교육을 받을 준비가 되어 있는지 살펴야 한다. 준비가 안 되어 있다면 교육은 중단된다. 피아제의 이론에서 아동이 아직 수용할 준비가 안 된 기능을 교육하는 것은 단순히 말해 아무런 의미가 없다. 둘째, 교육에서 강조하는 것은 피아제의 이론에서 명기한 부류의 논리적 관계이다. 목표는 특정한 처리를 교육하는 것이 아니고 유추를 구성하는 구조적 관계를 이해시키는 것이 될 것이다. 셋째, 교육 환경은 아마 개인의 사정에 맞춰질 것이며, 도전과 질의가 대단히 강조될 것이다. 교육자는 아동이 실제로 자신이 하고 있는 것을 이해하고 교육자에 의해 선택된 알고리즘을 모방하는 것이 아니란 사실을 확실하게 하고 싶어 한다. 마지막으로, 교육적으로 가치 있는 유추 문항을 선택하는 것은 피아제 이론에 내재하는 관계의 중심성을 따라 이루어질 것이다. 이 경우에 이차 관계(second order relation)가 구체적 조작에서 형식적 조작으로 전이의 표시로 이용되며, 따라서 매우 중요한 것으로 간주된다.

정보자료 처리 접근법. 정보자료 처리 접근법을 믿는 교육자는 우선 유추 문제의 과제를 분석하거나 기존에 수행된 과제의 분석을 사용하려고 할 것이고, 그 후에 과제 분석을 근거로 교육을 시도할 것이다. 교육자에 따라 교육은 오직 유추 해법에 관계된 인지적 요인(예: 부호화, 추론, 사상, 적용, 정당화, 응답)으로 스턴버그의 이론에 의한 것이다, Sternberg, 1977)만 강조할 수 있고 유추 해법에 관계된 상위 인지 요인(예를 들어, 인지 요인 집합의 선택, 요인을 결합할 전략의 선택, 유추 조건에 대해 정보자료를 가장 잘 표현할 수 있는 방법 결정, 해법 전략에서 자신의 위치 감독 등)만 강조할 수도 있으며, 관련된 인지적 요인과 상위 인지적 요인을 모두 강조할 수 있다. 교육자는 일반화의 가능성을 극대화시키려고 할 것인데, 특정한 과제 보다 정보자료 처리 요인을 강조하고 같은 인지 요인이나 상위 인지 요인이 관계된 다른 종류의 유추 문제를 풀도록 연습시킴으로써 극대화하려 할 것이다.

여기에서 앞에서와 같이, 교육에 대한 정보자료 처리적 접근법의 몇 가지 일반 사항을 만들었다. 첫째, 교육이전에 과제분석이 선행되며 여기서는 유추에 관한 분석이 선행된다. 주목할 것은 여기서는 다른 두 접근법과 달리 주제에 대한 강조보다 과제에 대해 더 크게 강조한다. 둘째, 교육에서 강조는 처리요인이며 처리 요인은 인지적 수준일 수도 있고 상위 인지적 수준일 수도 있으며 양쪽 수준 모두 강조할 수도 있다. 셋째, 교육의 분위기는 처리의 집합이 결합되어 문제를 푸는 방법을 강조할 것이며, 하나의 유추는 단지 한 가지 예에 불과하다. 좋은 교육 프로그램은 거의 확실하게 같은 요인들이 어떻게 관계된 다른 문제에 적용되는지 보여 주려고 하며, 따라서 학생들은 문제 풀이에서 과제의 특이성보다 처리의 일반성을 강조하여 학습하게 된다. 끝으로, 과제의 중심성이 과제 선택의 동기가 되었으며 중심성의 평가는 정보자료 처리 이론적 평가를 과제 수행의 여러 분야에 적용한 것이다. 여기서는 귀납적 추론이다. 유추가 귀납적 과제의 원형으로 간주되기 때문에 유추를 선택한 것은 쉽게 정당화된다.

5. 전체 결론

우리는 세 개의 주요 지능 개념인 심리측정학적, 피아제, 정보자료 처리적 지능 개념을 비교, 고찰했고 대체로 이들 지능 개념이 상호보완적이며 지능의 서로 다르지만 중첩되는 측면을 연구하는데, 연계하여 이용할 수 있다는 것을 알 수 있었다. 그럼에도 세 종류의 접근법을 모두 지지하는 연구자들은 지능을, 검사를 위한 것이나 심리학 실험실에서 수행되는 연구 과제가 아닌 실제 생활에서 발생하는 것으로서 적절하게 다루는데 실패해 왔다.

비록 지능에 대한 심리측정학적 접근이 비네의 시대 이후로 학교교육과 밀접하게 관련을 가져왔더라도, 이 접근법과 학교교육 간의 관계는 많은 형태를 취하고, 교육에 대한 심리측정학적 접근의 의미는 유도하기가 대단히 어렵다. 이러한 어려움은 다음과 같은 이유에 의해서 제기된 것이다. (a) 지능검사는 효과적 교육에 필수적인 처리에 관한 정보자료를 제공하지 못한다. (b) 지능검사 수행에 필요한 처리는 학교교육에 필수적으로 요구되는 것이 아니다. (c) 동기적이고 상황적인 요인은 검사에서 평가되지 않는다. (d) 이론과 실제 사이에 주목할 만한 차이가 있다. (e) 이론과 실제를 연결하려는 대부분의 연구는 결점을 가지고 있으며 특히 통계적 능력부족에 의한 결점이 있었다.

피아제의 접근법에서 교육적 목적을 유도하는 어려움은 대체로 피아제의 이론이 지력의 성장에 의한 지적 발달 이론이지 교육적 감각에서 단어를 학습하는 것에 관한 이론이 아니기 때문이다. 그의 이론은 교육에 대한 명확한 의미를 가지려는 의도가 없었다. 지능 이론의 일반적 의미(예: 적극적 발견이 수동적 학습보다 효과적이다, 동기가 근본적으로 중요하다, 학습 환경은 실제적이어야 한다, 유연성이 필수적이다)는 건전한 교육 관행을 지지하지만 추가하는 것은 거의 없다. 지능 이론의 중요한 제한 사항을 극복해야 교육적 의미를 유도할 수 있다. (a) 피아제의 이론은 수행(performance)보다는 반응력(competence)에 관한 것이다. (b) 발달의 단계가 너무 긴 시간에 걸쳐 있어 순차적인 교육에 유용하지 않다. (c) 피아제의 인지발달 이론은 성장에 관한 것이지 학습에 관한 이론이 아니다. (d) 피아제의 이론의 중요 부분에 대한 실험적 증거가 줄어들고 있다.

교육에 대한 정보자료 처리적 접근은 우리에게 지적 기능과 지식 관련 기능을 개선하고 교과과정 내용의 직접 교육을 개선하는데 매우 희망적인 이론으로 보인다. 정보자료 처리 분석은 다른 접근법과 비교할 수 없을 정도의 정확도를 가지고, 교육 프로그램이 잠재적 목표로 삼을 내재적 처리와 기능을 밝혔다. 역설적으로 심리측정학적 접근법과 피아제의 접근법이 갖는 부정확성이 그 이론을 통한 교육적 의미 생성을 제한했지만, 전통적 정보자료 처리 접근법은 너무 교육자가 최대로 이용하기에 너무 미세했다. 교육 프로그램이 정보자료 처리 수준에서 과제 수행에 얼마나 영향을 주었는지 명확하지 않으며 그 이유는 개인이 정보자료를 획득하고 관리하는 방법에 대해 거의 알려진 바가 없기 때문이다. 최근 정보자료 처리적 연구에서 교육의 전이를 일으키는 어려움에 의해 인지수준의 교육뿐만 아니라 상위 인지 수준의 교육이 수행 되야 한다는 주장이 제기되었다. 그러나 몇 가지 이유로 상위 인지적 기능의 조속한 대규모 교육을 권하는 것에 신중하도록 하는데, 그 제시된 관련 이유는 (a) 교육 대상으로 상위 인지적 기능을 식별한

지 얼마 되지 않았다. (b) 상위 인지 기능에 큰 결함을 보인 사람(어린 아동이나 미숙자)은 직접적인 상위 인지적 교육에서 결과를 얻는데 필요한 과제 수행의 내적 지시 대상이 부족할 것이다. (c) 상위 인지 활동의 효과는 학생에 의해 자발적으로 생성되지 않고 외적으로 부여된다면 감소하며 특히 매우 우수한 학생에게 그렇다. (d) 효과를 위해, 상위 인지 전략이 매우 잘 교육되고 수행되어 실제 학습 활동을 방해하지 않아야 한다.

우리는 스노우(Snow, 1982)의 평가에 동의하며 이 평가는 지적 기능과 지식 및 지식 관련 기능을 교육하려는 시도는 실행과 재투입, 지도가 단순한 조작을 넘어야 한다고 했다. 우리의 검토에서 내린 결론은 지적 기능과 지식 및 지식 관련 기능을 교육하기 위한 극도로 성공적인 프로그램이 근거로 삼아야 하는 것은 정보자료 처리적 접근법에 공통적인 과제분석을 근거로 해야 하나 몇 가지 중요한 방법에서는 전통적 정보자료 처리적 접근법을 넘어서야 한다.

첫째, 성공적 교수-학습 프로그램은 학교생활을 포함하지만 학교생활에만 한정되지 않는 일상세계의 지적 활동을 특성으로 하는 과제에 근거를 두어야 한다. 검사와 유사하거나 실험실적 과제에만 근거한 교육 프로그램은 학교 안이나 밖의 일상적 지적 수행을 일반화하는 효과를 주지 못할 것이다. 숙련된 수행에서 영역 한정적인 지식의 역할을 지지하는 증거의 증가는 거의 배타적으로 추상적이며 다목적 전략이나 기능에 의지하는 교육에 대한 접근의 입장을 약화시켰다.

둘째, 성공적 교수-학습 프로그램은 상위 인지적 수준과 인지적 수준뿐만 아니라 그들의 상호작용으로도 지향돼야 한다. 교육 프로그램 중 상위 인지 기능을 제외한 프로그램은 교육 과제와 상황에서 매우 한정적인 효과를 나타냈다.

셋째, 성공적인 훈련 프로그램은 개인차에 충분히 적용하기 위해서 심리측정상의 관점을 포괄하고 유능한 수행 능력의 발달을 위한 틀을 제공하기 위해서 피아제 식의 관점도 포괄할 것이다. 요약하면, 성공적인 훈련 프로그램은 어느 한 관점을 전체적으로 응용하는 대신, 전술한 세 가지 주요 관점들의 장점들을 선택적으로 적용할 필요가 있다.

비록 우리가 가까운 미래에 최근의 지능에 대한 개념화가 과거의 지능 개념보다 더욱 교육에 중요하다는 점을 보장하지는 못하다고 해도, 지금까지 검토한 내용을 근거로 우리는 무엇이 교육적 함의를 탐구하는 노력을 어렵게 하는지를 이해할 수 있게 되었다. 아울러서, 서로 다른 지능의 개념화를 비교하고, 또 그에 기초한 훈련 프로그램의 효과를 비교한 결과 우리는 단순한 연습, 되받쳐 주기(feedback), 지도하기라는 절차를 능가하는 훈련 프로그램에 요구되는 적어도 몇 가지 특징들－지능의 본질, 교수-학습간의 역동적 기제－에 대한 설명을 할 수 있게 되었다.

참고 문헌

Anderson, T. H. (1980). Study strategies and adjunct aids. In R. Spiro, B. Bruce, & W. Brewer (Eds.). *Theoretical issues in reading comprehension*. Hillsdale, NJ: Erlbaum.

Asher, S. R. (1978). Referential communication. In C. Whitehurst & B. Zimmerman (Eds.), *The functions of language and cognition*. New York: Academic Press.

Athey, I. J., & Rubadeau, D. O. (Eds.). (1970). *Educational implications of Piaget's theory*. Waltham, MA: Ginn-Blaisdell.

Baltes, P. B., Dittman-Kohli, F., & Dixon, R. A. (1982). *Intellectual development during adulthood General propositions towards theory and a dual-process conception*. Unpublished manuscript.

Beilin, H. (1971). The training and acquisition of logical operation. In M. Rosskopf, L. Steffe, & S. Taback (Eds.), *Piagetian cognitive development research and mathematics education*. Washington, DC: National Council of Teachers of Mathematics.

Beilin, H. (1977). Inducing conservation through training. In G. Steiner (Ed.), *Psychology of the 20th Century* (Vol. 7). Bern: Kinder.

Belmont, J. M., & Butterfield, E. C. (1977). The instructional approach to developmental cognitive research. In R. Kail & J. Hagen (Eds.), *Perspectives on the development of memory and cognition*. Hillsdale, NJ: Erlbaum.

Belmont, J. M., Butterfield, E. C., & Borkowski, J. G. (1978). Training retarded people to generalize across memory tasks. In M. Gruneberg, P. Morris, & R. Sykes (Eds.), *Practical aspects of memory*. London: Academic Press.

Belmont, J. M., Butterfield, E. C., & Ferretti, R. P. (1982). To secure transfer of training Instruct in self-management skills. In D. Detterman & R. Sternberg (Eds.), *How and how much can intelligence be increased*. Norwood, NJ: Ablex.

Bereiter, C. & Engelmann, S. (1966). *Teaching disadvantaged children in the preschool*. Englewood Cliffs, NJ: Prentice-Hall.

Berry, J. W. (1974). Radical cultural relativism and the concept of intelligence. In J. Berry & P. Dasen (Eds.), *Culture and cognition: readings in cross cultural psychology*. London: Methuen.

Berry, J. W. (1980). Ecological analyses for cross-cultural psychology. In N. Warren (Ed.), *Studies in cross-cultural psychology*. London: Academic Press.

Binet, A. & Simon, T. (1905). Methodes nouvelles pour Ie diagnostic du niveau intellectuel des anormaux. *L'Annee Psychologique*, *11*, 191-244.

Bingham-Newman A. M., Saunders, R. A., & Hooper, F. H. (1976). *Logical operations in the preschool: The contribution of Piagetian theory to early childhood education* (Tech. Rep. No. 354). Madison: Wisconsin Research and Development Center for Cognitive Learning.

Borkowski, J. G., & Cavanaugh, J. C. (1979). Maintenance and generalization of skills and strategies by the retarded. In N. Ellis (Ed.), *Handbook of mental deficiency*. Hillsdale, NJ: Erlbaum.

Bornstein, P. H., & Quevillon, R. P. (1976). The effects of a self-instructional package on overactive preschool boys. *Journal of Applied Behavioral Analysis*, *9*, 179–188.

Brainerd, C. J. (1978). The stage question in cognitive–developmental theory. *Behavioral and Brain Sciences*, *1*. 173–182.

Bransford, J. D., Stein, B. S., Vye, N. J., Franks, J. J., Auble, P. M., Mezynski, K. J., & Perfetto, G. A. (1982). Differences in approaches to learning: An overview. *Journal of Experimental Psychology: General*, *111*, 390–398.

Bronfenbrenner, U. (1975). Is early intervention effective? In M. Guttentag & E. L. Struening (Eds.), *Handbook of evaluation research* (Vol. 2). Beverly Hills, CA: Sage.

Brown, A. L. (1975). The development of memory: Knowing, knowing about knowing, and knowing how to know. In H. W. Reese (Ed.), *Advances in child development and behavior* (Vol. 10). New York: Academic Press.

Brown, A. L. (1978). Knowing when, where, and how to remember: A problem of metacognition. In R. Glaser (Ed.), *Advances in instructional psychology* (Vol. 1). Hillsdale, NJ: Erlbaum.

Brown, A. L. (1980). Metacognitive development and reading. In R. Spiro, B. Bruce, & W. Brewer (Eds.), *Theoretical issues in reading comprehension*. Hillsdale, NJ: Erlbaum.

Brown, A. L., & Barclay, C. R. (1976). The effects of training specific mnemonics on the metamnemonic efficiency of retarded children. *Child Development*, *47*, 70–80.

Brown, A. L., & Campione, J. (1977). Training strategic study time apportionment in educable retarded children. *Intelligence*, *1*, 94–107.

Brown, A. L., & Campione, J. (1981). Inducing flexible thinking: The problem of access. In M. Friedman, J. Das, & N. O'Connor (Eds.), *Intelligence and learning*. New York: Plenum.

Brown, A. L., Campione, J. C., & Barclay, C. R. (1978). *Training self checking routines for estimating test readiness: Generalization from list learning to prose recall*. Unpublished manuscript, University of Illinois.

Brown, A. L., Campione, J. C., & Murphy, M. D. (1977). Maintenance and generalization of trained metamnemonic awareness in educable retarded children. *Journal of Experimental Child Psychology*, *24*, 191–211.

Brown, A. L., & Smiley, S. S. (1978). The development of strategies for studying texts. *Child Development*, *49*, 1076–1088.

Brown, G., & Desforges, C. (1979). *Piaget's theory: A psychological critique*. Boston: Routledge & Kegan Paul.

Bruner, J. S. (1961). *The process of education*. Cambridge, MA: Harvard University Press.

Burt, C. (1940). *The factors of the mind*. London: University of London Press.

Butterfield, E. C., Wambold, C., & Belmont, J. M. (1973). On the theory and practice of improving short–term memory. *American Journal of Mental Deficiency*, *77*, 654–669.

Calfee, R. C., & Hedges, L. V. (1980). Independent process analyses of aptitude–treatment interactions. In R. Snow, P.–A. Federico, & W. Montague (Eds.), *Aptitude, learning, and instruction* (Vol. 1). Hillsdale, NJ: Erlbaum.

Capon, N., & Kuhn, D. (1979). Logical reasoning in the supermarket: Adult females' use of a proportional reasoning strategy in an everyday context. *Developmental Psychology, 4*, 450–452.

Carroll, J. B. (1976). Psychometric tests as cognitive tasks: A new "structure of intellect." In L. Resnick (Ed.), *The nature of intelligence*. Hillsdale, NJ: Erlbaum.

Carroll, J. B. (1980). Aptitude processes, theory, and the real world. In R. Snow, P.–A. Federico, & W. Montague (Eds.) Attitude, learning, and instruction (Vol. 1). Hillsdale, NJ: Erlbaum.

Carroll, J. B. (1981). Ability and task difficulty in cognitive psychology. *Educational Researcher, 10*, 11–21.

Case, R. (1974). Mental strategies, mental capacity, and instruction: A neo–Piagetian investigation. *Journal of Experimental Child Psychology, 18*, 372–397.

Case, R. (1978). Intellectual development from birth to adulthood: A neo–Piagetian interpretation. In R. Siegler (Ed.), *Children's thinking: What develops?* Hillsdale, NJ: Erlbaum.

Charlesworth, W. R. (1976). Human intelligence as adaptation: An ethological approach. In L. Resnick (Ed.), *The nature of intelligence*. Hillsdale, NJ: Erlbaum.

Charlesworth, W. R. (1979). An ethological approach to studying intelligence. *Human Development, 22*, 212–216.

Chase, W. G., & Simon, H. A. (1973). Perception in chess. *Cognitive Psychology, 4*, 55–81.

Chi, M. T. H., Feltovich, P., & Glaser, R. (1981). Categorization and representation of physics problems by experts and novices. *Cognitive Science, 5*, 121–152.

Chi, M. T. H., Glaser, R., & Rees, E. (1982). Expertise in problem solving. In R. Sternberg (Ed.), *Advances in the psychology of human intelligence* (Vol. 1). Hillsdale, NJ: Erlbaurn.

Chiapetta, E. L. (1976). A review of Piagetian studies relevant to science instruction at the secondary and college level. *Science Education, 60*, 253–261.

Cole, M., & Scribner, S. (1974). *Culture and thought*. New York: Wiley.

Collins, A., & Smith, E. E. (1982). Teaching the process of reading comprehension, in D. Detterman & R. Sternberg (Eds.), *How and how much can intelligence be increased?* Norwood, Ni: Ablex.

Collis, K. (1971). A study of concrete and formal reasoning in school mathematics. *Australian Journal of Psychology, 23*, 289–296.

Cosgrove, J. M., & Patterson, C. J. (1977). Plans and the development of listener skills. *Developmental Psychology, 13*, 557–564.

Covington, M. V., Crutchfield, R. S., Davies, L., & Olton, R. M., Jr. (1974). *The productive thinking program: A course in learning to think*. Columbus, OH: Charles E. Merrill.

Cronbach, L. J. (1975). Beyond the two disciplines of scientific psychology. *American Psychologist, 30*, 116–127.

Cronbach, L. J., & Snow, R. E. (1977). *Aptitudes and instructional methods*. New York: Irvington.

Dansereau, D. F., Collins, K. W., McDonald, B. A., Holley, C. D., Garland, J., Diekhoff, G., & Evans, S. H. (1979). Development and evaluation of a learning strategy training program. *Journal of Educational Psychology, 71*, 64–73.

Dasen, P. R. (1977). *Piagetian psychology: Cross–cultural contributions*. New York: Gardner Press.

De Bono, E. (1983). The direct teaching of thinking as a skill. *Phi Delta Kappan, 64*, 703–708.

De Bono, E. (in press). The CoRT thinking program. In J. Segal, S. Chipman, & R. Glaser (Eds.), *Thinking and learning skills: Relating instruction to basic research* (Vol. 1). HiJlsdaIe, NJ: Erlbaum.

De Groot, A. D. (1966). Perception and memory versus thought Some old ideas and recent findings. In B. Kleinmutz (Ed.), *Problem solving: Research, method, and theory*. New York: Wiley.

De Vries, R. (1974). Relationships among Piagetian, IQ, and achievement assessments. *Child Development*, *45*, 746–756.

Dewey, J. (1968). *Democracy and education*. New York: Free Press. (Original work published 1916)

Donders, F. C. (1868). Over de snelheid van psychoische processen Onderzoekingen gedaan in het Physiologisch Laboratorium der Utrechtsche Hoogeschool, 1868–1869. *Tweede reeks*, *2*, 92–120.

Duckworth, E. (1979a). Either we're too early and they can't learn it or we're too late and they know it already: The dilemma of "applying Piaget." *Harvard Educational Review*, *49*, 297–312.

Duckworth, E. (1979b). An introductory note about Piaget. *Journal of Education*, *161*, 5–12.

Dudek, S. Z., Lester, E. P., Goldberg, J. S., & Dyer, G. B. (1969). Relationship of Piagetian measures to standard intelligence and motor scales. *Perceptual and Motor Skills*, *28*, 351–362.

Elkind, D. (1969). Piagetian and psychometric conceptions of intelligence. Harvard Educational Review, 39, 319–337.

Elkind, D. (1974). *Children and adolescents: Interpretative essays on Jean Piaget* (2nd ed.). New York: Oxford University Press.

Engle, R. W., & Nagle, R. J. (1979). Strategy training and semantic encoding in mildly retarded children. *Intelligence*, *3*, 17–30.

Farnham-Diggory, S. (1972). *Cognitive processes in education: A psychological preparation for teaching and curriculum development*. New York: Harper & Row.

Federico, P. (1980). Adaptive instruction: Trends and issues. In R. Snow, P.-A. Federico, & W. Montague (Eds.), *Aptitude, learning, and instruction* (Vol. 1). Hillsdale, NJ: Erlbaum.

Feuerstein, R. (1980). *Instrumental enrichment: An intervention program for cognitive modifiability*. Baltimore, MD: University Park Press.

Flavell, J. H. (1963). *The developmental psychology of Jean Piaget*. New York: D. Van Nostrand.

Flavell, J. H. (1976). Metacognitive aspects of problem solving. In L. Resnick (Ed.), *The nature of intelligence*. Hillsdale, NJ: Erlbaum.

Flavell, J. H., Friedrichs, A. G., & Hoyt, J. D. (1970). Developmental changes in memorization processes. *Cognitive Psychology*, *1*, 324–340.

Franks, J. J., Vye, N. J., Auble, P. M., Mezynski, K. J., Perfetto, G. A., Bransford, J. D. Stein, B. S., & Littlefield, J. (1982). Learning from explicit versus implicit texts. *Journal of Experimental Psychology: General*, *111*, 414–422.

French, J. W., Ekstrom, R. B., & Price, L. A. (1963). *Kit of reference tests for cognitive factors*. Princeton, NJ: Educational Testing Service.

Freyberg, P. S. (1966). Concept development in Piagetian terms in relation to school attainment. *Journal of Educational Psychology*, *57*, 164–168.

Furth, H. G. (1970). *Piaget for teachers*. Englewood Cliffs, NJ: Prentice-Hall.

Furth, H. G., & Wachs, H. (1974). *Thinking goes to school. Piaget's theory and practice*. London: Oxford University Press.

Garber, H., & Heber, R. (1981). The efficacy of early intervention with family rehabilitation. In M. Begab, C. Haywood, & H. Garber (Eds.), *Psychosocial influences in retarded performance. Volume 2: Strategies for improving competence*. Baltimore, MD: University Park Press.

Garber, H., & Heber, R. (1982). Modification of predicted cognitive development in high-risk children through early intervention. In D. Detterman & R. Sternberg (Eds.), *How and how much can intelligence be increased*. Norwood, NJ: Ablex.

Ginsburg, H., & Opper, S. (1979). *Piaget's theory of intellectual development: An introduction* (2nd ed.). Englewood Cliffs, NJ: Prentice-Hall.

Glaser, R. (1977). *Adaptive education: Individual diversity and learning*. New York: Holt., Rinehart and Winston.

Glaser, R. (1980). Relationships between aptitude, learning, and instruction. In R. Snow, P.-A. Federico, & W. Montague (Eds.), *Aptitude, learning, and instruction* (Vol. 2). Hillsdale, NJ: Erlbaum

Glaser, R. (1983). Education and thinking: The role of knowledge (Tech. Rep. PDS-6). Pittsburgh, PA: University of Pittsburgh.

Goodnow, J. J. (1976). The nature of intelligent behavior Questions raised by cross-cultural studies. In L. Resnick (Ed.), *The nature of intelligence*. Hillsdale, NJ: Erlbaum.

Gordon, I. J. (1975). *The infant experience*. Columbus, OH: Merrill.

Green, D. R., Ford, M. P., & Flamer, G. B. (1971). *Measurement and Piaget*. New York: McGraw-Hill.

Greeno, J. G. (1980). Some examples of cognitive task analysis with instructional implications. In R. Snow, P. A. Federico, & W. Montague (Eds.), *Aptitude, learning, and instruction* (Vol. 2). Hillsdale, NJ: Erlbaum.

Griffiths, D. (1976). Physics teaching: Does it hinder intellectual development? *American Journal of Physics*, *44*, 81-86.

Guilford, J. P. (1967). *The nature of human intelligence*. New York: McGraw-Hill.

Guilford, J. P. (1982). Cognitive psychology's ambiguities: Same suggested remedies. *Psychological Review*, *89*, 48-49.

Hayes, J. R. (1981). *The complete problem solver*. Philadelphia: Franklin Institute Press.

Holzman, T. G., Glaser, R., & Pellegrino, J. W. (1976). Process training derived from a computer simulation theory. *Memory and Cognition*, *4*, 349-356.

Humphreys, L. G., & Parsons, C. K. (1979). Piagetian tasks measure intelligence and intelligence tests assess cognitive development: A reanalysis. *Intelligence*, *3*, 369-382.

Hunt, J. McV. (1971). Parent and child centers: Their basis in the behavioral and educational sciences. *American Journal of Orthopsychiatry*, *41*, 13-38.

Ironsmith, M., & Whitehurst, G. J. (1978). The development of listener abilities in communication: How children deal with ambiguous information. *Child Development*, *49*, 348-352.

Janicki, T. C., & Peterson, P. L. (1981). Aptitude-treatment interaction effects of variations in direct instruction. *American Educational Research Journal, 1*, 63–82.

Jeffries, R., Turner, A. T., Polson, P. G., & Atwood, M. E. (1981). Processes involved in designing software. In J. Anderson (Ed.), *Cognitive skills and their acquisition*. Hillsdale, Ni: Erlbaum.

Jensen, A. R. (1969). How much can we boost IQ and scholastic achievement? *Harvard Educational Review, 39*, 1–123.

Jensen, A. R. (1982). The chronometry of intelligence. In R. Sternberg (Ed.), *Advances in the psychology of human intelligence* (Vol. 1). Hillsdale, NJ: Erlbaum.

Kamii, C., & DeVries, R. (1977). Piaget for early education. In M. Day & R. Parker (Eds.), *The preschool in action* (2nd ed.). Boston: Allyn & Bacon.

Karabenick, J. D. & Miller, S. A. (1977). The effects of age, sex, and listener feedback on grade school children's referential communication. *Child Development, 48*, 678–684.

Karplus, R. (1974). *Science curriculum improvement study: Teacher's handbook.* Berkeley, CA: Lawrence Hall of Science.

Keating, D. (1984). The emperor's new clothes: The "new look" in intelligence research. In R. Sternberg (Ed.), *Advances in the psychology of human intelligence* (Vol. 2). Hillsdale, NJ: Erlbaum.

Kendall, C. R., Borkowski, J. G., & Cavanaugh, J. C. (1980). Metamemory and the transfer of an interrogative strategy by EMR children. *Intelligence, 4*, 255–270.

Klausmeier, H. J. (1979). *Cognitive learning and development: Information processing and Piagetian perspectives*. Cambridge, MA: Ballinger.

Kreutzer, M. A., Leonard, C., & Flavell, J. H. (1975). An interview study of children's knowledge about memory. *Monographs of the Society for Research in Child Development, 40*(1, Serial No. 159).

Kuhn, D. (1976). The relation of two Piagetian stage transitions to 1Q. *Developmental Psychology, 2*. 157–161.

Kuhn, D. (1979a). The application of Piaget's theory of cognitive development to education. *Harvard Educational Review, 49*, 340–360.

Kuhn, D. (1979b). The significance of Piaget's formal operations stage in education. *Journal of Education, 161*, 34–50.

Kuhn, D., & Brannock, J. (1977). Development of the isolation of variables scheme in experimental and "natural experiment" contexts. *Developmental Psychology, 13*, 9–14.

Laboratory of Comparative Human Cognition (1982). Culture and intelligence. In R. Sternberg (Ed.), *Handbook of human intelligence*. New York: Cambridge University Press.

Larkin, J. H. (1981). Enriching formal knowledge: A model for learning to solve textbook physics problems. In J. Anderson (Ed.), *Cognitive skills and their acquisition*. Hillsdale, NJ: Erlbaumn.

Larkin, I. H., McDermott, J., Simon, D. P., & Simon, H. A. (1980). Models of competence in solving physics problems. *Cognitive Science, 4*, 317–345.

L.avatelli, C. (1 970a). *Early childhood curriculum—A Piaget program.* Boston: American Science and Engineering.

Lavatelli, C. (1970b). *Teacher's guide to accompany early childhood curriculum-A Piaget program.* Boston: American Science and Engineering.

Lawson, A. (1975). Developing formal thought through biology teaching. *American Biology Teacher*, *37*, 411–429.

Lawson, A., Blake, A., & Norland. F. (1975). Training effects and generalization of the ability to control variables in high school biology students. *Science Education*, *59*, 387–396.

Lawson, A., & Renner, J. (1975). Relationships of science subject matter and developmental levels of learners. *Journal of Research in Science Teaching*, *10*, 1–12.

Lawson, A., & Wollman, W. (1975). *Encouraging the transition from concrete to formal cognitive functioning–An experiment.* Advancing education through science–oriented programs (Report 10–15). Berkeley: Lawrence Hall of Science, University of California.

Lawton, J. T., & Hooper, F. H. (1978). Piagetian theory and early childhood education: A critical analysis. In L. Siegel & C. Brainerd (Eds.), *Alternatives to Piaget: Critical essays on the theory*. New York: Academic Press.

Lazar, I., & Darlington, R. (1982). Lasting effects of early education: A report from the consortium for longitudinal studies. *Monographs of the Society for Research in Child Development*, *47*(2–3, Serial No. 195).

Lipman, M., Sharp, A. M., & Oscanyan, F. S. (1979). Philosophical inquiry: Instructional manual to accompany Harry Stottlemeier's discovery (2nd ed.). Upper Montclair, NJ: Institute for the Advancement of Philosophy for Children.

Lipman, M., Sharp, A. M., & Oscanyan, F. S. (1980). *Philosophy in the classroom* (2nd ed.). Philadelphia: Temple University Press.

Markman, E. M. (1977). Realizing that you don't understand. *Child Development*, *48*, 986–992.

Masur, E. F., McIntyre, C. W., & Flavell, J. H. (1973). Developmental changes in apportionment of study time among items in a multitrial free recall task. *Journal of Experimental Child Psychology*, *15*, 237–246.

McClelland. D. C. (1973). Testing for competence rather than for "intelligence." *American Psychologist*, *28*, 1–14.

McCombs. B. L. & McDaniel, M. A. (1981). On the design of adaptive instructional systems. *Educational Psychologist*, *16*, 11–22.

McNally, D. W. (1974). *Piaget, education, and teaching*. Sussex, England: New Education

Meeker, M. (1969). *The structure of intellect: its interpretation and uses*. Columbus, OH: Merntt

Merrill. M. D. (1975). Learner control: Beyond aptitude–treatment interactions. *AV Communication Review*, *23*, 217–226.

Miller, G. A., Galanter, E., & Pribram, K. H. (1960). *Plans and the structure of behavior*. New York: Holt, Rinehart and Winston.

Miller, L. B. (1979). Development of curriculum models in Head Start. In E. Zigler & J, Valentine (Eds.), *Project Head Start: A legacy of the war on poverty*. New York: Free Press.

Moynahan, E. D. (1973). The development of knowledge concerning the effect of categorization upon free recall. *Child Development*, *44*, 238–246.

Neisser, U. (1976). General, academic, and artificial intelligence. In L. Resnick (Ed.), *The nature of intelligence*, Hillsdale, NJ: Erlbaum.

Neisser, U. (1979). The concept of intelligence. In R. Sternberg & D. Detterman (Eds.), *Human intelligence: Perspectives on its theory and measurement*. Norwood, NJ: Ablex.

Newell, A., Shaw, J., & Simon, H. (1960). Report on a general problem-solving program. *Proceedings of the international conference on information processing*. Paris: UNESCO.

Newell, A., & Simon, H. A. (1972). *Human problem solving*. Englewood Cliffs, NJ: Prentice-Hall.

Noelting, G. (1975). *Stages and mechanisms in the development of the concept of proportion in the child and adolescent*. Paper presented at the 5th Interdisciplinary Seminar on Piagetian Theory and Its implications for the Helping Professions, University of Southern California. Los Angeles.

Nucci, L. P. & Gordon, N. J. (1979). Educating adolescents from a Piagetian perspective. *Journal of Education, 161*, 87-101.

Palmer, F. H., & Anderson, L. W. (1979). Long-term gains from early intervention: Findings from longitudinal studies. In E. Zigler & J. Valentine (Eds.), *Project Head Start: A legacy of the war on poverty*. New York: Free Press.

Pascual-Leone, J. (1970). A mathematical model for the transition rule in Piaget's developmental stages. *Acta Psychologica, 63*, 301-345.

Patterson, C. J., Massad, C. M., & Cosgrove, J. M. (1978). Children's referential communication: Components of plans for effective listening. *Developmental Psychology, 14*, 401-406.

Pauk, W. (1962). *How to study in college*. Boston: Houghton-Mifflin.

Peel, E. A. (1976). The thinking and education of the adolescent. in V. Varma & P. Williams (Eds.), *Piaget, psychology, and education*. Itasca, IL: F. E. Peacock.

Peterson, P. L., Terence, C. J., & Swing, S. R. (1981). Ability × treatment interaction effects on children's learning in large-group and small-group approaches. *American Educational Research Journal, 18*, 453-473.

Piaget, J. (1952). *The origins of intelligence in children*. New York: International Universities Press.

Piaget, J. (1970). *Science of education and the psychology of the child*. New York: Orion Press.

Piaget, J. (1976). *The psychology of intelligence*. Totowa, NJ: Littlefield, Adams, & Co.

Piaget, J. (with Montangero, J., & Billeter, J.). (1977). Les correlâts. *L'Abstraction réflèchissante*. Paris: Presses Universitaires de France.

Polva, G. (1957). *How to solve it. A new aspect of mathematical method* (2nd ed.). Princeton, NJ: Princeton University Press.

Reid, D. K. (1979). *Equilibration and learning. Journal of Education, 161*, 51-70.

Reitman, W. (1965). *Cognition and thought*. New York: Wiley.

Resnick, L. B. (1979). The future of IQ testing in education. In R. Sternberg & D. Detterman (Eds.), *Human intelligence: Perspectives on its theory and measurement*. Notwood, NJ: Ablex.

Resnick, L. B. (1981). Instructional psychology. *Annual Review of Psychology, 32*, 659-704.

Resnick, L. B., & Glaser, R. (1976). Problem solving and intelligence. In L. Resnick (Ed.), *The nature of intelligence*. Hillsdale, NJ: Erlbaum.

Rigney, J. W. (1980). Cognitive learning strategies and dualities in information processing.

[보충 자료]

미국, IQ 대신 '노력 지능'이 뜬다

'지능은 타고 나는 것인가? 아니다. 열심히 노력하면 얼마든지 더 똑똑해질 수 있다.'

미국 메릴랜드주 몽고메리 카운티 학교들은 최근 '노력지능(effort-based intelligence)'이라는 새로운 개념을 교육에 적극 활용하기로 했다. '노력지능'을 바탕으로 한 교육이란, 학생들이 '현재 얼마나 똑똑한가'보다는 효과적으로 노력했을 경우 얼마나 더 똑똑해질 수 있는가를 기준으로 삼아 교육하는 방법이다. 지능지수(IQ)를 기준으로 '똑똑한 아이들'과 '그렇지 못한 아이들'을 구분하지 않고, '노력'이라는 변수에 따라 지능이 향상될 수 있다고 믿고 교육하는 것이다.

이 방법을 도입할 경우, 교사는 어떤 학생이 주어진 시간 내에 학과내용을 이해하지 못했다고 해서 '뒤쳐진다'고 평가하지 않는다. 대신 '아직 이해하지 못했을 뿐'이라고 평가하고 적절한 교수-학습지도 방법을 찾아 성과를 올릴 때까지 기다려준다.

문제는 교사가 학생 개개인에게 적합한 방법을 찾아내고, 학생들이 그 방법에 따라 충분히 노력하겠다는 자세를 갖는 것이다. 어떤 아이들은 노트 정리법만 제대로 익혀도 성적이 오른다.

워싱턴 DC, 디트로이트, 밀워키, 세인트루이스 등 미국 곳곳의 공립학교에서도 '노력지능' 교육이 성과를 거두고 있다는 보고가 나오기 시작했다. '열심히 노력하면 더 잘할 수 있다'는 상식이 새삼 각광받는 것은 그 동안 '지능은 타고난다'는 결정론적 사고가 미국 교육계를 지배해 왔기 때문이다. 그러나 이제는 한 가지 잣대로 아이들의 지능을 평가하지 말자는 움직임이 일고 있다. 혹시 우리 주변에도 지금 당장 성적이 나쁘다고 해서, 제대로 노력하기만 하면 꽃필 수 있는 잠재력까지 없다는 평가를 받는 아이들이 있는 것은 아닌지 돌아 볼 때인 것 같다(조선일보, 2002.12.11, 제25497호).

[보충 자료]

"똑똑하다" 칭찬받은 아이가 학습의욕 처져
美國 초등 5년생 400명 연구

"'똑똑하구나' 대신 '노력했구나'라고 칭찬해 주세요."

지적 능력을 칭찬받은 아이들은 주어진 과제를 쉽게 포기하며, 학습 의욕도 떨어지는 경향을 보인다고 주간 「뉴욕매거진」 19일자가 보도했다.

컬럼비아대 연구팀은 뉴욕 지역 초등학교 5학년생 400명에게 퍼즐 문제를 제시하고 지능지수(IQ)를 평가했다. 1단계에선 쉬운 문제를 낸 뒤 아이들을 임의의 두 집단으로 나눴다. 한 집단에는

"정말 똑똑하구나"라고 '지적 능력'을 칭찬했고, 다른 집단에는 "열심히 풀었구나"라고 '노력'을 칭찬했다.

2단계에선 아이들에게 쉬운 문제 세트와 어려운 문제 세트 중 선택하도록 했다. 그 결과 '노력'을 칭찬받은 집단은 90%가 어려워 보이는 쪽을 택했지만, '지능'을 칭찬받은 집단은 과반수가 더 쉬워 보이는 쪽을 택했다. 연구팀은 "어려운 문제에 도전했다가 '똑똑하지 않다'는 평가를 받게 되는 것을 두려워하기 때문"이라고 분석했다.

3단계에선 두 집단 똑같이 5학년 학생에겐 어려운 문제를 풀게 했다. 성적은 똑같이 엉망이었지만 태도에서 큰 차이가 나타났다. '노력 집단'은 문제를 푸는 데도 열심이었고 평가 뒤에도 '재미있었다'는 반응이었지만, '지능 집단'은 진땀을 흘리며 긴장하는 모습을 보인 것이다.

마지막 4단계는 실제 학습에 끼치는 효과를 살폈다. 1단계처럼 쉬운 시험을 보게 한 결과 '노력 집단'은 1단계에 비해 평균 30% 이상 향상된 점수를 받았지만, '지능 집단'은 오히려 평균 20% 정도 점수가 떨어졌다.

연구팀을 이끈 심리학자 캐럴 드웍(Dweck)은 "노력을 강조해야 아이들이 스스로 성공 여부를 통제할 수 있다."며 "칭찬은 마음에서 우러나와야 한다."고 덧붙였다. 입 발린 칭찬은 아이들이 더 빨리 알아챈다는 것이다.

제 4 장

Sternberg의 성공 지능(SI)[1]

IQ, EQ를 넘어선 지적 재능을 갖춘 사람을 찾아내는 방안 탐색

김 정 휘
(춘천교육대학교 명예교수, 교육 심리학)

젊었을 때 시간을 낭비하는 것은 곧 인생을 낭비하는 것이다.
—영화 ≪바람과 함께 사라지다≫에서

1. 머리글

심리학 특히 교육 심리학계에서 오늘날 탁월한 명성과 공적을 자랑하는 두 분의 학자를 찾는다면 가드너(Gardner) 교수(Harvard대학교)와 매우 창의적이고 선도적인 연구업적을 활발하게 발휘하고 있는 스턴버그(Sternberg) 교수(Yale대학교, IBM 심리학)를 지목할 수가 있다.

1) 이 논문은 영재교육 연구(한국영재학회)와 초등교육연구(춘천교육대학 초등교육연구소) 논문집에 게재했던 논문을 수정·보완하여 다시 발표하는 것으로서, 본인이 번역한 『지능 심리학: 다양한 관점에서 지능 연구하기』(2006)에서 소개한 바도 있다.

인간 지능론(Human Intelligence Theory)에 관한 다양한 고전적-현대 이론이 심리학계에서 많이 제안된 바 있는데 이 글은 그 많은 이론들 중에서 최근에 참신하고 독창적인 지능이론을 발표한 스턴버그(Sternberg, 1996) 교수의 성공 지능론의 본질, 즉 그 개념 구안과 기능을 고찰하는 것이 필자의 의도이다. 스턴버그 교수 자신이 초등학교 시절에 학교 심리교사(School Psychologists)에게서 비활성〔非活性: 활동력이 없는 이완된 지둔(遲鈍)한〕 지능(inert intelligence)을 잰다고 후일 혹평한 고전적 IQ 검사를 받은 바 있다. 그는 이 평가에서 낮은 점수를 받았기 때문에 저능아로 낙인찍혔는데 이와 관련하여 그는 부당한 대접을 받기에 이르렀으며 이때 받은 충격적인 경험으로 후일 그는 IQ검사 혐오증을 갖게 되었고 이어서[2)] 기존 IQ 검사의 한계를 발견하고 비판하면서 그는 초등학교 시절부터 장차 성공하려면 IQ를 맹신해서는 안 된다는 것과 공부하는 머리와 살아가는 머리는 다르며(그렇기 때문에 공부를 잘하는 것과 인생에서 성공한다는 것은 별개다) 인생에서의 성공에는 또는 성공적인 삶은 살아가는 머리 즉 성공의 정확한 지표가 되는 성공 지능(Successful intelligence, SI·SQ)이 그 핵심이라는 신념을 갖고 성공 지능의 본질, 활용기법, 성공 지능의 구성요인, 성공 지능인의 특성 등을 탐구하고 이론적으로 체계화시켜 그의 지능관을 발표했다.

스턴버그의 성공 지능론(SI)의 전체적인 맥락은 교육계에서 세계적으로 널리 쓰이고 있는 기존의 IQ 검사, 지능의 개념에 대한 불신과 그 대체 방안으로서 성공 지능(Successful intelligence; 아마도 우리나라에서 최근에 IQ에 대한 대응개념으로 윤리지수와 EQ가 선풍적인 인기와 유행을 타고 있는 것처럼 SQ로 불릴 가능성이 있다)을 소개하고 탐구할 것을 권면하는 것으로 논의를 전개하고 있다. 우리나라에서는 거의 동시에 EQ와 SQ 관련 책들이 여러 권 번역, 소개되고 있다. Sternberg가 그의 저서 『성공 지능론: 실용적 지능과 창의적인 지능이 사연 많은 인생에서 성공을 결정하는 방법(Successful Intelligence: How Practical and creative intelligence determine success in life)』(1996)에서 의문을 갖고 탐구하려고 시도한 문제를 예시해 보면 다음과 같다. 이 기회에 이 책에서 소개한 성공 지능론과 그 구성요인들의 기능과 역할을 소개한다.

1. 비활성 지능을 측정하고 있는 기존 IQ 검사의 문제점은 무엇인 가?
2. 인생의 목표〔Sternberg는 성공적인 삶(의 내용과 모습이 어떻게 설명이 되던 간에)이 모든 사람이 원하고 공감하는 인생의 목표라고 규정했다〕를 달성하는데 필요한 지능, 즉 성공 지능의 본질은 무엇이며 그 증거는 어떻게 제시할 수 있는가?

2) 공교롭게도 그의 아들도 초등학교 시절에 IQ 검사에서 저능아로 진단되었다.

3. 성공 지능을 개발·활용하는 데 따르는 장애물은 무엇이 있는가?
4. 비활성 지능, 통칭 우리가 부르는 IQ는 우리에게 무엇을 말해 주는가? 그 단점은?
5. 성공 지능에 이르는 활용하는 조건과 절차는?
6. 성공 지능의 세 가지 구성요인의 본질과 성공적인 활용, 진단을 위한 방안은 무엇인가?

성공 지능이라고 책의 제목을 붙인 스턴버그의 책, 즉 그의 성공 지능론은 비활성 지능을 주로 재는 기존의 IQ 검사, 학력 검사 점수는 높지 않지만 시험을 지나치게 과신하는 우리 사회의 잘못된 편견(시험 점수 = 그 사람의 인격, 진로, 생애, 학벌)을 극복하고 더 열심히 공부하며 인생에서 자기의 목표를 성취하기 위해 더 많은 기회를 확보하려는 사람에게 희망적이고 도전적인, 나아가서 자신이 처한 불우한, 역경에 처한 환경에 무기력하게 끌려가거나 종속되기보다는 자기 스스로 기회를 창출해 내 인생을 자기 것으로 만들고자 노력하는 젊은이, 모든 사람에게 복음과 같은 구원의 메시지를 전해 주고 있다.

플라톤은 지적으로 뛰어난 철학자가 지적으로 열등한 동포들을 현명하고 공정한 방식으로 통치해야 한다고 엘리트 지배론을 주장한 바 있으나, 그의 견해에 대한 판단의 몫은 독자들에게 돌리고, Sternberg는 플라톤의 견해가 전적으로 옳다고 보지 않고, 그는 인생에서 학교(시험) 점수, 지능검사(IQ TEST) 점수보다 더 중요한 것이 얼마든지 있다. 그리고 '너처럼 똑똑한 아이가 어떻게 그런 멍청한 짓을 할 수가 있니?'라는 의문이 암시하는 바대로 Sternberg 박사는 학교에서 공부를 잘 하는 것(비활성 지능)이 곧 이 사회에서 성공하는 것이 아님을 발견해 냈고, 이 책에서 그는 인생이라는 Drama에서 성공적인 삶을 사는 열쇠(성공 지능, 즉 학교에서의 우등생이 아니라 인생에서의 우등생)를 찾아냈다고 명쾌하게 그 처방을 제시하고 있다.

그리고 사연 많은 삶의 실체인 직장, 사회에서 성공하기 위해 필요한 성취도와 학교생활에서 요구되는 성취도 사이에는 엄청난 간격이 있다는 문제 제기에서 SI에 대한 논의를 전개하고 있다.

스턴버그 교수는 인생에서 성공을 거두려면 창의적 지능(Creative intelligence. CI)과 실용적 지능(Practical intelligence, PI)이 반드시 필요한데도 불구하고 이러한 능력은 학교나 가정에서 적극 권장하지도 않고 또 가르쳐 주지도 않기 때문에 학생들은 이를 소홀히 하게 되는 반면 학교는 실사회에 나가면 필요가 없게 되는 비활성 지능(inert intelligence)을 더 많이 개발시키고 포상, 격려, 강화함으로써 사회생활을 위한 준비도 시키지 않고 또 길을 잘못 가게 하고 있는 것이다라고 현행 학교교육의 방법을 비판하며 학교는 마땅히 실생활을 준비시키는 교육을 해야 한다. 즉, 창의적 지능과 실용적 지능을 학교교육의 몫으로 포함시켜 학교교육의 기능을 보다 확대시키거나 비활성 지능 위주의 학교교육을 탈피·전환해야 한다는 신념을 갖고 주창(主唱)하고 있다.

그 이유는 학생들이 살아가야 할 실생활은 비활성의 분석적 지능(analytic intelligence, AI)만이 아니라 성공 지능(창의적 지능+실용적 지능)을 요구하고 있기 때문이라는 것이다.

스턴버그의 성공 지능관은 근본적으로 사회·심리적 관점을 취하고 있다.

2. 비활성 지능(inert intelligence)의 문제점

기존의 IQ 검사, 대학 진학적성검사, 대학 입학 수학능력 검사, 미국 대학원 입학검사, 미국 의과대학, 법과대학 입학 검사(GRE, CMAT, LSAT, MCAT), 교사 임용 시험, 기타 대학이나 대학원 입학시험에 의해서 나타난 수치 또는 기존의 학력 검사로 측정하여 나타난 결과는 비활성 지능(inert intelligence)이다. 그런데 스턴버그 교수는 객관성, 평가의 용이점 등의 이유 때문에 각종 검사 도구가 널리 애용되고 있으나 이러한 도구들의 활용상의 유의점으로 시험성적의 분명한 혜택뿐만 아니라 감춰진, 낭비되는 손실도 함께 고려해야 한다고 주장했다. 그리고 이런 검사들은 서양 어린이들 중심의 서구식 교육에 길들여진 문화권에 알맞게 만들어졌고, 이들 검사가 재는 지능은 학업지능(academic intelligence)에 한정하며, 나이 든 사람보다 학생이나 학교를 갓 졸업한 젊은이 취향의 검사이다.

기존의 검사(IQ 검사를 포함하여)는 성공의 진정한 지표인 성공 지능을 측정하지 못하며 IQ는 학교에서 제공하는 지식을 받아들이는 소비자·수용자일 뿐 그것을 사회에서나 인간관계에서 되돌려 주는 생산자, 지식의 창출자 역할은 수행하지 못한다. 그리고 이것은 남을 설득하지도 못한다.

종래 우리가 애용·실시하고 있는 기존의 지능검사(IQ Test)는 단지 사실을 암기하거나 그 사실을 논증하는데 필요한 즉 학교공부(주로 교과서 중심이거나 교사중심의 수업)를 하는데 필요한 머리(두뇌)~정보자료 처리 능력~에 관한 것을 재는 것이다. 학교교육의 유일한 사명이 이러한 능력 개발·육성인 것으로 오도(誤導)되고 있다. IQ 검사의 또 다른 문제점을 예시해 보면 자기 자신의 삶이나 타인과 더불어 사는, 공존하는 삶에 영향을 끼치는 즉 살아가는, 삶의 방법이나 기술(Technique)에 관한 것을 재는 것이 아니다.

IQ 검사에 의해 측정된 능력이 뒷날의 수행(遂行, performance)의 성취를 결정짓는다는 생각이나 IQ의 높낮이가 곧 인생의 성공·실패의 지표라는 개념도 잘못된 것이고 IQ 검사결과는 통계학적 연관관계만 알려 줄 뿐이고 인과 관계를 보여 주지는 않는다. 그는 IQ 검사의 내재적 가치보다 사회에서의 인식도가 과대 포장되어 있다고 비판하고 있다. 기존의 IQ 검사나 학력 검사는 학생들이 이미 알고 있는 지식을 측정하는 것이지 그가 앞으로 이루어 낼 미래의 성취도를 측정하지 못한다는 결점이 있다. 위에서 열거한 여러 문제점들은 IQ 검사에의 지나친 의존도가 사람들이 최고의 능력을 발휘하는데 장애가 되기도 한다는 것을 알 수 있다.

우리가 사용하고 있는 현행 IQ 검사는 실생활의 성공에 덜 중요한 또는 결정적으로 중요하지 않은 지능의 여러 측면을 측정한다. 현행 학력 검사나 IQ 검사의 또 다른 문제점을 지적하면, 출제형식이 사지 선다형인 문제는 창의성을 허용하지 않으며 출제자의 의도에 따라 문제를 풀어 낼 것이라고 가정하고 있다. 그렇기 때문에 창의성이 뛰어난 학생이 이러한 유형의 문제를 풀려면 정말 숨이 막힌다. 더욱이 사지선다형 문제는 학생이 자신의 지식을 실생활에서 어떻게 활용할 수 있는지를 측정하지 못한다.

우리의 현행 교육제도나 가치관이 분석적 지능이 뛰어난 학생을 격려하고 인정하는 쪽으로 편향되어 있음을 인정할 수 있는데, 따라서 IQ 검사나 학력검사도 그러한 학교 문화에 동조하거나 강화시키는 도구에 지나지 않는 것이다.

스턴버그 교수는 IQ 검사나 학력검사에 대한 비판론—이에 대한 반론이 제기될 수도 있겠으나—이 옳다고 생각한다면, 그리고 인간의 수행능력이나 성장 발달 가능한(잠재) 능력의 실체를 제대로 측정·평가하고자 한다면 기존의 학력평가 체제, 예컨대 IQ 검사나 학교·대학입학 수학능력 검사의 제작 방식을 전면적으로—미시적 평가에서 거시적 평가 쪽으로—바꿔야 하는 도전의 과제를 학계에 제시하고 있다고 본다.

스턴버그 박사의 통찰력 있고 창의적인 그의 참신한 이론은 영재급 창조적 이론가, 연구자의 진면목을 다시 확인시켜 주고 있다고 생각되며 아마도 기존의 교육 심리학, 교육평가, 심리측정, 심리검사, 심리학 개론 분야의 교과서, 연구물들은 성공 지능, 비활성지능, 감성 지능, 분석적 지능, 창의적 지능, 실용적 지능 문항들을 새롭게 추가하여 다루게 될 것으로 예상된다. 그리고 기존의 평가의 체제를 바꿔야 할 것으로 생각된다.

스턴버그 박사가 비판한 비활성(inert)의 뜻을 미국 헤리티지 영어사전(1992년 판)과 Oxford 혼비 영영한 사전(1981년 판)에서 살펴보면 다음과 같다.

- 움직이거나 활동할 수 없는 상태
- (제 힘으로) 움직이지 못하는

- 다른 요인과 즉시 결합하지 못하는 상태
- 활성(活性)이 없는

그리고 민중 Essence 영한사전(1996년 판)에서 살펴보면 다음과 같다.

- (정신·육체가) 둔한
- 육체적, 정신적으로 활발하지 못한
- 굼뜸, 둔함
- 생기가 없는, 둔한, 활동력이 없는
- 자력으로 움직이지 못하는 무기력
- 반발력이 없는

스턴버그에 따르면, 기존의 현행 IQ 검사, 학교의 시험은 모두 이 비활성 지능(inert intelligence)을 재고 있는 도구라는 것이며 따라서 많은 창의적이고 실용적인, 예술적인 재능이 있는 귀중한, 아까운, 비범한 인재를 발견, 육성하지 못한다는 것이다.

3. 성공 지능의 개념

Sternberg(1996, 12, 24, 26, 35, 39, 47, 158–161, 208–211) 교수는 성공 지능의 뜻을 다음과 같이 풀이하였다.

성공 지능(Successful Intelligence, SI)이란?

1. 중요한 목표를 달성하기 위하여 사용되는 지능이다.
2. 인생(삶)에서 숭고한 목표를 달성하는데 필요한 지능이다.
3. 당사자는 물론이고 그 주위사람들까지 변화시키는 능력이다. 이 성공 지능은 단지 성취만 하는 사람과 탁월하게 뛰어난 성취를 하는 사람을 구분하는 기준이다.
4. 사업적 감각(Business sense)이다
5. 미래의 성공 지능을 예측하는 가장 좋은 지표는 과거의 성공 지능이다.
6. 경험에서 배우는 능력과 주위 환경에의 적응능력은 비활성 지능보다는 성공 지능과 기능상으로 더 가깝다. 즉, meta cognition(인지책략—예컨대, 문제 해결, 추론, 분석, 종합, 변환, 대치, 의사결정 등을 할 때—을 어떻게 이용할 것인가)에 대

하여 개인이 발휘하는 능력과 더 관련이 있다.

7. 성공 지능에 필요한 정신적 능력은 문화권, 직종에 따라 달라진다.
8. 분석적·창의적·실용적이라는 세 측면의 생각을 잘 해 내고 활용하는 능력이며 이 세 가지 측면의 지능이 균형(조화)을 이룰 때 그리고 필요한 시기와 활용 방법을 알고 잘 선택할 때 가장 효과적이다. Sternberg 교수는 세 가지 지능 중에서 어느 특정 지능이 뛰어나게 발달한 사람만이 우수한 성공 지능인이 되는 것은 아니라고 강조한다.
9. 성공 지능도 어느 정도까지는 어느 특정 분야에 편중된다. A분야에서 성공 지능이 뛰어난 사람이 C분야에서도 그러하리라는 보장은 없다. 이렇게 볼 때 "영재(gifted)"라는 개념은 낡아빠진 지능검사적 사고방식의 유물이다. 물론 영재는 있으나 그의 재능은 어느 특정 분야에 한정된다(p. 197)는 Sternberg의 견해는 모든 분야에서 평균적으로 재능을 발휘하는 달인으로서 영재의 개념을 배격하는 것으로 해석된다.
10. 성공 지능은 정적이라기보다는 동적인 지능이다. 개인이 자신의 재능을 개발하려는 의욕을 갖고 부지런히 노력하거나 성취동기(n Ach)를 발휘하려고 노력하면 성공 지능은 비약적으로 향상될 것이다.
11. 성공 지능은 단순히 인지능력만을 의미하는 것이 아니다. 인생을 살아나가는 방법에 대한 반성적인 태도(reflective attitude)의 구현도 포함된다.
12. 성공 지능(인)이 늘 올바른 결정을 내리는 것은 아니다. 하지만 늘 자신의 결정사항을 모니터하고 평가하면서 오류가 있을 때는 발견 즉시 시정한다.
13. 성공을 획득하는 능력은 자신의 장점을 극대화하고 자신의 약점을 수정, 보완하는 데 달려 있다.

성공 지능의 특징

1. 성공 지능을 어떻게 정의하든 간에, 한 사람이 실생활에서 성공하는 데 필요한 능력 갖춤새
2. 성공은 오직 사회문화적 상황(successful sociocultural context)과 관련해서만 정의된다. 그것은 추상적으로 일어나지 않는다. 오히려 개인적인 기준과 기대 또는 다른 것과 관련해서 일어난다. 즉, 사회 문화적인 상황 속에서 개인적인 기준에 따라 성공적인 삶을 획득, 실현하는 능력이다.
3. 자신의 강점을 알고 최대한 이용하는 능력. 거의 대부분의 사람이 어떤 일을 잘

한다.

4. 자신의 약점을 알고 그것을 보완하고 고치는 능력. 모든 일을 잘하는 사람은 없다.
5. 자신이 살고 있는 환경에 더 잘 맞도록 사고나 행동을 조절하거나 또는 새로운 환경을 선택함으로써 환경에 적응하고, 환경을 조성하고, 환경을 선택하는 능력(송길연, 2004)의 결합이다.

많은 학생을 장기간 동안 가르쳐 본 교사는 학생들 중에 학교 공부는 잘했는데 사회생활에서는 고전을 하는 경우(흔히 학교에서는 우등생, 사회에서는 열등생이라는 말을 하는데 그 주인공이다)와 반대로 학교 공부는 잘 못했지만 사회에서는 성공한 경우(학교에서는 열등생, 사회에서는 우등생)를 흔히 경험한다. 이러한 사실은 학교 공부를 잘했다고 해서 반드시 사회에서 성공하는 것이 아님을 보여 주는 것인데 이에 관한 문제제기에서부터 성공 지능에 관한 논의를 시작하고 있다.

인생에서의 성공(life success)에 관한 터먼의 정의에 의하면, 성공이란, 벌어들인 수입(소득, income)에 관계없이 사람들이 뛰어난 지적, 사회성 능력을 유효, 적절하고 유능하게 사용하는 정도와 수준을 말한다. 스턴버그(Sternberg, 2002; 김정휘 옮김, 2006, 672)는 그의 독창적인 성공 지능론에서 성공 지능의 본질을 다음과 같이 정의했다.

> 성공 지능은 자신이 정의한 성공의 기준에 따라서 자신의 사회문화, 환경적인 상황속에서 자신의 강점을 활용하여 자신의 약점을 수정, 보완하고 사연 많은 인생에서 성공을 달성하는 능력을 말한다. 이것을 위해서 환경을 선택하고 적응하며 조성하고, 성공 지능의 구성요인인 분석적 능력, 창의적 능력, 실용적 능력을 조합하여 활용해야 한다. 이 성공은 실패와 동전의 양면과 같은데, 수많은 실패와 좌절을 극복하고 성공을 획득하게 된다는 사례를 수많은 위인들의 성공담에서 확인할 수가 있다.

이와 관련된 감동적인 명언을 다음과 같이 심리학자이며 노벨상 수상자인 이반 P. 파블로브(Pavlov)가 남겼다.

> "성공 앞에서 가장 먼저 생각해야 하는 것은 성공에 대한 칭찬과 영예가 아니라 성공을 획득하기 전에 겪었던 좌절과 교훈이다.

성공으로 자만해지기 쉬운 심성에 인간미가 필요하다는 경고의 의미로 해석할 수 있다.

그린스판(Greenspan, 1997, 131)은 유능한 사람이란, 어떤 목적이나 과제를 완수하는 정도뿐만 아니라 그러한 목적이나 과제들에 대하여 발휘하는 질적인 수월성에 따라서 정의될 수 있다고 정의했다(신종호 외, 2002, 119에서 재인용). 성공한 인물이 반드시 유능하고 훌륭한 사람인가에 대해서는 의견이 일치되지 않는 것 같다.

4. 성공 지능의 구성요인

스턴버그의 해석에 의하면(1996, p. 127-147) 성공 지능은 분석적·창조적·실용적이라는 세 측면의 생각을 잘(균형 있게) 해 내는 능력이다. 그러나 우리의 학교교육 상황을 살펴볼 때 시험(검사)나 학교 교실에서 선생님으로부터 배우는 수업(강의)이나 학교의 교재는 오로지 분석적 지능—비활성 지능—만을 중시한다. 학교 공부를 할 때, 학창 시절에 똑똑함(smart)의 지표로 삼는 그런 지능은 어른이 되면 창조적인 지능이나 실용적인 지능보다 쓸모가 없어진다.

성공 지능의 세 가지 측면은 서로 유기적으로 관련되어 있다. 그러나 그 기능과 쓸모(용도·쓰임새)는 서로 다르다. 문제를 해결하고 착상(idea)의 질을 판단하는 데에는 분석적 지능이 필요하다. 그러나 문제점과 착상을 훌륭하게 파악하는 데에는 창의적 지능(creative intelligence)이 있어야 한다. 마지막으로 일상생활에서 훌륭한 착상과 분석 방식을 활용하려면 실용적 지능이 있어야 한다.

성공 지능은 분석적·창의적·실용적 지능이라는 세 측면이 서로 균형을 이룰 때 가장 효과적이다(Successful intelligence most effective when it balances all three of its analytical, creative, and practical aspects; **그림 4-1** 참조). 이러한 세 측면은 그것을 소유하고 있는 것보다 이를 적합하게 활용하는 시기와 방법을 아는 것이 중요하다. 그래서 성공 지능인은 다만 위에서 제시한 능력을 갖고 있기만 할 것이 아니라 오히려 그 능력을 적합하게 사용하는 시기와 방법을 늘 생각한다는 것이다. 이제 스턴버그 박사가 그렇게도 중요시하고 강조하는 성공 지능의 중핵인 세 가지 구성요인의 성질과 역할을 보다 구체적으로 검토해 보자.

최근에 스턴버그(1996)는 창의적 지능(creative intelligence)이라는 표현을 쓰고 이것이 성공적인 삶의 결정조건이 된다고 설명했다. 그의 견해는 열린 사고, 즉 창의성과 수렴적 사고와 관련된 닫힌 사고, 즉 지능이 서로 대칭되는 개념으로 이해하여 온 기존의 시각과는 다른 해석이기 때문에 고찰이 필요한 논제(論題)가 된다고 할 수 있다.

스턴버그는 정보자료 처리 이론의 관점에서 삼차원론적 지능론을 다음과 같이 제시했다.

창의적 지능은 새로운 문제를 풀기 위해 자신의 내적인 역량을 발휘하고 다루면서 창조하고 발명하며 설계하는 능력이고 분석적 지능(analytic intelligence)은 기존의 경험

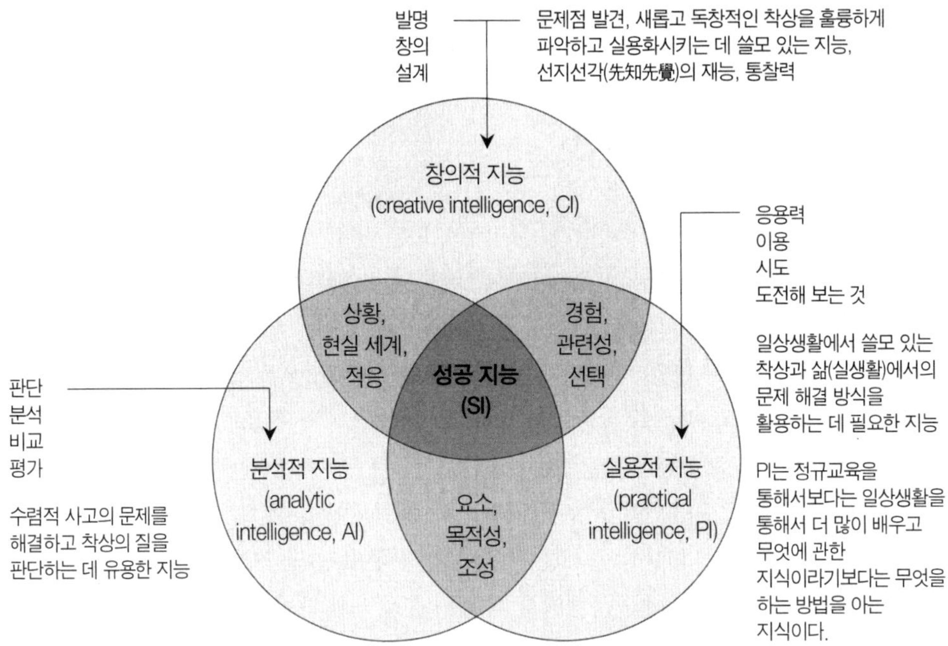

그림 4–1 Sternberg의 성공 지능의 삼위일체. 이질적이고 기능하는 모양과 쓰임새(용도)가 다르다.

출처: 김정휘·주영숙·하종덕. (2006). 교육 심리학 입문: 교실에서 심리학의 활용 탐색. 서울: 원미사. 448.

한 문제, 즉 익숙한 문제에 직면하여 제기된 문제의 구성 요건들을 분석하고(무엇이 문제인가?) 비교, 평가하는 능력이다. 실용적 지능(practical intelligence, PI)은 외부세계를 다루면서 우리가 알고 있는 지식, 정보자료, 경험을 응용하고 사용하며(반응하며) 수행하는 능력이다. 그는 지능측정에서 수량화하여 산출하던 기존의 IQ 검사와는 다르게 내용(qualitative) 중심의 측정방법의 적용을 제안하고 있다.

분석적 지능의 본질

이 분석적 지능(analytic intelligence, AI)은 암기 재능과 밀접한 관련성이 있다. 그리고 창의적 지능보다 IQ 검사나 여러 시험(고사)에서 측정하는 것은 이 분석적 지능을 재는 것이다. 우리의 현행 교육제도는 분석적 지능을 인정하고 격려하고 있으며 강화한다. 학교에서는 분석적 지능이 쓸모가 있으나 졸업 후 사회에 나가면 삶의 주인공(내 인생은 나의 것)이 된 상황에서는 분석적 지능(AI)만으로는 충분치가 않아(쓸모없게 된다는 것이 아니라) 효용성(效用性)이 떨어진다.

외국어 학원(공부)이나 자연과학(이과) 계열의 학습은 분석적 지능에 크게 영향받는다. 뛰어난 과학자가 되기 위해서는 과학과 현실 생활 모두에 영향을 강하게 끼치는 독창적이고도 의미 있는 착상을 개발하는 능력이 필요하다. 그럼에도 불구하고 자연과학 분야에서는 창의적 지능보다 분석적 지능이 더 우대 받는 경향이 있다. 생물학자인 James Watson은 공개적인 회의석상에서 여러 번 자신의 IQ가 낮다고 말한 바 있으나 IQ와 상관없이 DNA분자의 구조를 공동연구자와 함께 발견했고 그 공로로 노벨상을 받았다.

스턴버그 교수의 의견에 의하면 높은 IQ 소유자가 인생이라는 Drama에서 실패하는 이유는 이 분석적 지능을 너무 과신하거나 의존하는 대신 나머지 창의적 지능과 실용적 지능의 중요성을 과소평가하기 때문에 발생한다는 것이다.[3] 즉 논리적 명쾌함(교육철학자들이나 변호사의 논리처럼)이 우수한 것이 부부사이의 갈등을 푸는 데 도움이 안 된다는 것을 많은 예에서 발견한다. 성공 지능은 이 분석적 지능을 사용해야 할 때와 사용하지 말아야 할 때를 구분하게 해 준다.

이 분석적 지능은 현실생활에서의 문제 해결에 별 도움이 안 되는 비활성 지능이며 인생에서 성공을 거두려면 창의적 지능과 실용적 지능의 기여도가 더 크다는 것이다.

이 분석적 지능의 호용성의 한계는 스턴버그 이외에 보다 일찍이 McClelland(1973)와 Wallach(1976)도 다음과 같이 지적했다. 즉, 인간의 잠재능력의 표상인 IQ의 측정은 학교 공부(학업)에서의 성공으로 타당화되지만 학교 졸업 후의 현실 사회생활에서의 성취에 대해서는 알려 주지 않는다고 주장해서 사람들에게 성찰의 계기를 마련했다(김태련·김정휘·조석희 옮김, 2004, 410).

인생에서 성공을 거두려면 창의적 능력과 실용적 능력과 감성 지능이나 사회성 지능, 스트레스 극복 역량, 상황 대응 능력, 역경 극복 역량(resilience), 리더십이 반드시 필요하다. 그러나 이러한 능력은 학교에서 적극 권장하지도 않고 또 가르쳐 주지도 않기 때문에 학생들은 이를 소홀히 하게 된다. 이렇게 볼 때 학교는 사회에 나가면 별 쓸모가 없어지는 능력을 더 많이 개발시키고 포상함으로써 삶의 기술, 방법을 가르치거나 준비도 시키지 않고 있다. 따라서 학교는 마땅히 실생활을 준비시키는 교육을 해야 한다.[4] 왜냐하면 실생활, 불확실성의 시대는 삶의 책략으로서 분석적 지능이 아니라 성공 지능을 요구하고 있기 때문이다. 기독교 신학 영역 중에서 조직 신학 분야가 있는데 아마도 그

3) 성공 지능의 구성 요건인 분석적 지능, 창의적 지능, 실용적 지능 중에서 어느 것이 성공의 필요충분조건인지, 또 다른 삼위일체 지능론인지, 또는 상호 견제, 조절, 제어 책략은 어떻게 기능하는 것인지, 고등정신 기능상의 위계는 어떻게 분류해야 할 것인지는 분명치가 않다.

4) 구체적인 실천방안은 정부와 교육 관계자, 가정교육의 몫이다.

내용과 관련 지식이 분석적 지능과 유관성이 있을 것으로 생각된다.

경직성을 자랑하는 관료사회, 법체계는 분석적 지능의 탁월함을 자랑한다. 그러나 완벽함을 자랑하는 법조문도 허점이 많고 그래서 법을 집행하는 것을 업으로 삼는 사람이 법을 안 지키고 변호사는 법의 허점을 잘도 찾아내는 경우를 많이 발견한다.

상황이 이런데도 학교는 학생들에게 도움이 안 되는 교육을 계속하고 있다. 환자들을 어떻게 다루어야 할지 모르는 의학 박사, 사람에 대한 이해가 교재의 범위에만 국한되어 있는 심리학자, 교육자, 사람을 다루지는 않고 교과서에만 의존하도록 가르치는 선생님, 공문사항, 훈령에 매달려 업무 처리하는 공무원, 중요한 것은 이미 선현(先賢)들이 다 발견했다고 가르치는 교사, 문제분석이나 비판은 잘 하지만 처방을 제시하거나 해결할 줄 모르는 회사 경영자들을 이 사회는 양산하고 있다.

이 분석 지능은 IQ 검사에 의해서 측정되는 학업 지능(academic intelligence)과는 다른 것이다(Sternberg, 1996, 155) 스턴버그 교수는 IQ 검사는 분석적 지능의 한 부분 주로 학교 공부 수행에 적합한 학업 성적만을 측정한다고 해석했다.

지금까지 지적한 바와 같이 여러 가지 한계가 있음에도 불구하고 분석 지능은 문제해결과 의사결정에 중요한 기능을 한다. 그러나 기존의 지능검사에 의해 측정되는 분석적 지능은 그 자체만으로는 학업의 성공을 보장할 수 없으며 또 학교를 졸업한 후 사회생활에서의 성공도 보장하지 못한다. 그래서 분석 지능은 성공 지능의 첫 번째 열쇠이기는 하지만 유일한 열쇠는 아니다.

(Despite limitations, analytic intelligence is certainly important in good problem solving and decision making, the hallmarks of successful intelligence. But it alone, as measured by conventional tests, is no guarantee of academic success, nor, as applied in nonacademic settings such as the business world, is it a guarantee of good judgment. Analytical intelligence is the first, but not the only, key to successful intelligence. 187)

창의적 지능의 본질

우리의 학교교육 풍토를 살펴볼 때 학교교육의 실제에서 창의성은 거의 무시되고 거부되는 형편이다. 그래서 학교가, 사회가 "우리를 필요로 하지 않는다."고 창의성이 높은 학생들은 탄식하고 있다. 실제로 창의적인 행동은 질서를 파괴하는 행동으로, 교사의 권위에 도전하는 학생으로 인식되기 때문에 교사들은 창의적인 학생을 격려하기보다는 학생의 창의적인 태도를 징벌하는 경향이 있다. 이러한 이유로 창의적인 영재 학생이 교사로부터 배척, 따돌림을 당하는 상황이 전개된다.

건전한 상식을 뒤엎으며 가끔 돌출하는 참신함을 발견하게 하는 이상한 예외의 행동이라고 인식되는 것이 창의적 지능이다.

창의적 지능(creative intelligence, CI)은 해결해야 할 문제를 발견하고 해결하는 데 필요한 착상(idea)을 구안하는 기능인데 분석적·실용적 지능과 서로 독립적으로 기능한다. 스턴버그 박사는 창의성이란, 지능의 세 가지 국면－분석, 창조, 실천－을 알맞게 응용하는 것이고 또 이 세 가지 측면 사이에 균형(조화)을 모색하는 과정인데 지능의 이 세 측면을 삶이라는 Drama에서 잘 활용하면 성공 지능을 구현하게 된다고 규정했다(Sternberg, 1996, 191).

기존의 지능검사의 구성요인에는 이 창의적 지능이 포함되어 있지 않아 IQ로는 이 CI를 재지 못하므로 이를 측정, 분석하기 위해 별도의 창의성 검사를 고안, 활용하고 있다. 창의성은 추상적으로 존재하는 것이 아니라 신기함, 적합함, 품위, 성과의 중요성 등에 대한 사회·문화적인 판단의 결과이다(Sternberg, 1996, 199)(Creativity is not something that exist in the abstract ... it is sociocultural judgement of the novelty, appropriateness, quality, and importance of product).

성공 지능은 창의적 지능을 활용해야 하는 시기와 방법을 자각시키며 실천 지능과 함께 자신의 목표달성에 필요한 최적의 균형을 취하도록 도와준다. 매우 창의적인 사람들이 훌륭한 놀랠 만한 착상(idea)을 내 놓으면 사람들은 일반적으로 반 규범적(counternormative)이고 비생산적이며(counterproductive) 나아가 우둔한(foolish) 아이디어라고 매도하고 비웃는다. 그래서 그 착상은 거부되고 그 창의적인 아이디어를 발표한 주인공은 의혹, 멸시, 조롱의 대상이 되는 경우가 흔하므로 이들은 "이 사회가 우리를 알아주지 않는구나!"라고 탄식한다. 천재들의 창의성과 광기를 실증적으로 연구한 바 있는 정신건강의학과 의사인 루트비히(Ludwig. 1995)는 "발견되지 않은 천재는 존재하지 않는다."라고 했는데 그렇다면, 고급 인적 자원의 손실을 방지하기 위해서 그리고 인류 역사와 문화발전에 공헌하도록 지원과 기회를 제공하기 위해서 그 역할을 누가 담당해야 할 것인가, 그리고 수문장(gatekeeper)과 멘토(mentor)의 역할은 누구 담당할 것인가, 영재 교육의 성패는 멘토의 역할에 의해서 좌우된다고 단언할 수가 있다.

창의적인 사람들이 거부되고 외면되는 이유를 살펴보면, 창의적인 아이디어는 그 속성상 신기하고 가치 있는 것이다. 그런데 왜 거부될까. 그 이유는 창의적 개혁가(Creative innovator)는 일반 대중에게 도전하고 또 기득권에 저항하여 기존의 이익집단을 불안하게 만들기 때문이라는 인식을 들 수 있다. 또 사람들은 대체로 친숙하고 이미 상식적으로 알고 있고 믿는 익숙한 사실, 현상에 대하여 친밀함을 나타내고 그렇지 못한 생소한 것에 대해선 경계, 외면, 무시하고 접근하려고 하지 않는 것도 원인이 된다. 그런 이유 때문에 예수 그리스도가, 종교개혁을 부르짖은 마틴 루터, 김시습(金時習), 정약용(丁若鏞)이 얼마나 많은 저항과 배척을 받았는가는 잘 알려진 사실이다. 이들 외에도 관련 인물들이 동서양과 동서고금을 비롯해서 아주 많은데 필자는, 이러한 사실을 창의적 천재들의 광기(狂氣. madness)의 본질과 양태를 연구하면서 발견할 수 있었다.

그 외에 창의적인 인물들이 거부되는 이유를 제시해 보면, 이들은 시대를 앞서서 궁리하고 이 세상을 바꿔보려고 시도하기 때문에 현 시대에서 부적응자일 수가 있다. 창조적 소수인데다가 현 시대의 주류 문화에 어울리지 못하기(않기) 때문에, 그리고 전통을 고수하고 기존의 질서, 권위와 관행을 중시하는 기성세대들은 창조적 파괴를 시도하는 이들을 배척할 뿐만 아니라 소수인 엘리트를 존경하면서도 또 한편으로 배척하고 괴짜라고 따돌리는 풍토에서 고군분투하면서 삶의 드라마에서 창조적인 생존을 위해 고뇌한다. 어느 의미에서 이 세상은 창의적인 인간이 생존, 진화하기에는 부적합할 수가 있다.

창의적인 지능을 갖고 있는 학생들은 비 창의적이고 분석적 지능을 갖고 있는 학생들보다 교사에게 인기가 없다. 교사들은 거의 대부분의 경우 암기위주의 비활성 지능에 대해 긍정적인 태도를 보여 주고 선생님으로부터 또는 교과서에서 배운 것을 비판 없이 다시 회상(암기)하여 대답하는 것을(학생을) 선호하는 경향이 있다.

어느 한 아동의 사례에서 이 아동이 유치원에 들어가기 전까지는 그의 부모와 의사는 그를 영재라고 생각했는데, 교사들은 반대로 이 아동을 지적 발달 장애아로 보았다고 밝히고 있다. 예를 들면 그는 교사가 나누어 준 시험문제를 보충하여 제출하거나 내용을 아주 다르게 변형하여 그 변경한 내용에 맞추어 답안을 작성하여 제출하였다. 이에 따라 그는 시험점수에서 항상 감점을 받았다. 그의 튀는 상상력과 비협조성 때문에 그는 결국 지적 발달 장애아라는 평가를 받았다. 외부기관에서 실시한 지능검사는 이 아동이 규칙적으로 매우 우수한 지능을 보인다는 사실을 확인해 주었다. 그럼에도 불구하고 창의적 지능의 실체, 중요성을 모르고 창의적 지능의 개발·육성도 학교의 중요한 기능의 하나라는 것을 모르는 무지하고 둔감한 이 교사는 귀중한 인재를 놓치는 일을 한 것이다.

창의성을 연구하는 많은 전문가들은 분석적 지능이 높은 학생들(아마도 고 지능 소유자)은 창의적 지능이 매우 높은 학생(튀는 학생·괴짜)보다 교사들로부터 더 높은 평가를 받는다고 결론을 내리고 있다.

그리고 창의적인 아이디어가 기존의 사고방식이나 문제 해결 방안보다 더 우수한 대안이라는 사실을 깨닫지 못하는, 아니 깨닫지 않으려는 태도가 또 다른 원인이 된다. 아울러서 일반사람들이 볼 때 창의적인 사람은 기존 규범, 체제, 가치관과 관료적 업무처리에 반대만 하는 자이므로 그런 태도는 기득권을 가지고 있는 관료적 권위 집단들이 보기에 자기들에게 도전세력으로(인물로) 지각하므로 이들의 행태는 불쾌할 뿐만 아니라 참아줄 수도 없게 되는 것이다.

창의적 지능이 무시·배척받아 사장되었을 뻔했던 경우는 인류 역사에서 무수히 많은데 몇 가지만을 소개하면 이단자 갈릴레오, 조소받은 콜럼버스(그는 사이코패스 성향이 있는 악의 축으로 지탄받아야 할 불량 지능이 우수한 인물이다), 박해받은 예수, 추방당한 키케로, 독살 당한 소크라테스, 살해된 링컨, 반광인(半狂人)으로 방랑하다 생을 마친 김시습, 김삿갓, 난세의 영웅 이순신 장군.

스턴버그 교수는 어쩌면 창의성과 지능은 서로 배타적인 개념이 아닐지도 모른다고 가정했다. 그래서 창의적 지능(creative intelligence)이라는 용어를 쓸 수 있다고 그의 견해를 밝히고 이 경우에 제기될 수 있는 의문은 만약에 그런 창의적 지능이 존재한다면 이것을 어떻게 규정하고 측정할 수 있는가. 또 어떻게 개발·육성·활용할 수 있을 것인가. 즉, 창의적 지능의 존재와 작용상의 결과는 어떻게 설명, 논증할 수 있겠는가 하는 문제 제기를 할 수 있을 것이라고 했다(1996, 188) 아울러서 그의 견해는 열린 사고로 알려진 창의성과 닫힌 사고로 알려져 있는 수렴적 사고 즉 지능과 창의성이 서로 대칭되는 개념으로 이해하여 온 기존의 시각과는 다른 창의적 지능을 합성어로 명명했기 때문에 고찰이 필요한 논제가 된다고 할 수 있다. 이런 의문에 대해서 스턴버그 교수는 창의성과 지능은 어쩌면 서로 배타적인 개념(mutually exclusive)이 아닐 수도 있다고 보고 창의적 지능이라는 용어를 사용했다고 밝히고 있다.

스턴버그 교수에 의하면, 창의적 지능은 결국 하나의 고귀한 능력이면서 동시에 인생을 대하는 태도이고 삶의 기법(technique)이라고 할 수 있다는 것이다. 그러나 이것은 다 자란 청소년이나 어른들에게서는 찾아보기가 어렵다. 창의적 지능의 잠재력이 사라져 버려서가 아니라 분석적 지능에의 순응을 강요하는 학교제도에 의해 억압되기 때문에 이미 가지고 있던 창의적 지능이 유리 상자나 보이지 않는 큰 손에 의해서 또는 실력자인 빅 브라더에 의해서 바람과 함께 사라지는 것이다.

"아동들은 선생님 말씀을 잘 들어야 착한 어린이란다. 책에 그려져 있는 줄을 따라서 그림을 그대로 그려야 돼요. 너는 하라는 대로 참 잘했구나. 그러니 모범생이네. 자 상을 받아요. 그런 엉뚱한 생각을 하면 못 써요. 여러분이 궁금해 하는 것들은 교과서와 전과지도서에 다 설명이 잘 되어 있으니 책을 읽어 보세요."

이래서 천부의 창의적 지능(natural creativity intelligence)은 억압당하기 시작하는 것이다.

이 창의적 지능은 모든 분야에 걸쳐 있는 것도, 특정 분야에 편중되어 있는 것도 아니지만, 모든 분야보다는 어느 특정 분야 쪽으로 기우는 경향이 있다. 이 말은 "일반적인 창의적 능력"에 대해서 한 분야에서 창의적인 사람은 다른 분야에서도 반드시 창의적인가에 대한 해답인 것이다. 그런데 요긴한 창의성은 실용성과 균형을 이루어야 한다. 어떤 착상(idea)은 창의적이기는 하지만 실용적이 못되므로 결국 쓸모가 없게 되는 예가 많다.

그 동안 우리 학교에서는 암기 능력과 분석적 지능이 뛰어난 학생들만을 높이 평가하고 창의적, 실용적 능력을 가진 학생들은 현실적으로 무시해 버리는 경향이 강했는데 만약 교육의 진정한 방향이 성장·발달 가능한 잠재능력을 개발·육성하고자 하는 것이라면 우리는 그 동안의 편향된 관행(예: 성적 위주의 시험과 입시제도의 출제와 선발 방법)을 바꾸어야 한다고 스턴버그 교수는 역설하고 있다.

창의성을 요구하는 모든 문제는 창의적인 지능을 요구한다. 그러나 창의적 지능을 요구하는 모든 문제는 창의성을 요구하지 않는다. 적어도 투자 이론에 의하면 창의성은 창의적 지능 이상을 요구한다. 즉, 창의성은 지식, 어떤 사고·학습 유형과 양식, 성격 특성, 어떤 동기적 특성, 사회 문화적 상황, 근접 발달 영역이 요구된다는 것이 스턴버그의 지론이다. 하여간, 창의적 지능은 인간의 창의성의 일부이지 전체는 아니다.

로우(Rowe, 2004)는 창의력이 우수한 인물을 영재의 조건으로 간주하고 그들의 창의적 특성, 즉 창의적 지능(creative intelligence, CI)의 유형을 **표 4-1**과 같이 구분하여 설명했다.

영재 교육의 실제에서 Rowe가 제시한 이들 창의성을 개발하고 육성하는데 주력해야 한다.

실용적 지능의 본질

신입생이 대학생활을 성공적으로 잘 해 내려면, 다른 학생들과 잘 사귀는 방법, 과제물을 잘 처리하고 강의의 요점을 잘 파악하는 요령, 과제로 읽어야 하는 책을 잘 읽고 소화하는 방법, 수동적인 태도에서 능동적·적극적으로 대학생활에 임하는 요령을 잘 알고 있어야 한다.

삶의 실체인 인간관계는 매우 복잡하고 역동적이며 우리의 인생살이는 ≪그 여자의 일생≫, ≪벙어리 삼룡이≫, ≪라이언 일병 구하기 ≫, ≪벤허≫, ≪가을의 전설≫, ≪구름 위의 산책≫ 같은 영화의 경우에서 보듯이 참으로 사연이 많은데 세상살이에 둔감한 학교가 오로지 한 가지 지능, 즉 분석적 지능(대표적인 경우가 우리의 영문법을 위주로

표 4-1 창의적 지능의 유형

창의적 지능의 유형	특징	이 영역의 창의성이 최고 수준으로 발휘된 상태	공통점
직관적 창의성	1. 재치 또는 감이 풍부하다. 2. 과정보다 결과에 집중하고, 과거의 경험에 의존하여 행동을 이끌어 간다. 3. 열심히 일하는 것과 성취를 강조하고 해답을 즉시 찾아내는 능력을 중시한다.	사업가 CEO 배우 정치가	1. 인류 역사·문화사에 크게 공헌하고 탁월한 업적을 남겼다. 2. 비범한 재능이나 능력, 기억력을 보여 주었다. 3. 끈질기게 노력, 몰입(flow)했다. 4. 끈기 있게 노력하여 독특한 방법을 알아냈다. 5. 남들에게 없는 지식이나 이해력을 지니고 있었다. 6. 기꺼이 위험을 무릅쓰고 변화, 혁신을 받아들였다. 7. 의문을 제기하는 용기를 지니고 있었다. 8. 새로운 가능성을 마음속에서 그릴 수 있었다. 9. 남이 보지 못하는 것을 보고 남이 생각하지 못하는 것을 먼저 통찰을 통해서 발견했다. 10. 조숙했다. 11. 직관적, 혁신적, 상상력, 영감적, 예술적, 인지적 창의성, 심미적 통찰력이 뛰어나다. 12. 사람들의 기를 꺾고 인류의 발전을 막았던 틀에 박힌 지식을 깨뜨렸다.
혁신적 창의성	1. 문제발견과 해결, 자료에 집중하고 대단히 조직적이다. 2. 정확하고도 신중한 실험을 강조한다. 3. 목표, 비전을 달성하기 위하여 인내와 자신의 재능과 착상(idea)을 발휘하고 도전한다. 4. 자아도취, 안주하지 않는다. 5. 열심히, 꾸준히 과제에 몰입한다(flow). 6. 지적인 호기심, 탐구심이 강하다. 7. 뇌파에서 세타 상태에 있다. 8. 기술적 문제에 집중하는 경향이 있고 가족 구성원의 요구사항을 무시한다.	과학자 엔지니어 발명가 토머스 에디슨 마리 퀴리※ 빌 게이츠 이찬진 안철수 헨리 포트	
상상적 창의성	1. 기회를 시각화할 수 있고 예술과 글쓰기를 좋아한다. 2. 틀에 얽매인 생각을 하지 않는다. 3. 상상 유형은 잠재적인 기회를 꿰뚫어 볼 수 있고 또 기꺼이 전통, 관행과의 관계를 단절한다. 4. 상상 유형은 마음을 열고 아이디어를 알리기 위해서 종종 유머를 활용한다. 5. 비전 있는 사람들을 발견, 끌어들일 줄 안다. 6. 깊은 주의 집중력과 관련이 있는 알파파가 활성화되어 있다. 7. 미래의 요구와 기회를 꿰뚫어 본다.	통찰력이 있는 사람 화가 음악가 작가 리더	
영감적 창의성	1. 비전이 있다. 2. 사회의 변화에 관심이 많고 사회 변화를 이루기 위해 전념한다.	교육자 리더 작가	

표 4-1 창의적 지능의 유형 (계속)

창의적 지능의 유형	특징	이 영역의 창의성이 최고 수준으로 발휘된 상태	공통점
	3. 사회성 요구를 긍정적이며 행동 지향적으로 생각한다. 4. 목표를 달성하기 위해서 추진(진행) 과정에 헌신한다. 5. 변화를 받아들여 남을 돕는 일에 동참한다. 6. 잠자고 있는 동안에도 뇌파는 델타 상태에서 기능한다. 7. 영감 유형의 리더는 토론과 회의를 개최하여 변화가 필요한 이유를 설명함으로써 좀 더 개방적이고 신뢰할 수 있는 조직 문화를 형성한다.	마틴 루터 킹 예수 마틴 루터 칼빈	

※마리 퀴리가 교수직을 얻은 것은 라듐과 폴로늄을 발견한 지 8년, 그 공로로 노벨 물리학상을 받은 지 3년이 지난 뒤였다. 노벨상을 공동 수상한 남편이 소르본느 대학의 교수로 임용될 때 그는 조수직에 만족해야 했다. 남편과 사별한 1906년에 가서야 학교는 남편의 빈자리를 부인에게 내줬다. 당시 과학계는 이 놀라운 연구를 여성이 주도했을 리가 없다고 여성의 재능과 수월성을 의심했다. 여성 노벨상 수상자가 탄생한 것도 이들 부부 공동 명의의 연구가 아니었으면 불가능했을 것이라는 해석이다. 여성이라는 이유만으로 차별과 능력에 합당한 대우를 받지 못하여 불행한, 인류 문명 진화에 불이익이 생긴 과오를 범했다.

출처: 김종식 옮김. (2006). 창조지능이 미래를 결정한다. 서울: 시공사. (Rowe. *Creative Intelligence: Discovering the Innovative Potential in Ourselves and Others.*)

한 중·고등학교의 영어교육과 국어 시험문제 출제방식이 그 예가 된다)만을 너무 강조하면 재능이 있는 많은 학생들이 실제보다 덜 지적이라는 평가절하를 당하게 된다.

이와 같이 비활성 지능과는 다른 형태의 지능을 평가절하하는 경향은 오카가키와 스턴버그(Okagaki & Sternberg, 1993)가 수행한 연구 조사에서 명백하게 드러났다. 그들은 서로 다른 인종집단에 속하는 여러 부모를 상대로 지능관을 물어보았다. 그 결과 부모들이 사회성 능력—구체적으로 동급생과 잘 어울리고 집안식구를 도와준다든가, 심부름을 하는 등—을 강조하는 지능관을 갖고 있을수록 자녀들은 학교 기준에 비추어 덜 똑똑한 학생으로 평가되었다. 바꾸어 말하면 부모의 강조사항과 학교의 강조사항이 다른 경우 아이는 가정과 지역사회에서는 실용적 지능이 뛰어나다는 평가를 받지만, 학교(생활)에서는 지능이 떨어지는(분석적 지능)[5] 학생으로 인식된다는 것을 밝혀냈다

(Sternberg, 1966, 143). 만약에 이러한 연구 결과가 인간육성, 전인육성에서 중요한 의미를 부여한다고 확신한다면 교육적으로나 교육평가, 심리측정 분야의 방법이 달라져야 한다고 필자는 판단한다. 그 이유는 기존의 학교교육 평가체제나 그 이론의 적용이 주로 비활성 지능, 분석적 지능 위주로 편향, 실시되어 왔고 창의적 지능과 실용적 지능(practical intelligence, PI)은 전적으로 고려 대상으로 포함되지 않았다고 해도 과언이 아니다. 이 실용적 지능은 창의적 지능과 마찬가지로 기존의 지능검사로는 측정되지 않는 것이고 또 학교(교육)에서도 충분히 강조되지도 않으며 직장에서 신입사원을 뽑을 때도 별로 중요시되지도 않는다.

스턴버그 교수가 "실용적 지능: 일상적인 세상에서 유능성의 본질과 기원"[6]이라는 연구논문을 발표한 1986년부터 실용적 지능에 관심을 갖고 연구를 진행했음을 확인할 수 있다(나중에 단행본 저서로 출판했으며, 국내에서 번역판이 출판되었다).

실용적 지능(PI)은 정규 교육을 통해서 보다는 일상생활을 통해서 배우게 되고 분석적 지능처럼 무엇에 관한 지식이라기보다는 무엇을 하는 방법을 아는 절차적 지식과 관련된 지능이다. 어느 의미에서는 결정 지능(crystallized intelligence)과도 유사하다.

필자의 의견으로는 국지적 분쟁이 전쟁으로 확산된다고 할 경우, 또는 지진, 예고된 값 인상을 눈치 챈 업자가 실제로 그 가능성의 기미가 보이자 슈퍼나 구멍가게에서 생필품을 사재기하거나 매점매석하기 때문에 동이 나는 경우가 있었는데 이런 사람들을 실용적 지능이 높다고 할 것인지 의문이 남는다. 또는 그러한 상황 속에서도 "내일 지구가 멸망한다고 해도 나는 오늘 사과나무 한 그루를 심으리라"는 『25시』[7]의 작가 게오르규의 느긋함과 여유로움을 성숙한 실용적 지능의 소유자라고 할 것인지 하는 의문이 남는다. "바람과 함께 사라지다"의 주인공인 스칼렛과 애슐리의 역할 모형에서 이 세 가지 지능이 어떻게 나타나고 기능하는가를 분석·연구해 봄직하다고 생각한다.

실용적 지능이 뛰어난 사람은 암묵적 지식(tacit knowledge)[8]을 빨리 습득하고 활용

---

5) Okagaki L, Sternberg R. J. (1993). "Parental Beliefs and Children's School Performance", *Child Development, 64*(1), 36-56.

6) Ceci, S. J. & Liker J. (1980). Academic and nonacademic intelligence: An experimental separation. In Sternberg, R. J. & Wagner, R. K.(Eds.) *Practical Intelligence: Nature and Origins, of Competence in the everyday*, 119-142. World. New York: Cambridge University.

7) 필자는 내한한 바 있는 게오르규의 『25시』가 노벨문학상을 수상하지 못한 것에 회의와 불만을 갖고 있다.

8) 암묵적 지식의 특징은 다음과 같이 세 가지가 있다. 첫째, 어떻게 할 것인가, 즉 방법에 대한 지

하는 사람이다. 이 암묵적 지식은 행동지향적인 지식으로 타인의 직접적인 도움이 없이 획득되는 지식이며, 어떤 사람이 개인적으로 소중히 여기는 목표를 달성하게 해 주는 지식이다. 현실 생활에서 높은 성취를 이루려면 이러한 지식의 습득과 활용이 대단히 중요하다. 기업하는 사람들은 창업보다 守成이 더 어렵다는 말을 하는데 이 말은 기업가에게도 실용적 지능이 중요하다는 것을 뜻한다.

대체로 학구적 지능이 뛰어난 사람은 IQ 검사나 다른 시험에 의해 측정되는 형식적, 학문적 지식(formal academic knowledge)을 빨리 습득하고 활용하는 사람이다.

2000년도에 Sternberg는 실용적 지능(Practical intelligence)의 하위 요인 속에 지혜(wisdom)를 포함시킨 신지능론으로도 알려진 그의 삼위일체, 지능론을 수정한 바 있다. 지혜에는 타인에 대한 복지, 필요성을 배려하는 심성, 선의의 조언과 이를 자신에게도 적용하는 태도가 포함되며 실용적 지혜가 돋보이는 전형적인 인물을 다음과 같이 예시했다—마더 테레사, 마틴 루터 킹 목사, 넬슨 만델라 경(Mother Theresa, Martin Luther King, Nelson Mandela)과 우리나라의 경우에는 세종대왕, 임진왜란 시 구국의 영웅인 이순신과 유성룡, 안창호, 안중근, 이준 열사, 현대의 창업자인 기업가 정주영.

특허와 창조적 생산성·국가의 기술 수준 지표와 성공 지능 간에는 유의미한 상관이 있다고 생각되는 실례를 설명한 조선일보의 이규태 코너의 자료를 인용·소개한다.

"수년 전 미국 대통령 과학 보좌관이던 도우브리지 박사는 이런 말을 한 적이 있다. '새로운 것의 원리는 대체로 유럽이 먼저 알아낸다. 그러면 소련은 이미 10년 전에 그것을 알고 있었다고 말만 한다. 그러는 동안 이를 기술화하여 상품으로 만들어 낸 것은 미국이요, 상품으로 나오기가 바쁘게 일본 제품이 물밀 듯 밀려든다.' 뒤이어 한결 값싸게 만들어 파는 나라는 한국, 대만, 홍콩이다. 이를 테면 텔레비전의 원리는 유럽에서 발견하였는데, 이 원리를 처음 실용화한 것은 그 30년 후의 미국에서였다. 일본 제품이 판치고 난 후 지금은 한국 제품이 덤핑 판정으로 문제가 되고 있음은 너무나 잘 알려진 일이다. 곧 기술력에 있어서 유럽이 땅을 갈고 미국이 씨앗을 뿌리면 일본이 거두고 한국은 이삭을 줍는 격이다. 그 처량한 한국의 기술력이 이번 전경련(全經聯)에서 조사해 만든 기술

식이며 그 성질상 절차에 관한 것이다. 둘째, 사람들이 소중하게 여기는 목표의 달성과 관련이 있으며 교사들이 학생의 머리에다 억지로 주입시키는 학문적 지식은 아니다. 셋째, 자학자습, 독학과 같이 다른 사람의 결정적인 도움이 없이 혼자 힘으로 습득된다. 이것은 행동이나 진술로부터 추론될 뿐 구체적으로 공개되지 않기 때문에 성격상 암묵적이 될 수밖에 없다. 진술의 형식이 만약 그렇다면 어떻게 될까(if then)와 같이 양보구문의 형식을 취한다(236). 이 암묵적 지식은 타고나는 것이 아니라 경험에 의해서 습득·학습되는 것이다. 즉, 경험으로부터 배워 얻는 것이다.

수준 지표에서 완연하게 드러나고 있다. 미국의 수준을 100으로 할 때, 서독 55, 일본 50에 비해 우리나라는 2.5에 불과했으니 뒤진다 해도 너무 심하게 뒤지고 있다. 왜일까?

경영학의 마케팅 이론에 '전파론(傳播論)'이라는 것이 있다. 여기에서 새로운 것에 대한 관심의 농도에 따라 제1종 인간에서 제4종 인간까지를 분류하고 있다. 제1종 인간은 항상 새로운 것을 추구하고 변화를 즐기는 모험적이고 창의적이며 호기심이 많은 인간이다. 새 상품이나 새 유행을 만들어 내고 또 그런 새것이 나오면 일단 사고 본다. 제2종 인간은 관심을 갖고 관망, 장래성이 있다고 판단될 때 소신을 갖고 사는 사람이다. 많은 사람들이 그를 추종하기에 제2종 인간을 '오피니언 리더'라고 부른다. 제3종 인간의 변화나 새로운 것을 대체로 싫어하여 무난하게 남 나름대로 살아가는 인간층이다. 그러기에 절반 이상의 사람들이 산 연후에 비로소 산다 해서 팔로워(follower)라 한다. 제4종 인간은 하늘이 무너져도 새것은 사지 않는 옹고집이고…. 구미 사람의 70%가 1, 2종 인간이라던데 우리 한국 사람은 정반대로 70%가 3~4종 인간이라는 것이다. 이처럼 남 나름대로 살려는 동조 의식이 강하다는 것이 새 기술 개발을 둔화시킨 큰 이유가 아닌가 싶다. 창의적인 자체적 기술 개발보다 선진국에서 1~2종의 시행착오를 거친 3종 기술만 도입하기에 3종 기업의 산업 사회가 지고 있는 가장 큰 숙제가 아닌가 생각한다." 아마도 국가적으로 실용적·창의적 지능이 뛰어난 국가는 일본과 독일, 미국 등일 것이며, 한국도 그 대열에 포함될 수 있을 것이지만 역시 전체적으로 보면 선두 그룹에 포함되기가 어려울 것으로 보이는 데 그 이유는 고급인재를 배출하는 세계적 일류대학이 없다는 것, 그리고 일본이나 미국처럼 고부가 가치를 창출하는 원천기술이 부족하고 지하자원이 없다는 점, 과학기술이나 의학 분야에서 노벨상 수상자가 없는 것. 기업가나 부유함을 적대시하는 시각과 금융부패 만연과 권력층의 부정부패, 청렴한 국가 지도자의 부족과 지도자들의 헝그리 정신과 영성 부족과 비전을 갖춘 존경받는 지도자가 부족한 것, 중산층의 몰락, 공교육력의 경쟁력 저하와 경쟁력을 배척하는 우매함, 입시에 매몰돼어 있는 학교교육, 등 여러 가지 원인을 제시할 수 있을 것이다.

학생들에게 지혜를 개발, 선용하도록 가르쳐야 한다며 스턴버그 교수는 다음과 같이 권고했다.

1. 윤리, 도덕적 딜레마와 같은 현명한 생각을 해 볼 수 있는 문제를 제시하라.
2. 공동선(common good)으로 인간사 문제를 해결할 수 있는 지혜를 발휘하도록 조력한다.
3. 문제 해결할 때 자신의 관심사와 타인이 갖고 있는 관심사 간의 시간의 균형감각을 갖도록 조력한다.

4. 과거지사를 반면교사로 삼아 현명한 사고를 할 수 있는 예를 제시하기
5. 자신의 과거지사의 결정과 행동에서 잘한/잘못한 예를 이용하여 지혜의 모형을 찾아내기.
6. 교실 밖에서 공동선을 실현할 수 있는 현명한 생각을 해 보도록 격려하기.

대학이나 정부 연구소에서 실험물리학 일을 하는 학자·연구자가 현실생활에서는 실천 지능의 특징인 사교육이나 대인 관계 매너의 필요성을 별로 느끼지 못할 것이다. 은행창구 여직원이나 세일즈맨에게는 실용적 지능이 성공적인 직장생활에 필수 조건일 것이다.

우리는 의과대학을 우수한 성적으로 졸업한 높은 IQ를 가진 의사를 찾아갔다가 별로 신통치 못한 의사라는 느낌을 받고 돌아오는 경우가 가끔 있다. 구체적으로는 사람을 대하는 태도나 진찰을 하는 태도가 영 형편없어서 찾아간 환자를 실망시키는 경우를 들 수 있다. 만약 환자가 의사를 마음대로 고를 수 있다면 다음번에는 그 의사를 두 번 다시 찾아가지 않을 것이며 이런 의사는 의과대학에서의 우수한 성적이 병원의 어려운 재정 상태를 호전시켜 주지 못한다는 것을 알 수 있고 다시 실용적 지능의 중요성을 발견할 수 있다. 그리고 마음가짐(mental set)으로 표현할 수 있는 기능적 고착(A회사에서의 적응방법을 상황과 조건이 다른 B회사에서도 답습, 써먹으려는 것)이 성공적 지능의 저해 요인이 된다고 밝히고 있다

하여간, 이 실용적 지능을 분석적·창의적 지능과 결합시킬 수 있는 사람은 가장 큰 성공을 거두는 사람이 될 것이라고 Sternberg 박사는 결론을 내리고 있다.

지금까지 설명한 성공 지능의 구성 내용과 관련된 특성(성향)을 **표 4-2**에 요약, 제시했다.

스턴버그가 제안한 실용 지능은 지식, 지능이 삶의 도구와 수단일 수가 있다고 주장하는 실용주의(pragmatism)적 사고와 무관하지 않다고 필자는 생각한다. 프래그머티즘의 창시자인 존 듀이는 자신의 실용주의를 아예 도구주의(instrumentalism)라고 불렀다. 그는 지식을 도구, 수단이라고 주장했다. 즉, 지식의 가치는 그 자체에 있는 것이 아니라 지식의 작용 능력, 쓰임새, 즉 지식이 사용된 결과에서 나타나는 효용성에 있다고 했다.

프래그머티즘에서는 개념, 지식, 사고, 이론, 학문을 유기체가 환경에 적응하기 위한 수단이나 도구로 간주한다는 점에서 도구주의적이고 아울러서 실용주의는 절대적 진리나 궁극적 진리를 주장하지 않으며, 문제 발견과 해결의 절차나 과정을 완전히 무시하지는 않지만, 실천적 효과를 더 중시하기 때문에 다분히 결과주의적이다(강준만, 2011, 53).

표 4-2 성공 지능 성향 질문지(교사와 학생용)

분석적 지능	창의적 지능	실용적 지능
• 소설을 읽거나 이야기를 들었을 때 등장인물의 역할과 성격 특징을 잘 분석한다. • 관점을 비교, 대비한다. • 과업의 질을 비판한다. • 분석적이고 명확하게 사고한다. • 논리적으로 설득한다. • 관점의 다양성을 평가한다. • 인간의 행동을 판단한다. • 관계자에게 문제 해결의 어려움을 설명한다. • 문제를 논리적으로 해결한다. • 추론과 결론의 도출을 잘한다. • 분류와 선별하는 일 • 사물에 관한 사고 • 학교 성적이 우수하고 시험(검사)에서 고득점 • 일반적으로 학교를 좋아함 • 교사들이 이런 학생을 좋아함 • 학교교육 상황에 잘 맞음(적응을 잘함) • 자신(아동, 학생)이 학습을 구성·창안하기보다는 수동적으로 지시받는 것을 더 선호함 • 문제를 확인하기 • 문제 해결에 필요한 자원을 할당, 이용하기 • 관련 정보자료를 표상하고 조직화하기 • 문제 해결 관련 책략을 만들기 • 문제 해결 책략을 검토하기 • 문제 해결책을 평가하기	• 새로운 일거리를 설계하기 • 착상(ideas)을 떠올리기 • 상상력을 문제발견 -문제 해결에 응용하기 • 흉내놀이(make-believe game)와 가장놀이(pretend game)를 즐긴다. • 대안적 해결 방안을 생각 해내기 • 사람들이 무시하는 일에 주목하기 • 그림과 이미지를 생각해 내기 • 발명하기(요리의 새로운 조리법, 단어나 게임) • 사물의 차이점을 상상하기 • 만약에 예상치 못한 어떤 일이 일어난다면 대처할 방안 구상하기 • 역할 행사와 연기하기 즐기기 • 문제를 재정의하기 • 가정에 의문을 제기하고 분석하기 • 창의적인 착상(ideas)을 팔기 • 창의적인 착상을 만들고 취사선택하기 • 지식의 두 얼굴(양면성)을 인식하기 • 문제 해결에 개재하는 (예상되는) 장애를 확인하고 극복(해결)하기 • 분별 있는 모험을 하기 • 애매모호함을 이겨내기 • 자기 효능감을 기르기. • 진술한 홍미를 발견하고	• 자신이 적극 참여하는 활동을 통해 배우기 • 친구 사귀기와 우정을 유지하기 • 다른 사람을 존경하고 이해하기 • 배운 바를 문제 발견과 해결하기에 적용하기 • 갈등 해결하기 • 문제 해결 시에 친구에게 조언하기 • 관계자에게 어떤 현상을 납득시키기 • 관계자와 상호작용(인간관계 요령) 기법 배우기(언어적·비언어적 접촉) • 지식과 방법(기능)을 접목 응용하기 • 다른 사람과 함께 작업하기와 선정하기 • 지식과 기법을 새로운 상황에서 응용하기 • 동기화하기 • 충동을 억제·조절하기 • 인내하기, 그러나 고집하지 않기 • 능력을 적절하게 사용하기 • 계획을 세워 행동하기 • 성과를 내기 • 과제를 완수하기 • 일단 실행(실천)하라 • 위험(모험)을 감수하기 • (오늘 할 일을) 미루지 않기 • 책임을 할당(분담)하기 • 자기 연민(self-pity)을 관리하기

표 4-2 성공 지능 성향 질문지(교사와 학생용) (계속)

분석적 지능	창의적 지능	실용적 지능
	즐기기 • 만족을 지연하기 • 창의성의 모형이 되기(role model) • 몰입하고 즐기기 • 문제 해결, 발견에 통찰력과 직관력을 발휘하기 • 숙달을 향한 열정(rage for mastery) • 싸게 사서 비싸게 팔기(상업화)	• 독립적이 되기 • 개인적 어려움을 잘 다루기 • 집중하기 • 적절하게 스케줄을 짜기 • 우선순위(Priority)를 정하기 • 사고기능의 균형을 잡기 • 자신감을 기르기 • (협상에서) 상황 대응 역량▲ • (협상에서) 감정 균형 역량▲

평가: 매우 뛰어남(E, Excellent), 아주 우수함(VG, Very Good), 우수함(G, Good), 적당함(F, Fair), 부족함(P, Poor)

▲ 필자가 협상론을 다룬 마이클 윌러의 책『무엇을 주고 어떻게 받을 것인가』에서 시사를 받아 실용적 지능의 구성 요건으로 추가함.

출처: Sternberg, R. J. and Grigorenko, E. L. 2002. The Theory of Successful Intelligence as a Basis for Gifted Education. *Gifted Child Quarterly, 46*(4), 265-276.
송길연 옮김. (2004). 성공 지능 가르치기. 서울: 시그마프레스(주)

철학자인 조지 산타야나(George Santayana)는 듀이의 프래그머티즘이 무사고(無事故)의 도그마를 만들어서 하나님과 무한한 도덕적 가치를 배제한 '세속 종교'를 도입함으로써 "에덴동산의 뱀"이 되었다고 해석했다(Altschull을 인용한 강준만, 2011, 53에서 재인용).

미국 독립선언문의 기초위원이며 미국 건국의 아버지로서 자유에 관한 가장 위대한 선언서를 이 세상에 남긴 분으로 존경을 받고 있는 아울러서 민족자결주의 즉 민족의 자주와 독립은 그 민족 스스로가 자주적으로 결정해야 할 천부적인 권리가 있다는 주장을 함으로서 우리나라가 일본의 압제로부터 벗어나 독립국가로 생존해야 한다는 것을 내외에 주창하는 데도 긍정적인 공헌을 한 토마스 제퍼슨(Thomas Jefferson)은 실용적 지능의 성질을 다음과 같이 잘 표현했다.

그는 지식 증진을 위한 미국철학협회(American Philosophical Society for Promoting Useful Knowledge)를 조직한 바 있는데 그 필요성을 강령에다 다음과 같이 제안했다.

"사색으로 끝나는 지식은 무용지물(無用之物)이다. 공론(公論)이 행동으로 바뀔 때,

이론이 일상생활에 적용될 때, 그리고 지식이 생활을 보다 편안하게 만들고 인류의 행복을 증진시킬 때 그 지식은 쓸모 있는 것이 된다."

스턴버그(2002, p. 267) 교수는 그의 이 성공 지능론은 고정된 실재물(fixed entity)이 아니라 창의력, 영재성, 재능과 같이 심리학적인 구안개념이며 유연하고 역동적인 실체라고 해명했다. 지금까지 설명한 성공 지능의 구성내용과 관련된 특성을 **표 4-2**와 같이 정리해서 앞에서 제시했다.

필자는 이 성공 지능 성향 질문지의 내용이 성공 지능 수준과 내용을 측정할 수 있는 성공 지능 측정 검사 작성에 필요한 근거 자료로 연구, 이용할 만한 가치가 있다고 생각한다. 단, 스턴버그 교수 자신은 기존의 IQ 검사의 문제점으로 실생활, 즉 살아가는 삶의 방법이나 기술을 재고 있지 못하다는 점을 지적하고 현행 지능검사가 측정하지 못하는-현실 생활·삶에서 성공적으로 살아가는 데 필요한 능력을-창의적 지능과 실용적인 지능을 잴 수 있는 지능검사가 필요하다고 제안한 바를 성공 지능검사 제작시에 반영해야 한다고 판단했다.

실용적 지능과 일반지능(g)의 구별은 이러한 차원에서 사람들이 강한(strong) 측면과 약한(weak) 성향을 설명하기 위해 사용되는 용어들로 가장 잘 입증될 것이다. 스턴버그 교수는 g가 강한 사람은 전문가이고 또는 지성인이며, 이 분야에서 약한 사람은 어리석은 사람이라고 한다. 그러나 이와 반대로 실용적 지능이 높은 사람은 눈치 빠른 사람이고, 실용적 지능이 부족한 사람은 문제 발견과 해결력이 떨어지는 사람이고 분위기 파악을 못하는 감맹(感盲)인 사람이며 우둔한 사람, 즉 삶의 실체인 인간관계에서 중시되는 사회성 지능이 낮은, 둔감한 사람이라고 할 수가 있다(foolish)(Sternberg & Wagner, 1993. 2).

지식기반 사회(knowledge-based society)에서 손발이 두뇌를 앞지른다고 비판받기도 하지만 아무도 경쟁력인 시대가 되었음을 부인할 수가 없지 않은가?

미국의 카토연구소에서는 최근에 역사 문화가 성공의 요체라고 연구 결과를 온라인 잡지에 발표했다. 한국을 포함한 25개국을 3년간 연구한 결과다. 평등보다는 경쟁을, 연고(緣故)보다는 실력을, 변화에 저항하기보다는 적응을 북돋우는 문화가 성공을 키워준다는 사실이 분명하다는 것이다(김순덕 논설위원. 성공의 비결. 동아일보 2006. 12.25. 제 26568호)는 설명에서 성공에 도달하는 충분조건인 내용을 찾아낼 수가 있다. 학연, 인맥, 지연 이 영향력을 발휘하던 시대에서 인연(연고)이 사라지고 능력 본위, 창의력, 위기관리 능력, 즉 역경 극복 역량, 지도력이 진가를 발휘하는 시대가 도래한다는 것이 예측되고 있는 데 그렇게 되면, 스턴버그의 상공지능론 중에서 어느 지능이 영향력을 발휘하게 될지 궁금하다.

5. 성공 지능을 개발·활용하는데 따르는 장애물과 대처 책략

성공 지능을 가진 사람의 대응

첫째, 성공 지능의 개발에 방해가 되는 가장 큰 걸림돌은 유의미한 타인 즉 자신의 성장, 발달이나 진로 설정(선택)에 직·간접적으로 영향을 끼치는 권위 있는 인물들이 나에 대한 부정적인 기대 수준이다.

권위 있는 유의미한 타인들이 나에 대한 편견, 왜곡된 지각 향성이나 기대가 학생들의 자아개념으로 투영이 되고 재투입(feedback)되어 나타나는 것을 설명해 주는 자아충족적 예언 이론(self-fulfilling prophecy theory)의 효과는 다 알려진 이론이 아닌가. 즉, 어느 특정 인물에 대하여 권위 있는 인물의 현재의 지각 향성이 미래의 행동을 예측한다는 것은 고전적 행동주의 이론에 의해서 이미 밝혀진 바 있다.

성공 지능을 갖고 있는 사람은 권위 있는 인물의 조언을 받아 들여야 할 때도 알지만 조언을 거부해야 할 때도 안다. 즉, 그는 IQ 검사, 학력 검사상의 낮은 점수가 야기하는 부정적 기대치에 도전, 반발할 줄도 안다. 자신의 목표를 성취하는 데 있어서 타인의 평가에 영향받지 않는다. 그리고 삶의 목표를 성취하는 과정에서 장애물 출현을 예상하고 극복하는 데 능력을 발휘한다.

둘째, 자신의 능력에 대하여 부정적 견해(기대치)를 갖는 것과 이 기대치가 당사자에게 전염되어 궁극적으로는 그 사람의 성공 잠재력까지 박탈해 버리는 것이 성공 지능인의 또 다른 장애물이다.

자신의 능력을 최대한으로 발휘하고 뭐든지 해 낼 수 있다는 태도를 갖고 있다. 어떤 일을 해 내느냐 못 하느냐는 자신감에 달려 있는데, 실제로 어떤 일을 하지 못하는 것은 그럴 능력이 없어서가 아니라 '나는 못해, 그렇게 어려운 과제를 내가 어떻게 하지'라고 성공기대보다 실패기대를 갖기 때문이다.

셋째, 성공 지능의 실현을 방해하는 또 다른 장애는 개인이 나아가고자 하는 삶의 과정에서나 목표 달성에서 역할 모형(role model) 또는 모범 모형의 부재이다.
성공 지능을 가진 사람은 자신의 삶에 결정적인 영향을 끼친 한 명 또는 여러 명의 강력한 인물(역할 모형 예: mentor)을 마음속에 갖고 있다. 이런 인물들은 그들로 하여금 성장·발달 가능한 잠재능력을 개발하게 해 주고 또 실패나 좌절의 길에서 벗어나 성공의 길로 나아가도록 도와준다. 그러나 이런 인물들을 마음속에 갖고 있는 것만으로는 충분하지 않다. 성공하는 사람들은 이런 역할 모형에 접근하거나 실현할 수 있는 기회가 주어졌을 때 그것을 최대한으로 활용할 줄 아는 사람이다. 그래서 성공적인 창업자나 CEO

는 이미 성공한 기업가가, 권위 있는 학자가 대학원에서 석·박사과정을 밟고 있는 학문 후속세대에게 모범모형으로서 동일시의 대상이 되는 것이다.

성공 지능을 갖고 있는 사람(성공 지능인)은 적극적으로 역할 모형(role model)을 찾아나서고 발견하면 그 비법을 전수받는 역할 모형을 활용한다. 그는 평생 동안 여러 명의 모범 모형을 마음속에 간직하며 바로 이런 모형들의 가장 좋은 점만을 성공적으로 통합하기 때문에 성공한다. 바꾸어 말하면 그는 어떤 역할 모형을 일방적으로 추종하고 짝사랑하는 것만이 아니라 그런 여러 모형으로부터 장점, 필요한 점을 찾아내고 동일시하면서 스스로의 뚜렷한 정체성(distinctive identity)을 만들어 낸다. 그는 또한 실패하는 사람들의 움직임을 잘 관찰하여 왜 실패하게 되었는지 이유와 결과를 밝혀내고 그들과 다르게 처신하려고 노력한다.

성공 지능인은 인생이란, 제로 섬게임(성·패가 확연히 판가름나는)이다라는 함정에 빠져들지 않는다. 그는 자신의 이익과 남의 이익을 동시에 생각하는 균형감각을 갖고 있으며, 성공 지능인은 특정인에게만 유리한 것이 아니라 이해관계 당사자 모두에게 최대한으로 효과적인 해결안 쪽으로 협상을 진행시켜 나간다(180) 그래서 성공 지능인은 예컨대 노사협정과정에서 자신의 약점을 이용하고 상대방의 약점을 파고들어 협상에서 우위에 서고 싶은 것은 인지상정이다. 그러나 성공 지능인은 그렇게 남을 이용하려고만 하지 않는다. 인간사는 절대권력을 잡지 않는 한 이 세상의 일이란, 돌고 도는 것이다(그래서 인생유전, 회전무대라는 말이 있지 않은가) 만약 그가 동료, 고객, 경쟁자(피고용자) 등을 이용했다면, 결국에는 그렇게 이용한 사람 자신도 다른 사람에 의해 이용을 당하게 된다.

넷째, 사람은 일단 멋진 창의적 착상(idea)을 개발하면 그것으로 만족하면서 평생을 그 아이디어만 좇아다니는 경향이 있다. 다음번에 개발한 착상이 지금 것 보다 못할 수도 있고 또 이미 익숙해져 있는 성공적인 상태가 다음번의 실패로 물거품이 되어버릴 수도 있다. 그래서 현재 상태에 안주하여 더 이상 창의성을 발휘하지 못한다.

또한 우리는 박사학위를 받았다든가, 고위직에 오르는 등 전문지식이 깊어지면 자만에 빠지게 된다. 자신의 지식 상태에 너무 만족한 나머지(자아도취) 알 것은 다 알았다고 생각하고 그래서 더 이상 성장을 못하게 된다. 그 결과 새로운 착상을 개발하지 못하고 다른 사람들의 새 아이디어를 검토하는 것도 시들해져 버린다.

성공 지능인은 자발적으로 성장한다. 따라서 비교적 성장 동기(growth motive)가 강렬하고 왕성하다. Sternberg 박사 자신은 삼위 일체 지능이론(신 지능론)을 발표한지(1986) 2년 뒤에 역시 세 부분으로 구성된 사랑이론(1988)을 발표했고 그 뒤를 이어서 이번에 세 가지 요인으로 개념구안(conceptual scheme)된 성공 지능 이론을 발표했는데(1996) 평자는 왜 그의 이론은 모두 세 요인으로 구성되어 있느냐는 물음에 "3"이라는 숫자에 대한 고정관념에 빠져 있기 때문이라고 대답했는데 스턴버그 자신이 계속해서 창의적 업적을 발표하여 탁월한 명성을 발휘하는 것은 전문지식의 노예가 되기 쉬운 안일함에서 벗어나기 위하여 그리고 자신과 타인이 정한 올가미(속박)에 갇히기 전에 스스로 벗어나기 위한 노력이라고 고백하고 있다.

6. 맺음말

스턴버그 교수는 성공 지능론의 하위 구성요소들, 즉 분석적 지능, 창의적 지능, 실용적 지능은 어느 정도 독립적일 수가 있다고 설명했다. 즉, 예를 들면 분석적 지능이 높은 어떤 사람이 동시에 창의적 지능과 실용적 지능도 높다는 관계가 성립하지 않는다는 견해를 밝혔다(Kihlstrom & Cantor, 2000, p. 368).

스턴버그 교수의 연구에 의하면(1996, p. 148) 창의적 능력이 뛰어난 집단과 실용적 능력이 뛰어난 집단의 학생들은 공부 잘한다는 소리를 들어 보지 못했으며 학교에서도 최우등생은 아니었다. 그러나 그의 학문적 신념은 세 가지 능력 모두에서 좋은 점수를 얻은 학생집단이 공부 잘하는 학생으로 구성되어 있음을 밝히고 있다. 따라서 우리나라의 경우 분석적 능력이 우수한 경우만을 공부 잘하는 학생으로 간주해 온 고정관념 즉 기존의 관행(학생 觀)의 수정과 좋은 수업(good teaching)은 성공 지능의 세 가지 구성요인 모두가 종합된 방식으로 이루어져야 한다는 것도 아울러 강조했다.

그리고 성공 지능의 세 가지 능력이 비교적 우수하지만 학교 성적은 그리 높지 않았던 학생들은(이 경우 학교성적은 주로 관행대로 분석적 지능 위주로 평가됨) 평균 이상의 성취도를 보여 주었는데 분석적 지능(비활성 지능) 위주의 평가는 성공 지능의 세 가지 능력이 균형 있게 평가되지 않고 있음을 볼 때 창의적 지능과 실용적 지능이 우수한, 그러나 학교교육에서 중시되는 분석적 지능이 우수하지 않은 학생의 수행능력을 과소(축소)평가한 것이 된다.

학생들에 따라 분석적 지능이 우수한 학생, 창의적 지능이나 실용적 지능이 각각 우수한(그러나 다른 능력은 덜 우수한) 학생이 있는데 취약한 측면의 능력을 보충, 향상시키려고 하기보다는, 그래서 균형 있게 성장·발달하도록 지도한다기보다는 기존의 학교교육의 관행이 암기력과 분석력이 뛰어난 학생들만을 높이 평가하고 창의적·실용적 지능에서 수월성을 발휘할 수 있는 학생들은 교육 실제에서 무시해 왔다—그것은 인재의 손실과 관련된다—는 잘못을 저질러 왔다는 데 문제가 있다.

이와 관련하여 스턴버그 박사는 만약 학생들의 여러 가지 재능을 골고루 활용하고자 한다면 암기력과 분석적 지능만을 중시해 온 우리의 교육의 관행과 교육 평가체제를 바꿔야 한다고 권고하고 있다(p. 152).

이어서 그는 세 가지 지능의 측정과 세 측면을 향상시키는 지도가 가능함을 밝히고 있다(p. 151). Sternberg 교수가 제안한 성공 지능론의 함의를 음미하면서 다음과 같은 몇 가지 의문을 갖게 되었다.

- 성공 지능의 세 가지 구성요인(AI, CI, PI) 간에 내적인 갈등과 서로 견제는 하지 않는가, 그리고 의식·무의식의 문제와는 무관한 것인가?
- 프로이트(Freud)의 심리구조(Id, Ego, Superego)나 피아제(Piaget)의 인지 발달 이론이 취하고 있는 단계 의존설과는 무관하고 에릭슨(Erickson)의 성격 이론처럼 SQ는 심리·사회성 차원의 성격이론과 맥을 같이하는 것인가. 인간의 발달 과정 또는 발달 과업 이론과의 유관성은? 아지리스(Argyris)의 성숙·미성숙 이론 그리고 EQ(윤리·감성지수), 역경 극복 역량(resilience), 긍정 심리학이나 행복 심리학, 외상(外傷, trauma) 스트레스 발생, 희망과의 유관성은?
- 성공 지능의 세 가지 구성 요건을 어떻게 개발, 육성, 측정할 수 있으며 SI의 발견, 육성을 위한 교사와 교육, 가정의 역할은? 학교 교과 과정에서 반영, 구현할 수 있는 방안은?
- 성공 지능과 지도력(leadership) 간의 관련성은? 단순한 추종자나 동조자보다는 지도력을 발휘해야 하는 위치에 있는 인물들에게 보다 더 필요한, 요구되는 능력이 아닌가, 위기관리 능력, 행복한 삶·인간과의 역동적인 관계는 어떠한가?
- 성공 지능과 문화, 삶의 행로나 과정, 목표, 진로, 종교, 가치관, 성차, 직업 유형, 사회경제적 지위(SES), 인종, 사회적 신분과의 관련성은 없는가? (한국은 양극화, 물신주의에 함몰되어 있어서 발생되는 문제와 삶의 질, 즉 실존적 고통에 대한 스트레스가 심각하고 이혼 증가, 노부모 학대와 자살, 독거노인 문제, 방치되고 있는 노인성 질환(예: 치매와 뇌졸중, 심리적 외상, 부모의 이혼과 학대로 버려진 아이들)에 대한 개입 대책의 실종, 이런 실존 문제에 대한 삶의 질을 개선시키는 정치력과 행정력의 실종 등의 문제가 심각한데 이런 경우에 성공 지능이 무슨 의미가 있는가라는 회의가 든다.
- 성공과 행복, 물질적으로는 풍족하지 못해도 마음의 온유함, 안정성, 안녕과는 어떤 관계가 있는가?

- 인물 됨됨이와 성공 지능 간의 유관성, 인사 선발과 관리에서 SQ의 활용 방안과 SQ 개발 프로그램 개발, 예측 타당도는?
- 개인뿐만 아니라 집단과 조직 단위에서 SQ 개발 및 활용 방안은?
- 성공적인 기업(조직)이나 개인(정치가나 장군, 기업가, 학자, 총장, 예술인, 상인, 운동선수, 연예인 등)을 대상으로 SQ를 모형화(model)해서 교육용으로 학습할 수가 있는가? (흔히 개발 후진국은 개발 선진국의 경험과 사례를 배우고 있다.)
- 개인 또는 집단이 경험하는 외상후 스트레스 장애(PTSD), 외상후 스트레스 증후군(PTSS)으로 고통 받고 있는 피해자나 사망자 유가족을 그 고통으로부터 벗어나게 심리상담과 치료를 응용하는 상황에서 이 성공지능(특히 실용지능)이 어떻게 기여할 수 있는가?

교육과정 편성이나 개정을 하고자 할 때 전체적인 구성에 있어서 스턴버그 박사가 신념을 갖고 그렇게도 강조한 성공 지능의 세 가지 내적 조건, 즉 분석적 지능뿐만 아니라 창의적 지능과 실용적 지능의 구성(배분) 비율을 균형 있게 해야 한다는 것을 기본 원칙으로 해서 편성해야 한다고 보며, 행복한 인간, 성공적인 삶을 사는 인간의 모습을 어떻게 모형화하느냐에 대한 개념구안을 하는 데 있어서 스턴버그의 성공 지능 이론은 시사하는 바가 크다고 할 수 있다.

스턴버그 교수의 성공 지능인의 구체적인 모습을 그려본다면, 살아가는 방식 중에 좌·우로 치우치지 않고, 이론과 실제가 균형을 이루고 말씀과 성령이 균형을 이루며 내유외강, 공선후사에서 암시하는 바대로 엄한 듯하면서도 부드러운 조화와 균형이 잡힌 사람, 그러한 삶을 사는 사람이 전형적인 성공 지능인의 삶의 모습이라고 우리 식의 문화권에 빗대어 설명할 수가 있다.

스턴버그의 SQ 이론 어디에도 돈 많고 높은 자리에 오르고 권력을 잡는 즉 세속적인 부귀영화, 입신출세한 지위지향적인 삶을 사는 사람이 성공 지능의 실체라는 설명은 없었다.

결론적으로 우리는 IQ를 넘어선 지적 재능을 갖춘 사람을 찾아내야 한다고 역설하면서 교육자 여러분이 이 가치 있는 일에 동참할 것을 호소하고 있다. 이 세상에는 재주를 발휘하는 방법이 여러 가지가 있고 쓰임새가 많은데 종래의 IQ는 그 많은 재주와 쓸모 중에서 한 가지만(분석적 지능—암기력)을 강조한 것이다.

그리고 성공 지능의 세 가지 구성요인이 성공에 이르는 과정변인(Process variable)으로, 즉 성공을 이끌어 내는데 필수적인 요건이라는 점을 신념과 철학을 가지고 스턴버그 교수는 밝히고 있다(219)

스턴버그의 성공 지능론(SI, 1996) 또는 삼위 일체 지능론이나 가드너(Gardner)의 중다 차원의 지능론에서 우리는 종래의 지능관(론)과는 다른 새로운 접근과 분석이 필요하다는 것을 깨닫게 하는 중요한 시사점을 발견할 수 있다.

즉 종래의 지능관은 측정 경향이 언어, 논리, 수리적 사고력 위주로 접근했으나, 그리고 학교생활에서 성공적으로 적응할 것인가를 예측, 진단하는 데 주력을 기울였으나 이들은 이제부터는 지능 측정의 방향을 새롭게 바꾸어야 한다는 것을 알려 준다. 즉, 학교 내·외부에서, 그리고 인간의 (현)실 생활에서 생존적(生存的), 문화적(文化的) 가치 면에서, 인간관계의 역동적 측면에서 보편적이고 우월적인 중요성을 갖는 내용을 개발, 측정하는 접근 방법으로 전환하는 지능측정 방법의 발전적인 변신이 필요하다는 것을 이들의 지능론이 알려 준다고 해석할 수 있다.

그의 성공 지능론은 인간의 성공에 대한 처세술을 다룬 세속적인 성공학(?) 관련 이론은 아니다. 아마도 Sternberg가 말하는 성공 지능(SI)은 결과(output)이고 관련 하위지능 세 가지는 활용 가능한 과정변인으로 해석할 수 있을 것이다. 그 중에 실천 지능(PI)은 엄청난, 많은 욕구좌절 감당력을, 역경(adversity)을 극복하는 역량과 스트레스를 그 매개 변인으로 하며 그러한 PI를 통해서 SI에 이르게 되는 것이라는 점을 입지전적인 인물 에이브러햄 링컨 대통령의 예에서 발견할 수 있다.

참고 문헌

강준만. (2011). 아이비리그의 빛과 그늘: 능력주의 사회와 엘리트의 탄생. 서울: 인물과 사상사.

김정휘·주영숙·하종덕. (2004). 교육 심리학 입문: 교실에서 심리학의 활용, 서울: 원미사.

김정휘·주영숙. (2004). 교육 심리학 탐구, 서울: 형설출판사.

김정휘. (1998). 영재학생 식별편람: 영재학생을 어떻게 찾아내나, 서울: 원미사.

김정휘 옮김(2006). 지능 심리학: 다양한 관점에서 지능 연구하기, 서울: 시그마프레스. (Gardener H. Kornhaber, M. L. and Wake W. K.(1996). *Intelligence: Multiple Perspectives*. Fortworths: Harcourt Brace College Publishers)

김정휘·주영숙·문정화·문태형. (2004). 영재학생을 위한 교육: 교사와 부모를 위한 지침서(개정판). 서울: 박학사.

신종호·김동일·신현기·이대식 옮김. (2002). 지적 장애. 서울: 시그마프레스. p. 119에서 재인용.

임소연. 옮김. (2014). 무엇을 주고 어떻게 받을 것인가, 서울: 21세기북스.

조용헌. "살롱 805. 운과 애교" 조선일보, 2011, 10, 3(제28228호).

Borland, J. H. (2003). *Rethinking Gifted Education*. Columbia University Press.

Csikszentmihalyi, M. (1996). *Creativity: Flow and the Psychology of Discovery and Invention*. New York: Harper Perennial.

Colangelo, N. & Davis, G. A. (Eds.) (2003). *Handbook of Gifted Education*. Boston: Ally & Bacon.

Guilford. J. P., (1967). *The Nature of Human Intelligence*. New York: McGraw-Hill Book Company.

Kihlstrom, J. F., Cantor, N., (2000) *Social intelligence*. New York: Cambridge University Press. p. 368.

Sawyer, R. K. (2012). *Explaining Creativity: The Science of Human Innovation*. New York: Oxford University Press.

Sternberg, R. J. (1996). *Successful Intelligence: How Practical and creative intelligence Determine Sucess in life*. New York: Simon & Schuster.

Sternberg, R. J. and Grigorenko. E. L. (2000). *Teaching for Successful intelligence: To Increase student Learning and Achievement*. Illinois: Arlington Heights. New York: Army Ton Heights.

Sternberg, R. J. (2000). (ed). *Handbook of Intelligence*. New York: Cambridge University Press.

[보충 자료]

이 사람은 누구일까

직업을 열 번도 더 바꾼 사람, 하는 일마다 실패해서 주위에서는 별 볼일 없는 사람으로 여겼던 인물.

뱃사공에서 농부로, 노동자에서 장사꾼으로, 군인에서 우체국 직원으로 지내다가 법률 사무소 직원으로 있었던 사람.

법률 사무소에서 그의 재능과 성실성을 신뢰하고 인물됨을 발견한 변호사의 권고로 법률공부를 했고 여러 번 낙방 끝에 겨우 변호사가 되었던 사람.

그러다가 제도권 학교교육도 못 받았지만 못 생긴 얼굴로 주의원, 상의원에 겨우 당선되었고 대통령 선거에서 낙선한 바도 있으나, 마침내 미국의 대통령으로 당선되어 많은 훌륭한 치적을 남긴 인물. 그는 바로 노예해방을 선포해 위대한 업적을 남긴 에이브러햄 링컨이다.

새삼스럽게도 화이트 아웃(White Out) 현상의 예로 링컨 대통령의 경우를 소개한 것은 이것이 지도자 또는 성공 지능(SI)의 또 다른 덕목이기 때문이다. 드골이 대통령 출마 시에 유권자에게 친근하게 부각된 몇 가지 요인 가운데는 자신의 무지무식에 솔직했다는 점이다. 이를 테면 세상의 모든 노래는 [마르세유(프랑스 국가)와 마르세유가 아닌 노래]라고 해서 호감을 샀었다.

우리나라에도 인재를 키우는 데 이 그늘을 만들어 주는 사례가 비일비재했다. 황희 정승은 판서를 두루 지내고 명성이 자자한 당대의 명재상 김종서를 사사건건 꾸짖고 종을 불러 대신 종아리 치기를 수없이 했다. 이에 정승 맹사성이 너무 심하지 않느냐고 하자 밝은 것만이 아니라 어두운 것도 알아야 크는 것이라고 했다. 이렇게 화이트 아웃 현상을 해소시키고 나서 자기의 정승 자리를 그에게 물려줬던 것이다〔이규태, "이규태 코너(4266회): 화이트 아웃 현상", 「조선일보」, 1997, 5, 31(제 23726호)〕

또 다른 화이트 아웃 현상의 예를 소개한다. 인재 육성과 등용의 기준을 화이트 아웃에다 두고 인재를 활용한 사례를 조용헌(2011)은 다음과 같이 소개했다.

"경영의 신"이라고 일컬어졌던 일본의 마쓰시다(松下)는 지도자를 양성하기 위해서 마쓰시다정경숙(松下政經塾)을 설립했다. 마쓰시다가 말년에 베팅한 프로젝트였다. 2011년 하반기에 선출된 노다 총리도 이 학교 출신이다. 마쓰시다가 뿌린 씨앗이 열매를 맺기 시작한 것이다. 한국에는 아직 이런 학교가 없다는 것이 일본과 한국의 차이이다.

이 학교는 입학생을 어떻게 뽑았나? 그 선발 기준이 무엇인지 평소 궁금했는데 「주간 조선」 기사를 보니까 지원자의 "운(運)과 애교(愛嬌)"를 보고 뽑았다고 한다. 학벌은 상관없고, 서류 시험도 없고 오로지 면접에 의해서 선발했다고 한다. 말년에 마쓰시다가 직접 면접을 하면서 초점을 둔 기준이 "운과 애교"였다는 말이다.

마쓰시다는 초년고생을 대단히 한 사람이다. 어렸을 때는 부모가 돌아가셨고, 그 결과로 정규교육을 제대로 받지도 못하였다. 거기에다 약골로 태어나서 건강도 좋지 않은 체질이었다. 이 3대 약점을 모두 극복하면서 세계적인 기업가로 성공한 입지전적인 인물이었다. 일본과 같은 학벌사회에서 중등교육도 제대로 못 받은 그가 기득권의 카르텔을 뚫고 성공한 기업가, 그리고 일본 국민의 멘토 반열로 오르기까지는 얼마나 많은 피, 땀, 눈물을 흘렸겠는가! 이 과정에서 마쓰시다가 터득한 삶의 원리는 바로 운과 애교였던 것이다. 운은 눈에 보이지 않는다. 애교는 눈에 보이는 부분이다. 조직에 활기를 불어넣고 융화를 잘하려면 애교라는 문항이 반드시 필요하다. 거기에다가 결정적으로 "운" 이라는 것이 있어야 한다는 것을 마쓰시다는 깨달았던 것이다. 아무리 능력이 있어도 행운(幸運)이 안 따르면, 넘어지기 마련이다. 그렇다면, 지원하는 학생에게 운이 있는가, 없는가를 어떻게 감지하였을까. 눈에 보이는 것도 아닌데, 사연 많은 삶의 과정에서 온갖 고생을 해 본 마쓰시다에게는 아마도 점쟁이 비슷한 직감력이 있었든 것 같다.

"사지사지(思之思之), 귀신통지(鬼神通知)"라는 말이 있다. 생각하고 생각하면, 귀신과 통해서 알게 된다는 뜻이다. 큰 사업을 해 본 사람일수록 운을 중요시한다. 호암 이병철도 마쓰시다와 비슷했는데 호암의 키워드는 "운과 충성도"였지 않나 싶다.

스턴버그 교수가 성공 지능의 구성요인으로 그렇게도 중요시한 실용적 지능(PI)과 역사 바로 세우기는 역사 교육실제에서 매우 중요하고도 매우 일정한 관련성이 있음을 알 수 있으며 따라서 그에 적합한 교수 책략의 개발 적용이 필요하다고 할 수 있다. 즉, 역사교육의 실제에서 단순히 "이러저러한 역사적 사실이 일어났었느니라"를 단순히 인쇄 매체에 의한 전달식 수업(교육)에만 머무르고 있는 상황을 실용적으로 뛰어넘어야 한다는 것을 시사한다. 즉, 역사교육은 조국·민족에 대한 자긍심·애국심을 일깨우기도 해야 하지만 치욕의 역사도 배워서 유비무환, 즉 치욕을 발전·부강의 역사로 승화시킬 성찰(省察)과 전쟁에서 살아남은 자의 책임과 의무도 가르쳐야 한다. 이것이 역사 교육의 방향이고 책무성(責務性, accountability)이다.

바이츠 제키 전 독일 대통령은 과거로부터 눈을 감은 자는 현재의 장님이 된다고 했다. 또 소신있고 정의로워 진정 나라를 사랑하는 도쿄 교육대학 전 이에나가 사브로(家水三郎) 교수가 일본 역사 교과서 왜곡에 항의해 소송을 제기한 바 32년만에 일본 최고 재판소에 의해 승소판결을 내린 모노 재판장은 "교과서에 거짓말을 쓰는, 특히 극히 최근의 일에 대해 뒤바뀐 수사를 기록하는 나라는 언젠가 무너집니다."고 했다.

> 과거를 기억할 줄 모르는 사람은 그 과거를 다시 되풀이하게 되어 있다.
>
> —미국의 사상가인 G. 산타아나의 경구
>
> 과거를 지나가 버린 과거지사라고 묻어버리면 미래마저 포기하는 꼴이 된다.
>
> —윈스턴 처칠

이 교훈적인 교과서 재판 결과에서 우리가 배워야 할 교훈이 무엇인가. 강대국 틈에 끼여 수천년을 살아 온 우리나라인지라 치욕의 역사도 산재해 있다. 그러한데도 국사 교과서는 광개토대왕이나 고려자기, 훈민정음, 이 순신 장군 이야기는 있어도 발전 에너지를 승화시킬 치욕과 자성 대책의 역사는 단 한 줄도 찾아볼 수가 없다.

임진왜란, 병자호란, 그리고 총 한번 쏘지 못하고 먹혀버린 일본놈의 강제 병탄 등 침략자가 나쁘고 악독하다는 역사만 있지 그 치욕을 유발한 우리들의 결함이 무엇이며 왜 그토록 허약할 수밖에 없었는가. 그것을 알아내고 반성함으로써 분개하고 승화(Sublimation)시킬 만행의 증거는 창피하다는 감정차원에서 지우고 두들겨 부숴버렸다. 그래서 이웃 나라의 교과서 재판은 타산지석이다〔이규태 , "이규태 코너", 「조선일보」, 1998, 9, 4(제 23726호)〕

일본의 교과서 재판 사건에서 실용적 지능(Practical Intelligence, PI)과 관련된 교훈을 찾는다면 (국사 교육의 실제에서 적용시켜야 할 교훈) '지난 일을 잊지 않음으로써 후일에 교훈으로 삼는다(前事不忘, 後事之師)'는 진리를 배워야 할 것이다.

2000년대의 주인공인 청소년들을 대상으로 한 국사 교육에서 이 점을 가르쳐야 할 것 아닌가.

고등학교를 졸업한 학생들이 사회에서 어떻게 살고 있으며 어떤 인물이 되었는가를 추적 연구한 결과를 보면, 인생에서 성공은 성적이 아니라 그 동안의 행동 발달 양태와 정서적 안정성이 삶에서 성공을 이루며 행복감을 느끼게 하는데 크게 기여한다는 것이 밝혀진 바 있다. 2000년대에 와서 실존의 문제와 관련된 중요한 화두로 거론되는 것이 행복 심리학인데 이 이론이 밝히고 있는 바는 ① 성공이 행복을 가져오는 것이 아니라 행복이 성공을 가져온다. ② 행복한 아이, 청소년이 성공한다. ③ 소득과 행복은 상관관계가 높지 않다는 중요한 사실을 우리들에게 알려 주고 있다.

성공 지능인의 경우, 즉 예시한 분들의 사연 많은 인생행로가 선배로서 후배들(젊은 청소년들)에게 역할 모형(role model)이 된다.

제 5 장

천재들의 창의성과 광기의 관련성 연구[1)]

김 정 휘
(춘천교육대학교 명예교수, 교육 심리학)

1. 머리글

저명한 인물들 중에서 정신 질환 발생률이 예외적으로 낮다는 보고 자료는 잘 알려져 있으나 방법론상에 결점이 있는 연구 자료를 소개한다.

엘리스(H. Ellis)는 『영국의 천재성 연구(A Study of British Genius)』(1926, Boston: Houghton-Miffilin)에서 정신 질환의 이환율을 4%라고 보고했다. 미국인 천재들에 관하여 잘 알려져 있지 않은 연구 자료인 Ellis 이후에 모형으로 등장한 보워맨(W. G. Bowermen)은 『천재성 연구(Studies in Genius)』(1947, New York: Philosophical Library)에서는 정신 질환의 이환율을 20%로 보고했다. 고어츨(M. G. Goertzel)은 『저명성의 요람(*Cradles of Eminence*)』(1962, Boston: Little, Brown)에서 정신 질환 이환율을 2%로 보고했다.[2)] 고어츨 등(M. G. Goertzel, V. Goertzel, & T. G. Goertzel)은 *Three Hundred Personalities*(1978, San Francisco: Jossey & Bass) 각각의 독립 대상 중에서

1) 이 논문은 김정휘 교수가 학생생활연구. 2005년 제 27집 17-109, 춘천교육대학교 학생 지원 상담소에 발표한 자료인데, 내용을 수정, 보완하여 인쇄함.

2) 이 책의 번역판이 출판된 바 있다.
박중서 옮김. (2006). 세계적 인물은 어떻게 키워지는가. 사울: 뜨인돌출판사.

정신 질환 이환율을 10%로 보고했다. 비록 라스킨(Raskin, E.)의 연구에 의하면 ("Comparison of Scientific and Literary Ability: A Biographical Study of Eminent Scientists and Men of Letters of the Nineteenth Century," *Journal of Abnormal and Social Psychology, 31*(1936): 20-35)에서는 천재와 정신장애 사이에 밀접한 관련성이 있다는 것이 지적되지 않았는데 예컨대, 신경쇠약(neurotic breakdown)의 증거가 나타난 경우가 문학자 집단의 46%에 비해 과학자 집단은 17%였다.

위에서 예시한 관점과 발견된 자료를 정신 질환과 창의성 간에 밀접한 관련성이 있다는 임상가들의 관점과 관련 자료와 대비해 보기로 하자. 오래된 관점인데, 창의성에 있어서 조현병과 정신병 사이에 관련성이 있음을 여러 관련 자료가 밝히고 있다. 롬브로죠(Lombroso, L.)의 *The Man of Genius*(1910, New York: Charles Scribners' Sons.), 랑게와 아히바움(Lange, L. & Eichbaum)의 『천재의 문제(The Problem of Genius)』(1932, New York: Macmillan); Karlsson, J. L.의 『창의적 지능의 유전(Inheritance of Creative Intelligence)』(1978, Chicago: Nelson-Hall); 쥬다(Juda, A.)의 "우수한 지적 능력과 정신이상간의 관계 연구"(1949, "The Relationship Between Hightest Mental Capacity and Psychic Abnormalities", *American Journal of Psychiatry*, 106, 296-307); 아주 최근에는 아이젠크(Eysenck, H. J.)의 "창의성과 성격: 이론적 시사점"(1993, "Creativity and Personality: Suggestions for a Theory", *Psychological Inquiry*, *4*, 147-148)에서 정신병 성향(Psychoticism)은 많은 양태의 창의성의 기저가 되며 사고의 한 양식으로 특성이라고 주장했다.

최근의 연구에 의하면 기분 장애(mood disorders)의 중요성을 강조하는 경향이 있다. 안드레아센의 "창의성과 정신질환: 작가와 정신질환의 만연율 연구" 등이 다수 이루어진 바 있다.

Andreasen, N. C. (1987). Creatidity and Mental Illness: Prevalence Rates in Writers and Mental Illness: Prevalence Rates in Writers and Their First-Degree Relatives. *American Journal of Psychiatry, 144*, 1288-1292.

Jamison, K. R. (1989). Mood Disorders and Patterns of Creatioity in British Writers and Artists. *Psychiatry, 52*, 125-134.

Richards, R., Kinney, D. K., Lunde, I,. Benet, M., & Merzel, A. P. C. (1988). Creativity in Manic-Depressives, Cyclothymes, Their Normal Relatives, and Control Subjects. *Journal of Abnormal Psychology, 97*, 281-288.

정신장애와 창의성의 관련성에 대한 걸출한 연구 자료를 개관, 소개한다.

Richards, R. (1981). Relationship Between Creativity and Psychopathology: An Evaluation and Interpretation of the Evidence. *Genetic Psychology Monographs, 103*, 261-324.

Jamison, K. R. (1990). Manic-Depressive Illness, Creativity and Leadership. In F. K. Goodwin & K. R. Jamison, (Eds.) *Manic-Depressive Illness*. New York: Oxford University Press.

최신간으로는

Kay Redfield. (1993). *Touched by Fire: Manic-Depressive Illness and the Artistic Temperament*. New York: Free Press.

Prentky, R. A. (1980). *Creativity and Psychopathology: A Neurocognitive Perspective*. New York: Prager.

저명한 심리학자인 하워드 가드너(Gardner, 1997)는 자신의 저서인 『비범성의 발견(Extraordinary Minds)』에서 천재나 창의적인 영재 또는 탁월한 재능을 발휘하는 비범한 인물이나 업적에 관해서 상반되는 애증의 감정(love-hate feeling)을 나타내고 있음을 다음과 같이 지적한 바 있다〔이 점에 대해서는 탄넨바움(Tannenbaum, 1993)도 이미 지적한 바가 있다〕. 즉, 우리는 이들의 공헌을 고귀하게 평가하고 존중하며 또 그로부터 혜택을 누려왔다. 우리는 그의 생가나 그의 생존과 인연이 있는 건물이나 특정 지역에 그들의 이름을 붙이고 기념관(memorial house)으로 보존하면서 관광명소로 이용하는 등 그들의 생애에 관한 책을 읽거나 전기를 쓰기도 하면서 그들의 어록과 업적을 중심으로 강좌를 만들거나 학파를 구성해 왔다.

다른 한편으로는 인류의 삶과 가치관에 지대한 영향을 끼친 비범한, 위대한 인물들에 대하여 끊임없이 의심하기도 한다. 그들의 업적을 인정하는 데 인색해서 창의적인 천재들을 무명인 채로 내버려두거나 그들의 혁신적인 업적을 거부하기도 한다. 또는 그들의 약점이나 옥의 티를 파헤치거나 그들의 명성을 무시, 폄하하기도 한다. 또 한편으로 비범한 인물들에 대한 엘리트라는 개념과 영재 교육을 못마땅하게 생각할 뿐만 아니라 민주주의라는 명분하에 현대판 귀족(democracy's Aristocrat)을 의도적으로 창출하는 방안이라는 냉소적인 태도가 자리하고 있다. 후자의 태도에서 주목할 만한 점은 창의적 천재나 비범한 인물들을 정신병리, 즉 광기(狂氣, madness)와 관련시켜서 이해하려는 시도가 있다. 이런 시도는 정신건강의학(psychiatry) 분야의 전문 의사들에 의해서 이루어져 왔다(문용린 옮김, 1999, 15-16). 창의적인 비범한 인물을 광기와 관련시켜서 이해하려는 시도는 우리나라와 중국, 일본, 독일에서도 이루어져 왔다.

이 주제에서는 건강하지 않은 병든 뇌와 그 증상과 파급 효과—대상은 창의적 천재들—에 대해서 논의한다.

2. 천재(성)의 함의

천재(天才, genius)라는 말 자체가 의미하는 광범위하고도 함축적인 뜻은 오늘날 여러 가지로 설명이 되고 있다(Clarke, 2001; Albert, 1983; Brenot, 1997; Kiby, 2001; 김정휘, 2004; 김정휘 옮김, 2005).

로마인들이 썼던 라틴어의 천재(genius)라는 말은—… 타고 났군(gérial)이라는 형용사와 관련이 있는 용어로서 재주(재능)을 타고 나는 것이라는 함의—오늘날 더 이상 철학자들이 의미한 내재적 악마(daimon)가 아니었다.

그리스적 천재의 전형은 이미 발광상태(démence)와 유사한 그 무엇을 경험하고 있다. 그것은 소크라테스의 악마(démon)로서 19세기가 정신의학이 천재와 광기의 인접성에 관한 담론을 논증하는데 모범 모형의 역할을 한다. 소크라테스가 자신의 악마, 자신의 정신이라고 부른 이 내적 목소리. 신과 악마의 존재를 믿는 그리스 사회에서는 친근한 정령이며 철학자와 시인에게는 영감을 줄 수 있는 뮤즈(muse: 시·음악·학예를 주관하는 9여신의 하나, 시적 영감이나 시상·시혼)의 여신과 동일시했다.

기원전 5세기에는 두 개의 보충적인 관념이 천재에 대한 개념구안을 위해 악마를 따라 다니게 된다. 그 중 하나는 재능은 애당초 타고 난다는 것이라는 생각과 다른 하나는 위대한 사람들을 숭배, 존경하는 풍토가 도래한 것이다. 예컨대, 신화적인 영웅들에게 신격화된 역사적 인물들이 연결되는데 이들은 천재(genius)라는 칭호로 후세에 유럽 문화사에 기록된다. 예컨대, 소포클레스, 호메로스, 에피쿠로스, 큐피타, 일리어드…. 그러나 르네상스 시대에 이르러서는 거의 완전하게 인간의 모습을 한 지혜로운-여전히 신화를 함축한-신의 분신으로 등장한다.

이 시기에 문인들과 인문주의자들은 서구 문화를 인류의 보편적 가치를 확립하는 삶에 대한 엘리트주의 개념을 채택했다.

우생학자인 프랜시스 갈톤(Francis Galton)은 1869년에 천재의 유전력에 대한 연구 자료를 펴냈다. 특히 1877년에 롬브로소(Lambroso)는 『천재적 인간(The Men of Genius)』을 출판했는데, 이 책은 천재라는 개념에 관한 근대적 연구의 기원이 된다. 비록 그의 관점이 가혹한 비판을 받고 있으며 오늘날에는 시대에 뒤떨어진 것이 되고 있지만…. 매우 기묘한 것은 롬브로소가 천재에 대한 연구를 하면서도 천재에 대한 어떤 정의도 제시 않으면서 이 방대한 저작의 첫 페이지에서부터 비범한 인물들의 퇴행적이고도 정신 병리적인 성격을 기술하는데 집착했다(Brenot, 1997; 김웅권 옮김, 1997, p. 25)는 것이다.

천재성이란 무엇이고 광기란 무엇인가. 천재성에 광기가 공존하는 근거와 그 양태는, 천재의 전형적 인물(typical model)은 어떤 삶을 살았고 누구인가, 우리는 천재에 대하여 어떤 이미지를 가지고 있는가. 천재란 사람들은 인류가 숭배, 존경하고 있는 순수한 영웅의 이미지인가, 그리고 광기의 이미지인가, 광기라면 어떤 광기인가. 정신 착란인가. 우울증(depression), 편집증, 조현병, 과대망상증인가. 신체는 건강한데 정신적으로 병자인가 아니면 둘 다 비정상인가. 천재들에게서 나타나는 광기 그것은 천재의 필연적 속성인가. 천재(성)과 광기의 유사성은, 창의적 천재의 치료 효과, 우리는 천재(성)에 대해 그 동안 어떠한 이미지를 갖고 있었는가.

천재를 어떻게 정의할 것이며 천재성, 재능과 영재성, 신동을 어떻게 구별할 것인가, 창조성이 천재, 재능의 필수적인 조건이라면 천재이기 위해서는 얼마나 창조적이어야 하며 그런 점에서 창조적인 사람이란 정확하게 그 실체가 어떤 것인가

창의적인 남자 천재들의 화려한 여성 편력을 로맨스, 스캔들 중에 어떻게 해석해야 하고 이것도 천재의 또 다른 특성·기질로 볼 수 있는가.

예술(미술, 음악, 조각)에서 천재와 과학(수학, 물리학, 생명공학, IT) 분야에서 천재는 어떻게 다른가. 이들 문제의 탐구가 이 논문의, 필자의 관심사이다.

1. 천재란, 어떤 신적인 천품(天稟, 타고난 기품)을 떠올리게 할 뿐 아니라 서양에서도 이 낱말은 정령이나 수호신(守護神, 신과 인간 사이의 초자연적인 존재, demon)같은 영적 존재(spiritual entity)라고 생각했다.
2. 고대에는 위대한 것을 창조하는 능력은 신(창조주)들에게나 속한 것이지 피조물인 인간에게 속한 것이 아니었다고 해석했다.
3. 그러나 천재를 신비화하여 이해하는 것으로 만족해야 할까? 과연 천재성은 인간의 지성으로 실현, 접근, 불가해한 존재인가
4. 천재와 정신병이 백지 한 장 차이라고 보는 천재 광기설이 제안되고 있다.
5. 천재성·창의성의 기원을 유전적인 내력이나 뇌 구조의 특이성에서 찾으려는 시도도 이뤄지고 있다. 그러나 천재성을 과학적으로 해명했다고 주장하는 이들에 대해 유보적인 태도를 견지한다(Clarke, 2001). 이들은 천재성이란, 다양한 요소들이 결합되어 이루어지고 그 결합에는 우연성이 작용한다는 의견을 제시하고 있다.

6. 천재성의 본질, 그것의 출현, 위대함(greatness), 천재들의 두뇌가 작용하는 방식 등은 아직까지 크나큰 신비로 남아 있다. 어쩌면 영원히 해명되지 않을지도 모른다. 왜냐하면 천재성이란, 다양한 요소들이 예외적이면서도 우연적인 결합으로부터 오는(발생하는) 것이고 그 요소들의 결합은 아마도 기이한 우연들 중 하나에서 유래하는 것이기 때문이다. 이 우연이란, 기적에 가까운 것이며, 본질적으로 세계와 인간의 정신을 명쾌하게 해명하려는 우리의 의지를 벗어날 수밖에 없다. 아마도 천재성에 관한 수수께끼는 앞으로도 오랫동안 계속될 것이다(Clarke, 2001; 이세진 옮김, 2003, p. 15).
7. 천재들은 자기중심적인 편집광, 쉴 새 없이 무엇인가를 창조하는 사람, 상상력이 풍부하면서도 끈기 있는 다산성(多産性, productivity), 명석한 두뇌와 강렬한 개성의 소유자이다. 이들은 자기 분야와 결코 타의 추종을 불허하는 불멸의 족적(위업)을 남겼고 우리는 지금도 그 자취를 발견할 수가 있다(Clark, 2001).
8. 천재 즉 창조적 인물은 독창적이고 불안(우울)하며 자신의 작품에 사로잡혀 있고, 극단적인 경우에는 광기(madness)에 가까이 가 있는 성격 장애자이다(Brenot, 1997; 김웅권 옮김, 1998, p. 8). 브르노의 이 설명은 천재와 광기라는 저서에서 많은 천재들에게서 광기가 발견된다는 점을 밝히고 따라서 천재와 광기 사이에 유사성, 복합성(겹치기)과 배합되어(뒤섞여)[3] 있음을 주장했다.
9. 천재는 자연의 순수한 증여물이다… 천재는 보는데 그치지 않고… 그는 예술·학문·사업에서 감동을 받는다. 천재는 사물의 특징을 바꾸고 그의 성격을 그의 손이 닿는 모든 것 위에 확장되며, 과거와 현재를 넘어 뻗어 나가는 그의 빛은 미래를 밝혀 준다. 그는 그를 따라올 수 없는 자신의 세기를 앞서간다. 천재는 비범하여 순간에서 벗어나 있고 그의 시대에서 벗어난 인물이다. 그가 소유한 위대한 총명함은 그를 망상가 같은 비전을 지닌 인물로 만든다.
10. 천재의 통찰력은 날카로운 인식력과 독창적인 분별력을 통해 동시대인들 위에 그를 올려놓는 자연의 증여물이다. 천재가 나타나는 것은 은총의 순간이며, 은물(恩物, gifted)이며, 하늘(창조주, God)의 증여물(gifted)이고 자연의 영감이며 자발적이고 예측을 불허하는 발견이다. 우리는 언제나 천재와 재간꾼, 영감과 상상력, 창의력과 모방이라는 고전적인 이분법 속에 있다. 천재는 자신의 시대〔현세

3) 브르노(Brenot, 1997; 김웅권 옮김, 1997, p. 9)에 의하면 여기에 해당하는 인물을 다음과 같이 예시했다. 랭보, 슈만, 괴테, 반 고흐, 모차르트, 헤밍웨이, 발자크, 프로베르, 니체, 미켈란젤로, 루소, 시므농, 피카소.

(現世)]와 단절되어 있고 또한 역사와도 단절되어 있다.[4] 그의 영감은 심층적이고 지속적으로 사유의 양식에 방향을 제시하는 형태로 예술·학문·문학을 새롭게 한다.

11. 천재성은 번뜩이는 섬광(閃光)이며 혁명이고 그는 갑자기 초인적인 차원을 나타낸다.
12. 천재적 인간은 그의 동시대 인물들과는 다른 사람(outre)이다. 그는 규범에서 벗어나며 특출한 인물이다. 이것이 그를 자주 소외−문자 그대로 타자(devenir outre, 국외자, outsider)가 되는 것−와 광기에 접근시키게 되는 것이다. 천재는 사상·테크닉·사건을 창조하는 자이다(Brenot, 1997; 김웅권 옮김, 1997, p. 27)
13. 천재란, 예외적으로 천부적(타고난) 재능을 소유한 창조적이고도 독창적인 인물이라고 프랑스의 정신과 의사는 스공(Segond)은 주장했다.[5]
14. 천재는 모든 사람들을 닮은 바 있지만, 아무도 그를 닮을 수는 없다. 즉, 천재는 다른 사람들이 가지고 있는 평범한 자질들을 다 갖추고 있기 때문에 그는 모두를 닮을 수가 있는 것이다. 그러나 그만이 갖고 있는 특별하고 독창적인 자질을 보통 사람들은 가질 수 없으므로 아무도 그를 닮을 수 없는 것이다(Brenot, 1997; 김웅권, 1997, p. 301)
15. 천재성과 광기는 동일한 인격 구조의 표현이며 동전의 양면과 같다. 광기의 체험은 천재성, 창의성에 영향을 끼친다는 것이고 반대로 천재성, 창의성은 광기를 완화시킨다는 것이다(Brenot, 1997; 김웅권, 1997, p. 141).
16. 천재란 비전을 지닌 자이고 계시된 자이며 언제나 예언자이다(Brenot, 1997; 김웅권, 1997, p. 153).
17. 천재성, 창의성, 예술성에는 광기가 동반하는가 또는 적과의 동침인가
18. 천재란 평범한 보통 사람들이 이해하지 못한 것들을 이해하는 사람이다(Clarke, 2002, p. 159).
19. 천재란 직관의 가치를 굳게 믿는 사람들이다(Clarke, 2002, p. 160).
20. 위대한 천재적 창조자들은 눈을 뜬 채 무의식에 몰입하여 꿈을 꾸는 사람들, 꿈속에서 별을 보며 걸어가는 현실과 동떨어진 존재들이다(Clarke, 2002, p. 159).

---

4) 브로노(1997)의 이러한 해석은 시대를 앞서가는 삶의 방식, 상상력, 창의력의 면모를 묘사한 것이고 아울러서 그의 실존적 존재가 전시대와 동시대의 가치, 문화, 삶의 양태와 연결되어 있지 않음을, 즉 전혀 혁신적, 독창적 성과라는 점을 시사한 것으로 판단된다.

5) 이 정의에서 천재성은 타고난 재능이며 창의적 개념이 등장했다는 것을 주목할 필요가 있다.

21. 천재는 개인적이고 독특한 방식 고전적인 규칙들과는 종종 들어맞지 않기도 하는 파격적인 방식으로 창조를 하는 사람이다(Clarke, 2002, p. 156).

22. 천재는 자기가 선택한 것의 가치를 신속하게 파악한다(발레리, p. 168).

23. 고대 그리스인들은 천재는 신들로부터 직접 재능을 부여받은 사람이라고 생각했다(Clarke, 2002, p. 175).

24. 천재성의 개념은 지능과 창의성의 궁극점(extreme ends)을 정착시키는 데 이용될 뿐만 아니라 천재는 기본적으로 광적이고 창조주로부터 영감을 받았으며 행동과학, 사회과학의 기법으로는 거의 이해할 수 없는 아주 특이하고 존귀한 존재이다. 인간의 노력, 희망, 생애 따위가 절정에 도달한, 실현한 존재이다. 그리고 과거와는 단절된 참신한 사고방식과 매우 탁월한 성취를 하는 비범한 인물이다(extraordinary person). 천재성은 예견할 수가 없다(Albert, 1980; 김정휘 옮김, 2002, p. 33).

25. 천재는 태어나는 것이지 가르쳐서 육성되는 존재가 아니다. (천재성의 유형 관련 설명 참조) 그래서 타고난 천재성(natural genius)이라는 관점을 옹호한다. 따라서 그 누군가가 가르쳐 준 규칙과 지침(rule and precept)이라고 하는 건조한 세속적인 틀에 천부적인 천재의 작품에 맞춰지면, 그 작품은 완전히 망가지고 천재로서 품격을 잃어버리게 된다. 천재의 내재적 조건을 예시하면, ① 숭고함-심오함과 고매함, 생각의 고상함을 갖춘 인물이나 능력(재능). 여기에서 숭고함은 누구로부터 학습에 의해서 습득된 능력(ability)이 아니라 타고난 천부적 재능(gift, 恩物: 은혜의 선물)이다. ② 어느 분야나 영역에서 주도권을 쥔 인물이다. ③ 영감을 받았거나 창조주이신 신에게 사로잡힌 자(the possessed)가 아닌 신의 분신(分身)이면서 신을 사로잡은 자(the possessor)이다. 키비(Kivy, 2001)는 평가하기를 모차르트를 "신에게 사로잡힌 천재"로, 베토벤을 "신을 사로잡은 천재"로 분류했다. ④ 시대를 선택하는 천재, 시대가 선택하는 천재—서기 1세기의 인물로 추정되는 롱기누스는 천재는 시대를 선택하지만 소크라테스는 천재가 시대를 선택한다고 설파했다. 그는 힘과 탁월한 능력(권능)을 가진 표현하는 천재론을 주장했다. 따라서 그의 천재론의 이미지는 남성이다(Kivy, 2001).

26. 예술분야 (특히 음악 분야)의 천재성은 그 의미와 형태, 성질과 그 구성 내용, 평가 준거에 있어서 구체적이고 가시적, 계량적으로 알 수가 없는, 상식적으로 설명이 안 되는 자연적으로 신비한 그 무엇, 어떤 것이다(Kivy, 2001).

27. 천재는 거침이 없고 강렬하다. 천재는 규칙과 전통, 관행을 창조적으로 파괴한다. 천재는 모방적이라기보다는 독창적이다. 예술이나 문학 분야에서 천재들은

아름다운 작품보다는 숭고한, 위대한, 존귀한 작품을 창조하는 사람이다(Kivy, 2001).

창의적 천재들은 누구이며, 어떤 인물인가에 관해서 여러 전문가들이 위에서 예시한 바와 같이 여러 관점에서 설명을 하고 있다. 키비는 천재라는 개념이 하나의 수식어로 전락한 느낌이 강하며, 천재라는 말이 과잉 사용되다 보니까 오용되기도 하며 이 시대의 진성 천재성(truth genius)은 그 어느 때보다 찾아보기 힘든 상황이 나타나고 있다고 비판했다. 그래서 세속화되고 상업주의, 물신주의, 오락위주의 대중매체에 현혹된 상업적 인기영합주의에 길들여진 천재들은 진정한 천재가 아니라는 의미에서 심상용(2005)은 "천재는 죽었다."라고 논평했다.

이런 논평들은 21세기에 전문가나 학계에서 공감하고 인정하는 천재란 어떤 존재인가에 관해서 다음과 같은 문제 제기에 대한 설득력 있는 설명이 필요하다는 점을 시사하는 것이다. ① 그들은 어떻게 천재로 만들어 지는가? ② 천재는 기본적으로 천부적으로 천재성(재능)을 타고 나는가 ③ 아니면 타고난 특출한 재능이 본인의 피땀어린 노력(內攻)과 그 인재를 발견한 안목 있는 수문장(守門將, gatekeeper), 즉 훌륭한 멘토(사부, mentor)를 만나서 그의 가르침이 서로 어우러져서 육성된 인간승리의 위대한 결과물인가? ④ 천재성의 기원(origin)은? 왜 사람들은 천재를 존경하고 닮고 싶어 하면서 아울러서 엘리트에 대하여 비판을 하면서 저평가하는가? ⑤ 천재를 육성, 보호하는 환경 조건은 누가 어디에서 담당해야 하며, 이들의 인생행로(life-path, 진학 및 취업과 관련된 진로 지도) 안내와 전인으로서 발달단계별 발달과업 지도는 무엇을 어떻게 누가 할 것인가?

지금까지 전술한 천재성의 정의 내용 속에서 중요하다고 생각되는 함의를 간추려 소개하면 천재(성)이란,

1. 예외적, 특출한, 비범한, 혁신적인 존재이다가 천재와 동의어로 쓰인다.
2. 비범한 재능은 타고나며 인간 발달 면에서 조숙하다.
3. 동시대·전시대 인물들과는 다른 사람이고 다른 삶을 살기 때문에 소외되어 있다.
4. 착상(idea), 테크닉, 기회, 지식을 창출해 내는 인물이다.
5. 공적이고 광범위하며 지속적인 인정, 공증을 받는다.
6. 행동, 성격, 동기 특성이 광의적이고 독창적인 인물이다.
7. 광기와 같은 정신 질환이 수반되기도 한다.[6]

6) 사례에 따라서 정신장애의 예를 들면, 양극성 장애, 주기성 장애, 조울증-우울증 발작, 자살적

8. 생산적이고 탁월한 업적
9. 연속적인 장기간의 업적과 그에 따른 결정적인 개인적 역할
10. 업적의 발전 가능성
11. 인지적, 예술적, 사회성, 신체 운동 기능적(예: 손재주) 도덕적, 창의적인 영역에서 수월성이 뛰어남
12. 조숙함, 스스로 깨우침, 숙달을 향한 열정, 과제 집착력, 성취동기, 자아 효능감, 최고·완전을 지향하는 인물이다.
13. 삶에서 목표 설정, 자아 정체감이 확고하며 정상(최고)를 추구하고 성취한다.
14. 욕구 좌절 감당력(frustration tolerance), 역경 극복 역량(resilience), 스트레스 대처 능력이 뛰어나거나 취약하다.
15. 정보자료 처리 능력이 우수하다.
16. 천재성을 타고난 사람들은 사춘기를 되풀이하여 경험한다. 천재들의 특징이기도 한-이들은 영원한 젊음의 대가로-천재적인 창조자는 다른 사람들보다 더 오랫동안 반복해서 청년기의 우여곡절, 즉 자아 정체성의 혼돈과 위기〔예: 마약 중독, 종속성, 비장한 이상주의에의 성향, 조현병, 강박성 신경증, 우울과 불안, 이성애에 의한 갈등〕를 경험하고 괴로워한다.
17. 소수의 일부 사례에서 나타나지만 가계 혈통에서 불행, 사건·사고 등 해악(害惡)을 초래하는 불량 가계(혈통)가 있다.
18. 비전(vision)을 지닌 자이고, 언제나 예언자이다.
19. 천재는 시대 초월적이고 초자연적이며 선험적이라는 점에서 보통 사람들에게서 보이는 것과는 다르다. 천재는 타고 나는 것이지 후천적인 노력에 의해서 형성되는 것이 아니다(심상용, 2003, p. 30).
20. 천재의 전형으로서 삶과의 불화를 지적할 수가 있다(심상용, 2003, p. 32).
21. 천재는 일반 사람과 비교하면, 일반 사람과는 "격이 다른" 사람들이라는 그래서 일반 사람들과 구별하고 특징과 차이를 드러내기 위해서 흔히 초인(superman)이나 반신반인(半神半人)이라고 칭함으로써 엘리트주의가 천재라는 말 속에 함의되어 있다. 그런데 분명한 함의는 천재들이 보통사람들과 분명히 다르지만, 그러나 외계인이 아니며, 천재들도 보통사람들과 같이 먹고, 자고, 사랑하며, 속이고, 훔치고, 증오하며, 희생하며, 참을 줄도 알며, 슬퍼하고, 관대하고, 이기적이며,

---

우울증, 주기성 순환성 우울증, 계절적 우울증, 반응성 정신병(reactive psychoses)을 나타내는 어떤 향수가 결합된 상태가 나타나기도 한다.

꽤 잘난 척하며, 겸손하고 기뻐할 줄도 알며, 거만하고 순진하기도 한, 모든 결점을 포함한 인간이라는 두 모순된 직관을 모두 인정해야만 한다(Kivy, 2001).

22. 세속적인 가치, 즉 부의 축적, 입신출세, 명성이나 수상, 겨루기에서 승리하는 것에 둔감하거나 유혹에 덜 민감하다.

키비(Kivy, 2000)는 배터스비(Battersby)의 『성과 천재성(gender and genius)』 저서에서 천재성의 현대적인 이미지를 인용하여 다음과 같이 다섯 가지로 제시했다.

1. 국외자(outsider), 광기(狂氣, madness)가 수반된, 타락한, 주술적인... 개성적인 유형의 천재성
2. 열정, 상상력, 본능, 직관, 이성, 참신하고 독창적이며 실용적인 궁리... 다양하고 모순된 구체적인 의식의 방법을 착안해 내는 천재성-다수의 여성들이 포함된다.
3. 대개 성적인 에너지로 승화된 에너지인 천재성(아마도 문학, 예술-미술, 조각, 음악, 영화, 무용, 시 등의 분야). 이 경우는 과정-성과, 수행(performance)으로 나타난다.
4. 실험과 통계적인 조사로 정량화할 수 있는 일종의 "잠재적 명성"으로서, 평가적 의미로서 천재성〔이 논의에서 천재란 IQ 검사에서 또는 SAT(미국의 대학입학자격시험)에서 고(高) 득점을 받았다는 것 이상의 함축적인 의미가 있다. 즉, 고 IQ와 천재성 간에는 등식관계가 성립하지 않는다는 점을 지적했다. 따라서 영재 학생 판별시에 IQ 검사를 이용하는 경향은 환영 받지 않고 있으며 고 IQ 천재를 연구한 터만(Terman) 교수도 창의적 영재를 연구하지 못했다고 인정했다. 그러나 고 창의성과 천재성 간에는 등식관계가 성립한다고 보고 천재성 판별시에 창의성을 중요한 필요조건으로 중시해야 한다는 것을 시사했다.〕
5. a) 전통 안에서 옛날 방식과 새로운 방식을 판별, 구분하는 분기점이 되는 획기적인 작품을 만든 사람의 천재성
   b) 영속적인, 즉 시공간을 초월하는 존재 가치(생명력)와 중요성을 지닌 비범한 사람의 천재성

천재적 기질은 시와 문학(성)으로 나타나는 언어 예술과 조형적, 음악적으로 나타나는 비언어적 예술 사이에서 매우 다르게 배분된다는 것이다. 전자는 우울증과 같은 정신 질환으로 후자는 광기(狂氣, madness)와 거의 관련성이 없고 우울증이 이들에게는 별로 나타난 사례가 없는 것으로 나타났다(Brenot, 1997; 김웅권 옮김, 1997, p. 10). 아마도 회화와 조각은 테크닉에 속한 예술이므로. 다만 시나 소설 작가만이 영감을 받을

자격이 있는 것 같다는 해석이 가능한 것 같다.

천재와 교육계에서 선호하는 영재라는 말의 용어상의 함의(含意)의 차이를 예시한다.

영재(gifted)는, 결과적으로 매우 뛰어나다는 의미이다. 즉, 영재는 태어난다기보다는 길러진다. 예컨대, 노력, 교육, 훈련, 기회, 내재적 성취동기, 자극, 탁월한 멘토와의 만남, 어떤 교수-학습기제, 각성, 몰입, 여러 가지 촉매 요건들, 부모의 희생, 본인의 인지적, 정의적, 예술적 소질, 연습량, 진로, 정상이 되고자 하는 목표 지향성(역경 극복 역량, resilience), 자아 효능감 등에 의해서 육성, 개발된다고 해석된다. 지능과 창의력이 높다고 모두 영재는 아니지만 그러나 영재성 발휘에 창의력이 매우 중요하다. 즉, 보통 사람의 위대한 이야기일 수가 있다. 영재성은 인간의 탁월한 재능의 결과지향적인 의미이다.

천재(genius)는, 천부적 소질론(天賦的 素質論), 즉 태어난다 또는 후천적인 노력에 의해서 수월성 또는 비범함을 발휘하는 것이 아니라 천재성은 타고난다는 의미가 강하다. 이른바 보통 사람의 위대한 이야기가 아니라 기원(origin)부터 위대한 사람의 위대한 이야기의 주인공이며, 희소가치가 있는 진성 천재(眞性天才, truth genius, truth gifted), 초 엘리트(ultra elite)가 그 주인공일 수가 있다. 이 천재들은 시작부터, 출발부터, 즉 생의 초기, 어린 시절부터 매우 탁월했다. 이들의 공통점은 조숙성을 보이는 것인데 따라서 어려서 신동(神童, prodigy)이 태어났다고 화제의 주인공이 되기도 한다. 천재급 인물들이 독학으로 놀랍고 매우 뛰어난 인간의 수준을 뛰어 넘은 위업(偉業)을 발휘한 사례를 발견할 수가 있다. 레오나르도 다빈치, 모차르트, 루트비히 반 베토벤, 뉴턴, 존 폰 노이만, 미켈란젤로, 정약용, 장영실 등이 이런 인물이다. 천재들은 시대를 앞서가기 때문에 현실 세계에서 부적응, 소외자일 수가 있다. 천재들은 사회가 우리를 알아주지 않는구나 하고 탄식하기도 하는데 천재들의 삶이 반드시 행복하지가 않은 것 같다. 어려서 신동으로 알려진 인물이 성인이 돼서 모두 천재로 유명인이 되지는 않는다.

던햄(Dunham, 1990)은 자신의 저서인 수학 천재들에서 천재성이란, 다른 사람이 불가능하다라고 생각하는 것을 쉽게 해결해 내는 능력을 말하고 재능(talent)이란, 다른 사람들이 어렵다고 생각하는 것을 쉽게 해결해 내는 능력을 뜻한다고 설명했다.

키비(Kivy, 2001)는 천재(성)의 유형(types)을 다음과 같이 분류했다. 그는 이 분류에서 천재성에도 수준의 차이가 있음을 시사했는데(예: 최상급의 천재와 마이너급 천재), 이것은 영재성의 수준을 IQ 수준에 따라서 분류하는 방식과는 다른 방식이다. 키비는 예술계에서 독창적인 두 가지 천재성이 있음을 시사했다. 즉, "신에게 사로잡힌 천재"와 "신을 사로잡은 천재" 그리고 "적극적인 의미로서의 천재"와 "창조의 매개자로서의 천재" 그리고 "천재와 창조의 주체로서의 천재"로 구분하기도 했다.

이제 키비(2001)가 분류, 예시한 창의적 천재의 유형(types)에 관해서 설명해 보자(이화신 옮김, 2010).

창의적 천재성의 유형

여기에서 제안된 창의적 천재성의 유형은 주로 진성 천재 이외에 성인 천재가 그 대상인데, 유아·아동·청소년의 천재성의 특성과 차이를 어떻게 유형화 또는 전형화할 수 있을 것인지는 전문성·영역 일반성·특수성을 반영한 식견, 경륜(안목)이 필요한 과제이다.

선천적으로 타고난(천부적·진성) 천재(眞性 天才, naturally genius, truth genius). 길들여지지 않은 천재가 여기에 포함된다. 천재성의 선천성, 즉 천부적 수월성과 재능을 뜻한다. 조숙한 신동 천재들이 이 유형에 해당하는 데 천재들 중 최상급의 인물에 속하며 희소하다. 이들은 천재성을 발휘하기 전에 이에 필요한 사전 교육을, 제도권 교육을 학문적으로 받은 바도 없으며, 장인으로부터 기술 전수나 사사(개인 지도)나 어떤 멘토로부터 특별히 개별 지도를 받지도 않았으나 타고난 재능 또는 수월성만으로 창조적 활동과 업적을 발휘한다. 그리고 동시대인의 기쁨, 존경, 동일시의 표상이 될 뿐만 아니라 후세인의 경탄과 존경의 대상이 되는 작품을 창작해 낸다. 예를 들면, 수학이나 음악, 미술, 조각등의 분야에서 제도권 공교육이나 교사로부터 원리나 개념, 규칙을 배운적도, 어떤 훈련을 받은 일도 없는 이 위대한, 놀라운 천부적 천재, 신동의 사례가 여기에 해당한다. 이 진성 천재들은 학문적 원리나 개념을 모방하기보다는 혁신하고 창조한다〔예: 천문 역산의 개혁을 시도한 조선 최후의 수학 천재였던 이가환(李家煥, 1742~1801; 20세기 음악계에 새 지평을 개척한 쉰베르크(1874~1951)〕. 그래서 이들의 착상(idea)과 궁리(생각)는 기발하고 길들여지지 않은 고귀한 그 무엇인가가 돋보인다. 이런 양태를, 즉 천재성이 발휘되는 과정이나 촉매 요인을 김용관(2010)은 생각의 진화로, 루트-번스타인(Root-Bernstein, 1999)은 생각의 탄생(Sparks of Genius)이라고 표현했다.

제도권 교육이나 가르침으로부터 길들여지지 않은 진성 천재들은(Joseph Addison을 인용한 Kivy, 2001에서 재인용) 기술이나 어느 분야의 학문에 대한 사전 지식이 없이도, 즉 선천적인 재능만으로 창조적인 활동을 한다고 했는데, 이 말은 어떤 분야나 영역에서 통용되는 원리나 학문적인 개념, 규칙을 경시하는 것이 아니라 이런 것들을 축적하지 않았거나 애초에 그런 지식에 대한 의식, 학습 준비성이 부족하다는 것을 시사한다.

롱기누스(Longinus)가 제안한 천재 집단 중에서 가장 높이 평가받는 천재는 예술적으로 위대한 인물은 가르쳐서 길러진다기보다는 이미 위대한 인물이 될 수 있도록 태어난다. 그래서 이 부류의 인물들은 품격(quality)이 다른 사람들, 그래서 초인(superman)이나 반신반인(半神半人)이라고 가까이 범접하기 어려운 인물로 그래서 신비하고 존귀(尊貴)한 존재로 인식했다. 천재란, 엘리트주의 색체가 강한 용어이다. 그래서 사회과학(심리학)이나 인문과학으로 접근, 연구, 분석하기가 용이하지 않은 존재로 인식되기도 했다. 즉, '가까이 하기엔 너무 먼 당신, 바라만 봐도 좋소'가 어울리는 그리운 당신이었다.

이들은 기존 학문이나 사전 지식(선수 학습능력–선행 조직자)없이 그리고 숙달된 자격을 갖춰야 제대로 해 낼 수 있는 기술이나 경험이 없이도, 제도권에서 정규교육을 받지 않고도 그저 선천적으로 타고난 능력만으로 동시대인들의 기쁨이 될 뿐만 아니라 동시대의 후세인의 경탄을 자아내는 수준 높은 작품을 창조해 낸다. 즉, 타고난 선천적인 재능만으로 창조적 활동을 한다(Kiby, 2001; 이화신 옮김, 2010, p. 64).

타고난 천재성이 이룩한 성취는 학습된 천재성이 이룬 성취보다 훨씬 더 아름답고 숭고하며 웅장하다.

신동 헨델과 모차르트, 베토벤, 프랑스 수학자인 파스칼, 플라톤, 괴테 등이 타고난 천재에 해당하는 인물들이다.

진성 천재를 신동이라고 하는 이유는 조숙하다는 말이 암시하듯이 어른 같은 아이, 또래에 비해 나이에 어울리지 않게 인지적으로 나 예술성이 어른만큼 출중하다는 의미이다.

이 비범한 진성 천재들은 시대를 앞서 살기 때문에 궁리하고 상상하기 때문에 현실생활에서 부적응자일 수가 있으며 이 세상과 사람과 소통하고 어울리기(교감하기)보다는, 주류에 속하기보다는 자의반 타의반 현세와 등지거나 소외되기거나 은둔적인 생활을 하기도 한다. 그의 고향인 유고슬라비아의 베오그라드에 테슬라의 이름을 딴 국립박물관이 세워진 주인공으로 과학문명을 100년이나 앞당겼다고 평가받는 천재 과학자인 니콜라 테슬라와 수학 천재로서 수학 노벨상이라는 권위가 있는 필즈 메달 상을 거절한 러시아의 천재 수학자인 블레비치 페렐만(44)도 은둔의 수학 천재로 알려졌다.

어느 의미에서는 학계와 예술계 그리고 사회가 이들을 맞이할 준비가 안 되어 있거나 불충분한 것도 부분적인 원인일 수도 있으며, 이 사회가 우리를 몰라보는 구나라고 탄식과 원망을 하기도 한다.

후천적으로 학습된 천재성(길러진 천재). 제도권의 수준 높은 교육, 훈련, 노력, 환경적인 뒷받침에 의해서 육성, 양성된 천재. 그러나 특정 분야나 영역에서 비범한 재능을 소유하고 있으면서 본인이 자발적으로 그 일이 좋아서 몰입하고 전심전력으로 노력을 했으며, 동시에 그의 잠재적 재능을 발견, 지도해 준 매우 유능한 멘토(Mentor)의 조력에 의해서 후일 비범한 인물로 대성한다. 학문적으로 또는 예술계에서 축적된 규칙, 원리, 개념과 지침을 준수한다. 타고난 선천적인 재능이 부족한 사람(예술가)은 자신의 능력을 발휘하기 전에 그 누구—장인, 달인, 명인, 사부, 대가—로부터 무엇인가를 배워야 한다. 이 경우에 교습(敎習)은 일대일, 면대면(面)으로 이루어진다. 에디슨은 육성된 천재보다 타고난 천재를 더 우월한 것으로 평가했으며, 육성된 천재에게서 독창성을 발견하기란 쉽지 않다는 것이다. 영재 교육의 주 대상일 수 있는 육성된 천재, 인재 양성을 위해서는 인재를 발견하고 키워주는 안목 있는 멘토(mentor), 수문장(守門將, gatekeeper)의 역할이 매우 중요하다. 멘토가 그 축적된 역량을 제대로 발휘하려면, 역량 있는 제자를 잘 만나야 한다. 노벨상 수상자는 노벨상을 받은 멘토와 같은 은사에게서 지도를 받은 제자가 배출된다고 한다. 즉, 스승과 제자는 상호의존 관계에 있다. 따라서 스승은 제자 복이 있어야 하고, 제자는 스승 복이 있어야 한다는 말이 있다. 한국식으로 표현하자면 스승이 훌륭하기 때문에 우수한 제자가 배출된다는 옛말이 있지 않은가(靑出於藍. 제자가 스승보다 더 낫다는 말이지만 훌륭한 스승을 만나서 배우지 못했으면 어찌 우수한 제자를 육성, 배출할 수가 있겠는가)

이 학습된 천재성에서 독창성을 찾을 수 있는 예는 희소하다. 어느 정도 재능도 있으면서 끈기 있게 노력과 연습을 해서 어느 정도 명성을 유지한다. 그러나 연습에 의해서 누구나 모차르트 같은 음악가가 될 수 있는 것은 아니다. 예술분야에서 명연주자가 되려면 연습, 훈련이 필수적인 조건이다.

천재성에도 등급이 있는데, 길러진 천재는 타고난 천재와 비교했을 때 마이너급 천재(minor genius)라는 것이다(영재성에도 등급이 있는데 통상적으로 IQ 수준으로 구분하지만 이 천재성의 경우는 분야나 영역에서 창의적인 수행능력, 업적, 수월성, 성과, 내재적·왜재적 특성과 기질을 보고 판단한다.)

에디슨은 타고난 천재성, 즉 선천적 천재성을 학습된 천재성보다 더 우월한 존재로 보았다.

노력형 일벌레 천재(workaholic genius). 노력형 천재는 규칙이나 지침, 지식이나 원리를 중시하며 다소 고지식하고 유연성이 부족한 사람이다. 학습된 천재들에게서 독창성을 찾을 수 있는 예는 매우 희소하다고 한다. 타고난 재능이 부족한 천재들은 자신의 재능을 발휘하기보다는 그 전에 무엇인가를 배워야만 한다. 학습된 천재론에서 영재교육의 중요성과 필요성이 제기된다. 이 노력형의 천재는 그 어떤 대상이라도 남다른 노력과 몰입, 즉 비범한 집중력으로 천재성을 지배할 수 있음을 암시한다. 끈기 있는 노력이라는 키워드로 천재성을 설명한다. 즉, 재능과 노력을 결합한(재능+노력) 키워드로서 천재성을 설명하지만, 역설적으로 바로 그 점이 천재성의 "해체"를 가속화한다. 이 일벌레 천재론이 오늘날까지 유효하지만 그러나 우리 시대의 천재론의 상징이 될 수가 없다는 것이다. 그 이유는 이 이론은 아방가르드(avantgarde, 전위적) 예술가보다 일반 대중에게 더 매력적으로 느껴질 것이라는 주장도 설득력이 없다. 오늘날 우리는 유대 기독교적 직업윤리가 통용되지 않는 "신속한 처방"이 요구되는 시대에서 살고 있다. 사람들은 즉각적인 욕구 충족을 갈구하기 때문에, 미래의 보상을 약속하는 따위의 노동집약적인 직업들이 결코 환영받지 못한다. 키비(Kivy, 2001)는 에디슨과 다빈치를 노력형 천재로 구분했다. 후천적 천재성을 선천적 천재성보다 열등하다고 생각하지 않는다는 견해도 있지만, 그러나 평가적 준거의 관점에서는 선천적 천재성의 우월성을 인정하는 경향이 강하다. 이들은 학습된, 길 들여진 천재 유형에 속한다. 음악계에서 명 연주자로서의 기량은 오랜 기간의 연습량과 몰입(비범한 집중력), 그리고 자발적으로 좋아서 즐기며 연습하고자 하는 강박적인 욕망(동기)에 비례한다고 한다.

지퍼(Siefer, 2009; 송경은 옮김, 2010)에 의하면, 운동경기나 예술, 자연과학 등 어떤 분야에서든 세계 상위권에서 경쟁력을 갖추기 위해서는 어림잡아 10년 또는 1만 시간의 내공(노력)이 필요하다는 것이다. 아무리 우수한 재능과 기량을 갖추었다고 해도 노력하지 않고 재능만으로 성공할 수가 있다고 믿는 전문가는 없다. 몇몇 예외적인 사례가 있지만, 작곡자들 가운데서 적어도 10년 이상 집중적으로 공부하지 않고 대가다운 실력을 발휘한 사람은 거의 없다.

노력형 천재로서 천재가 갖춰야 할 근면성과 비범한 과제 집중력(오랜 시간 동안 한 문제에만 집중하고자 하는 강박적인 욕망), 장기간 자발적으로 즐기고 몰입(沒入, flow)하는 능력, 근면성, 그리고 어느 정도 재능을 갖춘 인물이다.

하이든이나 바흐, 헨델, 뉴턴, 베토벤, 에디슨과 퀴리 부인도 일벌레형 천재(workaholic genius)이었다고 한다. 바흐와 베토벤은 악상 하나를 포착하면 음악적으로 완벽하게 목적을 달성할 때까지 그것을 놓지 않고 집중했던 일벌레와 같은 음악가였다. 자발적으로 일하기를 즐기고 일에 파묻혀 살지만 좀처럼 지치지 않는다. 가족과 사생활을 즐기지 못해서 불만을 초래하기도 한다.

칸트(Kant)는 예술성과 천재성 사이에는 어떠한 필연적인 관련성이 있다고 했다(Kivy, 2001). 키비는 하이든을 근면한 자수성가형 인물로, 바흐를 성실한 노력가형 천재로 평가했다.

여성 천재. 잊혀진, 인정받지 못한, 무시당하고 폄하된 여성 천재. 전통적으로 천재의 이미지는 힘센, 권능을 발휘하는 남성이었다. 따라서 천재 상(image)에 여성 천재는 제외되었다.

롱기누스(Longinus)는 오래전에 힘과 능력을 갖춘 재능을 나타내는 천재론을 내 세웠으므로 그가 생각하는 천재론의 전형적인 모습(image)은 남성이다. 남존여비 사회에서 단지 여성이라는 이유만으로 여성들이 잊혀진, 인정받지 못한, 무시당하고 폄하된 여성들의 굴욕적인 삶의 사연에서 여성 천재들도 예외는 아니었다.

그래서 이런 생각은 전통적으로 과거에는 천재의 개념에서 여성은 천재가 될 수 없다는 사실을 시사한다. 그러나 소크라테스는 신이나 뮤즈(Muse: 학예나 시가. 음악, 무용을 관장하는 아홉 여신의 하나)의 여신이 명하는 작품을 완성하는 천재론을 제안해서 여성 천재의 존재를 인정했다. 여성 천재들이 존재하며, 존재해 왔다는 것은 분명한 사실이라는 점을 밝혀주는 사실과 증거를 맥그레인(McGrayne, 2003)은 "두뇌. 살아 있는 생각: 노벨상의 장벽을 넘은 여성들"에서 제시하고 있다. 이 책에 등장하는 창의적인 여성 천재들이 여성이라는 이유 때문에, 그리고 남성우월주의 때문에 천재성에 걸 맞는 합당한 대접을 받지 못해서 불우한 삶을 살았으며 동시에 인류 문화와 과학 발전이 퇴보한 사례를 진솔하게 밝히고 있다.

그러므로 천재의 전형을 남성으로만, 오로지 남성의 전유물로만 생각해 온 전통적인 천재의 개념은(이런 잘못된 고정관념이 과학계와 대학교 내에서 일반화되어 있던 시대에, 심지어 남자보다 열등한(?) 여성이 어떻게 대학 교수가 될 수가 될 수가 있는가라고 편견을 갖고 있던 시대에 퀴리 부인이 노벨상을 두 번씩 수상하고도 비록 남편의 사망 뒤에 그 자리를 물려받았지만 대학 교수로 임명된 것은 그 당시에 남성 우월주의가 팽배해 있던 시기에 매우 놀라운 해법인 것이다.)[7] 잘못된 것이며 판단력 비판에서 칸트는 천재성에 대하여 폭넓게 논하면서도 여성의 전재성에 관해서는 전혀 언급하지 않았고 여성 혐오자로 알려진 쇼펜하우어도 여성들이 놀라운 재능을 지닐 수는 있지만, 결코 천재가 될 수는 없는데, 그 이유는 여성들이 객관적인 사고능력이 부족하고 그래서 주관적으로만 생각하기 때문이라고 했다. 천재적인 물리학자로 잘 알려진, 부인 밀레바(여성 수학 천재)와의 결혼 생활이 행복하지 못했던 아인슈타인도 "여자란, 머리에서 창의력이 솟아나지 않는 사람"이라고 단언하는 여성 혐오자였다고 한다. 그러면서도 생전에 많은 일화를 남긴 그는 여러 명의 여성과 사귀기도 했다.

과거에는 여성들이 과학과 철학을 비롯한 일반적 지식을 추구하는 것이 금지되어 왔

7) 퀴리 부인이 남편과 공동 명의로 논문을 발표했기 때문에 노벨상을 받을 수 있었다는 의견도 있다. 퀴리 부인의 생존 당시에는 여성에 대한 편견, 남성우월의식 때문에 여성이 대학교수로 임명되는 것, 아울러서 남자도 받기 힘든 노벨상을 받는 다는 것은 상식과 전통, 관행에 반하는 개혁적인 일이었다.

으며, 남성우월주의가 지배하던 시대에 많은 뛰어난 여성 천재들이 단지 여성이라는 이유만으로 성 차별을 받고 능력 발휘의 기회가 봉쇄되어 불이익과 불행한 삶을 기구하게 산 많은 사례를 다룬 책이 우리말로 번역 출판된 바도 있다. 이 책에서 소개된 창의적인 여성 천재들이 뛰어난 재능을 발휘할 수 있는 적합한 기회가 제공되었다면 인류 역사와 과학의 발전은 지금과는 다른 현저한 혁신과 진보와 개선이 더 바람직하게 이뤄졌을 것이라고 추정할 수가 있다. 오늘날은 진정한 천재성이 과거와 같이 남성 고유의 영역이나 남성으로만 한정짓던 고정관념, 남성우위의 편견이 더 이상 수용되지 않는 신시대, 열린 사회, 열린 생각이 상식으로 인식되고 있다.

칙센트미하이(Csikszentmihalyi, 1996)는 그의 저서인 『창의성: 발명과 발견의 심리학(Creativity: Flow and the psychology of discovery and invention)』에서 여성 과학자들의 대부분은 제2차 세계대전이 일어나지 않았다면 대학원에 입학할 기회도, 학회의 회원이 될 기회도 없었을 것이며, 물론 그렇게 되었다면 여성이 연구직이나 교수직으로 진출할 수 있는 기회가 주어지지도 않았을 것이며, 박사학위도 취득하지 못했을 것이다. 많은 남자들이 참전을 해야 했고, 대학원생 조교를 필요로 했던 남자 교수들은 어쩔 수 없이 능력 있는 여성들을 대학에 입학시켰다. 이 여성들이 10년만 일찍 태어났어도 각자의 영역에서 창의성을 발휘하지 못했을 것이며 단지 여성이라는 이유로 아예 전문성을 발휘할 수 있는 기회가 막혔을 것이라고 했다.

이 시대의 여성들이 열정, 상상력과 창의력, 본능, 직관력, 무의식, 에너지 그리고 승화된 성적 에너지, 탁월한 정치적인 역량을 발휘하는 여성들도 많다. 그러나 과거에는 배터스비(Battersby)가 자신의 저서인 『성과 천재성(Gender and Genius)』에서 밝힌 바와같이 유능한, 뛰어난, 재능이 있는 여성 천재들이 여성의 천재성을 육성하는 제도와 관습이 없었고, 주로 남성우월 의식을 합리화하는 제도들로부터 외면당했기 때문에 불행하게도 여성이 천재성을 실현할 수가 없었다는 것이다.

열린 사회, 열린 사고, 양성평등 사회를 지향하는 이 시대에 여성 장군, 여성 경찰서장, 여성 장관과 총리가 배출되고 있다. 2012년 대선에서는 박근혜 후보가 한국 역사상 최초의 여성 대통령으로 당선되었다. 이런 시대상에 어울리는 명구(名句)가 있다.

"오늘날 여성의 힘이 강해지고 있다. 그것은 팔뚝의 힘이 아니라 두뇌의 힘이다."

역사적으로 여성 천재는, 과학, 즉 학문(예를 들면 수학, 시, 물리학이나 과학과 철학 분야), 예술 세계에 진입대상에서 제외시켰다(Kivy, 2001; McGrayne, 2005; 미셸 사켕, 1993; 정희경 옮김, 1999). 그 당시에 삶의 방식, 남성의 우월 의식, 가부장적인 가치관, 남성 위주의 문제 해결 방식, 여성차별적인 사회, 법적 제도적인 탓도 크지만 여성 차별적인 남자들의 고정 관념과 편견이 여성을 삶의 주류세력에서 제외시킨 남성들에게 책임이 더 크다. 창의적인 여성이 여성차별과 남성위주의 가치관이 통용되던 시기에 과학계와 예술계 그리고 정치·사회 활동에서 재능을 발휘하고 수월성에 적합한 대접을 받기에는 진입장벽이 너무 높았다. 2000년대에 와서는 지구상에서 이런 화두는 이제 그 옛날이야기가 되었다. 각 대학교에서 교수채용 시에 여교수를 채용하도록 일정 비율을 할당하고 있다.

예술 천재. 이들은 창조성+심미성+영감+예술적인 천재성+장기적인 몰입과 노력(內功)+재능의 수월성이 상호작용하거나 결합되어 발휘되는 것이다. 여기에서 예술적 심미성이란, 참신함, 숭고함, 아름다움, 모방, 조화로움, 우스꽝스러움, 미덕을 말한다(Gerard, 1980을 인용한 Kiby, 2001, p. 191에서 재인용). 여기에서는 최고 수준의 예술적 창작 능력을 예술 천재(성)의 으뜸 되는 조건으로 간주된다.

이 관점에서 천재성이란 심미성을 갖춘 사람들이 연상 작용을 자극할 수 있는 예술작품의 도움 없이, 관념의 폭넓은 연합을 "자연발생적"으로, 또는 "무의식적"으로 경험하는 성향이라고 할 수 있다(Kiby, 2001; 이화신 옮김, 2010, p. 194). 예술적 천재성은, 스스로 광범위한 관념들의 연합을 경험하는 능력일 뿐만 아니라, 예술작품으로 그것들을 구체화시켜서 다른 사람들에게도 이러한 연상 작용을 표현, 촉발시킬 수 있는 능력이다.

예술적 창조성이란, 예술에 규칙성을 부여하는 자질이며 타고난 재능이다. 그리고 예술적 창조성은, 예술 작품을 창작해 내는 능력으로서의 천재성+타고난 재능으로서의 천재성+홍미로운 예술에 규칙성을 부여하는 천재성이 결합되어 발휘된다(Kiby, 2001; 이화신 옮김, 2010, 199). 예술적 창조성이 혼이 내재되어 있는 예술작품을 창작해 내는 능력이라면, 그것은 아름다움을 창조해 내는 능력을 뜻한다

아울러서 예술 작품을 작곡자와 작사자의 의도대로 연주를 제대로 하거나 미성(美聲)으로 노래를 부르는 성악가와 악기 제작자도 예술 천재라고 할 수 있을 것이다.

예술적 천재는 베토벤, 헨델, 바흐, 모차르트, 차이코프스키, 요한 슈트라우스, 마리아 칼라스, 푸치니, 빅 쓰리 테너 가수, 박성원, 레오나르도 다빈치, 미켈란젤로, 피카소, 라파엘, 세익스피어, 찰리 채플린에 의해서 완성되었다.

[보충 자료]

예술가의 사랑
찰리 채플린의 네 번째 장인은 동갑내기 극작가 유진 오닐

"뭐라고. 남자 나이가 쉰넷이라고. 아버지와 동갑이 아니냐. 지금 네가 제정신이냐."

극작가 유진 오닐은 딸 우나의 폭탄선언에 기가 막힐 지경이었다. 명문 브리어리 스쿨(미국 내 최정상권의 기독교계 고교)을 나와 이제 막 영화배우로 데뷔한 딸이 갑자기 36세 연상의 찰리 채플린(1889~1977)과 결혼하겠다고 하니 펄쩍 뛰고도 남을 일이었다. 게다가 채플린은 이미 세 차례나 이혼한 경력이 있었다.

그렇지만 어찌하랴. 우나는 아버지의 의견을 무시한 채 기어코 채플린과 결혼하고 말았다. 여기에는 그럴만한 이유가 있었다. 저명한 소설가였던 우나의 어머니 아그네스 불턴은 우나가 두 살 때 아버지와 이혼했고 그로 인해 우나는 아버지의 얼굴을 거의 보지 못한 채 자랐다. 그런 아버지의 의사를 따를 의무는 없었던 것이다. 게다가 유진 오닐은 자신이 낳은 자식들을 거의 돌보지 않은 비정한 인물이었다. 그는 할리우드 최고의 시나리오 작가로 행세하면서도 배우가 되려는 우나가 도움을 요청했을 땐 소 닭 보듯 했다.

채플린이 우나 오닐(1925~1991)을 처음 만난 것은 1942년 영화 '그림자와 실체'의 여주인공을 찾고 있을 때 영화사 측에서 만남의 자리를 마련해주면서였다. 동양적 순수함을 간직한 우나는 매혹적인 여성이었지만 채플린은 그에게서 연기자로서의 가능성을 발견하지는 못했다. 그러나 알 수 없는 여성적 매력이 그를 사로잡았다. 53세의 채플린은 영화 제작을 뒤로 미룬 채 17세 소녀와 로맨스에 빠져 들었다.

채플린은 우나를 자기 영화의 주역으로 캐스팅하지는 않았지만 대신 자기 인생의 주역으로 캐스팅하기로 마음먹는다. 당시 우나는 '호밀밭의 파수꾼'의 작가 J D 샐린저와 사귀고 있었다. 이 노벨문학상 수상 작가는 하루가 멀다 하고 우나에게 편지를 써서 사랑을 고백했다고 한다. 그렇지만 우나는 편집증적이고 지나치게 심각한 샐린저보다 채플린의 유쾌함에서 더 편안함을 느꼈다.

채플린은 이듬해인 1943년 6월 우나와 결혼식을 올렸다. 런던의 빈민가에서 태어나 불우하게 어린 시절은 보낸 채플린은 늘 어머니처럼 따뜻한 여인의 손길을 그리워했다. 가족이 오순도순 모여 단란한 한때를 보내는 주말에도 혼자서 빈집을 지켜야 했던 그는 누구보다도 정에 목말라했다. 할리우드에 진출해 부와 명예를 거머쥔 뒤에도 그는 채워지지 않는 마음의 공복감으로 괴로워했다. 무수한 여인들을 만나고 세 번이나 결혼했지만 모성과는 거리가 먼 여인들이었다. 그런 그에게 느지막이 꿈에 그리던 여인이 나타난 것이다.

채플린은 딸내미뻘의 우나에게서 비로소 안식을 찾았다. 그가 1964년 펴낸 자서전에서 "우나와의 결혼은 내 인생에서 가장 행복한 사건이었다"고 술회한 점만 보더라도 채플린에게 있어 우나가 어떤 존재였는지 짐작하고도 남음이 있다.

유년시절과 사춘기를 우울하게 보낸 우나 역시 평범하고 단란한 가정적 행복을 그리워했다. 그가 배우의 꿈을 포기하고 아내와 어머니로서의 삶을 선택한 것도 그런 이유에서였다. 아버지 없이 자란 그에게 채플린은 따뜻한 아버지의 부성과 연인으로서의 매력을 동시에 지닌 존재로 다가왔다.

결혼한 지 얼마 안 돼 채플린은 사상 시비에 휘말린다. 정치색이 짙은 작품들을 잇달아 제작한 데다 좌익 편향적인 태도가 미국 정부의 심기를 거스른 탓이었다. 미 연방수사국(FBI)의 감시가 계속되는 가운데 채플린은 1952년 가족을 이끌고 영국으로 여행을 떠나는데 배 위에서 미국 정부가 자신의 재입국을 불허할 것이라는 소식을 듣는다. 결국 채플린은 레만호가 내려다보이는 스위스의 코르지에 쉬르 베베에 새 둥지를 튼다.

채플린은 스위스에서 난생 처음 아늑한 가정의 행복을 맛보게 된다. 우나는 항상 채플린 곁에서 뜨개질하며 남편의 조언자이자 말동무가 돼줬다. 그가 고령으로 거동이 불편해졌을 때는 그의 수족이 되어 주었다.

우나는 1960년 한 인터뷰에서 자신은 채플린과 한 번도 나이 차를 느낀 적이 없다면서 "그는 나의 세상이다. (채플린 외에) 다른 것을 본 적도 다른 것과 함께한 적도 없다"라고 말해 아내와 어머니로서의 삶에 만족한다고 강조했다.

1977년 채플린이 세상을 떠난 후 우나는 새로운 삶을 찾아 미국으로 떠난다. 채플린이 없는 스위스는 너무 외로웠다. 그러나 고국인 미국에서의 생활은 외로움만 더해줄 뿐이었다. 결국 그는 스위스로 되돌아왔다.

1991년 9월28일 뉴욕타임스에는 '우나 오닐 채플린 66세로 사망: 명예의 그늘에서 살다'라는 추모 기사가 실렸다. 그러나 기자는 틀렸다. 우나는 채플린과 함께 만든 행복의 양지에서 누구보다도 행복하게 살았기 때문이다(정석범 문화전문기자, 한국경제신문, 2013. 5. 11).

정치적으로 만들어진 천재. 유리한 정치적 인연(예: 권력자와 학연, 인맥, 지연) 때문에 정치적으로 부풀려지거나 명성을 내세우는 사례.

진성 천재와 가짜 천재가 구분된다. 정치적으로 만들어진, 조작된 천재(허상 천재)의 위세 때문에 진성 천재가 합당한 대접을 못 받는다. 우리는 높은 지위에 오른 사람이나, 후한 평판을 얻고 있는 사람들이 그럴 만한 재능이나 능력을 갖추지 못한 함량미달인 경우를 종종 본다. 그럴 때 우리는 "운 좋게도 그때 거기 있었던 거야"라든가, 영향력 있는 사람들과 친하니까."“손·발을 잘 비비고 아부도 경쟁력이니까 그 덕을 본거야“라고 말한다. 이런 사례는 권력을 탐하는 세계에서는 일상적인 일이며 일종의 상식이다. 음악의 위대성과 그 배후의 천재성에 대한 믿음이 "미학적 행위“에서 비롯된 것이 아니라 정치적, 사교적 이해관계가 영향을 준다면 음악적 위대성과 그 배후의 천재성에 대한 믿음이 "미학적 행위“에서 비롯된 것이 아니라 정치적, 사교적인 이해관계가 영향을 준다면 음악적 위대성이나 천재성이 허상으로 그 가치가 손상된다.

음악사가들은 베토벤과 하이든간의 애증관계의 역동성을 정치적 역학 관계의 과정과 결과로 해석하기도 한다. 즉, 하이든은 베토벤의 스승이었으나 둘은 서로 좋은 사이가 아니었으며 하이든은 제자인 베토벤에 대한 존경심을 공공연히 드러내는 것을 꺼리지 않았다. 그를 제자로 받아 들였다는 것 자체가 하이든이 열망으로 가득 찬 패기에 찬 이 젊은 청년의 장래성(후일 훌륭한 음악가로 대성할 가능성이 있는 재능)을 긍정적으로 평가했음을 의미한다. 베토벤 역시 천지창조를 작곡한 하이든의 음악성, 천재성, 재능, 업적을 존경했으며, 그의 음악성에 영향을 받았다. 하이든이 정치적인 성향의 인물이었음을 알 수가 있다.

키비(Kivy, 2001)는 음악 애호가들도 사회적 지위와 출세를 추구하는 야심을 가지고 있는데 이러한 동인(motive)이 정치적으로 만들어진 천재를 만드는데 일조한다고 해석했다. 즉, 천재성 발휘, 인증, 존경, 음악계에서의 명성 등에 정치사회적, 문화적 이해관계(이기심, 동종번식)가 직, 간접적으로 작용한다는 것을 시사하는 것이다.

은둔형 천재. 앞에서 몇 사람의 은둔형 천재(seclusion genius)에 관해서 간단히 소개했는데 여기에서 자의반 타의반 은둔형 천재 즉, 국외자(outsider)로 생활한 저명한 학자 세 분의 프로필을 다룬다(이영석, 2012).

여기에서 국외자가 학생, 청소년이라면, 다음과 같이 호소할 수도 있다. "도대체 왜 나는 이상하게 생겨서 모든 주위 사람들과 충돌하는 것일까? 왜 나는 친구나 선생님과 사이가 좋지 않을까? 그리고 다른 사람들과 어울리면, 낯설게만 느껴져서 그 속에 섞여 있는 것이 오히려 불편하고 혼자 있는 것이 더 편할까. 오히려 저 평범한 학생들과 동료들이 더 부럽다. 나는 왜 남이 생각하지 못하는 엉뚱하고 기발한 생각과 행동을 해서 웃음거리가 되는지 나도 괴롭다." 은둔형 천재들 즉 국외자들이 어려움을 겪는 중요한 이유는 그들만의 독특한 정체성 혼란 및 위기(identity confusion, identity crisis)에서 경험하는 스트레스 때문이다. 그러나 부모나 교사가 이들이 경험하는 정체성 위기의 심각성을 알아차리고 상담, 개입, 조력해 주지 못하는데서 이들이 남몰래 겪는 스트레스는 더욱 가중되어 외톨이가 되어 고민을 하게 되며 우울증이 나타나고, 욕구좌절 감당력(frustration tolerance)이 약화되어 자살에 이를 수도 있다. 그리고 교육환경과 사회 제도가 이들 비범한 창의적 천재들을 제대로 맞이할 준비와 대책 및 식견 있는 전문가나 멘토가 부족하거나 이들의 비범한 특성과 차이에 대한 무지(無知)와 이들의 착상(idea)이 시대를 앞서가기 때문에 이들에게 필요한, 적합한 대응을 하지 못해서 나타나는 문제이다.

역사가들 가운데서도 은둔형 천재 즉, 아웃사이더(局外者, outsider)에 해당하는 인물이 적지 않다. 예를 들어 보면, 아놀드 토인비(Arnold Joseph Toynbee, 1889~1975, 역사학자)와 에드워드 카(Edward Hallett Carr, 1892~1982, 역사학자, 정치가)도 영국의 역사학계에서는 비범한 수학자인 그로텐딕도 일종의 아웃사이더였는데, 특히 이 두 사람은 삶의 행로가 상당부분 겹쳐 있어서 흥미롭다.

『역사의 연구』(한글판으로 번역됨)로 유명한 아놀드 토인비는 명문 기숙학교를 거쳐서 옥스퍼드대학교에서 고전학을 공부한 엘리트였다. 제1차 세계대전 시기에 외무부에서 근무한 후에 그는 옥스퍼드 베이리올 칼리지의 고전학 튜터로 학자생활을 시작했다. 그러나 그의 학자로서의 삶은 출발점부터 엇나가기 시작했다. 칼리지 동료들이 그에게 적대적인 태도를 보였기 때문이다.

이에 실망한 그는 곧바로 런던대학교 킹스 칼리지의 비잔틴사 및 현대 그리스 담당 교수로 자리를 옮겼다. 그러나 이곳에서도 그의 삶은 순탄치가 않았다. 그 무렵 그는 그리스와 터키 지역을 여행하면서 몇몇 언론 지면에 기고한 글들을 묶어서 여행기를 책으로 펴냈는데, 그리스 군사 정부를 비판하는 일부 내용이 문제가 돼 교수직을 사임하기에 이르렀다. 교수직 기금을 댄 그리스 후원자들이 그 내용에 분노했기 때문이었다.

그는 외무부로 들어가서 국제문제연구소에서 1950년대까지 활동하다가 은퇴했다. 더욱이 1934년에 『역사의 연구』 처음 5권을 간행했을 때만 하더라도 영국 역사학계에서는 아무도 관심을 기울이지 않았다.

1940년대에 시대별로 두 권짜리 축약본이 출간돼 미국에서 큰 주목을 받은 뒤에야 모국인 영국에서 독자층의 관심을 끌었을 뿐이다. 그가 이처럼 외면당한 이유는 그의 역사 서술 방법이 실증적이고 경험적인 기존 역사학계의 전통과 달랐기 때문이다.

『역사란 무엇인가』의 저자로 우리나라에서 잘 알려진 에드워드 카 또한 토인비와 비슷한 이력을 보여준다. 케임브리지대학교에서 고전학을 전공한 그는 외무부에 근무하면서 도스토에프스키의 바쿠닌의 평전을 서술해서 이름을 얻었다. 소비에트 러시아 관련 단행본을 여러권 출판하고 국제 정세에 관한 논설로 필명을 나렸지만, 학계에서는 시민권을 얻지 못했다. 토인비와 마찬가지로 직업 역사가 집단으로부터 따돌림을 당했으며, 그 결과 대학에서도 자리를 잡을 수 없었다.

1940년대까지는 제도권 학계에서 그의 이력은 짧은 기간 웨일스대학교의 애버리트위스트에서 정치학과 국제관계론을 강의한 것이 전부였다.

결국, 그는 토인비가 주관하던 외무부의 국제문제연구소(채텀하우스)를 출입하면서 저술 활동을 계속할 수밖에 없었다. 제2차 세계대전 시기에는 외무부로 복귀해서 일거리를 맡기도 했으며, 그 후에는 유력지 「더 타임스」지에서 한동안 일했다. 신문사에서도 그는 동료들과 불화(不和)를 겪었다.

그 때문에 신문사에서도 논설위원을 끝으로 더 이상 승진하지 못했다. 소련 전문가로 필명을 떨쳤으면서도, 달리 보면 그의 삶은 좌절의 연속이었다.

그는 런던 대학교와 옥스퍼드 대학교의 교수직을 간절하게 원했지만, 그때마다 보수적인 대학 내 분위기와 냉전기의 시대 상황 때문에 번번이 교수직으로의 진출이 좌절되었다. 그가 제도권 학계에 가까스로 진출한 것은 나이 60이 넘어서였다. 모교인 케임브리지 대학교 트리니티 칼리지에 부임할 때도 그의 공식 직함은 연구교수였다.

그가 『역사란 무엇인가』를 쓰게 된 경우도 일종의 아이러니다. 그에게 케임브리지 대학교 트리벨리언 강좌를 청탁한 동료들은 소비에트 현대사에 관한 개괄적인 내용을 강의해 줄 것을 기대했다. 그러나 그들의 기대와는 달리 역사학과 역사 서술의 근본 문제를 탐색하는 야망을 드러냈다. 그는 이 강좌에서 역사적 사실(facts), 역사학과 과학, 인간관계와 우연, 개인과 사회, 객관성의 문제 등 자신이 오랫동안 성찰한 내용들을 다양한 사례를 통해서 설명했기 때문에 학계의 큰 반향을 불러일으켰다.

아마 저자인 카 자신도 "역사란 무엇인가"에 관한 강의 내용이 출판된 후에 전 세계적으로 많은 지식인들로부터 큰 관심을 불러오리라고는 생각하지 못했을 것이다. 그는 시대가 절실하게 필요로 했던 문제를 정면으로 성찰하려고 했으며, 바로 이 점 때문에 독자층의 폭넓은 관심을 얻었다고 할 수가 있다(이영석, 2012).

본인들에게는 자의반 타의반으로 국외자(局外者, outsider)의 위치가 괴롭고 불만이었으며, 스트레스 유발의 원인이 되었지만, 오히려 그런 경험이 전화위복, 심기일전의 경험이 되었다면 너무 가혹한 표현일까. 국외자였던 이들이 후일 주류(mainstream)로 위상이 역전된 것은 천재들의 삶의 편린에서 흔치 않게 발견되는 사례이다(예: 피카소).

20세기 후반부터 지금까지 수학분야, 특히 대수, 기하학 분야에서 혁명적 변화를 가져왔을 뿐만 아니라 새롭고 획기적인 업적을 남기며 지대한 영향을 끼친 국적이 없는 유별나게 특이한 수학자인 알렉산더 그로텐딕의 생애를 소개한다(양재현, 2012).

그로텐딕은 1928년 3월에 독일 베를린의 유대인 가정에서 태어났다. 그의 부친은 1890년 러시아국경지역에서 태어나서 15세 때 무정부군에 징용, 차르 제국에 대항해서 싸우다가 포로가 돼 무기징역을 선고받고 투옥 중에, 1917년 10월 혁명을 틈타 탈옥, 무정부군에 합류해서 정치활동을 했다.

그로텐딕은 필즈상 수상자인 로랑 슈바르츠의 지도를 받으며 함수해석학을 공부해서 박사학위를 받았다. 1964년경에 필즈 상 수상자인 장 피에르 세르의 학문적인 영향을 받아 대수기하학에 관심을 갖게 됐고 몇 년 후에는 리만-로흐-힐제브르흐 정리를 일반화하며 새롭고 완벽한 증명을 해서 주위 수학자들을 놀라게 했다.

그는 1958년에 사업가인 L'eon Motchane에 의해서 설립된 사설 수학연구소 IHES에 교수로 초빙되어 1970년까지 12년 동안 대수기하학 분야에 새롭고 혁신적인 연구 업적을 창출하여 세계 수학계에 흐름을 바꿨다. 그는 1966년에 필즈상을 수상했다. 1960년대 초반부터 세계 각지에서 많은 유능한 수학자들이 IHES를 방문해서 그에게서 새롭고 혁명적인 이론을 배웠다. 이들 중에는 후에 필즈상을 수상한 맘포드, 히로니카, 델리네 등도 있었다.

그는 모교인 몽펠리에대학교에 교수로 초빙되어 1988년에 공식적으로 은퇴했다. 1980년대 초반에 수학계에 컴백하려고 anabelian 기하학과 갈로아-타이흐뮐러 이론에 관한 연구 주제를 프랑스 수학계에 제출했으나 그의 연구 테마는 수학계에서 제대로 인정받지 못했다. 1991년 그는 거주하고 있는 집을 버리고 극소수의 친지 이외에는 아무도 거처를 모르는 곳으로 속세에서 벗어나 떠나버렸다. 소문에 의하면 피레네 산맥의 어느 한적한 곳에서 명상을 하며 도인처럼 지내고 있다고 한다.

여러 관련 자료에 의하면, 그는 타협을 모르는 직선적인 사람이었다고 한다. IHES 재직 시절에 주위의 교수들과 원만하게 지내지 못했으며, 부르바키 학파의 회원들이 대부분 에콜 노르말 쉬페르외르(ENS)의 졸업생이었지만 그의 모교는 몽펠리에 대학이었다. 그는 ENS 출신의 수학자들에게서 따돌림을 받은 면이 없지 않다. 그는 1960년에 이런 미묘한 상황과 부르바카 학파의 운영에 관한 의견 충돌로 인해서 이 학파에서 탈퇴했다.

그로텐딕은 1948년에 베이유에 의해서 제기된 "베이유 추측"을 풀어내려고 노력했지만 애석하게도 성공하지 못했다. 그러나 그의 제자인 델리네가 1970년대 초반에 그의 이론과 고전적인 수학적 결과를 이용해서 "베이유 가설"이 옳다는 사실을 증명했다.

그는 몽펠리에 대학에서 학생을 지도하면서 또 한편으로 산속에서 채소를 재배하면서 움막집에서 살았다고 한다. 전해진 근황에 의하면, 신의 존재성을 받아들이며, 영적인 삶을 영위하고 있다고 한다(양재현, 2012).

또다른 은둔형 천재의 사례로 **루트비히 비트겐슈타인**의 불우한 생애를 소개한다.

철학자 루트비히 비트켄슈타인(Ludwig Witgenstein)은 그의 작품을 창작하는 사이에 우울증과 자살의 유혹을 느끼며 살았다. 비범한 음악가였던 그의 형은 1902년에 자살했고, 셋째 형은 1903년에 독약을 먹고 죽었으며 동생은 독일 패전 후에 자살했다. 가장 어린 동생(막내)들은 유명한 피아니스트로, 모리스 라벨(Maurice Ravel)이 그를 위해 작곡한 왼손을 위한 콘체르토를 증정받는 인물이 되었다.

'철학과 언어 사이의 연관성'이라는 현대 철학의 새로운 담론을 만든 루트비히 비트겐슈타인. 그는 20세기의 가장 영향력 있는 철학자라는 성과 외에 세속의 소유와 지위를 모두 거부하고 구도자 같은 삶을 살았던 것으로도 유명하다.

그는 1889년 4월 26일 오스트리아 빈에서 찰강 부호의 8남매 중 막내로 태어나 막대한 유산을 물려받았지만 '돈은 철학하는 데 방해가 된다'며 친구와 형제, 가난한 예술가들에게 모두 나눠주었다. 병역 면제자였음에도 제1, 2차 세계대전에 스스로 참전해 죽을 고비를 넘기기도 했다. 인생 후반기에는 영국 케임브리지대의 교수 자리도 박차고 나와 젊었을 적 생각에 문제가 많았다며 스스로 자신의 학문적 성과를 비판하는 연구에 몰두하다 가족도 없이 외롭고 쓸쓸하게 타계했다.

케임브리지 대학 시절 그에게 수학을 가르친 버트런드 러셀은 "비트겐슈타인을 알게 된 것은 내 인생에서 가장 충격적인 정신적 체험 가운데 하나였다. 그는 천재의 완벽한 전형"이라고 찬탄했다. 1차 세계대전 중에 '논리철학 논고'를 쓰고 나서 모든 의문을 해결했다고 생각한 그는 단순한 삶을 살겠다며 시골 초등학교 교사로 진출했다. 그러나 교사생활은 생각했던 것과는 많이 달랐다. 그는 결국 교사직을 그만두고 헛간에서 살면서 수도원의 정원사로 일했다.

세속적인 관점으로 따지면, 주류 중의 주류로 태어났으면서도 철저하게 아웃사이더(국외자, outsider)를 자처한 그를 친구들은 가만두지 않았다. 그는 결국 케임브리지로 돌아가 학위를 받고 교수가 되지만 제2차 세계대전이 발발하자 다시 전쟁에 자원해 병원에서 환자 수송요원으로 일했다. 종전 후 모교인 케임브리지 대학으로 다시 돌아가지만 '교수라는 허무맹랑한 자리'가 '생매장된 존재'처럼 느껴진다면서 교수직을 포기하고 아일랜드의 한 농장으로 낙향했다.

그리고 몇 년 뒤 전립선암 진단을 받은 그는 모든 치료를 거부하고 지내다 1951년 4월 29일 세상을 떠났다. 수줍음이 많았고 옷차림은 남루했으며 헛간 같은 집에서 살면서 끊임없이 자신을 세상의 아래로 끌어내렸던 그는, 자신의 철학을 쉽게 풀어달라는 친구의 말에 이렇게 답했다. "자신이 무슨 말을 하고 있는지 모를 때는 침묵하라."(동아일보, 2005. 4. 29)

학계나 문화계, 예술계가 어느 의미에서는 집단 이기주의와 동종번식(inbreeding)과 보수주의, 기득권 옹호 성향 때문에 국외자를 만들고 국외자가 주류에 편입되지 못하도록 차별하고 배제하기 때문에 천재들이 육성되지 못하는 문제점이 있다. 이런 현상은 어제 오늘도 현재 진행형으로 발생되고 있다. 그래서 은둔형 천재가 되고 국외자인 이들은 "남몰래 흘리는 눈물"을 닦으며 다음과 같이 탄식하고 있다.

"발견되지 않은 천재는 없다."(Ludwig, 1995)

천재성의 정의(함의), 유형, 천재성 발휘에 관한 필요충분조건을 논함에 있어서 유념해야 할 사항은 역사, 문화, 예술적으로 성공한, 추앙받는 천재보다는 성공하지 못한, 실패한, 좌절한 무명(無名, unnown)의 천재가 더 많다는 사실이다. 키비(Kiby, 2001)의 지적처럼, 이보다 더 우울한 소식은 성공하지 못한 무명의 천재들이 천재성을 표출하지 못한 이유들이다. 즉, 천재성의 표출을 촉진시키는 데 필수적인 사회, 정치, 문화. 예술적 체계가 존재하지 않았기 때문이 아니라, 무명의 천재들이 전술한 체계에 참여할 기회가 원천적으로 봉쇄되어 있었기 때문이다. 천재들의 특성을 10여 년간 연구한 바 있는 정신건강의학과 의사인 루트비히(Ludwig, 1995)는 발견되지 않은 천재는 없다고 밝혔다. 이런 논지에 따라서, 잠재적인 무명의 천재성을 발견하여 대성하도록 이끌어 주는 수준 높은 안목과 전문적인 열려 있는 식견과 전문성 있는 수문장 의 역할을 하는 멘토의 역할이 중요하다는 점과 동시에 무명의 천재들이 가까이 하기엔 너무 먼 당신인 영재 교육 기회에 보다 용이하게 참여하고 접근 가능하도록 문호를 더 넓힐 필요가 있다. 동시에 참여 기회에 방해가 되는 제도적이고 관료적 조건부터 제거해야 한다(예: 평준화 교육과 특성화 교육 문제와 현행 고교 교육이 대학입시를 위한 준비 교육기관으로 매몰되어 있어 고교 본래의 고유한 기능이 상실되어 있고 구호뿐인 전인 교육의 문제).

지금까지 논의한 천재들도 영재교육의 대상에 포함되어야 하며 우리나라 영재교육계에서 천재들을 판별(다면 평가), 교육시킬 수 있는 방안 마련과 자원을 활용하여 육성할 수 있도록 준비가 되어 있어야 한다. 영재교육을 한다면서 영재가 없는 영재교육이라고 비난받지 않도록 영재교육 기관에 대한 평가 시스템도 가동되어야 한다.

지퍼(Siefer, 2009; 송경은 옮김, 2010)는 재능의 문화사를 다루면서 다음과 같은 사례를 소개했다.

클래식 음악계와 문학 분야에서는 천재가 우세한 반면, 대중문화(특히 연예계)에서는 약물(마약) 중독자나 자살자, 염세주의자, (성 중독자)들이 지배적이며, 수학분야에서는 무위도식형과 광기 증상 소유자. 패션과 향수 분야에서는 동성애 아웃사이더들이, 철학에서는, 이 세상과 동떨어진 사색가들이, 물리학에서는 뉴턴이나 아인슈타인처럼 인습 따위에 전혀 신경을 쓰지 않는 학자들이 두각을 나타냈다고 한다.

전술한 천재성의 유형에서 알 수 있는 매우 중요한 사실은 어느 분야나 영역에 속하는 천재이든지 간에 천재성의 기원 또는 필요조건, 특성 중에서 가장 중요한 조건이 창의성, 독창성, 수월성, 비범성, 영성, 유용성, 공익성이다. 그런데 여기에서 창의성은 학문, 과학, 예술, 발명 그 자체가 아니라 이것들의 중재자이며, 촉매요인이고 이것들의 원인이고 결과이다. 동시에 창의성은 인지적, 정의적, 행동적, 기능적인 특성이다.

인류 역사와 문화의 발전과 진화는 이들 소수의 희소가치가 있는 창조적 천재들에 의해서 주도되고 변환되어 왔다. 그런데 이들 귀중한 창의적 천재들은 시대를 앞서가기 때문에 현실 생활에서 갈등과 충돌, 부적응자로서 스트레스를 많이 받으며 좌절 속에서 삶을 살아가게 된다. 따라서 고급인재를 필요로 하는 지식기반 사회(knowledge-based society), 창의성을 필요로 하는 사회에서 이 창의적인 천재들이 그들의 재능을 발휘할 수 있는 환경조성에 지혜를 결집하는 것이 필요하다.

정신건강의학과 의사인 루트비히(Ludwig, 1995)는 10년간 장기 연구를 해서 펴낸 "천재인가, 광인인가"에서 창의적 천재들의 빛과 그늘에 대한 심도 있는 탐구를 했는데 이들의 삶이 행복하지만은 않았다는 것을 실증적인 자료를 제시하면서 설득력 있게 설명했다. 이해를 돕기 위해서 이와 관련된 설명을 덧붙인다.

창의적 천재들은 운명의 화살(arrows of fate)을 기회로 만든다. 창의적인 사람들이라고 해서 우리 모두의 삶에 그림자를 절망과 비극(예: 부모나 배우자 또는 어린 자녀의 죽음, 성차별, 전쟁, 투옥, 사업 실패, 경제난, 자연재해, 장애 발생 등)으로부터 자유로울 수 없다. 그러나 그들에게는 다행이도 과거에 얽매이지 않고 전진할 수 있는 소명감(calling)이 있다. 또 이들의 낙천적 성격이나 인생관이 긴장, 견디기 어려운 만성 통증과 재능의 승화 사이에 완충 역할을 하는 것 같다(Csikszentmihalyi, 1996).

3. 창의적 인물의 생애

창의적 인물의 업적, 특성을 연구하기 위해서 60세 이상의 생존인사 91명(자연 과학자 13명, 사회 과학 및 역사학 114명), 예술(13명), 언론계, 사업가 및 기타(9명), 성별 분포는 남자 31명, 여자 18명이었고 연구 대상자 중에는 노벨상 수상자 12명과 citibank 사장, Motorola 사장 등 사업가 10명을 대상으로 이들의 청소년기, 장년기, 노년기를 망라한 창의적 인물의 생애를 연구한 칙센트미하이(Csikszentmihalyi, 1996, 55-74, 183-210)는 이들이 명성(fame)을 얻게 되는 과정을 다음과 같이 밝혀냈다.

영재들이 아동과 청소년기를 보낸 환경을 분석했다. 창의적인 인물들은

1. 조숙했다(**표 5-1** 참조).
2. 평범한 어린 시절을 보냈다.
3. 조실부모(早失父母), 즉 불우한 어린 시절을 보냈다.
4. 행복한 유아기, 아동기를 보냈다. 따라서 영재 창의성의 발전이나 명성이 운명론, 선결론(先決論)과 다르다는 것을 알 수 있다.
5. 유전적으로 물려받은 감수성(genetically programmed sensitivity)이 영재성·재능 육성·발휘에 초석이 되었다. 창의적인 인물들이 장년기를 어떻게 보냈나, 즉 장년기에 창의적인 인물들에게 창의적인 업적과 관련된 명성 발휘에 유의미하게 영향을 끼친 조건을 예시해 보면(Csikszentmihalyi, 1997, p. 183-210)
6. 대학과 대학원 시절에 인생의 절정기를 맞이했다. 이들은 이 시기에 자신의 소질, 취향을 발견하고 진로를 결정했다. 일부는 작은 시골 마을에서 태어나 성장하면서 갈등과 방황을 겪기도 했지만, 대학에 진학해서 비로소 그들의 재능을 이해해

주는 동료와 스승을 만날 수 있었다.[8)]

7. 창의적인 인물들의 다수는 대학에 들어가 공부할 때까지 전 단계의 학교 공부를 따분하게 생각했다.
8. 영재·재능이 있는 인물들에게서 발견되는 동기 특성인 호기심(curiosity)과 추진력(drive)의 결합은 여러 면에서 새로운 그 무엇인가를 성취해 내기 위해 필요한 음양의 조화와도 같다. 전자가 외부의 자극을 받아서 그 무엇인가를 탐구하게 한다면 후자는 내면적인 집중·몰입을 요구한다. 전자는 즐겁고 후자는 진지하다. 전자는 대상과 사고 자체에 관심을 두며, 후자는 경쟁적이며 성취를 향해 전진한다. 따라서 창의성이 실현되기 위해서는 이 두 가지가 모두 필요하다.
9. 이해심 많은, 사려 깊은 배우자의 도움이 결정적으로 기여했다. 대체로 만족스러운, 안정된 결혼 생활을 해 왔으며 소수가 젊은 시절에 자유분방한 생활을 했으나, 대부분은 일찍 결혼해서 30년, 40~50년 이상 해로하면서 살아왔다. 일부의 인물에게 무엇이 그의 예술에 영감을 불어넣었느냐는 질문에 창의성에는 성과 성적인 욕구가 또 배우자의 도움이 중요하다고 대답했다. 그 외에 매우 긴장된 결혼생활한 사례도 있다. 그리고 창의적인 사람들의 결혼생활은 매우 다양해서 간단히 요약, 설명 할 수가 없다. 그러나 이들의 삶은 창의적인 업적을 달성한 사람들이 특별히 문란하고 변덕스러울 것이라고 생각하는 일반적인 편견과는 다르다. 사실은 그 반대에 가깝다〔음악, 미술, 문학계 등의 명사들의 공통점은 여성 편력이 많았고 결혼생활이 순탄치 않았다는 것이다(정석범, "예술가의 사랑", **한국경제신문**, 2013)〕.
10. 대부분의 창의적인 업적들은 어린 시절에 느낀 흥미로부터 시작해서 학창시절을 거쳐 대학, 연구실 또는 미술가의 작업실, 작가의 다락방이나 집무실로 이어지는 장기적인 헌신의 일부이다.
11. 두드러지게 창의적인 인물들은 대체로 스스로 필생의 과제를 발견한다(193). 프로이드 이전에는 (정신) 의학계에 정신분석학자가 없었고 라이트 형제 이전에는 항공학자가 없었다. Galvani, Volta, Edison 이전에는 전기학자가 없었고 Roentgen 이

8) 6, 7의 내용에서 창의적인 인물의 생애와 진로, 즉 영재성과 재능개발, 육성 또는 사연 많은 삶의 전환점은 대학교육에서 비롯되었다는 것, 따라서 초·중·고교 교육이 창의적 인물의 육성과 촉매에 대한 기여는 제한적이라는 매우 중요한 사실을 시사하는 것이다. 이런 점에서 속진과 월반, (중등교육과정을) 단축 교육의 필요성과 중요성을 발견할 수가 있다. 기존 관념은 수월성을 기준으로 속진, 월반, 단축이나 조기 진학하도록 했으나, 이 기준의 적용을 융통성 있게 하는 접근이 필요하다는 것(즉 교육제도 중심이 아니라 수요자 중심 교육)을 촉구하는 것이다.

전에는 방사선 학자가 없었다. 예시한 이들 인물들은 새로운 사고방식과 실행 방식을 발견했을 뿐만 아니라, 그들이 발견한 영역에서 최초의 전문가가 되었고 후학(학문 후속 세대)의 길을 열어 놓았다. 따라서 창의적인 인물들은 경력을 쌓는다기보다는 경력을 창조, 개발(CD)한다고 말할 수 있다(The making of careers).

12. 창의적인 기여를 할 수 있는 또는 기회나 지원(조력)이 주어지는 (영역 특수적) 현장(field)에 즉 적시 적소에 있어서 유의미한 인물(수문장, Significant Person)의 눈에 띄지 않았다면 창의적인 재능을 발휘할 수 있는 기회를 놓쳐서 평생 탄식했을 것이다.
13. 발달 심리학자인 Erikson은 중년기에 해당하는 사람들이 해야 할 과업은 씨를 뿌리는 일이라고 했다. 즉, 첫째는 후손을 (유전자를 물려주는 일) 둘째는 사고나 가치관, 지식, 기능을 다음 세대에 남기는 일을 뜻한다. 이 문제에 대해서 수문장의 역할이 영재교육의 성패를 좌우한다는 주장에 공감한다. 칙센트미하이(Csikszentmihalyi, 1997, 199)는 육체적 생식과 문화적 생식은 서로 어울릴 수 없다고 한다. 그래서 창의적 인물의 다수가 명성을 날리고 많은 자녀를 낳아 부모처럼 성공하게 양육한, 즉 양쪽을 모두 소유한 축복 누린 경우는 드문 것 같다. 그런가 하면 잘난 부모의 자녀의 생애를 보면 재능은 대물림되지 않는다는 이론도 있다.
14. 창의적인 인물들의 가장 뚜렷한 성향 중의 하나가 자신의 연구에 몰두하는 것이라고는 해도, 그러한 외골수적인 성향이 역사적, 사회성, 정치적인 문제에 깊이 관여하는데 이들의 참여는 명성을 얻은 후에 시작되기도 하지만 또한 기본적인 삶의 자세일 수도 있다는 것이다.
15. 회사나 연구소를 경영하는 최고 경영자(CEO)의 경우에 발전적 미래를 위해 유능한 후임 경영자를 물색해서 사업체를 계승하게 한다. 즉, 창업과 수성(守成)에서도 유능성을 발휘한다.
16. 반복과 지루함, 나태함에서 벗어나기 위해서 창의적인 생활을 하기 때문에 열심히 산다. 이들은 공통적으로 시간이 없다. 항상 무엇인가 배울 것이 많다. 지루할 시간이 없다. 심지어 아플 틈도 없다고 호소한다. 하여간 한가롭지가 않다.
17. 운명의 화살(arrows of fate)을 기회로 만든다. 창의적인 사람들이라고 해서 우리 모두의 삶에 그림자를 절망과 비극(예: 부모나 배우자 또는 어린 자녀의 죽음, 성차별, 전쟁, 투옥, 사업 실패, 경제난, 자연재해, 장애 발생 등)으로부터 자유로울 수 없다. 그러나 그들에게는 다행이도 과거에 얽매이지 않고 전진할 수 있는 소명감(calling)이 있다. 또 이들의 낙천적 성격이나 인생관이 긴장, 견디기 어려운 만성 통증과 재능의 승화 사이에 완충 역할을 하는 것 같다.

이제 창의적 인물의 노년기 생애의 특징을 살펴보자.

18. 창의적인 인물들이 창의적인 활동을 가장 왕성하게 한 시기에 대한 논의에서 나이(발달 시기)를 제외하면 별 의미가 없을 것이다. 창의성과 나이와의 유관성에 대해서는 연구자들 사이에 아직 논란의 여지가 있다. 이 주제에 대한 초기 연구 자료를 보면 창의성은 30대에 절정에 이르며, 60대가 넘어서면 중요한 성과를 이룩할 확률은 10% 이하로 떨어졌는데 분야별 사례에 따라 개인차가 있다. 인문학에서는 업적의 수가 30대~70대까지 고르게 분포되며 과학에서도 비슷한 추세이다. 다만, 예술에서는 60대 이후에 급격히 떨어진다. 칙센트미하이(1997, p. 211)는 창의성은 양적인 면에서 뿐만 아니라 질적인 면에서 나이와 관계없이 유지되며 가장 기억할 만한 작품이 인생의 후반기에 나올 수 있다는 가능성을 암시해 준다고 했다. 베르디(Verdi)는 80살에 그의 최고 걸작 중에 하나인 *Falstaff*를 작곡했는데 이 오페라는 여러 면에서 이전에 작곡한 작품들과 전혀 다른 새로운 양식을 선보이고 있다. 괴테가 24살에 쓰기 시작한 『파우스트』를 완성한 것은 82세 때였다. 청소년들에게 위인전으로 많이 읽히는 주인공인 벤저민 프랭클린(Benjamin Franklin)은 78살에 다초점 안경(bifocal lens)을 발명했다. 프랭크 로이드 라이트(Frank Lloyd Wright)는 90살의 나이에 그의 대표적 건축 작품으로 손꼽히는 구겐하임(Guggenheim) 미술관을 완공했고 그 유명한 미켈란젤로(Michelangelo)는 89살에 이태리 로마시내의 바티칸(Vatican)의 Paulin 성당에 눈부신 프레스코(Fresco) 벽화를 그렸다. 전반적으로 헤아려보면 20대가 절정이지만, 어느 상징 영역을 변화시켜서 문화에 기여하는 능력은 실제로 인생의 후반기(later years)에 증가할 수 있다. 노인에 대한 편견 즉 노인들은 병약하고 사회성으로 고립돼 있으며 신체적·정신적으로 비생산적이라는 고정관념을 버린다면 베르디, 괴테, 미켈란젤로도 나올 수 있을 것이다.
19. 50대에서 70대, 또는 60대에서 80대 사이에 있는 중·노년기에 있는 이들 창의적인 인물들은 나이를 의식하지 않았고 나이 듦에 따라서 일하는 능력이 감퇴되지 않았으며 이전에 그래왔던 것처럼 나이든 후에도 같은 수준의 목표를 갖고 있었고 활동하는데 질적으로나 양적으로 예전과 별 차이가 없다고 느꼈다. 특히 건강이나 신체적인 문제에 대한 불만은 거의 전무했다.
20. 일부의 노인들, 장년기에 해당하는 대상자들은 일하고자 하는 욕구가 증가하고 왕성한 만큼 체력이 따라주지 않는다고 한탄하기도 했다. 또 다른 특징은 이들이 경험과 이해력이 풍부해지면서 오히려 전보다 일을 더 빨리 그리고 노련하게 더

잘할 수 있다는 의견을 제시했다.

21. 자신을 너무 몰아붙이는 사람들은 할 일이 많은데 시간이 부족하다는 호소와 젊은 시절에 비해 건강을 유지하지 못하는 상황에 대해 조바심과 자책감을 느낀다고 고백했다. 그리고 성과에 대한 불안감이 감소되고 여유가 생겼으며 모험을 감행하는 용기와 확신은 오히려 늘었다고 밝혔다.
22. 시간을 지배할 수 있다고 긍정적으로 응답했다. 창의적인 여성들은 나이가 들면서 심리적으로 시간에 좀 더 잘 적응한다. 남자들에 비해 여성들은 마음의 평안을 얻고 심리적인 부담감에 덜 시달린다. 은퇴와 더불어 명성과 권력이 사라졌다고 느낀다. 따라서 현직에 수반되는 프리미엄의 가치를 아쉬워한다.
23. 영역과의 관계에서 변화가 나타난다. 이들은 체력과 인지 능력의 상실이 나타나고 사회성 위치와 함께 권력과 명성이 줄어들 수 있지만, 상징 영역은 생의 마지막 순간까지 언제라도 접근 가능하며 새로운 보람을 느끼게 해 준다. 그리고 시간을 지배하면서 삶을 완전하게 즐기는 법을 배웠다고 강조한다. 즉, 다수가 중·노년기에 이르러도 일(하는 것)은 삶을 충만하게 사는 방법이다.
24. 흥미로운 점은 인생의 후반기에 접어든 그들이 아무도 이 시기까지 종교를 갖고 있지 않았다는 것이다. 이것은 죽음에 대한 두려움은 아직 그들에게 그늘을 드리우지 않았다는 것을 암시하는 것이다.
25. 젊은 과학자들은 종종 연장자들들 못마땅하게 여긴다. 그들은 선배들이 다소 머리가 둔해진 것이 아닌가 생각한다. 왜냐하면 그들은 나이가 들면서 노심초사하고, 학문의 경계선을 깨뜨리고 존재라는 큰 문제에 관심을 갖기 시작하기 때문이다.

어린 아동기와 청소년 시절, 중·장년 시기, 노년기의 성장 경험(경로, growth-path)과 창의적 인물이 되어 창의성을 발휘하여 대성한 위업을 달성한 것과 어떤 인과 관계가 있을 것으로 추론할 수 있다.

창의적인 인물들의 발전 과정에서는 사제 간의 밀접한 관계가 매우 중요하다는 것이 칙센트미하이(Csikszentmihalyi, 1997)의 지론이다. 그가 확인한 자료에 의하면 몇 사람들은 일찍 유능한 스승들(mentors)에 의해서 발견, 발탁되었다. 대개는 고등학교에서 교사에게 인정을 받았으며 나머지는 대학 재학 시절에 중요한 스승(수문장)을 만났다. 스승에게 인정받는 것이 영재성, 재능 발휘, 대성하는 데 반드시 필요조건은 아닐지라도 창의적인 잠재 능력의 실현에 결정적으로 기여하는 것은 확실하다는 것이다. 그런 스승(mentor)들은 어떤 방식으로 영재(재능이 있는) 아동(학생)들에게 영향을 끼쳤을까 두 가지 중요한 요인이 작용한다는 것이다. 첫째, 그들은 학생들의 재능을 알아보고 믿고

피카소

아인슈타인

그림 5–1 창의적 인물들

배려했다. 둘째, 특별한 도전적인 과제를 주고 다른 평재 아동들보다 더 많은 훈련을 시키면서 관심을 보이고 지도했다. 즉, 학생들의 탁월한 능력·재능을 키워준다.

창의적 천재의 육성·발견, 성공에도 스승 복과 제자 복이 중요한 촉매요건임을 시사한다. 남자 천재들은 보편적으로 모험적이고 화려한 여자관계를 좋아한다는 분석이 나왔다. 영국 일간지 텔레그래프는 『털 없는 원숭이』의 저자로 유명한 동물행동학자 데스몬드 모리스의 이론을 인용해 "창의력이 뛰어난 남자 천재들은 모험을 즐기는 성향이 강하기 때문에 여성 편력이 화려할 수밖에 없다"고 2006년 7월 18일 보도했다.

신문은 남자 천재들이 창조적인 행동과 혁신을 통해 기존의 낡은 개념을 파괴하는 위험한 반란을 즐기며, 새로운 가능성을 위해 매우 위험한 행동을 하곤 하는데 그중에 대표적인 행동이 여성 편력이라고 주장했다.

아울러서 천재들은 명성·권력·재산을 가지고 있어 주위에 여성들이 모일 가능성도 그만큼 크다고 지적했다.

신문은 여성 편력이 화려한 천재로 존 F. 케네디 전 미국 대통령, 철학자 버트런드 러셀, 화가 파블로 피카소와 폴 고갱, 영화배우 찰리 채플린을 꼽았다.

이와 같은 주장은 '천재 과학자' 앨버트 아인슈타인(1879~1955)이 결혼 생활 중에도 6명과 교제한 사실을 최근 이스라엘 예루살렘의 헤브루대가 공개한 뒤 나온 것이라 더욱 눈길을 끌고 있다.

4. 창의성과 광기의 관계

창의적 천재(성)과 광기간의 관련성은 어떻게 설명되는가를 해명하는 데 제기되는 의문은[9] 다음과 같다.

- 필요조건인가 또는 충분조건인가
- 광기가 천재성의 한계를 알려 주는 표시(mark)인가
- 광기가 창의적 천재성의 발휘 및 유지에 유익한가, 방해가 되는가
- 창의적인 천재들에게서 나타나는 광기의 원인과 치료 대책 및 효과는
- 학계와 예술계, 문학, 연예계에서는 광기가 있는 창의적인 천재를 수용(맞이)할 수 있는 상황인가(준비가 되어 있는가) 이들을 누가, 무엇으로, 어떻게 예우해야 하는가, 연예계나 예술계의 경우에 성을 창의적 천재의 판별과 선발의 먹이사슬로 악용하는 해악을 없애고 처벌하기
- 창의적 천재들에게서 나타나는 광기는 난치병인가 또는 불치병인가

현실적으로 광기가 있는 창의적 천재들보다 광기가 없는 건실하게, 우아하고 품위 있게 위업을 발휘하면서 존경과 사랑을 받은 창의적 천재들이 더 많다.

천재성과 광기간의 유관성에 관해서 탐구와 해명이 필요한 많은 문제(의문)가 제기될 수 있다.

창의성과 광기를 별개의 요인이 아니라 겹치는 부분이 있다는 관점을 시사하는 창조적 광기라는 용어를 쓴 브루노(Brenot, 1997; 김웅권 옮김, 1997, 205)는 창조적 광기에는 천재의 영혼이 필요하다고 주장했다. 창조적 광기는 은밀한 수액으로 천재의 영혼에 영양분을 공급해 준다는 것이다. 천재 속에는 약간의 광기가 나타나는데 그러나 정신병과는 매우 다른 광기라고 했다. 이렇게 해석하는 근거로 창의성은 정신을 아주 특별한 색깔로 채색하고, 대신 광기는 창의성에 비교할 수 없는 감성(emotion, feeling)을 부여하기 때문이라고 했다.

---

9) 이 논문의 관심사인 창의적인 천재성과 광기 간에 유관성이 있음을 다양한 선행 연구 자료를 근거로 관련된 구체적인 인물을 거명하면서 설명하고 있는 데 김종성(2011)은 이들 인물이 생존 당시에는 이들을 괴롭혔던 정신질환에 대한 진단이 부정확했기 때문－단지 본인들이 기록한 일기나 주변 동료들의 기록에 근거해서 추론한 것이므로－에 이런 상황에서 후세인들이 누구누구는 이러저러한 정신질환자였다더라 하는 설명의 신뢰성에 의문을 제기했다〔김종성. (2011). 뇌과학 여행자. 서울: 사이언스북스. 7〕.

이처럼 천재성와 광기 사이의 불분명한 경계에 세 가지 고르고세스가 자리 잡고 있다는 것이다. ① 작품을 마비시키는 메마른 광기와, ② 광인들의 예술에 대한 기만적인 환성, 그리고 ③ 천재의 반열(집단)에서 낙오자가 되었다는 끔찍한 선고(Brenot, 1997; 김웅권 옮김, 1997, 205-239)

이 세 가지 요건에 해당하는 관련 사례를 예시해서 설명한다.

메마른 광기

발작이 절정에 도달하면 광기에 수반된 불안은 창조의 힘을 마비시킨다. 이 시기에 창조적 천재의 모든 주의력은 깊이를 헤아릴 수 없는 커다란 틈을 보이는 심리적 고통을 수반한다. 이때 화가의 경우라면 그림 그리는 것을 멈추고, 음악가는 작곡하는 것을, 시인은 시작을, 학자라면 사유하는 것을, 예언자라면 말하는 것을 멈춘다. 따라서 그는 더 이상 진리, 깨달음의 경지에 도달하지 못한다.

푸코(Michel Foucault)는 인간에게서 진실한 인간(homme vrai)으로 가는 길은 광기의 인간(homme fou)을 통해서 간다고 했다.

정신건강의학과 의사이기도 한 브르노(Brenot, 1997)는 천재와 광기 題名의 책에서 창의적 천재들에게서 나타나는 광기(madness)가 정신착락(mental disorder, alienation mental)을 수반하는데 그 유형을 다음과 같이 구분했다. 즉 타인(alienus)의 의미로서 타자로 만드는 정신착란, 발광 상태와 광분이 발작한 정신착란, 열광과 비이성적의 정신착란, 흉측하고 몰상식하며 얼빠진 모습의 정신착란, 자살적인 우울증의 정신착락, 정신병과 우울증이 혼재된 정신착란과는 구별되며 예시한 이러한 정신착란은 더 이상 어떤 창조도 허락하지 않는다고 해석했다(동·서양에서의 '광기'의 의미를 다룬 295~298쪽의 설명 참조).

이와 관련된 사례는 모든 창조의 영역에서 많다. 마취제의 일종인 에테르(ether)와 매독에 의해 망가진 모파상(Guy de Maupassant)은 1890년 우리들의 마음을 출간한 후 문학적 불임증에 걸려 작가로서 그의 문학적 삶은 끝나버렸다.

순환계 질환이 중증인 순간에 트로이메라이를 작곡한 로베르트 슈만(Robert Schumann)은 마비되어 더 이상 작곡을 하지 못했다. 그를 관찰했던 의사의 설명에 의하면 그가 지적인 작업에 전념하자마자 온 몸에 전율과 피로, 두 다리의 오한(떨림), 높은 산과 거주지에 대한 두려움을 나타나는 임종 직전에 두려움을 동반하는 특유의 불안 상태 등과 같은 증상이 그에게서 나타났다는 것이다. 그리고 우울증에 따른 발작은 일상적으로 이런 상황이 가끔 반복된 1845년부터 광기와 자살적 우울증이 작품에 더 이상 창조에 몰입할 수 있는 여지를 남기지 않을 정도로 그의 정신을 사로잡은 후 그리고 경조증(hypermania)현상의 풍부한 창작력 앞에서 무너졌다.

아내의 미모와 음악성으로 인해서 열등감에 사로잡힌 슈만은 음악을 다시 되찾지 못하고 정신병원에서 죽었다.

독일의 철학자로서 신은 죽었다고 주장한 바 있는 니체(Friedrich Nietzsche)가 맞이한 인생의 종말에 대해서도 슈만의 경우와 같은 똑같은 말을 할 수 있는 것이다. 그는 1888년에 비범한 창의력을 발휘한 뒤, 그리고 1889년 1월에 토리노에서 행복감을 맛본 뒤에, 10년 후 죽을 때까지 다시는 글을 쓰지 못하게 된다. 작품에 더 이상 여지를 주지 않는 발광의 시기를 맞이했다.

생각하는 사람을 조각한 로댕(Auguste Rodin)의 연인, 제자였으나 유부남인 애인에게 버림을 받아 비련의 주인공으로 알려져 있는 까미유 클로델(Camille Claudel)의 편집증적(Paranoïaque) 정신병을 들 수 있는데, 이 정신병은 그녀가 1913년부터 1943년까지 오랜 기간 동안 감금되기 전인 1905년부터 그녀의 정신을 조금씩 사로잡고 그녀의 창의성을 억눌렀다.

샌드블롬(Sandblom, 1997)은 창조에 대한 욕구와 능력을 상실하면 작가는 서서히 메말라가게 되고 결국 반복과 매너리즘에 빠지게 된다고 브레노(Brenot)와 같은 의견을 나타냈다.

지금은 국민 화가로 신화가 된 강원도 태생의 박수근. 그러나 생존 당시엔 나는 술까지 마시지 않으면 미치겠어. 그래서 마신다며 힘든 세상을 술로서 달래다가 쉰한 살의 나이로 천당이 가까운 줄 알았는데, 멀어 멀어… 라는 마지막 말을 남기고 떠나갔다.

천상병 시인은 그의 시 "귀천"에서 '나 하늘로 돌아가리라, 아름다운 이 세상 소풍 끝내는 날 가서 이 세상이 아름다웠더라고 말하리라.'며 인생을, 죽음을 노래했다.

예술에 대한 광인들의 환상

광인들의 예술성에 관심을 갖기 시작한 것은 최근에 이루어진 시도이다. 장 로그 드 퓌르삭(Jean Rogues de Fursac)의 신경 질환과 정신 질환에 나타난 글과 그림(1905)과 마르셀 레자(Marcel Réja)의 광인들에게 있어서 예술(1907)이 간행된 것은 우연이 아니다.

광기의 표현·작품에 대해서 어떤 가치를 인정한다는 것은 고전적 미학과 완전한 단절을 이루는 것과 같으므로 어떤 논란이 필요한 미완의 과제이다. 또 정신병자들의 예술적 창작물이 회화적인 자료들을 단순히 보여 주는 것이 아니라 그들의 인격을 반영하는 것이며 어느 정도는 그들 안에 있는 정신장애를 반영한다는 주장도 제기되고 있다. 그런가하면 공상적인 예술을 추구하는 예술가나 시민을 미쳤다고 비난하는 경향도 있다. 아울러서 정신병, 광기가 있는 인물들의 제작물에 대하여 수준 높은 예술작품이라는 말을 사용한다는 것은 지나치다는 평가도 있다.

그러나 또 한편으로는 천재성의 발휘와 광기의 발작이 당연히 가깝다는 관점도 있다. 마르셀 레자(Marcel Réja)는 이러한 관점을 옹호하면서 다음과 같은 견해를 비유적으로 밝혔다.

> 상식을 잘 지키고 실천 감각이 뛰어나며, 성실한 작업자이고 훌륭한 시민이면서 좋은 남편인 남성 또는 여자가 위대한 시인인 경우는 결코 없었다.

나의 연구 결과는 예술분야 전문가나 창조적 예술 활동을 하는 사람들이 대체로—건축가, 디자인, 미술, 작곡, 음악가, 연극배우, 저술가—그 밖의 분야의 전문가들보다 더 많은 유형의 정신장애로 일생 중 더 오랜 기간 고통 받는다는 것을 일관되고 분명하게 보여 준다. 그러나 모든 창의적 예술가들의 정신장애를 특징짓는 정신질환의 단일한 유형은 없다. 비록 알코올 중독과 우울증이 예술가들에게 만연해 나타나지만 예술 분야마다 다른 양상의 정신병리를 보여 준다. 불법적 약물 사용은 음악가와 배우들 사이에 더 일반적이다. 작곡가, 미술가, 논픽션 작가들은 알코올 중독과 우울증을 더 많이 겪는다. 음악가, 건축가와 배우들은 비교적 우울증을 겪지 않는다. 시인들에게는 조증과 정신이상이 대단히 많다. 시인, 배우, 소설가와 음악가들은 더 많이 자살을 시도한다. 창의적 예술가들 중에 단지 건축가와 디자이너, 일부 논픽션 작가들만이 정신적 불안정을 거의 보이지 않는다. 대체로 연구 결과는 창의적 예술 전문가들 중 정밀함, 이성, 그리고 논리(즉, 건축가, 디자이너, 언론인, 수필가, 문예평론가들)에 더 한층 의존하는 사람들은 정신장애를 덜 겪으며, 감성적 표현, 체험, 생생한 상상력을 더 한층 영감의 원천으로 삼는 사람들은(즉, 시인, 소설가, 배우, 음악가) 더 많이 정신장애를 겪는다는 것을 시사한다(**표 5-1**, 5-2 참조).

왜 예술가들은 정서적 장애를 더 많이 겪는가? 이 시점에서 우리는 정서적 고통은 창의성이라는 재능을 표현하는데 대한 프로메테우스적 단죄를 표상한다는 개념을 제시할 수 있다. 연구 결과는 상당수의 예술가들이 예술의 길로 접어들기 오래 전 이미 정신장애를 겪었음을 보여 준다. 가족들은 정신 질환 경향을 더 많이 드러내며, 이것은 또한 그들의 정서적 장애 유형에 영향을 끼쳤는데, 뿐만 아니라 그들 역시 비예술 분야 전문가들 보다 아동기와 특히 청소년기에 더 많은 정서적 문제를 보여 준다. 만약 정서 장애가 창의적 성취의 선행조건이라면 그들 중 많은 사람들은 출발은 한 것이다.

그렇다면 왜 정서장애를 겪는 사람들 중 그렇게 많은 사람들이 창의적 예술에 다가가는가? 이유는 복합적이다. 다른 전문분야와 달리 예술직은(주목할 만한 예외는 있지만) 다만 성격, 정서, 행동이 "불안정"한 사람들을 배제하는 능력이 부족하다. 예술분야 전문직이 정서적으로 불안정한 사람들을 환영하는 것은 아니지만 대부분의 비예술분야의 전문직처럼 많은 정식 훈련이나 자격증이 요구되지 않아서 영역 내로 들어오는 것에 대한 배격이 덜하다. 그렇게 하려고도 하지 않는다. 창조적 예술 전문직은 또한 개인적인 행동보다는 개인의 창조적 성과에 더 높은 가치를 두는 것으로 보인다. 이러한 것은 전통적인 훈련의 제약을 거부하거나 자신들의 정신적 기질 때문에 공적 규율을 준수하기 어려운 많은 사람들에게 기회의 문을 열어 준다. 그렇다면 더 일반 사회규범을 준수하지 않는 사람, 괴짜, 반항아, 사회성 이단아, 또는 정서장애인들뿐만 아니라 사회적 낙오자들은 창조적 예술에 매력을 느껴야만 하는가라는 사소한 의문이 생긴다. 대개 이러한 전문직은 개인적인 수호신(personal demons: 신과 인간 사이의 초자연적인 존재, 연구자 주)과 싸우거나 적어도 창조적 활동을 통하여 자신을 억제하고자 하는 사람들에게는 안식의 직업이다.

그들이 특별한 직업을 갖도록 하는 정서적인 갈등 외에 그들 자신들은 특정의 행위를 조장하고 다른 행위를 저지하면서 정서적 갈등에 강력한 영향을 행사한다. 예를 들어, 시인들은 심하게 앓으면 고통, 분노와 절망을 작품에 드러내는 것이 필요할지도 모른다. 많은 예술가들은 광인 천재의 상을 드러내도록 강요받고 있다고 느낄지도 모르며 적어도 대중에 대한 호소력을 높이기 위하여 자신들의 기행을 미화할지도 모른다. Margaret Atwood는 고양이 눈[10]에서 교묘하게 예술가의 입을 빌어, "만약 내가 귀를 자르면 가격이(그림의) 올라갈까? 오븐에 머리를 처박거나 권총 자살을 하는 게 더 낫겠지. 부유한 미술품 수집가들이 사고 싶어 하는 것은 다른 것 보다 약간의 대리 광기이다."라고 말한다. 음악가들은 폭음과 약물 사용이 청중들이 기대하는 제약받지 않는 연주를 하는 데 도움이 된다고 여길지도 모른다. 언론인, 논픽션 작가, 문학평론가들은 저술이나 사람에게서 창조성을 유지하기 위하여 소설가나 시인들보다 이성, 박학다식(erudite), 객관성이 필요하다는 것을 더 크게 체험할 것이다. 배우들은 상당한 정신적 불안정이 필요할지도 모르는데 이것은 사랑에 빠지고 사랑을 버리고 모든 감정을 체험하도록 하여 다양한 역할을 연기할 때 체험으로부터 이끌어 내어진 연기를 할 수 있게 한다. 건축가들은 다른 창조적인 예술가들보다 더 한층 정서적으로 안정되고 기업가 같을 필요가 있는데 왜냐하면 엔지니어, 건축업자, 기업가, 관료, 미래의 고객들을 상대하기 때문이다.

---

10) M. Atwood, 고양이 눈(London: Virago, 1988), p. 90.

이러한 직업의 영향과 제약은 비예술 분야의 직업에도 또한 적용된다. 군 장성의 경우에는 유능한 지도자가 되기 위해서는 신뢰성, 순응, 권위에 대한 존중, 용기와 정서적 안정, 위기관리 능력, 지도력, 애국심, 전략과 전술의 차이와 활용 요건, 장병 복지에 대한 각별한 관심, 전세 판단 능력이 필요하다. 정치인들은 유권자들의 지지를 얻기 위해서는 사교적, 전통적, 종교적일－또는 적어도 겉으로는－필요가 있다. 연구 조사의 지극히 고독한 속성에 비추어 보면 과학자들은 고독하고 비사교적이며 정서적으로 안정되고 낭만적 열정에 휩쓸리지 않는 것 같다.

이와 같은, 행동에 대한 기대의 강력한 영향에 비추어 개인의 정체성과 직업적 역할은 흔히 융합된다. 많은 경우에 예술가라는 것은 예술가적 삶의 양식과 분리될 수 없다.[11] 예를 들어 음주를 창의적 삶과 연결시키는 낭만적인 상은 많은 사람들에게 강력한 호소력을 지닌다: 유명 작가, 시인, 예술가들이 파리의 센 강변 카페, Algonquin Club, 또는 Florida Keys 주점에 모여 술을 홀짝이고, 담배를 피우며 진지한 대화를 나눈다. 작가들은 타자수와 함께 앉아서 막힌 글을 풀어내려고 애쓰면서 술잔을 들고 빈 종이를 뚫어져라 쳐다본다.

이러한 직업적 기대는 어떤 유형의 사람들을 끌어당길 뿐만 아니라 그 사람들이 자신들의 정신적 애로를 드러내고 도움을 요청하는지를 판단하게 한다. 예를 들어 창의적 예술가들은 이러한 애로를 영예의 표상으로 과시한다. 군인, 과학자, 정치가와 같은 다른 직업인들은 대개 자신들의 정서적 애로를 숨기는데 왜냐하면 정신적 불안정이나 사회성 일탈의 어떠한 신호도 금기이기 때문이다. 공공분야에 종사하는 직업은 이성적으로 안정되거나 자신들의 특이한 정신병리를 심지어 자신에게도 숨기는 능력이 있는 사람들이 선택하기가 쉽다. 일반인들이 특정의 직업에 대하여 어떤 이미지를 기대할 때 사람들은 대개 그에 따르려고 애쓴다.

그렇지만 이러한 관측에는 조건이 따른다. 어떤 사람들은 창의적 예술가들은 정서적 장애를 과장하는 경향이 있고 기업가나 연구자들은 이를 감추려는 경향이 있기 때문에 이들 집단 사이의 정서 장애율의 차이는 과장된다고 주장한다. 비록 이러한 주장이 합리적이라고 할지라도 그 역시 결함이 있다. 그것은 예술가와 다른 직업인들 사이의 정신병리의 차이의 분명한 양상을 무시한다; 뿐만 아니라 그들의 가족과 아동기의 확실한 차이 또한 무시한다. 만약 정신 장애율의 차이가 과장되었다면 그 밖의 모든 것에 대한 비율 역시 과장되었다. 이것은 분명 다양한 직업인들 사이의 수명, 자살률, 이혼율, 성

---

11) H. Carpenter, 천재들: 1920년대 파리의 미국인 작가들(Boston: Houghton Mifflin Company, 1988).

정향성, 가족수, 그 밖의 많은 특징들의 객관적인 차이에서는 그렇지가 않다.

비록 분명하지만 강조할 필요가 있는 또 다른 사실이 있다. 창의적 예술가들이 그 밖의 직업인들보다 더 높은 비율로 정신질병을 앓는다는 사실이 모든 창조적 예술가들이 정신질병을 앓는다는 것을 의미하는 것은 아니다. 건축가, 디자이너, 작곡가, 논픽션 작가와 같은 특정 분야의 창조적 예술가들은 그 밖의 창조적 분야 예술가들보다 특정한 정신질병을 앓는 비율이 더 낮다. 그리고 시인들을 예외로 하면 모든 창조적 예술 분야에는 상당한 비율의 사람들이 일생 동안 정서적으로 안정된 삶을 살았으며 정신질병이 예술적 성공에 필수적이지 않다는 것을 보여 준다.

저명인사들의 정신 장애와 창조적 업적 사이에는 어떠한 관계가 있는가?

이 질문에 답변하기 위해서 우리는 창조적 활동과 창의적 업적을 구별할 필요가 있다. 창조적인 활동은 새로운 작품, 성과나 성취를 이루는데 따르는 정신적·육체적 노력을 의미한다. 그러므로 그것은 예술과 과학뿐만 아니라 독창성과 혁신이 중요한 모든 분야에서 일어난다. 창조적 업적은 창조적 활동의 결과로 표현된 작품, 성과나 성취를 말한다. 창조적 활동이 성공적이지 않을 때는 창조적 업적이라는 결과를 가져오지 않아도 되지만, 창조적 업적은 항상 창조적 활동에 기초한다. 이러한 구별 때문에 어느 한 사람에게는 중요한 정신병리가 다른 사람에게는 중요하지 않을 수 있다.

우리가 발견한 것은 창조적 활동과 정서 장애 사이에는 복합적인 연관성이 존재한다는 것이다. 이러한 관계의 성격을 이해하기 위하여 우리들은 정서 장애는 창조적 활동의 서로 다른 국면에서 발생할 수 있다는 것을 인정할 필요가 있다. 정신적인 문제들은 활동을 하기 오래 전에 발생해서 활동을 시작하기 오래 전에 해소될 수도 있다. 그러한 문제들은 활동에 선행해서 나타나서 지속될 수도 있다. 활동 중에 발생해서 활동을 마쳤을 때 끝날 수도 있다. 직업인으로서의 삶과 개인으로서의 삶이 융합될 때는 활동의 통합된 일부분이 되기도 한다. 또는 창조적 활동을 마친 오랜 후에 발생하기도 한다. 정신적 장애와 창조적 활동이 서로에 대한 잠재적인 충격은 이러한 상황들마다 다르다.

정신적 장애는 창조적 표현에 항상 동일한 영향을 끼치지는 않는다. 장기간에 걸친 알코올 중독이나 약물 사용의 초기단계처럼 이러한 정신적 장애는 창조적 성과에 거의 영향을 끼치지 않을 수도 있다. 어떤 보고된 예에서는 그것은 사실상 생산성을 증가시키고 창조적 작업의 질을 향상시킨다. 이것은 특히 정신병리가 미미하거나 잠재적인 형태일 때 그러하다. 다른 사람들이 언급하였듯이 조증과 창조성 사이에는 역 U자형 관계가 존재하여 약한 조증은 창조성을 적절히 향상시키며 심한 조증은 창조성을 저하시키는 것 같다.[12] 대부분의 유형의 정신병리에는 아마도 유사한 연관성이 존재한다. 약간의 우울증, 다소의 음주, 약간의 불안, 또는 적절한 양의 약물은 어떤 사람들을 아주 편안하거나 더 심하게 우울해하고, 불안해하거나 약물중독일 때보다도 때때로 더 창조적이도록 한다. 그렇지만 대부분 정신적 장애가 지속되거나 심각하고 다른 요소들에 의하여 완화되지 않을 때에는 파괴적이고 창조적 결과의 양이나 질에 역효과를 끼친다.

정신적 장애가 창조적 활동에 영향을 끼칠 수 있는 것과 마찬가지로 창조적 활동은 정신적 장애에 영향을 끼칠 수 있다. 대개 이러한 관계가 존재할 때는 작업이나 창조적 활동은 정신병리적 갈등에 이로운 영향을 끼치는데 대개 자기치료의 형태를 띤다. 많은 사람들에게 창조적 활동은 자아 강화제이다. 약물처럼 사람들은 그것에 "중독"되게 되는데 왜냐하면 그것은 정서적 고통을 해소시키거나 대단히 즐거운 상태를 만들어 주는 능력이 있기 때문이다. 심지어 어떤 사람들은 창조적 활동은 자신들의 정신적 생존을 위해 필수적이라고 여긴다. Graham Greene는 "때때로 나는 글 쓰고 작곡하거나 그림을 그리거나 하지 않는 모든 사람들이 어떻게 인간사에 고유한 광기, 우울증, 공황적인 공포에 빠지지 않는지 궁금하다."라고 썼다.[13] 그러나 창조적 활동 역시 덮여 있던 정신적 갈등을 풀어놓아서 예술적 노력이 끝난 후에 오래도록 앓게 한다. 이러한 성격 중 어떤 것은 과로한 시인들이 감정을 들춰내어 이에 압도당할 때 일어난다. 고통스러운 기억을 다시 되새기거나 고통스러웠던 과거를 되씹는 것은 마치 불장난을 하는 것과 같다. 그것은 많은 시인들과 소설가들이, 감정을 억누르기를 회피하는 사람들에게는 불가능한 일인, 세상을 긴장, 천연색, 그리고 열정으로 파악하게 만든다. 그러나 그들은 때때로는 일단 창조적 활동이 끝나도 자신들의 "정신병리적 억제"를 되돌릴 수 없는 위험 속에서 그렇게 한다.

우리들은 또한 서로 다른 유형의 정신장애는 창조적 표현에 서로 다른 방식으로 영향을 끼칠 수 있다는 것을 인정할 필요가 있다. 예를 들어 조증은 말수의 정도와 언변에 영향을 끼치고, 지루함과 언어 유희를 증가시키고, 논설적이고 탈선적인 사고를 낳으며, 대범함과 과장을 조장하고, 굉장한 성과나 생산성에 기여한다. 울증은 언어 능력을 저하시키고, 단순화하고, 허무주의와 자학을 조장하며, 삶보다 죽음에 몰두하고, 작업 성

---

12) 조울증 장애의 역 U자형 정신병리 기능에 대한 논의는 R. Richards, D. K. Kinney, I. Lunde, M. Benet, 그리고 A. p. C. Merzel을 참조("조울병 속의 창조성, 조울증 환자, 정상적인 혈육들, 그리고 대조군"). 또한 Kay R. Jamison의 "조울병, 창조성과 지도력"은 정서장애와 창조성 사이의 연관성에 대한 탁월한 논문이다.

13) P. Sandblom의 『창조성과 질병: 질병이 문학, 예술과 음악에 영향을 끼치는 방법』에서 인용하였음(Philadelphia: George F. Stickley Co., 1982).

과를 저하시킨다. 조현병은 저술, 작곡 또는 그림에서 해체와 상대적인 모순을 낳거나 망상적인 확신을 확고하게 가져다준다. 알맞은 음주와 약물은 창조성의 장애를 극복하게 해 주며, 억제와 성과에 대한 걱정을 누그러뜨리고, 확신을 강화시키거나 현실적인 새로운 전망을 제공하지만 지나칠 때는 아이디어를 잘못 선택하고 실수를 하게 하며 생산성과 실천을 저해한다.

정신적 장애는 또한 창조적 활동에 동기부여를 할 수 있다. 자신의 일에 사로잡혀 다른 것에 관심을 두지 못했다고 주장하거나 자신의 일이 자신을 지배하고 있다고 믿게 된 천재들에 대한 일화가 흔하다. 윌리암 포크너(William Faulkner)는 Yoknapatawpha County에 등장하는 모든 인물들을 자신이 창조한 것인지 그들이 자신을 창조하였는지를 의심했다. 그 밖의 많은 사람들에게는 자신들의 존재가 자신들의 작품에 의하여 규정되기도 한다. 예를 들어 유진 오닐(Eugene O'Neill)의 부인은 남편이 수전증으로 글을 쓸 수 없게 되면서 사실상 죽은 것과 마찬가지가 되었다고 주장하였다.

정신적 장애는 또한 사람들에게 영감의 원천이 되어 다음에는 무엇을 표현할지에 대한 소재를 제공할 수 있다. 시인, 소설가, 작곡가와 배우들에게는 미술가에게 팔레트 위의 물감처럼 이러한 장애가 필수적일 수 있다. 이것은 우리들이 모든 정신장애를 "병적"이라고 보아야 하는지 여부에 대한 의문을 불러일으킨다. 많은 작가들은 작중 인물을 통하여 술, 약물이나 정신적 장애와의 고투를 그리거나 정신 질환을 앓으면서 인간의 상태에 대한 혜안을 얻게 되었다. 작곡가들은 과거에 앓은 울증과 조증을 위대한 교향악으로 변환시켰다. 뛰어난 배우들은 술이나 울증과 싸웠던 체험을 자신이 연기하는 인물 속으로 끌어들였다. 미술가들은 흔히 자신들의 강력한 열정이나 갈등을 화폭 속으로 옮겨 담았다. 조지 버나드 쇼(George Bernard Shaw)가 집안의 비밀을 없앨 수 없다면 차라리 떠벌리는 게 낫다고 쓴 것은 아마도 이런 의미에서 일 것이다.

정신적 장애와 창조적 활동 사이의 복잡한 관계에도 불구하고 한 가지 중요한 점에서는 결과가 분명하다. 정신적 장애가 있고 없음은 뛰어난 사람들의 일상의 창조적 활동에 각기 다른 방식으로 영향을 끼칠 수 있는 한편, 생애 동안에 경험하는 이러한 장애들은 그들의 일생 동안의 창조적 성취의 정도에 대해서는 거의 직접적인 영향을 끼치지 않는다. 심지어 내가 미술가, 연구원, 사회사업가와 기업가들에게서 이러한 관계를 연구하였을 때에도 창조적 성취에 대한 몇 가지 뚜렷한 예측요인들은 무시할 만한 편차를 나타냈다. 정신 질환을 겪고 있거나 겪지 않음과 일생 동안의 창조적 성취 사이에 의미 있고 절대적인 관계가 성립되지 않는 것은 놀라운 일이 아니다. 정신적으로 안정된 뛰어난 사람이 불안정한 사람처럼 일생 동안 주요한 창조적 성취를 이룰 능력이 있을 때, 그리고 정신적 장애가 일상의 창조적 활동을 저해하거나 도움이 될 수 있을 때 여러 가지 유형의 정신질병이 창조적 성취를 상당한 정도 예측하는 요소가 된다고 보아서는 안 된다. 그러나 내가 보여 주는 바와 같이 대단히 창조적인 사람들에게는 다른 상황이 적용된다.

낙오된 천재들

천재성은 타고 났으나 이를 육성하기 위해서 필요한 뒷받침이 가정에서나 사회에서 준비, 지지하지 않으면 또 부모에게서 거부되면 또는 정신질환(예: 우울증, 조현병, 부모의 부재, 알코올 중독, 자살, 열등감 등)에 의해서 명성을 날리지 못하고 천재의 반열에서 낙오자가 된다.

창조적 천재를 길러주는 가정이나 재능 있는 전수자의 개인 지도(mentors)와 본인의 불굴의 노력과 도전정신, 재능을 알아보고 높이 평가, 존중하는 사회 문화적인 풍토가 뒷받침이 없다면 '혼자서도 잘해요'가 허구일 수 있다.

조각가인 로댕의 연인으로 알려졌고 비극적인 비련의 주인공 까미유 클로델(Camille Claudel)은 샤를 앙리가 태어나서 16일만에 죽은 지 15개월 후인 1864년에 태어난 대체아였다고 한다. 그 다음으로 루이즈(Louis)가 1866년에 그리고 폴이 1868년에 태어났다. 어린 시절에는 까미유 클로델과 동생 폴이 매우 내밀한 관계를 유지한 것으로 보인다. 그 예는 어린 나이에 매우 일찍이 주위에 있는 건조한 흙을 주무르고 조각가가 되기로 결심하여 동생 폴에게 이런 의도를 고백한다. 15세에 그녀는 조각가 엘프레드 부셰(Alfred Bouchet)를 만나고 2년 후에는 노트르 담 데 샹지리에 아틀리에(화실)을 차렸다. 그러나 후일 로댕으로부터 배신당해 비련(실연)의 고통 속에서 비극적인 삶을 살았다.

아마데우스의 살리에르는 자신의 천재성 대신 천재를(의 재능을) 알아볼 수 있는 능력(선구안)만을 부여해 준 신을 저주하면서 그로 인한 열등감의 원천인 제자 볼프강 아마데우스 모차르트를 죽음으로 이끌면서 그 또한 파멸의 길을 걸었다.

5. 창의적 인물들의 정신병과 신체장애의 병력

사연 많은 인생이라는 드라마에서 평생 독신으로 지낸 명사들도 꽤 많다. 그들 중에서 쇼펜하우어·데카르트·라이프니츠·말브랑슈·칸트·스피노자·미켈란젤로·뉴턴·포스콜로·알피에리·마이어베어·레오나르도 다빈치·볼테르·샤토브리앙·마치니·베토벤·헨델 등이 독신주의자인지 또는 결혼은 미친 짓이다, 초라한 더블보다 화려한 싱글이 낫다 아니면 독신자는 결혼하고 싶어 하고 기혼자는 결혼의 굴레에서 벗어나고 싶어 한다는 비유 중에서 어느 것을 생활신조로 삼았는지 모르지만, 평생 독신으로 또는 기혼자로 살았다고 해서 반드시 행복한 인생을 산 것은 아닐 것이다. 결혼이 반드시 행복을 보장하는 열쇠가 아니라는 비유가 함유하는 의미가 무엇인가를 성찰할 수도 있다.

이 연구에서 관심을 갖고 분석하고자 하는 창의적 영재들의 정신질환의 양태를 **표 5-1**에 정리하여 예시한다.

표 5-1 창의적 인물들의 정신·신체 질환의 병력

음악가	정신·신체 질환의 병력
베토벤	황달(간이 나빠짐), 과음으로 인한 알코올 중독[4], 과음으로 간이 나쁨, 자살시도, 다혈질, 조울증, 우울증[9], 56세에 사망, 평생 독신으로 살았으나 여성 편력이 심했다.
라흐마니노프	우울증[9]
존 레논	마리화나, LSD, 진정 수면제, 진통제
엘비스 프레슬리	각성제
레니 브르스	환각제, 수면제
짐 모리슨	LSD, 27세에 자살
슈만▲▲ (130여 곡 작곡)	우울증[9], 43살에 자살, 천재 피아니스트인 미모의 아내 클라라에게 열등감을 갖고 있었음(김정운, 2010). 정신병원에서 편집증적 정신병, 훌륭한 연주자였으나 중지와 약지가 마비되어 작곡가로 진로를 바꿈, 슈만은 46세의 나이로 정신병원에서 숨짐. 다른 해석도 있다(동아일보, 2005. 6. 10, 제 26091호). 매독, 알코올 중독, 아편중독[12], 폭음, 카페인[12]과 독한 시가, 흡연, 경조증, 우울증, 자살 기도, 조울증[12]
말러	집안의 정신 병력
차이코프스키	우울증[9], 콜레라, 동성애로 인한 강요된 자살, 콜레라 감염 등 사인(死因) 해석이 다양함.
모차르트	신장염[11], 류머티즘 열병과 업무과다로 인한 스트레스와 과음으로 사망, 욕쟁이, 강박신경증, 예의가 없고 무책임, 방자하게 굴어 궁정에서 쫓겨남, 낭비벽, 여성 편력, 뚜레 증후군[12], 실명[11]
하이든	알코올, 마약
프랑스와즈 사강	알코올 중독[10]
비발디*	천식[12]
베를리오즈	아편 중독[12]

표 5-1 창의적 인물들의 정신·신체 질환의 병력 (계속)

음악가	정신·신체 질환의 병력
토마스 울페 (Thomas Wolfe)	말더듬이
살리에르	심한 열등감(모차르트를 발견, 재능을 지도한 위대한 맨토(menntor)였음.
작가	**정신·신체 질환의 병력**
유진 오닐▼	알코올 중독[10)]
보들레르	우울증[9)]
카프카	거식증, 우울증[9)]
헤밍웨이▼	소문난 바람둥이. 정식으로 결혼해서 살았고 여자만 네 명. 바람을 피운 여성들이 몇 명이나 되는지 헤아리기 어렵다(김상운, 2005, 161-163) 생명을 위협하는 위기, 즉 사선을 네 번이나 경험. 치질, 탄저병, 고혈압, 심장대동맥에 염증, 편집증, 폭음 간경화, 알코올 중독[10)], 우울증[9)], 권총으로 자살함
포크너▼	알코올 중독[10)], 우울증[9)]
콘래드	우울증[9)]
도스토예프스키	간질[9), 12)]
버지니아 울프	동성애, 정신착란, 욕쟁이, 우울증[9)], 자살
존 스타인벡▼	알코올 중독[10)]
싱클레어 레위스	알코올 중독[10)]
존 밀턴	우울증, 알코올 중독
입센	노르웨이 극작가, 계절적 우울증[11)], 자살 생각[11)], 『인형의 집』의 작가이며 여성해방운동에 영향을 끼침.
오스카 와일드	피부병[11)]
사르트르	암페타민 상용, 자신감 상실
디킨스	아편 복용
애드가 앨런 포	아편 복용
모파상	매독 감염, 편두통 치료를 위해서 마약 복용[11)]
괴테	자살적 우울증[11)], 우울증, (주기성) 조울증[11)]

표 5-1 창의적 인물들의 정신·신체 질환의 병력 (계속)

애드가 앨런 포	아편 중독[12)]
토마스 만	50세 자살[11)]
장-폴 사르트르 (Jean-Paul Sartre)	우측 눈 장애
존 스타인벡 (John Steinberk)	폐렴, 늑막염
안톤 체호프 (Anton Chekhov)	복막염
앨버트 까뮈 (Albert Camus)	우울증(읽기, 활자를 못 알아봄, 연극 활동에 참여를 못함), 폐결핵
테네시 윌리엄스 (Tennesse Williams)	미국의 극작가, 디프테리아
에밀 졸라 (Emile Zola)	말더듬이
화가	**정신·신체 질환의 병력**
모네	우울증[9)]
키리코	우울증[9)]
달리	과장된 노출증, 괴상함 선호, 어릿광대적 이미지
뭉크	정신병원 입원, 알코올 중독, 우울증
카뮈	불안, 박해의 착란[11), 12)]
고흐(57세)◆	총으로 자살[10)], 매독, 우울증·조증[11)], 귓병, 간질 발작[10), 12)], 급성 간헐성 포르피린 등[12)] (진단명이 백가지가 넘음), 조현병
고갱	비소 복용[11)], 우울증
마티스**	충수염, 기관지염, 결장암[12)]
고야	청각장애자[12)]
곡토	아편 중독[12)]
미켈란젤로	역사상 가장 못생긴 예술가(잘난 척했다가 편치를 맞아서 납작코가 됨), 우울증, 자폐증

표 5-1 창의적 인물들의 정신·신체 질환의 병력 (계속)

레오나르도 다빈치	일 중독증(일벌레, Workaholic), 완벽주의자, 왼손잡이, 채식주의자, 독신으로 삶., 장수함
피카소	광적인 남성 우월주의자, 조울증, 못 말리는 바람둥이(동거했던 여인들은 모두 7명 가운데 2명은 자살했고 2명은 정신이상자가 되었으며 1명은 젊어서 요절, 1명은 병사, 결혼한 아내로부터 이혼당함), 92세로 사망.
사상가	**정신·신체 질환의 병력**
미셸 드 몽테뉴	신장 결석과 다른 신체 질병
스티브 호킹	루게릭병
종교인	**정신·신체 질환의 병력**
루터	경조증, 우울증[11], 현기증[11]
정치가	**정신·신체 질환의 병력**
히틀러	파킨슨병[11]
에이브러햄 링컨	우울증
윈스턴 처칠	말더듬이
교육자	**정신·신체 질환의 병력**
티킨스	실독증[11]
루소	음부(성기) 노출증, 피학대, 음란증(masochism), 우울증, 불안, 위대함에 대한 착란[11]
철학자	**정신·신체 질환의 병력**
비트켄슈타인	우울증, 자살의 충동이 강했음[11], 은둔형 천재
칸트	뇌졸중[12]
플라톤	간질[12]
파스칼***	물리학자, 철학자, 수학자. 장 결핵[12], 편두통, 간질[12]
몽테뉴	요로결석 전립선염[12]
니체	3기 매독, 정신적 붕괴, 신체마비, 심한 편두통, 위경련, 극심한 불면증[12]
장-폴 사르트르 (Jean-Paul Sartre)	우측 눈 장애

표 5-1 창의적 인물들의 정신·신체 질환의 병력 (계속)

과학자	정신·신체 질환의 병력
아인슈타인	난독증, 여성 편력
스티븐 호킹	루게릭
뉴턴▶	우울증과 편집증(50세), 전형적인 Asperger 증후군 환자, 가벼운 자폐증
심리학자	**정신·신체 질환의 병력**
프로이트	사회 공포증 극복을 위해 코카인 복용
시인	**정신·신체 질환의 병력**
바이런	만곡족(足), 아편 복용[11], 소아마비, 간질발작[12]
테니슨	우울증[11]
엘리엇	폐기종[12], 빈맥, 호흡기 장애[12]
헉슬리	마약인 메스칼린에 중독
조각가	**정신·신체 질환의 병력**
까미유 클로델****	편집증적 정신병[11], 유부남인 로댕과의 실연으로 인한 정신착란
오귀스트 로댕 (Auguste Rodin)	심한 근시

출처: 9) 이세진 옮김. (2004), **천재들의 뇌**, 서울: 해나무(Clarke, R. (2001) super cerveaux), 219

10) 김정휘 옮김. (2007). **천재인가, 광인인가: 저명인사들의 창의성과 광기의 연관성 논쟁에 대한 연구**, 서울: 이화여자대학교 출판부. (Ludwig, A. M. (1995). *The Price of Greatness: Resolving the Creativity of Madness Controversy*. New York: The Guilford Press.)

11) 김웅권 옮김. (1997). **천재와 광기**, 서울: 동문선 (Brenot, p. (1997), *Le Génie Et La Folie–en Peimture*, musique et littérature)

12) 박승숙 옮김. (2003). **창조성과 고통**. 서울: 아트북스(Sandblom, P. (1997). *Creativity and Disease*. Philadelphia: J. B. Lippincott.)

13) 이종인 옮김. (2002). **천재의 유전자, 광인의 유전자: 인간 본성 과 비극에 관한 유전학적 보고서**, 서울: 시공사. (Reilly, P. R., (2000). *Abraham Lincoln's DNA & Other Advanture in Genetics*. Cold Spring Harbor Laboratory Press.)

◀ 뚜렛 증후군의 특징으로 욕을 잘하고 천박한 말씨를 쏟아내고 싶어 하는 강한 충동을 느낀다. 배설물 등 더러운 것들에 대한 것을 주제로 글을 써놓고 싶어 하는 강한 충동

▼ 노벨 문학상 수상자

▲ 인류를 계몽하고 구제해야 하며 위대한 사람들 가운데서 더 위대해져 야 한다는 과대망상증을 나타낸다.

● 불량 가계의 사례임

■ 유전력인 이 신진대사 장애는 체내에 유독한 물질을 생산하여 간질 발작을 일으키는 병이다. Csikszentmihalyi(1996, 210)는 16세기의 가장 창의적인 인물이라고 평했다. 미국 헌법의 기초가 된 입법, 사법, 행정의 3권 분립론의 정신을 제창했다.

◆ 그의 정신착란(mental disorders)을 설명하기 위하여 후세 사람들은 매독에서부터 메니에르 귓병(선천성 대사 이상의 하나, 위장증상과 신경 정신과적 증상이 갑자기 나타난다)에 이르기까지 백 개 이상의 병명을 가지고 진단을 내렸다.

▶ 전형적인 아스퍼거 증후군 환자는 다음과 같은 세 가지 증세를 보인다. 첫째, 다른 분야에는 별 관심이 없지만 특정한 지적 분야에 큰 흥미와 집착을 보인다. 둘째, 사교성이 없다. 셋째, 다른 사람과의 의사소통에 문제가 있고 수학과 물리학에 남다른 관심을 보이면서도 남들과 대화를 극히 싫어했다〔김상운(2005), 역사를 뒤바꾼 못 말리는 천재 이야기. 서울: 이가서 29〕.

* 비발디는 신부로 서품을 받았으나 기침·천식 때문에 성직을 계속 수행할 수 없어서, 성당에서 미사를 주관할 수 없어서 그 대신 성가대를 지휘하게 되었고, 그 후에 성가대 악장이 되어 교회음악을 작곡하는 임무를 수행했으며 하나님의 영광을 찬양했다.

** 마티스는 원래 법조인의 생활을 시작했으나 충수염으로 인한 합병증으로 1년간 쉬는 동안 울적한 기분전환을 위해서 그림을 그리기 시작했다가 그만 미술의 매력에 심취하기 시작한 것이 현대 미술의 선구자가 되었다는 것이다.

*** 파스칼(수학자, 물리학자, 철학자)은 理性만으로는 삶의 수수께끼를 풀 수 없음을 깨달은 그는 갖가지 회의와 싸우면서 종교를 믿어 신앙심에 의지했다. 성경에서 구약 욥기를 떠올리게 하는 구절들로 가득한 그의 주기도문은 질병을 유익한 기회로 삼으려는 자신의 신도를 보여 준다(방승숙 옮김, 2003, 36).

**** 로댕의 연인이었으나 학대에 따른 정신착락이 발생, 30년 동안(1913~1943년) 감금당했고 빌데 브라르 수용소에서 죽음. 이러한 사실이 그랑 마티날지의 기자였던 폴 비베르(Paul Vibert)에 의해 격렬하게 고발되었다. 그리고 가족의 무관심과 왜곡된 의학적 세력을 고발했다. 감금이 임의적으로 이루어졌고 자유를 박탈했다. 미치지 않았음에도 가족에게 배척되고 감금당했으며, 그 당시에 여성의 천재성을 질병으로 변질시키는 분위기의 희생자였다(정희경 옮김, 1999, 59).

▲▲ 클라라의 슈만에 대한 사랑은 헌신적이고 지극정성이었으나, 슈만은 아름답고 재능이 뛰어나며 현명한 아내 클라라에게 열등감을 갖고 있었다. 클라라는 연년생으로 태어난 7명의 자녀를 부양했다. 가곡으로는 슈베르트에게 밀리고 피아노곡으로는 쇼팽에게 밀리는 슈만이 오늘날 위대한 작곡가로 기억되는 것은 클라라 덕분이었다. 난봉꾼에게 속아서 불행한 결혼생활을 한 자신의 과오를 인정하는 것보다, 슈만을 위대한 작곡가로 만드는 것이 똑똑한 클라라에겐 더 쉬운 선택이었다(김정운, 2010). 세속적으로 해석하면 슈만은 아내를 잘 만났고, 클라라는 남편을 잘못 만났다고 할 수 있다.

창의적 천재이면서 명성을 드높였고 동시에 광기가 수반된 예술가로서 많은 업적을 남긴 몇 사람의 음악가의 삶의 편린을 소개한다.

차이코프스키의 병력

평생 우울증과 동성애로 고통 받았던 차이코프스키. 그는 비창을 초연한 지 9일째 되는 날인 1893년 11월 6일 콜레라에 걸려서 사망한 것으로 알려져 있다. 그러나 사실은 권세가였던 훼르모 공작의 조카와 '금지된 사랑'을 나눈 대가로 비소가 든 사약을 받았다고 한다.

모차르트의 병력

모차르트가 생전에 나타냈던 증상을 토대로 그가 앓은 질병을 요약하면 다음과 같다.

1762년 10월 결절성 홍반(結節性 紅斑)으로 4주간 와병

1763년 4년 여행 중 독일의 코브렌츠에서 상기도염(上氣道炎) 감염

1764년 파리에서 심한 편도선염에 감염

1765년 11월 하구에서 장티푸스로 1개월간 와병

1766년 11월 뮌헨에서 고열과 다발성 관절염 발병

1767년 10월 빈에 천연두가 대유행, 모차르트는 누이와 함께 감염

1772년 1월 잘츠부르크에서 편도선염 재발

1782년 8월 빈에서 류마티스 열로 1개월간 와병

1787년 10월 코 알레르기 발병, 편도선염 재발

1790년 5월 류마티스열, 두통, 치통으로 고생, 8월에는 불면증

1791년 전반기 〈마술피리〉 작곡 중 독살될 것이라는 망상에 사로잡히고, 요통(腰痛), 권태감으로 고생, 얼굴과 손에 부종(浮腫)

1791년 후반기 우울병 악화로 죽음을 연상, 실신

1791년 11월 20일 고열, 복통, 다한(多恨), 수족 부종(手足 浮 腫)이 계속됨.

1791년 12월 5일 오전 0시 55분에 사망.

성 슈테판 교회에 남아 있는 모차르트의 사망 증명서에는 '1791년 12월 6일 속립진열(粟粒疹熱)로 사망'이라고 기입되어 있으나, 부검을 실시하지 않아 속립진열이 무엇을 의미하는가에 대해 구구한 해석을 낳게 하고 있다.

다음에 소개한 **표 5-2**에서는 겉으로 보기에는 건강한 작품을 창조하였으나 실제로는 질환을 앓고 있는 예술가들과 외부적으로는 병적인 작품을 창조했지만 실제로는 건강한 문인, 학자, 천재적인 예술가들, 인물들이 모두 연구대상이 되었다.

이 **표 5-2**에 나타난 함의를 해석해 보면

1. 위대하고 창의적인 예술가들의 다수가 미쳤거나 정신질환(예: 조현병, 조울증, 편집증적인 과대망상증, 환각, 알코올 중독, 강박성 신경증, 편집광, 간질)을 앓았다.
2. 정신질환 상태에서 발표한 예술성과 정상적인 정신 상태에서 발표한 예술작품(성)을 연결시키는 접점 또는 식역을 판별해 내는 통찰력, 안목이 필요하다.
3. 정신적으로 비정상적인 사람들 중 많은 수가 창조성에 대한 자발적인 충동을 느끼는 것 같다.

4. 편집증적 과대망상에서 볼 수 있는 거만함이 그의 불안정함과 자기 경시적인 감정들과 함께 나타나기도 한다.
5. 조울증 환자들과 그들의 친척들이 보기 드물게 창조적이고 학문적 성취도도 높다는 사실을 보여 주는 연구들이 있다.
6. 창의력이 높은 사람들이 일반 사람들보다도 우울증과 조울증을 나타낼 가능성이 훨씬 더 높다는 사실을 보여 주었다.
7. 창의력이 풍부한 사람들이 정신·신체 질환을 불균형적으로 많이 앓는다는 사실은 주목할 만하다.
8. 자살 역시 보통 사람들보다는 창의력이 풍부하거나 성공적인 작가, 화가, 과학자, 음악가, 사업가들한테서 더 흔히 일어난다.
9. 화가, 작가와 과학자와 수학자들과 또 그 밖에 사회에 강한 영향을 끼치는 사람들의 자살률이 높다.
10. 미국, 영국, 유럽, 아시아의 많은 연구자들이 진행해 온 일련의 연구를 통해서 이들 집단의 자살률이 밝혀졌다(Jamison, 1999; 이문희 옮김, 2004, p. 236) 저명한 과학자들과 작곡자들, 세계적인 사업가들의 자살률은 일반 사람들보다 다섯 배가 더 높고, 작가들 중에서도 특히 시인들은 상당히 높은 자살률을 보였다.[14)]
11. 자살에서 보다는 중증 정신질환에서 유전적 영향이 더 강하게 나타나는 것 같다(**표 5-2**에서 불량 가계 사례(● 표시)가 참고자료일 수 있다).
12. 창의적인 천재들에게서 발견되는 특징적인 정신질환은 조증(mania), 우울증, 경조증(輕躁症, hypomania), 조울증(manic-depression), 때로는 자살로 연결되는 사례로 나타나며, 알코올 중독, 불안, 발작, 가학성(박해), 착란, 약물(예: 마약, 환각제)의 상습적 오·남용, 우울증·발작과 조증이 교환되어 나타나기도 한다.
13. 심각한 심리적 격동기에는 매사의 느림, 가혹한 불면증, 식욕부진, 메마른 영감, 무능력을 나타내는 둔감성, 나르치시즘의 쇠퇴, 창조성의 기쁨과 메마른 기다림의 고통의 교차, 정서적 감성의 결핍 등의 면모가 나타난다.
14. 자살은 인간의 슬픈 특권 가운데 하나라고 지칭되는데 이 자살은 창의적 천재(creative genius)들 가운데서 특히 문학과 시의 분야에서 그 빈도수가 높다(Brenot, 1997; 김웅권 옮김, 1997, p. 188).
15. 자살한 유명 인사를 예시하면 꽤 많다: 하트 크레인, 빈센트 반 고흐, 버지니아 울

14) 이문희 옮김(2004). 개인적이고 사회성이며 생물학적인 자살의 이해, 서울: 뿌리와 이파리(Jamison, K. F. (1999). Night Falls Fast).

프, 아쉴 고리키, 체사레 파베세, 로맹 가리, 베이철 런지, 앙리 드 몽테를랑, 실비아 플래스, 마크 로스코, 존 베리먼, 잭 런던, 어니스트 헤밍웨이, 윌리엄 인지, 다이엔 아버스, 타데우슈, 보론프스키, 파울 첼란, 액 섹스턴, 세르즈 에세닌, 블라디 마이아코프스키 등. 명쾌하게 아직까지 해명되지 않은 의문은 왜 그토록 많은 재능을 타고난 이 남·녀들이 자살이라는 수단을 이용하여 죽지 않으면 안 되었는가. 자살인가, 타살인가. 즉, 개인의 생리학·의학·심리학적인 취약점 때문인가. 사회·문화·제도적 관습과 제약, 억압, 편견에 의한 희생자인가. 즉, 가해자에 의한 타살인가.

염세주의 철학자였던 쇼펜하우어(Arthur Schopenhauer)는 죽는 자는 살고 싶은 것이라고 외쳤는데 이 말은 자기 자신을 없애는 순간에 자살자는 매우 역설적으로 살고자 하는, 나는 살고 싶다(I want to live)는－악성 베토벤의 비극적인 삶에서 시사 받을 수 있는 것은 창의적인 영재들의 고통스러운 삶이었다는 것이다. 찰스 다윈(Charles Darwin)의 다음과 같은 절규가 이점을 대변해 준다. 즉, 이 세상에 존재하는 행복은 모두 사라졌습니다. 신이 존재한다면 이를 방치하지 않을 것이라고 생각했습니다.－의지를 긍정하는 것이라는 것을 반어법으로 시사하는 것이다.

16. 일찍이 지식인의 스승으로 칭송 받는 아리스토텔레스도 뛰어난 예술가들은 모두 우울증(depression)에 걸리기 쉽다고 했는데 어느 정도 사실임이 드러났다.
17. 시인인 바이런을 특수한 재간을 가진 우리 모두가 미친 사람이다. 어떤 사람들은 유쾌함에 또 어떤 사람들은 우울함에 감염되어 있다. 사람에 따라서 다소 차이가 있지만 우리 모두가 그에 영향을 받고 있다고 했는데(Sandblom, 1989; 방승숙, 2003, p. 58) 이 표에서 예시한 인물들의 사례에서 그의 말이 근거가 있는 진단이라고 해석할 수 있다.
18. 다수의 창의적인 천재들은 조숙했다. 예컨대, 아직 어린아이였던 파블로 피카소는 그의 학구적인 능란함으로 사람들을 놀라게 했다. 그가 4세 때 그린 첫 유화 피카도르는 어린 아이의 작품으로서는 놀랄 만하다. 18세기에 베르사유 궁전의 그림들을 그린 위대한 초상화가인 샤를르 부링은 3세에 목탄으로 스케치를 했고 12세에 훌륭한 초상화를 제작했다. 14세에 라파엘로(Sanzio Raffaello)는 대 예술가가 되었고, 15세에는 터너(Willam Turner)는 왕립 아카데미에서 전시회를 열었으며, 19세에 이미 미켈란젤로는 매우 유명해져 있었다. 카미유 클로델(Carmille Claudel)은 12세에 다비드(David)와 골리앗(Goliath)을 만들면서, 조각분야에서 보기 드물게 조숙함을 나타냈고 8년 후에는 로댕의 아틀리에에 들어갔다.

조숙성의 분야는 음악, 수학, 회화(미술), 문학의 순서로 서서히 정리되는 것 같다. 그러므로 가장 조기에 성과를 거둘 수 있는 것은 음악 쪽이다. 왜냐하면, 뇌와 청각적 감각 영역이 매우 빨리 성숙하기 때문이라는 것이다. 21개월 전에 이미 언어의 멜로디인 가사 음률이 조직되는데 이것은 언어가 확립되기 전에 음악에 대한 적성이 자리 잡고 있음을 의미하는 것이다(Brenot, 1997; 김웅권, 1997, 107).

6. 천재성과 정신·신체적 질병 간의 관련성

예술의 역사를 인물사 중심으로 살펴보면 예술적인 천재들은 병자인 경우가 많다. 이 논문에서 시종일관 관심을 갖고 연구한 창조의 대가들은 작든 크든 어떤 종류의 신체적·정신적 질병을 한 가지씩 가지고 있었던 예를 쉽게 발견할 수 있다.

중년에 청력을 잃어서 듣지 못했던 악성 루트비히 베토벤, 정신 병원 신세를 졌던 반 고흐의 얘기는 너무나 유명하지만 프랑스의 작가인 알프레드 뮤세는 관절염인 류머티즘으로 고생했으며 마르셀 프루스트는 천식으로 밤잠을 못 잘 정도였다.

이탈리아의 천재화가인 아메데오 모딜리아니(Amedeo Modigliani, 1884~1920)는 폐병으로 고통을 느끼다가 결국 젊은 나이에 일생을 마쳤으며 프랑스의 인상파의 풍경화가 클라우드 모네(Claude Monet, 1840~1926) 역시 백내장으로 시력이 나빠져 시골에서 외로운 말년을 보냈던 것이다. 지드 모파상의 매독이나 러시아의 소설가인 도스토예프스키(Feodor M. Dostoevski, 1821~1881)의 간질, 그리고 독일의 작곡가인 로버트 슈만(Robert Schuman, 1810~1856)의 우울증도 잘 알려진 그들의 병력이었다.

조울증과 결합된 간질병은 렘브란트와 함께 네덜란드 출신인 고흐와 같은 위대한 화가에게 치명적으로 작용했다. 예술가로서의 힘은 고흐의 경우에 가장 창조적이었던 말년에 간질병으로 인한 심각한 불안과 정신적 혼란, 폭발적인 분노는 동반하는 정신장애에 영향을 크게 받았다. 그러나 동시에 그것이 표현력을 해방하기도 했다. 한번은 친구인 프랑스의 화가인 고갱(Paul Gauguin, 1848~1903)을 죽이겠다고 위협을 하고 나서 정신착란 상태에서 자신의 오른쪽 귀를 잘라서 피 흐르는 귀를 어떤 창녀에게 가져가기도 했으며 이러한 절제할 수 없는 감정이 폭발한 결과가 그 유명한 귀에 붕대를 감은 고흐의 자화상에 직접 표현된 바 있다(Sandblom, 1989; 방승숙, 1992, 141).

이렇게 관련 명사들의 프로필을 살펴보면 마치 천재의 필수 조건이 질병인 듯한 인상마저 주고 있지만 천재와 질병의 상호 연관성을 발견해 보려는 전문가들의 연구가 자주 있어 왔다. 그 중에 일부 관련 자료를 소개한다.

고명섭. (2007). **광기와 천재: 루소에서 히틀러까지 문제적 열정의 내면 풍경**. 서울: 인물과 사상사.

김정휘 옮김. (2005). **천재인가, 광인인가: 저명인사들의 창의성과 광기의 연관성 논쟁에 대한 연구**. 서울: 이화여자대학교 출판부〔Ludwig, A. M. (1995). *The Price of Greatness*. New York: The Guilford Press〕.

김웅권 옮김. (1997). **천재와 광기**, 서울: 동문선〔Brenot, P. (1997). *Le Génie et la Folie*〕.

박승숙 옮김. (2003). **창조성과 고통**, 서울: 아트북스〔Sandblom, P. (1982). *Creativity and Disease*. Philadelphia: J. B. Lippincott〕.

심상용. (2005). **천재는 죽었다**. 서울: 아트북스

최근에 프랑스의 페르난드 데스텡(2000)이 『번민과 천재』라는 제명(題名)의 저서를 통해서 천재들의 질병에 대해 본격적인 분석, 연구를 시도했다.

특히 창의적인 천재 예술가들의 병력을 해부하는데 많은 관심을 기울여 연구하고 있는 데스탱은 지난 19세기 동안 활동했던 천재 예술가들 중 정신·신체 질환으로 고생했던 20명을 찾아내서 질환이 이들의 작품에 어떤 영향을 끼쳤는가를 한 사람 한 사람씩 예시해서 분석하고 있다. 이 책의 결론은 정신질환과 천재(성) 사이에 필연적인 인과 관계가 있는 것은 아니지만 어떤 연관성은 발견할 수 있다는 것이다.

첫째, 질환이 이들 예술가들에게 많은 창작의 시간을 주었다는 점이다. 질환을 가지고 있는 예술가는 걷거나 식사를 하거나 담소를 하는 등 일상생활의 잡다한 일에 시간을 빼앗기지 않고 오로지 모든 정신을 집중하여 예술 작품만 만들 수 있었다는 것이 데스텡의 지적이다.

둘째, 질병으로 인해 휴식이 가능했다는 점이다. 허약해진 심장, 원활하지 못한 관절(염), 쇠약해진 신경증은 그들의 육체를 쉬게 함으로써 사색을 배가시켰다는 것이다. 니체는 질병은 나에게 고요함과 한가로움 그리고 기다림과 인내라는 선물을 주었다고 고백한 적이 있다.

셋째, 질병으로 인한 불면증이 창작활동을 도왔다는 연관성이다. 불면증은 창의적인 예술가로 하여금 밤새도록 상상하고 창조하도록 만들어 주었다. 모든 예술가들은 그들에게 美와 순수성, 그리고 침묵을 가져다 준 밤을 노래했다는 것이다. 많은 예술가들은 깊은 밤의 조용함 속에서 작품을 구상하고 제작하는 버릇들이 있는데 불면증으로 잠 못 이루는 예술가들은 하루하루의 밤 모두가 바로 창작의 순간으로 활용됐다는 것이다.

예시한 이 세 가지 연관성은 피상적인 분석같이 여겨질지 모르겠으나 이 책이 지적하는 질환, 천재의 가장 내면적인 특징은 번민이나 이들은 신체적이 질환을 정신적 번민으

로 승화시킬 줄 알았으며 그 번민이 때로는 광기(madness)로 표출되기도 했던 것이다.

오늘날이라고 해서 이런 천재가 없는 것은 아니다.

지금 스페인에서는 칩거 생활을 하고 있는 미술 천재 살바도르 달리가 정신 착란증을 앓고 있다는 사실은 19세기 예술 천재들의 현대판일지도 모른다.

그러나 일반적으로 현대는 진성 천재 창작가들이 고갈됐다고들 말한다(심상용, 2005). 페니실린 또는 알코올 때문인가.

삶에서 위기의 순간들을 자주 겪으면서 고흐는 강박적일 만큼 왕성한 창작욕을 보였다. 압도적일 만큼 많은, 놀라운 고흐 그림들을 볼 수 있게 된 것도 다 이 조증의 성격을 띠는 그의 증상 덕택이다. 어떤 그림은 단 하루 만에 완성된 것도 있다. 심지어 집에서 멀리 떨어진 밀밭에서 총으로 자살을 기도하고 나서도 고흐는 자신이 묵고 있던 여인숙까지 기어와 더 이상 힘이 없어서 그림을 더 그릴 수 없을 때까지 세 점의 그림을 더 그렸다고 한다. 고흐 자신이 거기에 뭔가 중요한 것이 있다고 느꼈다(Sandblom, 1989; 박승숙 옮김, 2003, p. 142)

7. 창의적인 인물이 경험하는 광기, 정신·신체 질환

이 주제에 대하여 다양한 해석이 제시되었다.

그린(Graham Green, 1904~1991)은 창의적인 사람들에게 공통적으로 보이는 두 가지 정신 병리적인 기질의 근본적인 증상들을 지적했다: 즉, 조울증적 기질의 우울증과 분열성 기질의 공황.

지식인의 스승으로 존경을 받고 있는 아리스토텔레스(Aristoteles)는 뛰어난 창의적인 예술가들은 모두 우울증(depression)에 걸리기 쉽다고 주장했다.

바이런(Byron)은 특수한 재간을 가진 우리 모두가 미친 사람들이다. 어떤 사람들은 유쾌함에 또 어떤 사람들은 우울증에 감염되어 있다. 다소간의 차이가 있지만 우리 모두는 그에 영향을 받고 있다고 했다(바이런, 1982; 방승숙, 2003, 58).

우울한 미켈란젤로(Michelanzelo)라고 불렸던 고독하면서도 다가가기 힘든 이 굉장한 조각가는 자신의 우울한 마음 상태를 14행의 소네트(son et)로 다음과 같이 표현했다.

> 역경(逆境)이냐 행운이냐, 어느 것이 나의 운명이냐?
> 인생의 어두운 측면이 내 몫이로구나.

미켈란젤로의 그림들은 그의 우울증을 거울처럼 비춰준다. 그의 최후의 심판에 그려진, 산채로 껍질이 벗겨져 순교한 성(聖) 바르톨로뮤의 얼굴이 자신의 얼굴로 대치되어 있다. 매달려 늘어진 머리에 눈, 코, 입이 고통스럽게 일그러져 있다(Sandblom, 1997; 박승숙 옮김, 60).

예술가들이 겪은 여러 가지 난관 중에는 스스로 부과한 것들도 있다(Sandblom, 1992; 박승숙, 2003, p. 70).

고독은 천재를 낳는 학교다(Edward Gibbon, 1727~1794)

광기(狂氣, madness)를 다스릴 수 있을 만큼 운이 좋은 사람은 이 세상에 없다. 이것은 스트렌스베리(Johan August Strindberg, 1849~1912; Sandblom 1992, 박승숙, 2003, p. 29)가 한 말이다.

고대 이래로 예술가의 창작은 신체적 어려움과 결부되어 고통에는 늘 초월적인 힘이라는 개념이 따라 붙었다(Sandblom, 1992; 박승숙, 2003, 37).

독일의 철학자인 니체(Friedrich Wilhelm Nietzsch, 1844~1900)는 고통이야말로 인간을 창조성으로 몰아가는 자극물이라면서 손을 들어 환영했다.

독일의 문호인 괴테(Johann Wolfgang Von Goethe, 1749~1832)는 고통은 지나고 나면 아련한 기억 속에서 즐거운 것이 된다고 했다.

노빌리드(Novalis, 1772, 1801)는 파스칼과 같이 질환으로부터 교훈을 얻으려고 노력했다. 고통이 크면 클수록 그 이면의 기쁨도 강렬해진다라고 고백해서 피학대 쾌감적인 태도를 나타냈다(Sandblom, 1997; 박승숙, 2003, p. 39).

독창적인 창조와 작업에 심취하는, 병적일 만큼 正道를 벗어난 기질은 예술의 근본이며 기원인 것 같다. 광기는 때때로 창조적 정신이 지닌 특별한 자산의 하나로 여겨졌다. 그러나 이러한 생각은 오류이다(Sandblom, 1997; 박승숙, 2003, p. 56).

미쳤기 때문에 천재인 것은 아니다. 그렇지만 광기가 천재성의 기질에 도움이 된다고 Sandblom(1997)은 해석했다.

미쳐보기 전까지는 자네가 위대하고도 거친 상상력 전부를 시험해 봤다고 생각하지 말게나.

재능 있는 사람에게 창조성은 삶의 피할 수 없는 갈등을 해소하고 정신적인 긴장을 완화시켜주는 것이 될지도 모른다.

독일의 시인인 하이네(Heinrich Heine, 1797~1856)는 시적으로 다음과 같이 표현했다.

> 질병이 창조적 충동을 위한 근본이 되어왔을 것이 당연하네. 창조란 것은 내 몸으로부터 배출을 하는 것이며 창조를 하면서 나는 다시 건강해진다네.

세상의 모든 위대한 것은 신경증 환자들이 창조했다. 신경증이 대작을 만드는 것이라고 프루스트(Marcel Prouste, 1871～1922)는 말했다.

정신질환은 창의적인 예술가들의 생산적 활동에 심오한 영향력을 행사한다. 어떤 경우에는 정신병 증상이 있는 창의적 영재(예술가)의 작품이 그의 정신 질환상의 문제를 진단할 수 있도록 돕기도 하는데, 따라서 창의성은 이들에게 종종 탁월한 치료 효과를 갖는다는 것이다.

비정상적인 사람들 중에는 많은 수가 창조성에 대한 자발적인 충동을 느낀다. … 많은 수의 위대한 예술가가 솔직히 미쳤거나 정신 분열증에 걸렸거나 조울증을 앓았다. … 편집증적 과대망상에서 볼 수 있는 거만함이 그의 불안정성과 자기 경시적인 감정들과 함께 번갈아 나타났다(Sandblom, 1997; 박승숙 옮김, 2003, p. 111).

창의성과 광기는 서로 공존하면서 발전이 이뤄져 왔다는 시례를 관련 저명인사들의 생의 괴적에서 발견되는 경우를 보면 적과의 동침이라는 영화가 연상된다.

다수의 창의적인 천재들의 생애에서 발견되는 간질병 및 편두통과 관련된 환각 및 그와 비슷한 환영들도 종종 창작과정에서 심오한 영향을 끼치면서 작품에 반영되었다. 또한 때는 성스러운 병이라는 간질병과 천재성의 연합은 수많은 창조적 정신에 영향을 끼쳤다고 가정된다. 페트라르카, 파스칼, 몰리에르, 바이런, 플로베르, 스윈번(예시한 이들 인물) 등이 그 예이다. 이들 중 어느 누구도 병으로 인하여 정신적 능력 즉 창의성이 감퇴되는 것을 경험하지 않는다.

창의성과 우울증의 관계를 살펴보면, 창의성이 뛰어난 예술가의 천재적 재능은 어디에서 유래되는 것일까. 최근에 신경 과학자들은 창의적인 예술가와 우울증의 관련성과 관련하여 새로운 가설을 제기하고 있다(김수병, 2004, 36). 위대한 예술가들에게 우울증의 발병률이 높다기보다는 우울증이 그들을 위대한 예술가로 만들었다는 것이다. 실제로 많은 우울증 환자들은 독창적이다 못해 엉뚱하기까지한 생각들이 머릿속에서 끊임없이 맴돈다고 고백한다. 우울증 환자가 운율에 맞추어서 말이나 작곡을 하는 경향 또한 흥미롭다. 우울증 환자들이 경험하는 극단적인 감정 변화가 때로는 사물을 새롭게 인식하도록 유도하여 창의력의 원천으로 작용한다고 보는 것이다.

미쳤기 때문에 천재인 것은 아니다. 그러나 그것이 창의적 활동에 도움은 된다(Sandblom, 1982; 방승숙 옮김, 2003, p. 57)는 것이다.

세상의 모든 위대한 것은 신경증 환자들이 창조했다. 신경증이 대작을 만든다(프루스트, 106).

창의적인 천재들을 괴롭혔던 정신병과 신체 질병 관련 선행 연구 자료들(Sandblom, 1982; Rühle, 1995; Brenot, 1997; Clarke, 2001; 김정휘 옮김, 2005; 문국진, 2000)이 밝

혀 주고 있는 근거 자료를 중심으로 소개한다.

> 창의적 천재들을 괴롭혔던 정신병과 신체 질병을 예시하면 다음과 같다. 정신 분열증, 조울증, 편집증적 과대망상증, 거만함, 정서적 불안성, 자기 경시, 뚜레 증후군, 광기, 경계성 성격 장애, 편두통, 간질(병적인 발작), 변태, 자살(기도), 불면증, 알코올 중독, 죽음에 대한 환상, 뇌종양과 뇌졸중, 마약(아편) 중독, 우울증, 심한 욕쟁이, 변태, 학습된 무기력, 자살, 성병(매독, VD), 극심한 불면증, 절망감, 신장염, 류마티즘, (우발적인) 사고, 실명, 현기증, 피부병, 파킨슨병, 천식, 식욕부진, 알츠하이머 병, 실독증, 편집증, 언어 장애, 중증 근시, 난청, 사시, 처진 눈꺼풀, 외눈꺼풀, 결핵, 심장 질환, 알레르기, 허약체질, 무도병, 소아마비, 심장병, 동성애

천재적인 예술가들의 독창적인 창조와 나홀로 작업에 심취하는 그들의 성향에서, 평범한 사람들로 치면 병적일 만큼 정도(正道)를 벗어난 기질의 소유자들이라는 점을 이해해야 할 것이다.

위에 예시한 인물들 중에는 겉으로 보기에는 건강한 작품을 창작하였지만 실제로는 질환을 앓고 있는 예술가들과 겉보기에는 병적인 작품을 창조하였지만 실제로는 건강한 삶을 살았던 예술가들이 존재하지만 이 논문에서는 그러한 준거에 따라 관련 인물들을 분류하지 못했다. 정신적으로 건강하고 정상적인 사람으로 창의적인 천재의 존재가 수적으로는 더 많다는 것을 부정하는 것은 아니다. 또 경계선상에 장애가 있는 창의적인 천재들도 많을 것이다.

다양한 분야의 창의적 천재들 중에서 유별나게 예술 분야 특히 음악가들의 다수가 정신 질환으로 고생했음을 알 수 있다. 아마도 실제로는 정신병과 무관한 심·신이 건강하고 행복한 삶을 누린 저명한 음악가들이 더 많을 것이다.

앞에서 예시한 정신병들 예컨대, 간질병, 편두통과 관련된 환각 및 그와 비슷한 환영, 조울증, 조현병 등이 창의적인 예술적 천재들의 창작 과정 및 작품 산출에 심오한 영향을 끼치면서 또 반영(투영), 변화되었다. 한때는 성스러운 병이라고 한 간질병과 천재성의 연합은 수많은 창조적 정신·심성(Creating minds)에 결정적인 영향을 끼쳤다고 가정된다. 페트라르카(Petrarchan, 시인), 파스칼(Pascal, 수학자, 철학자), 몰리에르(작가), 바이런(시인), 플로베르(작가), 스무고 번(시인·문학 비평가)등이 그 예이다. 이들 중 어느 누구도 정신병, 광기로 인하여 정신적 능력, 창의력이 감소되는 것을 경험하지 않았다(Sandblom, 1989; 박승숙 옮김, 2003, 136). 또 창조성과 광기는 평행을 이루며 발전해 왔다고 평가되기도 한다.

표 5–2 창의적인 인물들을 괴롭혔던 정신·신체 질환

정신·신체 질환	창의적인 인물의 예
우울증*	뭉크(화가), 슈만(음악가), 고야(화가), 애드가 앨런 포(작가), 버지니아 울프(작가), 어니스트 헤밍웨이(작가, 1954년 노벨 문학상 수상), 헤르만 헤세(시인·작가, 1946년 노벨 문학상 수상), 마크 트웨인(작가), 고흐(화가), 고갱(화가), 차이코프스키(음악가), 모차르트(음악가), 말러(작곡가, 지휘자)[13], 미켈란젤로(이탈리아의 조각가, 화가, 건축가, 시인)[14], 헨델(음악가), 로시니(음악가), 요셉손(화가), 링컨(대통령), 윈스턴 처칠(수상), 퀴리 부인(노벨 화학, 물리학상 수상), 헬렌 켈러(장애자), 루즈벨트(대통령)
척추 이상, 골반 이상, 소아마비, 교통 사고	칼로(멕시코의 초현실주의 화가, 위대한 벽화 예술가)
폐결핵	체호프(러시아의 작가·극작가), 키츠(영국의 시인), 브론테(작가), 파가니니(음악가)
매독	고흐(화가, 100개 이상의 병명이 있음을 진단 받음), 니체(철학자), 로트레크(화가), 파가니니(음악가)
건선 피부염	존 업다이크(작가)
편두통	파스칼(철학자, 수학자), 니체(철학자), 기심(작가)
복통	파스칼(철학자, 수학자)
만곡족	바이런(시인)
요로 결석, 전립선염	몽테뉴(철학자·수필가)
천식	비발디(음악가)[16], 프루스트(작가)
중지와 약지가 마비	슈만(음악가, 피아노 연주자였으나 손가락을 쓸 수 없게 되어 작곡가로 진로를 바꿈)
기관지염	마티스(화가)
결장암	마티스(화가)
조울증	바이런(시인)
조증	헨델(음악가)[17]
치질	파가니니(음악가)
황달	베토벤
간질(발작)	고흐(화가), 플로베르(작가), 도스토예프스키(작가), 파스칼(수학자, 철학자), 몰디에르(희극 작가), 바이런(시인), 테니슨(시인), 스윈번(시인, 비평가)

표 5-2 창의적인 인물들을 괴롭혔던 정신·신체 질환 (계속)

정신·신체 질환	창의적인 인물의 예
알코올 중독	윌리엄스(작가), 고흐(화가), 로트레크(화가)
아편 등 마약 중독	베를리오즈(음악가)18), 포우(작가), 콕토(시인·화가), 보들레르(화가), 프루스트(작가), 장콕토(화가)
동성애	버지니아 울프(작가)19), 소크라테스(철학자), 아리스토텔레스(철학자), 카이사르(고대로마 공화정 말기의 정치가·장군), 보티첼리(이탈리아 화가), 레오나르도 다빈치(화가 및 조각가)[8], 프랜시스 베이컨(철학자), 륄리, 제리코(프랑스 화가), 훔볼트(철학자), 차이코프스키(음악가), 안데르센(아동문학가), 피에르 로티, 랭보(작가), 지드(작가), 막스 자코브, 장 콕토, 몽테를랑(프랑스의 소설가·극작가), 니진스키(러시아 태생의 무용가), 파솔리니(이탈리아 영화감독), 바실하위트(첼리스트), 쇼팽(음악가), 베토벤(음악가), 파가니니(바이올린의 거장), 브람스(음악가), 비발디(음악가), 슈베르트(음악가)
조현병(정신 분열증)	미쇼(화가·시인), 힐(화가), 휠더린(시인), 고야(화가), 메리용(동판 화가), 뭉크(화가), 기성(작가)
경계선 정신병 (인격 장애)	휠더린(시인)
자살	고흐(화가), 슈만(음악가), 헤밍웨이(작가)
변태	고흐(화가)
빈번한 위경련	니체(철학자, 음악가)
청각장애와 시각장애 (백내장)	휘슬러와 제제(화가), 드가(조각가), 모네(화가), 엘 그레코(화가, 시감각이 비정상적), 밀턴(실명), 디킨슨(사시, 화가), 베토벤(청각 장애, 음악가)[20], 고야(화가)
충수염+기관지염+ 직장암	마티스(화가)
신장염	모차르트(음악가)
류머티즘	콜럼버스(탐험가)
실명(失明)	존 밀턴
식욕 부진	카프카(소설가)
현기증	루터(종교 개혁가)
피부병	오스카 와일드(소설가, 극작가)

표 5-2 창의적인 인물들을 괴롭혔던 정신·신체 질환 (계속)

정신·신체 질환	창의적인 인물의 예
파킨슨 병	히틀러(정치가)
신경증과 신체 이상	파카니니(음악가), 스위프트(작가, 염세주의자), 말러(음악가, 선천성 심장판막 결함, 건강 염려증), 슈만(음악가)[21]
메니에르 증후군 (난청, 현기증, 이명을 수반함)	롱사르(시인)[22], 고야(화가, 청각 장애자), 말러(음악가), 프루스트(작가), 니체(신체 마비, 철학자), 툴루르-로트레크(화가, 다리가 아주 짧고 머리가 기형)
불면증	프루스트(작가), 니체(철학자, 음악가)
신경증	프루스트(작가, 발작이 수반)
류머티스성 관절염	뒤피(화가)
뚜레 증후군 (안면 신경증)	모차르트(음악가)
만성 호흡기 장애와 폐기종, 기관지염	엘리엇(작가, 비평가), 마티스(화가)
충수염, 결장암	마티스(화가)[23]
뇌졸중(중풍)	로이터스베르트(화가)[24]
염세주의자	스위프트(걸리버 여행기의 작가)
건강 염려증	말러(음악가)
대인 기피증	고야(화가)
통증, 삼차 신경통	칸트(철학자)
알츠하이머 치매	스위프트(풍자 작가)
말더듬이	윈스턴 처칠(정치가), 에밀 졸라(Emile Zola,), 토마스 울페(Thomas Wolfe,)
바람둥이(여성 편력)	모차르트(음악가), 로뎅(조각가), 피카소(화가), 바이런(시인)[9], 허균, 입센(작가)
난독증	한스 크리스천 앤더슨, 알렌산더 그레이엄 벨(전화를 발명, 발명가), 윈스턴 처칠, 레오나르도 다빈치, 월트 디즈니(미국 만화영화 제작자), 에디슨(발명가), 아인슈타인, 헨리 포드, 패튼 장군, 잭 웰치(GE의 기업인)
신체 장애	바이런(시인, 선천적인 장애로 오른발을 절었다)

7) 사생아였고 편모슬하에서 자람. 모나리자의 미소를 추상적이고 보편적인 의미를 가진 레오나르도의 표

정이라고 주장하는 사람도 있다. 대표적인 인물이 Freud인데 그는 모나리자의 신비로운 미소가 억압된 어머니에 대한 기억의 표출이라고 주장했다. 레오나르도는 나중에 어머니와 헤어지게 되지만 어머니에 대한 사랑은 결코 식지 않았다. 남편의 사랑을 누리지 못한 그의 어머니는 보상 심리로 아들에게 지나친 사랑을 쏟았고, 그가 일찌감치 성에 눈을 뜨는 계기가 되었다. 레오나르도는 무의식중에 어머니에 대한 연모에서 벗어날 수 없었기 때문에 성인이 되어서도 여자를 사랑하지 못하고 동성애에 빠지게 된다. 그러다가 50세 전후에 조콘다 부인을 보고 어린 시절의 기억이 되살아났고, 어머니에 대한 복잡한 감정을 모나리자의 미소 안에 융합시켰다는 것이 모나리자의 미소에 대한 프로이트의 해석이다(우젠광, 류방승 옮김, 2006, p. 242)
7) 35년의 세월 동안 관계를 맺은 여성의 수는 300여 명에 이르는 것으로 알려졌다.

* 재미 과학자 박상기 박사, 우울증 치료 새 길 열어
재미 한국인 과학자가 우울증을 치료할 수 있는 새로운 길을 열었다. 우울증은 미국 성인의 16%가 일생에 한 번 이상 앓는다는 흔한 정신질환이지만, 기존 항(抗) 우울제가 듣지 않거나 부작용을 보이는 환자들이 많아 치료에 어려움이 많은 것으로 알려져 있다. 미 하버드 의대의 박상기 박사는 2005년 7월 31일 "신경신호 전달 물질인 도파민(dopamine)의 수용체에 이상이 생기면 우울증과 같은 증세가 발생한다는 것을 동물 실험을 통해 처음으로 확인했다."고 밝혔다. 도파민은 사람의 기분, 쾌감, 몸의 움직임, 의욕, 학습과 기억 등을 조절하는 중요한 신경신호 전달물질로, 우울증의 발병에도 관련이 있을 것으로 추정돼 왔지만 정확한 메커니즘이 밝혀지기는 이번이 처음이다. 이번 연구 결과는 생명과학 최고 권위지인 '셀(Cell)' 2005년 7월 29일자에 표지 논문으로 발표됐다. 기존의 항우울제는 도파민과는 다른 종류의 신경전달 물질들에 작용하는데 만성적으로 사용할 경우 때로 오히려 자살충동이 증가하거나 아예 약이 듣지 않는 경우도 많다.

박 박사는 "이번 연구는 우울증을 치료하는 새로운 치료제를 개발할 수 있는 목표를 제공한 데 의미가 있다"면서도 "후속 연구가 계속돼야 치료제의 현실화 여부를 알 수 있을 것"이라고 밝혔다.

박 박사는 서울대 분자생물학과에서 석사학위를 받고 미국의 버지니아대학교에서 박사학위를 받았으며, 2001년부터 하버드 의대에서 박사후 연구원으로 재직 중이다(조선일보, 2005. 8. 1, 제26314호)

13) 보헤미아 태생의 오스트리아 태생의 작곡가·지휘자였던 구스타브 말러(Gustav Marler, 1860~1911)는 매 맞는 어머니에 대한 연민 때문에 우울증과 강박증세로 프로이트(Freud)에게 정신과 치료를 받은 병력까지 있다(김수범, 2004, 마음의 발견, 서울: 해나무, 36).

14) 천재의 전형(model)으로 꼽힌다. 우울한 미켈란젤로라고 불렸다.

15) 일생의 후반기, 즉 말년의 25년 동안 로시니는 우울증으로 세월을 보냈다(Sandblom, 1982, 박승숙 옮김, 61).

16) 천식 때문에 성직을 계속 추구할 수 없어서 신부로 서품을 받았으나 성가대 지휘를 했고 악장이 되어 교회 음악을 작곡함

17) 헨델은 홍분한 3주간 메시아를 작곡했는데 조증의 상태가 그에게 필요한 창조적인 충동과 힘을 제공해 주었다(Sandblom, 1982, 박승숙, 2003, 61).

17) 환상 교향곡을 작곡했고, 그는 고통스러운 치통과 고약한 삼차 신경통을 앓았다.

19) 목판화인 절규는 억누르지 않은, 있는 그대로의 고뇌와 근본적인 인간 존재(실존)의 공포 또는 원초적 비명을 표현하고 있는 명화로 잘 알려져 있다.

20) 소리로 창작을 하는 음악가(작곡가)들에게는 청각이 가장 중요한 것이다. 그러나 베토벤은 인생의 황금기인 20대에 청력을 잃기 시작하여 말년에는 완전한 청력 상실로 인해 이 세상에서 가장 외로운 상태로 돈·가난의 멍에에 속박당해서 좌절과 독신으로 우울한 삶을 살았다. 악성 베토벤의 극기심 강한 성격을 이해한다면 그의 음악에서 비극의 정서가 피날레에서 흩뿌려질 때 눈물 흘리며 미소 짓고 있는 그의 심정도 함께 느낄 수 있다. 베토벤이 손상된 청력 때문에 작곡에 어떤 영향을 받았는지에 대한 연구 자료는 부족한 것 같다.

21) Piano 연주자였으나 중지와 약지가 마비되어 작곡가로 진로를 바꿈
22) 갑자기 청각장애가 된 롱사르는 외교관이라는 장래가 보장된 진로를 바꿈. 그러나 시 세계의 왕자가 됨
23) 충수염을 앓지 않았다면 그는 현대 미술의 선구자가 되는 대신 유명한 변호사가 됨
24) 뉴욕 UN 빌딩 앞에 세워진 그의 유명한 조각, 비폭력의 묶인 총을 위한 연작 드로잉이 그의 걸작이다.
25) 기원전 1세기경 작품으로 알려진 조각 라오콘, 뭉크의 절규, 자신이 통증으로 심각한 고생을 한 마티스의 작품, 늘어가는 고통(1940), 피카소의 ≪게르니카≫의 상징은 인간의 실존적 고통을 표현한 작품들이다. 버지니아 울프는 질환이나 정신적, 신체적 고통, 즉 통증을 사실적으로 묘사하는 데 적합한 언어가 부족했다고 탄식했다.

장수한 천재적 음악가도 많았다(당시 평균 수명은 40세였다): 로시니 76세(사망 당시 나이), 쇤베르크(76세), 헨델(74세), 바흐(65세), 푸치니(65세), 시벨리우스(93세), R. 슈트라우스(85세), 포레(79세), 브람스(63세), 하이든(77세), 요한스트라우스 2세(73세), 리스트(71세), 바그너(69세), 화가 미켈란젤로(88세).

청소년기의 자살 원인 중 상당수가 동성애자(homo)이고 다수가 우수한 사람이라는 것이며 DSM에서는 동성애를 정신병으로 분류를 안 하는 것 같다.

8. 천재성과 광기(狂氣)

광기에 관한 도식

광기(狂氣, madness, 정신장애)는 일정한 사회 속에서 당사자가 지니는 비정상, 즉 이상(abnormality)의 정도(질병)와 그가 속한 사회의 문화적 틀 안에서 발견되는 사례성에 따라 분석되어 나타난다. 이러한 관계는 다음과 같은 도식으로 설명할 수가 있다.

$$CN = f(I, t)$$

CN: 사례성, I: 질병성, t: 사회의 허용도, f: 함수 작용 관계

이와 같은 의미에서 광기는 넓은 의미에서 문화 결합 증후군(culture-bound syndrome)이라고 할 수 있다(김은주, 2002, 5).

스페인 작가인 세르반테스(Cervantes)의 명작 소설의 주인공인 돈키호테(Don Quixote)는 다음과 같은 묘비명을 남겼다: "미쳐서 살다가, 정신 들어 죽었다."

창의적 천재들(예: 음악가, 화가, 작가, 수학자 등)을 괴롭힌 광기는 주로 다양한 정신 질환을 뜻하는데, 이들은 광기와 창의적 천재가 결합되어 굴절된 삶을 또 비범한 공적을 남겼다는 사실을 동서양, 한국에서 관련 인물의 생애와 업적을 추적, 분석, 연구한 자료

에서 밝혀지고 있다.

송기정(2012, 9)은 광기에 대하여 다음과 같은 함의가 있음을 설명했다.

1. 본질적으로 광기에는 창조의 원동력이 내재해 있다고 보는 견해. 배타적 의미에서 광기를 격리시켜야 할 위험한 것으로 인식하였다면, 창조의 원동력으로서의 광기는 꿈과 욕망, 상상력의 무궁무진한 보고로 인식했다. 즉, 광기는 비이성적인 사고의 표출을 통해서 진정한 의미에서의 자유를 획득할 수가 있다.
2. 19세기 정신건강의학(psychiatry)의 발달로 인해서 광기에 대한 인식을 새롭게 할 수 있게 되었다.

정상성
긍정 심리학
건강 심리학에 반함

광기를
부정적, 비정상적으로
인식

이성주의
과학만능 시대
실증주의
정신 장애

광기를 정신병의 일종으로 분류하고 치료의 대상으로 다룸.

학문, 특히 과학의 역사는 실증주의, 이성주의, 합리적 판단과 사고만을 중시하고 여기에 반대되는 비이성, 광기, 정신착란(mental disorder), 비정상(abnormality)은 억압되고 배제되며 소외되었으며 따라서 정상(normality) 위주의 주류사회(mainstream)로부터 적응을 못하는 국외자(outsider)나 은둔자로 외롭고 불행한 한 많은 삶을 살았다.

광기를
긍정적으로
인식함

광기는 역사의 흐름(맥락)에서 주어진
국면에서 기존의 틀(frame)을 깨고
혁신과 창조적 파괴를 시도하는,
'뒤집기'의 힘(세력)
(예: 종교개혁, 프랑스 혁명, 4.19 혁명)

3. 광기를 정신 장애, 정신착란을 의미하는 질병의 의미로 이해하는가 하면, 과도한 열정이나 예술적 창조성의 원동력으로 이해하는 관점.
4. 창의적 천재들의 내재적 특성을 이해함.
5. 광기는 음악, 미술, 문학, 영화 등 예술 분야에서 주인공이 되었다. 광기가 문학과 밀접한 관계를 갖는 이유는 광기가 창의력의 원동력이 되기 때문이라고 해석했다(송기정, 2012). 이들 분야에서는 창의성이 동력인데 그 창의성은 비범함에서 표출된다.

고대 중국과 한국에서의 광기의 의미

1. 설문해자(說文解字)에 의하면, 광(狂)이라는 한자의 형상적 의미는 "개(犭)+왕왕 거리면서 짖는 소리(王)"이다. 한문에서 광은 개의 속성을 지닌 자, 동물성을 지닌 자, 즉 인간성(?)을 상실한 자로 해석이 가능하다. 이것은 인간을 이성적 동물이며 이성을 잃을 경우에 개와 같은 동물적 존재가 된다는 의미이다.

   그러나 유교의 정신에서 이 광은 높은 뜻과 진취적 기상을 의미하는 긍정적인 의미가 담겨 있다는 것이다.

2. 광은 "품은 뜻이 지극히 높다"는 긍정적 의미로 사용된다. 그러나 뜻이 아무리 높더라도 극단으로 치우칠 경우에 위험에 처할 수가 있는 속성으로 제시했다. 광은 다른 도덕적 의지와 결부될 때 비로소 긍정적인 의미를 부여받는다. 그러나 광은 작은 규범에 얽매이지 않는 자유로운 상태로 표현되는가 하면, 또 다른 표현은 광은 지나치게 자유로워서 방탕한 상태이다. 왕양명은 광의 기상을 높이 평가한 좌파적인 유교를 대표하는 학자이다.

   장자에서 광을 노님, 잊음, 자연스러움, 도의 경지에 이름 등의 긍정적인 의미로 많이 사용되었다. 한자 문화권에서 광기는 부정적인 것도 배척해야 할 것도 아니었다. 오히려 광인들은 뜻이 너무 크고도 높아서 이 세상과 화해하지 못하는 인물로 묘사되었다.

   죽림칠현(竹林七賢) 등을 광인으로 간주했다(정재서, 2007에서 인용한 송기정, 2012에서 재인용)

동서양이 천재성(genius)과 광기(madness)는 동전의 앞뒷면처럼 서로 공존하는 것으로 인식하고 있음을 발견할 수가 있는데 동양, 특히 한국에서 천재성과 광기의 관련성을 기술하는 관점이 특이한데 그 함의를 고찰하기 위하여 천재성과 광기의 의미를 예시하면 흥미롭다(정민, 2009, 13-30).

이 관점에 의하면, 천재란 벽, 광, 치, 기라는 내재적 속성을 가지고 있다는 것이다. 즉, ① 벽(癖)에 홀린(들린) 사람 즉, 마니아(mania) 적 성향을 소유한 인물이다. 즉, 나 홀로 걸어가는 정신: 남들이 손가락질을 하든 말든, 출세에 보탬이 되거나 말거나, 사연 많은 이 세상 물정을 모르는 멍청이라고 비웃거나 말거나 아랑곳 하지 않고 오로지 저 좋아서 하지 않고는 못 견디는 벽(癖)이 일상화되어 있고 두드러진다. ② 그 무엇에 대한 기호가 지나쳐서 스스로도 억제할 수 없는 병적인 상태인 광(狂). ③ 세속적 가치에 둔감하고 현세(現世)에 살면서도 현세에 어울리지 않는 바보라는 뜻의 치(痴)라는 속성을 가지고 있다. ④ 정상, 규범에서 벗어난 기인(奇人, 局外者, outsider, 괴짜)이다. 천재의 개별적인 기질, 속성, 특성이기도 한, 이 벽, 광, 치, 기(癖, 狂, 痴, 奇)는 예술과 학문(과학), 문학 분야에서도 발휘되며, 과거와 현재, 미래에도 출현한다. 천재성의 성질과 기예에 대한 서양(미국) 중심의 해석과 동양(한국) 중심의 해석에 미묘한 차이와 장점이 있음을 발견할 수가 있다. 즉, 선의 미를 상징하는 한복과 거문고, 창의 가락, 한식의 묘미와 정중동(靜中動－사물이 조용히 있는 가운데서 어떤 움직임이 있는 것), 여백(餘白) 문화에서 어울리는 천재성의 함의와 재즈, 고전음악, 고성을 장점으로 미성과 교향악으로 묘사하는 음악, 중세와 르네상스 시대의 미술과 조각, 건축의 미적, 예술적 가치가 같을 수가 없지 않은가.

이 천재들은 깨달음에 도달하기 위해서, 창조적 파괴를 위해서 끼치는 것이라고 정민(2009)은 해석하고 한 시대의 정신사와 예술사의 발흥 뒤에는 유명, 무명의 소수의 마니아 집단들이 존재한다고 부언했다. 그는 미쳐야 미친다는 자신의 책에서 사연 많은 이 세상을 바꾸어 보려고 시도하다가 사정이 여의치 않아서 자신이 바뀐 격정적인, 역경 속의 삶을 산 즉, 불우한 생애를 살았던 천재들의 인물상을 진솔하게 서술했다.

창의적 천재들이 창의성을 중시하고 지식기반 사회라는 2000년대에도 존재(생존)하고 있다고 가정하면 과거와 같이 시대를 잘 못 만나 불행한 삶을 살지 않도록 이들을 보호, 우대하는 환경 조성과 이 세상을 혁신하려다가 좌절하고 자신의 천재성을 원망하는 삶이 아니라 이들의 천재성과 창의성을 기꺼이 육성, 발휘할 수 있도록 보호, 지원, 격려, 몰입할 수 있도록 지원체제를 마련, 추진하는 것이 국가와 학계의 책무이다. 비범한 창의적 천재들이 미치지 않도록 획기적인 대책을 추진해야 할 것이다. 천재들이 미친 것은 본인의 기질 탓 외에 환경 즉, 국가와 사회, (과)학계, 예술계의 기득권, 창조적 파괴를 일삼는 괴짜(iconoclast)를 거부, 배척하는 풍토가 이들을 끌어않기 풍토로 바뀌어야만 비범한 창의적 천재들이 미치지 않고 천재성을 최대한 발휘할 수가 있게 될 것이다. 따라서 학교에서 영재의 발견, 육성뿐만 아니라 졸업 후에 이들의 진로 확대와 쓸모 있는 재능을 활용할 수 있는 기회가 학계와 산업계 그리고 예술계에 열려 있어야 한다. 바람직한 것은 육성과 현장에서의 활용이 가능하도록 협력체제(예: 산학협동 체제)로 재능 기부하기 프로그램 을 운영하는 것도 해법일 수가 있다.

IT 분야에서 인간의 삶을 혁신한 IT 천재로서 2011년 10월에 타계한 스티브 잡스의 성공 사례를 보고서 국가와 과학계 그리고 고급인재들이 모여 있다는 대학과 재단, 연구기관, 국가에서는 그가 IT 분야에서 성공할 수 있도록 무엇을 어떻게 조력, 후원했는가에 의문을 갖게 된다. 만약 우리나라 대학에서 경쟁력 제고를 위해서 야심차게 운영한 바가 있는 BK 21 프로젝트에서 한국인 스티브 잡스를 발견하고 그가 IT 분야에서 창의성을 발휘하여 세계화할 수 있도록 지원할 수 있을 것인가, 그동안 BK 21 프로젝트가 어떠한 기대 성과가 있었으며, 발견된 문제점은 어떻게 개선되었는가라는 의문이 제기된다.

결국 스티브 잡스의 개인적인 창의적 두뇌와 심성(mind) 그리고 또 다른 IT 계의 천재 빌 게이츠에 대한 경쟁의식, 새로운 착상(idea)에 대한 도전과 몰입, 잡스 자신의 주도적인 노력과 도전, 몰입 등에 의해서 그의 천재성을 발휘하게 되었다는 것을 발견할 수가 있다. ⇦ 동·서양의 광기. 기, 벽, 광, 치가 있는 인물은 정말 배척만 할 대상인가?

서구 전통에서 광기의 의미

1. 19세기 프랑스를 대표하는 "리트레 사전"에 따르면, 광기는 정신의 착란, 지적, 정서적 능력의 손상, 이성의 부재, 엉뚱함, 정확한 판단력의 결여, 과도함, 행동의 어긋남, 그리고 명랑함, 쾌활함, 열정적 취향 등 다양한 의미를 지닌다.
2. 정신건강의학(psychiatry)의 발달과 더불어 좀 더 과학적 주제와 연구 대상을 변모한다. 그래서 19세기 이후에는 광기라는 단어는 신경증, 정신병, 강박증, 히스테리, 공포증, 조현병(정신분열증), 우울증, 편집증 등의 용어로 대치되며, 광인이라는 용어 대신 '정신병자'라는 용어를 사용하게 된다. 해부병리학의 도움을 받은 정신병리학에서는 광기를 흔히 뇌의 질병으로 간주했으며, 광기의 치료를 위해서 정신의학자들은 뇌수술, 전기 충격에 의한 충격, 물 치료에 의한 정화법 등을 사용했다(송기정, 2012, 22).
3. 많은 관련 학자들은 광기가 개인적인 문제일 뿐만 아니라 사회적인 문제라는 점을 지적했다. 어떤 방식으로 접근하든 광기에 대한 연구는 광기를 치료하는 것을 목적으로 행해졌다.
4. 고대 그리스에서 광기는 초자연적인 것으로 간주했다. 즉, 인간의 광기는 인간의 생리적, 심리적 원인들에 기인하는 것이 아니라 순전히 신에 의해서 운명 지어진(저주 받은 존재인) 것으로 인식되었다.
5. 고대 그리스와 로마 문화에서 광기는 신적인 영감을 의미하며, 히브리어의 나비(navi)라는 말이 예언자와 광인을 동시에 지칭함을 지적한다. 한편, 플라톤의 파이드로스에서 소크라테스는 질병으로서의 광기와 구분하여 신의 영감을 받은 광기, 관습과 규범을 벗어나는 광기를 언급한다. 그는 인간의 가장 지고한 선은 광기에서 유래한다고 말하는가 하면, 인간의 광기는 신의 선물임을 주장하기도 한다(작세름, 1992, 71을 인용한 송기정, 2012, 23에서 재인용).
6. 중세를 거쳐서 르네상스 시대까지 광기는 이성과 공존했다. 중세 시대의 광인은 인간의 실존과 친숙한 존재였고 사회에서 그들 나름의 지위를 부여받았다. 빅토르 위고의 『파리의 노트르담』에서 볼 수 있는 것처럼 광인들의 존재는 이성과 함께 했음을 보여주는 예이다.

서구 전통에서의 광기의 의미

질병으로서 광기
신의 영감을 받은 광기 – 신의 선물
기존의 관습과 규범을 벗어나는 광기
이성과 공존하는 광기
이성의 무질서가 아님
모든 정서적, 열정적, 창의적 에너지이다.
광기를 일으키는 중요한 요건으로서 열정
비정상성(abnormality), 즉 이상(理想)이 아닌
이상(異常)으로서의 광기. 그러나 창의적 천재성 또는
비범함과 결합되면 이상(理想), 숭고함이기도 하다.
신의 선물〔恩物〕로서 광기

사회적으로 성공한 사이코패스의 번뜩이는 천재성과 일종의 광기가 생존에, 문화에 도움이 된다(『이상(異常)과 이상(理想)의 병조』, 케빈 더튼, 2013).

창의적 천재들 이외에 정치가(독재자)와 여성, 예술가, 작가, 장군(지휘관)이나 CEO의 광기의 양태와 효과에 대한 연구가 소수의 연구자에 의해서 이뤄진 바가 있다. 광기는 배척만 할 주제가 아니다.

9. 광기가 있는 천재들을 치료해야 하는가

이 주제와 관련하여 제기되는 문제들을 예시하면

- 자의반 타의반 광기에 시달린 창의적 천재들은 이상(異常)으로서 광기에 대한 치료를 위해서 어떤 노력, 방법을 추구하였는가
- 또 고통에서 벗어나기 위한 또 치료상의 자구책으로 아마도 아편 같은 마약, 알코올, 진정제, 흥분제 등을 복용, 의존하는 것으로 해석되는데 이들의 치료상의 효과와 한계는 무엇인가
- 치료는 당사자를 보호하기 위한 것인가 또는 주위 사람을 보호하기 위해서 필요한가
- 치료 자원과 치료 전문가는 충분하며 어디에서 누가 치료를 담당할 것인가
- 사후 치료와 예방 조치를 위한 대책과 운영상의 프로그램은 마련되어 있는가
- 광기를 치료하지 않았을 때 나타나는(예상되는) 결과는
- 치료 시도와 과정에서 또는 치료 후에 창의성이 사라지지 않을 것인가
- 광기는 선천적인가, 또는 습득된(acquired), 학습된 것인가
- 광기가 나타나는 창의적인 천재들을 치료해야 하는가

- 창의적 천재들에게서 나타나는 광기는 성인(어른)에게서만 나타나는가(창의적인 신동·청소년 영재에게서는 나타나지 않는가)
- 광기가 있는 창의적 천재들을 약물치료와 심리치료의 경우에 발생되는 곤란한 문제는 무엇인가?
- 천재는 불행한 인간이라고 존 애덤스가 말했는데 광기 때문에 불행하다는 것인가, 그 광기를 치료하기가 어렵기 때문에 숙명처럼 평생 광기를 동반하고 살아가야 하기 때문인가. 이들의 존귀(尊貴)함을 사회가, 학계가 문화계가, 예술 분야에서 알아주지 않아 국외자(outsider) 또는 이방인으로 외로운 삶을 살아야 하기 때문인가. 진성 천재(truth genius)가 졸렬한 천재들에게서 집단 따돌림을 당하기 때문인가
- 창의성과 정신 병리(예컨대, 광기·Madness)간의 관계를 조화시키고 또 한편으로는 창의성과 정신 건강을 연결시키는 것이 가능한가
- 창의적인 천재들에게서 나타나는 광기에 대해서 어디에서 누가 어떻게 대처해야 하는가, 이들의 광기를 치료하지 않았을 때 발생될 것으로 예상되는 결과는
- 창의적인 인물들의 정신 질환을 치료하려면 당사자에게 어떤 영향이 나타날 것인가
- 비범한 창의적 천재들에게서 나타나는 임상적 유형별 정신질환에 따른 효과적인 치료법이 있는가(정신건강의학, 임상 심리학, 심리 치료, 가족 치료, 심리상담 상으로). 사회, 학계에서의 책무성과 개선, 예방 대책과 지원 방안은 무엇인가(괴짜 천재 수학자로 수학계에서 잘 알려진 펠레만의 불행한 학자로서의 삶은 제도적 권위주의와 폐쇄 성, 편견 등에서 비롯된 것이었다. 논문 심사위원보다 우수한 펠레만의 천재성을 무시한 논문심사 결과에 그러한 수학계 풍토에 환멸 을 느끼고 은둔의 수학자로서의 삶을 살고 있음을 볼 때 외부 환경을 개혁하는 또 다른 노력이 필요하다. 즉, 필자의 판단으로는 천재를 맞이할 수 있는 준비가 안 된 졸렬한 학계 풍토가 정신질환의 유발 원인일 수가 있다.)
- 광기가 있는 지도자에 의해서 나타난 긍정적/부정적 효과는

학술논문심사가 교육 권력화되어 논문 작성자보다 전문성과 식견이 부족한 교수가 심사위원이 되어 오도된 교육 권력을 행사하고 있고, 이 문제점이 시정되지 않는 상황이 한국 교육학계(예: 한국교육학회)에서도 관행처럼 개선되고 있지 않다. 갑(甲)과 을(乙)의 관계인 것과 같다.

많은 창의적인 인물들은 스스로 자신을 치료하려고 노력했고 마땅한 수단이 없던 시대에는 불편함을 제어하기 위해서 최상의 조건을 스스로 찾아냈다고 한다. 예컨대, 보

들레르, 사르트르, 콕토 또는 애드가 앨런 포는 우울증 진정제로 아편과 다른 중독제를 복용했으며, 아울러서 베를렌에게 알코올은 심리적 고통을 일시적으로나마 심리적 고통을 완화시켜 주고 압박감(pressure)을 극복하게 하는 치료제이다. 이들 물질은 심신에 영향을 끼치는 효과가 있다.

이미 많은 천재들이 마약과 알코올 중독 또는 기호품으로 선호했음을 밝힌 바 있는데 베를렌의 경우처럼, 알코올이 가지고 있는 특수한 치유적 효과는 조울증 환자들의 우울한 기분과 정신 분열증 환자들의 불안을 달래 준다고 한다. 그렇기 때문에 더 폭음을 하는 경향이 있다는 것이다.

광기·발작하는 천재들을 치료해야 하는가에 관해 장 뒤비레, 앙드레 브르통, 생트 뵈브(Sean Dubuffet, Andre Breton, Saint-Beuve)는 화를 내면서 안 된다고 했으나 슈만, 스타이런, 다니노스는 당연히 치료가 필요하다고 옹호한다.

보통 사람이든 창의적인 광기가 있는 인물이든 간에 본인이 치료를 요구하거나 그가 안전한·건실한 생활이 불가능하거나 생명이 위기에 처해 있다고 판단되면 의사는 치료할 의무가 있다. 치료받을 의무가 치료의 찬·반에 우선한다고 보는 것이다.

천재만을 위한 특별한 치료는 없다. 광기를 다스릴 수 있을 만큼 운이 좋은 사람은 이 세상에 없다고 스트린드 베리는 주장했는데 이 말은 천재의 광기는 치료가 불가능한 난치병, 지병이 아니라 치료가 그만큼 어렵다, 쉽지 않음을 암시하는 표현으로 해석할 수 있다.

광기에 시달린 창의적인 천재들은 광기에서 벗어나거나 자유롭기 위해서, 즉 치료를 위해 자의반 타의반으로 어떤 노력과 방법을 추구하였다.

아마도 아편 같은 마약, 알코올, 진정제, 흥분제를 복용, 의존하는 것으로 해석된다. 또는 정신건강의학과 상의 치료를 받는 것으로 생각된다. 이 경우에 치료는 당사자를 위한 것인가 또는 주위 사람(가족이나 친구, 직장 동료들)을 보호하기 위해서 필요한가 하는 문제가 제기될 수 있다. 창의성은 흔히 정신적·신경증적·정신병적·순환기질적 조건을 반영하므로 질병의 징후가 사라질 때 창의성도 소멸되는 위험이 실제로 존재한다. 창의성을 짓누르고 메마르게 할 위험을 안고서도 천재들의 광기를 치료해야 하는가. 또는 창의성을 억제하지 않으려면 광기를 치료해선 안 되는가. 이 중요한 문제들에 대한 정신건강 의학적, 임상심리학적 처치상의 임상 보고는 알려져 있지 않다.

광기와 리더십의 유관성

국가적 위기 때는 정신적으로 정상인 지도자보다는 오히려 정신질환이 있는 지도자가 더 낮다는 다소 도발적인 주장을 나시르 가에미(Nassir Ghaemi) 교수가 주장을 했다(2011). 그 근거를 대중적으로 잘 알려진 유명 지도자들의 인생과 업적을 통해서 정신건강의학적으로 규명했다. 물론 가에미(Ghaemi, 2011) 교수가 말하는 정신질환은 우울증과 조증 등 사고력과는 무관한 기분장애 등 평범한 수준의 것으로, 그들이 실제로 또는 항상 그런 질환을 나타냈다는 것이 아니라 질환에 동반되는 여러 요소들이 지도자의 활동에 도움이 된다는 해석이다.

국가적으로 위기 시에 빛난 광기의 리더십을 보인 정치가들의 면모를 보면, 이들의 공통적 특성은, 총 네 가지인데, 우울증이나 기분장애를 가진 지도자들은 국가가 위기에 처했을 때 현실의 부정적인 측면을 냉철하게 간파한다. 예를 들면, 영국의 처칠 총리와 미국의 링컨 대통령이 대표적 인물이다. 간디와 마틴 루터 킹은 타인의 고통을 공감하는 능력을 가졌고 미국의 두 대통령인 루스벨트와 케네디는 시련과 역경에 쓰러졌다가 다시 일어서는 빠른 역경 극복 역량(resilience)을 보였다.

반면에, 리처드 닉슨, 조지 W. 부시, 토니 블레어 같이 정신적으로 건강한 리더들은 위기가 닥쳤을 때 난국을 헤쳐 나가지 못해서 실패했다고 주장했다. 독일의 나치가 보여준 극단적인 리더십에 대한 분석도 흥미로운데 저자는 나치 지도자 24명을 2년에 걸쳐서 면담, 분석한 결과, 그들이 정신적으로는 건강한 사람(?)이었고 선동적인 정치가인 히틀러에게 조종당했다고 분석한다. 이 후자의 해석은 히틀러에게 맹종한 부하(참모)들은 선동적인 정치가에 의해서 지배, 조종, 맹종, 이용당했을 뿐이며 자신은 이성적, 도덕적으로 판단력이 상실되고 붕괴된(맨붕, mental breakdown) 상태(존재)였을 뿐이라고 자기 합리화에의 변명에 불과한 것이라고 보는 견해는 순진한 해석이다. 독재자 히틀러의 권위에 도전, 비판하는 인물은 측근으로 생존할 수 없었을 것으로 보인다. 따라서 현재와 미래에도 독재적인 정치가와 그 참모들은 히틀러와 그의 정치와 군대 참모들처럼 오로지 당신의 영광과 승리를 위하여 충성하겠으며, 그 수단으로 국민을 이용하겠노라하고 신명을 바쳐 사수한 모양새와 닮은꼴인 것으로 해석된다. 일본이 제2차 세계대전시에 진주만 폭격 특공대인 비행기 조종사를 보내면서 살아서 귀국하라가 아니라 오로지 천황의 영광을 위하여 전사(戰死)하라는 뜻으로 가는 데 필요한 기름만 주유했다는 것이며, 선발된 조종사들은 우수한 엘리트였다는데, 부모와 가족 및 본인들은 전후에 무엇으로 보상을 받았으며, 아마도 그런 동원이 일본 국민 전체가 맨붕인 상태였으니까 또는 전시니까 가능했었다는 논리가 용납이 되는가, 그런 전쟁을 일으킨 전범 국가로서 피해를 준 주변 국가들과 국민들에게 당연한 피해보상을 의무적으로 해야 한다는 국제 강제 규약을 마련하지 않은 것은 전후 처리 문제를 담당한 승전 국가들의 실책이 아닌가. 지금이라도 시급히 필요한 조치를 강구, 해결해야 할 미완의 숙제이다. 이들 전사자들의 영령이 오늘도 야스쿠니 신사에 전범의 원흉과 함께 순국열사로 합사되었는지가 궁금하다.

미국의 어느 지성인은 약소국인 대한민국이 주변 강대국가들의 계속되는 침탈 속에 생존해 온 역사를 접하고는 "한국은 참으로 고약한 이웃나라를 곁에 두고서 힘들게 생존해 왔다."면서 "역사는 되풀이 된다는 데, 현재와 미래의 한국의 앞날이 걱정된다."고 전제하고 우리나라의 생존전략으로 국민과 지도자들이 지혜를 발휘하여 각성하고 준비, 단결, 교육하며 이용할 것을 경고, 당부했다고 한다. ⇦ 동양의 광기와 서양의 광기, 미쳐야 산다. 광기, 정말 배척만 할 대상인가

정신건강 치료

정신병 증후군의 비율에 대한 정보자료 외에도 사람들이 정신적 문제에 대하여 어떠한 처치를 받았는지 여부에 대한 문서가 이용 가능하였다. 치료의 범주는 다음과 같다: 강제 치료는 자신의 의지에 반하여 도움을 받도록 압력이나 강제를 받은 것을 의미한다; 자발적 입원은 자신의 주도로 정신 병원, 요양소, 또는 약국에서 받은 정신건강 치료 전부를 나타낸다; 외래 정신 치료는 투약처방이 있거나 없거나 입원하지 않고 받은 치료를 언급한다; 정신건강 의학과 치료는 정신분석에서부터 심리상담에 이르는 심리 치료 과정을 거친 것을 말한다; 비정통 치료는 유사치료 방법, 색다른 운동, 유행, "기도요법," 자연요법 등의 치료를 받는 것을 말한다; 그리고 기타 치료는 정신적 고통을 완화시키기 위하여 고안된, 위에서 언급되지 않은 그 외의 방법들 모두를 가리킨다(예를 들어, 기독교인 과학, 종교적 치유).

ECA 연구에서는 정신건강 치료의 비율은 장애의 유형에 따라 상이하여 약물 남용 또는 알코올 중독의 경우 10%에서부터 공황장애 47%에서 신체 증후군의 경우 67%에 이르기까지 다양하였다. 어떤 정신장애에 대하여 어떤 정신 치료를 받는 평균비율은 13%였으며 남성은 10%이고 여성은 16%였다.[15] Ludwig(1995)의 표본에서는 상응하는 비율이 26%로 남성은 23%이고 여성은 35%였다. 다양한 집단 중에서 시인, 소설가, 배우, 작곡가, 음악인들이 가장 비율이 높았으며(30%에서 42%) 군인, 탐험가와 정치가가 가장 비율이 낮았다(0%에서 6%).

이 다채로운 결과들은 예술가나 창조적 예술 직업을 가진 사람들이 다른 직업을 가진 사람들에 비하여 생애 중 다양한 정신장애를 앓는 비율이 더 높다는 것을 확실하게 보여

15) L. N. Robins, B. Z. Locke, and D. A. Regier, "An Overview of Psychiatric Disorders in America," in *Psychiatric Disorders in America*.

	건축가	미술가	작곡가	연주가	연극인	논픽션 작가	픽션 작가	시인
알코올		○●	○	○●	○●	●	○●	○●
약물				○●	○●		○	○
우울증		○●	○●	○		○●	○●	○●
조증					○			○
정신병								○●
불안		○			○		○	
적응		○				○	○	
신체질환								
자살 기도				○	○●		○	○●

그림 5-2 창조적 예술가들의 주요 정신병리 유형(○ = 40세 이전, ● = 40세 이후)

준다. 그렇지만 이들 결과에 대하여 세 가지 중요한 제한이 이루어져야만 한다.

첫 번째 제한은 단일한 유형의 정신병리가 다른 직업을 가진 사람들에 비하여 모든 창조적 예술가들에게 특징적으로 나타나지는 않는다는 점이다(**그림 5-2** 참조).[16] 알코올 중독은 창조적 예술가들 사이에는 많지만 건축가들에게는 그렇게 많지 않다. 과도한 약물 사용은 주로 음악 예능인과 배우들에게서 주로 일어나며 소설가와 시인들에게는 다소 덜하지만 건축가, 미술가, 논픽션 작가, 음악 작곡가들에게서는 그렇지 않다. 우울증은 모든 예술직 집단에 공통되지만 건축가나 배우들에게는 인상적이지 않다. 조증은 시인과 배우들에게는 흔하지만 다른 집단들에서는 드물다. 조현병과 같은 정신질환은 단지 시인에게서만 현저하다. 불안 장애는 대개 미술가, 배우와 소설가에게 발생하지만 대체로 40세 이전에 그러하다. 적응 반응은 다른 유형의 운동선수와 같이 특정 예술가 유형에서만 발생한다. 시인, 음악인, 소설가와 배우들이 다른 예술가 유형보다 더 많이 자살을 시도한다.

두 번째 제한은 지금까지의 논의에서는 강조되지 않았는데 어떤 단일한 유형의 정신질환이 어떤 직업 집단의 과반수 이상에게서 발생하지는 않는다는 점이다. 심지어 후에 많은 주목을 받고 있는 정서 장애에서도 예술가 유형의 50%는 의학상으로 우울증이라는 증거가 없었으며 약 90%는 조증이라는 증거가 없었다. 물론, 이것을 해석하는 다른 방법들이 있다. 더 심각한 유형의 우울증이나 조증을 앓지 않는 사람들은 사실상 이 증

16) 이러한 결과들은 Ludwig. (1992). "Creative Achievement and Psychopathology: Comparison Among Professions," *American Journal of Psychotherapy*, *46*, 330-356의 논문에 더 자세하게 설명되어 있다.

후군 접근법으로는 파악할 수 없는 더 가볍고 준의료적 형태라고 할 수 있다. 그러나 또한 그들 그리고 그러한 정서 장애는 예술가 유형에게서 더 많이 발견되지만 반드시 전형적인 것은 아니라고도 할 수 있다. 그렇지만 이들 직업에서의 어떤 정신 질환 발생률이 이례적으로 높기 때문에 어떤 형태의 정신병리가 있다고 하는 것은 분명 가능하다.[17)]

세 번째 제한은 특정 비예술직 특히 연구직에서 발견되는 상대적으로 낮은 비율의 정신 질환과 관계가 있다. 정신적으로 안정된 비예술 직업인들이 우리가 언급한 바와 같이 이례적인 창조적 성취를 할 수 있다는 사실은 정신 질환과 창조적 성취 사이에 어떤 분명한 연계성이 존재하는 지에 대하여 의심을 불러일으킨다.

소개한 바와 같이 이러한 다채로운 결과들은 정신병리와 이례적인 성취 사이의 연계성에 대하여 다른 시각을 제공할 뿐만 아니라 특정 형태의 정신병리의 기능에 대하여도 또한 다른 시각을 제공한다. 창조적 예술가들은 심지어 젊어서도 다른 직업을 가진 사람들에 비하여 대단히 더 높은 비율로 정신 질환을 앓는다는 결과와 이들 비율은 해가 갈수록 상승한다는 사실은 어떤 창조적 예술직은 특별한 스트레스 때문에 그들의 최근의 문제들 특히 생활방식과 직업상의 위상을 악화시키면서 정신 질환을 앓은 사람들에게 매력적이거나 그들이 명성과 성공의 도구로 어떤 정신병리를 불러일으키도록 조장한다는 것을 시사한다. 게다가 서로 다른 창조적 예술직은 서로 다른 양상의 정신병리를 드러낸다는 연구 결과는 서로 다른 경력을 추구하는 사람들에게 특정 형태의 정신병리는 이로우며 다른 유형은 불리하다는 것을 시사한다. 예를 들어 많은 음악가들은 약물은 공연의 질을 높인다는 믿음이나 그러한 약물의 진정작용이나 흥분작용 같은 생물학적 경향 때문에서뿐만 아니라 가까운 친구들이 알코올과 약물을 복용하기 때문에 알코올과 약물을 사용한다. 시인은 우울증, 조증, 정신이상, 자살에 취약할 뿐만 아니라 자신들의 고통을 작품의 소재로 삼는다; 그들은 또한 고뇌와 싸우는 사람들일 것이라는 문화적 기대에 의하여서도 영향을 받는다. 이와 대조적으로 대중이나 상사들에게 책임이 있는 공직자와 군인들은 정신적 불안정이나 사회성 일탈의 분명한 징후를 보인다면 경력에서 성공적이기가 쉽지 않다. 그들은 사적인 비탄을 경험하는 한편 공인이라는 신분, 지위 때문에 정신병리를 드러낼 수는 없다는 것이 틀림없다. 그렇지 않다면 그들은 대부분의 지도적 위치에서 필수적인 대중의 신뢰와 인정을 얻을 수 없다. 비록 이들 중 일부는 정신 질환을 앓지만 공적 영역 안에서 활동하는 직업은 안정적이거나 자신의 정

---

17) 저명인사들에 제한되어 있지만 이들 결과는 Ludwig의 연구에서 여성 작가들에 대하여 확보된 결과를 꼭 맞게 확인해 준다〔Ludwig, A. M. (1994). "Mental Illness and Creative Activity in Female Writers," *American Journal of Psychiatry*, *151*, 1650–1656〕.

신병리를 심지어 자신에게도 숨길 수 있는 사람들이 선택하는 것으로 보인다. 이것은 또한 사회과학자와 자연과학자들에게도 적용된다. 과학과 학문 분야 내에서는 인내심, 엄격, 불편부당과 흔히 고통스럽고 고된 실험이 요구되기 때문에 어떤 정신장애를 가진 사람에게는 직업적 성공이란 측면에서 불리하다.

정신과 의사는 환자의 요구에 응할 뿐이다. 이 요구를 가장 분명히 표현한 유일한 사람으로서 자신을 치료해 주고 입원시켜 달라고 요구한 인물이 로베르트 슈만이다.

조각가인 로댕에게 버릇이 없다고 따귀를 맞았다고 알려져 있고 여류작가인 버지니아 울프 생존 당시에는 조울증에 관한 치료법이 전무한 상태였다고 한다(김상운, 2005, p. 159).

어떤 창조적인 사람들은 자신의 창조성이 훼손될 것을 우려하여 정신과 치료를 받는 것을 염려한다. 어떤 이들은 심리치료 특히 심리분석 치료를 받으면 정신이 정상으로 돌아오고 자신의 창조성의 원동력이 되었던 정신병적 습관이나 경험을 없애버려서 "자신의 정신이 엉망진창이 될지"도 모른다고 걱정한다. 또 약물치료를 받으면 뇌에 아주 직접적으로 영향을 끼쳐 창조성의 원천이 없어지거나 훼손되지 않을까 염려한다(Andreasen, 2005; 유은실 옮김, 2006, p. 105).

적어도 감정질환의 형태로 나타나는 정신질환은 창의성을 발휘하는 데 어느 정도 도움이 되지 않겠느냐는 가설을 세워볼 수도 있는 것이다. 조증이나 경조증 상태에서 에너지가 증가하게 되면 충분히 창의력을 향상시킬 수 있다. 더욱이 연상 사고가 '적절한 사고'이든지 괴상망측한 생각이든지 그것이 풍부해질수록 정신질환이 발생할 소지가 있게 된다. 경조증 또는 정신질환 상태에서 떠오른 아이디어들은 감정이 중립적이 되고 보다 이성적인 상태가 되면 다시 한 번 조사하고 평가할 수 있다. 정신질환을 창의적인 사람들이 내면의 강력한 경험을 도출할 수 있는 자원의 보고라고 보는 사람들은 정신질환을 이상적으로 생각했다.

그러나 많은 창의적인 사람들이 정신질환을 치료해서 정신 질환의 증상에서 벗어나거나 벗어나기를 바랄 만한 충분한 이유가 있다. 감정질환과 조현병 환자에게서는 모두 비정상적으로 자살률이 높다. 수많은 창조적 인물들이 자살로 생을 마감했다. 유명한 예로 빈센트 반 고흐, 버지니아 울프, 어니스트 헤밍웨이, 실비아 프라스, 그리고 앤 섹스톤 등이 있다. 이들 대부분이 적절한 치료를 받았더라면 자살을 하지 않았을 것이다. 빈센트나 버지니아 등은 그림이나 글로 세상을 풍요롭게 할 수 있었을 것이다.

21세기에는 의학의 발전으로 고흐나 버지니아가 살던 때보다 정신질환을 훨씬 더 잘 치료할 수 있게 되었다. 효과적인 약물이 아주 많이 개발되고 있기 때문이다. 전혀 치료를 받지 못하거나 조증이나 우울증이 저절로 나아질 때까지 고통을 감수해야 했던 50년

전과 비교하면 너무나 대조적이다. 그 당시에는 조현병의 정도도 심했고 오랫동안 앓았다. 1950년대 초에 새로운 약이 개발되었다. 이미프라민과 같은 트리사이클릭 항우울제와 토라진과 같은 조현병 치료를 위한 신경이완제가 개발되었다. 그 이후로 꾸준히 신경질환과 조현병 치료가 발전하였다. 조증 치료에 사용되는 리티윰 카보네이트의 효능은 1972년에 확립되었다. 그 후로 데파코트 등 또 다른 감정 안정제가 조증 치료에 도입되었다. 진정작용과 같이 창조성에 영향을 끼칠 수도 있는 부작용이 전반적으로 훨씬 줄어들었다.

그러나 이러한 약물이 창의성에 어떤 영향을 끼치는지에 관한 제대로 된 과학적 연구를 거의 하지 못하고 있다. 지금까지 가장 잘 이루어진 유일한 연구 결과가 1979년 모건 쇼유가 발표한 것이다. 모겐스는 조증 치료제로서 리티윰 카보네이트를 개발한 선구자였다. 그는 양극성 질환을 앓고 있는 일단의 미술가들을 대상으로 그들의 작업 생산성과 질을 측정했다. 연구 대상을 리티윰에 대한 반응에 따라 세 집단으로 나누었다. 한 집단은 작업 생산성이 엄청나게 향상되었다. 이러한 사람들은 아주 심한 양극성 질환을 앓고 있었으며 리티윰을 복용함으로써 자신들의 창의력이 향상되는 것을 알게 되었다. 두 번째 집단은 창의력이 거의 영향을 받지 않았다. 쇼우는 이 집단에 속한 사람들은 아마도 약을 먹지 않았을 것으로 추정하였다. 세 번째 집단은 창의력이 떨어졌다. 이 사람들은 창의력을 높이기 위해 '조증 시기'에 얻은 통찰력에 의존하는 경향이 있었다. 이 세 번째 집단에 있어서 중요한 문제는 조증 증상을 조절할 때 얻은 좋은 점과 치료 결과 창의력이 감소하는 것 사이에서 어느 것이 더 유익한가이다. 이것은 개별적으로 정해질 수 있는 문제이다.

21세기 미국에서 가장 섬세한 시인의 한 사람인 로버트 로웰의 경우를 보면 리티윰이 창의성에 끼치는 아주 흥미로운 영향을 알 수 있다. 로웰은 아주 심한 양극성 질환을 앓고 있어서 여러 번 병원에 입원해야 했다. 그의 증상은 항우울제나 신경안정제의 도움은 거의 받을 수 없었다. 본격적인 심리 상담을 받았으나 도움이 되지 못했다. 리티윰 카보네이트는 1960년대 말에 사용이 가능해졌는데 그때부터 그는 리티윰을 복용하기 시작했다. 놀랍게도 감정의 기복이 줄어들어 창작 활동이 향상되는 것을 알게 되었다. 1967년 봄에 치료를 시작한 후 매년 일어났던 신경쇠약 상태에서 벗어나 6월과 12월 사이에 연시 형태의 14행 시 연작 74편을 썼다.

로웰의 전기를 집필한 이안 해밀튼은 리티윰 치료 후에 쓴 시에서는 "기운이 없어 보이는 그러나 기본적으로 호감이 가는 분위기"를 보였다고 한다. 따라서 로웰 자신은 리티윰이 자신에게 얼마나 도움이 되었는지 아주 감동을 받은 것처럼 보였고 시인으로서 자신의 능력이 줄어들기보다는 향상된 것으로 느끼기는 했지만 생산성과 안정감의 향상은 그의 시가 보여 주는 힘의 일정 부분을 상쇄했을 수도 있다. 로웰의 경우는 우울증을 앓고 있었던 다른 창조적인 사람들과도 일맥상통하다. 예를 들어 미국의 위대한 작곡가 아아론 코플랜드는 "너무 심한 우울증에 빠지면 예술 작업을 하지 못하게 될 것이다. 그 이유는 예술 작업은 적극적인 행위이기 때문이다."고 하였다. 화가인 라파엘 소이어 역시 다음과 같은 견해를 피력했다. "우울할 때에 작업을 하는 것이 훨씬 힘들다는 것을 알고 있다." 작가 워크숍에 참여했던 작가들 역시 감정질환에 시달리는 동안 글을 쓸 수 없었다고 하였다.

그러나 쇼우의 리티움 연구 이외에, 예술가나 과학자의 창조성에 끼치는 약물의 영향에 관한 연구는 없다. 그런 연구는 하기가 어렵다. 왜냐하면 그런 연구를 하려면 정신질환을 앓고 있는 일단의 창조적인 사람들과 접촉할 수 있어야 하기 때문이다. 따라서 우리는 주관적인 설명으로 한정시킬 수밖에 없다. 내 경험으로는 대부분의 창조적인 사람들은 조울증이나 우울증과 같은 정신질환이 창작 과정의 적이라고 느끼고 있다. 만약 증상이 심하고 아무 일도 할 수 없게 될 때에는 치료를 받았으면 한다. 그러나 환자 한 사람을 치료하는 담당 의사는 조심스럽고 세밀하게 그리고 주의를 기울여 치료를 진행해야 한다. 과잉 치료(지나친 투여로 인한 창작 장애)와 치료 부족(증상이 심해 환자가 창작을 할 수 없는 상태) 사이의 외나무다리를 잘 걸어가야 한다. 치료의 목적은 창작력을 훼손하지 않으면서 증상과 고통을 줄이는 것이다. "무엇보다도 해를 끼치지 않는다(primum non nocere)"는 의사의 모토는 정신질환을 앓고 있는 창의적인 사람을 정신과적으로 돌보게 되는 의사에게 중요하고 도전적인 기준을 제시하고 있다(Andreason, 2005; 유은실 옮김, 2006, p. 165-170)

10. 전문가 집단의 정신 질환

소포클레스(Sophocles) 이야기에 따르면 필록테테스(Philoctetes)는 결코 과녁을 빗나가지 않는 신기한 활을 가지게 된 후 뱀에 물린다. 상처에 악취가 나고 흉하였기 때문에 동료 전사들은 그를 Lemnos에 버렸다. 이제 버림받은 그는 혼자 조용히 화를 참고 있었다. 현대적 신화 읽기는 그의 긴 고통, 정신적 고뇌와 사회성 소외는 이 신비한 활을 소유하게 되어 지불해야 하는 개인적인 대가라고 주장한다.[18]

---

18) 다음의 자료들 참조.

Edmund Wilson. (1957). "Philoctetes: The Wound and the Bow," in W. Phillips (Ed.) *Art and*

이 이야기의 교훈에도 불구하고 남다른 재능으로 정신적 고통을 겪어야 한다는 개념은 신화에서처럼 공상적이지 않다. 이 주제에 대한 예리한 분석에서 루스 리처드(Ruth Richards)는 질병과 건강이 진화학적 견지에서 얽혀 있다는 세 가지 방법의 생물학적 모형을 설명한다. 이들 모형은 면역성 획득, 보상 이익, 그리고 구식 유전 설계도이다.[19]

후천성 면역 모형(acquired immunity model)은 특정 사람은 특정 질병을 앓은 후 미래의 더 강한 이러한 질병에 대한 항체를 획득하게 됨으로써 생물학적 이점을 가지게 된다는 관찰에서 나온 것이다. 이것은 과거 희석시킨 병원체를 특정 백신으로 사용하거나 어린 아동에게 수두나 유행성이하선염 접종을 하여 성인기에 더 심각하게 앓을 가능성을 벗어나도록 한 원리이다. 그러므로 적어도 약간 앓는 것은 미래에 건강하게 지내는 방도가 될 수 있다. 심리학 영역에서 추정하여, 우리들은 많은 위대한 인물들의 개인적 역경에 대한 저항이나 위험에 직면하여 그들이 발휘한 용기에서 획득된 면역성의 유사체를 발견할 수 있다. 특정인들에게는 힘들었던 아동기, 정신적 박탈, 결손 가정, 신체장애 또는 부모와의 이른 사별에 노출되었던 과거가 그들을 무능력하게 하는 대신 그들에게 이후의 인생에서의 극도의 스트레스에 대한 "심리적 면역성"을 제공한다. 그것은 그들이 견뎌야만 했던 것에 의하여 "불의 시험"을 받고 "가마에 단련된" 것과 마찬가지이다. 이것은 그들이 이상한 것에 더 잘 맞서거나 다른 사람들은 피하는 경향이 있는 어려운 상황에 더 잘 도전할 수 있도록 만든다.

보상이익 모형(compensatory advantage model)은 개인에게 다른 질병에 대한 저항력을 증가시키도록 하는 어떤 질병이 있는 것을 가리킨다. 양친부모로부터 질병을 물려받은 사람들은 조기 사망할 위험으로 심각한 생기 결핍을 일으키는 한편 단지 부모 한쪽으로부터 특성을 물려받은 더 많은 질병 보인자들은 단지 가벼운 빈혈을 일으키지만 말라리아에 대한 저항력에서 긍정적인 보상이익을 보여 준다. 심리학적으로 조울증은 적절한 유사체가 있는 것으로 보인다. 이 질병은 강력한 유전적 보상을 가지고 있을 뿐만 아니라 유명한 창조적 인물에게서 흔히 발견된다. 또한 양성인간의 정상적인 친척은 이러한 장애의 특성을 보유할 가능성이 많은데 특정 대조집단들보다 더 창조적이라는 증거가 보인다. 보상이익의 속성 때문에 그것은 가벼운 형태의 조증에서 공통적으로 발견

Psychoanalysis. New York: Criterion, p. 532.

Zegans, L. S. (1964). Beyond the 'Wound and the Bow': An Interdisciplinary Survey of Theories Related to the Nature of Creativity. *Psychiatric Quarterly*, *38*, 717-732.

19) R. Richards, "When Illness Yields Creativity" (101회 미국심리학회 연차 총회에 제출된 논문, Toronto, Canada, 1993년 8월 24일).

되는 거침없는 아이디어, 빠른 사고, 정신적 유쾌함, 고조된 기분을 포함한다. 조증을 가진 사람들은 또한 새로운 아이디어와 견해의 비옥한 원천을 제공하는 "혼돈의 정신적 가장자리에" 더 잘 다가간다. 비록 대부분의 사람을 무능력하게 하지만 이 질병은 특히 가벼운 형태일 때는 일부 앓는 사람들에게는 창조성과 일의 성과 면에서 다른 사람보다 이익을 준다.

구식유전설계도 모형(outmoded genetic blueprint)은 변화하는 환경 조건에 가장 잘 적응하는 종은 번성하여 진화적 견지에서 가장 성공하는 경향이 있음을 가리킨다. 그들은 멸종하지 않는 경향이 있다. 한 때 생존에 적합하였던 그들의 유전 설계도는 이제 구식이 된다. 유사체로서 보면, 과거의 특정 심리적 장애는 사회 적응에 전혀 도움을 주지 않으며, 살아남은 어떤 것이 영향을 받은 개인과 사회 전체에게 더 이익을 제공하였기 때문에 과거의 특정 장애는 소멸하게 된다고 가정한다. 상상력을 조금 펼쳐서 우리들은 취중에는 의식이 변화되는 체험을 하는, 알코올 중독증이나 약물 남용에 유전적으로 이미 노출되었던 사람들은, 현실에서는 다른 인식을 가지고 시험-교정 실험을 하는 것으로 볼 수 있다. 화학에서 수집된 통찰력 거의 모두는 평범함과 무용성을 증명하는 수단인 반면, 특정한 몇몇 사람들은 다른 사람들의 질적 향상을 위하여 저술, 미술 또는 음악에 자신들의 어떤 새로운 인식을 더하고 활용하여 평범함과 무용성을 증명하는 실험을 할 수 있다. 이러한 잠재적인 이익 때문에, 신경 쇠약증이나 긴장병과 같은 그 밖의 장애는 그렇지 못한 반면, 이러한 속성의 장애는 변화하는 사회 안에서 어떤 진화론적 인 이점을 가진다.

비록 흥미를 자아내지만 이러한 종류의 특수화는 정신질환이 저명인사들 사이에 일반적이라는 사실이 확립될 때에만 정당하다. 그러나 오늘날까지 이러한 것은 확립되지 않았다. 나와 여성 필자들을 포함한 작가와 미술가에 대한 더 최근의 연구 결과를 제외한 저명인사에 대한 과거의 연구들은 비록 심각한 방법론적인 결함은 있었지만 2%에서 10% 범위의 매우 낮은 정도의 정신질환 비율을 보고하였으며 이들 중 어떠한 연구도 다른 직업을 가진 사람들 사이에서 발견되는 정신질환의 비율과 유형에 대한 자세한 분석을 제공하지 못하였다.

첫 번째 과제는 저명인사들의 생애에서 "증후군"이라고 알려진 어떤 정신적 증세와 징후의 덩어리를 확인하는 것이었다(**표 5-1, 5-2** 참조). 이러한 증후군들을 확인하는데 사용된 기준은 일반적으로 국제질병분류(International Classification of Disease) 개정 제 9판에서의 용어풀이 내용과 일치한다.[20] 자료의 성격과 정신병 원인의 계속적인

---

20) 세계보건기구, Mental Disorders: Glossary and Guide to Their Classification in Accordance

변화에 비추어 시기가 다른 정신병리학의 안정된 유형 확인은 개인이 일생 중 어느 순간의 정신병적 원인보다는 일생 동안 체험하는 정신적 혼란을 더 잘 반영하였다.[21] 어떤 점에서 이러한 설명적 접근은 다양한 정신장애가 많은 사람들에게 동시에 또는 시간을 걸쳐 증가하는 것에 대한 확인과 일치한다.[22] 이러한 접근방법에서 사람들은 우울증, 알코올 중독, 약물남용과 같은 두세 가지의 정신병 증후군들이 공통된 원인을 갖는다는 가정을 하지 않은 채 그 것들을 동시에 겪거나 일생 중 다른 시기에 그 것들을 겪을 수 있다.

이러한 증후군 접근방법(syndromatic approach)은 정신병리학 분류에서 중심적 과제였기 때문에 그것이 어떻게 적용되었는지에 대한 어떤 분류가 필요하여 보인다. 여러 사람들 중에 하워드 휴흐스(Howard Hughes)는 좋은 사례를 제공한다. 다음의 글은 보청기 줄을 담긴 상자로부터 옮기는 것을 직원들에게 특별 교육시킨 내용 중에서 발췌한 것이다:

> 우선 6~8장 두께의 휴지를 통에서 한꺼번에 잡아 빼서 문의 손잡이를 잡고 침실 문을 연다. 문은 열어두어 방을 나올 때가지 어떤 것도 건드릴 필요가 없도록 만든다. 같은 장수의 휴지를 사용하여 수도꼭지를 돌려 따뜻한 물을 받는다. 그리고서 이 휴지는 버린다... 과정 중에 그릇, 수도꼭지 또는 어떤 것도 건드리지 않도록 애쓰면서 손을 이전에 씻을 때 보다 훨씬 더 철저하게 극도로 조심스럽게 씻어야 한다.

하워드 휴흐스의 건강에 대한 편견은 그의 일생을 지배하였다. 그는 조수들이 그에게 물건을 넘겨줄 때는 장갑을 끼도록 하였으며 말하면서 침을 튀기는 대신 글로 써서 주도록 요구하였다. 먼지를 피하기 위하여 창문은 테이프로 봉하였으며 문의 손잡이를 잡지 않았다. (이러한 군집의 행동은 불안 장애의 하나인 비정상적-강박 상태라고 한다.) 때때로 변비일 때는 화장실에서 26시간 이상을 있었다. 때로는 마루에 소변을 누고서는 닦지 않고는 대신 마루에 수건을 펼쳐 놓는 것을 더 좋아하였다. 정신 상태의 극미한 변화는 그를 공황으로 던질 수 있었으며 그는 병균과 질병으로부터 자신을 지키기 위하여 모든 종류의 약물을 복용하였다. (이러한 군집의 행동은 신체장애의 한 가지인 우울증

---

with the Ninth Revision of the International Classification of Disease (Geneva, 1978).

21) Persons, J. B. (1986). The Advantages of Studying Psychological Phenomena Rather Than Psychiatric Diagnoses. *American Psychologist*, *41*, 1252–1260.

22) R. E. Kendall, What is a Case?: Food for Thought for Epidemiologists. *Archives of General Psychiatry*, *45*, 374–376.

이라고 한다.)

이러한 문제들을 안고 그는 평소 사업을 잘 운영할 수 있었다. 그러나 휴흐스는 또 다른 심각한 정신병리를 가지고 있었다. 두 번째 "신경 쇠약"에 걸린 동안 그는 정신이상이 되어 사리에 맞지 않는 허튼 말을 하고, 울화를 터뜨리고, 침실 문에 오줌을 쌌다. 그리고는 외부 세계에서 완전히 물러났다. 그는 많은 시간을 "무균 지대"인 자신의 의자에서 활동사진을 보면서 지냈으며 휴지로 전화기를 닦는데 수 시간을 보냈다. 그는 더 많은 시간을 침대에서 지내기 시작하였으며 거의 목욕도 하지 않고 손톱 발톱도 길게 자라도록 내버려 두었다. (이러한 군집의 행동을 정신이상이라고 한다.) 그는 마침내 이러한 상황에서 벗어났지만 시간이 지나면서 진통 수면제에 더 의존하기 시작하였으며(그는 여러 해 전 비행기 추락 사고가 있은 이래 마약을 복용하고 있었다.) 하루에 10차례 10밀리그램의 발륨(Valiums)을 복용하였다. (이러한 행동의 군집은 약물관련 문제라고 한다.) 비록 신체적·정신적 상태는 계속하여 악화되었지만 그는 여전히 때때로 몸을 추스려 사업을 함으로써 모든 사람을 놀라게 하였다.

투루만 카포테 (Truman Capote)는 일생 동안 다른 형태의 정신적 문제들을 체험하였다. 아동기부터 그는 밀실공포증(claustrophobia)과 유기공포증(abandonment)과 함께 "시시때때로의 불안(왜 그런지 모르게 느껴지는 불안, free floating anxiety)"으로 고통을 당하였다. 그는 과도불안을 "비열한 적군"이라고 불렀으며 결코 그들에게서 자유로울 수 없었다고 말하였다. (이러한 행동과 증상의 덩어리는 불안 장애라고 한다.) 비록 그는 10대부터 알코올과 마약을 복용하였지만 진정 수면제와 발륨과 같은 다양한 진정제와 기분전환 약물에 중독되는 40대까지는 사용을 절제하였다. (이러한 행동의 덩어리를 약물관련 문제라고 한다.) 50대에 그의 음주는 통제를 벗어나 그는 알코올 중독자 모임에 참석하게 되었으며 통제할 수 없는 음주를 치료하기 위하여 여러 의료기관에 입원하였다. (이러한 덩어리의 행동을 알코올 관련 문제라고 한다.) 수 년 후 그는 심각한 우울증으로 두 명의 정신건강의학과 의사를 만났으나 자살을 기도하였다. "매일 아침 깨어나 2분이 못되어 흐느낀다. 나는 울고 또 운다. 그리고 매일 밤 같은 일이 되풀이 된다. 나는 약물을 복용하고 침대로 간다... 그리고 갑자기 울음을 터뜨린다. 참기에는 너무 심한 고통이 있다. 내가 어떻게 늘 그러한 짐을 감당할 수 있겠는가?"라고 그는 말하였다. (이러한 행동의 덩어리를 우울증이라고 한다.) 몇 년 후 그는 불안과 사망 공포증으로 활동불능이 되었다. 그는 많은 양의 약물을 복용하기 시작하였고 마약 흡입을 계속하며, 알코올을 자제하는 기간이 지난 후 마약을 심하게 복용하기 시작하였고 알코올 중독과 정신착란으로 입원을 많이 하였다.

경제난 등 어려운 세상살이가 세계인의 정신건강에 심각한 영향을 끼치고 있다고 이코노미스트지(誌) 최신호(1998)가 보도했다. 이코노미스트(1998)는 우울증에 시달리는 인구가 전 세계적으로 3억 3,000만 명으로 추정된다고 전했다. 이 가운데 90% 이상이 제대로 치료를 받지 않고 있는 상태. 그 이유는 자신이 우울증인지도 제대로 모르는데다가 '마음의 병은 내가 알아서 추슬러야 한다'는 고정관념 때문이다.

기분이 가라앉고 전혀 흥이 안 난다. 몸무게가 마구 늘거나 줄고 불면증과 죄책감에 시달린다. 피곤하고 집중할 수 없다. 매사에 자신감이 없고 자살 충동이 치민다.

이런 증상이 2주 넘게 계속 된다면 단극성(單極性) 주요 우울증이라는 증상으로, 매우 심각한 상태. 세계보건기구(WHO)는 '질병 때문에 얼마나 오래 정상적인 삶을 살 수 없는가'로만 따지면 오는 2020년 이같은 우울증이 심장혈관 질환에 이어 질병 순위 2위로 뛰어오를 것으로 보고 있다. 조사기관들은 국가별로 대략 전체 인구의 4~10%가 현재 심각한 우울증에 시달리고 있으며, 당장은 아니더라도 10~20%가 일생 중 한번은 우울증 발병을 겪을 것으로 보고 있다. 우울증에 따른 자살은 전 세계적으로 연간 80만 건. 우울증을 반드시 경제난 때문이라고는 할 수 없지만 경제 위기에 따른 실업 등 사회불안이 격심한 러시아의 경우 지난 91년 이후 알코올 중독과 함께 우울증 환자가 급증 추세이다. 이코노미스트지(1998)는 서구를 예로 들며 특히 빈민층에게서 우울증 발병이 심각하다고 전했다.

*Partisan Review*의 편집장을 지냈으며 그 시대의 명시 선집에 가장 널리 수록되는 시인이었던 Delmore Schwartz은 또 다른 유형의 문제들을 경험하였다. 30대에 그는 가장 심하고 집요한 우울증에 시달렸다. 그는 수업을 하는데 어려움을 느꼈으며 더 흐트러지고 단정하지 못하게 되었으며 사람들을 피하고 침울해 하고 의기소침해졌으며 모든 사람을 의심하게 되었다(이러한 행동들을 우울증이라고 한다). 그러나 우울한 기간이 지난 후 필연적으로 일어나듯이 Schwartz의 기분은 다시 고조되어 최고로 부풀어 오른 조증으로 발전할 때까지 상승하였다. 이러한 기간 동안 그는 말이 많고, 정신적으로는 과격하며 과잉행동을 하고 잠이 없으며 당당하고 분별이 없으며 사회성으로 부적응하며, 때로는 솔직히 망상적이었다. 예를 들어 한번은 경찰이 손에 램프를 들고 방 가운데 벌거숭이로 서 있는 그를 발견하였다. (이러한 행동의 군집을 조증이라고 한다.) 수년 동안 그는 또한 다량의 알코올을 마셨으며 음주를 자제하는데 무척 어려움을 겪었다. (이것은, 과음이라는 또 다른 증거와 더불어 알코올 관련 문제라고 한다.) 그는 또한 진정 수면제와 각성제에 의존하게 되었다. 그의 각성제 복용은 우울하거나 수면제의 효과를 더하려할 때 증가되었는데 사탕처럼 먹는 지경에 이르러 하루에 20알을 복용하였다. (이러한 행동의 덩어리를 약물 관련 문제라고 한다.) 이것은 자연히 그의 조증을 악화시켰으며 격렬한 분노와 의심을 악화시켰다.

이러한 사례들은 정신병리 분류에 증후군 접근방법이 유용함을 보여 준다. 많은 사람들의 정신적인 문제를 설명하는데 단일한 진단이 충분한 반면 그 밖의 사람들이 일생 동안 경험하는 다른 범주의 문제들에는 타당하지가 않다. 이러한 사례들에서는 다양한 장애에 대한 식별이 필수적이다.

정신병리를 판단하는 방법을 찾는 것 외에도 우리들은 또한 일반인들에게 정신병이 있는 비율을 알 필요가 있다. 이러한 결과를 역학적으로 보려면 우리들은 전체 미국인을 대표하는 다섯 지역의 20,000명을 면담한 기념비적인 연구인 역학적 집수지역(ECA, Epidemiological Catchment Area) 조사의 결과를 활용할 수 있다.[23] 많은 이유에서 ECA 조사의 결과는 나의 것과 직접적으로 비교될 수는 없다. 그렇지만 그것들은 이들 저명인사들 사이의 정신 질환의 상대적인 정도를 측정하는데 어떤 종류의 척도를 제공할 수 있다.[24]

또한 확인될 필요가 있는 것은 표본추출 방법, 진단 기준과 인구 집단의 차이는 일생의 정신질환 비율에 광범위한 불일치를 낳을 수 있다는 점이다. 과거 역학적 조사의 결과는 이러한 사실을 실증한다. Stirling County 연구에서[25] 일생 동안 미국정신병리학협

23) Robins L. N. & Regier, D. A. (Eds.), (1991). *Psychiatric Disorders in America: The Epidemiological Catchment Area Study*. New York: The Free Press.

24) ECA 연구의 결과는 일생 동안의 다양한 정신 질환을 확증하기 위하여 진단적 면담 일람표와 DSM-III 기준을 사용한 아이슬란드 연구의 결과와 상당히 다름을 보여 주었다〔Stefansson, J. G. Lindal, E. Bjornsson, J. K., & Guomundsdottir, A. (1991). "Lifetime Prevalence of Specific Disorders Among People Born in Iceland in 1931," *Acta Psychiatrica Scandinavica*, *84*, 142–149). 연구 결과를 845쪽의 표에 요약하였다.

장애의 유형과 출현율

장애의 유형	남성 %(n = 441)	여성 %(n = 421)	합계 %(n = 862)
정신장애(흡연 이외)	59.2	54.9	57.1
알코올 남용/의존	45.6	8.5	27.5
약물 남용	0.5	1.0	0.7
조현병	0.9	0.9	0.9
조울증(조증 포함)	0.9	0.9	0.9
우울증	8.0	25.5	16.5
일상적 불안	11.8	32.2	21.7
신체적 장애	0.0	0.5	0.2

15세부터 54세 사이의 8,098명에 대한 미국의 가장 최근 정신건강 조사〔Kessler, R. C. et al.,

회의 진단통계편람 초판에서(1952년) 규정한 어떠한 정신장애에 걸리는 비율은 57%였다. 비록 맨해튼 준주거지역 연구는[26] 특정한 정신장애가 존재함을 측정하지 못하였지만 표본 인구의 23%는 심각한 정신 손상이 있었으며 80% 이상은 가벼운 손상이 있었음을 발견하였다. ECA 연구의 결과는 일생의 어떤 정신장애는 32%라고 더 신중하게 나타내었다. 현재의 연구에서 나는 특정 증후군의 존재를 "명확" 또는 "가능"으로 식별함으로써 어느 정도의 진단적 불확실성은 허용하였다. 특정 증후군의 "명확"한 존재에 대하여 "엄밀한" 기준을 적용하고 더 "허용된" 기준은 "가능"의 존재를 또한 포함시켰다. 비록 더 허용된 기준은 더 엄격한 기준처럼 진단적 확실성을 제공하지는 못하지만 특정 증후군의 확인을 위한 더 낮은 한계를 제공하면서 그 결과 저명인사들이 수년간 경험하는 정신적 곤란의 정도와 종류를 특징짓는 데는 더 적합한 것으로 보인다. 결국 그것이 바로 내가 기록하고자 하는 바이다.[27]

한 가지 즉각적인 문제는 특정 직업을 가진 사람들이 다른 직업을 가진 사람들보다 정신장애에 더 걸리기 쉬운지 그리고 만약 그렇다면 인생의 어떠한 시기에 그러한지와 관계가 있다. ECA 연구는 어떤 정신 질환을 앓는 것이 30세 이전에는 37%, 30세에서 44세 사이에는 39%, 45세에서 64세에는 27%이며 65세 이상에서는 21%라고 보고하였다. 전자의 자료는 30~45세 이전이 발생률이 높은 것을 시사한다. 루트비히(Ludwig. 1995)의 연구는 다소 다른 시기에 대한 비율을 제공하였다: 13세 이전, 13세와 20세 사이, 21세와 40세 사이, 41세와 60세 사이, 그리고 61세 이후. 더 허용적인 기준에 근거한

(1994). "Lifetime and 12-Month Prevalences of DSM-III-R Psychiatric Disorders in the United States," *Achieves of General Psychiatry, 51*, 8-19] 에서는 일생 동안의 다양한 정신 질환을 다음과 같이 보여 주었다: 정신장애 = 48%; 주요 우울증 = 17.1%; 우울증 = 6.4%; 조증 = 1.6%; 알코올 의존 = 14.1%; 그 외 알코올 남용 = 9.4%; 약물 의존 = 7.5%; 그 외 약물 남용 = 4.4%; 불안 장애 = 24.9%; 정신이상(조현병 포함) = 0.7%.

25) Leighton, D. C. Harding, J. S. Macklin, D. B. MacMillan, A. M. & Leighton, A. H. (1963). *The Character of Danger: Psychiatric Symptoms in Selected Communities*. New York: Basic Books. 일생 동안 정신질환을 앓는 것이 아이스랜드 연구에서 확인된 것과 동일함을 언급하여야 한다.

26) Srole, L. Langer, T. S. Michael, S. T. Opler, M. & Rennie, T. (1962). *Mental Health in the Metropolis: The Midtown Manhattan Study*, New York: McGraw-Hill.

27) 특정 유형의 정신병리 확인에 있어서의 평가자 사이의 신뢰성은 높았다. 한쌍의 평가자들 사이의 의견 일치 비율은 평균 거의 92%였다. 한 쌍의 평가자들 사이의 카파값은 .51에서 .76사이에 있었다. (평균 = .65).

비율은 ECA 연구에서 보다 훨씬 더 높으며 더 엄격한 기준에 근거한 비율은 유사하다.

비록 직업 유형 사이의 아동기 동안의 정신 질환 비율에는 암시적인 차이를 발견할 수 있지만 그들이 성인이 되면 분명한 차이가 드러난다. 10대들 중에서 어떤 정신 질환의 발병은 18%이다(엄격한 기준에서만 12%). 시인, 음악연주자, 소설가가 될 사람들이(29%에서 34%) 기업가, 군인, 운동선수, 탐험가, 정치인, 사회성 인물, 건축가(3%에서 9%)가 되는 사람들보다 더 높은 비율을 보여 준다.

앞의 집단에서 아동기 동안에 드러나는 일부 정신적 문제들은 아주 심각하였다. 아이앤 플레밍(Ian Fleming)은 7세에 기분저조와 "검은 우울증"의 시기를 경험하기 시작하였다. 리타 헤이워스(Rita Hayworth)는 어린 나이에 학대받고 소외당하였는데 활동불능의 수줍음으로 거의 벙어리나 다름없는 아이였다. 카리 네이숀(Carry Nation)은 아이 때 상상 속에서 뱀의 먹이가 되었으며 12세에는 "우울증과 내성적인 기분"으로 고통당하였다. 『의사 지바고』의 작가인 보리스 파스테르나크(Boris Leonidovich Pasternak, 1890~1960)는 과민하고 겁 많은 아이였는데 6세에서 8세 사이에 거의 자살할 뻔하였다고 말하였다. 하리크 윌리엄스 (Hank Williams)는 11세에 폭음을 하였다. 배우이자 무용가인 로우이스 브루크스(Louise Brooks)는 9세에 성희롱을 당하였으며 14세에는 폭음을 하였다. Mary Baker Eddy는 사춘기 이전에 환청과 분노의 격발로 고통 받은 것으로 짐작된다; 의사는 그녀가 "나쁜 기질과 혼합된 히스테리"를 가지고 있다고 진단하였다. 앙드레 지드(Andre Gide)는 아이 때 우울증, 알 수 없는 두려움, "히스테리의 발작"으로 고통을 당하였다. 아우구스트 스트린드버그(August Strindberg)는 8세가 되면서부터 자주 자살할 것 같았다. 앤디 와홀(Andy Warhol)은 어린아이 때 세 차례의 "신경 쇠약"이 있었던 것으로 짐작된다.

어린 아동, 청소년 영재들에게서 발달정신병리 증상이 나타났다는 이 설명은 양육이나 영재 교육의 실제—심리상담이나 심리치료, 정신건강 상—에서 보호와 개입 및 대처 방안에 대한 논의가 필요한 주제라고 생각한다.

일단 성인이 되면 정신병리는 극적으로 상승하여 21세에서 40세 사이에 51%로(엄격한 기준에서만 39%), 41세에서 60세 사이에는 55%로 안정되기 시작하며(엄격한 기준에서는 40%), 61세부터는 44%이다(엄격한 기준으로는 31%). 이 시기에는 시인, 소설가, 연주자들이 높은 비율의 심각한 정신장애를 보일 뿐만 아니라(70%에서 77%), 미술가, 작곡가, 논픽션 작가, 배우, 연출가와 흥미롭게도 운동선수들 또한 높은 비율을 보여 준다(59%에서 68%). 자연과학자, 정치가, 건축가와 기업가는 비교적 훨씬 더 낮은 비율을 보인다(18%에서 29%).

예술의 역사를 보면 창의적인 천재들은 병자인 경우가 많다. 창조성의 대가들은 작든 크든 어떤 병을 한 가지씩 가지고 있었던 예를 쉽게 발견할 수 있다. 타의에 의해서 귀가 멀었던 베토벤이나 정신병원 신세를 졌던 반 고흐의 얘기는 너무나 유명하지만 프랑스 작가 알프레드 뮤세는 류머티즘으로 고생했으며 마르셀 프루스트는 천식으로 밤잠을 못 잘 정도였다. 천재화가 아메데오 모딜리아니는 폐병으로 고통을 느끼다가 결국 젊은 나이로 일생을 마쳤으며 클라우드 모네 역시 백내장으로 시력이 나빠져 시골에서 외로운 말년을 보냈던 것이다. 모파상의 매독이나 도스토예프스키의 간질, 그리고 슈만의 우울증도 잘 알려진 그들의 병력들이다. 이렇게 보면 마치 천재의 필수 조건은 질병인 듯한 인상마저 주고 있으며 천재와 질병의 상호 연관성을 발견해 보려는 전문가들의 연구가 자주 있어 왔다. 최근에만 해도 프랑스에서는 페르난드 데스텡이 『번민과 천재』란 책을 통해 천재들의 질병에 대한 본격적 분석을 시도했다.

광기가 있는 예술가에 대한 관심은 1920년부터 4명의 연구자들에 의해 옹호, 발표되었다.

- 1922년 프린초른(Prinzhorn)에 의해 프랑스 파리에서 『광기의 표현』이 출판됨. 이 책은 다수의 조현병 환자 450명이 만든 거의 5,000점에 가까운 이른바 예술 작품들을 제시 소개했다.
- 1924년 정신과 의사인 피에르 자네(Pierre Janet)가 초현실주의 선언을 발표했는데 이 선언에는 정신병원의 정신의학과 예술가들을 감금한 비인간적, 비의학적 조치를 고발하고, 동시에 자동 기술법의 원리를 공개적으로 설파했다.
- 1946년 장 뒤뷔페(Jean Dubuffet)가 온갖 종류의 애호가들에게 보내는 취지서를 발표하고 해체 작업을 통해 원시 예술(art brut)의 모음집을 발표했다. 이 작품집에는 소외된 자들과 경범자들, 죄수들, 퇴직자들뿐만 아니라 정신병자들의 작품으로 구성되어 있다.
- 1950년 프랑스 파리에서 세계 정신건강의학회가 열리는 동안, 350명의 환자들로부터 나온 회화적이고 조형적인 약 2,000점의 작품이 출품된 정신병리적인 예술의 최초의 국제 전시회가 개최됨으로써 정신과 의사들이 예술적 표현에 특별히 기울이는 대단한 관심을 입증했다. 이 작품들 가운데 일부는 때때로 환자의 무감각과 정신과 의사의 욕망이 뒤섞인 예술·치료의 작업실에서 제작된 것도 있었다.

이러한 경향과 관련된 과학적 흐름은 오늘날 두 개의 서로 다른 방향으로 이루어지고 있다. 그 중의 하나는 분석적 방향으로 정신병 증상이 있는 화가의 표현을 정신 병리학(Psychopathology)적으로 연구하는 것이다. 이런 연구는 창조적 행동의 토대와 이 행위가 정신병리적인 과정과의 상호관련성을 분석한다.

또 다른 하나는 예술·치료의 작업실들이 만들어 낸 치료적 방향이다. 이러한 시도에 의해 예술치료의 원리와 방법, 기교가 가능성에 대한 고찰을 시작하게 된 계기가 마련되었다.

주목할 만한 놀라운 점은, 광기를 음악적으로 거의 표현하지 못함으로써 심화되는 정신병리적 장애가 음악의 세계에서는 아주 적다는 것이다.

병적인 장애가 작품의 창작을 방해한 것이 아닌 슈만이나 베토벤의 경우를 제외하면 음악가들에게서는 심리적이고 정신적인 병리 현상이 상대적으로 거의 나타나지 않는다는 것이다. 이 사실은 음악은 광기로부터 보호되는 것을 의미하는가.

표현을 통해서 치료를 시도하는 방안이 예술치료라는 명칭으로 미국에서 개발, 응용되어 왔는데 구두적인 것이 아닌 그림, 조형 예술, 춤, 무언극 등이 있는데 이런 것들은 지나친 불안, 두려움이 없이 감정을 외부로 드러나게 해 준다.

저명한 인물들 중에서 정신 질환 발생률이 예외적으로 낮다는 보고 자료는 잘 알려져 있으나 방법론상에 결점이 있는 연구 자료를 소개한다.

H. Ellis, *A Study of British Genius*(1926, Boston: Houghton-Miffilin) 정신 질환의 이환율을 4%라고 보고했다. 미국인 천재들에 관한 잘 알려져 있지 않은 연구 자료인 Ellis 이후에 모형으로 등장한 W. G. Bowermen의 *Studies in Genius*(1947, New York: Philosophical Library)에서는 정신 질환의 이환율을 20%로 보고했다. M. G. Goertzel의 *Cradles of Eminence*(1962, Boston: Little, Brown)에서는 정신 질환 이환율을 2%로 보고했다. M. G. Goertzel, V. Goertzel과 T. G. Goertzel의 *Three Hundred Personalities*(1978, San Francisco: Jossey Bass) 각각의 독립 대상 중에서 정신 질환 이환율을 10%로 보고했다. 비록 E. Raskin(1936)의 연구(Comparison of Scientific and Literary Ability: A Biographical Study of Eminent Scientists and Men of Letters of the Nineteenth Century. *Journal of Abnormal and Social Psychology*, *31*, 20-35)에서는 천재와 정신장애 사이에 밀접한 관련성이 있다는 것이 지적되지 않았는데 예컨대, 신경쇠약(neurotic breakdown)의 증거가 나타난 경우가 문학자 집단의 46%에 비해 과학자 집단은 17%였다.

위에서 예시한 관점과 발견된 자료를 정신 질환과 창의성 간에 밀접한 관련성이 있다는 임상가들의 관점과 관련 자료와 대비해 보기로 하자. 오래된 관점인데, 창의성에 있어서 조현병과 정신병 사이에 관련성이 있음을 여러 관련 자료가 밝히고 있다. C. Lombroso(1910)의 *The Man of Genius*(New York: Charles Scribners' sons); W. Lange-Eichbaum(1932)의 *The Problem of Genius*(New York: Macmillan); J. L. Karlsson(1978)의 *Inheritance of Creative Intelligence*(Chicago: Nelson-Hall); A. Juda(1949)의

"The Relation-Ship Between Highest Mental Capacity and Psychic Abnormalities," *American Journal of Psychiatry, 106*, 296-307. 아주 최근에는 H. J. Eysenck(1993)의 "Creativity and Personality: Suggestions for a Theory," Psychological Inquiry, 4, 147-148에서 정신병 성향(Psychoticism)은 많은 양태의 창의성의 기저가 되며 사고의 한 양식으로 특성이라고 주장했다.

최근의 연구에 의하면 기분 장애(mood disorders)의 중요성을 강조하는 경향이 있다. N. C. Andreasen(1987)의 "Creativity and Mental Illness: Prevalence Rates in Writers and Mental Illness: Prevalence Rates in Writers and Their First-Degree Relatives." *American Journal of Psychiatry, 144*, 1288-1292; K. R. Jamison(1989)의 "Mood Disorders and Patterns of Creativity in British Writers and Artists," *Psychiatry, 52*, 125-134; R, Richards, D. K. Kinney, I. Lunde, M. Benet, & A. P. C. Merzel(1988)의 "Creativity in Manic-Depressives, Cyclothymes, Thier Normal Relatives, and Control Subjects", *Journal of Abnormal Psychology, 97*, 281-288.

정신장애와 창의성의 관련성에 대한 걸출한 연구 자료를 개관, 소개한다. R. Richards (1981)의 Relationship Between Creativity and Psychopathology: An Evaluation and Interpretation of the Evidence," *Genetic Psychology Monographs, 103*, 261-324; K. R. Jamison(1990)의 "Manic-Depressive Illness, Creativity and Leadership," in F. K. Goodwin and K. R. Jamison(Eds.), *Manic-Depressive Illness*, New York: Oxford University Press. 최신간으로는, *Touched by Fire*(New York: Free Press, 1993); R. A. Prentky. (1980). *Creativity and Psychopathology: A Neura cognitive Perspective.* New York: Prager; A. M. Ludwig. (1995). *The Price of Greatness: Resolving the Creativity and Madness Controversy.* New York: The Guilford Press; R. Clarke. (2001). *Super Cerveaux.*

특히 역사적 인물들의 질환에 대해 많은 관심을 쏟고 있는 테스텡은 지난 19세기에 활동했던 천재 예술가들 중 질환으로 고생했던 20명을 찾아내 질환이 그들의 작품에 어떤 영향을 끼쳤는가를 한 사람씩 예를 들어 분석하고 있다. 이 책의 결론은 질환과 천재사이에 필연적 인과 관계가 있는 것은 아니지만 어떤 연관성은 발견할 수 있다는 것이다.

첫째는 질환이 이들 예술가들에게 많은 창작의 시간을 주었다는 점이다. '질환을 가지고 있는 예술가는 걷거나 식사를 하거나 담소를 하는 등 일상생활의 잡다한 일에 시간을 빼앗기지 않고 오직 모든 정신을 집중하여 예술작품만 만들 수 있었다'는 것이 데스텡의 지적이다.

둘째는 질병으로 인해 휴식이 가능했다는 점이다. 허약해진 심장, 원활치 못한 관절,

쇠약해진 신경 등은 그들의 육체를 쉬게 함으로써 사색을 배가시켰다는 것이다. 탈진(burnout) 증세가 있었던 니체는 '질병은 나에게 고요함과 한가로움, 그리고 기다림과 인내라는 선물을 주었다'고 고백한 적이 있다.

셋째는 질병으로 인한 불면증이 창작활동을 도왔다는 연관성이다. '불면증은 예술가로 하여금 밤새도록 상상하고 창조하도록 만들어 주었다. 모든 예술가들은 그들에게 美와 순수성, 그리고 침묵을 가져다 준 밤을 노래했다'는 것이다. 많은 예술가들은 깊은 밤의 고요함 속에서 작품을 구상하고 제작하는 버릇들이 있는데 불면증으로 잠 못 이루는 예술가들은 하루하루의 밤 모두가 바로 창작의 순간으로 활용됐다는 것이다.

이런 세 가지 연관성은 어떻게 보면 외면적이고 피상적인 분석같이 여겨질지도 모르겠으나 이 책이 지적하는 질환, 천재의 가장 내면적 특징은 '번민'이다. 그들은 육체적 질환을 정신적 번민으로 승화시킬 줄 알았으며 그 번민이 때로는 광기로 표출되기도 했던 것이다.

오늘날이라고 해서 이런 천재가 없는 것은 아니다.

한때 스페인에서 칩거생활을 한바 있는 미술 천재 살바도르 달리가 정신 착란증을 앓고 있다는 사실은 19세기 예술천재들의 현대판일지도 모른다. 그러나 일반적으로 현대는 천재 창작가가 고갈됐다고들 말한다. 페니실린 때문인가.

특수한 형태의 정신 질환

이제 우리들은 직업이 다르면 일생 중 다른 시기에 다른 비율로 정신 질환을 앓는다는 것을 확증하였으며 특정 정신병리 증후군의 발병과 생애표라는 수단에 의하거나 "생존" 분석에 의하여 직업이 다른 사람들이 질환에 굴복하기 쉬운 상대적인 연령을 연구할 수 있다.[28] 이러한 호소력 있는 연구 결과는 우리들의 이후의 정신 질환과 창조적 성취 사이의 연관성 평가에 비판적이기 때문에 나는 자유로이 이들을 다소 상세히 제시한다. 또한 나는 내가 말하고 있는 종류의 문제들을 예증하는 데 필요할 때는 사례를 제공한다.

---

28) 이러한 생존 분석의 이점과 한계에 대한 우수한 설명을 보려면 다음 자료를 참고요망. R. Peto et al., "Design and Analysis of Randomized Clinical Trials Requiring Prolonged Observation of Each Patient: Introduction and Design," *British Journal of Cancer*, 34(1976): 585-612; R. Peto et al., "Design and Analysis of Randomized Clinical Trials Requiring Prolonged Observation of Each Patient: Analysis and Examples," *British Journal of Cancer*, 35(1977): 1-39; and D. G. Altman, Practical Statistics for Medical Research (London: Chapman and Hall, 1991).

창의적 천재들의 알코올 관련 문제

알코올에 대한 강한 욕구, 통제할 수 없는 음주벽, 알코올 중단의 징후와 같은 신체 중독의 징후들 외에 알코올 의존이나 알코올 남용이 존재함을 확증하는데 사용되는 기준은 강박적이고 과도하거나 지속적인 음주와 관련된 다음과 같은 문제들에 대한 증거를 포함한다: 신체적(예를 들어, 간 손상, 망상, 위궤양), 직업적(예를 들어, 실업, 결근, 하찮은 성과, 생산성 하락), 개인적(예를 들어, 이혼, 전근 소외), 대인 관계적(예를 들어, 친구, 동료, 고용주와의 불화 증가), 또는 법적 구속(예를 들어, 체포).

ECA 조사에서 일생 동안의 알코올 남용과 의존은 14%였으며 성별에 따라 구분하면 여성은 5%이며 남성은 24%였다.[29] 우리 저명인사들 사이에서는 26%가(엄격한 기준에서는 20%) 일생 중 알코올 관련 문제들을 경험하였는데 여성은 23%이고 남성은 27%였다. 그렇지만 직업에 따라서는 그러한 비율이 크게 차이가 있었다(**그림 5-3** 참조). 배우나 연출가, 음악가, 운동선수, 소설가, 미술가와 시인들은(29%에서 60%) 자연과학자, 군인, 사회과학자, 사회 활동가와 사회성 인물에(3%에서 10%) 비하여 더 높은 비율로 알코올 의존적이다. 생애표 분석에 의하면 예술가 유형은 다른 유형들에 비하여 점진적으로 더 높은 비율로 20세 이후부터 남은 생애 동안 알코올 중독에 빠져든다.

알코올 중독은 소설가, 시인, 미술가들 사이에 너무나 일반적이라는 결과는 거의 예상못한 것은 아니다. 다른 사람들은 20세기 전반부에 특히 작가들 사이에서 알코올 중독이 어떻게 거의 유행병처럼 만연하였는지를 지적하였다. 노벨문학상을 받은 미국인 7명 중 5명이 알코올 중독자였다는 것은 잘 알려진 사실이다: 윌리엄 포크너(William Faulkner), 어니스트 헤밍웨이(Ernest Hemingway), 유진 오닐(Eugene O'neill), 싱클레어 루이스(Sinclair Lewis), 존 스타인벡(John Steinbeck).[30] 경력 초기나 후반에 명예나 명성이 증가하는 결과로 동료를 주점, 술집 또는 무료로 술을 마시는 장소에서 만나지 않은 작가나 미술가는 드물었다. 이러한 환경 하에서 유혹에 약한 사람들이 일상에서 점점 더 알코올에 빠져들어 마침내 필연적으로 음주로 인해서 일에 방해가 되기 시작하는 것은 놀라운 일이 아니다.[31] 그렇지만 알코올 중독이 유럽의 작가들과 미술가들 사이에서

---

29) J. E. Helzer, A. Burnam, and L. T. McEvoy, "Alcoho Abuse and Depencence," in Psychiatric Disorders in America, L. N. Robins and D. A. Regier, eds.

30) 작가들의 알코올 사용에 대한 뛰어난 논의는 다음 자료를 참조. D. Goodwin (Alcohol and the Writer [Kansas City: Andrews and McMeel, 1988).

31) 한국에서도 음주로 인한 사회·경제적 손실비용이 엄청난 것으로 밝혀졌다. 여기에 건강 손실비용까지 추가한다면 놀라울 정도이다.

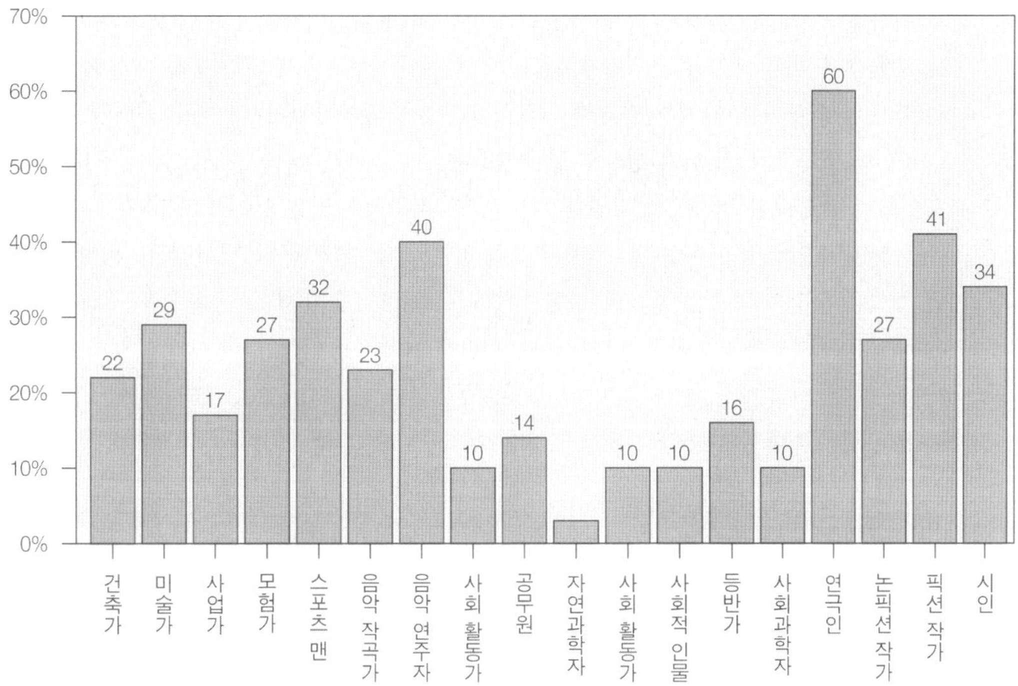

그림 5-3 일생 동안의 알코올 중독 비율

는 만연해 보이지 않는 것은 심한 알코올 사용과 창조성 사이의 관련성은 이들의 생물학적 경향을 반영하는 것이기보다는 미국 내 문화적 기대의 소산물임을 시사한다.

1968년 12월 20일 미국의 소설가 존 스타인벡이 66세로 작고했다.

스타인벡은 캘리포니아 주 설리너스 출신이다. 그는 제1차 세계대전 뒤 미국 문단의 주역으로 떠오른 '잃어버린 세대(lost generation)'의 허무와 절망을 떨치고 1930년대를 풍미한 사회성 리얼리즘의 대표적 작가다. 문필가가 되기 전 스타인벡의 생계가 주로 막노동으로 꾸려졌던 만큼 그가 자신의 작품에 불어넣은 강렬한 사회의식은 자연스럽기도 했다. 그 사회의식을 대표하는 작품이 1939년에 발표돼 이듬해 작가에게 퓰리처상을 안긴 『분노의 포도』다.

『분노의 포도』는 미국 농업 노동자의 비참한 삶을 구약성서 '출애굽기'의 구성에 담아 묘사하고 있다. 소설의 배경은 1930년대 텍사스에서 미국-캐나다 국경에 이르는 대평원이다. 대자본의 농업 기계화와 모래바람으로 경작지를 잃은 오클라호마의 농민 조드 일가는 고물 자동차에 가재도구를 싣고 기름진 토지를 찾아 캘리포니아로 이주한다. 자유와 풍요를 찾아 그 곳에 정착한 이들 일가를 기다리고 있는 것은 그러나 착취와 질병과 기아였다. 가족들은 뿔뿔이 흩어지고 사별한다. 온갖 고난을 겪은 뒤 조드의 아들 톰은 파업에 가담해 살인을 저지르게 되고, 어머니는 이런 노동쟁의를 통해서 사회의식을 얻고 굳세게 살아갈 의지를 다진다. 이 소설은 출판되자마자 큰 반향을 불러일으켰고, 1940년에 포드 감독에 의해 영화로 만들어졌다.

영화로 만들어진 스타인벡의 작품 가운데 가장 유명한 것은 엘리아 카잔 감독이 메가폰을 잡고 제임스 딘이 주연한 '에덴의 동쪽'일 것이다. 역시 구약 성서에서 영감을 얻은 이 소설은 작자의 고향인 캘리포니아 주 설리너스 계곡을 무대로 아이슬란드에서 이민 온 해밀턴 일가와 트리스크 일가의 몇 대에 걸친 이야기를 담고 있다.

약물 관련 문제들

신체 중독의 징후 외에 약물 의존이나 약물 남용을 확증하는데 사용되는 기준에는 강박적이고, 과도하며 지속적인 합법 또는 불법의 약물 사용과 관련된 신체적, 직업적, 개인적, 대인 관계적 또는 법률적 문제에 대한 증거를 포함한다. 이러한 기준은 LSD, 코카인, 흥분제, 진정 수면제 또는 이따금의 마리화나 사용과 같은 어떤 정신활성 약물의 가벼운 경험은 포함하지 않는다.

ECA 연구 결과에서는 약 31%의 사람들－남성의 36%와 여성의 25%－이 일생 중 어떤 시기에 불법적 약물을 사용하였다. 그렇지만 일생 동안의 약물 의존이나 남용은 약 6%로 남성은 8%이며 여성은 5%였다.[32] 루트비히(Ludwig, 1995)가 연구한 저명인사들 중에서는 12%가(엄격한 기준으로는 9%) 일생 중 어느 때에 약물 관련 문제를 체험하였으며 남성은 10%, 여성은 17%였다. 음악 예능인, 배우, 소설가는 가장 높은 비율의 약물 의존 또는 남용을 보여 주었으며(19%에서 36%), 자연과학자, 공직자, 군인, 운동선수, 탐험가, 건축가와 유명한 배우자들은 가장 낮은 비율을 보여 주었다(0%에서 5%; **그림 5-4** 참조). 더 일반적인 수준에서는 예술가 유형이(18%) 다른 유형의 사람들보다 3배에서 10배나 더 높은 약물 남용 비율을 보인다. 이러한 차이들은 21세에서 25세 사이에 나타나기 시작하여 생애 동안 점차적으로 더 뚜렷해진다.

음악가와 대중 예능인들 사이의 이례적으로 높은 약물 중독 비율은 정신병리학과 창조적 성취 사이의 상호작용에 대하여 흥미로운 의미를 가진다. 그렇지만 첫째 우리들이 확인할 필요가 있는 것은 관련된 사람들이다.

---

32) J. C. Anthony and J. E. Helzer, "Syndromes of Drug Abuse and Depencence," in Psychiatric Disorders in America.

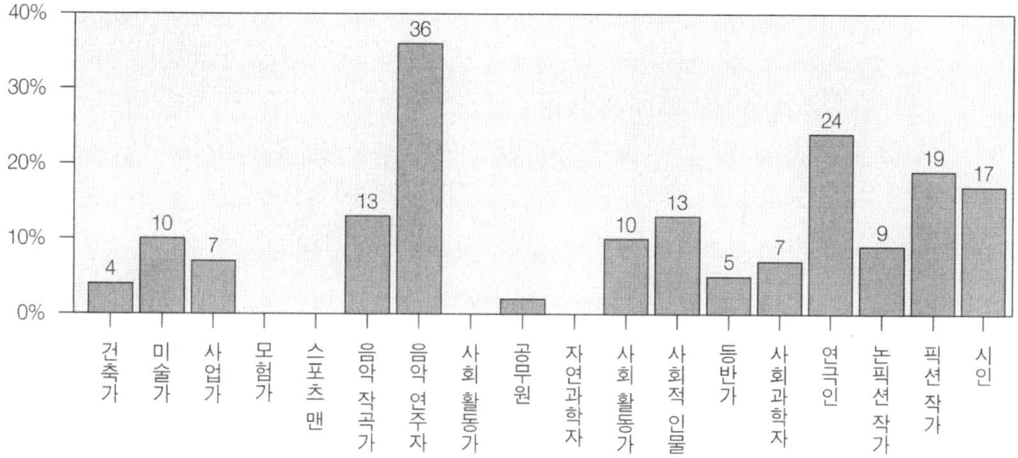

그림 5-4 일생 동안의 약물 남용 비율

Judy Garland는 14세 때 작업장에서 잠이 오도록 체중감량 약물과 진정수면제를 복용하면서 일생 동안의 약물과의 투쟁이 시작되었다. 30대 중반에는 모든 종류의 술을 마시는 것과 더불어 하루 40알의 식욕 억제제를 복용하였으며 잠을 이루기 위하여 10알에서 12알의 진정 최면제를 복용하였다. 전위파 재즈 색소폰 연주자인 John Coltrane과 Charlie “Bird” Parker는 헤로인에 중독되었다. Marvin Gaye는 순화한 코카인과 많은 양의 마리화나를 피웠다. 그는 과복용으로 몇 차례나 거의 죽을 뻔하였으며 사람들이 그를 정신적·신체적으로 해칠 지경으로 화를 돋웠다고 전해진다. 소문에 의하면 그는 부인이 다른 사람과 성관계를 갖도록 몰아댔으며, 그러고서는 낙담하였다고 한다. 그의 죽음에 대한 한 가지 설명으로는 목사였던 아버지를 화나게 하여 그를 죽이도록 하였다고 하며 어떤 점에서는 총에 맞기 4개월 전에 총을 사주었기 때문이라고 한다. 인기 대중 가수인 존 레넌(John Lennon)은 마리화나, LSD, 진정수면제, 진통제와 오랜 시간 동안 약에 취한 몽롱함에 머무르기 위하여 코카인과 헤로인으로 만든 마약에 의존하였다.

아마도 그들의 명성 있는 위치 때문에 일부 이들 예능인들은 약물을 합법적으로 얻을 수 있었다. 예를 들어 “야비한” 거리 마약을 찾았던 엘비스 프레슬리(Elvis Presley)는 의사가 세코날, 튜이날, 발륨, 넴뷰탈, 플레시딜, 퀘일루드, 각성제와 페르코단(Seconals, Tuinals, Valium, Nembutals, Placidyls, Quaaludes, Amphetamines and Percodans)을 포함하는 합법적 약물을 무제한 처방하도록 하였다. 거친 코미디언 레니 부르스(Lenny Bruce)는 환각제, 수면제와 더불어 가지고 다닐 수 있는 최대한의 약물을 가지고 여행하였으며 기분과 의식을 조절하기 위하여 진정제와 흥분제를 복용하였다. 그는 심지어

의사의 전문적 보살핌 하에 있다고 적은 의사의 각서를 가지고 있었으며, 자신의 "심각한 우울증"에 대하여 처방한 먹는 각성제가 효과가 없었기 때문에 각성제를 정맥주사로 놓은 방법을 배웠음은 주목할 만하다.

Janis Joplin, Jim Morrison과 Jimi Hendrix 세 사람의 과복용을 언급하지 않고서는 음악 예능인의 중독을 완전히 논하였다고 할 수 없다. 최근에 Nirvana 록집단의 리더싱어인 Kurt Cobain가 포함되는 것은 비록 그 자신의 과복용 시도는 성공적이지 못하였지만 그러한 양식이 여전히 존재함을 가리킨다. 이들 모두는 20대 초반에 영웅으로 숭배되기 시작한 유명한 록스타였다. 모두 심하게 음주를 하였다. 예를 들어 Janis Joplin은 무대에 술병을 가지고 올라가서 노래 도중 마시는 정도까지 되었다; Jim Morrison은 믿기 어렵도록 법석대는 술잔치를 벌이는 것으로 알려지게 되었다. 모두는 마리화나, 진정수면제, 각성제, 최면제, 코카인, 환각제를 포함하여 무수한 약물을 남용하고 경험하였다. 아마도 문이라는 집단의 이름을 Aldous Huxley의 인식의 문(Door of Perception)에서 본떴을 문의 리더싱어인 Jim Morrison은 전하는 바에 의하면 LSD를 250회 이상하였으며 하루건너 한 번씩 오랜 시간 동안 복용하였다고 한다. 모두는 고뇌하고, 번민하며, 행동을 예측할 수 없는 사람들이었다. 그러나 예술적 재능 외에 그들에 대하여 기억될 만 한 점은 그들 모두가 27세에 자살하였다는 것이다. Janis Joplin과 Jimi Hendrix가 죽은 후 친구들에게 "너희는 세 번째 인물과 함께 마시고 있어"라고 말하곤 했던 Jim Morrison의 경우는 전적으로 우연의 일치인 것으로 보이지는 않는다. 선배들이 사망한 것을 알게 된 Kurt Cobain은 같은 나이에 과복용 시도가 실패한 후 총기자살을 하였다.

약물에 대한 이러한 숙명적인 매혹이 많은 예능인들, 그들의 삶의 방식과 그들의 직업에 대하여 무엇을 말해 주는가? 언급된 모든 사람들은 주목과 어른대접을 갈망하는 불안정하고 저돌적인 사람들이었지만 대개 성공과 자신들의 자리에 대한 혼란스런 감정을 가지고 성공의 단단한 트랙을 나아갔다. 그들의 친구들과 행동반경 안에는 술이 넘쳐났을 뿐만 아니라 그들 또한 자신의 마음과 몸이 하기 싫은 일을 하도록 약물에 의존하기 시작하였다. 그들은 마음을 바꾸는 화학약물의 전문가가 되었다. 그들은 성공 불안을 극복하기 위하여, 주거를 느슨하게 하기 위하여, 그리고 공연에서 원기왕성하여진 후에 잠을 잘 수 있도록 "진정"하기 위하여 약물을 사용하였다. 그들은 개인적·직업적인 생활을 위하여 생기가 넘치도록 약물에 의존하기 시작하였다. 조만간, 대개 경력과 생활방식의 속도에 의하여 점점 더 탈진하게 되었을 때, 약물이 더 이상 효과가 없어질 때, 상당수는 약물로 생애를 끝마쳤다.

물론 이러한 특별한 사례들은 극단적인 경우들이다. 루트비히(Ludwig)의 연구에서 그 밖의 많은 음악 예능인들은 약물을 적절하게 사용하였으며 개인적인 삶과 경력에 지장을 줄 정도로 지나치게 사용하지는 않았다. 심지어 몇 사람은 창조적 이점이 있는 시기에 약물을 사용하였다. 그리고 모든 음악 예능인들을 약물 중독자로 전형화시키지 않도록 우리들은 그들 중 과반수 이상은 약물을 남용하지 않았음을 지적할 필요가 있다.

우울병/우울증

우울증은 인구 10명 중에서 한두 명에게서 나타나는 정신질환이다. 감기처럼 남녀노소, 빈부 차이에 관계없이 쉽게 걸릴 수 있는 증상이라고 해서 마음의 감기라고도 불린다. 세계보건기구(WHO)는 심장질환, 교통사고에 이어 우울증을 현대인을 괴롭히는 3대 질환으로 꼽고 있으며 2020년까지 2위에 올라설 것이라고 전망했다. 삶의 실존적·생존적 조건이 복잡해지고 힘들고 스트레스와 소외감이 심할수록 우울증 환자와 자살자수는 증가하게 된다.

우울증이 존재함을 확증하는데 사용하는 이 기준은 일상 활동이나 직장 생활에서 흥미, 즐거움, 기쁨이 사라지고 우울한 기분, 수면 장애, 증가하거나 저하되는 식욕, 기운 부족, 과도한 눈물, 공포심 또는 경망한 행동, 사회성 위축, 만성피로와 기력이 약해지고 병적인 생각 또는 자살 욕구에 의하여 특징 지워지는, 적어도 한 차례 이상 몇 주간에 걸쳐 지속되는 우울증을 포함한다. 반증이 없다면 나는 실제적인 자살 시도를 우울증의 징후로 해석하였다. 우울증이 공격성과 연결될 수 있다. 우울증이 공격성과 연결되어 타인에게 배출되면 폭행으로, 자기자신에게 향하면 자살로 나타날 수 있다. 우울증의 "가능" 징후는 지속적인 언짢음, 불행감, 비관주의, 울적함과 일반적인 심기불편(불쾌감, dysphoria)을 포함한다. 울병 또는 우울증이라는 이름은 사별, 구속, 질병, 또는 실직, 이혼과 같은 분명한 추락하는 원인이 있어 보이지 않거나 반응이 전혀 균형이 맞지 않고 예상보다 더 오래 지속되는 경우만으로 제한시켰다. 우울증으로 규정되는 일반적인 정신병리 조건은 주요 우울 장애(major depressive disorder, MDD), 정신악화 또는 "신경성" 우울증, 조울 장애와 관련된 우울과 6개월 이상 지속되는 우울증으로 인한 적응 장애나 자살 시도와 같은 심각한 결과로 나타나는 적응장애를 포함한다.

우울증은 많은 다양한 형태로 발생될 수 있다는 점을 강조할 필요가 있다. 그 밖의 종류의 정신병리와 더불어 우울증은 종류의 심각성에 따라 사람들의 삶과 일에 다른 종류의 영향을 끼칠 수 있다. 만성적인 낮은 정도의 우울증을 겪는 사람들은 한 두 차례만의 무능력하게 만드는 우울증을 겪는 사람들 또는 전조로서 우울증을 경험하는 사람들 또는 여러 해 동안 심각하게 우울증에 시달리는 사람들과는 다른 영향을 받는다.

'예술가의 우울증은 창의력을 더욱 증가시킬 수 있다.'

최근 미국에서 열린 한 음악축제에서 낭만주의 음악가 로베르트 슈만의 삶과 음악 세계를 연구한 저명한 심리학자가 이와 같은 주장을 제기해 화제가 되고 있다.

존스 홉킨스대 케이 레드필드 제미슨 교수는 뉴욕 주 아난데일 온 허드슨 시에서 개최된 바드 음악축제 세미나(1994)에서 '슈만의 내면세계—우울증과 창조의 과정'을 주제로 논문을 발표했다.

실제로 음악사에 기록된 위대한 작곡가들의 경우 역경과 불운한 삶 속에서 훌륭한 음악을 창조해 내는 것으로 알려져 왔다. 특히 19세기에 활동한 차이코프스키, 말러, 라흐마니노프 등은 심한 우울증과 집안의 정신병력, 그리고 자살시도로 얼룩진 일생이었지만 이들이 남긴 음악은 '불후의 걸작'으로 사랑받고 있다.

이 중에서도 손가락을 다친 후 작곡가로 변신한 슈만은 아름답고 천재 피아니스트인 아내 클라라에게 열등감을 갖고 있었으며 평생 동안 격심한 조울증으로 고통 받으면서 작곡에 몰두한 대표적 음악가로 손꼽히는 인물이다. 그는 마흔세 살의 나이에 라인 강에 뛰어들어 자살시도를 했으며 2년 뒤인 1856년 한 정신 요양원에서 사망해 고통 속의 짧은 삶을 마감했지만 많은 작품을 남겨 낭만주의 음악의 대가로 평가받고 있다.

제미슨 교수는 정신병을 앓았던 수백 명의 예술가들의 사례를 연구해 왔는데 그의 결론은 '화가와 작가 그리고 음악가들은 심한 우울증세와 정신병으로 인한 엄청난 감정상의 기복을 경험하는 경우가 많으며 이와 같은 증세가 어느 특정 순간 예술가의 창의력을 자극하기도 한다'는 것이다. 물론 창의력이 전적으로 정신병에 의존하는 것은 아니지만 둘 사이에는 분명 상관관계가 있을 수 있다는 것이 그의 설명이다.

한편 슈만은 문학에 소양 있는 작곡가로서 음악 외에 자신의 내면상태를 기록한 많은 자료를 남겼는데 연구자들은 이를 심리분석에 이용하고 있다. 제미슨 교수에 따르면 슈만은 정신적으로 불안할 때 창의력이 왕성해져 1840년 심한 우울증으로 고생할 때 1 30여 곡을 작곡했다는 것. 또 이듬해 교향악 '봄'을 작곡하는 데는 단 2주일밖에 안 걸려 주위를 놀라게 했다.

그러나 제미슨 교수의 주장에 대해 다른 심리학자들은 '단순한 병력을 확대 해석하는 것은 큰 잘못'이라는 주장과 함께 '과도한 감정변화는 반(反) 생산적이며 아직까지 어떤 심리학 연구도 창의력의 바탕이 무엇인지를 밝혀내지는 못하고 있다'는 반론을 제기하고 있다.

ECA 연구 결과 약 6%의 사람들이 대체로 일생 동안 주요 우울증이나 정신악화를 경험하는 것으로 밝혀졌으며 여성은(9%) 남성에 비하여(4%) 2배 이상의 비율을 보여 주었다. 이러한 공식적인 진단 이외에도 ECA 연구는 또한 약 30%의 사람들이 심기불편을 경험하며, 28%는 죽을 생각을 하며, 24%는 식욕이 변화되어 2주 이상 지속되었다고 보

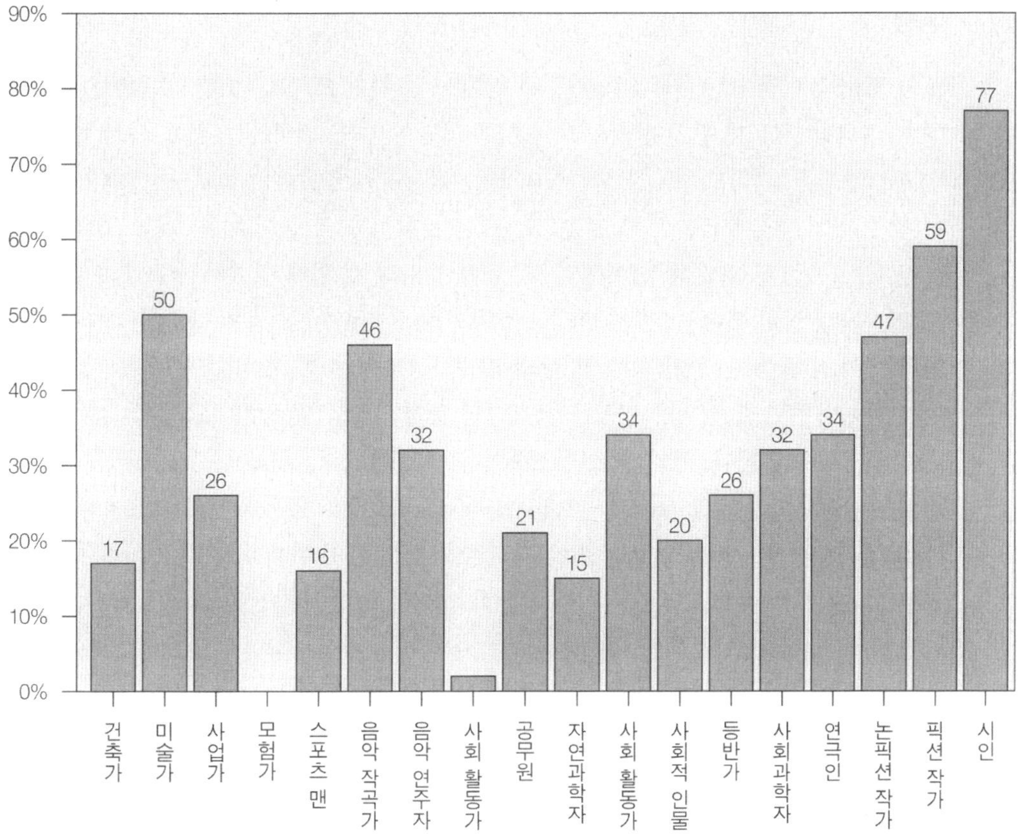

그림 5-5 일생 동안의 우울증 발생 비율

고하였다-우울증과 관련된 일반적 증상들.[33] 설혹 그렇더라도, 우리의 표본에서는 일생 중 심각한 우울증을 앓는 것은 38%였으며(엄격한 기준으로는 30%), 여성은 40%이고 남성은 38%였다. 우울증을 앓는 사람의 약 15%는 또한 일생 중 조증을 겪었다.

다양한 직업들 중에서 시인, 소설가, 미술가, 논픽션 작가와 작곡가들은 우울증을 겪는 비율이 가장 높았으며(46%에서 77%), 탐험가, 군인, 자연과학자, 운동선수와 건축가들은 가장 낮았다(0%에서 17%; **그림 5-5** 참조). 전체적으로 예술직 유형은(50%) 사회직(27%), 연구직(24), 그리고 기업가 유형(20%)에 비하여 약 2배 더 일생 동안 우울증에 시달렸다. 그들은 또한 다른 유형들 보다 25세 이후에 더 큰 비율로 우울증을 앓게 되었으며 40세 이후에도 더욱 그러하였다.

33) M. M. Weissman, M. Livingston Bruce, p. J. Leaf, L. p. Florio, and C. Holzer, III, "Affective Disorders," in Psychiatric Disorders in America.

조증

조증 또는 정서적 "고조"에 대한 기준은 적어도 몇 주일 또는 더 오래 지속되는 의기양양함, 당당함, 과도한 원기왕성, 평소와 다른 판단력 부족, 질주하는 생각, 사회 참견, 지속되는 불면증, 그리고 과도한 사들이기 또는 평상시의 행동과는 비교되는 지나치게 많은 활동이라는 증세가 한 차례 지속되는 것을 포함한다. 조증에 대한 "가능" 징후는 높아진 복지, 뚜렷한 과민성, 줄어든 수면, 판단력의 퇴보, 증가된 신체 활동과 주요한 기분 변화와 관련이 있다. 조증은 만약 오랫동안의 우울증을 겪은 후 단순히 "좋은" 기분을 느끼며, 일을 하는 동안의 "몰입 상태" 또는 "창조성 고조" 경험, 또는 고도로 창조적인 활동이나 주요한 성과나 능력을 예측하는 동안 "흥분" 또는 원기왕성해지는 사람에게는 해당되지 않는다. 달리 말하면 조증이나 경조증(hypomania)은 "비정상적" 수준의 각성을 나타낸다.

조증은 대개 만성적이며 재발된다. 많은 사람들은 개인 관계나 일을 돌이킬 수 없을 정도로 손상시키지 않으면서 이러한 정신적 고점과 저점을 간신히 견딘다. 그 밖의 사람들에게는 이러한 반복되는 발병은 심신을 황폐화시키는 영향력을 갖는다. 어떤 경우, 특히 만년의 11년 동안 결국 폐인이 되었던 저명한 미술사학자인 John Ruskin과 리듐으로 "완치"되었다고 발표하기 전 18년 동안 매년 앓았던 시인 Robert Lowell과 같은 "급격한-순환자(rapid cyclers)"와 같은 특정 사람들을 계속적으로 창조적이고 생산적이도록 한 것은 놀라운 일이다.

ECA 연구에서는 일생 중 조증을 앓는 사람은 0.8%이며 5개 조사 지역에 따라 범위는 0.4%에서 1.2%까지 변화하였고 남성에게서와(0.9%) 여성에게서의 (0.7%) 비율은 대체로 유사하였다.[34] 루드비히의 표본에서는 7%의 사람들이(엄격한 기준으로는 3%), 7%의 남성과 7%의 여성들이, 일생 중 적어도 한 차례 조증을 앓았다. 배우(17%), 시인(13%), 건축가(13%)와 논픽션 작가들(11%)은 가장 높은 비율로 조증을 앓았다(**그림 5-6** 참조). 대체로 예술가 유형(10%)은 연구직 유형(0%)보다 대단히 더 높은 비율로 조증을 앓았다. 그들은 또한 25세 이후에는 다른 유형에 비하여 더 큰 비율로 조증에 굴복하였다.

---

34) M. M. Weissman, M. Livingston Bruce, p. J. Leaf, L. p. Florio, and C. Holzer, III, "Affective Disorders," in Psychiatric Disorders in America.

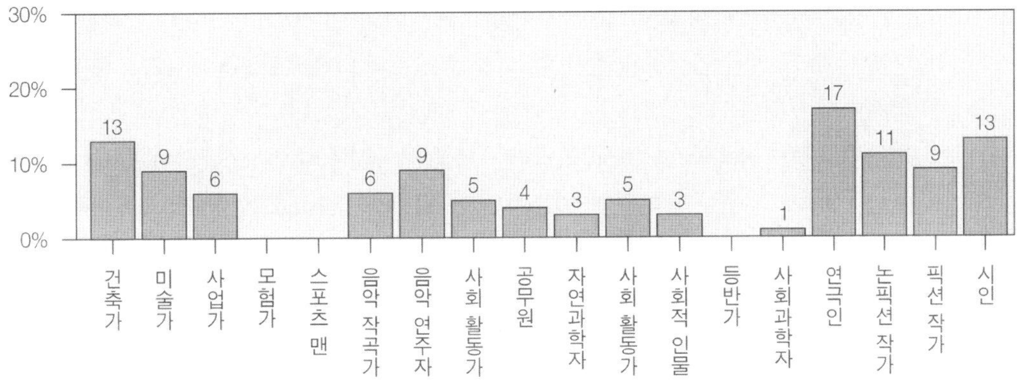

그림 5-6 일생 동안의 조증 발생 비율

조현병 종류의 정신이상

조현병에 대한 진단 기준은 여러 해 동안 변하여 왔으며 대개 주된 정서적 요소와 같은 많은 정신병 조건이 양극성 장애로 바뀐 경향이 있다. 많은 저명인사들의 조현병에 대한 앞서의 보고서들을 해석하기는 어렵다. 조증이나 심각한 우울증을 가진 사람들 또한 정신분열이 될 수 있으며 때때로 조현병과는 구분할 수 없는 증후군을 드러내기 때문에 더 이상 조현병 종류의 정신병이 조현병과 반드시 동일하다고 가정하지는 못한다. 그러므로 이들 정신병 중에서 많은 것이 조현병에 영향 받은 장애, 비전형적인 정신병, 정신병적 우울증 또는 더 흔히는 찬란한 조증이라는 것을 명심하면서 조현병 자체보다는 "조현병과 비슷한 종류의 정신병"을 파악하는 것이 더 신중한 태도인 것 같다.

조현병의 대표적인 초기 증세는 다음과 같다.

1. 밤에 잠들기가 어렵다.
2. 주의집중이 힘들다. TV 시청조차 힘들다.
3. 이전에 비해 건망증이 심해졌다.
4. 종일 신경이 날카롭거나 걱정거리가 떠나지 않는다.
5. 환청이나 환시가 있다.
6. 전에는 편안하게 느껴지던 사람, 장소나 사물이 낯설거나 두렵다.
7. 어느 누구가 나를 비웃거나 험담을 한다고 오해한다.
8. 다른 사람에게 소외돼 주로 방에서 혼자 지낸다.
9. 망상 등을 경험한다.

조현병은 천벌이 아니고 뇌 속 신경전달 물질의 균형이 깨지면서 생기는 정신병으로서 유전적 요인 외에 인간관계의 충격, 외상성 스트레스 증후군, 감염, 불안, 우울증 등이 더해져서 생긴다.

조현병이라는 이름인 Schizophrenia는 1908년 심리학자인 Eugen Bleuler(1857~1939)가 착안한 용어인데 가슴과 배를 가르는 가로막(phrenia)과 분열(schizo)의 합성어로 분열된 마음이란 뜻이다.

연구 결과에 의하면 46~68%가 완치나 개선되는 것으로 알려졌다.

이들 정신병의 속성 해석상의 부분적인 진퇴양난은 정신병리를 식별하는데 진단적 접근방법보다 증후군 접근방법을 택한 루트비히(Ludwig, 1995)의 선택과 관계가 있다. 진단적 접근방법은 사람들이 일생 동안 보여 주는 정신적 장애의 전체 양상에 기초하여 가능하면 단일한 진단을 확정하도록 요구한다. 예를 들어 만약 한 남자가 20대 초반에 조현병을 앓고 그 후 30대에 심각한 우울증이나 조증을 앓았다면 대부분의 의료기관에서는 이들 현상을 조울증으로 진단할 것이다. 앞에서 논의한 바와 같이 어떤 연구적 이점을 가진 증후군 접근방법에서는 일생 중 다른 시기에 발생한 다른 증후군 사이의 공통된 연계에 대하여 어떠한 가정도 하지 않는다. 적어도 이론상으로는 그 남자는 조울증 장애일 필요 없이 조현병, 우울증, 조증을 서로 다른 시기에 앓고 있었다고 할 수 있다. 이러한 관찰은 한 시기에는 조현병류의 정신병을 또 다른 시기에는 분명한 조증을 앓았던, 표본 중 대략 1/3의 사람들에게 특히 적합하다.

연구 목적으로 조현병 종류의 정신병에 대한 기준은 환시 또는 환청, 피해 망상, 부적절한 감동, 극도의 의심, 사리가 맞지 않는 대화, 천박한 행동, 또는 의식은 분명한데 자신을 돌보는 능력은 손상된 것으로 특징지어지는 적어도 한 차례의 지속적인 정신병을 포함한다. 이러한 증상들이 뚜렷하지 않으면 자격 있는 의료기관의 조현병 또는 정신이상이라는 진단으로 이러한 조건을 확인한다. 그렇지만 그러한 특별한 시기의 이러한 진단의 정당성은 아마도 젊은 시절 칼 융(Carl Jung)과 같은 권위 있는 사람에게서 "치료불능의 조현병"으로 진단을 받았지만 후에 분명한 조울증 장애를 보여 주었던 로버트 로웰(Robert Lowell), 또는 네 명으로 구성된 저명한 정신병의사 패널에 의하여 "건강하지 못하고 정신적으로 무능력하게 하는 편집증을 앓고 있다"고 진단을 받았지만 돌이켜보면 비전형적인 정서 장애가 있었던 이즈라 파운드(Ezra Pound)와 같은 사람에 대해서는 논란이 될 수 있을 것이다.

이러한 제한에도 불구하고 비전형적인 정서 장애가 아니라 조현병 종류의 정신병이라고 명명하는 것이 가장 적당한 선택인 것으로 보이는 다른 많은 사례들이 있다. 예를 들어 젤다 피츠제럴드(Zelda Fitzgerald)는 비록 때로는 미국 최초의 왈가닥이라 불리지만 대단히 현란한 삶의 방식, 스콧 피츠제럴드(F. Scott Fitzgerald)와의 결혼, 그리고 정신질환과의 오랜 투쟁 때문에 유명하게 되었다. 단편작가, 미술가 또는 무용가로서의 모든 미래는 20대 후반에 그녀가 무시무시한 망상을 하기 시작하였을 때 정지되었다. 그녀는 극도의 큰 소리를 들었으며 그녀가 만나는 모든 사람의 "전율"을 느꼈다. 그녀에게는 사람들의 신체가 이상하게 보이기 시작하였다. 그녀는 종이 가득 한 단어를 쓰고 일반적인 대화는 조리에 맞지 않게 되었다. 그녀는 그리스도, 정복자 윌리암, 메리 스튜어트(Mary Stuart)와 아폴로와 직접적으로 접촉한다고 주장하였다. '조현병'이라는 용어를 만든 정신건강의학과 의사 유겐 브로이어(Eugen Bleuler) 박사에게서 조현병이라는 진단을 받은 그녀는 몇 년씩 정신병원을 입퇴원하였으며 결국 인슐린 혼수상태 치료를 받은 후에 화재로 사망하였다.

블로우러는 또한 위대한 러시아 발레 무용가이자 안무가였던 바스라브 나진스키(Vaslav Najinsky)가 조현병이라고 진단하였다. 나진스키에게 처음 망상이 시작된 것은 그가 20대 후반일 때였으며 점점 더 위축되기 시작하였고 예측불능의 흥분으로 발작하고 기상천외하게 행동하였다. 그는 스위스의 보호시설에 약 10년간 입원하였으며 비록 다소 회복되었지만 대부분의 여생 동안 치료를 받으면서 지냈다.

연출가 작가이자 배우인 안토닌 아타우드(Antonin Artaud)는 젊은 시절에 약물을 과용하였으며 우울증에 시달렸지만 40대 초반에는 분명한 정신병이었고 수년간 입원을 하여야 했다. 편집증적 망상 체험과 더불어 그는 예수와 대화하거나 경찰에게 고문당하는 망상을 가졌다. 이 시기 동안 그의 행동은 대단히 과격해졌다. 그는 전하는 바에 의하면 자신의 배설물을 먹고 가지고 놀았다. 그는 혀로 말을 하는 것 같았으며 흔히 생각의 가닥을 놓쳤다. 그는 자신의 강의안을 전송하곤 하였으며 이상한 소리를 내고 침 뱉기, 무릎을 꿇고 앉아 찬송가 부르기, 마술의 원 그리기, 상상 속의 인물과 대화하기, 운율감 있는 양식을 불평하기 등과 같은 일련의 의식을 거행하였다. 그의 몸짓은 다른 사람들에게는 이해되지 못하였으며 가장 단순한 행동도 완전하게 할 수 없었다.

ECA 연구는 인구 전체에서 일생 중의 조현병과 조현병 형과 같은 장애는 1.5%이며 성별로 구분하면 남성은 1.2% 여성은 1.7%라고 추정하였다. 이러한 장애가 완화되는 비율은 32%였다.[35] 루트비히(1994)의 연구 대상자인 저명인사들 중에서는 5%가(엄격한 기준으로는 3%) 조현병 종류의 정신병을 가졌으며, 남성은 약 5%이며 여성은 7%였다. 조현병과 같은 정신병은 아마도 ECA 연구에서의 조현병과 조현병 형 장애에 대한

35) S. J. Keith, D. A. Regier, and D. S. R.oe, "Schizophrenic Disorders," in Psychiatric Disorders in America.

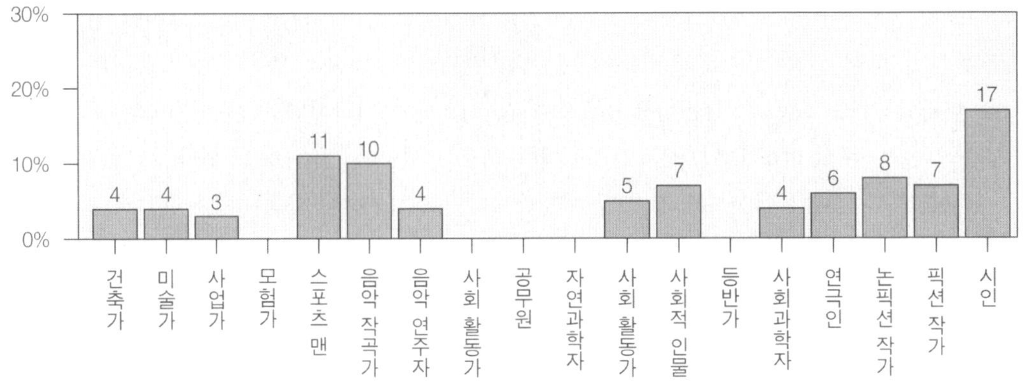

그림 5-7 일생 동안의 정신병 발생 비율

명명과는 상응하지는 않지만 시인들이 다른 직업을 가진 사람들보다 더 높아 가장 높은 비율을 보였으며(17%), 저명한 군인, 자연과학자, 정치가와 탐험가들에서는 전혀 발견되지 않았다(**그림 5-7** 참조). 전체적으로 이러한 장애는 예술가 유형(8%)이 다른 유형들보다 2~7배 정도 더 높았다. 예술가와 다른 유형들 사이의 이러한 차이는 45세 이후에 더욱 뚜렷해진다.

조현병에 시달린 유명인사들

- 데이비드 헬프갓: 호주출신 피아니스트. 이상한 말과 행동을 했다. 그의 주치의는 그가 단순한 조현병이 아니라 조현병과 정동장애(조울병)가 함께 나타나는 분열성 정동장애를 갖고 있다고 진단했다.
- 메리 토드 링컨: 에이브러햄 링컨의 아내. 잠옷을 입고 호텔 복도를 서성거렸다. 그녀는 상상 속의 도둑이 돈을 훔쳐갈까 봐 걱정을 해 돈을 넣은 호주머니를 실로 꿰매기도 했다.
- 바슬라프 니진스키: 러시아의 무용가 6주간 거의 쉬지 않고 일기를 썼다. 정신과 의사 브로이어(Bleuler)는 그의 증상을 조현병으로 진단했다. 그는 조현병이라는 단어를 만든 사람이기도 하다.
- 젤다 피츠제럴드: 소설가 프랜시스 피츠제럴드의 아내. 27세 때 신경쇠약으로 입원했다. 정신과 의사 융(Jung)은 조현병으로 진단했다. 그녀는 충격요법으로 치료를 받았다.
- 빈센트 반 고흐: 네덜란드 출신의 인상파 화가. 자기 귀를 자른 것으로 유명하지만,

환각과 기억상실에도 시달렸다. 그는 그림물감을 삼킨 적도 있다.

조현병에 대한 잘못된 생각은 창의력에 관한 것이다. 창의력은 조현병보다는 조증과 울증을 오가는 양극성 장애와 일정한 관련성이 있다. 조현병에 걸리면 뛰어난, 신기한 생각을 할 수는 있지만 그것을 다른 사람이 이해할 수 있도록 표현하기가 힘들다고 설명했다. 조현병을 치료하지 않으면 모든 다른 기능을 상실하기 때문에 창작활동은 고사하고 식료품을 사거나 물건 요금을 지불할 수조차 없다. 물론, 수학·물리학 분야에서는 천재성이 발휘될 수 도 있다. lowa 대학교의 엔드리슨(Endrison) 교수는 수학이나 물리학에서는 많은 발견들이 경험적인 증거에 의한 구체적인 증명보다는 직관에 의해서 이뤄진다고 지적했다. 그러나 조현병에 걸린 사람들이 주장하는 독창적인 발견들 중 다수는 그리 획기적인 것이 못된다고 평가된다.

병적 불안

병적인 불안의 기준은 대개 어떤 정도의 자격 박탈로 이어지는데 지속적인 두려움, 염려, 공포, 마음의 동요, 침착하지 못함, 긴장과 전율을 포함한다—모두 어떤 적절한 신체적 또는 정신적 근거가 없다. 독특한 증후군을 나타내는 외에 이 심리증상은 또한 비정상적-강박적 장애, 주요 공포증, 외상후 스트레스 반응(Posttraumatic stress responses, PTSR)[36], 공황 장애, 그리고 중증 "신경증"을 포괄한다.

두 가지 예가 병적 불안이 의미하는 바를 예증한다. 배우 Joan Crawford는 공포증, 강박관념과 심한 불안으로 거의 무능력해졌다. 그녀는 자신의 밀실공포증(claustrophobia)은 5세 때 오빠가 그녀는 옷장에 넣고 잠근 데서 비롯되었다고 믿었다. 엘리베이터를 무서워하였으며 중년이 될 때까지 결코 비행기를 타지 않았다. 청결에 강박적이어서 자주 마루를 닦았으며 손을 씻고 또 씻었으며 거의 시간마다 옷을 바꿔 입었다. 심지어 스타가 된 후에도 그녀는 너무나 많이 떨어서 각본은 마분지 위에 올려놓아 소리 나지 않도록 하였으며 막대기를 마이크 곁에 두어 쥘 것이 있도록 하였고 의사가 가까이 있어야 했다.

윌리엄 데안 하웰(William Dean Howells)는 많은 사람들에게 금세기 전환기에 미국

---

36) 외상후 스트레스 장애를 다룬 최신 전문서적이 출판되었다.
김정휘·허주연·김태욱 옮김. (2012). 진단명: 외상후 스트레스 장애(PTSD): 원인 증상 진단 치료와 예방. 서울: 시그마프레스(Ford, Julian D. (2009). *Posttraumatic stress disorder: scientific and professional dimensions*. Amsterdam: Academic Press).

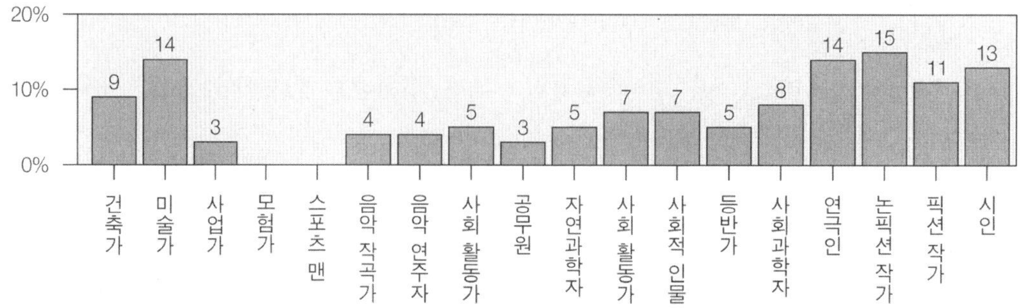

그림 5–8 일생 동안의 불안 발생 비율

문자의 "최고참자"로 여겨졌는데 한동안 광견(狂犬)에게 물릴까봐 두려워 사실상 외출을 못하였다. 광견병의 증상 중 하나인 "공수병"이라는 단어에 대한 어떠한 언급도 그를 거의 공황에 빠지게 하였다. 가장 심각할 때는 물만 튀어도 떨었으며 경련을 일으켰다. 심지어 여러 해 후 자신의 두려움에 대한 글을 쓸 때도 불안의 물결을 경험하지 않고는 그 단어를 쓰거나 말하지 못하였다.

ECA 연구의 결과는 일반인의 약 9%가 별도의 증후군으로 또는 다른 장애에 수반되어 일반화된 불안 장애를 경험한다고 밝혔다. 일반화된 불안이 다른 장애와 관련되는 예는 지역에 따라 58%에서 65%이다.[37] 나의 표본에서의 저명인사들 사이에서 일반화된 불안의 발병률은 8%로(엄격한 준거상으로는 4%), 여성은 12%이고 남성은 7%였다. 논픽션 작가, 배우, 시인과 미술가들이 가장 높은 비율을 보였으며(13~16%), 반면 탐험가, 운동선수, 정치인, 기업가, 작곡가, 예능인들은 가장 낮은 비율을 보였다(0%에서 4%; **그림 5–8** 참조). 전반적으로 예술가 유형은(11%) 가장 높은 비율의 불안을 보였으며 그 다음으로 연구직 유형(7%), 사회직 유형(6%), 그리고 기업가 유형(3%)이 뒤를 이었다. 예술가 유형과 그 밖의 유형들 사이의 차이는 25~30세 사이에 한층 악화되며 55세 이후에 다시 악화된다.

신체 기능장애

'신체' 기능장애('somatic' dysfunction)의 기준은 신체적 근거가 전혀 없이 거의 정신적인 것이 원인인, 신체 기능이나 기능장애에 대하여 지속적이고 과도하게 열중하였다는

---

37) D. G. Blazer, D. Hughes, L. K. George, M. Swartz, and R. Boyer, "Generalized Anxiety Disorder," in *Psychiatric Disorders in America*.

증거를 포함한다. 이러한 범주는 또한 정신적으로 야기된 마비, 극적 꾸미기, 주의 끌기, 심기불편 증후군, 심·신의 총체적 증상, 전환 히스테리, 침울증, "정신신체" 문제, "신경 고갈"이라는 예전의 진단, 신경 무력, 또는 "신경쇠약"의 사례들이 포함된다.

신체장애에 대한 두 가지 사례가 이러한 증후군의 기준을 분명하게 한다. 세계적으로 유명한 테너 엔리코 카루소(Enrico Caruso)는 전염병에 대한 만성적 공포를 가지고 있었다. 그는 셔츠를 두 세 시간마다 바꿔 입었고 자신의 방에 끊임없이 향수 분무제를 뿌렸으며 여행할 때는 각종 주사기, 내복약, 양치액을 가지고 다녔다.

피아노 연주자인 글렌 고울드(Glenn Gould)의 심기불편증(hypochodriasis)은 고전적이었다. 그는 지나치게 세심하게 자신의 상세한 증상, 내복약, 검사 목록을 간직하였다. 하나의 전형적인 기재사항을 읽어 본다: "가슴 두근거림 ... 팔에 열 ... 흉부에 소화불량 유형의 통증 ... 기상시 맥박-꿈 ... 얼어붙게 하는 감각-오한-코 끝에 ... 최근의 입술 아랫부분의 문제-액체를 마시는 것이 등줄기에 작은 궤양 같은 고통을 일으키다-출혈성의 감각이 새로이 일어나다." 그는 또한 얼마나 오래 수면을 취하였는지 시간과 맥박을 기록하였으며 깨어나 있을 때와 방광에 압박을 느낄 때는 때때로 30분 간격으로 맥박을 기록하였다. 짐작으로는 끊임없는 불평으로 적어도 4명의 의사를 바쁘도록 만든 때가 있었다.

ECA 연구는 일반인의 일생 동안의 신체 증후군 발병은 약 12%이며, 남성은 9%이고 여성은 14%라고 밝혔다.[38] 나의 표본인 저명인사들에게서는 일생의 신체 증후군의 발병은 11%였으며(엄격한 기준으로는 5%), 남성은 약 10%이고 여성은 14%였다. 이미 논의된 다른 증후군과는 달리 신체장애의 발병은 18개 직업들 사이에서 유의적으로 다르지 않았다.

적응(스트레스) 반응

적응 반응의 기준은 전혀 균형이 잡히지 않거나 평균적으로 예상되는 것보다 더 오래도록 지속되는 스트레스 또는 정신적 외상에 대한 부적응이지만 대체로 돌이킬 수 있는 반응을 포함하며 대개 대처 능력의 저하와 관련이 있고, 우울증, 동요, 두려움 또는 활동불능 상태와 같은 증상이 수반된다. 우울증 또는 일반화된 불안과는 달리 항상 유발하는 상황이나 합리적인 촉진 요인이 있다.

---

38) M. Swartz, R. Landerman, L. K. George, D. G. Blazer, and J. Escobar, "Somatization Disorder," in Psychiatric Disorders in America.

불행하게도 ECA 연구는 일반인들 사이에 그러한 반응의 발생은 확증하지 못하였다. 우리 표본에서는 36%가(엄격한 기준으로는 22%) 일생 중 어느 시점에 이러한 종류의 곤란을 체험하였다. 이러한 장애의 발생 비율은 여성이(46%) 남성보다(33%) 더 높았다. 다양한 집단 사이에서 발병률은 운동선수, 소설가와 작곡가들 사이에서 가장 높았으며(44%에서 58%) 건축가, 음악 연주자와 군인에게서 가장 낮았다(13%에서 25%). 이 증후군에 대해서는 생애표를 만들 수 있는 적합한 정보자료가 없었다.

잡다한 그 밖의 정신 문제

이 범주는 위에서 포함되지 않은 정신적, 행동상 또는 사회성 손상을 유발하며 특징이 불명확하거나 불특정한 모든 정신장애를 모두 포괄한다. 예를 들면 "신경 쇠약," "전투 신경증(shell shock)"[39] 등이 포함된다.

표본에서는 이러한 문제가 일생 동안 발병하는 비율이 5%로(엄격한 기준으로는 3%), 여성은 9%이고 남성은 4%였다. 18개 집단들 사이에 유의적인 차이가 존재하지 않았기 때문에 이 범주를 더 이상 다룰 필요는 없다.

자살 시도

자살 시도는 우울증의 공통된 징후이다. 자살 시도의 기준은 의도적, 관심 끌기, 속임수, 또는 그 밖의 모호한 목적에서 이루어졌든 어떻든 자발적으로 목숨을 끝내려는 성공적이거나 비성공적인 노력 또는 심각한 위협을 포함한다. 자살하려는 동기나 심각성의 정도보다는 행동 자체가 "자살 시도"이다.

대개 자살 시도는 충동적이며 좌절된 연애나 실연(失戀)의 결과이고 지속적인 음주 후에 발생한다. 때때로, 심각한 우울증일 때는 그것은 깨어 있는 모든 순간을 지배하는 병적인 망상이 된다. 자살 욕구를 성공적으로 극복하였던 윌리엄 스티론(William Styron)은 이러한 정신 상태에서는 모든 것이 잠재적인 자살 수단이 된다고 생생하게 설명하였다.[40] 다락방 서까래는 목을 맬 장소가 되며, 차고는 일산화탄소를 흡입할 장소가 된다. 욕조는 베어진 동맥으로부터 피를 받는 용기가 되며 부엌 서랍의 칼은 몸을 찌르도록 거기에 놓여 있는 것이 된다. 자동차는 치명적인 사고를 일으키는 수단이 되며 근

39) 외상후 스트레스 장애(PTSD)의 예전 명칭

40) 비록 William Styron은('Darkness Visible," Vanity Fair 52 [December, 1989] 연구에는 없지만 그의 관찰은 가장 적절하게 보였다.

처의 고속도로는 트럭 앞으로 뛰어들 장소가 된다.

비성공적, 성공적 자살 시도의 발병률은 전체 표본에서 약 11%였으며(엄격한 기준으로는 9%) 남성은 8%이고 여성은 17%였다. 불행하게도 ECA 연구는 자살 시도의 비율을 제공하지 못하였다. 우리 표본에서는 시인이 가장 높은 비율을 보였으며(26%), 이번에는 배우(23%)와 음악 예능인(17%)이 뒤를 이었다. 전체적으로 예술가 유형(14%)이 다른 유형들과 비교하여 적어도 2배가 되었다.

사망 통계에 따르면 25세 이상 미국인의 사망의 1.0%에서 1.4%는 7개 표본 기간 동안(1910, 1920, 1936, 1946, 1956, 1966과 1988년) 자살에 의한 것이었다. 자살은 남성에게는 1.8% 여성은 0.5%였다.[41] 루트비히(1995)의 연구 대상자 속에 저명인사들 중에서는 4.4%가 자살을 하였다. **표 5-3**은 그들의 이름과 자살 수단을 열거하고 있다. 시인의 자살률은(20%) 다음으로 가장 높은 집단들인 음악가(8%), 배우와 연출가(7%)의 2배 이상이었다(**그림 5-9** 참조). 홀랜드(Holland) 직업분류 내에서 연구직 유형(9%)은 놀랍게도 가장 높은 자살률을 보였으며 그 다음으로 예술가 유형(5%)이었다. 생존자 분석은 예술가 유형은 30세까지 다른 유형에 비하여 가장 자살을 많이 하며, 연구직 유형은 60세 이상이 되면 높은 비율로 자살을 하기 시작한다는 것을 밝혀냈다.

정신장애

위에 제시한 정보자료에 기초하여 직업이 서로 다른 집단의 사람들이 위에서 언급한 주요한 장애를 일생 중 앓는 정도를 판단할 수 있다. ECA 연구는 정신장애의 발병률이 32%이며 여성은 36%이고 남성은 30%라는 것을 밝혔다. 루트비히(Ludwig, 1995)의 연구 결과는 표본들의 발병률이 59%(엄격한 기준으로는 45%)였으며(적응 반응은 제외), 남성은 59% 여성은 61%로 높았지만 스티어링(Stirling County)의 연구에서 밝혀진 발병률 57%에 유사하였다. 현재까지 보고된 연구 결과들로부터 시인은 어떤 정신장애에서 가장 높은 비율을 보이고, 다음으로 소설가, 배우, 논픽션 작가, 미술가, 작곡가와 음악 연예인(68%에서 77%)이 뒤를 잇는다는 발견은 더 이상 놀랍지가 않다. 탐험가, 군인, 정치가와 자연과학자들은 가장 낮은 비율을 보인다(27%에서 35%). 전체적으로 예술가

---

41) 자살률은 다음 자료를 참고하라. Mortality Statistics for the years 1910, 1920, and 1921 (Bureau of the Census, United States Department of Commerce); Vital Statistics of the United States for the years 1946, 1956, and 1966(U. S. Department of Health, Education and Welfare); and the Statistical Abstract of the United States 1991(Bureau of the Census, U. S. Department of Commerce). 남성과 여성의 자살 비율도 싣고 있다.

표 5–3 사망과 자살 관련 인사

약물 과복용	총기 자살
Diane Arbus	Dora Carrington
Charles Bedaux	Harry Crosby
Lenny Bruce	Ernest Hemingway
Truman Capote	Vladimir Mayakovsky
Brian Epstein	Victor Taus.k
Sigmund Freud(의사 처방)	Robert Ralph Young
Orlo Thomas Heggen	
Janis Joplin	일산화탄소 중독
Jimi Hendrix	Libby Holman
Alan Ladd	Ross Lockridge
Jack London	
Malcolm Lowry	익사
Aimee McPherson	Hart Crane
Marilyn Monroe	Donald Crowhurst
George Sanders	John Davidson
Jean Seberg	Virginia Woolf
Harry Stack Sullivan	
Sara Teasdale	독극물
	Alan Turing
목매기	Charlotte Mew
W. J. Cash	Erwin Rommel(강압으로)
Sergei Esenin	
Maxim Gorky	기타
Mitchell Kennerley	John Berryman(다리에서 투신)
Phil Ochs	Sylvia Plath(화덕)
Alberto Santos-Dumont	Mark Rothko(혈관 절단)
Marina Tsvetayeva	

유형의 72%, 사회직 유형의 49%, 연구직 유형의 41%, 기업가 유형의 39%는 일생 중 어떤 형태의 정신 질환으로 고통 받는다.

정신병의 동시 이환

여러 정신장애의 발병률을 확증하고 이제는 특정 질환들이 함께 발병하는지, 즉 달리 말하면, 한 가지 종류의 정신 질병을 가진 사람이 또 다른 질병을 앓게 되는지 여부를 밝힐

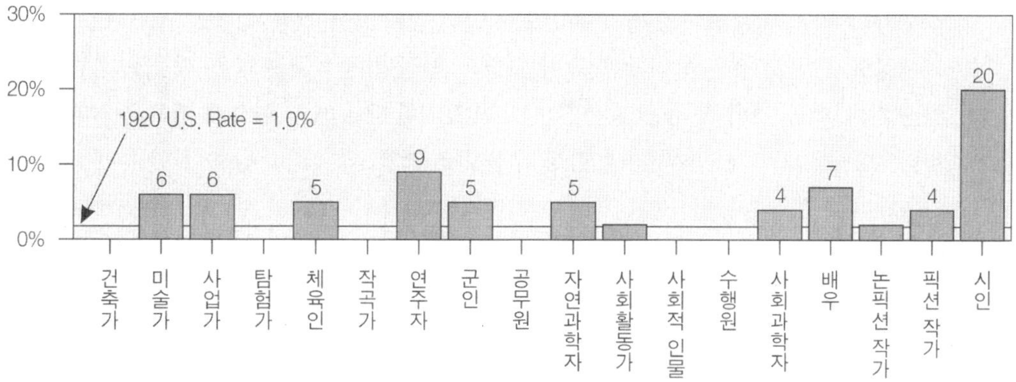

그림 5-9 자살률

필요가 있다. 만약 여러 장애들이 집단의 모든 성원들에게 균일하게 분포되기보다는 동일한 사람이 여러 장애를 가진다면 특정 집단의 성원들 사이의 정신 질환 양상은 다르게 나타난다.

전국 동시 이환(comorbidify) 조사의 결과에 다르면 전국 표본의 52%는 정신장애가 전혀 없었으며, 21%는 한 가지를, 13%는 두 가지를, 그리고 14%는 세 가지 이상의 장애를 가지고 있었다.[42] 일생 중 적어도 한 가지의 장애를 가진 사람의 60% 이상이 두 가지 이상의 장애를 앓는다는 결과는 대부분의 정신장애가 대단히 동시 이환하는 사람들에게 집중되는 경향이 있음을 시사한다.

비록 루트비히(Ludwig, 1995)의 표본에서 두 가지 이상의 정신병 증후군을 가진 사람들의 비율이 전국 동시 이환 조사의 결과 보다 더 높지만(왜냐하면 아마도 나는 계산에서 적응 문제를 포함시켰기 때문인 것으로 보인다) 연구 결과는 일반적으로 유사하다. 저명인사의 약 28%는 내가 기록한 여덟 가지 장애 중 한 가지를 가지고 있었으며, 20%는 두 가지를, 그리고 21%는 세 가지 이상의 장애를 가지고 있었다. 이것은 일생 중 적어도 한 가지 장애를 가졌던 사람의 59%가 두 가지 이상의 장애를 가졌던 것을 의미한다. 동시 이환의 비율은 남성과 여성이 대체로 유사하였다.

여러 가지 직업 중에 시인, 소설가, 배우, 미술가와 작곡가가 정신병 다중발생 비율이 가장 높았으며(48%에서 68%) 자연과학자, 군인, 공직자와 탐험가가 가장 낮았다(13%에서 19%). 예술직을 가진 사람들은 전체적으로 다른 직업을 가진 사람들보다 약 2배

42) R. C. Kessler et al., "Lifetime and 12-month Prevalence of DSM-III-R Psychiatric Disorders in the United States," Archives of General Psychiatry, 51(1994): 9-19.

정도가 두 가지 이상의 정신병 증후군으로 일생 중에 고통 받았다.

예상하지 못한 것은 아니지만 특정 조합의 정신병 증후군은 다른 것들보다 더 흔히 발생한다. 이들 조합 모두는 정신병 진료 의료기관에서 흔히 접하게 되는 것들과 일치한다. 조증을 가진 사람은 거의 항상 우울증을 앓게 되지만 우울증이 있는 사람은 단 15%만이 조증을 앓는다. 중증 불안에 시달리는 사람의 거의 3/4은 우울증을 앓지만 우울증이 있는 사람의 단 15%만이 뚜렷한 불안 증후군이 있다. 약물을 과용하는 사람들은 또한 알코올을 과음하지만 알코올을 심하게 하는 사람은 단 30%만이 약물을 남용한다. 흥미롭게도, 생애 중 심한 불안이나 우울증이 있는 사람의 약 1/2이 또한 적응 문제를 경험하여 그들이 스트레스에 더 약하다는 것을 보여 준다. 다른 사람들은 심하게 좌절하지 않고 대처하는 실망, 사업 실패 또는 개인적인 상실이 이들에게는 더 쉽게 심각하고 지속적인 정신적 곤란이 된다.

생물학적 친척의 정신 질환

직업 자체가 정신 질환을 조장하는 데 작용하는 역할을 하는가 또는 그렇지 않은가를 구별하는 방법으로 우리들은 어떤 사람들은 직업을 갖기 전부터 정신 질환에 걸리기 쉬웠는지 여부를 알 필요가 있다. 즉, 정신질환자가 될 수 있는 어떤 취약성이 있었는가? 아마도 이것을 판단하는 최상의 방법은 특정 직업 유형의 사람들이 다른 유형의 직업을 가진 사람들에 비하여 성장하면서 정신장애를 가진 부모나 형제들에게 더 심하게 노출되는지 여부를 아는 것이다. 불행하게도 저명인사의 가족들 사이의 정신 질환 발병률에 대한 체계적인 정보자료는 거의 존재하지 않는다. 창의적인 사람들의 친척들은 다른 사람들의 친척들에 비하여 정신 질환을 앓는 비율이 더 높다는 증거가 있는 한편, 루트비히(Ludwig, 1995)의 보고서를 포함하여 과거의 대부분의 보고서들은 작가와 같은 특별한 사람들에게만 초점을 맞추고 있으며 저명인사들에게서 발견되는 정신장애가 유전적인 것인지 후천적인 것인지 여부에 대해서는 아무런 결론을 내리고 있지 않다.[43)]

---

43) 다음 자료를 참조요망. K. R. Jamison, "Manic-Depressive Illness, Creativity and Leadership"; J. L. Karlsson, "Creative Intelligence in Relatives of Mental Patients," Hereditas, 100 (1984): 83-86; N. C. Andreasen, "Creativity and Mental Illness: Prevalence Rates in Writers and Their First-Degree Relatives," American Journal of Psychiatry, 144 (1987): 1288-1292; A. M. Ludwig, "Creativity and Mental Illness in Women Writers", and R. Richards, D. K. Kinney, I. Lunde, M. Benet, and A. p. C. Mercel, "Creativity and Manic-Depressives, Cyclothymes, Their Normal Relatives and Control Subjects."

저명인사들의 정신적 장애(mental difficulties)에 대한 유전적 근거를 확보하는 문제는 주로 자연과 환경의 영향을 분리하는 확실한 방법이 없기 때문에 만만찮다. 정신장애가 있는 부모에 의하여 양육되는 정신적 상처와 그들이 제공하는 강력한 역할 모형은 생물학적 친척들이 얼마나 정신병리에 시달리는지 저명인사들의 정신 질환에 대한 어떤 분명한 유전적 설명을 분간 못하도록 제한한다. 이상적으로는, 이 문제를 해결하기 위해서는 우리들은 다른 환경에서 양육된 저명인사의 일란성 쌍생아를 연구해야 한다. 그러나 이러한 종류의 표본은 없으며 미래에도 있을 것 같지가 않다. 유전자지도 연구도 대안으로 여겨지지는 않는다. 사정이 이러하기 때문에 우리들은 가족 차원의 정신장애를 조사하는 것으로 한정시켜야 한다. "가족" 차원의 증거는 단지 가족 내에서 계속되는 장애만을 의미하며 그 이상도 그 이하도 아니다.[44]

저명인사의 부모와 형제들에게서 발견되는 정신적 곤란의 예가 여기에 있다. 클라라 보우(Clara Bow)의 어머니인 사라 고든 보우(Sarah Gordon Bow)는 긴 혼수상태에 빠지고 자주 우울증을 겪었는데 결국 입원하여 주립정신병원에서 사망하였다. 찰리 채플린(Charlie Chaplin)의 어머니는 조증 중에 기도하고 욕설을 하고, 울고, 소리치고, 노래하며 상스럽고, 과도하게 종교적이고 심한 망상에 사로잡혔다. 그의 아버지는 처음에는 모창을 하였고 후에는 가수였는데 알코올 중독으로 간경변으로 고생했었다. 잭 론돈(Jack London)의 어머니 플로라 웰만(Flora Wellman)은 한 번은 아편제를 다량 복용하여 자살을 시도하였으며 후에는 총으로 머리를 쏘아 자살하였다. 캐리 네이숀(Carrie Nation)의 어머니는 남편이 웅석을 잘못 받아 주어 자신이 빅토리아 여왕이라는 굳은 망상에 빠졌으며 "전하"라고 불리기를 좋아하였다. 어려서부터 자신이 여왕이 될 사람이라는 믿음을 가지고 있었다. 자신의 신분에 어울리게 그녀는 뒤가 끌리는 자줏빛 벨벳 가운에 크리스털과 세공한 유리로 장식된 왕관을 썼으며 근처의 몇몇 농부들에게 기사작위를 수여하였다. 그녀는 정신이상자 보호시설에서 생을 마쳤다.

우디 거스리(Woody Guthrie)의 여형제와 양친 부모들은 정신적 문제를 가지고 있었다. 여형제인 클라라(Clara)는 어머니와 논쟁한 후 분신자살 하였다. 아버지는 알코올

44) 저명인사와 혈연적으로 더 먼 친척일수록, 특히 그 친척이 사망하였고 유명하지 않을 때는, 그들의 정신 증후군에 대한 자세하고 신뢰할 수 있는 정보자료를 확보하는 것이 더 어려워지는 것을 다소 언급할 필요가 있다. 친척의 정신 상태에 대한 정보자료는 그들의 저명한 친족만큼 풍부하고, 자세하거나 폭넓은 경우가 드물기 때문에 정신병리를 확인하는데 더 느슨한 기준이 흔히 사용되어져야 했다. 그러나 심지어 이런 제약에도 불구하고 연구 결과의 분명하고 일관된 성격은 이러한 종류의 자료에서 어떠한 "잡음"이 유전되었든지 이를 압도하는 것으로 보인다(Ludwig, 1995).

중독이었으며 위험한 모험사업으로 모든 돈을 잃고 식료품 배달로 생계를 유지하였다. 어머니는 심한 우울증이 있었는데 우울증이 있을 때는 몇 시간이고 계속하여 울며 자살하겠다고 위협을 하였다. 어느 날 그녀는 가스리(Guthrie)의 남동생인 아기를 신문에 싸서 솥에 넣었다. 결국 그녀는 정신 병원에 입원하였으며 헌팅톤(Huntington) 무도병이라는 진단을 받았다.

토마스 만(Thomas Mann)의 여형제 중 한 사람인 쥴리아(Julia)는 약물을 남용하였으며 목매 자살하였고, 또 다른 여형제인 칼라(Carla)는 실패한 배우였는데 또한 자살을 하였다. 서머셋 모옴(Somerset Maugham)의 형제인 하리(Harry)는 미발표된 희곡과 서정시를 썼는데 기차를 두려워하였으며 결국 질산을 마시고 자살하였다; 또 다른 형제인 촬스(Charles)는 우울증의 발작으로 고통당하였다; 그리고 세 번째 형제인 프레드릭(Frederick)은 후에 챈셀라(Chancellor)경이 되었는데 일반적인 우울증을 앓았다. 알도우스 헉슬리(Aldous Huxley)의 형제인 트레벤넨(Trevenen)은 총명한 수학자였는데 심한 우울증에 걸렸으며 자살을 하였다; 또 다른 형제인 쥴리안(Julian)은 결국 기사작위를 받았는데 일련의 "신경 쇠약"을 경험하였다. 엘리노 왈리에(Elinor Wylie)의 아버지는 한 때 테오도어 루스벨트(Theodore Roosevelt) 대통령 밑에서 법무차관을 지냈는데 "신경 쇠약"이 있었으며 거의 심한 우울증 같았다. 형제 중 한 사람인 헨리(Henry)는 미술가였는데 만성적인 우울증을 앓았으며 마침내 가스중독으로 자살하였다. 여형제인 콘스텐스(Constance) 역시 자살을 하였다. 또 다른 형제인 모톤(Morton)은 알코올을 좋아하였는데 아내와 헤어진 후 배에서 뛰어 내려 자살하려고 하였으나 기적적으로 구출되었다. 윌리엄 버틀러 예이츠(William Butler Yeats)의 어머니와 아버지 그리고 적어도 두 명의 여형제와 한 명의 형제는 모두 수년 동안 주기적인 우울증에 시달렸다.

오손 웰스(Orson Welles)의 아버지는 탄화물 자전거 램프를 발명하여 부를 축적하였는데 알코올 중독자였다. 행크 윌리엄스(Hank Williams)의 아버지인 엘론조(Elonzo)는 제1차 세계대전 도중 "전쟁 신경증"이 있은 후 신경증으로 고통 받았으며 자발적으로 미시시피의 빌록시(Biloxi) 퇴역군인 병원에 10년간 입원하였다. 그의 여자 형제인 이레네(Irene)는 불법 약물을 소지하여 수년간 복역을 하였다. 테네시 윌리엄스(Tennessee Williams)의 아버지는 말썽장이, 싸움꾼, 노름꾼, 술꾼으로 유명하였으며 여자 형제인 로즈(Rose)는 정신병적 몽환의 세계에서 살았다. 시인인 안나 아크마토바(Anna Akhmatova)의 부모는 자녀의 죽음에 절망하여 자살 계약서에 서명하였다. 아버지는 성공적으로 자살하였지만 어머니는 살아남았다. 콘라드 아이켄(Conrad Aiken)의 아버지인 윌리엄 포드 아이켄(William Ford Aiken) 박사는 안과의사, 발명가, 사진작가, 아마추어 미술가와 작사가였는데 30대 중반에 조울증, 기분의 현저한 변화, 편집증적 망상과 더 격렬한 감정 격발을 일으키기 시작하였다. 몇 년 후 그는 모르핀과 아트로핀으로 자살을 시도하였다. 그의 아내는 우연히 깨어나서 의사를 불렀고 그는 살아났다. 후에 그는 전문가의 도움을 받으라는 아내의 간청을 자신에 대한 음모의 증거라고 여기고 그녀를 살해하고는 자신도 총기로 자살을 하였다. 루이스 디 브랜다이스(Louis D. Brandeis)의 여형제인 패니(Fanny)는 심한 산후 우울증에 빠져 아기를 낳은 얼마 후 자살하였다. 트루먼 카포티(Truman Capote)가 "내 인생의 유일한 악인"이라고 여겼던 그의 어머니는 알코올 중독이 되어 결국 세코날 과복용으로 자살을 하였다. 페기 구겐하임(Peggy Guggenheim)의 어머니는 일을 세 번씩 반복하고 세 개의 시계, 세 벌의 치마와 세 벌의 스웨터를 입었다. 그는 위생에 강박증이 있어 모든 것을 소독약으로 반복하여 닦았다. 페기(Peggy)의 여자 형제인 해젤(Hazel)은 남편이 자신을 버린 것에 대한 앙갚음으로 두 아들을 호텔 지붕에서 던져 살해하였다. 정신 질환은 어니스트 헤밍웨이(Ernest Hemingway)의 근친에게 만연해 있었다. 내과의사인 아버지와 형제인 레스터(Leicester)는 헤밍웨이(Hemingway)처럼 모두 총기자살을 하였다. 외할아버지도 총기자살을 시도하였지만 외삼촌이 장전된 권총을 그에게서 빼앗았다. 특별한 문제들이 가족들 사이에 반복되는 또 다른 사례로 오스카 와일드(Oscar Wilde)의 저명한 아버지인 윌리엄 로버트 와일드(William Robert Wilde)는 높은 활동 사이에 우울증 발병으로 시달렸는데 성범죄로 재판을 받았으며 소문으로는 후에 폐인이 되었다고 한다.

이러한 종류의 정보자료는 965명의 어머니, 983명의 아버지와 598명의 형제들에 대하여 이용 가능하였다. 결과 해석을 단순화하기 위하여 루트비히는 창조적 예술가의 근친들과 다른 직업을 가진 사람들의 근친 사이의 비교에 대하여서만 언급한다(**표 5-4** 참조). 결과는 일관되며 분명하다. 창조적 예술가의 어머니는 더 높은 알코올 남용, 약물 사용, 우울증과 정신이상을 보여 준다. 창조적 예술가의 아버지들은 더 높은 알코올 중독을 보여 준다. 창조적 예술가의 형제들은 더 높은 약물 남용과 우울증 비율을 보여 준다. 창조적 예술가의 어머니, 아버지와 형제들과 다른 직업을 가진 사람들의 어머니, 아버지, 형제들 사이의 차이는 일생 중의 모든 형태의 정신장애를 비교할 때 확대된다. 말하자면 이러한 결과는 모두 창조적 예술가의 생물학적, 1촌 친척들 사이의 정신 질환 발병률이 더 높다는 극적인 증거를 제공할 뿐만 아니라 저명인사의 후의 정신 문제에 대한 가족력적 근거를 시사한다.[45]

---

45) 연구 대상자들의 자녀들에 대한 상응하는 정보자료를 확보하려고 노력하였지만 이러한 정보자료의 질은 다른 생물학적 1촌 친척에 대한 정보자료만큼 완벽하거나 일관되지 않았는데 아마도 이들 자녀 중 많은 사람들이 아직 살아 있거나 단지 최근에 사망하였기 때문이었을 것이다(Ludwig,

표 5-4 1촌 친척의 정신 문제 발병률(%)

	어머니		아버지		형제	
	창조적 예술가 (637명)	기타 (428명)	창조적 예술가 (541명)	기타 (442명)	창조적 예술가 (330명)	기타 (268명)
알코올	2.4%	0.5%	12.2%	6.6%	10.6%	(6.3%)
약물	1.1%	0%	0.2%	0.2%	2.7%	(0.4%)
우울증	8.2%	4.7%	6.7%	4.8%	14.5%	(9.3%)
도취	1.5%	0.5%	0.9%	0.7%	1.8%	(1.9%)
정신이상	2.0%	0.5%	0.6%	0.5%	3.9%	(1.5%)
불안	1.5%	1.4%	0.6%	0.7%	1.2%	(0.7%)
신체장애	1.7%	1.9%	0%	0.2%	0.6%	(1.1%)
불특정	3.7%	2.8%	4.1%	2.0%	5.8%	(3.0%)
(자살 시도)	0.7%	0.2%	1.1%	1.6%	7.0%	(4.1%)
기타 문제	15.5%	9.6%	21.4%	13.6%	31.2%	(17.2%)

유의미한 차이($p < .05$)는 밑줄로 표시함.
출처: Ludwig(1995).

한편, 특수 분석법을 이용함으로써 부모 한쪽의 정신장애가 저명한 자손의 정신장애를 예측하는 정도를 조사할 수 있다. 이들 분석의 결과는 대부분 어느 한 쪽 부모의 정신 문제 유형이 후에 저명한 자손에게서 나타나는 경향이 있기 때문에 특정 종류의 정신장애는 "이어지는" 경향이 있다는 것을 드러낸다. 일반인에게도 보이는 경우처럼 예를 들어 어머니나 아버지의 알코올 과음은 저명한 자손에게서의 알코올 중독을 예측하게 한다. 정신이상과 더불어 어머니의 신체장애 문제는 자녀들의 침울증 또는 과도한 건강 걱정과 같은 신체 문제를 예측하게 한다. 아버지의 자살 시도와 어머니의 약물 사용은 저명한 자녀들에 의한 자살 시도를 예측하게 한다. 양친 부모의 "도취"와 어머니의 우울증과 불특정의 정신 문제들은 자녀들의 정신이상을 예측하게 한다. 부모들의 이러한 우울증과 "도취"의 높은 부담은 특별히 흥미로운데 왜냐하면 때때로 저명한 자손들에게서 관찰되는 정신분열 종류의 정신이상은 그 자체가 조현병이라기보다는 비전형적인 조증-울증 현상을 나타내는 것이기 때문이다.[46)]

1995).

46) 조증-울증 장애의 예방과 치료에 리튬을 사용하기 시작하여 일반적으로 사용되기 전에는 의료진들은 다양한 정신이상을 흔히 조현병으로 진단하였다. 더 최근에는 진단 기준의 변화와 정서 장

전체적으로 이들 결과의 일치된 양상은 이들 저명인사들에게서 발견되는 정신 문제의 정도와 성격에 대한 강한 가족력의 작용을 보여 준다. 그렇지만 이러한 결과의 해석은 한 가지 중요한 제한으로 완화될 필요가 있다. 비록 예측적인 관계는 모두 통계적으로 유의적이지만 그것들은 매우 약하며 일반적으로 예측 변수에서 편차가 10% 미만으로 계산된다. 간단히 요약하면 이것은 저명인사의 정신장애는 생물학적 부모의 정신장애에 의하여 영향을 받는 한편 그것들은 필연적인 결과는 아니라는 것이다. 그 밖의 요소들도 분명히 중요한 역할을 한다.

우리들은 다양한 창조적 예술가들이 전체적으로 다른 직업을 가진 사람들에 비하여 다양한 정신장애를 더 높은 비율로 드러낸다는 것을 확증하였다; 특정한 종류의 정신 질환들이 다른 직업들보다 이들 중 특정 직업과 더 관련이 있었다; 정신 질환은 가족력으로 이어지는 경향이 있다; 그리고 정신 질환은 비범한 성취에 필수적인 것으로 보이지는 않는다. 다음의 논리적인 단계는 저명인사의 정신장애와 그들의 창조적 활동과 성취 사이에 관계가 있는지 있다면 어떤 관계가 존재하는지를 연구하는 것이다.

11. 마약을 복용했을 때의 느낌

마약을 복용했을 때의 느낌, 예컨대 황홀감에 관해서 샌드블롬(Sandblom, 1989; 박승숙 옮김 2003, 136, 138)은 다음과 같이 사실적으로 묘사한 바 있다.

> 간질 발작전[47] 전조 증상과도 유사한데 다른 사람들로부터 그를 떼어 내는 무아경의 황홀감이 뒤따랐다. 이러한 느낌은 아편이나 메스칼린 중독 상태에서 느낀 몽상과 유사하다.

가장 높은 경지에서 얻을 수 있는 의식의 상태로 경련하듯 생의 원동력들이 한꺼번에 모인다. 그 순간엔 삶에 대한 감각, 존재한다는 것에 대한 감각이 열배로 강해진다. 모든 열정과 의심, 피곤함들이 드높은 평온의 상태에서 해소된다. 뒤이어 아주 소중한 조

애의 징후처럼 정서적 증후군의 중요성을 더 강조하면서 의료진들은 이들 동일한 상태를 아마도 조증의 변형 또는 비전형적인 발현으로 진단하는 것 같다. 부모의 우울증과 조증 증후군은 저명한 자손에게서의 조현병류의 정신이상이 존재함을 예측하게 한다는 연구 결과는 이러한 변화한 진단 관행의 정당성을 뒷받침한다.

47) 테니슨이 살았던 시대에는 간질병이 수치스러운 병이었고 자위를 해서 생겨난 병이라고 여겨졌다고 한다. 오늘날에는 간질병 명칭을 전간으로 개정해서 호칭하고 있음.

화로운 기쁨과 희망이 가득한 평화로움이 몰려온다. 그 다음에는 갑자기 영혼으로부터 마치 무엇인가가 활짝 열리는 것 같은 장면이 뒤따른다. 말로 형용할 수 없는 신비스러운 섬광(閃光)이 한줄기 내리고, 그에 의해서 사물들의 궁극적인 본질이 가시화되고, 마침내 인지된다… 이러한 감정(emotion)은 너무나도 강렬하고 달콤한 것이서 이 기쁨의 몇 초를 위해 십 년을, 아니 평생이라도 맞바꾸고 싶어진다.

그러나 이러한 황홀경, 환희의 전조 증상은 발작이 있고 난 후에는 죄책감 및 수치심과 병치된다. 이것이 그네들의 창작에 중요한 요소가 되어 작품(창의적 성과물)의 기저에 흐른다. 발작이 지나가고 나면 몸 위를 짓누르는 거대한 무게(짓누름)이 흐른다. 무엇인가 하지 말아야 할 것, 무시무시한 범죄를 저질렀다고 믿게 된다. 2, 3일간 작업을 할 수가 없다. 몸과 마음이 모두 만신창이가 되어 글을 쓸 수도, 심지어 책을 읽을 수도 없다고 한다.

작곡가나 소설가(작가)는 발작 전 전조의 하나인 천국의 황홀경과 발작 후의 죄책감은 자신들의 작품 속에서 표현된다. 예컨대, 도스토예프스키(Dostoevskii)의 『백치』, 『카라마조프의 형제들』에게 이러한 점들이 나타난다는 것이다(Sandblom, 1989)

지금까지 경험해 보지 못한 감정들은 그것이 불러일으켜 장엄하고 풍부하며 영원한 감정을 안겨준다면 그래서 모든 사람을 달게 받아들이게 한다면 삶의 가장 높은 단계에서의 종합과 천국에서와 같은 영광된 융합을 꾀하는 것이 그것이라면, 도대체 무엇을 상관할 것인가?

문제는 중독성, 의존성, 금단 현상에서 자유스러울 수 없다는 것이며 건실한 삶의 향유가 어렵고 본인의 삶뿐만 아니라 자녀(2세)에게 기형, 장애를 전수시킨다는 데 문제의 심각성이 있다.

12. 불행한 가계와 창의적 영재

레드필드 자미슨(Redfield Kay Jaimison)은 25명의 창의적인 인물들의 가족 족보를 연구했는데 흔히 간과된 전기적·족보적인 일부 세부 사항들에 대해 다음과 같은 놀라운 관찰을 했다. 영국 빅토리아 시대의 가장 위대한 시인이었던 알프레드 테니슨(Alfred Tennyson)은 사람들이 테니슨 가계의 검은 피라고 일컬었던 가계적인 심각한 정신적 유전에 사로잡혀 있었다. 간질 환자였던 그의 아버지는 수용소에서 죽었다. 그의 형제들 가운데 하나는 심한 우울증 증상을 보였고 또 다른 형제는 정신병원에 감금되었으며 우울 증상을 보인 형제가 여러 명이 있었다.

미국 여류 작가 버지니아 울프(Virginia Woolf)의 비극적인 이야기 속에서도 동일한 가계 질환을 발견할 수 있다. 63권에 달하는 국민 전기 사전의 편집장이었던 아버지는 조울증 환자였고 어머니는 자살적 우울증 환자였으며 사촌형은 우울증과 관련된 사건으로 죽었고, 그의 모든 형제자매들에게도 기질 장애가 나타났다. 그녀는 우울증 증상이 나타날 때 가장 번뜩이는 영감을 얻었다고 한다.

작가인 헨리 제임스(Henry James)는 종종 우울증의 재발을 경험했는데 그에게는 조증-우울증 증상을 보인 형제가 두 명 있었고 가계 내에는 여러 명의 우울증 환자가 있었다.

로베르트 슈만(Robert Schumann)의 아버지는 조증-우울증 질환으로 고통을 받았고 그의 누이 에밀리와 백부 한 사람은 자살을 했고 그의 아들 중 한 명은 30년간 정신 병원에서 보냈다.

시인인 바이런(George Gordon Byron)의 아버지는 자살을 한 것 같고 뛰어난 수학자였던 그의 딸은 정신착란적인 일화를 경험했다. 어머니쪽 가계의 심한 유전과 그의 조상들에게서 나타나는 다양한 조증-우울증 환자와 우울증을 상기할 수 있었다.

철학자 루트비히 비트겐슈타인(Ludwig Witgenstein)은 그의 작품을 창작하는 사이에 우울증과 자살의 유혹을 느끼며 살았다. 비범한 음악가였던 그의 형은 1902년에 자살했고, 셋째 형은 1903년에 독약을 먹고 죽었으며 동생은 독일 패전 후에 자살했다. 가장 어린 동생(막내)들은 유명한 피아니스트로, 모리스 라벨(Maurice Ravel)이 그를 위해 작곡한 왼손을 위한 콘체르토를 증정 받는 인물이 되었다.

'철학과 언어 사이의 연관성'이라는 현대 철학의 새로운 담론을 만든 루트비히 비트겐슈타인. 그는 20세기의 가장 영향력 있는 철학자라는 성과 외에 세속의 소유와 지위를 모두 거부하고 구도자 같은 삶을 살았던 것으로도 유명하다.

그는 1889년 4월 26일 오스트리아 빈에서 철강 부호의 8남매 중 막내로 태어나 막대한 유산을 물려받았지만 '돈은 철학하는 데 방해가 된다'며 친구와 형제, 가난한 예술가들에게 모두 나눠주었다. 병역 면제자였음에도 제1, 2차 세계대전에 스스로 참전해 죽을 고비를 넘기기도 했다. 인생 후반기에는 영국 케임브리지대학교의 교수 자리도 박차고 나와 젊었을 적 생각에 문제가 많았다며 스스로 자신의 학문적 성과를 비판하는 연구에 몰두하다 가족도 없이 외롭고 쓸쓸하게 타계했다.

케임브리지 대학 시절 그에게 수학을 가르친 버트런드 러셀은 "비트겐슈타인을 알게 된 것은 내 인생에서 가장 충격적인 정신적 체험 가운데 하나였다. 그는 천재의 완벽한 전형"이라고 찬탄했다. 제1차 세계대전 중에 '논리철학 논고'를 쓰고 나서 모든 의문을 해결했다고 생각한 그는 단순한 삶을 살겠다며 시골 초등학교 교사의 길을 걸었다. 그러나 교사생활은 생각했던 것과는 많이 달랐다. 그는 결국 교사직을 그만두고 헛간에서 살면서 수도원의 정원사로 일했다.

세속적인 관점으로 따지면, 주류 중의 주류로 태어났으면서도 철저하게 아웃사이더(국외자, outsider)를 자처한 그를 친구들은 가만두지 않았다. 그는 결국 케임브리지로 돌아가 학위를 받고 교수가 되지만 제2차 세계대전이 발발하자 다시 전쟁에 자원해 병원에서 환자 수송요원으로 일했다. 종전 후 모교인 케임브리지 대학으로 다시 돌아가지만 '교수라는 허무맹랑한 자리'가 '생매장된 존재'처럼 느껴진다면서 교수직을 포기하고 아일랜드의 한 농장으로 낙향했다.

그리고 몇 년 뒤 전립선암 진단을 받은 그는 모든 치료를 거부하고 지내다 1951년 4월 29일 세상을 떠났다. 수줍음이 많았고 옷차림은 남루했으며 헛간 같은 집에서 살면서 끊임없이 자신을 세상의 아래로 끌어내렸던 그는, 자신의 철학을 쉽게 풀어달라는 친구의 말에 이렇게 답했다. "자신이 무슨 말을 하고 있는지 모를 때는 침묵하라." (동아일보, 2005. 4. 29)

전술한 래미슨은 노벨상 수상 작가인 헤밍웨이(Ernest Hemingway)와 반 고흐(Vincent van Gogh)의 두 가계 역시 불량한, 불우한 가계(disadvantaged family)의 사례로 소개했다.

권총으로 자살할 것 같은 불길한 생각이 나서 부인이 권총을 숨겼으나, 권총을 찾아낸 헤밍웨이는 1901년 7월 2일 자살함으로써 1928년에 죽은 그의 아버지의 행동을 반복한다. 뿐만 아니라 세상에 별로 알려지지 않았지만, 그의 형과 누이, 남동생의 자살이 반복되었다. 그의 아들 가운데 하나는 불안한 충동을 느끼는 어쩔 수 없는 순간에 많은 자살을 야기시키는 이 동일한 조증 우울증 질환을 나타냈다. 헤밍웨이의 아버지가 남북 전쟁 때 쓰던 권총으로 머리를 쏘아 자살한 바 있다. 세 명의 아들 중 두 명이 정신질환으로 전기 충격 치료를 받았다. 슈퍼모형이던 그의 장손녀 마르가욱스(Margaux)도 알코올 중독과 간질병, 우울증 등으로 괴로워하다가 1996년 고의로 진정제를 과다 복용해 목숨을 끊었다. 그의 장남인 존(John)도 늘 정신병의 공포에 시달렸다.

반 고흐는 매년 여름이면 자기의 그림에 열광을 하는 조울증의 단계를 경험했다. 언제나 함께 생활했던 동생 테오는 정신 병원에 입원한 후 사망했다. 막내 동생은 자살했고 누이는 수용시설에서 살았다. 고흐의 할아버지와 아버지가 목사였지만 고흐가 정신병에서 벗어나 정신건강을 유지하는 데 별로 도움이 되지 않았던 것 같다.

낸시 안드레아젠(Nancy Andreasen)은 30명의 작가들과 30명의 작가가 아닌 환자·증인들의 직계 부모들에게서 나타나는 창의성의 지배적인 현상에 대해 매우 흥미 있는 연구를 했는데(Brenot, 1997; 김웅권 옮김, 1997, 187) 이 연구가 분명하게 보여 주는 것은 창조성과 기질상의 장애가 동일한 가계들에서 공통적으로 돌발적으로 나타나며 아울러서 창의적인 인물의 부모들에게서 기질 장애의 발생 빈도수가 높다는 것이다.

슈만(Schuman)은 음악보다 낭만주의 문학에 더 빠져들고, 종종 병적으로 애수에 젖어 지방의 들판과 숲을 거닐기도 했다. 그러던 어느 날 태어날 때부터 불구이자 저능아였고 누나 에밀리가 죽고 소규모의 출판사를 경영하던 아버지도 정신질환으로 갑자기 죽자 삶과 죽음이라는 문제 앞에서 번민하기도 했다.

아버지와 달리 현실적이며 아들에게 엄격했던 어머니는 슈만을 라이프치히 대학에서 법학을 공부하도록 했으나, 슈만은 음악에도 조예가 깊었던 법학 교수 티보가 재직하고 있는 하이델베르크 대학으로 옮겼다. 티보 교수는 슈만이 가야 할 길은 법학이 아니라 음악이라는 것을 깨우쳐 주었다.

슈만은 다시 독일의 라이프치히로 돌아가서 저명한 피아노 선생이었던 프리트리히 비크의 집에 기숙하면서 피아노 교습을 받았지만 손가락을 혹사해 오른손을 쓸 수 없게 되자 작곡에 전념했다. 그는 비크의 반대를 무릅쓰고 그의 딸 클라라와 결혼하는 1840년까지 많은 피아노곡을 쓴다. 이 시기에 작품은 슈만의 독창성이 매우 돋보이는데 어린이 정경(op. 15)도 그 중의 하나다.

많은 작곡가가 어린이를 위한 음악을 썼지만, 어린이 정경만큼 동심의 세계를 산뜻하게 그려낸 작품도 드물다. 이 작품은 슈만이 클라라와 결혼하기 전 열애하던 시절의 작품이다.

어린 시절의 꿈을 음악에 투영했던 슈만은 1854년 2월 16일 라인강에 투신했다가 구조됐다. 그 후 독일 본 인조의 엔데니히에 있는 정신병원에 수용됐다가 1856년 7월 29일 46세의 나이로 숨을 거뒀다. 그는 뒤셀도르프 시립 오케스트라의 지휘자로 재임하던 중 젊은 시절부터 앓아온 정신 질환이 깊어진데다 암투가 횡행하는 큰 조직(오케스트라)을 이끄는 어려움, 음악적 창조력의 감퇴에 대한 부담을 이기지 못해 투신한 것으로 알려진다(전태남, 2005).

루트비히 반 베토벤의 가계도 혈통이 양호한 편이 아니었다.

13. 낙오된 천재들

천재성을 타고 났으나 이를 육성하기 위해서 필요한 뒷받침이 가정에서나 학교와 사회에서 준비, 지지하지 않으면 또 부모에게서 거부되면 또는 정신질환에 의해서(예: 우울증, 조현병, 부모의 부재, 알코올 중독, 자살 등에 의해서) 명성을 날리지 못하고 천재의 반열에서 낙오자가 된다.

창조적인 천재를 길러주는 가정이나 재능 있는 전수자의 개인 지도(mentors)와 본인의 불굴의 노력과 도전정신, 재능을 알아보고 높이 평가하는 사회 문화적인 풍토가 뒷받침이 없다면 혼자서도 잘해요가 허구일 수 있다.

조각가인 로댕의 연인으로 알려졌고 비극적인 비련의 주인공 까미유 클로델(Camille Claudel)은 샤를 앙리가 태어나서 16일만에 죽은 지 15개월 후인 1864년에 태어난 대체아였다고 한다. 그 다음으로 루이즈(Louis)가 1866년에 그리고 폴이 1868년에 태어났다. 어린 시절에는 까미유 클로델과 동생 폴이 매우 내밀한 관계를 유지한 것으로 보인다. 그 예는 어린 나이에 매우 일찍이 마른주의 흙을 주무르고 조각가가 되기로 결심하여 동생 폴에게 이런 의도를 고백한다. 15세에 그녀는 조각가 엘프레드 부셰(Alfred Bouchet)를 만나고 2년 후에는 노트르담 데 샹지리에 아틀리에(화실)을 차렸다.

14. 재능은 유전되는가

천재성, 재능은 자녀나 가족에게 유전되는가? 매우 중요하고 흥미 있는 이 주제에 관한 연구 자료는 부모 대의 천재성이나 재능이 가족에게 유전된다거나 대물림되지 않는다는 상반된 증거가 동시에 제시되고 있어서 단정하기가 쉽지 않다. 의사의 집안에서 의사가 배출되는 예를 흔히 볼 수 있다. 이 주제에 관하여 클라크, 샌드불룸, 브레너, 로에(Clark, 2001; Sandblo, 1997; Brenot, 2002; Roe, 2004)는 관련 증거를 제시하면서 다음과 같이 해명하고 있다.

모차르트(Mozart)는, 라파엘로(Sanzio Raffaello)가 페루지노(Perugino)에게 맡겨졌듯이 그의 아버지의 제자였다. 모파상(Maupassant)은 아버지로 플로베르(Flaubert, Gustave)가 있었고 빅토르 위고(Victor Hugo)는 어린 시절의 상처에도 불구하고 가정의 엄청난 역동적인 힘이 있었다.

브레노(Brenot, 1997; 김웅권 옮김, 1997, 221-222)에 의하면, 문학에서 천재적인 형제자매들과 미술(회화)나 음악에서의 천재적인 형제자매들 사이에는 커다란 차이가 있다는 점을 주목했다. 위대한 창조자의 영광이 형제자매들 전부의 영광을 억누르는 것이 빈번하다면, 영광의 퇴색은 문학의 세계에서는 매우 급진적이고 과중하게 병리적이다.

그것은 회화나 음악에서는 조용히 사라짐으로 나타나거나 보다 저급한 영광으로 후퇴한다.

특별한 재능을 연마하고 천재(성)의 부화를 돕는 가정은 음악의 경우에 많으며 회화에서는 가끔 있고 문학에서는 별로 없다. 우리는 왈츠의 황제라는 오스트리아의 작곡가인 요한 스트라우스(Johann Strauss)와 바흐(Johann Sebastian Bach)의 어마어마한 가계를 생각할 수 있다. 칼 가이링거(Karl Geiringer)는 1650년부터 1846년까지 7세대에 걸쳐 65명이나 되는 음악가를 배출했음을 확인했다. 프랑수아 쿠프랭(Fransois Couperin)은 그의 누이와 아버지와 두 삼촌이 대단한 음악가였다. 모차르트는 그의 누이와 아버지가 역시 뛰어난 음악가였고, 베토벤은 그의 아버지와 동생이, 요한 슈트라우스는 그의 두 형제와 아들이 그러하였으며, 브람스, 륄리, 라모, 비발디, 케루비니, 슈베르트, 오펜바흐 등도 그 예로 들 수 있다(Johannes Brahms, Jean-Baptiste Lulli, Jean-Philippe Rameau, Antonio Vivaldi, Luige Cherubini, Franz Schubert, Jacques Offenbach).

화가들 중에서 일부는 가까운 친척 중에서 같은 감정을 지닌 예술가를 두고 있다. 뒤러(Albrecht Dürer), 브뢰헬(Jan et Pieter Bruegel), 크라나흐(Lucas Cranach), 라파엘로(Sanzio Raffaello), 홀바인(Hans Holbien) 가문의 사람들. 반 드 벨데(Willem van de Velde) 가문의 사람들 또는 자신의 선조와 후손 사이에 8명 이상의 화가들로 진정한 왕조를 이룬 티치아노(Vecellio Tiziano) 같은 인물이다. 피카소의 아버지와 형도 미술에 소양이 있었다.

그러나 문학의 경우는 흔치 않은데 아버지와 아들인 뒤마(Alexandre Dumas) 가문, 알퐁스와 에르세스트·레옹의 도데(Ernest Daudet) 가문, 그림(Jawb Wilhelm Grimm) 형제, 브론테(Charlotte Bronto) 자매 등이 있다.

음악과 미술 분야에서 예술적인 재능와 장인적 비결을 지닌 이런 대가계들 속에 나타나는 계통의 근본적인 차이는 아마 이들의 예술이 오랜 테크닉적인 수련을 필요로 하기 때문인 것으로 설명할 수 있지만 반면 문학에서는 가계를 통하지 않은 다른 계통이 있는 것 같다고 브레노(Brenot, 2002, 222)는 해석했다.

천재는 아주 어린 시절부터 신비로운 재능을 보이고 주변의 문화적 환경에 힘입어 그 재능을 빨리 발전시키는 경우가 많다. 여기에는 후천적인 것 못지않게 생물학적 요소, 즉 유전적인 요소도 관여하는 것일까? 이 가설에 대해서는 수많은 논의가 있어왔다. 이 가설이 기댈 만한 예 중에서 가장 주목할 만한 것은 바로 바흐의 가족이라는 예이다. 요한 세바스챤 바흐의 조상, 방계친척, 자손을 통틀어 53명의 남성을 조사한 결과 그 중 46명이 직업적인 연주가였고 17명은 작곡가였다. 바흐 가문의 일원들은 일 년에도 몇 번씩 앙상블을 조직하기 위해 모임을 갖곤 했다. 1750년에 요한 세바스챤 바흐가 죽었을 때는 이 모임에 120명이나 참석했다. 그러나 이처럼 음악적 재능이 총집결되어 있는 이유를 꼭 유전적인 원인으로 설명할 수는 없다. 음악이 생계수단일 뿐만 아니라 사회적 지위를 얻는 열쇠이기도 했던 집안에서 아이들이 부모를 본받아 음악 공부를 하려 했던 것은 자연스러운 일이 아닐까? 바흐 집안에서는 음악 속에서 태어나고 살다가 죽었다. 베토벤 역시 대대로 음악에 종사하는 집안에서 출생했고 그가 음악가가 된 것은 부모의 의지였다. 그밖에도 퍼셀, 쿠프랭, 스칼라티 등 몇 대에 걸쳐 음악가를 배출한 명문가들이 있다. 반대로 슈만의 조상과 방계친척 136명 중에 음악가는 단 한 사람도 없었고 그의 자녀 8명도 음악에 별다른 소질을 나타내지 않았다. 과학이나 문학 분야에서는 그리 두드러진 가문이 없으나 뒤마, 브론테, 도데, 로스탕, 퀴리. 페렝 등의 집안을 꼽을 수 있다. 미술 분야에서는 브뢰겔, 반 로이스달 가문 정도 밖에 들 만한 예가 없으니 사실상 거의 없다고 하겠다.

한 가지 분명한 것은, 천재성의 출현에 선천적 소질이 근본적인 역할을 했다손 치더라도 천재성의 유전자 따위는 없다는 것이다. 자연적으로 타고난 소질이 분명히 있다 해도 그것이 천재성을 완벽하게 설명해 주지는 못한다. 피카소는 화가의 아들로 태어났고 아주 어렸을 때부터 그림에 재능을 보였지만 그의 조상들 중에 화가는 그의 친아버지 한 사람뿐이었다. 대신 그는 그림과 친숙한 환경에서 자랐고 아버지는 그의 소질을 이해하고 그 소질이 좀 더 성장할 수 있도록 독려했다. 이런 점에서 피카소의 재능 교육은 모차르트의 그것과 비슷한 점이 있다. 설령 유전적 요인이 작용했다고 해도 피카소의 왕성한 창작 능력과 빼어난 데생 솜씨는 설명이 되지 않는다. 그는 아주 어렸을 때부터 가히 명인의 솜씨로 그림을 그렸다. 피카소는 당대에 가장 생산적이고 꾸준한 활동을 벌인 거장이다. 그는 모든 구속을 벗어나 정력적으로 작업함으로써 회화사에 뚜렷한 족적을 남겼다. 기본적으로 이기주의자였던 그는 오직 미술을 위해서만 살았고 창조라는 단 하나의 열정으로 인생을 살다갔다.

17세기 독일의 바흐(Bach) 가문은 재능 있는 음악가와 작곡가를 많이 배출했다. 미술 부문에서는 르노와르 가문과 브뤼겔 가문, 웨이스 가문이 있다. 영국 배우의 세대는 베리모어 가문에서 비롯되었다.

천재성이나 재능뿐만 아니라 정신질환도 가계를 통해 후손에게 유전된다는 것을 알 수가 있다.

15. 정신병과는 무관한 일생을 살았던 천재들

연구자가 창의성과 광기와의 관련성, 즉 창의적인 천재들에게서 발견되는 광기의 생태학적 특성과 양태에 관심을 갖고 연구했지만 신체적으로나 심리적으로 정상적이고 건실한 삶(생애)을 살았던 존경할 만한 위대한 천재들의 존재와 업적을 부인하는 것은 아니다. 관련된 인물(명사)을 예시하면 다음과 같다.

요한 세바스찬 바흐(음악가), 모차르트(음악가), 죠지 거쉰(음악가)

루벤스(화가), 피카소(화가), 에드가 드가(Edgar Degas, 화가), 헨리 마티스(Henri Matisse, 화가)

다윈(과학자), 마리 퀴리(과학자), 알렉산더 플레밍(과학자), 오빌 라이트(Orville Wright)

빌 게이츠(IT 전문가)

스필버그(영화 감독)

존 듀이(교육학자)

칼 융(Carl Jung, 심리학자)

포인카레(수학자)

마가렛 미드(Margaret Mead, 인류학자)

셰익스피어(작가): 이 기회에 셰익스피어에 관한 일화를 소개한다.

셰익스피어는 외교관 출신—영국 학자들 다섯 가지 근거 제시

영국의 극작가 셰익스피어의 정체가 밝혀졌다고 영국 일간지 인디펜던트가 보도했다. 그가 쓴 것으로 알려진 작품들의 실제 작가가 따로 있다는 것. 영국 학자들이 지목한 이는 당시 외교관이었던 헨리 네빌(Henry Neville)경이다. 웨일스대 윌리엄 루빈스타인 교수 등은 이에 대한 몇 가지 근거를 제시한다.

첫째, 셰익스피어의 배움이 짧았다는 점이다. 그의 정규 교육은 12세에 끝났다. 작품 중 일부는 불어로 쓰였는데, 정작 그는 불어를 하지 못했다는 것이다.

반면 네빌은 프랑스 대사를 지냈다. 네빌이 살았던 시기(1562~1615년)는 셰익스피어의 생애(1564~1616년)와 겹친다.

둘째, 네빌에게는 신분을 숨겨야 했던 사정이 있었다. 그는 당시 집권했던 튜더 왕조와 라이벌 관계였던 왕족 출신이었고 반역죄로 투옥되기도 했다. '리처드 2세'처럼 정치적인 논란을 일으킨 작품을 쓰면서 자신의 배경을 밝히기 어려웠을 것이란 얘기다.

셋째, 작품의 배경이 네빌의 궤적과 많은 부분 일치한다. '로미오와 줄리엣', '베니스의 상인' 등은 이탈리아를 무대로 하는데, 네빌은 1581년부터 2년간 이탈리아에서 지냈다는 식이다.

넷째, 네빌이 셰익스피어의 사인(sign)을 연습한 흔적이 있는 문서가 1867년 발견됐다. 그가 외교 서신에서 자주 쓰는 단어는 작품에도 자주 등장한다.

다섯째, 셰익스피어의 후견인 사우스햄프턴(Southampton) 백작은 네빌과 가까웠고 셰익스피어 어머니는 네빌의 친척이었다. 학자들은 네빌이 이와 같은 '인연'을 이용해 셰익스피어를 작가로 내세운 것으로 추정하고 있다. (조선일보, 2005. 10. 2, 제 26371호)

16. 창의적 생산물을 증가시키는 정신장애

다양한 전기 자료에 대한 조사에서 루트비히(Ludwig, 1995)는 정서 장애를 겪은 사람들 중 적어도 16%는 정신장애에 대한 반응으로 일생의 어떤 시기에 창조적 활동이 향상된 것을 보여 준다는 것을 발견하였다. 이러한 향상은 더 높은 생산성, 저술 장벽의 극복, 새로운 아이디어의 도출, 영감 또는 더 훌륭한 수행(performance, 성취)과 관련된다. 이러한 향상의 예들은 대부분의 정신장애에 대하여 존재하는 한편(정신이상은 예외로 하고), 조증과 알코올 중독인 사람들에게는 더 풍부하다.

기분 장애를 가진 사람들 중에서 테어도어 뢰드케(Theodore Roethke)는 자신의 조증을 창의성의 원천으로 보았으며 그것이 지속되도록 하고 통제를 하려고 애썼다. 알려진 편지에서 그는 "영구적인 침낭 그리고서 앞으로 나아가지만 다소의 진전이 만들어진다... 분리는 대개 새로운 상태의 명확성에 선행한다"라고 모든 정신이상의 병력은 연속적인 경험과 관계가 있다고 적었다. 기욤 아폴리네르(Guillaume Apollinaire)는 자신의 슬픔은 모든 것을 죽이는 힘을 잃은 모습이 아니라고 썼다: "나의 것은 별처럼 빛난다, 그것은 두려운 인생의 밤을 통하여 예술의 길을 조명한다." 1876년, 부모가 사망한 1년 후, 에드바르트 그리그(Edvard Grieg)는 "비탄과 절망의 날들에서 내 인생의 피로"로 가장 길고 가장 훌륭한 피아노곡을 썼다. 우울증 시기는 무능력해지도록 하기보다는 조셉 퓨리처(Joseph Pulitzer)를 더 훌륭한 활동을 하고 신문 보급을 위한 관리력이 증가되도록 고무시켰다.

요한 아우구스트 스트린드베리(Johan August Strindberg)와 같은 그 밖의 사람들은 내면의 혼동을 탐구하여 때로는 고의적으로 작업을 위한 영감으로 거친 감성을 일어나게 하였다. 헤르만 헤세(Herman Hesse)의 창의성과 생산성은 그의 긴장과 갈등과 뒤얽혀 있었다. 프랭크 오코너(Frank O'Connor)는 역경으로 고통당할 때 더 잘 쓰는 것으로 보였다. 조셉 콘라드(Joseph Conrad)는 "신경증"이 없으면 쓸 수 없었다고 주장하였다; 저술은 단순히 "신경증의 문장 속으로의 변환"이었다. 루이제 보건(Louise Bogan)은 지나치게 많은 "정상성"을 성취하였으며 그것은 정신적인 죽음에 기여하였다고 믿었다. 잠자는 격정(the Sleeping Fury)의 출판 후 신경증이 치유되었다고 주장했을 때 시인으로서의 그녀의 생산적인 날은 궁극적으로 끝이 났다.

그러나 다른 사람들은 창조성과 생산성을 부추기기 위하여 약물에 의존하였다. 엔디 워홀(Andy Warhol)은 매일 12시간씩 일하는 것을 유지하기 위하여 암페타민에 의존하였다. 앙토넹 아르토(Antonin Artaud)는 정체성을 찾는 데 도움이 되도록 아편을 사용하였으며 아편을 복용하는 동안은 생산성이 증가되는 시기였다. 장-폴 사르트르(Jean-Paul Sartre)는 인식을 높이기 위하여 흥분제를 사용하였다.

예술 활동 중에 어떻게 사람들이 알코올을 이용하였는지에 대하여 또한 풍부한 예가 있다.[48] 쇠약하게 하는 조울증 장애로 고통당하였던 시인 로버트 로웰(Robert Lowell)은 "나는 거의 멈추지 않는 시작이 술과 연결된 것으로 보였다. 술에 취해서는 아무것도 써지지 않았으며 적어도 아무것도 완전하고 끝나지 않았지만, 각성되고 흐릿해지는, 술을 마시는 것으로부터 얻는 모든 것을 고대하였다."라고 썼다. 델모어 슈와르츠(Delmore Schwartz)는 조울증일 때는 자신의 글이 더 산만하고 혼란스럽게 되는 것을 막기 위하여 알코올을 사용하였을 뿐만 아니라 생각과 창조성을 촉진하기 위하여, 뿐만 아니라 때로는 그 밖의 모든 것을 위하여 알코올을 사용하였다: "나는 의기양양한 술꾼이었다, 아마도 또한 잠자는 술꾼 또는 도망간 술꾼이었다." 하트 크레인(Hart Crane)은 알코올과 모든 형태의 음악의 결합된 영향 속에 자료를 수집하였으며 문장을 쉽게 연결시키기 위하여 바로 술을 마셨다. 그리고서 문장이 엉망으로 연결된 후에는 그는 자신의 시가 정확한 단어와 구조를 갖게 될 때까지 몇 달이고 재작업을 하였다.

더 많은 사람들에게 알코올은 심한 우울증을 벗어나게 하는 것과 같이－경력 초기의 존 쉬버(John Cheever)의 경우처럼－방해물 또는 장벽을 제거하거나, 또한 흥분제와 카페인에 심하게 의존하였던 장 폴 사르트르(Jean-Paul Sartre)의 경우처럼 다른 약물의 영향을 완화시킴으로써 창조성에 이로운 효과를 주는 것으로 보였다. 윌리엄 포크너(William Faulkner)는 한 때 "나의 교환이 필요한 도구들은 단지 펜, 종이, 음식, 담배, 그리고 약간의 위스키이다"라고 언급하였다.[49] 약물과 알코올이 인간 상태에 대한 이해를 돕는다고 믿었던 잭 케루악(Jack Kerouac) 또는 비록 술을 마시는 동안은 거의 그림을 그리지 않았지만 알코올이 그림을 그릴 수 있게 한다고 주장하였던 잭슨 폴록(Jackson Pollock)과 같은 다른 사람들은 창조적 과정 자체의 연료로서보다 창조성의 시작을 돕는데 알코올이 도움이 된다고 언급하였다. 킹슬리 아미스(Kingsley Amis)는 이것을 잘 묘사하였다: "그리고서, 흔들리면서 타자기 앞에 앉는다. 그리고 그때가 한

48) 이 문제에 대한 자세한 논의는 나의 논문 "Alcohol Input and Creative Output"을 참조.

49) T. J. Schlereth, Cultural History and Material Culture(Ann Arbor: U. M. I. Prsearch Press, 1990). 422에서 인용.

잔의 스카치가 예술가의 쇄빙기처럼 대단히 도움이 될 수 있는 때이다... 약간의 안도의 인위적인 주입이 시작하기 위하여 필요하다... 그러므로 적당한 양의 알코올과 상당히 느린 속도는 나에게 소중하다-적어도 내가 그렇게 생각하는 한. 그 것이 없다면 더 잘 썼을 수도 있다... 그러나 그것이 없이는 훨씬 덜 썼을 것이 또한 사실일 수 있다."[50] 엘리엇(T. S. Eliot)는 엘리자베스 보웬(Elizabeth Bowen)에게 한 때 글이 쓸 수 있도록 만들기 위하여 알코올이 필요했던 적이 있었다고 시인하였다. 그렇지만 테네시 윌리엄스(Tennessee Williams)에게는 알코올의 잠재적인 이익이 그렇게 분명하지 않았다. 자신의 작업 과정을 설명하면서 그는 "나는 작업실로 간다. 거기에는 대개 약간의 포도주가 있다. 그리고서 나는 전날 썼던 것을 주의 깊게 고친다. 한 두 잔의 포도주를 마신 후 나는 방종해지고, 쓰는 동안 마시기 때문에 나는 과격해지고, 그래서 다음 날에는 원고를 수정할 곳이 많게 된다. 그러면 나는 앉아서 쓰기 시작한다."라고 썼다.[51]

그리고 만약 어떤 수준으로 취하지 않으면 "정상"으로 느끼지 않았던 물리적으로 알코올에 의존하였던 사람들이 있다. 유일한 소설 발코니 아래서 취한 상태에서 썼던 말콤 로우리(Malcolm Lowry)가 이 경우에 해당한다. 그의 상황은 또한 알코올의 영향을 어떻게 범주화할 것인가에 대한 진퇴양난을 입증한다: 비록 알코올은 그에게 쓰는 것을 가능하게 하였지만 그의 기능에 너무나 치명적이도록 만든 것도 알코올 중독이었다.

고려될 필요가 있는 한 가지 가능성은 창조적 과정에 대한 알코올의 짐작되는 이로운 영향은 알코올 자체의 혼동스러운 인위적인 결과라는 점이다. 약리학적 특징 때문에 알코올은 인식, 아이디어, 경험을 고조된 의미로 사건들을 "더 극도로 극적이도록" 보이게 만드는 고취하는 능력이 있다. 물론 알코올이 영감에 도움이 된다－또는 아무리 나빠도 창조적 이행을 손상시키지 않는다－는 주장의 명확성을 검증하는 가장 객관적인 방법은 작가, 미술가, 배우와 작곡가들이 완전히 취하였을 때 얼마나 제 기능을 발휘하며 음주 중단의 불안한 영향으로 더 이상 고통 받지 않는 지를 확인하는 것이다. 이 문제에 대한 일화적인 관찰이 이용 가능하다. 한 때 알코올로부터 영감을 얻는다고 주장하였던 존 쉬버(John Cheever)는 가장 격찬 받은 책 매부리를 술을 끊은 후 썼다. 유진 오닐(Eugene O'Neill)은 존 오하라(John O'Hara)처럼 술을 끊은 후 생애에서 가장 생산적인

---

50) 다음을 참조하기 바람. G. Plimpton, ed., Writers at Work, Fifth Series(New York: The Wiking Press, 1981), pp. 191-192. 이 인용은 Kingsley Amis가 연구 대상자 중 한 사람이 아닌데도 불구하고 적합성 때문에 포함시켰다.

51) G. Plimpton, ed., Writers at Work: The Paris Interviews, Sixth Series(New York: Viking Press, 1984), p. 99.

시기를 보냈다. 조지 시메논(George Simenon)은 술을 마시지 않고는 쓸 수 없다고 주장하였지만, 후에 술을 끊었다. 그리고 1950년대의 확장된 맑은 정신의 시기 동안, 과거 알코올이 그림을 그릴 수 있게 만든다고 느꼈던 잭슨 폴록(Jackson Pollock)은 가장 위대한 작품 4점을 포함하여 32작품을 그리면서 창조성을 분출하였다.

17. 창의적 생산물을 감소시키는 정신장애

창의적 생산물에 유해한 영향을 끼치는 정신장애의 예는 이로운 영향을 가진 경우보다 훨씬 더 많다. 전기 자료에 대한 조사에서 루트비히(Ludwig, 1995)는 정신적 곤란을 가진 사람들 중 적어도 35%가 생애 중 한 때의 정신장애 때문에 감소되는 생산성, 손상된 이행, 또는 창조적 작품의 질의 저하로 고통 받는다는 증거를 찾았다. 비록 모든 주된 형태의 정신병리—알코올 중독, 약물 남용, 우울증, 조증, 불안, 그리고 정신이상—는 창조성에 잠재적으로 파괴적인 영향을 갖지만 놀랍지 않은 것은 이것은 정신이상 증세가 있는 동안 더 발생한다는 것이었다.

정신 질환의 파괴적인 영향에 대한 예들은 풍부하다. 델모어 슈와르츠(Delmore Schwartz)의 체험은 기분 장애의 잠재적인 파괴적 영향을 예증한다. 비록 그는 결코 글쓰기를 멈추지 않았지만 그의 글의 질은 그가 울증인지 조증인지에 따라 철저하게 변화되었다. 울증일 때에는 그는 집중하는데 애로가 있었으므로 임상적 정확성으로 일상생활을 기록하는 대신 위로하면서 썼다. 마지막 몇 년간 그의 시가 널리 유포되었을 때 과도한 자발성으로 고통을 당하였으며 때로는 공허한 헛소리를 하였다. 신경 쇠약이 있은 후에 천재적이고 창의적인 천재 사회과학자인 막스 웨버(Max Weber)의 생산성과 창조성은 수년간 손상되었으며 그는 완전히 학문적 의무를 수행할 수 없었다. 그의 부인과 총장의 만류에도 불구하고 사표를 냈다. 1892년에 라이더 하가드(H. Rider Haggard)가 아들의 죽음으로 여전히 절망하고 있는 동안 그의 아버지가 사망하였다. 그는 친구를 만나는 것을 멈추고 저술을 멈추었으며 2년 이상 대중 앞에 모습을 드러내지 않았다. 와렌 하딩(Warren G. Harding)은 반복되는 주된 우울증으로 고통을 당하였으며 12년 동안 적어도 5차례 미시건 베틀 크리크(Battle Creek)의 켈로그(J. P. Kellogg) 박사가 경영하는 요양소에서 치료를 받았다. 심한 울증과 조증 발병 동안 존 러스킨(John Ruskin)은 어떠한 일치가 되고 이치가 통하는 방법으로 글을 쓸 수 없었다. 그렇지만 이것은 그가 자신의 고통을 소중하게 여기지 않도록 하지는 못하였다. 19세기의 폭풍우를 실은 구름 서문에서 그는 "나는 실제로, 아직 남은 매일, 나의 정신이 상상력이 있으며 짐승의 꿈

없는 본능으로부터 인간의 명상적인 지성을 분리시키는 망상의 고귀한 위험에 의존할 수 있는 것이 더욱 더 감사하다"라고 썼다. 61세에 우울증이 발작하는 동안 음악가인 안톤 드보르작(Anton Dvorak)은 "14개월 이상 나는 일을 전혀 하지 못했으며 마음을 추스를 수 없고 이 상태가 얼마나 지속될지 모른다"라고 기록하였다. 작가인 앙드레 지드(Andre Gide)는 수년 동안 여러 차례 우울증을 경험하였으며 그 동안 그의 창의성은 억눌렸다. 그는 1901년의 도덕가를 완성한 후 휴식기가 있었다. 그는 "정신의 쓸쓸한 휴식기가 나를 3년 동안 무위로 지내게 만들었다... 최소한의 판단은 노력이다: 또한 얘기하는 것이 거의 쓰는 것만큼 힘이 든다"라고 썼다. 우울증일 때 프랑수아 피카비아(Picabia)는 그림 그리기를 멈추고 관심을 저술로 돌렸다. 화가인 폴 고갱(Paul Gauguin)의 우울증은 그의 작업에 더 극적인 방법으로 영향을 끼쳤다. 1989년 그는 산으로 가서 약간의 비소를 삼키고 죽을 준비를 하였다. 그렇지만 너무 많이 복용하였기 때문에 그는 그 독약을 삼킬 수 없었으며 참지 못하고 구토를 하기 시작하였다. 산에서 몇 시간을 머문 후 힘이 회복되었을 때 그는 간신히 집으로 돌아왔다. 자살 시도가 실패를 한 후 그의 삶과 미술가로서의 경력은 극적으로 변화되었다. 그는 더 이상 위대한 미술가인 것에 관심이 없었다. 그는 선정적인 언론인으로 일을 시작하였으며 성을 위하여 젊은 여성을 사고 포르노 미술 작품을 만들어 집 주위에 전시하였으며 지역 정치에 참여하게 되었다.

또 다른 형태의 정신병리가 또한 피해를 준다. 경력 초기에 주디 갈랜드(Judy Garland)는 자신의 공연을 위해서 "각성제"를 사용하였으나 각성제에 점점 더 의존하게 되면서 그녀는 산산 조각이 났다. 그녀는 공연에 늦었으며 종종 고음을 낼 수 없었고, 떠듬거렸으며, 자주 넘어지고 무대에 쓰러졌다. 바슬라브 니진스키(Vaslav Nijinsky)의 정신이상은 결국 그가 무용을 계속할 수 없도록 만들었다. 카메라 앞에서의 약물로 둔해진 클라라 보(Clara Bow)의 충일은 그녀를 신경과민에 성마르게 만들었으며 때로는 그녀가 연기하는 것이 불가능하게 만들었다. 글랜 굴드(Glenn Gould)의 우울증적 염려는 그가 많은 콘서트를 취소하도록 하였다. 비행기와 기차 공포는 공연 초청을 수락하지 못하도록 만들었으며 음악적 재능을 드러내는 주된 매체로 그는 라디오와 텔레비전으로 관심을 돌렸다. 아서 코넌 도일(Arthur Conan Doyle)는 일상적인 작업 일정을 간신히 지킬 수 있었을 때면 주기적인 불안을 경험하였다.

더 별난스러운 상황 중에 한 가지는 남북전쟁 후의 시인, 극작가, 그리고 비평가인 존 제이 채프먼(John Jay Chapman)과 관계가 있었다. 법학도일 때, 그는 미래의 아내의 상상속의 구혼자를 막대기로 때린 후 불 위에 손을 가져갔으며, 그리고서는 손을 절단하기 위하여 조용히 병원으로 갔다. 후에 그는 심각한 "신경 쇠약"으로 고통 받았으며 1년 동안 침대에 누워 있었고, 흥분된 생각으로 고통 받고, 카드놀이에 빠지고, 다리가 못쓰게 되는 환상 속에서 일을 하였다. 경력을 다시 시작하기에 충분히 회복된 것은 거의 10년 만이었다.

비록 술을 마시는 많은 사람들이 작업에 분명한 방해를 받지 않고 수년 동안 많은 양의 알코올을 소비하지만 그것을 무한정 그렇게 할 수는 없었다. 예를 들어 어니스트 헤밍웨이(Ernest Hemingway)는 젊었을 때는 저녁을 술을 진탕 마시고 떠들며 보내고서는 다음날 아침이면 습관적으로 500단어를 어려움 없이 썼지만, 더 나이가 들어서는 그렇게 하지 못하였다. 알코올은 버스터 키턴(Buster Keaton)의 시간 지키기와 궁극적으로 그의 경력을 파괴하였다. 알코올 중독이 악화되면서 잭 런던(Jack London)의 이야기는 더 상투적이고 반복적인 것이 되어 갔으며 그의 단어와 상상력은 저하되었다. 취하는 것은 존 베리모어(John Barrymore)의 윤곽을 기억하는 능력을 방해하였다. 존 콜트레인(John Coltrane)는 1953년 헤로인을 복용하기 시작하였다. 1957년 그는 알코올과 헤로인이 자신의 음악에 역효과를 끼친다는 것을 깨달았다. 독서와 종교와 철학으로 고무된 그는 자신을 방에 감금하고 냉탕에 감으로써 중독을 간신히 극복하였다. 필 오크스(Phil Ochs)는 알코올의 영향 아래 노래를 부를 때면 대개 노래를 잊거나 어떤 멜로디를 반복하였다. 잭 케루악(Jack Kerouac)에게는 알코올 중독이 진행되면서 저술의 질이 저하되었으며 그가 쓰려고 계획한 많은 것이 결코 씌어지지 않았다. 코넷취주자인 빅스 바이더백(Bix Beiderbecke)은 부는 부분의 "입 대어 부는 곳"을 찾는데 점점 더 곤란을 겪기 시작하였으며 후에는 결함을 감추기 위하여 자신의 음을 묵음으로 하고 중산모자(derby)와 다른 도구에 더 의존하기 시작하였다. 유진 오닐(Eugene O'Neill)은 "나는 술을 마시거나 술의 독기가 물러날 때는 결코 아무런 훌륭한 것을 쓰지 않았으며 쓰지 않을 것이다"라고 주장하였다.[52] 그밖에, 그는 지나치게 많은 알코올을 마신 후 두뇌의 일관성을 삶으면 단단해지는 흰 날달걀에 비교하였다.

그러나 알코올의 유해한 영향은 모든 창조적 표현에 반드시 영향을 끼치지는 않는다. 때때로 어떤 종류의 활동은 지장을 받지만 그 밖의 것들은 그렇지 않다. 예를 들어 스콧 피츠제럴드(F. Scott Fitzgerald)는 판단의 가장 예민한 명민함과 인식 또는 긴 책의 설계는 술 없이는 되지 않지만 단편은 써진다고 주장하였다.

알코올의 유해한 영향에 대하여 일화적으로 관찰한 것은 이 분야에서의 소수의 조사로부터 지지를 받는다. 나의 예전의 심한 음주가인 34명의 저명한 작가, 미술가, 작곡가, 그리고 음악 연주자에 대한 조사는 알코올은 표본 중 75% 이상에게는 생산성에 유해한

52) L. Schaeffer, O'Neill: Son and Playwright(Boston: Little, Brown and Co., 1968). 424.

것으로 증명되었으며 특히 음주를 시작한 지 오랜 후에 그러하였다.[53]

음주를 하는 17명의 인정받는 미술가에 대한 또 다른 더 오래된 연구는 대부분은 그림을 그리는 동안은 술을 피한다는 것을 보여 주었다.[54] 그러나 그중 한 명의 미술가는 알코올의 단기 영향이 작업에 해롭다고 여겼으며 어느 누구도 기술적인 어려움을 극복하기 위하여 알코올을 사용하지는 않았다. 일반적인 정서는 알코올은 그림에 자유스러움을 제공하지만 규율을 손상시킨다는 것이었다. 흥미롭게도, 알코올 소비는 또한 미술 양식에 영향을 끼치는 것으로 보였다. 적절한 음주자는 모두 또한 가장 잘 적응하는 사람들인데 현실주의적 화가였다. 꾸준한 음주자들은 광범위한 양식의 그림을 그렸다. 그리고 과음하는 사람들은 그림 양식에서 많은 변화를 보였다.

정신장애를 증가시키는 창의적 활동

창의성과 정신장애 사이의 관계에 대하여 기억되어야 할 것은 그것들이 쌍 방향으로 갈 수 있다는 점이다. 정신장애가 창조적 활동을 향상시킬 수 있는 것과 마찬가지로 창의적 활동은 정신병리를 증가시킬 수 있다. 이용 가능한 전기 자료로부터 나는 정신장애를 가진 사람 특히 알코올 중독, 우울증, 그리고 불안으로 고통 받는 모든 사람 중 약 6%에게서 그러한 역전의 증거를 발견하였다. 이러한 다소의 일화를 해석하면서 우리는 또한 창조후의 우울증은 자주 창의적 고조와 구별되지 않는 조증의 여파를 나타내는 것임을 명심하여야 한다.[55]

창의성이 유도한 정신병리의 예는 대개 심각한 정신적 곤란의 발생과 관련이 있었다; 잠복된 심리적 갈등의 표면화; 심하고 지속적인 정신적 침체의 경험; 동요되고 좌절되는 것; 또는 지속적인 창조 활동 후의 알코올 또는 약물 사용의 증가. 때때로 자신의 과거를 회고하거나 감정과 싸울 때 그들은 심리적 뚜껑을 개인적 판도라 상자를 제자리로 되돌릴 수 없는 것으로 보였다.

조셉 콘라드(Joseph Conrad)는 창의적 작업을 마친 후 심하게 우울해진 사람 중 한 사람이다. 서구의 눈으로 를 저술한 후 그는 4개월간의 "쇠약"이 있었으며 그동안 그는

---

53) A. M. Ludwig, "Alcohol Input and Creative Output."

54) A. Roe, "Alcohol and Creative Work," *Quarterly Journal of Studies in Alcohol*, 6(1946): 415-467.

55) K. R. Jamison, R. H. Gerner, C. Hammen, and C. Padesky, "Clouds and Silver Linings: Positive Experiences Associated with Primary Affective Disorders," *American Journal of Psychiatry*, 137(1980): 198-202.

탈고를 할 수 없었다. 셜리 잭슨(Shirley Jackson)은 1954년 새둥지를 완성 한 후 우울증에 걸렸다. 존 치버(John Cheever)는 『왑쇼트 연대기(Wapshot Chronicle)』를 작업하면서 그의 기분은 더 어두워지고 자살하도록 우울해졌다; 이 "터무니없는 울적함"은 소설이 성공하였음에도 불구하고 계속되었다. 몇 년 후 총알 공원을 마친 후 유사한 기분이 그를 덮쳤다. 1925년 마지막 책을 출판한 후 반 위크 브룩스((Van Wyck Brooks)는 극도로 우울해져서 자살을 얘기하기 시작하였다. 아이버 거니(Ivor Gurney)는 강력한 창조성의 시기를 뒤이은 지속적인 우울증을 경험하였다. 분노의 포도의 작가인 존 스타인벡(John Steinbeck)의 기분 변화는 강력한 창조적 활동의 시기와 완성후의 우울증과 우연히 일치하였다. 마크 블리츠스타인(Marc Blitzstein)은 카인을 작곡한 후 의기소침해졌다. 안나 카레니나를 저술한 후 레오 톨스토이(Leo Tolstoy)는 감정적 정신적 붕괴로 고통당하였다. 비록 도라 케링턴(Dora Carrington)은 그림을 그리는 동안에는 가장 행복하였지만 그림의 완성은 자주 그녀를 우울하게 하였다. 그 밖의 창의적 미술가들은 분노, 탈진 또는 알코올 사용의 증가를 보여 주었다. 때로는, 광란의 시기가 지난 후, 전시회 준비를 위한 확대된 창의적 활동을 하며 프란시스 피카비아(Francis Picabia)는 "신경 쇠약증(neurasthenia)"으로 고통을 당하였다. 윌리엄 딘 하웰스(William Dean Howells)는 몇 권의 책을 쓰는 동안 쇠약해지고 굉장한 불안과 우울증에 압도당하였다. 앙토넹 아르토(Antonin Artaud)는 정신이상이 될까 두려웠기 때문에 창의적인 것에 놀랐으며 자신의 무의식의 깊이를 탐구하는 것을 두려워하였다. 트루먼 카포터(Truman Capote)는 창의적 활동 후의 증가된 알코올 사용에 대한 일반적인 이유를 표현하였다: 잠재우고 잠을 자기 위하여. 일단 열심히 글을 쓰기 시작하면 그의 정신은 "모든 밤을 매일 밤으로 초점을 맞추고, 나는 진정 몇 년간 잠을 잔 것으로 생각되지 않았다. 위스키가 나를 편안하게 할 수 있다는 것을 발견할 때까지."라고 말하였다.

이러한 일화들이 보여 주는 것은 위험이 없이는 창의적 활동도 없다는 것이다. 아마도 이것은 부분적으로 많은 사람들이 다소의 우려를 가지고 접근하는 이유를 설명한다. 사람들은 흔히 정신적 갈등을 의식하지 않기 위하여 다양한 심리적 방어를 취하기 때문에 그들은 일상의 일을 지속적인 불안 또는 주의산만 없이 수행할 수 있다. 창조적 활동은 대개 이러한 방어에 침투하고, 검사가 된 후에는 쉽게 무시되지 않는 해소되지 않는 느낌에 대한 의식적 지각과 고통스런 기억을 불러온다.

정신장애를 감소시키는 창의적 활동

창의적인 활동은 정신 문제를 악화시킬 뿐만 아니라 또한 그것들을 감소시킨다. 많은 사람들에게 창조적 활동은 정신적인 혼란을 조직하는 것을 가능하게 하고, 개인적인 갈등을 해소하고, 또는 단순히 스스로를 걱정스러운 염려 또는 음주 충동으로부터 물러서게 하여 치료적인 목적에 기여하는 것으로 보인다. 창의적 활동의 치료적 이익이 문제 해결, 즐거움, 신경적 "유입 상태" 때문인지 두뇌 엔도르핀의 방출 때문인지는 말하기 어렵다. 이러한 이익의 이유가 무엇이든 루트비히(Ludwig, 1995)는 비록 실제적인 비율은 훨씬 더 높을 것으로 짐작하지만 정신장애가 있는 사람들 중 약 13%에게 그것이 존재한다고 말할 수 있다. 창의적 활동의 치료적 영향의 예는 다른 정신장애를 가진 사람들보다 우울증을 가진 사람들에게서 더 일반적이다.

클라라 바턴(Clara Barton)은 우울증에 주로 활동과 작업을 통하여 대처하지만 일이 과도하게 되면 그것은 무능력하게 하는 "신경증" 증상을 일으켰다. 파블로 피카소(Pablo Picasso)는 작업의 유익한 영향의 우수한 예를 제공한다. "어디에서 나는 이러한 창작과 구상의 힘을 얻는가? 나는 모른다. 나는 오직 한 가지 생각만을 갖는다: 일. 나는 숨 쉬듯이 그림을 그린다. 일을 할 때 나는 편안하다; 아무 것도 하지 않는 것이나 손님은 나를 피곤하게 만든다."라고 그는 말하였다. 유진 오닐(Eugene O'Neill)은 "저술은 생활로부터의 휴가이다"라고 주장하였다. 긴장과 곤란한 시기 동안 카슨 매쿨러(Carson McCullers)는 문제들에 대처하는 방법으로 자신을 저술로 던졌다. 셔우드 앤더슨(Sherwood Anderson)은 저술은 자신과 직면하도록 돕기 때문에 저술이 "치료"라고 주장하였다. 그는 자신이 글을 쓰고 있을 때는 거짓말을 할 수 없다고 믿었다. 만약 애매하거나 정직하지 않다면 그는 허위를 즉시 발견할 수 있었다. 그에게 옳아 보이는 방법으로 쓸 때는 그는 깨끗하고 순수하게 느꼈으며 더 이상 "사근사근한 개자식"이 아니었다. 남편의 논평에 흥분하거나 우울해질 때면 엘리너 글린(Elinor Glyn)은 전형적으로 일기를 쓰거나 저술을 하였다. 조세핀 베이커(Josephine Baker)는 여성의사와 상담한 후 심한 우울증이 "치유"되었으며 여성에 대한 책을 편집하는 과제를 맡았다. 1915년 "그림의 여신"은 정치가인 윈스턴 처칠(Winston Churchill)을 그의 우울증 "검은 개"로부터 그를 구조하였다. 작곡가인 푸치니(Puccini)는 절망과 걱정스러운 기분을 일을 통하여 해소하였다. 윌리엄 포크너(William Faulkner는 저술을 액막이와 다양한 고뇌를 위한 감정 표출의 형태로 이용하였다. 분석가의 이름을 물었을 때 어니스트 헤밍웨이(Ernest Hemingway)는 "휴대용 코로나 3번"이라고 답변하였다. 존 오하라(John O'Hara)는 첫 번째 부인과의 이혼에 대처하는 방법으로 첫 소설을 쓰기 시작하였다. 프란츠 카프카(Franz Kafka)는 "흔히 '신경증'으로 언급되는 것으로부터 나 자신을 구제하기 위하여 나는 최근에 약간 쓰기 시작하였다. 약 밤 7시부터 나는 책상에 앉지만 오래는 아니다. 그것은 병마와의 투쟁 중에 손톱으로 피난 장소를 파려고 애쓰는 것과 같다"라고 썼다.

18. 맺음말

벡커(Becker, 1978)는 광적인 천재 이미지는 19세기 초 낭만주의 시기 동안의 예술가와 작가들에 의해서 주장되었으며 19C 이전에는 이들이 사회·문화적으로 인정(대접)받는 지위에 있지 않았는데 천재들의 광기는 이와 같은 시대 사회적인 배경과 무관하지 않다.

롬브로조(Cesare Lombroso)는 그의 저서인『천재적인 인간(The Man of Genius)』(1981)에서[56] 천재란 ① 진성 퇴행적 정신병(true degenerative psychosis) ② 전간병(간질병)의 변형에 해당하는 유전적인 퇴행성 질환 증후군(a sympton of hereditary degeneration) ③ 복합적 정신이상이라고 기술했다. 천재론에 대한 고전인 이 책에서 그는 천재를 정신장애가 있는 비정상적인 인물로 단정한 오류가 있으며, 따라서 정상적이고 건실하게 성공적인 삶을 누리며 매우 뛰어난 업적을 발휘하고 인류 역사와 문화 발전과 혁신에 공헌하고 선도한 창의적인 천재들의 존재를 도외시한 오류를 범하고 있다.

헐리우드(Hollywood)에서 제작된 영화들은 롬브로조의 주장을 많이 활용하고 있다.

아이젠크(Eysenck & Eysenck. 1977)는 정신 질환에서 성격 차원과 창의성 척도 사이에 상관관계를 보고했으나 클리너와 루퍼(Kliner & Looper)는 상이한 척도를 사용하여 그러한 관련성을 찾지 못했다고 보고했다.

창의적 천재와 정신병리를 정신 이상자로 간주해서는 안 된다는 주장이나 창의성이 뛰어난 천재는 거의 광기에 가깝다는 생각은 모두 개인의 극단적인 탁월한 수월성은 정신불안정과 관련이 있다는 해석이다(Radford, 1990, 18).

창의성이 뛰어난 천재들에게서 발견되는 광기란 질병이라기보다는 보수적인 사고방식이나 행동, 가치관에 대한 저항이다. 즉, 정신 이상자들은 다수 동시대인들과 다른 시각으로 세상과 문제들을 바라보기로 결심하여 사회에서 이탈하거나 자신이 속한 환경의 본질에 이의를 제기하는 사람들일 수도 있다는 매우 설득력 있는 해석도 제안되고 있다(채은진 옮김, 2005, 18)

창의성이 뛰어난 천재들에게서 발견되는 광기와 천재성간의 미묘한 관련성을 분석, 해명하는 것은 전문가들의 몫이다. 뇌 공학과 뇌 과학의 발전성과에 의해서 광기, 뇌 병변 장애로 인한 불량, 나쁜 뇌 증상의 치료가 가능할 것으로 전망된다.

전기 작가인 스테판 윈스턴(Stephen Winsten)은 광기와 천재성을 구분하는 통속적인 생각을 다음과 같이 소개했다. 사람들은 창의적인 천재들을 어떤 결함이 있거나 일종의

56) 이 책이 국내에서 번역, 출판되었음.

광인(狂人)이라고 또는 광기(madness)가 있다고 생각하기를 선호한다. 이에 대해 조지 버나드 쇼우(George Bernard Shaw)는 "그들 중 대부분은 너무나 정상이다. 아마도, 나만 예외적으로 영향을 끼친 사람일 것이다."라고 응답했다.

광기와 천재성의 유관성 여부의 판단은 –편견, 오해인가 또는 실체적 진실인가는–독자와 전문가의 몫으로 판단을 유보한다.

이 과제(천재성과 광기의 유관성)에 대하여 나시르 가에미(Nassir Ghaemi, 2012, p. 17)는 다음과 같이 명쾌하게 설명했다.

> 광기는 "없었으면 좋았을 .... 나쁜 일"이 아니라 천재성에서 "없어서는 안 되는 촉매제"이다(Insanity is not a "regrettable ... accident" but "the indispensable catalyst" of genius).

창의적 천재들에게서 발견되는 광기와 뇌질환과의 유관성을 광기의 원인 규명 차원에서 분석, 연구하는 시도가 필요하다. 자살, 공격성 관련 유전인자가 있다는 사실이 밝혀진 바가 있다. 아울러서 천재들의 광기의 치료 가능성과 효과, 치료방법, 심리상담 방법과 관련 이론, 누가 어디에서 어떻게 치료할 것인가, 광기가 있다면, 성인이외에 아동과 청소년, 기혼자와 미혼자, 그리고 여성들에게 관련 전조 증상이나 병력이 나타난다면 누가 어떻게 다룰 것인가. 천재 여성의 광기 생태는 남자 천재의 광기와 무엇이 어떻게 다른가. 이들에 대한 심리치료 방법이 평재와 다른가(대상이 다르면 치료 방법도 달라져야 하는 것인가), 부모 심리 상담과 가족치료도 필요하지 않은가 등은 연구가 필요한 과제이다.

창의적 천재들의 삶과 비범성에서 이상(理想)과 이상(異常)이 공존한다는 것을 알 수 있다는 것이 이 주제에 대한 필자의 결론이다.

참고 문헌

강혜경·이헌석 옮김. (2004). 음악에 미쳐서. 서울: 비룡소.

김상운. (2005). 역사를 뒤바꾼 못 말리는 천재이야기. 서울: 이가서.

김수범. (2004). 마음의 발견. 서울: 해나무.

김웅권 옮김. (1997). 천재와 광기. 서울: 동문선(Brenot, P. *Ce Génie et la Folie*).

김정운. 슈만 만나 불행했던 클라라처럼…스티브 잡스에 휘둘린 한국 IT. 조선일보, 2010. 4. 17-18.

김종석 옮김. (2006). 창조지능이 미래를 결정한다. 서울: 시공사〔Rowe. A. (2004): *Creative Intelligence: Discovering the Innovative Potential in Ourselves and Others*).

김종성. (2011). 뇌과학 여행자. 서울: 사이언스북.

김정휘 편저. (2002). 영재 학생: 그들은 누구인가. 서울: 교육과학사.

김정휘. (2000). 영재성 발달에 영향을 끼치는 가족의 역할: 영재 자녀는 부모가 만든다. 서울: 교육과학사.

김정휘·주영숙·문정화·문태형. (2004). 영재 학생을 위한 교육, 전정판. 서울: 박학사.

김정휘 옮김. (2014). 창의성의 탄생-인간 경영의 과학-(인쇄중).

김태련·김정휘·조석희 옮김. (2004). 영재 교육: 심리학과 교육학에서의 조망, 서울: 이화여자 대학교 출판부 (Tannenbaum, A. J. *Gifted Children: Psychological and Educational Perspectives*).

나시르 가에미(2013). 광기의 리더십. 경기도: 학고제. 〔Ghaemi, N., (2011). A First Rate Madness: Uncovering the Links Between Leadership and Mental Illness. New York: Penguin Books〕

류방승 옮김. (2006). 다빈치의 두뇌 사용법. 서울: 이라크네

문국진(2003). 모차르트의 귀. 서울: 음악 세계.

박승숙 옮김. (2003). 창조성과 고통. 서울: 아트북스〔Sandblom, P. (1997). *Creativity and Disease*. Philadelphia: J. B. Cippincott).

송기정. (2012). 광기, 본성인가, 마성인가. 서울: 이화여자대학교 출판부.

심상용(2005). 천재는 죽었다. 서울: 아트북스.

김은주 옮김. (2002). 동양의 광기. 서울: 다빈치.

유은실 옮김. (2006). 천사들의 뇌를 열다. 서울: 허원 미디어〔Andreasone, N. C. (2005). *The Creating Brain*).

이문희 옮김. (2004). 개인적이고 사회성이며 생물학적인 자살의 이해. 서울: 뿌리.

이세진 옮김. (2003). 천재들의 뇌. 서울: 해나무.

이정환 옮김. (2007). 나이를 이기는 결정지능: 나이 들수록 머리가 좋아지는 44가지 실천법. 경기도: 비전하우스 〔사토 신이치(佐藤眞一). 2006. *Crystallized Intelligence*).

정민. (2009). 미쳐야 미친다. -조선 지식인의 내면 읽기- 서울: 푸른 역사.

정태남. 유럽음악기행, 중앙일보. 2005. 6. 10, 제26091호.

정희경 옮김. (1999). 천재의 역사 2. 서울: 끌리오. 〔미셸 사켕. (1993). Le printemps des Génies. Paris: Pobert Laffront, S.A.〕

채은진 옮김. (2005). 권력과 광기. 서울: 말·글빛냄, 18.

Clark, B. (2002). *Growing Up Gifted*. New Jersey: Merrill Prentice Hall.

Csikszentmihalyi, W. M. (1997). *Creativity: Flow and the psychology and invention*. New York: Harper Collins.

Ludwig, A. M. (1995). *The Price of Greatness: Resolving the Creativity and Madness Controversy*. New York: The Guilford Press 〔김정휘 옮김. (2007). 천재인가, 광인인가: 저명인사들의 창의성과 광기의 논쟁에 대한 연구. 서울: 이화여자대학교 출판부)

Radford, J. (1990). *Child Prodigies and Exceptional Early Achievers*. New York: Harvest Wheatsheaf.

Treffinger, D. J. (Ed.) (2004). *Creativity and Giftedness-Essential Readings in Gifted Education*. California: Corwin Press.

Gardner, H. Kornhaber, M. L. & Wake, W. K. (1996). *Intelligence: Multiple Perspectives* 〔김정휘 옮김. (2006). 지능 심리학: 다양한 관점에서 지능 연구하기. 서울: 시그마프레스)

Winner, E. (1996). *Gifted Children: Myths and Realities.* New York: Basic Books.

은둔형 천재 부분 참고문헌

고명섭. (2007). **광기와 천재**. 서울: 인물과 사상사.

고빛샘 옮김. (2010). **창조의 순간: 새로움은 어떻게 탄생하는가**. 서울: 21세기북스. (Boden, M. A., (2004). *The Creative Mind.* David Higham Association Limited.)

김태련·김정휘·조석희 옮김. (2004). **영재 교육: 심리학과 교육학에의 조망**. 서울: 이화여자대학교. (Tannenbaum. A. J. (1983). *Gifted Children: Psychological and Educational Perspectives.* New York: Macmillan Publishing Co., Inc.)

김정휘. (2005). 천재들의 창의성과 광기의 관련성 연구. **학생생활연구**. 제27집. 춘천교육대학교 학생지원상담소.

김정휘·주영숙·문정화·문태형. (2004). **영재학생을 위한 교육: 교사와 부모를 위한 지침서**. 서울: 박학사.

노재현. 인류 최고의 천재들은 문화적 창조력을 발휘한 르네상스형 인간이라는데. **중앙일보**. 2012. 10. 19.

송경은 옮김. (2010). **재능의 탄생: 천재성을 폭발시키는 강력한 힘**. 서울: 타임북스(Siefer, W. (2009). *Das Genie in mit.* Frankfurt / Main: Campus Verlag Gmb H.)

양재현. 수학 이야기 II. 은둔 수학자 그로텐딕. 영성 찾아 피레네 골짜기로 숨어 버린 대수기하학의 거인. **교수신문**. 2012. 12. 3.

이승우. 컴퓨터로 증명한 수학 난제의 불편한 진실. **한국경제신문**. 2012. 4. 28.

이영석. 아웃사이더와 학문. **교수신문**. 2012. 9. 17.

이화신 옮김. (2010). 천재 사로잡은 자, 사로잡힌 자, 서울: 샘 앤 파커스(Kiby, 2001).

차백만 옮김. (2013). 천재의 두 얼굴, 사이코패스. 서울 미래의 창.

Berns, G. (2008). *Iconoclast: A Neuroscientist Reveals How to Think Differently.* Harvard Busines School Publishing Corporation.

Csikszentmihalyi, M. (1996). *Creativity: Flow and the Psychology of Discovery and Invention.* New York: Harper Collins.

Ghaemi, N. (2011). A First-Rate Madness: Uncovering the Links Between Leadership and Mental Illness. New York: Penguin Books.

Karnes, F. A., & Stephens, K. R. (2008). *Achieving Excellence: Educating the Gifted and Talented.* New Jersey: Pearson Merrill Prentice-Hall.

찾아보기

주제어

≪ㄴ≫

《ㄷ》

《ㄹ》

《ㅁ》

≪ㅂ≫

《ㅅ》

≪ㅇ≫

≪ ㅈ ≫

《ㅊ》

≪ㅌ≫

≪ㅍ≫

≪ㅎ≫

≪기타≫

인명

◆ 편저자 소개

김정휘

중앙대학교 문리과대학 심리학과 졸업
서울대학교 학생지도연구소 연구생 과정 수학(상담심리학 전공)
서울대학교 교육대학원 석사
한국교원총연합회 재직
중앙대학교 대학원 박사
국민대학교 대학원 박사과정 수료(교육심리학)
강원대학교, 서울여자대학교, 덕성여자대학교, 한림성심대학, 한림대학교 출강
이화여자대학교 객원교수
춘천교육대학교 명예교수

♣ 저서·역서

학생체벌과 교육: 체벌해도 문제, 안 해도 문제(공저, 한국학술정보, 2011)
아동과 청소년의 심리치료(공역, 시그마프레스, 2010)
교육의 위기: 교사의 직무 스트레스와 탈진(역서, 박학사, 2009)
발달장애아동과 청소년 문제의 예방원리와 실제(역서, 시그마프레스, 2009)
교직과 교사(공저, 학지사, 2007)
천재인가, 광인인가: 창의성과 광기 분석(역서, 이화여자대학교 출판부, 2007)
교사의 직무 스트레스와 탈진: 교육의 위기(공저, 박학사, 2006)
지능심리학(역서, 시그마프레스, 2006)(문화체육관광부 추천 2007 우수학술도서)
아동과 청소년의 발달정신병리학(공저, 시그마프레스, 2004)
영재학생을 위한 교육(공저, 박학사, 2004)
남성의 폭력성에 관하여: 무엇이 여성에 대한 폭력을 야기하는가?(공역, 이화여자대학교 출판부, 2003)(문화체육관광부 추천, 2005)
화폐심리학(역서, 학지사, 2003)
영재학생, 그들은 누구인가(교육과학사, 2003)
교육심리학 입문(공저, 원미사, 2001)
영재성 발달에 영향을 끼치는 가족의 역할(교육과학사, 2001)
위기에 처한 청소년 지도의 이론과 실제(민지사, 2001)
진단명: 외상후 스트레스 장애(PTSD)–원인, 증상, 치료와 예방(공역, 시그마프레스, 2000)
대학교수의 자화상(역서, 교육과학사, 2000)
교육심리학 탐구(공저, 형설출판사, 1998)
영재학생 식별 편람(원미사, 1998)
영재학생의 발달에 영향을 끼치는 필요·충분조건들: 가정, 영재 자신, 학교의 영향(편저, 원미사, 1996)
정서와 행동문제 및 학습장애를 갖고 있는 아동과 청소년의 이해(편저, 원미사, 1996)
교사의 직무 스트레스 연구(교육신서 202)(공저, 배영사, 1994)
노인심리학(역서, 성원사, 1992)
학교·학생·교사·교육(교육신서 148)(배영사, 1990)
교사의 전문성(교육신서 72)(공역, 배영사, 1979)

지능·창의성·천재성

발 행 일 | 2014년 9월 1일 초판 1쇄 발행
편 저 자 | 김정휘
발 행 인 | 구본하
발 행 처 | 도서출판 박학사
주　　소 | 서울시 마포구 서교동 460-26 동아빌딩 2층
전　　화 | (02)3142-3764~5
팩　　스 | (02)3142-3766
웹사이트 | www.pakhaksa.co.kr
등록번호 | 제10-2230호

가격 22,000원 ISBN 978-89-98521-23-3